의료사 연구의
현황과 과제

iMH
경희대학교 인문학연구원
HK+통합의료인문학연구단
통합의료인문학
학 술 총 서 _ 02

의료사 연구의
현황과 과제

김대기 김성수 김영수 김재형 김태우 박윤재
유연실 윤은경 이상덕 이향아 이현주   지음

History of Medicine: Trends and Prospects

돌아
좋은 모시는사람들

경희대학교 인문학연구원 / HK+통합의료인문학연구단 / 통합의료인문학 학술총서02

의료사 연구의 현황과 과제

등록 1994.7.1 제1-1071
1쇄 발행 2021년 3월 31일

기 획 경희대학교 인문학연구원 HK+통합의료인문학연구단
지은이 김대기 김성수 김영수 김재형 김태우 박윤재 유연실 윤은경
         이상덕 이향아 이현주
펴낸이 박길수
편집장 소경희
편 집 조영준
관 리 위현정
디자인 이주향
펴낸곳 도서출판 모시는사람들
         03147 서울시 종로구 삼일대로 457(경운동 수운회관) 1207호
전 화 02-735-7173, 02-737-7173 / 팩스 02-730-7173

인 쇄 (주)성광인쇄(031-942-4814)
배 본 문화유통북스(031-937-6100)
홈페이지 http://www.mosinsaram.com/

값은 뒤표지에 있습니다.
ISBN 979-11-6629-028-2   94000
세트   979-11-6629-001-5   94000

이 저서는 2019년 대한민국 교육부와 한국연구재단의 지원을 받아 수행된
연구임(NRF-2019S1A6A3A04058286).

의료사 연구사 정리

인문학이 문학, 사학, 철학을 중심으로 구성되었다고 거칠게 정리한다면, 의료인문학 역시 의료문학, 의료사, 의철학을 중심으로 이루어졌다고 말할 수 있을 것입니다. 이중 의료사는 다른 학문에 비해 한국에서 일찍부터 형성·성장했다는 평가가 가능합니다. 1990년대 3~4개의 의과대학에 의료인문학 관련 교실이 설치되어 활동하기 시작했을 때부터 의료사는 그 교실의 중요한 연구 대상이고 과제였습니다. 의료사 전공자들이 조직한 대한의사학회의 경우 해방의 혼란함이 여전했던 1947년 조직되었습니다. 의료사의 역사는 한국 역시 짧지 않습니다.

다른 학문에 비해 의료사에 대한 관심이 일찍부터 싹튼 이유는 역사가 일반적으로 담당하는 역할에서 찾을 수 있을 것입니다. 역사는 현재를 설명해 줍니다. 다시 말하면, 과거에서 현재에 이르는 길을 알려줍니다. 만족하든 아니든 현재를 이해하기 위해 역사는 필요했습니다. 나아가 한국 의료는 성장·발전하고 있었습니다. 수준은 지속적으로 높아져 의료관광, 즉 한국의 의료를 찾는 외국인들이 적지 않을 정도에 이르렀습니다. 한국 의료의 역사가 눈부셨고, 자랑스러웠다면, 그 궤적을 찾는 작업은 즐거웠을 것입니다.

한국에서 의료사가 성장한 배경 중 하나일 것입니다.

의료사가 성장하면서 연구자의 폭이 넓어지기 시작했습니다. 기존의 의료사가 의사 중심으로 이루어졌다면, 초창기를 지나면서 역사학자들이 본격적으로 접근하기 시작했습니다. 역시 1990년대였습니다. 정치, 경제 중심의 딱딱한 역사에서 사회, 문화, 생활이라는 상대적으로 부드러운 역사로 사학계의 관심이 확대되는 와중이었습니다. 역사학자들이 참여하면서 의료사는 양적으로나 질적으로나 성장하고 고양되었다는 평가가 가능합니다. 그들은 실증을 토대로 의료사를 역사학의 한 분야로 자리매김하는 작업을 진행해 나갔습니다. 그 작업은 지금도 진행 중에 있습니다.

이 책 『의료사 연구의 현황과 과제』에도 역사학자들이 대거 참가해 주셨습니다. 그들은 자신이 전공하는 시기와 지역을 의료라는 소재를 통해 접근하고 있습니다. 의료를 넘어 그 사회의 모습을 전체적으로 조망하려 애쓰고 있습니다. 아니, 의료를 사회 속에서 고찰하려 애쓰고 있습니다. 그 결과 이 책에 정리된 의료사 연구 역시 독립적인 의료의 모습 못지않게 사회의 변화, 구체적으로 역사학의 변화 속에 있는 의료사의 모습이라고 할 수 있을 것입니다.

이 책에는 사회과학에 포함되는 의료사회학, 의료인류학 연구사 역시 포함되어 있습니다. 인문학을 중심으로 공부한다는 이유가 인문학만 공부한다는 결과로 귀결되어서는 안 될 것입니다. 전문화는 심화라는 긍정적인 측면 못지않게 편협이라는 부정적인 결과도 낳을 수 있습니다. 피해야 할 편향입니다. 사실 융복합은 우리 연구단의 주요 의제입니다. 의료인문학 자체가 융복합 학문이기도 합니다. 앞으로도 우리 연구단은 학문 간의 융복합 시도를 계속할 것입니다.

이 책은 의료문학 정리에 이은 경희대 HK+통합의료인문학연구단의 두 번째 학술총서입니다. 첫 학술총서가 그렇듯 의료사 연구 정리 역시 저희 연구단 단독으로 진행하기는 어려웠습니다. 의료사 연구가 진행되면서 영역은 확장되었고 주제는 전문화되었기 때문입니다. 도움이 필요했습니다. 내민 손을 선뜻 잡아주신 곳은 의료사 연구자들의 모임인 의료역사연구회였습니다. 작년 1월 공동 학술대회가 열렸고, 그 기회를 통해 글이 수정·보완되었습니다. 손을 잡아주신 의료역사연구회의 이경록 회장님 이하 회원 여러분께 감사를 드립니다.

여기에 실린 모든 글은 작년에 출간된 대한의사학회의 학술지 『의사학』에 두 차례에 걸쳐 게재된 바 있습니다. 예상할 수 있듯이 심사과정을 거치면서 글이 정갈해질 수 있었습니다. 심사를 진행해 주신 익명의 심사위원들과 함께 게재의 공간을 제공해주신 여인석 회장님, 신규환 편집위원장님 이하 여러 편집위원께 감사드립니다. 이 책의 출간은 연구단의 이향아 선생님이 진행주셨습니다. 첫 번째 학술총서에 이어 이 책도 도서출판 모시는사람들의 수고를 거쳐 출간될 수 있었습니다. 모두 감사드립니다.

역사의 역할이 현재의 이해에 있다고 하지만, 욕심을 더 낸다면, 미래에 대한 전망 역시 그 역할에 포함된다고 생각합니다. 지금까지 걸어왔던 길의 폭과 방향을 통해 앞으로 갈 길에 대한 예측이 가능할 것입니다. 독자 여러분이 『의료사 연구의 현황과 과제』를 통해 앞으로 이루어질 의료사 연구에 대한 전망을 찾으실 수 있기를 기대해 봅니다. 감사합니다.

2021년 3월
경희대 HK+통합의료인문학연구단 단장 박윤재

의료사 연구의 현황과 과제

한국 전근대 의료사
연구 현황과 과제(2010-2019)[*]

—21세기 초 한국의학사 연구의 특징과 한계

김성수 (서울대학교 인문학연구원 조교수)

* 이 글은 『의사학』 29권 2호, 2020에 실린 「한국 전근대의료사의 연구동향과 전망(2010-2019): 분야의 확장과 연구 방법의 다양화」를 수정·보완한 것이다.

1. 머리말

2020년 한국을 비롯하여 전 세계를 감염과 죽음의 공포로 몰아넣는 코로나19의 유행은 한동안 사람들의 기억에서 사라진 팬데믹을 다시금 경험하게 하고 있다. 코로나19의 유행이 얼마나 심각한지는 1년이 넘는 시간 동안 뉴스의 사회면을 통해서 여실히 드러났고, 그 유행은 현재 진행형이다. 매일, 아니 매시간 실시간으로 중계되는 국내외의 감염 현황과 사망자의 통계와 전염병 앞에서 속수무책으로 피해를 낳고 있는 이른바 선진국의 상황을 접하고 있다. 그 피해는 사람의 생명에만 그치지 않고, 그들이 이루고 있는 공동체의 삶에까지 나타난다. 셧다운으로 불리는 최후의 방어벽은 질병으로 인한 오늘의 죽음보다 굶주림 때문에 죽을지도 모른다는 또 다른 공포를 발생시키며, 전염병에 대처하기 위해 개인의 삶을 어느 정도까지 통제할 수 있는지 물음도 제기한다.

코로나19가 가져온 변화는 이제 학문의 영역에도 영향을 주고 있다. 이는 역사학에서도 크게 다르지 않다. 역사학의 분야는 매우 다양하다. 적어도 현재까지 한국의 역사학계에서 통용되는 대분류는 아마도 지역사로서

동·서양사와 한국사라고 할 수 있다. 그리고 지역사 안에서 시대사로서 고대사, 중세사, 근대사 등으로 다시 구분된다. 또한 연구 분야별로 정치·사상·사회·경제·문화 등으로 다양하게 나뉘는데, 최근에는 고고학과 함께 과학사·미술사 등도 포함된다. 이는 한국의 대표적인 역사학회지라고 할 수 있는 『역사학보』에서 정기적으로 게재하는 '회고와 전망'이라는 코너를 통해서도 드러난다.[1] 그런데 이 글에서 다루고자 하는 의학사[2] 분야는 적어도 『역사학보』 안에서 별도로 언급될 만큼 독립된 상태는 아니며, 문화사의 일부로서 거론되고 있을 뿐이다. 그러나 전염병이 단순히 질병과 치료를 넘어 사회·경제적 파급력과 함께 국가의 정치와 안위에까지 영향을 미치는 현실에서, 이제 의학사는 새로운 관심을 받게 될 것으로 보인다.

그렇다면 대표적 역사학회지인 『역사학보』에서 보이는 의학사에 대한 인식은 어떠할까? 이는 한국 역사학계에서 의학사를 바라보는 시각을 살펴볼 수 있다는 점에서 의미가 있다. 그런데 2010~2018년까지 정리된 '회고와 전망'에서 의학사 논문이 언급된 경우는 거의 없다. 즉 고대·고려·조선 전기·조선 후기까지 각 시대별로 정리된 원고와 참고 문헌을 확인한 결과이다. 다만 과학사에서 극소수의 연구만이 거론될 뿐이다. 여기에는 기본적으

---

1 또한 매년 개최되고 있는 전국역사학대회의 분과를 보더라도 의학사는 여전히 역사학의 한 분야로써 인정받고 있지 못한 상황이라고 할 수 있다. 그러한 점에서 2018년 역사학대회에 대한의사학회가 참여한 것은 매우 중요한 기점이라고 본다.
2 medical history 혹은 history of medicine이라고 불리는 '의학사'를 '의사학' '의료사' 등 논자에 따라 다양하게 부른다. 본 글의 제목은 게재된 다른 글과의 연계성을 위해 '의료사'로 표기하였으나, 본문에서는 '의학사'로 명명한다. 명칭의 사용과 관련된 논의와 상관없이, 이 분야의 선구라고 할 수 있는 김두종의 『한국의학사』가 갖는 역사적 의의가 우선 적용되어야 한다는 필자의 견해 때문이다.

로 두 가지 이유가 있다. 먼저 의학사 연구자가 현저히 적기 때문에 연구 성과 자체가 적을 수밖에 없다는 일차적인 원인과 함께 여전히 학계에서 중시하는 특정 분야사를 선호하는 경향이 존재한다는 이차적 원인도 작용한다.

이와 별도로 의학사 연구에 필요한 의학이라는 전문적인 지식이 일정하게 필요하다는 점이 연구자를 확대하는 데 어려움을 주는 것도 사실이기는 하다. 그러나 역사학 연구의 근간은 정치·사상이나 사회·경제가 본류라는 일반적인 인식이 강하게 작용하고 있는 것이 분명한 현실이다. 가령 연구 현황을 정리한 '회고와 전망'에서 사회경제사·정치사상사 등의 역사학 본연의 분야에서 연구가 줄어들고 반면 문화사의 연구가 늘어나고 있는 것을 비판적인 눈으로 바라보는 경우를 심심치 않게 확인할 수 있다. 이를 굳이 반박할 생각은 없지만, 연구 경향성의 변화는 현실을 사는 개별 연구자들의 심각한 고민 속에서 진행된다는 점에서 단지 유행의 변화 정도로 단정하기는 어렵다고 생각한다. 그 대신 연구 분야를 다양화함으로써 탐색하고자 하는 역사상을 더욱 생생하고 깊숙하게 살펴볼 수 있다고 사고를 전환할 필요가 있다.

그러한 점에서 매우 긍정적인 변화도 있는데, 그러한 변화는 국사편찬위원회에서 1년에 네 차례 간행하는 『한국사연구휘보』에서 나타난다. 한국사 관련 연구를 시대별로 정리하여 기본 데이터를 제공하는 『휘보』에서 의학사 관련 연구가 적극적으로 소개되고 있다. 그리고 『휘보』에서 거론되는 학회지가 역사학 관련 학회지를 넘어 현재 대표적 의학사 연구 단체인 대한의사학회와 한국의사학회에서 간행하는 『의사학』과 『한국의사학회지』에 실린 글들을 정리하고 있다. 이는 매우 고무적인 현상이지만, 아쉬움도 있다. 이제는 웹 검색으로 연구 경향을 파악하는 시대이고 보니 『휘보』의 영향력이 급속히 줄었기 때문이다.

이러한 학계의 풍토를 감안할 때, 한국에서 진행되고 있는 의학사 연구의 현황을 정리한 2010년의 대한의사학회의 기획은 매우 큰 의미가 있다고 할 수 있다. 당시 신동원은 과거 1991년까지의 연구 현황을 정리한 것에 이어서 1992~2010년까지의 연구도 정리하였는데, 20여 년 사이에 의학사 연구의 양적 성장이 두드러지게 나타난 사실을 확인할 수 있다.[3] 이 글에서는 신동원의 정리 이후 필자가 2019년까지 2010년대의 의학사 연구 현황을 정리한 것을 보충하고자 한다.

다만 의학사 분야의 특성과 10여 년이라는 꽤 긴 시간을 고려하여, 참고문헌을 작성하고 논문의 내용을 소개·검토하기 위해서는 원칙이 필요하다고 생각한다. 우선 참고 문헌 목록의 구성은 의학사 관련 대표적 학회인 대한의사학회와 한국의사학회의 간행물인 『의사학』과 『한국의사학회지』, 연세대학교 의학사연구소의 『연세의사학』과 최근 간행된 의료역사연구회의 『의료사회사연구』, 그리고 대한한의학원전학회의 『대한한의학원전학회지』를 일차적 대상으로 하였다.[4] 다음으로 한국과학사학회의 『과학사학회지』와 역사학회에서 발간하는 『역사학보』의 '회고와 전망', 나아가 국사편찬위원회의 『한국사연구휘보』를 토대로 목록을 작성하였다. 이는 대표적인 의학사 연구 학회와 학술지를 알리는 동시에, 역사학계 전반에서 진행되는

---

3 신동원에 따르면 1991년 이전에는 미키 사카에, 김두종, 손홍렬, 이영택 4인에 의한 연구가 대부분이었다. 그러나 이후 연구자의 폭이 급격히 성장하였는데, 1991년 이전의 150여 편에서, 이후 20여 년간의 연구가 대략 300편을 상회하게 되었다.
4 『대한한의학원전학회지』의 경우 한국의사학회가 독립한 이후 주로 원전 연구가 이루어지고 있지만, 여전히 전근대시기 의학사 연구가 다수 소개되고 있기에 포함시킨다.

연구를 가급적이면 충실하게 보충하기 위함이다.

다음으로 정리의 방식이다. 신동원은 1991년까지의 연구를 정리할 때에 시대별·주제별 분류를 진행하여 시기적으로는 10년 단위로, 주제별로는 의학 일반·의학 학술·보건 의료·약·질병·도교 양생 등의 6개 분야로 나누었다. 한편 2010년에는 전근대 시기를 5세기 이전, 5~10세기, 10~14세기, 14~17세기, 17~19세기로 분절하여 정리하는 방식을 취했다. 이러한 방식은 많은 연구를 소개할 수 있다는 측면에서는 효용적이지만, 연구의 경향성이나 특징 등을 독자들에게 분명하게 전달하기에는 어려운 면도 있다. 이러한 점을 고려하여, 본 글에서는 개별 연구의 직접적인 소개는 참고 문헌으로 대체하고, 그 대신 21세기 초반 한국 의학사 연구에서 나타난 특징과 한계를 지적하고 발전 방향을 모색하는 형태로 전개하고자 한다.

2. 전통적 연구의 확대

1) 의서와 의학론(醫學論) 연구

의학사 연구는 기본적으로 질병과 치료라는 관계에서 형성되는 학문인 의학의 역사적 측면을 다룬다. 따라서 이를 기록한 의서는 연구의 핵심적 주제가 된다. 의서 연구는 이미 오래된 전통으로, 특히 몇몇 의서는 연구가 차고 넘칠 정도로 많은 것도 사실이다. 이는 해당 의서의 역사적 중요도 때문이기도 하지만, 동시에 한국에 현재 남아 있는 의서가 생각보다 많지 않기 때문이기도 하다. 그런 한계에도 불구하고 계속해서 의서를 연구하는 까닭은 의학이라는 단어의 기본 개념에 가장 충실한 자료이기 때문이다. 질병의 원인과 제반 증상, 치료의 원리와 과정, 예측되는 결과 등이 기록된 의서는 당연히 연구의 중심이다.

한국 전근대사에서 중시되는 의서는 몇몇으로 축약된다. 고려 말의『향약구급방(鄕藥救急方)』, 조선 초기의『향약집성방(鄕藥集成方)』·『의방유취(醫方類聚)』, 조선 중기의『동의보감(東醫寶鑑)』, 최말기의『동의수세보원(東醫壽世保元)』인데,『동의수세보원』을 제외하고 주로 국가에서 정책적으로 편찬한 의서라는 공통점이 있다. 이 외에도 조선 초기에는『태산요록(胎産要錄)』·『창진집(瘡疹集)』, 중기에는『언해태산집요(諺解胎産集要)』·『언해두창집요(諺解痘瘡集要)』·『벽역신방(辟疫神方)』·『신찬벽온방(新纂辟瘟方)』등 허준의 저술과『촌가구급방(村家救急方)』·『의림촬요(醫林撮要)』, 후기에는『주촌신방(舟寸新方)』·『의문보감(醫門寶鑑)』·『급유방(及幼方)』·『마과회통(麻科會通)』등을 비롯한 많은 사찬(私撰) 의서들이 있다.

그러나 앞서 언급한 다섯 가지 의서가 주목받는 것은 한국 전근대 의학사 연구의 핵심이면서 동시에 한국 의학사의 발전 단계를 보여주는 대표적인 의서이기 때문이다. 이러한 이유로 이들 의서 연구는 꾸준히 진행·발표되고 있다. 가령『향약구급방』의 경우에도 최근에 치과와 안과를 중심으로 고려 시기 의학의 계보를 정리한 연구[5]나 한국역사연구회 분과 소속 연구 집단의 공동 연구[6]가 있었다. 2010년대 이전의 연구들이 대체로『향약구급방』

---

5 이경록,「고려후기 의학지식의 계보-『비예백요방』과 『삼화자향약방』의 선후관계 재론-」,『동방학지』166, 2014.
6 강병국,「필사본『鄕藥救急方』의 流轉」,『역사와 현실』112, 2019; 이현숙,「『향약구급방』으로 본 고려시대 의안」,『역사와 현실』112, 2019; 이현주,「『향약구급방』부인잡방

의 전체 구성이나 등재된 약물을 파악하는 것이 중심이 되었던 반면, 이들 연구는 실제 치료상의 특징들 속에서 나타난 의학의 변화상을 찾으려 노력했다. 아울러 2010년대에 주로 나타난 새로운 연구 경향에 맞게 의안(醫案)이라는 점을 주목하거나 젠더적 입장에서 의서를 다시 고찰하려는 시도를 보여주었다는 점에서 의의를 부여할 수 있을 것 같다. 또한 동아시아의 사상적 관점에서 인체와 약재(물질)에 대한 인식을 통해 우주의 구성을 살피고자 한 연구[7]도 이와 맥을 같이한다. 이러한 변화는 고려 시기를 대표할 수 있는 의서가 『향약구급방』 정도이고, 내용 자체도 구급방의 성격상 온전한 의학을 구성하기에 부족함이 있어 분석 시각의 다변화를 꾀한 결과라는 점에서 앞으로의 연구에도 많은 시사점을 던져 준다.

이에 반하여 조선 전기부터는 연구의 양적 분량이 급격히 증가하는데, 그것은 앞서 언급한 거질(巨帙)의 종합 의서들이 현전하기 때문이다. 그 덕분에 많은 연구가 진행되고 있지만, 한편으로는 각각의 의서를 집중적으로 연구하는 데 어려움도 있다. 즉 체계적으로 연구하기 위해서는 각 의서에 대해 종합적이면서 총체적인 안목이 필요한데, 개별 연구자 혼자서 이를 감당하기 어렵다는 문제가 대두되었다. 그러함에도 2011년 두 편의 연구를 통해 『향약집성방』의 의학 이론이 지니는 성격과 함께 그 편찬에서 드러난 중국의 전통 의학이 조선에 자리 잡게 되는 과정을 치밀하게 그려 낸 이경록의

으로 본 고려의 임신과 출산」, 『역사와 현실』 112, 2019.
7 이기복 · 김상현 · 오재근, 「중세 동아시아의 생명, 신체, 물질, 문화 탐구 : 고려의 『향약구급방』을 중심으로」, 『의사학』 28-1, 2019.

연구는 주목할 만하다.[8] 이와 함께 이경록은 감초에 관한 연구[9]를 통해서 의학 이론의 현실화에 필요한 조건을 감초라는 약물을 통해 분석했으며, 이러한 연구 결과를 토대로 전근대 한국의 의학 발전 단계를 그려 보려는 시도[10]로까지 확장했다.

한편 『향약집성방』과 함께 조선 전기 의학을 대변하는 의서라고 할 『의방유취』에 관해 본격적인 연구는 아직 부족하다고 할 수 있다. 이경록의 연구[11]에서도 『의방유취』를 일부 거론했지만, 이를 전문적으로 분석하는 연구는 아니었다. 아울러 안과학과 관련하여 의사학적 의의를 분석한 연구[12]도 있지만, 이 역시 『의방유취』에 대한 본격 연구라고 하기에는 부족한 면이 있다. 이는 『의방유취』가 무려 266책이라는 거질의 의서이면서 동시에 자료의 수집과 분류에 치중하고 있다는 점 때문인데, 같은 이유로 『의방유취』 관련 연구는 특정 주제를 중심으로 집중되는 경향이 크다고 할 수 있다. 도인도(導引圖)에 관한 연구,[13] 의안(醫案)의 분포와 인용서를 분석한 연구,[14] 오

---

8   이경록, 「鄕藥에서 東醫로: 『향약집성방』의 의학이론과 고유 의술」, 『역사학보』 212, 2011; 이경록, 『향약집성방』의 편찬과 중국 의료의 조선화」, 『의사학』 39, 2011.
9   이경록, 「조선전기 감초의 토산화와 그 의미」, 『의사학』 24-2, 2015.
10 이경록, 「고려와 조선시대의 의학발전 단계 시론-의서를 중심으로-」, 『이화사학연구』 58, 2019.
11 이경록, 「조선전기 『의방유취』의 성취와 한계-'상한'에 대한 인식을 중심으로」, 『한국과학사학회지』 34-3, 2012.
12 김성수 · 강성용, 「인도 안과의학의 동아시아 전래와 『龍樹菩薩眼論』」, 『의사학』 22-1, 2013.
13 김동율 · 정지훈 · 한봉재, 「『의방유취』의 導引圖에 관한 연구」, 『한국의사학회지』 27-1, 2014.
14 김남일 · 차웅석 · 구민석 외, 「『醫方類聚』의 醫案에 대한 연구-各 門別 분포와 引用書를 중심으로-」, 『한국의사학회지』 30-1, 2017.

장문(五臟門)에 한정되지만 처방을 분석한 연구[15] 등이 이에 해당한다. 한편 『의방유취』가 동아시아 고대부터 명대 초기까지의 의서를 포함하고 있다는 점에서, 그 안에 포함된 개별 의서의 연구나 동아시아 의학사의 전반적 흐름을 살펴보려는 연구도 있다. 『상한론주해(傷寒論注解)』에 관한 것이 전자의 연구라고 한다면,[16] 허로(虛勞)·간질(癎疾)을 중심으로 동아시아 의학의 역사를 재구성하려는 시도[17]는 후자에 해당한다. 최근 『의방유취』의 번역이 진행되어 몇 권의 역서가 나오는 상황에서 앞으로 연구가 더 활성화될 수 있기를 기대한다. 아울러 『의방유취』와 관련한 연구 현황에 대해서는 별도의 연구[18]가 있어서 연구자에게는 많은 도움을 줄 수 있을 것이다.

그리고 조선 중기를 대표하면서 동시에 '한(韓)'의학의 경전으로 자리매김한 『동의보감』에 관한 연구도 빼놓을 수 없다.[19] 특히 2013년 『동의보감』 간행 400주년을 기념하여 학자 20여 명이 참여하여 내놓은 연구 결과는 그동안 이루어진 『동의보감』에 대한 연구 성과와 앞으로의 전망을 가늠해 볼 수

---

15 정지훈, 「『醫方類聚·五臟門』의 처방 분석-처방 제형을 중심으로-」, 『한국의사학회지』 31-1, 2018.

16 장우창·류정아, 「『醫方類聚』에 수록된 『傷寒論注解』에 대한 고찰」, 『한국의사학회지』 27-1, 2014.

17 정지훈, 「『醫方類聚 諸虛門』을 통해 본 동아시아 전통 의학에서의 虛勞의 역사」, 『한국의사학회지』 32-2, 2019; 강연석·이상섭·박희수 외, 「『醫方類聚 癲癎門』을 통해 본 한의학에서 癎疾의 역사」, 『한국의사학회지』 24-1, 2011.

18 안상우·김남일·조정은, 2016., 「동아시아 『醫方類聚』 연구의 회고와 전망」, 『인문학연구』 32 경희대학교 인문학연구원, 2016.

19 2010년 이전까지의 『동의보감』에 대한 연구현황은 권오민·박상영·안상영 외, 「국내 한의학 학술지에 발표된 동의보감 연구 현황 조사」, 『한국의사학회지』 22-2, 2009에 잘 정리되어 있다.

있게 해 준다는 점에서 의의가 있다.[20] 한의학 · 역사학 · 철학 등 다양한 분야에서 『동의보감』을 연구해 온 학자들이 그간의 연구를 종합하여 낸 두 권의 책에서는 『동의보감』의 의학적 특성 이외에도 철학적 · 역사적 배경과 동아시아에 미친 영향 등이 체계적으로 서술되었다. 특히 저술의 첫머리에 해당하는 김남일의 연구는 『동의보감』 전체에 대한 조망과 특징을 잘 서술했다.

그러나 이 연구가 지니는 한계도 명확하게 드러났다. 우선 참여한 연구자들이 과거에 『동의보감』과 관련한 연구를 진행하였지만, 많은 수의 연구자가 『동의보감』 연구를 연속적으로 진행하고 있는 상태가 아니었다는 점이다. 그것은 이 기획이 끝난 이후 참여 연구자들이 『동의보감』을 연구하는 경우를 거의 찾아보기 어렵다는 사실에서도 나타난다. 그리고 다양한 분야를 전공하고 있는 다수의 학자들이 참여한 까닭에 각 연구자들 고유의 시각이 반영되어 통일성 있는 종합을 이루어 내기 어려웠다는 측면도 있다. 물론 다양한 분석을 엿볼 수 있다는 장점도 있지만, 『동의보감』 자체에 대해 더욱 정리된 기술을 원하는 독자들에게는 아쉬움으로 작용할 수 있는 문제이다.

즉 『동의보감』의 전체적인 상을 그려 내기에는 여전히 부족함을 느끼게 되는데, 이는 한국에서 진행되는 공동 연구가 공통으로 지니는 약점이라고 할 수 있다. 즉 하나의 텍스트를 함께 읽고 분석하고 토론하면서 결과를 도출하는 것이 아닌, 단순히 최종 결과물을 묶어 내는 형식에서 발생할 수밖에 없는 문제이다. 이러한 문제점을 해결하기 위해서는 매우 치밀하게 공동

---

20 김남일 외, 『동의보감으로 이루어진 동아시아 의과학 문명의 교류』, 한국학중앙연구원, 2016; 김남일 외, 『동의보감의 지식 체계와 동아시아 의과학』, 한국학중앙연구원, 2016.

연구를 진행하거나 아니면 종합적인 안목을 제시할 수 있는 개인 연구를 기대해야 하는데, 이러한 점에서 오랫동안의 『동의보감』 연구를 집약하여 발표한 신동원의 연구[21]는 시사하는 바가 매우 크다. 또한 『동의보감』의 단방(單方), 임상(臨床), 본초(本草)에 대한 체계적인 분석을 시도하고 있는 오재근의 연구[22]가 앞으로 어떠한 결과를 얻어 낼 수 있을지 기대된다.

조선 후기 또는 말기를 대표하는 의서는, 논자들에 따라 다양하겠지만, 크게 『임원경제지(林園經濟志)』와 『동의수세보원』을 빼놓지 않을 것이다. 『임원경제지』의 번역서가 최근 간행되는 상황에서 이에 대한 연구가 활성화될 것으로 보이는데, 조선 후기 의학 지식에 미친 영향을 파악하는 연구[23]가 그 첫걸음이라고 할 수 있다. 아울러 서유구(徐有榘)의 사상적 경향을 통해 『임원경제지』 전반을 살펴볼 수 있는 연구들[24]이 발표되었는데, 김호는 외과학의 수용과 함께 경험방을 적극적으로 수집한 특징을 지니고 있다고 평가하였다. 한편 이제마와 『동의수세보원』에 대해서는 주로 철학과 한의

21 신동원, 『동의보감과 동아시아 의학사』, 들녘, 2015.
22 오재근, 「『동의보감』과 『향약집성방』의 『증류본초』 활용-『향약집성방』 「향약본초」, 『동의보감』 「탕액편」을 중심으로-」, 『대한한의학원전학회지』 24-5, 2011; 오재근, 「조선 의서 『동의보감』은 왜 본초 부문을 「탕액편」이라고 하였을까: 『동의보감』 「탕액편」 중 이고, 주진형의 본초학 성과 활용 분석」, 『의사학』 20-2, 2011; 오재근, 「약 하나로 병 하나 고치기(用一藥治一病)-『동의보감』 단방의 편찬과 계승-」, 『의사학』 43, 2013; 오재근, 「조선 의관 허준의 임상 의학 사유 엿보기-『동의보감』에 수록된 임상 사례 및 의안 분석-」, 『의사학』 24-3, 2015.
23 전종욱 · 조창록, 「『임원경제지』 · 「인제지」의 편집 체재와 조선후기 의학 지식의 수용 양상-『동의보감』과의 비교를 중심으로-」, 『의사학』 42, 2012; 오재근, 「『본초강목』이 조선 후기 본초학 발전에 미친 영향 : 미키 사카에의 『임원경제지』 본초학 성과 서술 비판」, 『의사학』 21-2, 2012.
24 서유구, 『임원경제지-조선 최대의 실용백과사전』, 씨앗을뿌리는사람, 2019; 김문식 외, 『풍석 서유구 연구 上』, 사람의무늬, 2014.

학 분야에서 연구가 집중되었는데, 그 가운데에서도 사상의학을 단순히 유학 혹은 성리학과의 관련성에서 분석하지 않고 이제마의 의학 · 의사학적 관점을 중심으로 분석하는 이기복의 연구[25]가 눈길을 끈다.

이 외에도 개별적인 의서에 관한 연구는 대체로 『한국원전의학회지』를 통해 발표되고 있는데, 대표적인 연구는 이상과 같다고 할 수 있다. 다만 이전과 다른 연구의 경향이라고 한다면, 새로운 의서를 발굴하려는 노력이 크게 확대되었다는 사실이다. 『우잠잡저(愚岑雜著)』[26]나 『경보신편(輕寶新編)』[27]과 같은 의서들이 새로이 학계에 소개되었고, 이들을 통해 이전에 알려지지 않았던 의원들의 활동과 그 안에서 드러나는 조선 후기 의학계의 흐름을 살펴볼 수 있다는 점에서 의의가 있다.

한편 의서의 내용이 아닌 책으로서의 의서에 집중하는 연구들도 상당히 존재한다. 서지학계를 중심으로 이전부터 진행되었던 연구이기는 하지만, 의학사 연구가 본격적으로 진행되면서 의서의 내용 이외에 형식이라는 측면에서도 관심이 더해진 결과라고 할 수 있다. 즉 책이라는 자체의 형식을 분석한 것으로 『동의보감』,[28] 『제중신편(濟衆新編)』[29] 등에 관한 연구들도 참

---

25 이기복, 「동아시아 의학 전통의 재해석 및 前向: 이제마의 '醫源論'을 중심으로」, 『한국과학사학회지』 38-1, 2016.
26 박상영, 「『愚岑雜著』所在 狂證 二案에 關한 研究」, 『대한한의학원전학회지』 24-6, 2011.
27 전종욱, 「조선 후기 醫案 『輕寶新編』 연구」, 『대한한의학원전학회지』 30-1, 2017.
28 강순애, 「허준 편 · 간의 언해본 의서와 관련 판본에 관한 연구」, 『서지학연구』 48, 2011; 박훈평, 「17-18세기 조선 간행 『동의보감』 목판본에 대한 서지학적 연구」, 『한국의사학회지』 28-1, 2015; 金昭姫, 「17~18세기 完營 출판의 간행양상과 특징-자치통감, 주자대전, 동의보감을 중심으로」, 『서지학연구』 70, 2017 등.
29 이정화, 「『濟衆新編』의 간행과 頒賜에 관한 연구」, 『서지학보』 34, 2009; 이정화, 「『濟衆新編』 현존본의 서지적 연구」, 『서지학연구』 47, 2010.

고할 수 있다. 그러나 편찬과 간행이라는 과정을 거쳐 특정 의서가 어떠한 방식으로 얼마나 유통되었는지에 관한 연구는 미진한 편이다. 개별 의서의 영향력을 넘어, 조선사회에 의학 지식의 정보망이 구축된 상황을 면밀하게 파악하기 위해서도 필요한 기초적인 연구라고 할 수 있다. 그렇기에 한국 의학사 연구의 기틀을 세운 김두종 선생이 『한국고인쇄기술사(韓國古印刷技術史)』를 펴낸 것도 우연이 아니다. 그럼에도 의학사 연구에서 주로 다루어진 부분은 의서 편찬의 과정 자체일 뿐 실제 간행과 유통은 크게 주목받지 못하였다. 앞으로 전라 감영에서의 의서 출판 양상을 다룬 연구[30]와 같은 글들이 계속해서 발표되기를 기대한다.

2) 의료 환경 관련 연구

의학사에서 다루는 영역은 단순히 의서와 의학 이론에만 한정되는 것은 아니다. 일찍이 김두종 선생이 의도했던 것처럼 기술사가 아닌 역사적 · 문화적인 해석이 동반된 의학사가 되기 위해서는 의학의 구성 요소라고 할 제도 · 의료인(병원) · 기술 · 질병 · 환자 등 다양한 요소들도 언급 · 연구될 필요가 있다. 대표적으로 전근대 한국사에서 의료 체계가 어떻게 형성되고 운영되었는지에 대한 제도사적 접근이 있는데, 과거 연구가 많이 진행되었고 또한 전근대 국가의 운영이 장기적으로 지속되는 경향성을 띠고 있는 까닭에 현재로서는 활발하지 않은 상황이라고 할 수 있다. 그럼에도 제생원[31]이

---

30 김소희, 앞의 논문.
31 김성수, 「조선 전기 鄕藥 정책과 『鄕藥集成方』의 편찬」, 『한국사연구』 171, 2015.

나 혜민서[32] 등의 실제 운영과 조선 의료계에 미친 영향을 살핀 연구들을 찾아볼 수 있다.

아울러 의서에 내재하고 있거나 의학자들이 지닌 사상에 관한 연구는 2010년대에 크게 두드러지지 않는데, 무엇보다 철학 전공자들이 의학에 보인 관심이 많이 줄어든 탓으로 여겨지기도 한다. 그 대신 국가의 제도적 운영과 사상적인 측면을 서로 결합시켜 파악하고자 하는 연구는 여전히 진행되고 있다. 이는 한국 전근대사에서 불교와 유학(성리학)의 영향이 절대적이었다는 점에서, 종교·사상과 의학이 구체적으로 어떤 영향을 주고받았는지 확인할 필요가 있기 때문이다. 다만 불교는 사회사상적인 요소가 적다는 점에서 주로 성리학과 의학과의 관계가 집중 연구되었다. 무엇보다 성리학을 건국의 사상적 기반으로 삼았던 조선에서 다양한 의학적 성과를 이루었다는 역사적 사실과도 관계가 있는데, 성리학적 인정론(仁政論)을 조선 전기 향약론(鄕藥論)과 연결시켜 파악한 이태진의 연구[33]가 큰 영향을 미쳤다고 할 수 있다. 그럼에도 사회사상과 의학의 연결을 일반론적으로 설명하거나 직접적 연관성을 찾는 데는 한계가 있었는데, 최근 할고(割股)의 풍습을 주제로 한 연구[34]는 조선의 성리학적 인정론 이외에도 윤리 의식이 의학에 투영되는 측면을 다루었다는 점에서 매우 흥미롭다.

성리학과 의학의 관련성은 조선 시기 내내 의료의 한 축을 담당했던 유의(儒醫)라는 존재와 그들이 구축한 지역공동체적 의료 기구의 운영에서도 드

---

32 박훈평,「혜민서 관청지 惠局志 편제와 내용 연구」,『한국의사학회지』 27-2, 2014.
33 이태진,『의술과 인구 그리고 농업기술: 조선 유교국가의 경제발전모델』, 태학사, 2002.
34 이경록,「몸의 소비」,『의료사회사연구』 4, 2019.

러난다. 이와 관련하여 조선 전기를 중심으로 유의가 형성된 사회적 배경과 활동상을 개략적으로 살펴본 연구[35]나 16세기 지방에서 활동한 지식인들의 의서 편찬과 활동에서 드러난 공동체적 의식을 성리학과 연결시켜 파악한 연구[36]가 있다. 특히 유의들이 중심이 되어 지역사회에서 자치적 의료 기관을 조직하여 운영한 사례인 경북 영주의 제민루(濟民樓)와 상주의 존애원(存愛院)을 분석한 연구는 주목할 필요가 있다.[37] 국가 의료 기관을 통해서 미처 파악하기 어려운 지역민들의 의료 상황이 구체적으로 드러나며, 아울러 의료를 통해서 지역공동체가 운영되는 방식이 분명하게 나타나기 때문이다.

또 의학을 실행하는 데 참여하는 의료인에 대한 사회적 분석도 크게 이루어지지 못하는 상황인데, 이는 무엇보다 대상 자료가 부족하다는 점에 기인한다. 그럼에도 의료인에 관한 연구는 크게 두 가지 경향으로 구분할 수 있으며, 먼저 언급할 것은 의료인 집단에 관한 연구이다. 조선에서 의원이 주로 중인이었다는 사실을 주목하여 그들의 사회적 지위와 학문의 가계 전승 등이 주로 탐구되었다. 이는 대체로 사회사 혹은 조선의 신분제를 규명하는 과정에서 부수적으로 진행되었던 까닭에 의학사적 관심은 크게 두드러지지 않았다. 반면 최근에 발표된 조선 전기 유력한 의인들을 많이 배출하였던 양성 이씨 가계에 관한 분석[38]은 의학사적 관점에서 중인과 의료인 집단, 가계를 연구하는 데 시사점을 던져 준다고 할 수 있다.

35 김성수, 「조선시대 儒醫의 형성과 변화」, 『한국의사학회지』 28-2, 2015.
36 김호, 「16세기 지방의 의서 편찬과 患難相恤의 實踐知」, 『조선시대사학보』 89, 2019.
37 김형수, 「임란직후 상주 지역질서의 재편과 存愛院」, 『국학연구』 30, 2016; 김호, 「16~17세기 조선의 지방 醫局 운영-경북 영주의 濟民樓를 중심으로」, 『국학연구』 37, 2018.
38 박훈평 · 오준호, 「15-16세기 조선 의학 관료의 신분 변천-양성이씨 세전 사례를 중심으로」, 『의사학』 37-3, 2018.

한편 의료인 전반이 아닌 당대에 이름이 있거나 의서를 저술한 개별 의원들에 관한 연구도 꾸준히 진행되고 있는데, 과거 허준(許浚)이나 이제마(李濟馬) 등 몇몇에게 집중되었던 연구와 달리 대상 의학자의 폭이 넓어진 것이 특징이다. 황자후(黃子厚)[39] · 전순의(全循義)[40] · 허준[41] · 허임(許任)[42] · 신만(申晩)[43] · 이형익(李馨益)[44] · 백광현(白光玹)[45] · 유의태(柳義泰)[46] · 이규준(李圭晙)[47] · 황도연(黃度淵)[48] 등에 관한 연구와 의약동참(議藥同參)에 참여한 이공윤(李公胤)[49]에 관한 연구도 있다.

특히 조선 후기 의료계의 큰 변화라고 할 수 있는 상업화의 물결 속에서 의료인의 자아 형성에 관련한 김성수와 이기복의 연구는 주목할 만하다. 김성수는 조광일(趙光一)이라는 의원이 제시한 직업관 속에서 기술인에 의한 새로운 주체 의식 형성을 추적하였고,[50] 특히 이기복은 내의(內醫)를 지냈던 이수기(李壽祺)의 『역시만필(歷試漫筆)』과 함께 중인으로 치부되었던 의인들

39 고대원 · 차웅석 · 김남일, 「醫人 黃子厚 인물 연구」, 『한국의사학회지』 23-2, 2012.
40 이종봉, 「全循義의 생애와 저술」, 『지역과 역사』 28, 2011.
41 김호, 「허준(許浚)」, 『내일을 여는 역사』 56, 2014; 김호, 「1612년 溫疫 발생과 許浚의 『新纂辟溫方』」, 『조선시대사학보』 74, 2015.
42 임선빈, 「조선중기 鍼醫 許任의 생애와 활동」, 『역사와 실학』 54, 2014.
43 양승률, 「단촌 신만의 『保幼新編』 편찬과 『舟村新方』」, 『장서각』 25, 2011.
44 김성수, 「이형익의 번침술에 대하여」, 『연세의사학』 17-2, 2014.
45 김남일 · 차웅석 · 방성혜 외, 「醫人 白光玹의 행적 연구」, 『한국의사학회지』 26-2, 2013.
46 구현희 · 안상우, 「의료설화를 통해 본 名醫 柳義泰의 자취 연구」, 『영남학』 16, 2009.
47 김승룡 · 채한, 「석곡 이규준 연구의 성찰과 모색」, 『한국의사학회지』 31-1, 2018.
48 오재근, 「黃度淵의 의학과 그의 또 다른 이름 黃道淳」, 『대한한의학원전학회지』 30-3, 2017.
49 김동율 · 차웅석, 「이공윤의 의약동참기록 연구」, 『한국의사학회지』 29-2, 2016.
50 김성수, 「朝鮮時代 醫員의 변화와 自己意識 형성」, 『한국한의학연구원논문집』 17-2, 2011.

이 사대부 문인들과 조직을 만들어 교류하는 등 의원의 정체성을 확고히 하고 있었다는 점을 세밀하게 밝혔다.[51] 의료인에 관한 자료가 매우 적다는 측면에서 자료의 발굴과 함께 의인들에 관한 사회사적 분석이 앞으로 활발해지기를 기대한다. 이 외에 조선의 의료 정책에 포함되어 있던 다른 형태의 의료인인 의생(醫生)[52]·심약(審藥)[53] 등의 연구도 진행되고 있는데, 해당 연구자가 이들을 종합하여 내놓을 결과물 역시 흥미를 유발하는 요소이다.

의료인·의학 지식과 함께 의학의 기본 속성의 한 부분을 형성하는 질병에 관한 연구는 이제 찾아보기 어려운 상황이 되었다. 중풍(中風)을 통해 고려와 조선의 의학이 지니는 속성을 구분한 연구[54]나 홍역(紅疫)[55]·창진(瘡疹)[56]을 종합적으로 다룬 연구 정도만 거론할 수 있는 상황이다. 이는 전근대의 질병이 현대적으로 명확하게 구분하기 어려운 경우가 대부분이고, 또한 질병으로 발생한 사회적 상황의 변화를 찾아내기 어려운 현실에서도 기인한다. 그러한 점에서 수의학 분야이기는 하지만, 우역(牛疫)과 관련한 김동진의 일련의 연구[57]는 주목할 만하다. 농업이 경제의 기반이었던 전근대 사회에서 우역의 발생은 전 사회적 문제였는데도, 그것이 미치는 영향을 기존

---

51 이기복, 「18세기 의관 李壽祺의 자기인식-기술직 중인의 전문가의식을 중심으로-」, 『의사학』 22-2, 2013.
52 박훈평, 「조선시대 지방 의생 제도에 대한 고찰」, 『한국의사학회지』 29-1, 2016.
53 박훈평, 「조선시대 醫官職 審藥에 대한 고찰」, 『한국의사학회지』 28-2, 2015.
54 이경록, 「고려와 조선전기 중풍의 사회사」, 『태동고전연구』 30, 2013.
55 박훈평, 『조선, 홍역을 앓다-조선후기 홍역치료의 역사』, 민속원, 2018.
56 방성혜, 『조선, 종기와 사투를 벌이다-조선의 역사를 만든 병, 균, 약』, 시대의창, 2012.
57 김동진, 「16~18세기 우역 치료방과 방역 시스템의 발전」, 『연세의사학』 19-2, 2016; 김동진·유한상, 「병자호란 전후, 1636-1638. 소의 역병, 牛疫. 발생과 확산의 국제성」, 『의사학』 43, 2013; 김동진·유한상·이항, 「17세기 후반 우역의 주기적 유행이 기근·전염병·호환에 미친 영향」, 『의사학』 23-1, 2014.

의 역사학에서 미처 간파하지 못하고 있었다. 이른바 소빙기(小氷期)와 의약에 관한 연구[58]들도 있지만, 조선 후기 경제의 침체를 우역을 통해 더 세심하게 분석하였다는 점에서 이목을 끈다. 그러나 이에 대한 학계의 반응은 그다지 크지 않은 것 같아 안타까움이 있는데, 최근 환경사에 대한 관심이 최근 늘어나고 있다는 점에서 주목받을 연구로 보인다.

일반 질병과는 달리 전염병에 관한 연구는 다시 제고될 것으로 보인다. 21세기 들어 사스, 신종플루, 메르스, 그리고 최근의 코로나19의 사례처럼 전염병이 유행하면서 과거 전염병과 관련한 연구도 다시 활기를 띠는 상황이다. 2015년 메르스 유행 당시 대한의사학회에서는 이와 관련하여 학술 대회를 개최하였지만, 특집호로 발간되지는 못하고 개별적으로 발표된 아쉬움이 있다. 그럼에도 전염병은 사회에 미치는 영향력이 크기 때문에 여전히 주요 연구 소재인데, 역병을 통해 한국 고대사 전반을 서술한 이현숙[59]의 연구, 고려 시대의 사회를 재조명한 연구,[60] 16세기 온역(溫疫)의 창궐을 다룬 이경록의 연구[61] 등이 계속 발표되었다. 특히 세계에서 두 번째로 성홍열(猩紅熱)을 구체적으로 기술한 것으로 유명한 허준의 『신찬벽온방(新纂辟溫方)』에 관한 김호의 연구[62]도 주목된다. 무엇보다 최근 『신찬벽온방』 『벽역신방(辟疫新方)』 『두창경험방(痘瘡經驗方)』 등 전염병 의서를 본격적으로 연구 발

58 김문기, 「17세기 중국과 조선의 小氷期 기후변동」, 『역사와 경계』 77, 2010; 김덕진, 「17세기 한강의 장기 결빙과 그 영향」, 『한국사연구』 157, 2012; 전제훈, 「朝鮮 小氷期 醫藥思想 연구-江陵 藥局契 성격의 지속과 변화」, 『원불교사상과 종교문화』 73, 2017.
59 이현숙, 「역병으로 본 한국고대사」, 『신라사학보』 28, 2013.
60 김영미 외, 『전염병의 문화사-고려시대를 보는 또 하나의 시선-』, 혜안, 2010.
61 이경록, 「조선 중종 19~20년의 전염병 창궐과 그 대응」, 『중앙사론』 39, 2014.
62 김호, 「1612년 溫疫 발생과 許浚의 『新纂辟溫方』」, 『조선시대사학보』 74, 2015.

표하고 있는 김상현의 연구[63]가 '조선에서의 전염병학' 전반을 살펴볼 수 있는 계기가 되기를 기대한다. 한편 많은 수의 전염병이 인수공통전염병에서 유래하므로 수의학적 관점에서 이를 추적한 김동진 외의 연구[64]도 의의가 있다.

질병을 치료하기 위한 기술의 발전상을 추적하는 연구도 찾아볼 수 있다. 전근대 시기에 사용되었던 탕제 연구가 주로 방제학(方劑學) 분야에서 임상적 유효성을 추적하는 방식으로 주도되었다면, 이와 다르게 의학사 분야에서는 『침구경험방(鍼灸經驗方)』의 침법[65]이나 백광현의 치종술(治腫術),[66] 이형익의 번침술(燔鍼術)[67] 등 새로운 기술이나 이제는 찾아보기 어려운 조선의 독특한 치료술의 등장에 주목하였다. 또한 본격적인 의료 시술이라고 보기는 어렵지만, 한증 요법과 관련한 연구[68]도 보인다.

---

63 김상현, 「『新纂辟瘟方』의 瘟疫 인식 및 辟疫書로서의 의의에 대한 고찰-『東醫寶鑑·瘟疫門』과의 비교를 중심으로-」, 『대한한의학원전학회지』 26-4, 2013; 김상현, 「『辟疫神方』의 毒疫에 대한 고찰」, 『대한한의학원전학회지』 28-2, 2015; 김상현, 「『痘瘡經驗方』에 나타난 두창 치료의 특징과 그 의의」, 『대한한의학원전학회지』 29-4, 2016; 김상현, 「『痘瘡經驗方』의 편집본과 그 활용에 대한 연구」, 『대한한의학원전학회지』 33-1, 2020.

64 김동진·유한상·이항, 「17세기 후반 우역의 주기적 유행이 기근·전염병·호환에 미친 영향」, 『의사학』 23-1, 2014.

65 오준호, 「『침구경험방』을 통해 본 17세기 조선 의료와 침구기법」, 『한국의사학회지』 24-1, 2011; 오준호, 「17-18세기 조선의 鍼, 그 종류와 형태」, 『民族文化』 49 한국고전번역원, 2014.

66 방성혜·차웅석·김남일, 「한국 한의학 문헌에 나타난 봉합수술에 관한 소고」, 『한국의사학회지』 23-2, 2010.

67 김성수, 「이형익의 번침술에 대하여」, 『연세의사학』 17-2, 2014.

68 박상영, 「「蒸室記」 硏究」, 『대한한의학원전학회지』 24-5, 2011; 김성수, 「조선 시대 한증 요법의 운영과 변천」, 『한국과학사학회지』 38-3, 2016.

이처럼 다양한 방면에서 묘사된 한국 전근대 의학의 변화와 발전의 방향성은 무엇이며, 그것이 사회에 미친 영향은 구체적으로 무엇인가 하는 의문이 생긴다. 과거 고려 말 조선 초 향약론의 대두를 중심으로 조선 의학의 방향성이 논의된 적이 있었지만,[69] 그 이후로 본격적인 논의가 더 진행되지 못한 것은 아무래도 전 시기에 걸친 의학적·역사적 관점이 필요하다는 어려움 때문이었을 것이다. 그럼에도 이법방약(理法方藥, 이론-치료법-처방-약재)의 틀로 고려에서부터 조선 후기까지 의학의 발전 단계를 구성하려는 시도[70]는 주목할 만하다. 그보다는 짧은 시기라고 할 수 있지만, 17~18세기 의학 지식의 방향성을 논한 연구[71]나 『역시만필』의 임상에서 나타난 의학 지식의 새로운 방향성을 살펴본 연구[72]도 참고가 된다.

한편 의학과 의료의 발전과 대중화가 낳은 결과가 구체적으로 무엇이었는지 밝히는 일은 쉽지 않다. 대표적으로 전염병이 유행하여 발생하는 피해의 규모는 나타나지만, 실제 의료 행위를 통해 그 피해가 어느 정도 감소되었는지는 알 수 없기 때문이다. 의료와 관련된 통계가 마련되어 있지 않은 상태라는 근본적인 한계가 있는 상황에서, 의학 이론의 발전이나 의료 정책

---

69 진단학회에서 주최한 『향약집성방』 학술대회의 결과 다음과 같은 논문이 발표되었다. 김호, 「여말선초 '鄕藥論'의 형성과 『鄕藥集成方』」, 『진단학보』 87, 1999; 이태진, 「『鄕藥集成方』편찬의 政治思想的 배경과 의의」, 『진단학보』 87, 1999; 남풍현, 「『鄕藥集成方』의 鄕名에 대하여」, 『진단학보』 87, 1999; 김남일, 「『鄕藥集成方』의 인용문헌에 대한 연구」, 『진단학보』 87, 1999; 허봉희, 「『鄕藥集成方』의 藥學的 硏究와 DATABASE 化」, 『진단학보』 87, 1999.

70 이경록, 「고려와 조선시대의 의학발전 단계 시론-의서를 중심으로-」, 『이화사학연구』 58, 2019.

71 김성수, 「18세기 조선 의학지식의 구조와 특성」, 『연세의사학』 19-2, 2016.

72 이기복, 「조선 후기 의학 지식 구성 및 실행 방식의 변화: 18세기 『歷試漫筆』을 중심으로」, 『한국과학사학회지』 41-1, 2019.

의 실현만으로 실제 의학·의료가 사회에 미치는 영향이 확대되었다고 단정하기는 어렵다. 이와 관련하여 행장(行狀)을 분석하여 출산과 인구 변동을 파악한 연구[73]는 시사점을 던져 준다. 경제사적 분석에 따른 이 연구에서는 17세기 후반을 기점으로 출산율이 하락하고, 이것이 인구 증가율 하락으로 이어졌다고 주장했다.

해당 연구에서 인구의 변동 요인으로 질병과 치료가 중요 요소는 아니었지만, 16세기 중반 이후 미성년 사망자의 증가 추세는 의학사적 관점이 반영될 수 있는 여지를 남겨 놓았다. 이와 비슷하게 경제사적 관점에서 조선시대 사람들의 신장을 분석한 연구[74]도 참고할 만하다. 경제사적 분석에는 절대적으로 영향을 미치는 통계의 정확성이 문제가 될 수도 있지만, 분석의 적절한 응용을 통해 의료 행위에 따른 결과가 그 사회에 어떻게 반영되었는지를 살필 수 있는 연구가 나오기를 기대한다.

3. 새로운 경향의 대두

1) 분야의 확장

이처럼 전통적인 연구 분야인 제도나 사상 등에 대한 관심이 침체하고 있

---

73 김두얼, 「행장류 자료를 통해 본 조선시대 양반의 출산과 인구변동」, 『경제사학』 52, 2012.
74 조영준, 「조선시대 문헌의 身長 정보와 尺度 문제-軍籍과 檢案을 중심으로-」, 『고문서연구』 41, 2012.

는 사이에 새롭게 각광을 받아 진행되었거나 진행 중인 주제들도 보인다. 먼저 2010년대 초반에 집중되었던 통신사(通信使) 관련 의학 자료를 언급할 수 있다. 연세대학교 국문학과를 중심으로 진행되었으며, 조선 후기 일본에 파견된 통신사에 포함되었던 의원들이 일본의 의원들과 나눴던 대화를 기록한 창화록(唱和錄)을 중심으로 한 연구이다. 연구 책임자였던 허경진[75]을 비롯하여 국문학 전공자인 구지현,[76] 김형태[77] 등이 일본에서 간행된 자료를 번역하면서 그 안에 나타난 조선과 일본 의학의 특성을 일부 밝혔다. 문학이 아닌 한의학을 전공한 함정식의 연구[78]도 있는데, 통신사 기록을 통한 연구는 대략 2014년까지 결과가 계속 발표되었다. 당시까지 학계에서 주목하지 않았던 기록물인 필담집(筆談集)을 연구했다는 점에서도 의미가 큰 일이었으며, 또한 조선과 일본의 의원들 사이에서 진행된 대화를 통해 각기의 학문적 특성과 입장이 드러난다는 점에서도 시사점이 있었다.

그럼에도 통신사 관련 의학 필담의 연구에서 아쉬운 부분은 우선 연구의 연속성에 있다. 연구 재단의 지원으로 시작된 연구들에서 나타나는 공통적인 문제이지만, 지원이 완료된 이후에는 연구자들이 다른 지원 연구에 전념하느라 연구가 계속되지 못한다는 한계가 여실히 드러난다. 이는 국문학 연구자들의 연구 결과가 2014년 이후 두드러지지 않는다는 사실에서도 알 수

---

75 허경진, 「조선 의원의 일본 사행과 의학필담집의 출판 양상」, 『의사학』 19-1, 2010.
76 구지현, 「1748년 조선 양의(良醫)와 일본 관의(官醫)와의 필담 출현과 서적담화 양상」, 『열상고전연구』 38, 2013.
77 김형태, 「醫員筆談 『和韓醫話』를 통한 朝日 의료 풍속의 고찰」, 『한국민족문화』 52, 2014.
78 함정식, 「『答朝鮮醫問』과 한·중·일 의학교류-'의학문답'을 중심으로-」, 『조선통신사연구』 25, 2018.

있다. 여기에는 의학, 특히 전통 의학에 관해 기본적 이해가 충분하지 못한 상황에서 진행되는 연구가 연속성을 유지하는 것이 무척 어렵다는 현실도 작용하고 있다. 한편 한의학 전공자들의 경우에는 많은 경우 현장에서 임상을 겸하고 있기 때문에 연구에만 집중하기 어렵다는 한계가 있다. 개별 연구자들에게만 이러한 어려움을 극복하라고 하는 것이 무리한 요구일 수 있으며, 연구 지원을 안정적으로 유지하기 위해서는 그 방법을 고민해야만 한다.

통신사 연구에서 드러난 문제점과 다르게 의학사 연구 전반에서 의안(醫案)의 연구는 앞으로도 지속될 가능성이 높은 분야이다. 실제로 중국의 경우 의안의 연구가 활성화되어 있는데, 여기에는 의안이 많이 존재한다는 이유도 있다. 반면 국내에서는 의안이 많지 않아서 그동안 이에 관한 연구가 활발하지 못하였고,[79] 그나마 정부의 연대기인 『조선왕조실록』이나 『승정원일기(承政院日記)』를 통해 왕실의 질병과 치료의 과정을 다룬 연구들이 발표되어 왔다.[80] 이 경향은 계속되어 국왕 개인과 왕실의 진료 행태를 살펴본

---

79 이러한 이유로 김남일이 2004년부터 『민족의학신문』에 「歷代名醫醫案」이라는 칼럼으로 의안을 꾸준히 소개해왔던 것은 학계에 많은 기여를 했다고 생각한다.
80 조선후기 국왕의 질병과 치료를 집중적으로 다룬 김훈의 연구가 대표적이라고 할 수 있다. 2010년대의 것만을 들자면 다음과 같다. 김훈, 「朝鮮時代 憲宗의 疾病에 관한 고찰」, 『대한한의학원전학회지』 23-1, 2010; 김훈·이해웅, 「朝鮮時代 哲宗의 疾病에 관한 고찰-『日省錄』을 중심으로-」, 『한국의사학회지』 25-2, 2012; 김훈·이해웅, 「朝鮮時代 純宗의 疾病에 관한 고찰-『朝鮮王朝實錄』을 중심으로-」, 『한국의사학회지』 26-2, 2013.

연구[81]들이 속속 발표되고 있으며, 또한 『의방유취』[82] 『의림촬요』[83] 『동의보감』[84]과 같은 의서에 수록된 의안을 분석하는 연구도 있다.

그러던 차에 새롭게 발굴된 의안인 이수기의 『역시만필』은 매우 특별한 사례였고, 이후 연구자들의 주목을 받았다.[85] 먼저 저자인 이수기의 자기 인식과 치료에서 나타나는 특징을 차례로 언급한 연구[86]에서부터 여성의 질병과 치료 과정에서 나타나는 특징을 다루거나,[87] 온병 치료에서 나타나는 특징을 파악[88]하는 등 다양한 연구가 진행되었다. 물론 『역시만필』이 드문 사례라는 점에서 의안 연구의 전망이 불투명하지만, 의학에서는 이론과 함께

---

81 방성혜·안상우·차웅석 외, 「『승정원일기』에 기록된 장희빈 의안 관련 연구」, 『한국의사학회지』 27-2, 2014.; 박주영·차웅석·김남일, 「조선 장렬왕후의 경련에 대한 치병기록 연구-『승정원일기』의 의안을 중심으로-」, 『한국의사학회지』 29-1, 2016; 박주영·국수호·김남일 외, 「현종 비 명성왕후의 복약 기록 연구-『승정원일기』의 의안을 중심으로-」, 『한국의사학회지』 32-1, 2019.

82 김남일·차웅석·구민석 외, 「『醫方類聚』의 醫案에 대한 연구-各 門別 분포와 引用書를 중심으로-」, 『한국의사학회지』 30-1, 2017.

83 구민석·김민선·김홍균 외, 「『醫林撮要』의 醫案에 대한 연구」, 『한국의사학회지』 31-1, 2018.

84 오재근, 「조선 의관 허준의 임상 의학 사유 엿보기-『동의보감』에 수록된 임상 사례 및 의안 분석-」, 『의사학』 24-3, 2015.

85 이선아, 「19세기 고창지방 의원 은수룡이 남긴 경험의안」, 『한국의사학회지』 18-2, 2005와 같은 연구에서 보듯 간혹 의안이 소개되었지만, 『역시만필』은 풍부한 임상경험을 담고 있다는 점에서 매우 중요한 의미가 있다고 하겠다.

86 이기복, 「18세기 의관 李壽祺의 자기인식-기술직 중인의 전문가의식을 중심으로-」, 『의사학』 22-2, 2013; 이기복, 「조선 후기 의학 지식 구성 및 실행 방식의 변화: 18세기 『歷試漫筆』을 중심으로」, 『한국과학사학회지』 41-1, 2019.

87 이꽃메, 「『歷試漫筆』의 사례로 재구성한 조선후기 여성의 삶과 질병」, 『의사학』 24-2, 2015; 하여주, 「조선시대 의학서로 본 여성 몸 담론-『東醫寶鑑』과 『歷試漫筆』을 중심으로」, 『역사와 경계』 109, 2018.

88 김상현, 「『역시만필』에 기록된 조선 후기 외감병 치료에 대한 소고-온병학적 관점에서 본-」, 『한국의사학회지』 30-2, 2017.

임상이 중요한 축으로 작용하기 때문에 실행이라는 측면에서 의학의 성격을 명확하게 규정할 수 있게 해 주는 의안에 관한 관심은 지속될 전망이다. 이러한 이유로 의안의 발굴이 절실한데, 그나마 지방에서 소규모로 발견되는 의안들에 관한 연구가 지속된다는 점은 매우 희망적이라고 할 수 있다.[89]

한편 조선 시대에 사대부들이 남긴 일기 자료도 의미가 있다. 일기 자료에는 속성상 질병에 관한 기록과 치료의 흔적이 상당히 많이 남아 있으므로, 현실에서의 질병과 치료 과정을 살필 수 있다는 장점이 있다. 그런 이유로 『묵재일기(默齋日記)』,[90] 『미암일기(眉巖日記)』,[91] 『흠영(欽英)』[92]과 같은 일기가 주목을 받았다. 그러나 일기 자료는 개인적인 차원에서의 의료 기록이기 때문에 당시 사회상을 어떻게 그려 낼 수 있는지를 진지하게 고민해야 한다. 가령 『묵재일기』를 저술한 이문건(李文楗)은 생애 후반을 주로 성주에서 보냈고, 『흠영』의 저자인 유만주(兪晚柱)는 한양에서 거주했다. 즉 일기는 저자가 생활한 공간적 배경에 크게 영향을 받을 수밖에 없으므로, 일기를 통해서 조선사회 전반의 의료 상황을 파악하기 위해서는 뒷받침할 수 있는 제반 자료를 충분히 이용할 필요가 있다. 그 때문에 『묵재일기』에 나타난 의료 관련 자료를 통해 지방민의 일상과 질병을 상세하게 그려 내면서

---

89 이에 대해서는 앞서 언급한 『우잠잡저』나 『경보신편』을 참조하시오. 이외에도 권오민·안상영·안상우 외, 「經驗醫案『愚岑雜著』의 肝鬱 治驗例」, 『한국의사학회지』 25-1, 2012; 박상영, 「發掘 醫案 고려대학교 소장 『經驗方』에 대하여」, 『한국의사학회지』 28-1, 2015 등의 의안 연구가 있다.

90 김성수, 「『默齋日記』가 말하는 조선인의 질병과 치료」, 『역사연구』 24, 2013.

91 홍세영, 「『眉巖日記』의 의학 기록 연구」, 『민족문화』 36, 2011.

92 김성수, 「18세기 후반 의학계의 변화상-『欽英』으로 본 조선후기 의학-」, 『한국문화』 65, 2014.

도, 조선 시기 의학의 전반적 상황을 결합시킨 신동원의 연구[93]가 주목받기도 하였다.

통신사와 의안 연구에 이어서 주목할 만한 주제 가운데 하나로 등장한 것이 여성사적 관점에서의 접근 방법이라고 할 수 있다. 통신사·의안 연구가 새롭게 발굴되는 사료를 중심으로 전개되는 양상이라면, 이는 여성학 혹은 여성사에 대해 인식이 달라지면서 나타난 시각의 전환에서 파생된 연구라고 할 수 있다. 특히 국문학 분야에서 연구가 집중적으로 이루어지고 있는데, 그동안 전근대 여성 문학을 전공한 연구자들을 중심으로 많은 여성 관련 자료가 수집되고 번역되었기 때문에 가능하였던 것으로 보인다. 그럼에도 다수의 연구가 어쩔 수 없이 의학적으로는 산부인과 분야에 한정되는 경향을 보이는데, 주로 언급되는 자료가 『규합총서(閨閤叢書)』·『태교신기(胎教新記)』와 같은 극소수 자료에 국한된다.[94] 또한 현재까지 여성사·여성 문학 연구자들과 의학사 연구자들 사이에 협업이 이루어지지 못하는 것도 연구의 깊이에 한계를 보이게 한다는 점에서, 학문 간 공동 연구의 필요성이 절실하다. 이러한 사정을 감안할 때 『동의보감』에서 제시한 여성 의학 이론이 실제의 임상에서 어떻게 이해되고 진단과 치료의 과정에서 어떻게 구현되는지를 『역시만필』에서 찾으려는 연구[95]는 의의가 있다.

여성사와 마찬가지로 타 학문 분야와 결합한 연구의 확장도 살펴볼 수 있다. 대표적으로 의서를 발굴하여 내용을 분석하면서 서지학적 연구를 병행

---

93 신동원, 『조선의약생활사-환자를 중심으로 본 의료 2000년-』, 들녘, 2014.

94 정해은, 『조선 엄마의 태교법 - '기질 바른' 아이를 낳기 위한 500년의 역사』, 서해문집, 2018 등.

95 이꽃메, 앞의 논문; 하여주; 앞의 논문.

하는 것이다. 『우잠잡저』나 『경보신편』과 같은 의서의 발굴 이외에도 새로운 의서로서 『찰병요결(察病要訣)』[96]이나 황도순의 『연행일기』[97]와 같은 자료가 발굴 · 소개되었다. 또한 이전에 찬자에 관해 논의가 분분하였던 『마진편(麻疹篇)』의 저자를 확정하는 연구나,[98] 『고금경험활유방』,[99] 『삼방찰요(三方撮要)』[100] 등에 관한 연구도 발표되었다. 이들이 대부분 의서라는 점에서는 당연히 검토의 대상이 되겠지만, 의학이 실현되기 위해서는 다양한 요소가 필요하듯이 해당 자료도 여러 가지 형태로 분포한다는 점을 기억할 필요가 있다.

가령 약국의 판매 장부를 통해서 19세기 후반 의약이 거래되는 방식을 고찰한 연구는 시사하는 바가 크다.[101] 즉 전라도 강진에 있던 약국의 장부를 통해 약을 이용하는 계층과 거래의 수단, 의약 거래인과 환자들이 연결되는 방식 등이 구체적으로 그려지기 때문이다. 조선 전기의 『미암일기』 · 『묵재일기』 등과 다르게 조선 후기에는 의료의 상업화로 전문 의료인(의원 · 약재상)이 다수 활동하는 양상을 뚜렷하게 볼 수 있다. 아울러 『흠영』은 시기적으로는 조선 후기이지만, 공간적으로 한양이고 무엇보다 기록자가 의료인이 아닌 환자의 입장이었다. 앞서 언급된 의안들의 경우에도 실제 의약품을

96 구민석 · 김민선 · 이향영 외, 「영월군 家傳 『察病要訣』에 대한 연구」, 『한국의사학회지』 31-2, 2018.
97 구현희, 「황도순 手澤本 『燕行日記』의 발굴과 의의」, 『한국의사학회지』 31-2, 2018.
98 김남일 · 유철호, 「麻疹篇 저자와 저술 시기에 대한 고찰」, 『한국의사학회지』 25-2, 2012.
99 김동율 · 조학준, 「유상의 『고금경험활유방』 연구-내용상의 특징을 중심으로-」, 『한국의사학회지』 30-2, 2017.
100 안상우, 「『三方撮要』의 편찬과 傳存내력」, 『한국의사학회지』 31-2, 2018.
101 김덕진, 「19세기말 藥局 판매장부를 통해 본 의약 거래관행」, 『역사학연구』 69, 2018.

어떻게 거래했는지는 전혀 드러나지 않았는데, 4년간 4천여 건의 매매를 기록한 해당 자료는 매우 흥미롭다고 할 수 있다.

이 외에 환경사적 관점과의 결합도 살펴볼 수 있는데, 조선 후기에 집중되어서 나타난다. 이는 소빙기라고 하는 전 세계적 환경 변화에 의한 농업경제의 후퇴, 전염병의 유행과 밀접하게 연관되어 있으며, 대표적으로 을병대기근이 지방 사회에 미친 영향과 질병의 양상을 다룬 연구를 들 수 있다.[102] 이는 17~18세기의 대기근을 다룬 연구[103]에서 보여준 기후변화에 따른 일상의 변화를 다시금 확인시켜 준다. 유념할 것은 기후의 변화가 단순히 기근 → 전염병 유행이라는 단선적인 행로로만 전개되는 것이 아니라 우역의 주기적 유행과 맞물려 더욱 확대 재생산되었음을 보여주는 연구도 있다는 사실이다.[104] 환경적 요인이 인간의 건강과 질병의 발생에 영향을 크게 미치지만, 그 변화의 양상을 명확하게 파악하여 의학사 영역에서 주요 분야로 확고하게 자리하게 하는 노력이 더 필요해 보인다.

2) 연구 방법의 다양화

역사의 연구는 무엇보다 텍스트를 기반으로 한다. 적어도 한국 전근대사의 연구를 보면, 다양한 텍스트 가운데에서도 연대기가 우선 검토 대상이다. 『삼국사기』・『고려사』・『조선왕조실록』 등의 기본적인 연대기를 들 수

---

102 김경숙, 「을병대기근기 향촌사회의 경험적 실상과 대응」, 『역사와 실학』 61, 2016.
103 김덕진, 『대기근, 조선을 뒤덮다』, 푸른역사, 2008.
104 김동진・유한상・이항, 「17세기 후반 우역의 주기적 유행이 기근・전염병・호환에 미친 영향」, 『의사학』 23-1, 2014.

있는데, 최근 조선 시대의 『승정원일기』와 같은 일차 사료에 가까운 연대기가 주목받고 있다. 이는 의학사 연구에서도 마찬가지로 나타나는 현상이다. 다음으로 개인의 문집류도 있는데, 불행하게도 사대부의 문집에는 의학·의료 관련 주제가 매우 한정된다는 점에서 연구의 중심에 서기 어려운 측면이 있다. 이러한 상황에서 주목받게 된 자료가 바로 일기다. 특히 『묵재일기』·『미암일기』·『쇄미록(瑣尾錄)』·『흠영』 등은 많은 의약 기록을 담고 있다는 점에서 중요한 연구 대상이 되었다.

2000년대 초반에 발표된 논문들[105]에 이어서 계속되고 있는 미시사적 접근에 충실한 연구는 한 개인의 생활상을 면밀하게 그려 낸다는 점에서 제도사적인 관점에서의 연구와는 결을 달리한다. 실제로 의학에는 사회의 제도적인 측면이 존재하지만, 동시에 개인의 생활적인 요소도 빠질 수 없기 때문인데, 같은 이유로 생활사 연구라는 측면에서 한국사의 양상을 풍부하게해 준다. 역사학이 학문의 영역에만 머무르지 않고 일반 대중과 함께해야 한다는 당위 속에서 20세기 후반 민중사·생활사가 전면에 등장한 이래,[106] 한국사의 기술에서 의학사 분야가 계속 언급된 이유이기도 하다. 이와 같은 기조는 21세기에도 계속 유지되어, 이미 대한의사학회에서는 의학사의 미시적 접근에 관한 특집을 간행하기도 하였다.[107] 다만 일기류에 관한 연구가

---

105 이와 관련해서는 김성수, 김호, 신동원에 의한 일련의 연구가 있다. 이들에 대해서는 신동원, 「한국 전근대 의학사 연구 동향」, 『의사학』 19-1, 2010을 참고하시오.

106 이러한 기조는 한국역사연구회에서 1997년 간행하였던 『조선시대사람들은 어떻게 살았을까』 1·2에서 잘 보인다. 거시사와 미시사, 그리고 생활사의 접목이라는 의도에서 시작되었던 이 기획을 통해서, 조선의 역사 전반을 다루면서 의약은 빠지지 않는 주제가 되었다고 할 수 있다.

107 2015년 발간된 『의사학』 24-2호에 실린 논문은 다음과 같다. 설혜심, 「미시사 연구의 이

계속되어 생활 속에서 실행된 의학의 모습이 상세하게 그려지고 있지만, 여전히 자료 부족과 미시사 혹은 생활사를 사회·국가의 역사와 면밀하게 연결시킬 방법론적인 고찰에 관한 논의를 진척시킬 필요가 있다.

　미시사의 한 방법이면서 텍스트로 구현되지 않은 자료를 통해 역사를 재구성하는 방법으로 구술사를 들 수 있다. 의료인에 관한 기록이 매우 드문 한국의 상황에서 이는 아주 중요한 방법론이라고 할 수 있는데, 약업사를 중심으로 19세기 후반 한의학계의 움직임을 살핀 박경용의 연구[108]가 대표적이다. 다만 구술이 기억과 전승에 의존한다는 점에서 구술로 소급할 수 있는 시간적인 제약과 정확도의 문제가 있지만,[109] 그나마 기억이 소환될 수 있는 시간이 많이 남지 않았다는 점에서 앞으로 집중해서 검토할 방법론으로 보인다. 또한 전승이라는 면에서 민속학적인 방법론을 검토할 수 있다. 최근 민속학계에서 의학사 관련 논문[110]이 심심치 않게 나올 수 있는 배경이기도 한데, 이 역시 구술사의 한계를 마찬가지로 지니고 있다.

　그럼에도 구술사나 민속학이 지니는 의학사적 의의는 분명히 존재한다. 가령 한때 허준의 스승으로 잘못 알려졌던 유의태라는 의원을 둘러싼 설화

론과 동향: 의사학의 시각」; Xinzhong Yu, Yumeng Wang, 「Microhistory and Chinese Medical History: A Review」; 신동원, 「미시사 연구의 방법과 실제: 이문건의 유의일기(儒醫日記)」

108　박경용, 「採藥 민속과 민간의료-대구·경북지역 採藥人의 경험과 인식을 중심으로-」, 『인문학연구』 76, 2009.

109　구술사의 성과와 한계에 대해서는 신규환, 「최근 한국의학사 연구에서 구술사 연구의 성과와 한계」, 『의사학』 44, 2013을 참조하시오.

110　원보영, 「민간의 질병인식과 치료행위에 관한 의료민속학적 연구 : 19-20세기 일기와 현지조사 자료를 중심으로」 한국학중앙연구원 박사학위논문, 2009; 박경용, 「사찰 민간의료의 전승 유형과 의료민속학적 함의-전승 스님과 치료 경험자의 사례를 중심으로-」, 『민족문화논총』 52, 2014.

를 들 수 있다. 조선 후기 경상도 산청 지역에서 활동한 의원이었다는 연구[111]가 있으나, 설화에 근거한다는 점에서 인물의 실존 여부에는 의문스러운 점이 있다. 그렇지만 그와 같은 설화가 등장하는 데에는 일정한 배경이 있기 마련이다. 적어도 설화 속의 유의태는 명의이지만, 그렇게 만든 주된 요인은 결국 조선 후기 의료에서 배제된 피지배층의 반감과 구원자를 찾는 갈망 등이 복합적으로 작용했다는 사실을 보여준다는 점에서 의미가 있다.[112] 기록을 통해서 드러나기 어려운 하층민들의 기저 심리가 설화에서 가감 없이 드러난 것이다.[113]

다음으로 미시사 혹은 구술사와 궤를 같이하는 인류학적인 접근법도 들수 있다. 사회의 구조 속에서 기능적으로 작동하는 의학의 방식이 지니는 특성을 찾고자 하는 이러한 방법론은 개인과 사회·국가를 일대일 혹은 직접적인 관계로 설정하여 설명하는 일반적 역사 연구 방법론에서 간과하기 쉬운 구조적인 모습을 재발견하게 해 준다는 점에서 의의가 있고, 이와 관련한 김태우의 연구는 참고할 만하다.[114] 그러나 인류학적 연구가 특정 공동

---

111 구현희·안상우, 「의료설화를 통해 본 名醫 柳義泰의 자취 연구」, 『영남학』 16, 2009; 구현희·안상우, 「의료설화에 나타난 의학적 처치의 사실성과 의미-류의태 의료설화 사례를 중심으로」, 『한국의사학회지』 23-1, 2010.

112 이러한 사실은 이익이나 정약용이 이익에 눈먼 속세의 의사들을 비판하였던 것과는 사뭇 다른 태도라고 할 수 있다. 이를 통해 보면, 조선 후기 의료인은 지배층으로부터 이익을 탐하는 소인으로, 피지배층으로부터는 질병을 고치고 건강이라는 안락의 세계로 인도하는 사람이라는 인식의 층 가운데 존재하고 있었다. 성리학적 인술과 상업적 의료라는 결이 다른 두 범주에 걸치고 있는 존재이기에 나타나는 현상이며, 한편으로 불균등한 상업적 의학에 대하여 내재된 당대인의 불만이 은연 중에 드러난 것으로 보인다.

113 이러한 모습을 신동원은 『호열자, 조선을 습격하다』(역사비평사, 2004)에서 변강쇠가를 통해 조선 후기 하층민의 의학에 대한 인식을 적나라하게 그려냈다.

114 김태우, 「과거의 의서에서부터 당대의 실천까지 : 『소문대요』, 소문학회, 그리고 동아시

체와 사회의 구성, 혹은 이론의 형성 등에 관해 설명할 수 있지만, 공시성(共時性)을 중시하는 연구에서 역사성을 어떠한 방식으로 추출해 나갈 것인지는 역사학계와 계속해서 논의할 필요가 있다. 가령 국가, 의료인, 환자로 연결되는 중층구조가 과연 조선 전 시기를 거쳐서 작동되는 것인지 섬세하게 검토해야 할 대목이다.

그리고 가장 최근에 등장한 새로운 연구 방법론은 고고학적인 방법론이다. 여기서 주목하는 고고학은 인류학적 방법론의 채용이 아닌, 텍스트를 제외한 유물을 통해서 역사를 재구성하는 일반론적인 고고학의 방법이다. 신라 시대 고분에서 발견된 인골의 미토콘드리아 DNA 분석에 기초한 하대룡의 연구[115]나 연길에서 발견된 유물로 침구의 기원을 밝힌 강인욱의 연구[116]가 대표적이다. 이상에서 언급한 소수의 고고학적 연구는 의학과 고고학 연구자가 협업으로 진행하였기 때문에 가능하였는데, 같은 이유로 연구가 활성화되기 어려운 한계가 있어서 앞으로 연구자 간 도움이 절실히 필요하다고 하겠다.

또한 앞서 잠깐 언급하였던 여성사적 접근법도 비중 있게 등장하였다. 일례로 형정(刑政)에서 여성 차별 의식이 어떻게 형성되고 관철되는지를 밝히

아 의학전통의 전승을 바라보는 의료인류학적 시선」, 『한국의사학회지』 26-1, 2013; 김태우, 「의료체계로서의 조선 의서: 인류학적 시선으로 읽는 의서 발간의 의미」, 『한국의사학회지』 28-1, 2015.

115 하대룡, 「慶山 林堂遺蹟 新羅 古墳의 殉葬者身分研究-土人骨의 미토콘드리아 DNA 分析을 中心으로-」, 『한국고고학보』 79, 2011.

116 강인욱 · 차웅석, 「연길 소영자 출토 유물로 본 동아시아 침구류(針具類)의 기원」, 『의사학』 26-3, 2017.

는 연구[117]와 같이, 여성사적 접근으로서의 의학사는 조선사회의 다양한 국면을 살펴볼 수 있는 계기를 마련해 줄 수 있다. 물론 이꽃메·하여주 등에 의해 『역시만필』 기록 속에 보이는 차별적 여성의 인체 이해가 언급되기는 했지만, 여전히 의학사 영역에서 여성사적 접근법은 부족한 편이다. 가령 태교(胎敎)와 관련한 김성수의 연구[118]를 살펴보면 철저히 의학적 관점만 반영되었을 뿐, 그 안에 담겨진 젠더적 입장에서의 성 이해에 관한 관심은 아예 찾아보기 어렵다. 이러한 현실을 볼 때 여성학적 이해에 근거한 의학사 연구는 이제 시작이라고 봐야 할 것이다.

그리고 코로나19의 세계적 유행이 잘 보여주듯이, 질병의 전파와 의학의 교류는 의학사 연구에서 매우 중요한 소재가 될 수 있다. 이른바 국가 간 혹은 문화 간 교류사(交流史)라고 불리는 관점은 의학사 영역에서 아직 활성화되지 않은 분야라고 할 수 있다. 물론 인물과 『의방유취』나 『동의보감』 같은 서적을 중심으로 의학 교류가 다루어지긴 했지만 대부분 서적 그 자체의 전파와 유통 상황 등을 추적하였을 뿐, 교류를 통한 의학 지식의 변화 과정이나 사회에 미친 영향과 같은 실제 의학사에서 찾고자 하는 내용들은 검토되지 못하였다. 이를 위해서는 일국사(一國史)적 관점의 탈피 이외에도 다(多)국가에 대한 역사적 인식도 동시에 필요하기 때문에 연구가 어렵겠지만, 앞으로 더욱 주목해야 할 연구라고 할 수 있다. 같은 이유로 동아시아 3

---

117 박소현, 「18세기 동아시아의 性, gender. 정치학-『欽欽新書』의 배우자 살해사건을 중심
    으로-」, 『대동문화연구』 82, 2013; 박소현, 「검안을 통해 본 여성과 사회」, 『古文書研究』
    50, 2017 등.
118 김성수, 「조선 전기 胎敎論의 수용과 전개」, 『인문논총』 71-1, 2014.

국에서 진행된 근대화와 의학의 관계를 살펴본 이종찬의 연구[119]나 해부학을 통해 한·중·일 사이의 의학 지식의 교류와 국내적 발전 상황을 추적한 김성수·신규환의 기획[120] 등이 계속되기를 기대한다.

3. 한계와 전망

1) 특수사의 한계

2010년대에 진행된 의학사 연구에서 주된 분야와 함께 새로운 주제나 연구 방법으로 대두되고 있는 몇몇 부분에 관해 간략한 검토를 마쳤다. 이 글에서 미처 다루지 못한 연구 동향도 많기에 모든 글을 소개하는 데 지면을 할애해야 하겠지만, 그보다 연구 경향을 정리하면서 느낀 몇 가지 문제점을 짚고 넘어가야 할 것 같다. 이는 최근에 그나마 활성화되고 있는 의학사 연구를 단속 없이 계속해서 진행하기 위해서이다. 김두종 선생을 필두로 한 한국 의학사 연구의 전통은 매우 깊지만, 오랫동안의 침체기가 있었다는 사실도 부정하기 어렵다. 이 글에서 굳이 한계를 지적하려는 이유는 바로 이러한 전철을 밟지 않기 위해서다.

첫째로 들 수 있는 문제는 연구자의 한정성이다. 의학사라는 분야의 특성

---

119 이종찬, 『동아시아 의학의 전통과 근대』, 문학과 지성사, 2004.
120 김성수·신규환, 『몸으로 세계를 보다: 동아시아 해부학의 성립과 발전』, 서울대학교 출판문화원, 2017.

으로 인하여 의학과 역사학에 관해 기본적인 지식이 필요한데, 이는 새로운 연구자가 배출되는 데 일종의 장애 요인으로 작용한다. 어쩔 수 없는 일이라고는 하지만 전근대사의 경우 그 정도가 더욱 심하여, 꾸준히 연구를 발표하는 사람은 손으로 꼽을 수 있을 정도이다. 그들을 대별하면 역사학 전공자인 김성수 · 김호 · 이경록 · 이현숙 정도이며, 한의학을 전공한 연구자로는 김상현 · 박훈평 · 오재근 · 이기복 · 전종욱 정도에 해당한다. 물론 한국 의학사 연구의 중흥기를 이끌었던 김남일 · 신동원 · 여인석을 제외하고서 말이다. 사실상 이들의 연구가 거의 전부라고 할 수 있는 상황에서, 어떻게 하면 신진 연구자를 발굴하여 연구 영역을 확장시킬지를 진지하게 논의해야 할 시점이다.

그나마 고무적인 것은 의학사에 대해 관심이 점차 늘어나고 있다는 사실이다. 참고 문헌에서도 알 수 있듯이 꾸준히 양적인 성장을 해 왔으며, 동시에 신진 연구자도 과거에 비해서 확대되었다. 다만 연구를 지속적으로 진행할 수 있는 여건은 그다지 충족되지 못한 것으로 보인다. 먼저 의학사는 어느 영역에 속하는지 질문을 받는다. 의학에 속하는지, 아니면 역사학에 속하는지. 정체성을 분명히 하라는 주문이겠지만, 의학도 역사학도 아닌 의학사를 연구하는 것뿐인 연구자에게 이는 매우 곤혹스러운 요구이다. 학과로 조직되어 있는 대학사회에서 의학사 연구자가 설 자리는 거의 없다고 봐도 과언은 아니다. 이를 타개하는 길은 결국 의학사의 영역을 더 넓히는 것이다. 즉 의학사를 통해 한국 전근대사를 이해할 수 있는 나름의 틀을 만들어야 한다.

둘째로 자료의 제한성이 문제다. 의학사 영역에서 주 대상으로 하는 연구 자료는 의서 혹은 의학자의 저술 등이 될 테지만, 무엇보다 새로운 자료의 발굴이 필요하다. 이는 앞서 『역시만필』의 등장이 의안 연구를 촉발하는 데 기여했던 사례를 통해서도 확인할 수 있다. 그렇다고 온전히 새 자료를 발굴하는 것이 가능하지 않기 때문에, 주목받지 못했던 자료들에 관심을 갖는 일도 절실히 필요하다. 필자의 경험에 비추어 보더라도 일기 자료는 좋은 소재인데, 조선 시기의 남아 있는 일기는 매우 많은 편이다. 그 밖에도 연구 영역을 넓힌다면, 의학사적 견지에서 검토할 수 있는 자료 역시 늘어나게 될 것이다.

또한 한국사 영역에서는 많은 자료가 번역되고 있다. 여기에는 의서뿐만 아니라 의학 관련 주변 자료들도 상당수 포함된다. 특히 전근대사 접근을 가장 힘들게 하는 원자료의 이용이 매우 쉽게 이루어진다는 장점이 있는 것이다. 문제는 의학사를 바라보는 시선을 어떻게 가져갈 것인가 하는 점이다. 현재까지 많은 전근대 한국 의학사 연구의 중심은 의서와 의서를 저술한 의원이었다. 그러나 의료 현실은 의사들과 의학 지식으로만 구성되는 것이 아니다. 필자 역시 의사가 아니면서도 철저하게 의사의 입장에서 의서를 읽어 왔다. 시선의 전환이 새로운 연구 영역을 만들어 낼 수 있다. 구술 혹은 민속에서 드러난 환자의 심성과 의서의 지식으로 무장한 의사, 그리고 이들을 하나의 공동체 틀로 묶어서 운영하는 국가라는 저마다의 입장이 있다. 이들이 갈등하고 화합하면서 이뤄 낸 하나의 의료 현장을 이해하기 위해서는 각자의 상황을 이해할 필요가 있으며, 그러한 입장들이 충분히 이해될 때 의학사가 추구하는 질병과 인간 사회의 변화가 그려질 수 있을 것이다.

셋째로 연구의 연속성이 문제다. 극히 소수의 연구자만이 의학사를 전공하는 상황에서 특정 주제만의 연구를 계속하기란 쉽지 않다. 게다가 국내의 연구 지원도 대부분 지속적 연구에 박한 편이며, 그 결과 연구자들이 항상 새로운 연구 주제를 다루도록 강제받는 측면이 있는 것도 사실이다. 그렇다고 하더라도 단발적인 연구는 결국 질적 수준의 제고에 심각한 영향을 줄 것임은 틀림없다. 가령 2010년대 초반 반짝했던 통신사 관련 연구의 사례가 대표적이라고 할 것이다. 그러나 대부분 연구자가 생업에 내몰려 있는 상황이며, 신진 연구자가 기댈 수 있는 버팀목은 연구 지원 정도밖에 없는 형편이다. 연구자들의 각성이 필요한 대목이지만, 동시에 국가의 정책적 배려와 연구 기관의 활성화 등이 반드시 있어야 할 것이다.

넷째로 글쓰기의 한계를 들 수 있다. 한국은 철저히 자본주의사회이며, 학문적 글쓰기 역시 그 전제를 벗어나기 어렵다. 순수한 형태로서 학문적 글쓰기인 논문 생산이 일차적인 목표가 되어야 하겠지만, 동시에 주변의 다양한 독자들을 위한 글에도 관심을 기울일 필요가 있다. 몇 해 전 우연히 방송에서 『동의보감』을 소재로 한 인문학 강좌를 잠깐 볼 기회가 있었다. 강좌의 내용이 맞고 틀리고의 문제보다 시청하는 내내 든 생각은 필자의 글쓰기가 너무 학문적인 측면에만 쏠려 있는 것은 아닐까 하는 의문이었다. 논문이 되기 위한 주제만을 찾다 보면, 애초 의학사를 공부하면서 찾고자 했던 목표에서 점차 멀어지는 자신을 종종 발견하기 때문이다. 학문의 지평을 넓히기 위해서라도 나의 글을 읽어 줄 독자가 무엇을 생각하고, 요청하는지 생각해 보아야 한다. 그런 면에서 뛰어난 글쓰기로 읽는 즐거움을 주고 주는 의학사 분야의 선배와 동학의 글쓰기를 항상 참조할 필요가 있다고 본다.

그렇다고 해서 온전히 소비자를 위한 글쓰기를 강조하는 것은 적절하지 않다. 연구가 축적되지 않은 상황에서 올바른 글쓰기가 나올 턱이 없다. 중요한 것은 균형 감각이다. 무엇을 연구하고 어떻게 쓸 것인지 고민하며, 조각난 퍼즐을 맞추어야 한다. 퍼즐 전체가 그려 내는 형상이 무엇인지에 대한 인식이 없으면, 퍼즐의 한 귀퉁이마저도 제대로 설명해 내기 어렵다. 그런 점에서 한국 의학사의 전개 과정을 어떻게 바라봐야 할 것인지에 대해 논의를 활성화할 필요가 있으며, 그 과정에서 논점의 해결을 위한 새로운 연구 과제가 제시될 것이다.

다섯째로 연구 방법론과 지평을 넓히는 작업이 부족하다는 문제이다. 역사학 분야 가운데에는 사학사 혹은 역사학 연구 방법에 관한 논의가 오래전부터 있어 왔다. 마찬가지로 의학사 연구에 이를 그대로 적용할 수도 있겠지만, 한편으로 연구가 지니는 특성—의학이라는 과학적 혹은 기술적 요소의 결합—을 감안할 때 방법론을 고민할 필요가 있다. 그런 면에서 의철학회처럼 의학사와 상관도가 높은 분야의 학회나 단체와 논의의 장을 넓히는 방법도 가능하며, 이는 학문 간 공동 연구의 활성화로 이어질 수 있을 것이다. 필자는 소속 기관의 특성상 문학·철학 전공자들과 공동 연구를 하면서 결론을 도출하는 다양한 접근 방식을 배울 기회가 있었다.

마찬가지로 공동 연구의 활성화는 개인 연구자에게 기회를 제공할 수 있고, 동시에 의학사가 한국사를 비롯하여 타 학문 연구에 일조를 한다는 인식을 명확하게 심어 주는 계기로 작동할 것이다. 가령 제언한다면, 여성사학회의 경우 여성 의학에 많은 관심을 갖고 있기에 공동 연구를 기획해 보는 것도 가능하리라 생각한다. 그렇게 된다면 여성학이 국내에 도입되기 전에 학창 시절을 보낸 까닭에 젠더적 관점이 익숙하지 않은 필자 같은 사람에게도 혜안이 생길지 모른다.

여섯째로 학회의 내실화와 외연 확장의 문제다. 현재 의학사 관련 학회는 세 군데에 지나지 않는 것이 현실이다. 억지로 폭을 넓힌다고 할지라도 손으로 꼽을 정도이다. 따라서 연구자 회원이 소수이고 학회를 확장하고 내실을 기하는 데 어려움이 있지만, 지속적으로 학술 연구를 발표하고 대외적 홍보의 수단을 마련할 필요가 있다고 본다. 가령 필자의 연구나 다른 연구자들의 노력이 『한국사연구휘보』에 게재되지 않는 것은 매우 불편한 현실이다. 그렇다고 국사편찬위원회를 찾아갈 필요는 없다. 대신 의학사 연구의 현황이 어떻게 진행되는지에 대한 기획이 정기적으로 마련되고, 그것이 학술지를 통해 계속 알려지게 하는 가능한 방법이다. 특히 연구의 누적 성과가 점차 확대되는 상황에서 10년 단위로 연구사를 정리하기란 무척 어려운 일이다. 『역사학보』 정도까지는 아니더라도 최소한 5년에 한 번 정도는 꾸준히 기획하고 실행하는 것도 한 방법으로 보인다. 이와 별개로 외연을 확장하기 위한 학문 분야 간 공동 연구는 굳이 말할 필요가 없다.

한계를 언급하자면 끝이 없을 것이다. 의학사는 쉽지 않은 학문이지만, 쉬운 학문은 어디에도 없다. 의학사 연구를 통해서 얻고자 하는 바가 명확하다면, 어렵더라도 길은 있기 마련이다. 굳이 한계를 말하는 이유는 더 앞으로 나아가기 위함이며, 의학사는 매우 넓은 영역에 걸치는 특수사이기 때문이다. 의학사에는 그 바탕에 의학의 기본 철학이 있으며, 또한 그것이 실현되기 위해서는 경제적·사회적 여건도 필요하다. 무엇보다 살아 있는 사람의 고통과 슬픔이 적나라하게 드러난다. 역사학에 발을 딛고 있는 필자에게 이보다 생생한 역사는 어디에도 없다.

그럼에도 지금까지의 의학사 연구를 큰 안목에서 보면, 과거 사람들의 살아 있는 모습이 잘 그려 내지 못했다. 의학이 발견(혹은 발전)되고 받아들여지는 과정은 내적 원리에서나 외적으로 자동하는 방식에서나 철저히 정치적이다. 그러나 이를 드러내는 연구는 찾아보기 어렵다. 질병의 고통은 모든 사람에게 동일하지만, 그것을 받아들이고 해결하는 방식은 처한 계층적 상황에 따라 다르게 나타난다. 왕실의 진료가 조선의 의료 상황을 대변할 수 없으며, 몇 권의 의서로 조선 의학계의 지적 네트워크를 전부 설명할 수 없다.

2) 미래를 기대하며

참고 문헌의 목록을 작성하면서 가장 주안점을 둔 대상은 『한국사연구휘보』라고 하는 국가기관에서 제공하는 공식적인 한국사 정보 데이터였다. 그 속에서 나타난 전망은 의학사 분야가 점차 한국사의 한 연구 분야로 점차 확고하게 자리를 잡아 가고 있다는 사실이다. 물론 2010년대 이후로 나타난 변화이고 때로는 의학사 관련 연구의 정보가 충분히 제공되고 있지 못한 한계가 있지만, 이전과 다르게 분명하게 나타나는 변화의 양상이다. 사실 김두종 선생에서 시작된 한국 의학사 연구가 침체기를 거쳐 연구 역량을 넓히기 시작한 것은 그리 오래지 않다. 과거와 같은 침체를 겪지는 않을 것 같다는 기대감이 있지만 여전히 의학사는 일반 문화사에 비해 매우 전문적이면서도 작은 분야로 여겨지고, 학회의 구성원 역시도 극소수에 지나지 않는다. 특히 전문 연구자로 살아남기 힘든 한국사회에서 의학사 연구를 통해 직장을 구하는 길은 요원하다.

그렇지만 한편으로 희망적인 요소도 있다. 그것은 의학사의 약점이면서 동시에 강점인 전문성과 외연의 확장성에 있다. 적어도 전근대사의 경우 전문성은 학문적 접근의 장벽으로 작용하지만, 반대로 외연을 확장시키는 데 도움을 주기도 한다. 앞서 미시사·생활사적 접근처럼 인간의 삶과 밀접하면서도 또한 이론적·철학적 요소가 깊게 반영되어 있는 자연과 인체의 이해에 근거한 전통 의학은 표면적인 이해를 넘어 전근대를 살았던 사람들의 내면과 사회의 운영 원리를 더욱 명확하게 드러낼 수 있다는 큰 장점이 있다. 또한 의학사 연구에 편의를 주는 환경도 점차 확대되는 상황에서 앞으로 나아갈 길을 고민할 필요가 있다.

그러한 점에서 의학사 연구의 일차 대상이 되는 의서가 계속해서 번역되고 있는 것은 매우 고무적이다. 의서 번역은 특히 21세기 이후 집중적으로 이루어졌는데 2010년대에만 하더라도『향약구급방』·『의림촬요』·『의방유취』 등의 번역이 완결 혹은 진행되었다. 과거『향약집성방』·『동의보감』 등에만 집중되었던 번역이 다른 중요 의서들까지 확대되었다는 점에서 의미가 크다. 더구나 세종 대 의학의 집대성이며 총 266책에 달하는『의방유취』의 번역 사업은 조선 시대 의학사 연구에 큰 획을 그을 것으로 기대한다. 다만 책 권수가 워낙 많아서 현재 10여 명으로 구성된 번역 참여자들로는 상당히 긴 시간이 필요로 한다는 점에서 아쉽지만,『의방유취』를 기반으로 동아시아 의학사의 연구가 활성화되리라 기대한다. 세종대왕기념사업회를 중심으로『의림촬요』와『의방유취』 등이 번역되는 것과 함께 한국한의학연구원에서 한의학 서적을 발굴하고 총서로서 번역 작업을 하고 있는 것도 빼놓을 수 없다. 이미 2000년대 초반 전통의학국역총서를 20권 발간한 일도 있으며, 무엇보다 한의학 전문 연구 기관으로서 신뢰도 높은 자료를 제공하는 것은 연구자들에게 큰 도움이 될 것이다.

아울러 이러한 자료가 인터넷을 통해 웹서비스된다는 점도 기억할 필요가 있다. 세종대왕기념사업회의 번역 자료는 고전번역원에서 운영하는 한국고전종합DB(http://db.itkc.or.kr/)를 통해서 볼 수 있으며, 한국한의학연구원에서는 별도로 운영하는 한의학고전DB(https://mediclassics.kr/)를 통해서 자료를 제공하고 있다. 다만 한국한의학연구원에서 과거 운영했던 한의고

전명저총서(http://jisik.kiom.re.kr/index.jsp) 사이트를 이제는 이용할 수 없다는 아쉬움이 큰데, 어려움이 따르겠지만 기관의 협조로 해당 사이트가 재개되기를 기대한다. 또한 국립중앙도서관을 통해서는 접하기 힘든 고의서들의 원문을 찾아볼 수 있는데, 몇몇 공공 도서관에 소장된 자료 역시 어렵잖게 접근할 수 있다.

그럼에도 아쉬운 점은 한독의약박물관 소장 자료들의 이용도가 떨어진다는 사실이다. 김두종 선생이 어렵게 모은 많은 고의서들이 보관되어 있지만, 그에 관한 기본적인 목록조차 제대로 갖추어지지 않아 몇십 년 전에 수기(手記)로 작성된 목록이 유일하다. 새로운 목록의 작성과 해제가 이루어지기를 바라며, 더 나아가 교토대학의 후지카와(富士川) 문고처럼 자료의 이미지가 제공된다면 연구자들에게 큰 도움이 될 것이다.

의학사 연구 자료의 확대와 더불어 고민할 것은 연구의 대상과 관점의 확대라는 측면이다. 앞서 연구 경향에서도 일부 언급한 바와 같이 미시사 혹은 생활사적인 접근법은 이제 의학사 연구에서 기본적인 방법이 되었지만, 고고학적 방법이나 인류학적 방법을 사용하는 경우는 여전히 극소수에 지나지 않는다. 자료의 발굴도 중요하지만, 자료를 읽고 해석하는 방법도 고민해야 하며 의미 부여 방식 또한 다양화해야 한다. 그와 같은 목적을 달성하기 위해서는 적극적인 공동 연구가 효과적이며, 개인 간 혹은 학회 간의 교류를 활성화할 필요가 크다. 또한 역사학적 접근이라고 하더라도 영역을 넓혀서 한국사와 동아시아사, 혹은 서양사와의 결합도 꾀할 수 있을 터인데, 그러한 점에서 한국뿐만 아니라 동서양의 의학과 역사 · 철학을 넘나드는 넓은 연구 행보를 보여주는 여인석의 연구와, 동아시아 의학의 지정학과 해부학의 결합을 다룬 이종찬의 연구는 개인에 의한 영역 확대의 대표적인 사례라고 할 수 있다. 이 외에 중국 의학사와 인도 고전학의 대표적 연구자인 신규환·강성용과 공동 연구를 진행함으로써 동아시아 해부학의 역사와『의방유취』내 안과 의학의 세계사적 의미를 확인한 김성수의 공동 연구는 시사하는 바가 크다.

그리고 한국 의학사에 관한 관심은 북한에서도 동일하게 나타나,『력사과학』이라는 대표적 학술 기관지를 통해 관련 연구가 꾸준히 발표되고 있는 사실도 기억할 필요가 있다. 다만 학술지 성격상 일반인들의 접근이 제한적이기 때문에 이용하는 데 어려움이 있으며, 북한의 정치적 색채가 학술에 크게 작용한다는 단점도 있다. 그럼에도 북한에서의 발굴 자료는 연구의 새로운 동력이 될 수 있으며, 경직된 학술관이라 하더라도 그 비판의 과정에서 관점의 다양화를 꾀할 수 있다고 생각한다. 그렇기에 북한에서의 의학사 연구 현황을 정리할 필요가 있어 보이며, 기회가 된다면 학술 교류에 관해서도 진지하게 고민할 필요가 있다.

한편 독자를 위한 글쓰기 방식의 다양화도 필요하다. 요령 있으면서 독자들로부터 사랑받을 수 있는 글을 쓰기 위해서는 명확한 논리의 전개 이외에도 다양한 사례, 그리고 정확한 해석에 근거한 커다란 안목이 우선 필수적이다. 일반인들의 역사에 관한 관심도는 매우 높은 편이며, 이를 반영하듯 의학사와 관련된 다양한 교양서들이 출판되고 있다. 한국 의학사를 통사적으로 서술한『한국의학사』,[121] 홍역·종기·천연두 등의 질병으로 구성한

---

121 여인석 외,『한국의학사』, 역사공간, 2018.

조선 시대 의학사 연구,[122] 명의들을 소개한 저술[123] 이외에도 특히 조선의 명약으로 유명한 인삼의 역사를 다룬 저서[124]도 있다.

무엇보다 전문 연구는 아니지만 좀 더 읽기 편한 개설서나 교양서가 등장하는 것은 독자를 확보하고, 이를 배경으로 학문의 기반을 다진다는 점에서 매우 고무적인 일이다. 고전 평론가인 고미숙의 『동의보감』 안내[125]는 대표적인 사례라고 할 수 있다. 건강한 삶이 인류의 보편적인 소망인 것처럼, 그에 대한 관심은 현대를 살아가는 대중들 사이에서도 항상 충만해 있다. 많은 독자들이 한국의 대표적인 고전이지만 한편 낯선 『동의보감』에 애정을 보이는 이유이다. 문제는 소비자인 독자와 공급자인 연구자 사이에 괴리가 크다는 현실에 있다. 현재 한국의 학계는 소비를 위한 공급보다는 공급을 위한 공급, 즉 논문을 위한 글쓰기에 속박당한 상태이다. 모든 연구자가 독자와 벌어진 간극을 메우기 위해서 노력하는 것은 실현 가능한 일이 아니지만, 개별 연구자의 몫으로 의료 현실에 기여할 수 있는 안목을 키우고 과감한 글쓰기에 도전함으로써 새로운 활로를 개척해 나가기를 기대한다.

---

122 박훈평, 『조선, 홍역을 앓다-조선후기 홍역치료의 역사』, 민속원, 2018; 방성혜, 『조선, 종기와 사투를 벌이다-조선의 역사를 만든 병, 균, 약』, 시대의창, 2012; 신동원, 『호환 마마 천연두-병의 일상 개념사』, 돌베개, 2013.
123 김호, 『조선의 명의들』, 살림, 2012.
124 장일무, 『한국인삼산업사 제1권』, 서울대학교출판문화원, 2018; 장일무, 『한국인삼산업사 제2권』, 서울대학교출판문화원, 2018.
125 고미숙, 『동의보감-몸과 우주 그리고 삶의 비전을 찾아서-』, 그린비, 2011.

4. 맺음말

2010~2019년까지의 한국 전근대 의학사 연구를 개괄하려는 이 글은 분석의 대상에 관하여 한계를 지닐 수밖에 없다. 가급적이면 전문 의학사 연구이외에 관련이 되는 분야도 포함시키려고 했지만 의도한 만큼 소개한다는 것은 어려운 일이었다. 게다가 참고 문헌에 제시한 개별 글들을 충분히 소개하지도 못했다. 연구자들의 넓은 양해를 구한다. 이는 필자의 게으름 때문이기도 하지만, 애초에 목표를 한국 의학사 연구의 전반적인 현황에서 나타나는 모습을 스케치하겠다고 설정했기 때문이기도 하다. 그 속에서 연구자는 앞으로의 연구 방향을 설정하고, 독자는 현재까지의 연구가 그래 왔구나 하고 이해하는 데 도움이 될 수 있기를 바란다.

한국 의학사의 시작을 알린 김두종 선생은 의학사를 단지 기술사가 아닌 더 큰 역사학으로 기획했지만, 애초의 의도를 전부 실행에 옮기기란 힘에 겨운 일이었다. 이제 시간이 흘러 많은 연구가 축적되었고, 현시점에서는 의학의 제 요소들을 설명할 다양한 분야가 논의되고 있는 현시점이다. 간략하게 정리한 것처럼 의서·의학론에 관한 기초적인 연구 역시 꾸준하게 세밀한 방식으로 계속되고 있으며, 또한 의학사 이해의 폭을 넓히기 위해 자료를 발굴하고 해석하는 노력도 경주되고 있다. 미시사·구술사, 민속학·인류학·고고학뿐만 아니라, 문학·건축학 등 다양한 분야에서 접근이 시도되고 있는 것은 참고 문헌을 대충 살펴보더라도 간파할 수 있다.

이러한 현상은 의학이 지니는 독특성에 기인한다. 의학은 철저하게 학문적인 영역이면서도 동시에 현실에서 뗄 수 없는, 또한 개인적이면서도 사회적·국가적인 측면과도 밀접하게 연관되는 분야이다. 또 인간의 신체와 더불어 심성, 그리고 의학이 존재하기 위한 물적 토대도 필요하다. 같은 이유로 의학사 연구는 역사학 연구에서 놓치기 쉬운 제반 요소들을 일깨우기 때문에, 한국사 전반을 한층 심도 있게 이해할 수 있게 한다. 2010년대의 연구가 풍성할 수 있었던 데에는 바로 그와 같은 연구자들의 인식과 노력이 있었기 때문이며, 이는 앞으로도 계속될 것이다.

현재 한국을 포함해서 전 세계는 커다란 공포와 싸우고 있다. 코로나19(COVID-19)라는 전염병의 유행으로 매일 쏟아져 나오는 많은 수의 확진자와 늘어 가는 사망자는 후진국과 선진국을 가리지 않는다. 백신과 확실한 치료제가 없는 상황에서 그나마 취하는 효과적인 방법은 전염을 사전에 차단하는 격리이다. 고대부터 전염병이 발생하면 피병(避病)했던 모습과 크게 다르지 않다. 과학과 의학이 발전했다고 하면서도, 이는 어쩔 수 없는 선택이다. 그 선택에서 우리는 격리라는 개인적·사회적 고통을 처절하게 겪는다. 그러면서 과거 사람들의 경험을 간접적으로 체험한다.

이제는 고전인 윌리엄 맥닐(William H. McNeill, 1917-2016)의 『전염병과 인류의 역사』의 내용이 방송 여기저기서 흘러나온다. 맥닐이 주장한 바와 같이 질병과 의학이 인류의 역사 발전에 얼마나 큰 영향을 주었는지를 일반인들까지도 몸으로 체험하고 있다. 학계에서도 전염병을 주제로 다양한 학술행사를 벌이고 있다. 물론 온라인이지만. 이렇게 전염병과 의학에 관심을 기울였던 적이 얼마나 있었을까? 그러나 이 재앙은 코로나19로 시작해서, 백신으로 끝나는 것은 아니다.

언론인 마릴린 체이스(Marilyn Chase)는 20세기 초반 미국 샌프란시스코에 페스트가 퍼지면서 벌어졌던 사회적 혼란과 격리로 인해 발생하는 고통을 묘사하면서, "거부의 정책, 상업적인 보호무역주의, 차별주의적인 시선

등을 종종 과학인 양 떠들어 대고 의학적인 진단이라고 소리친다."고 말했다.[126] 그녀가 예측한 대로, 이 열병이 소멸된 후에 모든 것들이 기억에서 소멸될지도 모르지만 질병이 만드는 사회적 공포가 정치적·경제적으로 재생산·확대된다는 사실만은 오랫동안 기억될 것이다.

2021년을 살아가는 의학사 연구자는 이 상황에서 무엇을 기억하고 기록할 것인가? 또한 현실을 통해 과거를 어떻게 바라볼 수 있을까 하는 질문을 던지게 된다. 코로나19가 바꾼 일상은 언젠가 끝나겠지만, 의학사는 앞으로의 세대에게 어떻게 설명해야 할까? 단지 사망자가 몇 명이고 어떠한 백신이 나와서 전염병에서 벗어나게 되었다는 뻔한 묘사는 아닐 것이다. 그에 관해 준비한 답변 속에서, 한국 전근대 의학사 연구가 앞으로 나아가야 할 방향을 발견하게 된다.

---

126 마릴린 체이스(이윤금 역). 『격리』. 서울:북키앙, 2003.

한국 근현대 의료사 연구 현황과 과제(2010-2019)*

—사회사적 관점의 부상과 민족주의적 이분법의 약화

박윤재 (경희대학교 사학과 교수)

* 이 글은 『의사학』, 29권 2호, 2020에 실린 「한국 근현대의료사의 연구동향과 전망(2010-2019): 사회
사적 관점의 부상과 민족주의적 이분법의 약화」를 수정 · 보완한 것이다.

1. 머리말

2010년 대한의사학회 학술지인 『의사학』 19권 1호에 의료사 연구 동향이 특집으로 게재되었다. 주로 한국에서 이루어진 연구 성과가 한국 전근대·한국 근대·동아시아·서양으로 나뉘어 게재되었는데, 그중 하나가 「한국 근대 의학사 연구의 성과와 전망」이다. 대체로 1990년대 이후 발표된 한국 근대 의료사의 연구 성과를 정리한 글이다.[1] 그로부터 10년이 흘렀다. 매년 역사학회의 학술지인 『역사학보』에 각 시기별, 분야별 회고와 전망이 게재되는 것을 고려할 때 10년이라는 세월은 변화된 의료사의 연구 성과를 개괄하기에 충분한 시간이라 할 수 있다.

10년 동안 의료사를 둘러싼 환경은 우호적으로 변했다. 2008년 대한의사학회에서 간행하는 『의사학』이 A&HCI에 등재되었다. 이른바 SCI(Science Citation Index, 과학기술논문 인용 색인) 잡지가 된 것이다. 대학 교원들의 평가 기준이 SCI 논문 게재를 중심으로 변해 가면서 『의사학』은 주목의 대상이 되었다. 이전보다 많은 논문이 투고되었고, 2012년 연간 2회에서 3회로 발간 횟수가 늘었다. 마침 같은 해 『애산학보』에 김두종(金斗鍾, 1896-1988) 특

---

1 박윤재, 「한국 근대 의학사 연구의 성과와 전망」, 『의사학』 19-1, 2010.

집호가 기획되어 한국 의료사 연구의 개척자인 그의 생애와 업적이 정리된 바 있다.[2] 김두종이 한국 의료사의 첫 세대라고 할 때, 그 활동의 의미를 정리할 수 있을 만큼 연구자들의 역량이 성장한 것이었다.

의료사 연구의 중요한 축을 차지하는 의과대학의 환경도 전면적이지는 않지만 의료사 연구에 우호적인 방향으로 변해 갔다. '전인적인 의사 만들기'라는 목표 아래 인문사회의학에 투자가 요구되었고, 의과대학 인증평가는 인문사회의학에 관심을 증대시킨 실질적인 동기가 되었다. 2020년 현재 대다수의 의과대학에는 인문사회의학을 교육할 목적으로 의료인문학 관련 교실들이 설치되어 있고, 소속 교원이나 연구원들이 의료사 관련 연구를 하고 있다.

역사 연구자들의 의료사에 관한 관심도 높아졌다. 2012년 창립된 의료역사연구회는 2018년 '의료사를 역사학의 한 분야로 자리매김'하고자 한다는 목적 아래 학술지인 『의료사회사연구』를 창간하였다. 1990년대에 접어들면서 본격적으로 시작된 사회문화사에 관한 관심이 2010년대에도 지속되었고, 그 결과 의료사에 관심을 가진 역사 연구자들이 증가한 결과일 것이다. 그 관심의 반영이겠지만, 인문학 진흥을 목표로 추진된 인문한국사업(HK)에 의료와 연관된 연구단의 숫자가 적지 않다. 강원대 인문치료학, 경희대 통합의료인문학, 원광대 마음인문학, 한림대 생사학 등이 그 예이다. 의료

---

2 김호, 「『韓國醫學史』를 통해 본 김두종의 역사의식」, 『애산 학보』 38, 2012; 송상용, 「일산 김두종의 삶과 학문」, 『애산 학보』 38, 2012; 신동원, 「라이벌 - 김두종(金斗鍾)과 미키 사카에(三木榮)」, 『애산 학보』 38, 2012a; 여인석, 「김두종의 한국의학사 연구」, 『애산 학보』 38, 2012; 이종찬, 「'金斗鍾 醫學史'에 대한 歷史地理學的 인식 -亞細亞的 지평-」, 『애산 학보』 38, 2012.

사의 연구가 활성화될 수 있는 기반이 2010년대 접어들어 강화된 것은 분명하다.

이 글은 2010년부터 2019년 사이에 출간된 의료사 관련 논문, 그중에서 한국 근현대를 대상으로 한 논문의 연구 동향과 성과를 정리하는 데 목적이 있다. 나아가 지속되었으면 하는 경향을 전망이라는 이름으로 서술하였다. 이 글의 내용은 2020년 『의사학』 29권 2호에 게재되었다.[3] 여기서는 4장인 '제안'을 대상으로 보충하였다. 연구사 정리는 궁극적으로 새로운 연구를 위한 토대로 작용할 때 의미가 있는 것이고, 제안에 그런 의미가 실려 있다고 판단했기 때문이다.

글의 정리를 위해 국사편찬위원회에서 간행하는 『한국사연구휘보』를 활용하였다. 2010년부터 2019년까지 수록된 논문들을 정리하였고, 이 외에 관련 학술지와 개인적으로 정리한 목록을 활용하였다. 하지만 미처 확인하지 못해 이 글이 포괄하지 못한 연구들이 있을 것이다. 한국학에 대한 관심이 높아지면서 외국에서도 한국 근현대 의료사에 관한 연구가 진행되고 있다. 그럼에도 그 연구 역시 이 정리에 포함하지 못했다. 해당 연구자들에게 양해를 구한다.

이 글에서는 의료사라는 용어를 사용하고자 한다. 영어의 히스토리 오브 메디슨(history of medicine)을 번역한 용어로 의사학은 적절하다. 의(醫)의 역사학이라는 점에서 그렇다. 대한의사학회가 자신의 학술지명을 의사학으로 정한 이유도 거기에 있을 것이다. 하지만, 의사학이라는 용어를 한국 의료사의 맥락에서 고찰하면 주류 의학, 의사, 학문에 치우친 경향이 있다. 그

3 박윤재, 「한국근현대의료사 연구동향과 전망(2010-2019)」, 『의사학』 29-1, 2020.

결과 현실에서 구현되는 의료의 실체가 충분히 밝혀지지 않을 가능성이 있다. 주류 의학에 집중한 연구는 1970년대까지 한국에서 여전히 활용되고 있던 비주류 의학의 의미를 간과하기 쉽게 만들고, 의사 중심의 연구는 의료의 다른 축이라 할 수 있는 환자나 소비자의 모습을 포착하기 어렵게 만든다. 학문 중심의 연구는 진료라는 중요한 측면을, 의료의 핵심이 진료에 있다는 점을 놓칠 수 있게 만든다. 자리를 바꾸면 다른 풍경을 만날 수 있다. 용어의 교체는 새로운 풍경을 보려는 시도이다. 의료사는 의사학의 경계를 넘어 의료를 풍부하게 서술하려는 시도이다.

2. 최근 10년간 한국 근현대 의료사 연구 동향

한국에서 근대가 서양 문명의 수용을 통해—이 글의 목적과 관련하여 이야기하면, 서양 의학의 수용을 통해—이루어졌다면, 의료사 연구의 중심에 서양 의학이 있고, 주요 소재도 서양 의학과 관련되어 있는 것은 당연하다. 한국에서 서양 의학의 수용은 서양 선교사와 일본 의사에 의해 주도되었다. 두 경로에 관한 연구는 지속되었는데, 서양 의학을 수용하는 경로를 열고 넓혔던 인물에 관한 연구,[4] 그 의학이 활용된 병원이나 학교에 관한 연구가

4   김기주, 「소록도 자혜의원 나환자정책의 성격」, 『역사학연구』 44, 2011; 김도형, 「세전(世專) 교장 오긍선의 의료 계몽과 대학 지향」, 『學林』 40, 2017; 김미정, 「나 환자에 대한 일반대중의 인식과 조선총독부의 나병정책: 1930-40년대 소록도 갱생원을 중심으로」, 『지방사와 지방문화』 15-1, 2012; 김숙영, 「간호부 이정숙의 독립운동」, 『의사학』 24-1, 2015; 김연희, 「19세기 후반 한역 근대 과학서의 수용과 이용: 지석영의 『신학신설』을 중심으로」, 『한국과학사학회지』 39-1, 2017; 김태호, 「"독학 의학박사"의 자수성가기 - 안과의

사 공병우(1907-1995)를 통해 살펴 본 일제강점기 의료계의 단면」, 『의사학』 22-3, 2013; 마쓰다 도시히코, 「시가 기요시(志賀潔)와 식민지 조선」, 『한림일본학』 25, 2014; 문미라 외, 「용정의과대학(龍井醫科大學)의 설립과 운영 - 변경사로서 용정의과대학의 역사: '단절'과 '연속'의 관점에서-」, 『의사학』 26-2, 2017; 박윤재, 「백인제의 근대 인식과 실천」, 『의료사회사연구』 2, 2018; 박지영, 「식민지 위생학자 이인규의 공중보건 활동과 연구」, 『의료사회사연구』 4, 2019a; 박형우, 「알렌의 의료 선교사 지원과 내한 배경」, 『한국기독교와 역사』 40, 2014; 신동규, 「일제침략기 선교사 셔우드 홀(Sherwood Hall)과 크리스마스 씰(Christmas Seal)을 통해 본 한일관계에 대한 고찰」, 『한일관계사연구』 46, 2013; 신동원, 「일제강점기 여의사 허영숙의 삶과 의학」, 『의사학』 21-1, 2012b; 신미영, 「한국에서 국제적 연구자로 성장하기: 이호왕의 유행성출혈열 연구 활동을 중심으로」, 『의사학』 26-1, 2017; 신영전 외, 「최응석의 생애 - 해방직후 보건의료체계 구상과 역할을 중심으로」, 『의사학』 23-3, 2014; 신영전 외, 「미수(薇壽) 이갑수(李甲秀)의 생애와 사상: 우생 관련 사상과 활동을 중심으로」, 『의사학』 28-1, 2019; 유옹섭 외, 『태허 유상규 -도산 안창호의 길을 간 외과의사』(더북스, 2011); 윤선자, 「한말 박에스더의 미국 유학과 의료 활동」, 『여성과 역사』 20, 2014; 이규원 외, 「대한적십자병원(1905-1907): 설립 및 운영, 그리고 폐지를 중심으로」, 『의사학』 27-2, 2018; 이꽃메, 「일제강점기 산파 정종명의 삶과 대중운동」, 『의사학』 21-3, 2012; 이꽃메, 「한국 최초의 간호사 김마르다와 이그레이스 연구」, 『여성과 역사』 30, 2019; 이만열, 「스코필드의 의료(교육)・사회선교와 3・1독립운동」, 『한국근현대사연구』 57, 2011; 이방원, 「보구여관 간호원양성소(1903~1933)의 설립과 운영」, 『의사학』 20-2, 2011; 『박에스더 - 한국 의학의 빛이 된 최초의 여의사』(이화여자대학교출판문화원, 2018); 이선호 외, 「올리버 알 에비슨(Oliver R. Avison)의 의료선교사 지원과 내한 과정」, 『역사와 경계』 84, 2012; 이영아, 「선교의사 알렌(Horace N. Allen)의 의료 활동과 조선인의 몸에 대한 인식 고찰」, 『의사학』 20-2, 2011; 이영호, 「랜디스(Eli Barr Landis)의 의료활동과 '한국학' 연구」, 『한국학연구』 44, 2017; 이충호, 「일제강점기 조선인 의사교육에 종사한 일본인 교사에 관한 자료」, 『歷史教育論集』 45, 2010; 이현주, 「두 개의 세계에서 하나의 세계로 - 로제타 S. 홀의 육아일기에 나타난 선교사 자녀의 삶 그리고 의료선교, 1893-1902」, 『梨花史學研究』 58, 2019; 이희재 외, 「보구녀관(普救女館)의 명칭과 표기에 관한 재고찰」, 『의사학』 28-3, 2019; 정일영 외, 「일제 식민지기 '원산노동병원'의 설립과 그 의의」, 『의사학』 25-3, 2016; 최규진, 「후지타 쓰구아키라의 생애를 통해 본 식민지 조선의 의학/의료/위생」, 『의사학』 25-1, 2016; 최병택, 「손양원과 구라선교 - 애양원 교회에서의 활동을 중심으로」, 『한국기독교와 역사』 34, 2011; 최재목 외, 「구도 다케키(工藤武城)의 '의학'과 '황도유교'에 관한 고찰」, 『의사학』 24-3, 2015; 홍종욱, 「식민지기 윤일선의 일본 유학과 의학 연구」, 『의사학』 27-2, 2018; CHOI Jaemok et al, "Kudō Takeki, Director of Keijō Women's Hospital, and His Medical Service for Women and Buddhist Activities in Colonial Korea", SUNGKYUN JOURNAL OF EAST ASIAN STUDIES, 19-1, 2019; Park Jae-young, "The Medical Activities of a German Doctor Richard Wunsch in the Korean Empire and the Establishment of the Wunsch Medical

이루어졌다.[5] 인물에 관한 연구는 개인에 머무르지 않고 의과대학 교원이나 선교부 등 직업이나 조직에 관한 연구로 나아갔다.[6]

새로운 흐름의 수용은 인물이나 기관을 통해 이루어지며, 앞으로도 이 소재들은 지속적으로 연구의 대상이 될 것이다. 다만, 관련 연구가 단선적인 발전사관을 강화하는 방식으로 이루어져서는 안 될 것이다. 이런 방식은 개인이나 기관의 역할을 과장하여 의료의 형성에 미친 다양한 요소를 포착하

Award", 『역사문화연구』 58, 2016; Park Yunjae, "The Work of Sherwood Hall and the Haiju Tuberculosis Sanatorium in Colonial Korea", 『의사학』 22-3, 2013.

5　김병인, 「'慈惠醫院 계승론'과 대학 '開校紀年' 조정 문제」, 『호남문화연구』 48, 2010; 김상태, 『제중원 이야기 -새 시대를 향한 열망이 들끓던 곳-』(웅진지식하우스, 2010); 문백란, 「세브란스병원 건립을 둘러싼 선교사들의 갈등과 선교정책 수정」, 『동방학지』 165, 2014; 서용태, 「1877년 釜山 濟生醫院의 설립과 그 의의」, 『지역과 역사』 28, 2011; 「한국전쟁 전후 부산지역 국공립의료기관의 재편과 역사계승 문제 - 부산의료원 및 부산대학교병원을 중심으로 -」, 『역사와 세계』 43, 2013; 송현강, 「미국 남장로교의 전북지역 의료선교(1896~1940)」, 『한국기독교와 역사』 35, 2011; 신규환, 「해방 전후기 의료계의 의학인식과 사립병원의 발전」, 『의료사회사연구』 1, 2018; 신동규, 「일제침략기 결핵전문 요양병원 海州救世療養院의 설립과 운영 실태에 대한 고찰」, 『韓日關係史研究』 52, 2015; 신동규, 「일제침략기 해주구세요양원의 결핵관련 홍보자료 판매와 수익금 활용에 대한 고찰」, 『日本文化研究』 59, 2016a; 신동규, 「일제침략기 해주구세요양원의 결핵예방과 퇴치를 위한 홍보인쇄자료의 분류와 성격 검토」, 『韓日關係史研究』 54, 2016b; 옥성득, 「초기 개신교 간호와 간호교육의 정체성 -1903년에 설립된 보구여관 간호원양성학교와 에드먼즈를 중심으로-」, 『한국기독교와 역사』 36, 2012; 정민재, 「일제강점기 順化院의 설립과 운용」, 『한국근현대사연구』 57, 2011; 최은경, 「선교사 편지로 본 제중원 운영권 이관과 환수(1891-1905)」, 『사회와 역사』 111, 2016.

6　김근배, 「일제강점기 조선인들의 의사되기: 해방 직후 북한의 의과대학 교원들을 중심으로」, 『의사학』 23-3, 2014; 김근배, 「북한 함흥의과대학 교수진의 구성, 1946-48: 사상성과 전문성의 불안한 공존」, 『의사학』 24-3, 2015; 안남일, 「『태극학보(太極學報)』 소재 의료 관련 텍스트 연구」, 『한국학연구』(고려대학교 한국학연구소) 68, 2019; 최병택, 「남장로회선교부 한센병 환자 수용정책의 성격(1909~1950)」, 『한국 기독교와 역사』 32, 2010; 허윤정 외, 「일제 하 캐나다 장로회의 선교의료와 조선인 의사: 성진과 함흥을 중심으로」, 『의사학』 24-3, 2015.

지 못할 가능성이 높다. 나아가 한국의 경우 1990년대에서 2000년대를 거치며 서울대와 연세대 사이에 소위 뿌리 논쟁이 전개된 적이 있다.[7] 그 논쟁이 한국 근현대 의료사에 대한 관심을 제고시킨 면이 분명히 있지만, 저자의 소속 기관만으로 관련 연구의 결과를 미리 판정하게 만드는 배경이 되기도 했다. 인물이나 기관에 관한 연구에서는 객관성과 공정성을 더욱 고려해야 한다.

2010년대에는 경로에 관한 연구가 심화되었다. 교과서는 서양 의학 교육의 매개체로서 중요했다. 이전의 연구가 흐름을 전체적으로 정리했다면,[8] 2010년대에는 개별 교과서를 분석하는 수준으로 나아갔다. 서양 의학이 창조된 것이 아니고 수용된 것이라면, 교과서는 번역을 통해 제작될 수밖에 없었다. 이 연구들은 번역의 대상이 되었던 원본의 내용, 번역 과정, 그 의미를 천착하였다.[9] 교과서가 수용할 서양 의학의 내용을 담고 있다면, 그 내용은 구체적인 공간을 통해 전수되었다. 2010년대에는 그 공간에 관한 연구가 제출되었다. 건축물에 관한 연구이다.[10] 이 연구들은 그 건물이 가진 건축적 측면의 분석뿐 아니라 그 건축이 지니는 정치적 의미를 파악하는 수준으로

---

7 여인석 외,『제중원 뿌리논쟁』(역사공간, 2013).
8 박형우,「우리나라 근대의학 도입 초기의 의학서적: 제중원·세브란스의학교에서 간행된 의학교과서」,『醫史學』7-2, 1998; 서홍관,「우리나라 근대의학 초창기의 교과서들」,『醫史學』3-1, 1994.
9 박준형 외,「제중원에서『약물학 상권(무기질)』의 번역과 그 의미」,『의사학』20-2, 2011; 박준형 외,「홍석후의『신편생리교과서』(1906) 번역과 그 의미」,『의사학』21-3, 2012.
10 신규환,「근대 병원건축의 공간변화와 성격 - 제중원에서 세브란스병원으로의 변화를 중심으로 -」,『역사와 경계』97, 2015b; 이규철,「대한의원 본관의 건축 과정과 건축 계획적 특성」,『의사학』25-1, 2016; 이연경,「재동 및 구리개 제중원의 입지와 배치 및 공간 구성에 관한 재고찰」,『의사학』25-3, 2016; 한동관 외,「한국 근대 의료 건축물에 관한 연구」,『의사학』20-2, 2011.

나아갔다.

서양 의학의 상징 중 하나인 위생에 관한 연구가 이어지는 가운데,[11] 보건에 관한 연구도 이루어졌다. 보건은 해방 후 위생을 대체한 용어로서 의료에서 탈식민과 독립을 상징했다. 2010년대에는 해방 후 보건 분야의 궤적과 성취를 서술한 책이 발간되었다. 이 책은 한국 현대 의료사의 주요 부분을 정리했다는 의미와 함께 해당 분야 연구자들이 집단 노력한 결과라는 점에서도 의미가 깊다.[12]

서양 의학의 수용은 한의학에 변화를 강요하였다. 한의학은 서양 의학이라는 새로운 경쟁자를 만나면서 그 이전에는 시도하지 않았던 새로운 노력을 펼쳐야 했다. 자신의 경쟁력을 입증해야 했고, 그 과정에서 그동안 필요하지 않았던 정체성을 확립하기 위해 나서야 했다. 그 시도는 식민지 시기 한의학에 대한 차별적인 정책이 진행되면서 더욱 빈번하고 강하게 이루어졌다. 한의학에 관한 연구는 그 시도들을 살펴보고 있다.[13] 한의학의 경쟁력

11 강성우, 「개항기 조선에서 근대적 위생문화의 수용」, 『韓日關係史研究』 52, 2015; 강성우, 「서양인이 "위생"의 관점에서 본 조선의 모습 - 오리엔탈리즘을 넘어서 -」, 『한일관계사연구』 60, 2018; 김태우, 「위생(衛生), 매약(賣藥), 그리고 시점(視點)의 전이 - 한국사회 생명정치 시선에 대한 고찰」, 『과학기술학연구』 14-1, 2014; 성주현, 「근대전환기 동학·천도교의 위생인식」, 『인문과학』(성균관대학교 인문학연구원) 73, 2019; 정은영, 「개화기 신소설을 통한 건강 표상 - 위생과 질병, 의료인에 대한 인식, 자가간호의 개념을 통해 -」, 『역사연구』 36, 2019; 최재성, 「개화기 교과서에 투영된 신체 규율」, 『한국독립운동사연구』 67, 2019.
12 대한보건협회, 『대한민국 보건 발달사』(지구문화사, 2014).
13 박지현, 「유교 지식인 해악 김광진의 醫生 활동과 그 의미」, 『역사학보』 229, 2016; 오재근, 「일제 시대 '의생(醫生)' 김광진의 황달 투병기 - 김광진의 『치안』, 『치달일기』 분석-」, 『의사학』 28-2, 2019; 황영원, 「일제시기 한의학 교육과 전통 한의학의 변모 -한의학 강습소를 중심으로-」, 『의사학』 27-1, 2018.

을 확보하기 위한 노력은 과학화 시도로 구체화되었다. 과학화는 식민지 시기, 나아가 해방 이후 한의학의 생존과 발전을 가늠하는 잣대로 간주되었다.[14]

전염병은 의료사에서 전통적이지만 중요한 소재이다. 의료사의 중심에 의료가 있다면, 그 의료를 탄생시킨 가장 큰 배경에 전염병이 있기 때문이다. 2010년대에도 전염병의 역사에 관한 연구는 계속되었고,[15] 그 범위는 동

14 박윤재,「해방 후 한의학의 재건과 과학화 논의」,『역사와 현실』79, 2011; 박윤재,「1930-1940년대 강필모의 한의학 인식과 과학화론」,『역사와 현실』94, 2014a; 박윤재,「해방 후 한약의 변용과 한의학」,『한국근현대사연구』71, 2014b; 전혜리,「1934년 한의학 부흥 논쟁: 한의학 정체성의 "근대적" 재구성」,『한국과학사학회지』33-1, 2011.

15 강혜경,「제1공화국시기 매춘여성과 성병관리」,『한국민족운동사연구』63, 2010; 권오영,「한국의 결핵관리와 보건소: 해방 후부터 1970년대 후반까지」,『의사학』28-3, 2019a; 김승희,「1969년 한국에서 발생한 콜레라를 통해서 본 생명권력과 그 한계」,『사회사상과 문화』18-1, 2015; 김영수,「식민지 조선의 방역대책과 중국인 노동자의 관리」,『의사학』23-3, 2014; 김영수,「일본의 방역경험 축적을 통해 본 조선총독부의 방역사업: 1911년 페스트 유행 대응을 중심으로」,『한림일본학』26, 2015b; 김재형,「부랑나환자 문제를 둘러싼 조선총독부와 조선 사회의 경쟁과 협력」,『민주주의와 인권』19-1, 2019a; 박윤재,「조선총독부의 우두정책과 두창의 지속」,『의사학』21-3, 2012; 박지영,「통계와 식민의학: 식민지 시기 조선인 결핵 실태를 둘러싼 논란을 중심으로」,『의사학』28-2, 2019b; 박지영 외,「1950-60년대 한국의 뇌폐흡충증과 심보성의 대뇌반구적출술」,『의사학』20-1, 2011; 백선례,「1919.20년 식민지 조선의 콜레라 방역활동: 방역당국과 조선인의 대응을 중심으로」,『사학연구』101, 2011; 백선례,「1928년 경성의 장티푸스 유행과 상수도 수질 논쟁」,『서울과 역사』101, 2019; 서기재,「한센병을 둘러싼 제국의학의 근대사 - 일본어 미디어를 통해 본 대중관리 전략-」,『의사학』26-3, 2017; 신규환,「제1.2차 만주 폐페스트의 유행과 일제의 방역행정(1910-1921)」,『의사학』21-3, 2012; 여인석,「학질에서 말라리아로: 한국 근대 말라리아의 역사(1876-1945)」,『의사학』20-1, 2011; 이정,「제국 신민의 전염병 도시 경성」,『梨花史學硏究』58, 2019; 전석원,「1884-1910년의 급성전염병에 대한 개신교 의료선교사업 - 개항기 조선인의 질병관, 의료체계에 대한 의료선교의 계몽주의적 접근」,『한국기독교와 역사』36, 2012; 정준호 외,「1960년대 한국의 회충 감염의 사회사」,『의사학』25-2, 2016; 정준호 외,「"모든 것은 기생충에서 시작되었다" - 1960-1980년대 한일 기생충 협력 사업과 아시아 네트워크-」,『의사학』27-

물 전염병까지 확대되었다.[16]

전염병에 관한 연구는, 당연하게 피해를 많이 입은 시기를 중심으로 이루어졌다. 1910~1911년 사이에 만주에서 발발한 페스트, 1918~1921년 사이에 유행한 스페인 독감, 1919~1920년 사이에 발생한 콜레라, 한국전쟁 이후 약화되던 추세에서 돌발적인 유행을 보인 1969년 콜레라에 관한 연구가 그 예이다.[17] 성병은 전염병이라는 측면 못지않게 공창제 등 식민 지배와 연결된다는 점에서 주목의 대상이 되었다.[18] 이전의 성병 연구가 식민지 시기에 집

1, 2018a; 최규진, 「대만과 조선의 종두정책을 통해 본 일본 제국의 식민 통치」, 『국제고려학』 15, 2014; 최은경, 「개항 후 서양의학 도입과 '결핵' 용어의 변천」, 『의사학』 21-2, 2012; 최은경, 「일제강점기 조선총독부의 결핵 정책(1910-1945)」, 『의사학』 22-3, 2013; KIM Kyuri, "Infrastructure-building for Public Health : The World Health Organization and Tuberculosis Control in South Korea, 1945-1963", 『의사학』 28-1, 2019; Park Hyung Wook, "Bodies and Viruses - Biomedicalizing Hepatitis B in Shaping South Korea's Nationhood", Seoul Journal of Korean Studies 32-1, 2019; Park Yunjae, "The Work of Sherwood Hall and the Haiju Tuberculosis Sanatorium in Colonial Korea", 『의사학』 22-3, 2013; Yeo In Sok, "U.S. Military Administration's Malaria Control Activities (1945-1948)", 『의사학』 24-1, 2015.

16 천명선, 「일제강점기 광견병의 발생과 방역」, 『의사학』 27-3, 2018; 천명선, 「일제강점기 가축전염병의 지리적 분포」, 『문화역사지리』 31-1, 2019; 천명선 외, 「근대 우역 개념 및 방역제도의 변화」, 『농업사연구』 14-1, 2015.

17 김승희, 「1969년 한국에서 발생한 콜레라를 통해서 본 생명권력과 그 한계」, 『사회사상과 문화』 18-1, 2015; 김영수, 「식민지 조선의 방역대책과 중국인 노동자의 관리」, 『의사학』 23-3, 2014; 「일본의 방역경험 축적을 통해 본 조선총독부의 방역사업: 1911년 페스트 유행 대응을 중심으로」, 『한림일본학』 26, 2015b; 김택중, 「1918년 독감과 조선총독부 방역정책」, 『인문논총』 74-1, 2017; 백선례, 「1919.20년 식민지 조선의 콜레라 방역활동: 방역당국과 조선인의 대응을 중심으로」, 『사학연구』 101, 2011; 신규환, 「제1.2차 만주 페페스트의 유행과 일제의 방역행정(1910-1921)」, 『의사학』 21-3, 2012; LIM Chaisung, "The Pandemic of the Spanish Influenza in Colonial Korea", Korea Journal 51-4, 2011b.

18 박정애, 「조선총독부의 성병예방정책과 〈화류병예방령〉」, 『사림』 55, 2016.

중되었다면, 2010년대에는 연구 대상 시기가 해방 후로 넓혀졌다.[19]

단일 전염병으로는 한센병에 관한 연구가 많았다. 질병에 관해 사회의 대응이 강렬했다는 점에서 한센병은 흡인력이 있다. 한센병 환자를 차별과 배제의 대상으로 삼아 일정한 장소에 격리하는 조치가 식민지 시기를 거치면서 정착되었고, 그 과정은 근대국가 형성이 지니는 성격의 일단을 보여준다. 근대국가란 이상적으로 구성원 모두를 국민으로 포함해야 했지만, 현실은 달랐다. 한센병 환자들은 그 현실을 보여주었다.

한센병과 관련하여 선교부가 운영한 요양원이나,[20] 미군정의 한센병 정책을 서술한 글도 있었지만,[21] 대부분은 소록도 자혜의원으로 대표되는 식민 권력에 관한 연구였다. 1910~1920년대 초창기의 소록도 자혜의원,[22] 1930~1940년대 소록도 갱생원을 중심으로 조선총독부의 한센병 정책을 고찰하는 연구가 있었고,[23] 소록도병원 설립 100주년을 맞이하여 그 역사를 정리한 책이 발간되었다.[24] 한센병 환자들은 배제와 격리의 대상이었고, 그 과정에 권력뿐 아니라 대중들도 참여하였다. 한센병에 대해 대중들이 지니고 있던 인식과 역할에 관한 연구는 국가와 사회가 한센병에 대한 차별에서 차

19 강혜경, 「제1공화국시기 매춘여성과 성병관리」, 『한국민족운동사연구』 63, 2010.
20 최병택, 「남장로회선교부 한센병 환자 수용정책의 성격(1909~1950)」, 『한국 기독교와 역사』 32, 2010.
21 Kim Jane S. H., "Leprosy and Citizenship in Korea under American Occupation (1945~1948)", 『사학연구』 97, 2010.
22 김기주, 「소록도 자혜의원 나환자정책의 성격」, 『역사학연구』 44, 2011.
23 김미정, 「나 환자에 대한 일반대중의 인식과 조선총독부의 나병정책: 1930-40년대 소록도 갱생원을 중심으로」, 『지방사와 지방문화』 15-1, 2012.
24 국립소록도병원, 『한센병 그리고 백년의 성찰: 역사편』(국립소록도병원, 2017).

이가 없었음을 밝혔다.[25] 그 차별 의식은 1990년대까지 한센병 환자에게 단종과 낙태를 시행하는 결과를 낳았다.[26]

전염병은 아니지만 정신 질환은 인문학적 접근 가능성이 상대적으로 높다는 점에서 관심의 대상이다.[27] 나아가 근대에 대해 비판적 접근을 가능하게 한다. 정신 질환은 "문명과 '근대'에 의해 반응하며 스스로로부터 생겨나는 정신의 병이기도 하"기 때문이다.[28] 연탄가스 중독에 관한 연구는 비생물학적 질병까지 연구 대상으로 삼았다는 점에서 의료사의 영역을 넓히는 시도였다.[29]

2010년대 전염병에 관한 연구는 병인론 분석으로 나아갔다. 1910~1911년 페스트 유행의 경우 페스트에 관한 정보가 있었고, 과학적 근거를 제시하는 세균학자가 있었다. 그럼에도 조선총독부는 오래된 페스트 지식에 기대어 쥐잡기를 중심으로 한 방역 사업을 펼쳤다. 그 이유는 '지식과 경험의 축적과 연관성'에 있었다.[30] 병인론은 방역의 내용과 함께 정책의 방향을 결정짓

---

25 김재형, 「부랑나환자 문제를 둘러싼 조선총독부와 조선 사회의 경쟁과 협력」, 『민주주의와 인권』 19-1, 2019a; 김재형, 「식민지기 한센병 환자를 둘러싼 죽음과 생존」, 『의사학』 28-2, 2019b; 서기재, 「한센병을 둘러싼 제국의학의 근대사 -일본어 미디어를 통해 본 대중관리 전략-」, 『의사학』 26-3, 2017.
26 김재형 외, 「한센인 수용시설에서의 강제적 단종・낙태에 대한 사법적 해결과 역사적 연원」, 『민주주의와 인권』 16-4, 2016.
27 이방현, 「일제의 정신질환자에 대한 인식과 태도」, 『이화사학연구』 45, 2012; 이방현, 「식민지 조선에서의 정신병자에 대한 근대적 접근」, 『의사학』 22-2, 2013.
28 천정환, 「식민지 조선의 정신질환과 자살 - 근대 초기의 자살 3-2」, 『내일을 여는 역사』 44, 2011.
29 김옥주 외, 「1960년대 한국의 연탄가스중독의 사회사」, 『의사학』 21-2, 2012.
30 김영수, 「일본의 방역경험 축적을 통해 본 조선총독부의 방역사업: 1911년 페스트 유행 대응을 중심으로」, 『한림일본학』 26, 2015b.

는 중요 요인이었다. 19세기 말 20세기 초 병인론의 전환을 다룬 연구는 세균설을 수용함으로써 방역의 범위를 축소시켰음을 밝혔다. 세균설의 확산은 도시위생론에 결합되어 있던 청결과 토목을 분리시키고, 그중 청결에 주목하는 결과를 낳았다. 병인론의 전환은 도시위생을 축소시켰다.[31]

전염병에 관해 새로운 시각을 갖춘 연구가 이어지고 있지만, 전통적인 연구의 필요성은 여전하다. 발병의 계기, 전개 과정, 결과 그리고 의미로 이어지는 전통적인 서술이다. 기초적인 정보 제공이라는 점에서 이러한 서술이 지니는 의미는 매우 중요하다. 『한국전염병사』 1, 2가 지니는 의미는 그래서 크다.[32] 이 책들에서는 한국 고대부터 현대에 이르는 이천여 년의 전염병 역사를 정리하였다. 한국의 전염병 연구가 특정 질병이나 특정 시기를 중심으로 이루어져 있는 점을 고려하면, 그 의미는 더욱 크다. 의료와 역사의 결합이 이루어졌다는 점에서도 의미는 크다. 1권의 집필자가 대부분 역사학자인 반면 2권의 경우 1부는 시대사로서 역사학자가, 2부는 각 전염병에 대한 각론으로 전염병 전문가가 서술하였다. 의료사가 의료와 역사학의 결합이라고 할 때 좋은 결합의 예로 평가할 수 있다.

자료 발굴에 어려움이 있음에도 불구하고 북한에 관한 연구는 적지 않았다.[33] 소재도 다양했다. 교육, 이론, 군사, 교류, 위생 등 다양한 분야에 관해

31 박윤재, 「19세기 말-20세기 초 병인론의 전환과 도시위생」, 『도시연구』 18, 2017.
32 대한감염학회, 『한국전염병사』 1, 2(군자출판사, 2009, 2018).
33 고요한 외, 「북한 천리마 운동과 보건 의료 인력의 동원, 1956-1961」, 『한국과학사학회지』 40-3, 2018; 곽희환 외, 「생태계의 사회주의적 개조 - 북한의 폐흡충 박멸 사업, 1955-1961」, 『한국과학사학회지』 40-3, 2018; 김근배, 「북한 함흥의과대학 교수진의 구성, 1946-48: 사상성과 전문성의 불안한 공존」, 『의사학』 24-3, 2015; 김선호, 「조선인민군의 군의(軍醫)체계 형성과 군의장교」, 『의사학』 26-3, 2017; 김진혁, 「북한의 위생방역제도

연구가 이루어졌다. 남북 교류가 활성화된 이후 이전에 가해졌던 자료에 대한 제한은 약화되었지만, 북한 체제가 지니는 특유의 폐쇄성으로 인해 새로운 자료에 접근하는 것은 여전히 어렵다. 그 속에서도 2010년대의 연구는 해당 소재가 지니는 사회적 의미를 분석하는 것으로 나아가고 있다. 예를 들면, 북한에서도 인구를 과학적, 합리적으로 파악하는 생명정치가 이루어졌다는 연구가 있다. 이 연구에 따르면, 북한은 인구와 여성의 신체 통제, 보건, 위생, 보육 등의 영역에서 과학적 합리성이라는 이름 아래 사회주의적 인간형을 창출하기 위해 노력했다.[34] 인민의 형성에 관한 연구도 흥미롭다. 북한에서 위생 방역 사업이 진행되는 과정에서 대중은 자신의 위생을 책임질 수 있는 주체로 성장해 나가야 했다. 그 과정에서 북한 주민들은 국가 건설에 적극적으로 참여하는 인민 의식을 형성해 나갔다.[35]

구축과 '인민'의식의 형성(1945-1950)」, 『한국사연구』 167, 2014; 김진혁, 「재북(在北)의사의 식민지·해방 기억과 정체성 재편(1945-1950) - 『평양의학대학』, 『함흥의과대학』, 『청진의과대학』 자서전을 중심으로 -」, 『역사문제연구』 34, 2015; 김진혁 외, 「사회주의 진영의 북한 의료지원과 교류(1945-1958): '소련배우기'와 '주체적' 발전의 틈새에서」, 『의사학』 28-1, 2019; 윤연하 외, 「사회주의적 생활 양식으로서의 위생 - 1950년대 후반 북한에서의 위생 문화 사업을 통한 대중 개조」, 『한국과학사학회지』 40-3, 2018; 정준호 외, 「붉은 보건 전사 만들기 - 북한 보건 의료 부문의 사상 투쟁, 1956-1961」, 『한국과학사학회지』 40-3, 2018b; 한선희 외, 「1950년대 후반 북한에서 파블로프 학설의 역할」, 『의사학』 22-3, 2013; 허윤정 외, 「해방직후 북한 의학교육의 형성 - 1945-1948」, 『의사학』 23-2, 2014.

34 강진웅, 「1950-1960년대 국가형성기 북한의 생명정치와 사회주의 주체 형성」, 『사회와 역사』 98, 2013.

35 김진혁, 「북한의 위생방역제도 구축과 '인민'의식의 형성(1945-1950)」, 『한국사연구』 167, 2014.

3. 최근 10년간 한국 근현대 의료사 연구의 성과

1) 사회사적 관점

2010년대의 연구들은 의료가 독립적이거나 중립적으로 존재하는 학문이나 기술이 아니라 사회적 맥락에서 활용되는 하나의 구성물임을 밝혔다. 사회적 맥락에서 의료는 결정되지 않은, 즉 유동하는 존재로 파악되었다. 느슨한 의미에서 사회사적 관점이다. 구성주의와 같은 이론적 함의를 내포하기보다 의료와 사회의 관계에 주목한다는 의미에서, 즉 정치사·경제사와 구분되는 느슨한 의미에서 사회사적 관점이다.

이 관점은 주로 지식과 정치의 문제를 분석하는 데 활용되었다. 지식은 기술에 비해 상대적으로 자신의 특징을 분명히 드러내기 때문이다. 시기는 식민지 시기에 집중되었다. 중립적이라고 간주되는 의료가 권력의 의지를 어떻게 얼마나 담고 있는지 분석하는 데 식민지는 한편으로 중요하고 한편으로 편리하다.

경성제대 법의학교실의 혈액형인류학을 분석한 연구는 혈액형 분류라는 의학적 소재를 통해 비백인 제국주의 국가로서 일본이 지니고 있던 인종주의의 성격을 밝혔다. 일본이 혈액형 연구를 통해 서구인의 인종적 시선을 무력화시키고, 반대로 식민지인에 대해 인종적 차별과 위계를 정당화시켰다는 것이다. 이런 정당화가 가능한 배경에는 강력한 과학적 권위가 있었다.[36] 과학의 권위는 의료 선교사로 하여금 '과학을 통해 종교적 진리를 확신

---

36 정준영, 「피의 인종주의와 식민지의학 - 경성제대 법의학교실의 혈액형인류학」, 『의사

할 수 있고 종교를 통해 과학의 실천이 가능함을 역설'하게 만들 정도로 강했다.[37]

일본인 산부인과 의사 쿠도는 식민지 조선에서 활동했는데, 그의 부인과 지식을 분석한 연구는 쿠도가 조선 여성을 불안정하고 범죄적 성향을 내재한 존재로 자리매김하고, 조혼을 범죄를 양산하는 원인이자 조선의 오랜 전통으로 지목하였음을 밝혔다. 그 결과 재현된 조선은 미개하고 야만적인 국가였다.[38] 경성제대 위생학예방의학교실의 조선총독부 결핵 통계에 대한 보정 작업을 분석한 연구는 식민 권력이 자신의 지배를 구현해 나가는 과정에서 과학을 어떻게 활용했는지 밝혔다. 보정은 의생과 지방의 자료를 통계에서 배제하는 방식으로 이루어졌다. 그 결과 식민지 조선에서 결핵이 만연한 이유는 조선인의 미진한 서양 의료 이용과 후진적인 생활양식에 있다고 결론지어졌다.[39]

의학자이자 행정가인 시가 기요시(志賀潔, 1871-1951)에 관한 연구 역시 의학과 정치의 근접성을 밝힌 것이다. 시가는 교장이나 총장 같은 행정가보다 이질균을 발견한 의학자로서 정체성을 더 중요하게 간직하고 있었다. 하지만, 이 연구는 경성의학전문학교 교장 시절의 구보 사건과 경성제대 총장 시절의 한센병 연구에서 시가가 보인 모습이 총독부의 정책을 옹호하는 것

학』 21-3, 2012.
37 김성연, 「식민지 시기 기독교계의 의학 지식 형성: 세브란스 의전 교수 반 버스커크의 출판 활동을 중심으로」, 『東方學志』 171, 2015.
38 홍양희, 「식민지시기 '의학' '지식'과 조선의 '전통' - 쿠도(工藤武城)의 "婦人科學"적 지식을 중심으로」, 『의사학』 22-2, 2013.
39 박지영, 「통계와 식민의학: 식민지 시기 조선인 결핵 실태를 둘러싼 논란을 중심으로」, 『의사학』 28-2, 2019b.

이었고, 따라서 지(知)와 권력이 결합되는 식민지라는 자장에서 순수한 학문은 가능하지 않다고 결론지었다.[40] 1930~1940년대 대중잡지를 분석한 연구는 의학 지식이 한국인을 전쟁에 동원하는 역할로 기능했다고 주장하였다. '의학 지식은 식민 권력의 의도와 가치를 충실히 전달하는 통로로 활용'되었던 것이다.[41] 중국 동북 지방에 설립된 용정의과대학을 분석한 연구는 학교사가 중화인민공화국의 필요에 따라 집필되었다고 밝혔다. 그 과정에서 공식적인 입장이나 정책에 어긋나는 역사는 버려졌다.[42]

1950년대 마약 문제를 분석한 연구는 한국전쟁을 계기로 마약 문제의 원인을 간첩이나 좌익과 연결시키는 간첩마약 담론이 급부상했다고 밝혔다. 반공주의를 대중화하고 정치적 경쟁 세력에 대한 견제와 감시를 정당화하기 위한 목적에서였다. 1950년대 한국의 정치적 지형은 의료 문제에도 그대로 반영되었다.[43] 1960년대도 마찬가지였다. 1961년 쿠데타 이후 군사정부는 군 의무요원을 확보하였고, 그들은 징병검사 결과의 타당성에 권위를 부여하였다. 국민개병제라는 목표는 의료 전문가의 동원과 검사 현장에서 권위를 통해서 달성되었다. 의료 전문가의 지식은 '전 국민에게 보편타당하게 병역 의무가 부과되고 있음을 정당화하는 역할'을 했다.[44] 의료와 정치 사이

40 마쓰다 도시히코, 「시가 기요시(志賀潔)와 식민지 조선」, 『한림일본학』 25, 2014.
41 이병례, 「1930, 40년대 대중잡지에 나타난 의학상식 : 『家庭之友』·『半島の光』을 중심으로」, 『역사연구』 35, 2018.
42 문미라 외, 「용정의과대학(龍井醫科大學)의 설립과 운영 - 변경사로서 용정의과대학의 역사: '단절'과 '연속'의 관점에서 -」, 『의사학』 26-2, 2017.
43 박지영, 「'적색 마약'과의 전쟁: 한국의 마약 정책과 반공주의, 1945-1960」, 『의사학』 25-1, 2016.
44 최은경, 「1950-60년대 의료전문가의 동원과 징병검사의 수립」, 『인문과학연구논총』 (명지대학교 인문과학연구소) 44, 2015.

의 거리는 그리 멀지 않았다. 다만, 정치를 국가권력과의 관계로 한정할 필요는 없다. 한국에서 이루어진 봉한학에 관한 연구는 경락의 실체를 밝히려는 노력이 과학과 기술의 차원뿐 아니라 '과학자 공동체의 구조적인 편견에 맞서고 우호적인 사회 세력과 연대하는 정치적인 과정'이었음을 밝혔다.[45] 정치의 의미는 사회적인 수준까지 확대할 필요가 있다.

사회사적 관점은 의료가 사회에서 독립적인 존재라기보다 정치와 밀접하게 연관된 지식임을 밝힘으로써 의료에 대해 비판적 접근을 가능하게 하였다. 의료는 당파성을 지닐 수 있고, 따라서 편파적일 수 있기 때문이다. 사회가 개입할 근거도 만들어졌다. 의료는 사회의 구성물이고, 그 형성과 성장에 사회의 기여가 있기 때문이다.

그러나 정치의 개입이나 의미를 강조할 경우 권력이 무소불위의 힘을 지닌 것으로 잘못 해석될 수 있다. 식민지의 자장을 강조하는 경우가 그렇다. 식민지 시기 조선사회의 구성원이 국가권력인 조선총독부의 자장을 벗어나는 일은 불가능했을 것이다. 나아가 의료나 의학 교육이 일본이 강조하는 과학이나 근대와 연결되어 있다는 점에서 다른 어느 분야보다 식민 권력의 개입이 강했다.

하지만 3.1운동이 상징하듯 식민 지배 내에서 저항은 예기치 않게 대규모로 발생했고, 그럴 가능성이 상시적으로 존재했다. 지배의 힘이 전일적으로 모든 구성원에게 작동할 수도 없었다. 그렇다면 그 자장이 지니는 힘 못지않게 그 자장 속에서 이루어진 다양한 변이를 주목할 필요가 있다. 의학 연구나 교육이 식민 지배와의 관계에서 차지하는 비중이나 역할에 차이가 있

45 김종영, 「한의학의 성배 찾기: 남한에서 봉한학의 재탄생」, 『사회와 역사』 101, 2014.

었을 것이다. 그 차이를 명료히 할 필요가 있고, 대응에 대해 섬세한 접근이 필요하다. 그런 접근이 이루어지지 않을 경우 의료와 정치의 관계는 단순하게 해석될 가능성이 높다.

해방 이후의 상황도 마찬가지이다. 정치적 상황과 의료를 직접 연결시키는데 고민이 필요하다. 의료를 정치에 종속된 분야로 파악할 위험이 있기 때문이다. 1987년 민주화 이전까지 한국사회에서는 정치의 비중이 컸고 지금도 여전히 크지만, 의료는 종속성과 함께 자율성을 지닌 분야이다. 의료는 일종의 공공 영역이다. 의료는 정치적 이념이나 사회적 견해와 무관하게 사회에 구현해야 할 가치였고, 지금도 중요한 가치이다.

따라서 정치적 흐름과 연동되면서도 그 흐름에서 일정하게 독립적으로 진행된 의료의 내적 흐름에 주목할 필요가 있다. 그 흐름은 한국 의료의 궤적을 그리고, 지향을 가늠하는 기준이 될 것이다. 의료가 지닌 시대적 사회적 맥락은 사회 속에 내재하는 지속적 흐름과 연결되며, 그 흐름을 구조라 이름 붙일 수 있을 것이다. 구조는 한국 근현대 의료사를 일관되게 서술하는 토대가 될 것이다. 물론 구조를 상정할 때 서술의 약점도 있다. 구조를 고정화된 실체로 해석할 경우 변화나 전이가 포착되지 않을 가능성이 있는 것이다. 따라서 구조 역시 변화의 과정 속에 있다는 것을 염두에 둘 필요가 있다.

2) 민족주의적 이분법의 약화

민족주의적 이분법이란 1960년대 이후 한국사를 내적으로, 발전적으로 바라보는 시각에 입각하여 역사를 민족과 외세, 전통과 근대, 지배와 저항,

수탈과 투쟁으로 구분하여 해석하려는 방법론이다. 이 방법론은 해방 후 식민 유산의 극복과 관련하여 한국사를 주체적이고 전향적으로 해석하려는 흐름 속에서 형성, 강화되었다. 하지만 1990년대 근대를 형성했던 한 체제가 붕괴하고 국가 간 경계가 낮아지면서 이런 해석은 그 경직성 때문에 비판받기 시작했다. 2010년대 한국 근현대 의료사 연구는 민족주의적 이분법을 넘어 각 소재를 복합적 요소의 결합이나 다양한 분화로 접근하고 있다.

한 사회에 지배적인 담론이 형성될 때, 그 과정은 담론을 유포하는 주체와 그 내용에 동조하고 가담하는 이른바 대중에 의해서 완성된다. 이런 시각은 이민족의 지배를 받았던 식민지 시기를 새롭게 바라볼 수 있게 한다. 이 시각에 따르면, 식민 지배의 하부를 차지하고 있던 조선인 역시 식민 권력이었고, 권력의 대상이 되었던 대중에는 조선인은 물론 일본인도 포함되었다. 전통적인 민족적 구분으로는 이런 상황을 파악하기 힘들다.

이런 시각은 한센병 연구에 적용되었다. 한 연구는 제국 의학이라는 통치자와 제국에 착취당했던 피해자로서 조선인이라는 양분된 구도를 비판하고, 제국 의학 형성에 필요한 대중의 동원과 참여를 통하여 일제의 한센인 혐오 담론이 조선인에게 내재화되었다고 보았다.[46] 다른 연구는 식민지 조선인들이 문명화된 근대적 의학 지식으로서 세균설과 위생경찰 제도를 받아들였고, 그 과정에서 한센병을 통제할 수 있는 전염병, 즉 환자를 추방하고 격리함으로써 통제할 수 있는 전염병으로 인식하였다고 파악하였다.[47]

46 서기재,「한센병을 둘러싼 제국의학의 근대사 -일본어 미디어를 통해 본 대중관리 전략-」,『의사학』26-3, 2017.
47 김재형,「부랑나환자 문제를 둘러싼 조선총독부와 조선 사회의 경쟁과 협력」,『민주주의와 인권』19-1, 2019a.

식민 지배에 저항하는 단일한 주체로서 조선인이라는 구도는 한센병 환자를 대상으로 할 때 대입하기 어렵다. 오히려 총독부와 조선사회는 한센병 환자를 대상으로 연합하고 협력하는 모습을 보였다. 이런 모습은 정신병 환자에 대한 태도에서도 반복되었다. 식민지 시기를 거치면서 정신병자는 위험한, 따라서 격리되어야 할 존재가 되었다.[48]

식민 지배에 대한 단선적 이해의 극복은 현대사와 관련하여 국제적 협력과 교류에 관한 관심으로 이어졌다. 내적 역사 발전에 주목하는 연구 경향 속에서 외적 영향은 상대적으로 무시되거나 간과될 가능성이 높다. 기존의 연구가 한국인이 한국 내에서 보인 노력과 실천의 결과 긍정적인 변화와 발전이 이루어졌다는 서술에 치중했다면, 2010년 이후에는 국제적 지원과 협조를 분석하는 연구가 제출되고 있다.[49]

---

48 이방현,「식민지 조선에서의 정신병자에 대한 근대적 접근」,『의사학』 22-2, 2013.
49 박지영 외,「1950-60년대 한국의 뇌폐흡충증과 심보성의 대뇌반구적출술」,『의사학』 20-1, 2011; 박지욱,「한국전쟁과 부산 스웨덴 적십자 야전병원의 의료구호활동」,『의사학』 19-1, 2010; 신미영,「한국에서 국제적 연구자로 성장하기: 이호왕의 유행성출혈열 연구 활동을 중심으로」,『의사학』 26-1, 2017; 신영전,「미군정 초기 미국 연수를 다녀온 한국인 의사 10인의 초기 한국보건행정에서의 역할」, 보건행정학회지, 23-2, 2013; 이선호,「한국의 세계보건기구(WHO) 가입과정과 1950년대의 사업성과」,『의사학』 23-1, 2013; 이임하,「한국전쟁기 유엔민간원조사령부(UNCACK)의 보건·위생 정책」,『사회와 역사』 100, 2013; 이임하,「한국전쟁기 유엔민간원조사령부(UNCACK)의 만성 전염병 관리」,『사림』 49, 2014; 정준호 외,「"모든 것은 기생충에서 시작되었다" - 1960-1980년대 한일 기생충 협력 사업과 아시아 네트워크-」,『의사학』 27-1, 2018a; 최은경 외,「2000년대 글로벌 전염병 거버넌스의 변화: 글로벌 보건 안보의 대두와 국내 전염병 관리 체계의 변화」,『의사학』 25-3, 2016; 현재환,「"한민족의 뿌리"를 말하는 의사들: 의학 유전학과 한국인 기원론, 1975-1987」,『의사학』 28-2, 2019; KIM Kyuri, "Infrastructure-building for Public Health : The World Health Organization and Tuberculosis Control in South Korea, 1945-1963",『의사학』 28-1, 2019.

1950년대부터 시작된 미네소타 프로젝트 등 미국 의료의 영향을 분석한 연구, 한국인이 국제적 연구자로 성장하기 위해 외국의 연구자들과 지속적인 하지만 의존적인 협력이 필요했음을 밝힌 연구, 해방 후 한국에서 진행된 대규모 방역 사업 중 가장 성공했다고 평가받는 기생충 구제 사업에 일본의 협력이 있었다는 연구, 처음 한국인 의사들은 한국인 집단의 유전적 특성 같은 주제를 독립적으로 연구할 수 없었는데 국제 공동 연구 플랫폼에 참여하면서 그와 같은 주제를 탐구할 수 있게 되었다고 지적한 연구 등이 대표적이다.[50]

　　비교 연구도 이루어지고 있다. 주로 대만과 비교가 이루어졌다.[51] 대만은, 시차가 있기는 하지만, 한국과 마찬가지로 식민 지배·독재·민주화라는 동일한 궤적을 걸어왔기에 한국의 특수성을 밝히는 데 좋은 비교의 대상이다. 일본에 관한 연구도 이루어졌다. 식민지에 적용될 원형은 일본 본국에서 만들어졌다. 변형된 식민지의 모습을 확인하기 위해서는 원형에 관해 고찰해야 한다. 근대 일본에서 이루어진 매약 단속과 규제책을 살펴본 연구는 일본에서 수입된 매약과 홍보 광고가 효능, 성분, 제조판매원, 약값 등을 필

50　박지영 외, 「1950-60년대 한국의 뇌폐흡충증과 심보성의 대뇌반구적출술」, 『의사학』 20-1, 2011; 신미영, 「한국에서 국제적 연구자로 성장하기: 이호왕의 유행성출혈열 연구 활동을 중심으로」, 『의사학』 26-1, 2017; 정준호 외, 「"모든 것은 기생충에서 시작되었다" - 1960-1980년대 한일 기생충 협력 사업과 아시아 네트워크-」, 『의사학』 27-1, 2018a; 현재환, 「"한민족의 뿌리"를 말하는 의사들: 의학 유전학과 한국인 기원론, 1975-1987」, 『의사학』 28-2, 2019.

51　문명기, 「식민지 '문명화'의 격차와 그 함의 : 의료부문의 비교를 통해 보는 대만·조선의 '식민지근대'」, 『한국학연구』(고려대학교 한국학연구소) 46, 2013; 문명기, 「일제하 대만 조선 공의(公醫)제도 비교연구 - 제도 운영과 그 효과」, 『의사학』 23-2, 2014; 최규진, 「대만과 조선의 종두정책을 통해 본 일본 제국의 식민 통치」, 『국제고려학』 15, 2014.

수적으로 기재하면서 형식적인 측면에서 조선이 매약 시장을 형성하는 데 영향을 주었음을 밝혔다.[52] 약은 의료를 물질이라는 좀 더 구체적이고 실질적인 수준에서 접근할 수 있게 해 준다는 점에서 향후 중요한 연구 분야가 될 것이다. 나아가 '의학 지식과 상업 문화, 일상생활, 소비와의 연관성을 검토'하는 데 중요한 통로이다. 그 중에서 약품 광고는 그 속에 내재된 의학 지식, 소비자의 욕망, 사회 문화적 의미를 파악할 수 있다는 점에서 관심의 대상이 되고 있다.[53]

2010년대에 이루어진 한의학 연구 역시 이분법적 시각을 벗어나고 있다. 식민 권력이 한의학을 차별했다는 사실은 그동안의 연구를 통해 확인되었다. 하지만, 그 시각만을 고집할 경우 놓치게 되는 역사적 사실이 있다. 그것은 능동적 적응과 대응이다. 한의학은 식민 권력이 펼치는 서양 의학 위주의 의료 정책 속에서 생존을 위해 혹은 성장을 위해 능동적으로 적응·대응하였고, 그 과정에서 근대적 변모가 이루어졌다. 이분법적인 시각을 고집할 경우 식민 정책의 이면에서 일어났던 구체적인 적응과 대응, 나아가 변화와 그 의미를 포착하기 힘들다.

구체적으로, 동서 의학 논쟁을 분석한 연구는 논쟁 과정에서 한의학이 자신의 정체성을 서양 의학에 대비하여 제시했다고 평가했다. 그 결과 한의학은 자신의 존립 정당성을 서양 의학에 의존해야 하는 상황을 만들었다.[54] 동

---

52 김영수, 「20세기 초 일본 매약의 수입과 근대 한국의 의약광고의 형성」, 『인문논총』 75-4, 2018.
53 유연실, 「중국 근현대 의료사 연구의 새로운 흐름과 동향」, 『역사학연구』 77, 2020.
54 전혜리, 「1934년 한의학 부흥 논쟁: 한의학 정체성의 "근대적" 재구성」, 『한국과학사학회지』 33-1, 2011.

서의학연구회의 활동을 분석한 연구는 이 단체가 서양 의학을 적극적으로 수용함으로써 한의학을 식민 당국의 위생 방역 체제의 제도권 안으로 편입시켰고, 그 결과 의생의 입지를 강화하고자 하였다고 평가했다.[55] 이런 활동은 식민지에서 생존을 모색할 수밖에 없었던 한의학의 입장에서 불가피한 선택이었을 것이다.

적응과 대응은 개인에게서도 발견되었다. 식민지 시기 대구에서 한의원을 개설한 김광진은 서양 의학과 양약을 공부하여 활용하였고, 한방과 양방을 겸한 병원을 구상하는 등 적극적으로 근대를 수용하는 모습을 보였다.[56] 나아가 서양 의학과 한의학이라는 대립 구도를 넘어 동서 의학 결합이라는 새로운 가능성을 모색하였다.[57]

이분법적 인식을 벗어나려는 시도는 지역 대상 연구에서도 이루어졌다. 기존의 통념은 농촌의 경우 '제도권 의료의 부재를 민간 의료가 대신하고 있으며, 이때의 민간 의료란 서양 의학과 구분되는 상약(常藥)이나 무속 의료'였다고 보았다. 하지만, 실제는 달랐다. 1960년대 농촌에서 서양 약품은 낯선 존재가 아니었다. 민간요법만큼이나, 혹은 그보다 더 친숙한 존재였다.[58] 이런 연구가 식민지 시기 지역의료의 실상을 밝힌 연구와 결합한다면 한국 근현대를 관통하는 통시적인 서술이 가능해질 것이다. 여기서 중요한 논점

55 황영원, 「가려진 의생단체의 모습-일제시기 동서의학연구회를 다시 보다」, 『사림』 59, 2017.
56 박지현, 「유교 지식인 해악 김광진의 醫生 활동과 그 의미」, 『역사학보』 229, 2016.
57 오재근, 「일제 시대 '의생(醫生)' 김광진의 황달 투병기 - 김광진의 『치안』, 『치달일기』 분석-」, 『의사학』 28-2, 2019.
58 박승만, 「어느 시골 농부의 '반의사'(半醫師) 되기: 『대곡일기』로 본 1960-80년대 농촌 의료」, 『의사학』 27-3, 2018.

은 변화이다. 의료는 시대를 반영하며 변화하고 있었다.

개인의 연구와 활동을 이해하는 데도 민족주의적 이분법은 약화되었다. 식민지 시기 대표적인 의학자 윤일선의 경우 조선인이라는 이유로 민족 차별을 받았지만, 그 가운데서도 학문의 보편성을 향해 분투했다. 식민지라는 조건 속에서 근대를 성취하기 위해 노력한 것이다.[59] 하지만, 여기서 근대란 식민지라는 조건 속에서 변형될 수밖에 없었다. 식민지에 식민성과 근대성이 공존했다는 주장은 공감대를 넓혀 가고 있다. 다만, 확산은 원론적인 차원에서 이루어지고 있을 뿐 각론 단계에서 두 특성이 어떤 교집합, 여집합을 만들고 있었는지에 대한 논의는 아직 진행 중이다.

한국 근대 의료의 특징 중 하나는 식민 권력에 의해 일방적 재편이 이루어지지 않았다는 데 있다. 식민 의료의 경쟁자로 선교 의료가 있었다. 선행 연구는 한국 근대 의료가 일종의 주도권 경쟁, 즉 헤게모니 경쟁이 전개되는 가운데 형성되었다고 파악하였다.[60] 이런 접근은 식민지 시기를 복합적으로 바라볼 수 있게 할 뿐 아니라 한국의 특수성을 추출할 수 있도록 해 준다. 경쟁은 의학 교육에서도 동일하게 관찰된다. 1926년 경성제국대학의 설립은 일제가 선교 의학 교육과 경합, 경쟁하는 과정에서 주도권을 확보하기 위해 이루어 낸 결과였다.[61]

그러나 2010년대 연구는 식민 권력과 의료 선교사의 관계에서 경쟁 못지

59 홍종욱, 「식민지기 윤일선의 일본 유학과 의학 연구」, 『의사학』 27-2, 2018.
60 정근식, 「'식민지적 근대'와 신체의 정치 : 일제하 나(癩) 요양원을 중심으로」, 『한국사회사학회논문집』 51, 1997; 조형근, 「일제의 공식의료와 개신교 선교의료간 헤게모니 경쟁과 그 사회적 효과」, 『사회와 역사』 82, 2009.
61 정준영, 「식민지 의학교육과 헤게모니 경쟁」, 『사회와 역사』 85, 2010.

않게 협력이나 교류가 이루어졌음을 밝혔다. 서양 나병원이던 여수애양원은 소록도보다 앞서 한센병 환자에게 단종수술을 실시했고,[62] 해주구세요양원을 설립하고 운영했던 의료 선교사 셔우드 홀은 항결핵운동을 전개하는 과정에서 식민 권력의 경쟁자이자 협력자로 활동했다.[63] 식민 권력과 조선인이라는 구도를 넘어 더 다양한 매개자들에 주목하는 연구도 이루어졌다. 이 연구에 따르면, 1910년 조선총독부의 위생 정책은 조선 귀족, 한방의회, 일본인의사회, 서양인 선교사 등의 민간 부분과 대립·교섭·경쟁하는 과정에서 결정되었다.[64]

문제는 이분법적 시각을 극복하려는 시도들이 아직까지 단편적으로 제기되고 있다는 것이다. 하나의 인물, 단체, 지역을 대상으로 한 연구는 보편성을 확보하기 어렵다. 그 인물이나 단체 혹은 지역이 대표성을 지닌다고 판단할 수 없기 때문이다. 하나의 사례에 불과하다는 비판은 쉽게 제기될 수 있다. 하지만 모든 사례를 분석한다는 것은 불가능하다. 이때 필요한 태도는 현상을 꿰뚫는 본질이 있다고 전제하는 것이다. 다양한 현상의 이면에 공통된 본질이 존재한다는 전제는 사례 연구가 분산적으로 진행되는 문제를 막을 수 있다. 다만, 본질을 고정된 것으로 파악해서는 안 된다.

62 김재형 외, 「한센인 수용시설에서의 강제적 단종·낙태에 대한 사법적 해결과 역사적 연원」, 『민주주의와 인권』 16-4, 2016.
63 Park Yunjae, "The Work of Sherwood Hall and the Haiju Tuberculosis Sanatorium in Colonial Korea", 『의사학』 22-3, 2013.
64 이형식, 「1910년대 조선총독부의 위생정책과 조선사회」, 『한림일본학』 20, 2012.

4. 의료사 연구의 새로운 전개를 위한 제안

1) 실증의 축적

역사학이 사료와 해석의 결합을 통해 형성된다고 하지만, 출발은 사료이다. 역사학은 일종의 사료학이다. 새롭고 중요한 주장도 사료가 뒷받침되지 않으면 역사학의 성과로 인정받기 힘들다. 따라서 새로운 자료의 발굴은 중요하다. 각주가 없어 아쉽지만, 한국 근현대 한의학의 인물·단체·학술을 정리한 책은 연구를 진척하기 위해 자료로 활용될 수 있다.[65] 근현대는 한의학이 서양 의학을 만나 이전 어느 때보다 넓고 강하게 자신의 변화를 모색하던 시기였다. 이 책은 그 시기를 산 한의사들의 활동과 노력을 정리했다는 점에서 한국 근현대 한의학사를 정리하는 기초 작업의 의미가 있다.

19세기 말 전라도 강진에 있던 박약국(朴藥局)에 관한 연구는 약국의 운영 상황을 살피기 위해 약재 매입과 판매 장부를 이용하였다.[66] 새로운 자료를 발굴한 것이다. 지금도 마찬가지지만 중세의 일상에서도 의료는 약을 통해 이루어졌다. 약은 의료의 핵심에 있었다. 이 글은 그 약의 유통, 거래, 활용을 새로운 자료를 활용하여 실증적으로 분석하였다. 따라서 의료사와 함께 상업사적 의미도 지니고 있다. 나아가 19세기 말이 상대적으로 자료가 부족한 시기라는 점에서, 그리고 중앙과 비교할 때 상대적으로 관심의 정도가

---

65 김남일, 『근현대 한의학 인물실록』(들녘, 2011).

66 김덕진, 「19세기말 강진 박씨가의 병영진출과 약국경영」, 『歷史學硏究』 52, 2013; 김덕진, 「19세기말 전라도 강진 병영 박약국의 약재매입 실태」, 『역사와 경계』 103, 2017; 김덕진, 「19세기말 藥局 판매장부를 통해 본 의약 거래관행」, 『歷史學硏究』 69, 2018.

옅은 지방의 사례를 발굴하였다는 점에서 이 연구의 의미는 깊다.

식민지 시기 대구에서 활동했던 한의사 김광진의 자료도 발굴, 활용되었다. 그는 의학 서적과 진료 기록을 남겼고, 그 자료에 의거한 연구들이 지속적으로 출간되고 있다.[67] 한의학이 식민지 시기를 거치면서 역동적으로 변모했다는 사실은 2010년 이전의 연구에서도 입증되었다. 김광진에 관한 연구들은 그 역동성을 한 개인의 활동을 통해 실증적으로 서술했다는 데 의미가 있다. 그 결과 1930년대 치료의 구체적인 현황이 확인되었다. 즉, 의생인 김광진은 "당대에 새롭게 소개되고 있는 과학, 의학의 새로운 성취를 존중하고 동아시아의 의학 경전 중에 기재된 의학적 오류와 한계를 인정했다." 동시에 "과거 의사들이 누차 경험했고 지금 자신도 활용하고 있는 의학적 경험을 홀시하지는 않았다." 나아가 '적극적으로 동서 의학의 이론적 결합을 시도'하였다.[68] 일기를 비롯한 김광진 관련 자료를 통해 동서 의학이 한편으로 경쟁하고 한편으로 보합하는 모습, 나아가 그 절충 혹은 병존이 이루어지는 모습을 구체적으로 확인할 수 있었다.

편지도 실증을 위해 활용할 수 있는 중요한 사료이다. 한국의 의학자가 국제적 인물로 성장하는 과정을 천착한 연구는 그 학자가 외국 연구자와 교환한 편지를 주요 사료로 활용하였다. 그 편지들은 주변부 과학자인 이호왕(李鎬汪, 1928-현재)이 외국 연구자들과 의존적 협력 관계에 있었음을 보여주었다. "이호왕은 그들이 원하는 자료가 있으면 지체 없이 제공해 주었고, 연

67 박지현, 「유교 지식인 해악 김광진의 醫生 활동과 그 의미」, 『역사학보』 229, 2016.
68 오재근, 「일제 시대 '의생(醫生)' 김광진의 황달 투병기 - 김광진의 『치안』, 『치달일기』 분석-」, 『의사학』 28-2, 2019.

구와 관련해서 미흡한 부분은 그들의 의견을 적극 수용했다." 특히 자신의 연구를 지원해 주는 미 육군 연구자와 협력을 진행하는 과정에서 "이호왕은 거의 전적으로 그의 조언을 수용했다."[69] 주고받은 편지는 과학 후발국인 한국의 의학자가 국제적 인정을 받고자 한 노력과 고통을 생생하게 보여준다.

1950년대 중반 독일에 유학한 한국인 의사, 1950년대 서울의대의 체계를 변화시킨 미네소타 프로젝트의 두 참여자를 편지 자료를 활용하여 서술한 연구도 이루어졌다. 이 연구들은 유학생이 느꼈던 향수와 고독, 경제적 곤궁, 불안한 장래에 대한 고민을 확인하였을 뿐 아니라, 1950년대의 인연이 수십 년 후 이국의 친구를 찾아 병원을 방문할 정도로 깊었음을 알려 주었다.[70] 편지가 교육이라는 제도의 측면에서는 설명하기 힘든 인간의 삶을 복원해 주는 역할을 한 것이다.

조선 시기를 넘어 근대에 이르는 시기 동안 병을 규정하는 개념은 풍부하게 변화했다. 그 궤적을 추적한 연구는 그 자체로 하나의 사료집 역할을 하고 있다.[71] 저자는 "한국사 전반에 걸쳐 병 개념의 상위 텍스트와 하위 텍스트를 두루 살펴, 병 개념 변화에 담긴 근대성을 읽어 내려고 했다." 여기서 텍스트로 주로 활용된 재료는 사전이다. 따라서 이 책은 한국 의료사를 쓰며 참조할 수 있는 사전의 역할도 하고 있다.

실증적인 한국 현대 의료사 연구도 이어졌다. 독일에 이주한 한국인 여

69 신미영, 「한국에서 국제적 연구자로 성장하기: 이호왕의 유행성출혈열 연구 활동을 중심으로」, 『의사학』 26-1, 2017.
70 서울대학교병원 병원역사문화센터, 『의사들의 편지에는 무슨 이야기가 있을까』(태학사, 2010).
71 신동원, 『호환 마마 천연두 - 병의 일상 개념사 -』(돌베개, 2013).

성 간호사에 관한 연구는 한국 현대사의 성공 이면에 있는 역사를 보여주었고,[72] 1970~1980년 사회의학연구회에 관한 연구는 상대적으로 시민운동이 약한 의료 분야에서도 지속적으로 비판적 사회운동이 형성되어 발전해 왔음을 밝히는 일종의 자료 역할을 한다.[73] 치료제에 관한 연구는 의료사 연구의 수준을 고양시킬 수 있는 방법인 동시에 새로운 의미에서 자료 축적이다. 한센병 환자에 대한 대책이 격리에서 수용으로 변화된 이유를 대풍자유(大風子油)혼합제, 디디에스(diaminodiphenyl sulfone)제 등의 개발과 활용에서 찾은 연구가 그 예가 될 수 있다.[74] 자료의 중요성은 지대한 것이다.

의료사 연구에서 이론을 활용하는 경우가 있다. 생체권력과 같은 서양의 정립된 이론을 활용하는 경우이다. 이런 연구는 한국사회에서 일어난 구체적 사례를 좀 더 일반적인 시각에서 평가하고, 그 의미를 보편적인 측면에서 파악하는 장점이 있다. 한국의 사례를 분산되고 독립적인 시각으로 바라보기보다 서양의 다른 예와 연관시켜 고찰할 수 있는 것이다. 이론의 활용을 통해 전통적인 소재가 새로운 의미를 지니게 되고, 하나의 사례에서 다른 사례와 연관시킬 수 있는 보편성을 추출할 수도 있다.

그러나 현재까지 진행된 연구는 이론의 소극적 적용에 머물 뿐 한국 사례를 통해 이론을 수정 또는 보완하거나, 나아가 독자적인 이론을 정립하지는 못했다. 서양에서 정립된 이론이 한국에 적용 가능하다는 점을 증명하는 수준이지, 한국사회가 지닌 특수성을 확인하거나 그 확인을 통해 비판으로 나

72 나혜심, 『독일로 간 한인간호여성』(산과글, 2012).
73 최규진, 『한국 보건의료운동의 궤적과 사회의학연구회』(한울, 2015).
74 김재형, 「한센병 치료제의 발전과 한센인 강제격리정책의 변화」, 『의료사회사연구』 3, 2019c.

아가지 못했다는 것이다. 지금까지 연구에서 한국은, 어떤 의미에서, 서양 이론이 지니는 정당성을 확인하는 하나의 사례에 불과하다는 인상을 준다. 한국이 지니는 특수성을 파악하려는 노력보다 이론의 보편성을 확인하려는 의도가 강하게 나타나고, 그 결과 한국사회는 시대성이나 지역성을 상실한 하나의 예로서 의미를 지니게 된다. 이런 식의 적용은 이론을 하나의 우상으로 간주하는 태도이고, 그 결과, 이론은 분석을 위한 도구가 아니라 구체를 재단하는 폭력이 될 수 있다.

그런 점에서 이론을 적용하는 것 못지않게 실질적으로 진행된 의료의 내용을 확인하는 작업이 필요하다. 1940년 조선농촌사회위생조사회가 편집한 『조선의 농촌위생』은 식민지 시기 농촌의 위생 상황을 민간의 조사를 통해 확인할 수 있다는 점에서 중요한 자료이다. 물론 조사의 한계도 있다. 대학생들이 한 달이라는 짧은 기간 동안 진행하였다는 점에서, 더욱이 조사의 기준이 일관되지 않고 비교 대상도 적절하지 않은 경우도 있었다는 점에서 그렇다. 하지만, 이 조사는 '위생 문제와 사회경제의 연관성과 사회적인 책임을 의식한 학생들이 민간 차원에서 진행'하였다는 점에서 의미가 있다. 한국 사회의학의 선구자적인 조사인 것이다. 이 조사의 결과 식민 권력의 선전과 다르게 '조선의 농촌은 의료의 사각지대에 있었고, 농민 대다수는 근대의학 발달의 혜택에서 외면당한 채 방치되고 있었음'이 밝혀졌다.[75]

호남 지역을 대상으로 근대 의료가 지역 단위에서 어떻게 조직화되었는지 살펴본 연구 역시 식민지 위생규율이 지방 농촌에 침투하여 관통한 사실

---

75 이상의, 「『조선의 농촌위생』을 통해 본 일제하 조선의 농민생활과 농촌위생」, 『歷史教育』 129, 2014.

을 실증적으로 보여주었다는 점에서 의미가 있다. 이 연구는 위생조합, 모범위생부락의 사례를 분석함으로써 근대적 위생규율이 제도적으로 정착하였음을 밝히는 동시에 조선인 전염병 환자의 낮은 검병 수준을 고려할 때 실질적인 지역사회의 조직화는 부족했다고 밝혔다. "일제가 주도한 근대적 '위생규율'은 호남 지역사회에서 공간적 배치상 제도적으로 정착한 것으로 확인되었고, 또 어느 정도의 '문명화' 효과를 발휘할 것으로 기대"되었다. 하지만 '실질적인 성과는 의문시 되는 수준'에 머물렀다. 농민들은 "여전히 농촌 빈곤과 의료 분포의 편중성 등에 기인해 '문명화된 근대'로의 '적응 불충분'과 심리적 거부감 사이에서 배회하고 있었"다.[76] 이론은 실증을 통해 확인될 필요가 있는데, 이 연구는 호남 농촌 지역을 분석함으로써 기존 이론이 도시나 조합과 같은 제한된 공간을 넘어 농촌 전체로 확대 적용되기는 어렵다는 점을 입증하였다.

규율화가 이루어지는 장치도 중요하다. 식민지 시기 농민들은 병원과 같은 공간이 아니라 방역 사업이나 계몽 사업을 통해 위생과 질병에 관한 지식을 습득하였다. 기본적으로 그들의 "근대적 의료 기관 이용도가 낮았다." 의료비도 고액이었다. 따라서 식민지 시기 조선 농촌은 병원·의사라는 '규율권력' 장치로부터 상대적으로 자유로웠다. 하지만 "조선 농촌이 위생·의료 분야의 '규율권력' 총체로부터 자유로웠던 것은 결코 아니었다." 농촌에는 위생·질병에 관한 감각이나 지식이 설득력을 가지면서 침투하고 있었다. 한국인의 실력양성운동이 식민 권력의 사업과 결합할 수 있었던 이유도

---

76 마쓰모토 다케노리 외, 「호남 지역의 위생·의료문제: 일제 '위생규율'의 식민지 지역사회에 대한 침투와 한계」, 『의사학』 27-3, 2018.

이런 침투에 있었다.[77]

이론의 적용 가능성에 대해 회의를 표시한 연구도 이루어졌다. 식민지 시기 조선과 대만의 공의(公醫) 제도를 비교한 연구가 그 예이다. 이 연구는 공의의 운영 빈도, 페스트와 두창 등 주요 질병으로 인한 사망자 수 등의 통계를 비교하여 두 지역의 의료 상황 차이를 밝혔다. 그 결과 "조선에서 공의 제도 운영이 상대적으로 효율적이지 못했고 따라서 근대 의료 시스템에의 노출 역시 제한적이었다는 점에서, 의료적 규율을 경험할 수 있는 '장(場)' 자체가 협소했다."라고 주장하였다. '병원·의사를 포함한 의료 위생 부문에서의 규율권력의 작동 범위는 생각보다 제한적이었을 가능성이 크다는 것'이었다.[78] 1990년대 이래 의료적 규율화를 강조하는 연구가 이루어져 왔는데, 그 연구들은 이론을 비판적으로 검토하지 않고 한국에 단순 적용했으리라는 의문을 제기한 연구이다. 식민지 농촌의 의료 경험에 관한 연구와 더불어 구체적인 실증의 중요성을 재삼 부각시키는 연구이기도 하다.

이론을 활용하기에 앞서 비판이 필요하다는 주장은 사료에 대해서도 동일하게 적용된다. 사료를 비판적으로 활용해야 한다는 것이다. 사료를 활용하는 과정에서 필수적으로 작성 주체를 고려하여 사료를 비판하는 과정을 거쳐야 한다. 누가 작성했느냐에 따라 그 내용에 일정한 지향이 내포되어 있기 때문이다. 식민지 시기를 분석하면서 총독부 출간 자료를 이용할 경우 식민 권력의 행위와 선택을 이해하게 되는 것처럼, 선교 의료를 파악할 때

---

77 마쓰모토 다케노리, 「식민지 시기 조선 농촌에서의 위생·의료사업의 전개」, 『조선 농촌의 식민지 근대 경험』(논형, 2011).

78 문명기, 「일제하 대만 조선 공의(公醫)제도 비교연구 - 제도 운영과 그 효과」, 『의사학』 23-2, 2014.

선교사의 기록만 이용할 경우 그 결과는 선교 의료를 합리화하는 것으로 귀결될 수밖에 없다. 신문도 마찬가지이다. 사회사적으로 접근하기 위해 신문을 활용할 때, 작성 주체와 시대적 맥락을 고려해야 한다. 신문에 게재된 기사가 그 자체로 객관성과 정당성을 확보하지 않기 때문이다. 특히 1990년대 대중의 시대가 열리기 이전의 신문에서는 기자들이 구체적으로 계몽의 역할을 담당했다. 그들은 근대의 편에 서 있었다. 이런 경향성을 사료를 해석할 때 고려해야 한다.

2) 한국 사례의 이론화

실증의 축적은 이론의 형성으로 나아갈 수 있다. 한국적 이론을 형성할 수 있는 것이다. 한국의 근현대는 타율적 개항, 식민지, 해방과 내전, 산업화와 민주화라는 세계사의 일반적인 궤적을 따라 전개되었다. 따라서 그 과정에서 나타난 한국적 특징은 비제국주의 국가의 근대화를 설명하는 이론으로 발전할 수 있다. 의료가 근대의 중심에 있었다면, 한국 근현대 의료사에서 나타난 특징은 한국 근대를 설명하는 중요 요소로 활용될 수 있을 것이다.

이론을 구축하기 위해 먼저 필요한 단계는 한국적 수용에 관해 고찰하는 것이다. 2010년대에 이루어진 연구는 그 고찰을 진행하고 있다. 19세기 말 20세기 초 의사들의 개업 양상을 추적하여 서양 의료의 확산 과정을 분석한 연구는 양약국 역시 한약국의 전통 속에서 업무를 진행하였음을 밝혔다. 즉, "양약국의 업무는 진료와 조제·투약·제약 등을 손쉽게 넘나들 수 있었으며, 범주적으로도 전통적인 의원과 약국·약상은 물론 근대적 병의원 및 약국에 포괄적으로 걸쳐 있었다."[79] 연구에서는, 식민지 시기 의료법의 반포로 동서 의학의 구분과 의약의 분리가 진행되었지만, 전통은 근대가 쉽게 축출할 수 있는 대상은 아니었다고 주장했다.

세균학 용어인 결핵이 한국사회에 수용되는 과정을 분석한 연구는 의학 용어를 번역할 때 어디에 주안점을 두느냐에 따라 번역이 다르게 이루어졌다고 밝혔다. 병리학적 소견에 집중할 경우 '결핵'이 번역어로 사용되었지만, 기침과 같은 증상에 주목을 할 경우 해소병이나 부족증이라는 말로 사용되었다. 나아가 "'노채(勞瘵)'나 '노증(勞症)' 또한 한의학적 개념이었으나 'phthisis'와 유사한 개념으로 이해되어 계속 사용되었다." 저자는 결국 '이러한 단어 활용은 일제 강점 이후에도 결핵 유행에 대한 기본적인 대응을 어렵게 만드는 요인 중 하나'라고 평가하였다.[80] 궁극적으로 식민지 시기 서양 의학의 우위 속에서 '결핵'이 지금의 용어인 결핵으로 자리 잡았지만, 그 과정은 일방적이지 않았고, 의료인이든 소비자이든 한국의 전통은 용어의 확정에도 관여하였다고 이 연구는 밝혔다.

제중원에서 사용된 의학 교과서를 분석한 연구는 번역에서 유교 지식과 기독교를 접목시키는 모습이 나타났다고 밝혔다. 제중원이 서양 의료 선교사가 설립한 학교인 점에서 짐작할 수 있듯이 처음 의학 교과서를 번역할 때 대상으로 삼은 책은 영미권의 원서였다. 하지만 1905년 이후 일본의 조선에 대한 지배력은 강해졌고, 제중원의 선교 의사들 역시 변화하는 국내외 정세와 한국이 일본과 같은 한자 문화권이라는 점을 고려할 수밖에 없었다.

---

79 이흥기, 「19세기 말 20세기 초 의약업의 변화와 개업의」, 『의사학』 19-2, 2010.
80 최은경, 「개항 후 서양의학 도입과 '결핵' 용어의 변천」, 『의사학』 21-2, 2012.

그 결과 일본 교과서를 번역했는데, 문법과 어휘가 유사하다는 점에서 일본 교과서의 직역이 가능했지만, 번역된 결과물은 달랐다. 비록 일부이지만 한국적 상황이 고려되었다. '화장품의 장기 사용에 의한 납중독 문제를 하나님이 물려주신 신체를 잘 간직해야 한다는 기독교적 가치관으로 비판'하였고, "개행(改行)의 대상을 존왕(尊王)에서 하나님으로 바꾸었다." 유교 지식과 기독교가 접목된 것이었다.[81] 한국적 맥락은 교과서를 번역할 때도 관철되었다.

위의 연구들이 조선 말기, 대한제국기에 집중된 점에서 알 수 있듯이 19세기 말 20세기 초는 한국의 자주적 근대화를 포착할 수 있는 중요한 시기이다. 약했지만, 적어도 국가권력이 이민족의 손에 있지 않았다는 점에서 전통이 자주적으로 고민되고 실천될 수 있는 시기였다. 식민지 시기를 겪으며 그 고민은 문자 그대로 고민으로만 남게 되었지만, 해방 이후 새로운 근대를 모색할 때 실천으로 이어질 가능성도 함께 지니고 있었다는 점에서 의미가 있다.

식민지 시기에도 약해지기는 했지만 기존 전통이 유지되고 있었다는 점에서 분석 대상에서 제외할 이유가 없다. 1920년대 진행된 피병원 설립 운동에 관한 연구는 참여 인사들을 분석함으로써 운동의 기원을 조선 시기와 연결시켰다. 저자에 따르면, 비록 식민지 시기이지만 '공익'이라는 측면에서 한국인, 특히 토착 엘리트가 일종의 조선인 사회의 자율 의제에 참여할 수 있는 여지가 적지 않았다. 주체는 선비였다. 선비가 자율적인 규약인 향

---

81 박준형 외, 「제중원에서 『약물학 상권(무기질)』의 번역과 그 의미」, 『의사학』 20-2, 2011; 박준형 외, 「홍석후의 『신편생리교과서』(1906) 번역과 그 의미」, 『의사학』 21-3, 2012.

약을 주도했듯이 피병원 설립 운동 역시 '선비가 자율적 영역에서 주도하는 문제 해결의 방식'으로 진행되었다. 물론 여기서 선비는 조선 시대의 그것과 같지 않다. '수기와 치인을 단계별로 설정하지 않는다는 점에서, 나아가 조선인만을 그 주체로 제한하지는 않는다는 점'에서 달랐다. 전통은 '시대에 맞는 방식으로 변형·재해석·재구성'되어 갔던 것이다. 여기서 변형은 친일 협력으로 나아가는 가능성까지 포함하고 있었다.[82] 참여자에 관해 풍부하게 분석하지는 않았지만, 식민지 시기 한국인의 의료적 실천을 중세와 연결시키려는 노력만으로도 의미가 있는 주장이라고 할 수 있다.

이론화와 관련하여 식민지 근대성은 주요한 대상이 될 수 있다. 의료에서 식민지 근대성이 어떻게 구현되었는지 파악할 수 있다면, 추상화를 거쳐 하나의 이론으로 구현할 수 있을 것이다. 그 파악을 위해 고려할 변수는 식민 권력, 의료 선교사, 한의학이 될 것이다. 의료 선교사는 서양 의학의 관철이라는 점에서 식민 권력과 같은 쪽에 서 있었지만, 다른 한편으로 경쟁자였다. 그들은 한국에 서양 의학을 전하는 별도의 통로 역할을 했고, 식민 권력이 의료 인력을 육성하는 데 일본 본국보다 적은 자원을 투자하는 상황에서 자신들의 영향력을 지속할 수 있었다. 의료 선교는 식민화가 관철되는 과정에 변형을 가하는 요소였다.

거대하거나 명료하지는 않더라도 한국적 특징을 파악해 낼 수 있다. 그 특징을 만든 것은 한국의 전통이었다. 근대를 파악하는 것은 전통에 관한 관심으로 이어질 수밖에 없다. 이 전통 중 하나가 한의학일 것이다. 식민지 시기

---

82 배우성, 「1920년대 피병원 건립 캠페인과 경성 조선인사회 - 조선후기적 관성과 식민지 시기의 단면 -」, 『서울학연구』 56, 2014.

한의학은 일본 본국과 달리 주류는 아니지만, 공식 의학으로 살아남았다. 나아가 식민지라는 조건에 적응하고 대응해 나갔다. 그 변화를 근대화라고 부를 수 있을 것이다. 한의학 자체가 지닌 유용성과 한의학을 활용하려는 식민권력의 의도 등이 합쳐지면서 근대화의 범위와 내용이 만들어졌다. 한의학은 의료에서 식민지 근대성의 내용을 파악하는 데 중요한 요소이다.

해방 이후도 마찬가지이다. 한국의 한의학에는 중국의 중의학, 일본의 한방의학과 달리 다양한 학파가 존재한다. 의서 중심으로 혹은 개인 중심으로 학파가 형성되어 있다. 구체적으로 동의보감학파의 경우 동의보감에서 무엇을 강조하느냐, 강조점에 접근하는 방법론이 어떻게 다르냐, 동의보감을 어떻게 독해하느냐에 따라 분리된다. 서양 의학에서 의학 텍스트와 그 텍스트를 접수하고 실천하는 존재들 사이에 간극이 밀착되어 있다면, '동아시아 의학의 텍스트와 존재들 사이에는 가시적 간극이 있는 것'이다.[83] 그 간극이 학파를 형성하고 유지시킨다. 이규준을 스승으로 삼는 부양학파도 한의학에서 스승을 중심으로 한 유파의 형성을 보여준다. 특히 포항이라는 지방에서 탄생하고 전승되었다는 점에서, 또 개인 의가의 노력에 의해 의학 사상이 전승되고 전파되었다는 점에서 한의학 유파의 특성인 개별성과 독자성을 보여준다.[84]

중의학이 표준화·과학화·병원화되었다면, 한의학은 그 정도가 약하다. 한국의 한의학에서는 다양성이 용인되었다. 그 결과 다양한 한의학적 진단

---

83 김태우, 「동아시아 의서와 의료실천 - 동의보감학파들을 통해 읽는 텍스트와 실천 그리고 동아시아의학 지식」, 『의사학』 28-2, 2019.
84 오재근, 「부양학파, 한국 전통 의학 학술 유파의 탄생과 전승 - 이규준, 서병오, 이원세 그리고 소문학회」, 『의사학』 23-1, 2014.

법과 처방 원리가 학습되면서 개인에 따라 상당히 다른 치료 처방과 선택을 한다. 치료법의 경우, '정경침·오행침·체질침 등 복수의 침법이 시도되는 한의학에서 선택되는 혈자리가 표준화를 기조로 한 중의학의 변증논치와 상당한 차이가 있다.[85] 한국 한의학에서 공식 제도의 비중은 상대적으로 작고, 민간의 비중이 컸다. 이런 특징은 정부의 공식적인 지원이 약한 가운데 한의학이 생존하고 성장하기 위해 노력하고 실천한 결과일 것이다. 그 궤적 자체가 한의학의, 나아가 한국 의료의 특성을 이해하는 데 도움을 줄 것이다.

다만, 한의학의 전통 역시 형성된 것이라는 점은 기억할 필요가 있다. 전통이 고정되었다는 생각은 한국적 특징을 과장할 가능성이 있다. 한국적 특질이 외부의 영향과 무관하게 존재한다고 하면 그것은 과장이다. 예를 들면, 학파의 형성에서 근대가 주었던 영향에 관해 고민해야 한다. 나아가 한국적 특징이 한국만의 고유한 것인지 확인해야 한다. 근대는 세계사적 현상이었기 때문이다. 지금도 이루어지고 있지만, 일본·대만·중국과 비교하는 연구가 더욱 필요하다.

식민의 유산은 해방을 거치면서 해소되지 않았다. 미국이 한반도 남부를 통치하면서, 나아가 새롭게 탄생한 대한민국을 설계하면서 그 유산은 변형되어 활용되었다. 식민지 시기에 성장한 의사들의 궤적을 추적하여 해방 후 그들이 구현한 학문을 혼종성으로 파악한 연구는, 중심을 지속적으로 수용할 수밖에 없었던 주변으로서 한국을 이해하려는 시도이다. 한민족 혼합기원론을 제기한 나세진의 경우, 식민지 시기 일제의 체질인류학과 함께 해방

---

85 김태우 외, 「사회 속의 의료, 의료 속의 사회 - 한국의 한의학과 중국의 중의학에 대한 의료인류학 고찰」, 『한방내과학회지』 33-2, 2012.

이후 미국 체질인류학을 '분리 불가능하게 뒤섞은 체질인류학 프로그램을 구축'했다. 상대적으로 단기간이었음에도 불구하고 나세진에게 미국 경험이 중요했던 이유는 주변부 과학자의 한계 때문이었다. "자신의 연구를 과학적으로 정당한 것으로 만들기 위해서 새로이 '보편 과학'으로 인정되는 미국 '중심부' 과학의 내용들을 수용하거나 적어도 그러한 틀로 보았을 때 완전히 뒤떨어지지는 않은 논의들로 채워야 했"던 것이다.[86] 주변부였기에 생산보다 수용이 주요한 지식의 구성 방법이었고, 그 결과 혼종성이 지속적으로 나타날 수밖에 없었다는 것이다.

혼종성에 대한 관심은 한의학으로 이어졌다. 해방 후 변화, 성장한 한의학을 진료실과 실험실이라는 구체적인 현장을 통해 분석한 연구는 '한의학의 근대는 혼종적 근대'라고 정리하였다. 이런 정리가 가능한 이유는 근대를 단일하고 통일된 전체로 파악하지 않기 때문이다. "근대는 '변화의 세트들의 세트들' 또는 '변화의 집합체'로 이해될 수 있다."는 것이다. 따라서 세트들 사이에 다양한 접합과 변화, 그리고 창조가 가능하다. 한의학의 근대화도 그렇게 이루어졌다. 즉 한의학의 제도화 · 전문화 · 과학화 · 산업화 · 세계화는 이질적인 행위자들이 갈등 · 합의 · 창조하는 복합적 과정을 거쳐 만들어졌다. 여기서 중요한 역할을 담당한 것이 서양 의학이었다. "한의학과 양의학의 충돌은 계속되었지만 그 과정에서 한의학은 지속적으로 양의학과

---

86 현재환, 「'지방차(地方差)'와 '고립(孤立)한 멘델집단(Mendel集團)': 두 '중심부' 과학과 나세진의 혼종적 체질인류학, 1932-1964」, 『한국과학사학회지』 37-1, 2015; Hyun Jaehwan, "Making Postcolonial Connections: - The Role of Japanese Research Network in the Emergence of Human Genetics in South Korea, 1941-68", Journal of the Korean History of Science 39-2, 2017.

과학의 세트들을 자신의 영역 속으로 끌어들임으로써 한의학 집합체를 성장시킬 수 있었다."[87] 혼종성이라는 용어가 자칫 일관된 이해를 어렵게 만들 수도 있고 미래의 진행 방향을 가늠하기 어렵게 만들기도 하지만, 그런 용어의 활용 자체가 한국의 사례를 이론화하는 시도라는 점에서 의미가 깊다. 한국은 그 자체로 의미가 있는 사례로 활용될 수 있는 것이다.

이론을 구축하기 위해 의도적인 노력도 필요하다. 그중 하나는 단행본을 출간하는 것이다. 1990년대 이후 한국 근현대 의료사의 연구가 양적인 면에서 증가한 것은 사실이지만, 논문에 비해 저서의 비중은 상대적으로 적다. 단행본이 출간되지 않은 것은 아니지만, 많은 경우 기존의 글들을 모은 형태이다. 일관된 문제의식으로 하나의 시기를 관통하는 서술이 좀처럼 이루어지지 않고 있다. 단독 저서가 힘들다면, 협업이 대안이 될 수 있다. 비슷한 문제의식을 공유하는 글들의 편집본이 이론의 구축이라는 점에서 현실적인 방안이 될 수 있을 것이다.

3) 환자와 소비자에 대한 관심

의료사에서 의료인이나 국가가 아닌 환자나 소비자에게 관심이 피력된 지는 오래되었다. 하지만 지금까지 이루어진 한국 근현대 의료사 연구에서는 여전히 국가나 의료인 같은 공급자의 모습이 주로 그려졌다. 2010년대 연구에서 대중의 모습을 통해 수용자의 모습을 밝히려는 시도가 없었던 것

---

87 김종영, 『하이브리드 한의학』(돌베개, 2019).

은 아니다.[88] 의료를 실행한 비의료인에 대한 접근도 이루어졌다.[89] 중요한 성과들이다.

구체적으로 1930년대 신문에서 이루어진 독자와 의사의 상담을 분석한 연구는 그 과정을 거치며 서양 의학 지식이 권위를 획득했다고 밝혔다. 신문의 상담을 통해 "당시 서양 의학 지식이 대중들에게 하나의 '상식'으로 받아들여"졌던 것이다. 상담 의사들은 전문의에게 직접 진료받을 것을 권유하는 경우도 많아 "독자들은 자신의 병을 치료하기 위해서 (서양식) 병원에 찾아가게 됨으로써 당대 의학의 헤게모니가 전통 한의학에서 서양 근대 의학으로 이동하게 만들었다." 하지만 그 이동은 일방적이지 않았다. 당대 의학 지식은 의사에서 환자라는 일방향이 아니라, 환자 스스로 증상을 해석하여 전달하는 역방향으로도 형성되었다.[90]

기생충박멸사업이 국가적 차원에서 전개될 수 있었던 배경으로 수치심을 주목한 연구는, 방역이 수용되는 기반으로 국민의 정서와 인식, 그중에서 시각이 지니는 의미를 포착했다는 점에서 시사적이다. 1950년대까지 기

---

88 김미정, 「나 환자에 대한 일반대중의 인식과 조선총독부의 나병정책: 1930-40년대 소록도 갱생원을 중심으로」, 『지방사와 지방문화』 15-1, 2012; 김재형, 「부랑나환자 문제를 둘러싼 조선총독부와 조선 사회의 경쟁과 협력」, 『민주주의와 인권』 19-1, 2019a; 백선례, 「1919.20년 식민지 조선의 콜레라 방역활동: 방역당국과 조선인의 대응을 중심으로」, 『사학연구』 101, 2011; 서기재, 「한센병을 둘러싼 제국의학의 근대사 -일본어 미디어를 통해 본 대중관리 전략-」, 『의사학』 26-3, 2017.

89 박승만, 「어느 시골 농부의 '반의사'(半醫師) 되기: 『대곡일기』로 본 1960-80년대 농촌 의료」, 『의사학』 27-3, 2018; 이주연, 「의료법 개정을 통해서 본 국가의 의료통제 - 1950~60년대 무면허의료업자와 의료업자의 실태를 중심으로」, 『의사학』 19-2, 2010.

90 최은경, 「조선일보 의학상담코너 「가정의학」에서 드러난 1930년대 의학 지식의 특징」, 『역사연구』 35, 2018; 최은경 외, 「신문 상담란 "지상 병원"을 중심으로 본 1930년대 식민지 조선 대중들의 신체 인식과 의학 지식 수용」, 『한국과학사학회지』 37-1, 2015.

생충에 대한 한국인의 인식은 그다지 수치스럽지 않다는 것이었다. 하지만 1960년대 초반 파독 광부의 기생충 감염, 아동의 회충성 장폐색 사망 사건은 한국인에게 수치심을 불러일으켰다. 기생충을 시각화시킨 효과였다. "회충 감염의 정상과 비정상의 경계를 전복시키는 데 결정적인 역할을 한 것은 감염의 시각화, 그리고 시각화를 바탕으로 한 수치심이었다."[91] 의료 정책이 효과적으로 실행되기 위해서는 수용사의 인식 변화가 중요하고, 마찬가지로 의료의 성장에서도 동일한 변화를 모색할 필요가 있다는 주장으로 해석할 수 있다.

수용자의 목소리를 찾는 노력은 지속될 필요가 있다. 이런 점에서 보면, 『의사학』 22권 2호에 실린 구술사 특집은 의미가 깊다. 구술사는 여러 장점을 지니고 있다. 문헌에 없는 사실을 확인할 수 있고, 문헌 자료에 있는 사실이라도 심도 있는 분석을 가능하게 한다.[92] 조산사, 한약업사, 한센인, 원폭이나 세균전 피해자에 관한 구술은 소수자의 시각에서 사회상을 재구성할 수 있게 한다.[93] 의료인, 그중에서 의사가 아닌 비의사 중심의 역사, 나아가 환자나 소비자 중심의 역사 서술로 나아갈 수 있게 한다. 이런 서술은 의료에서 독립적인 역할을 담당하였음에도 불구하고 위치나 능력의 문제로 인해 기록을 남기지 못한 사람들의 이야기를 들려줌으로써 역사를 풍부하게 하는 데 기여할 수 있다.

구술사는 미래 역사학을 위한 배려이기도 하다. 구술은 새로운 자료 발

---

91 정준호 외, 「1960년대 한국의 회충 감염의 사회사」, 『의사학』 25-2, 2016.
92 김옥주, 「한국 현대 의학사 연구에서 구술사의 적용: 의학자들의 구술을 중심으로」, 『의사학』 22-2, 2013.
93 신규환, 「최근 한국의학사 연구에서 구술사 연구의 성과와 한계」, 『의사학』 22-2, 2013a.

굴을 의미하기 때문이다. 다만, 수용자의 모습을 찾기 위해 구술 이외의 자료를 찾으려는 노력을 병행해야 한다. 환자나 소비자의 목소리와 관련하여 1960~1980년대 농촌 의료의 실상을 파악한 연구는 농촌 지식인의 일기를 활용하였다. 그 활용의 결과 그 지식인에게 '서양 약품은 그리 낯선 존재가 아니었고, 오히려 양약은 민간요법만큼이나, 혹은 그보다 더 친숙한 존재였음'을 확인할 수 있었다. 나아가 주인공은 반(半)의사의 역할을 담당하였다. 예방접종을 할 정도였다. 보건소 직원들은 그 접종을 용인했다. 제도권 의료의 공백을 주인공 같은 민간인이 메우고 있었던 것이다. 결국 '1960년대에서 1980년대까지 농촌 의료는 제도권 의료의 공백 일부를 민간 의료가 된 서양 의학이 대신하고 민간의 노력으로 제도권 의료의 접근성을 개선하는 과정이라 할 수 있었다.'[94] 일기는 환자나 소비자가 활용했던 해방 후 농촌 의료의 구체적 실상을 보여준다.

환자와 소비자라고 일반화시켜서 이야기했지만, 내부 구성을 구체적으로 분류해 접근할 필요도 있다. 서양의 경우 의료사는 어린이와 여성에게 관심을 높이고 있다. 의료인으로서 여성, 특히 여성 의사는 근대를 상징한다는 점에서 연구의 의미가 있다. 나아가 출산이 의료화되었다는 점에서도 여성에 대한 관심은 필요하다. 어린이의 경우 건강과 복지에 관한 연구가 이루어지고 있다.[95] 환자와 소비자의 구성은 더 다양해질 수 있다.

환자와 소비자에 대한 관심은 그들이 의료에서 담당했던 역할을 복원하

---

94 박승만, 「어느 시골 농부의 '반의사'(半醫師) 되기: 『대곡일기』로 본 1960-80년대 농촌 의료」, 『의사학』 27-3, 2018.
95 이상덕, 「영미 의료사의 연구 동향 - 1990-2019」, 『역사학연구』 77, 2020.

는 노력이자, 새로운 의료를 기획하는 시도이다. 건강권이라는 개념이 이미 1970년대부터 논의되었음에도 불구하고 의료는 여전히 의료인, 특히 의사들을 중심으로 논의되고 있다. 최근의 여러 문제, 즉 의료 영리화, 원격의료, 의대 정원 등이 주로 의료인이나 의료 기관을 중심으로 논의되는 상황이 변화되지 않은 현실을 보여준다. 현실은 현실 그대로 인정해야 하지만, 변화는 필요하다. 역사가 과거 경험을 복원하여 그 변화의 계기를 마련할 수도 있을 것이다.

그러나 환자와 소비자를 강조함으로써 의료를 의료인과 환자라는 단순한 구도로 접근해서는 안 될 것이다. 국가가 건강보험제도의 형성과 성장에서 중요한 역할을 담당했듯이 의료인과 소비자 이외에 의료를 구성하는 다양한 요소들이 있기 때문이다. 나아가 환자와 소비자를 강조하는 것이 의료인의 역할을 과소평가하는 것으로 이어져서도 안 될 것이다. 의료에서 지식과 기술의 역할은 어느 분야보다 중요하다. 스스로가 건강의 주인이 되어야 한다는 주장은 매력적이지만, 이상적이다. 현실에서 의료는 의료인과 환자의 관계로 나타날 수밖에 없다.

5. 맺음말

2010년대에 이루어진 한국 근현대 의료사의 성과는 적지 않다. 의료를 사회와 유기적 관계에서 파악하려는 사회사적 연구, 민족주의로 상징되는 전통적인 이분법을 넘어서는 연구는 중요한 성과로 간주할 수 있다. 1990년대 초 한국에서 의료사가 재도약한 이후 한국 근현대 의료사는 다양성을 확보했고, 그 분화는 계속되고 있다. 이제 더 이상 사실의 단순한 정리만을 추구하는 글은 찾기 힘들다. 설령 정리를 목적으로 한다 해도 궁극적인 귀결은 그 사실이 지닌 의미의 천착으로 나아가고 있다.

향후 연구를 진척하기 위해 실증의 축적은 중요하다. 기초적인 사실을 정확하게 확인해야 하고 그 사실들을 축적해야 한다. 전통적인 의료사의 주제였던 인물이나 기관에 관한 연구는 확장되어야 한다. 전염병에 관한 연구는 여전히 부족하다. 한국의 전통 중 지금도 영향력을 미치고 있는 한의학은 한국의 전통과 근대를 설명할 수 있는 중요한 소재이다. 실증적인 연구는 지속되어야 한다. 그 연구들이 축적될 때 한국적 이론을 창출할 수 있을 것이다. 또한 새로운 영역을 개척하고 확대해야 한다. 그중 하나는 환자나 소비자에 대한 관심이다.

다만, 위에서 서술한 사항들이 2010년대만의 특징은 아닐 것이다. 2010년에 쓴 글에서 이미 지적한 사항들이다. 따라서 2010년대는 2000년대의 연장선상에 있다고 평가할 수 있다. 물론 변화는 있었다. 2010년에 지적한 내용, 예를 들면, 한국의 역사학이 민족주의의 강한 자장 아래 있다거나, 식민지 근대성에 대한 고민이 본격적으로 제기되고 있다는 서술은 폐기될 필요가 있다. 민족주의의 힘은 약화되었고, 그 결과이지만 식민지 근대성의 존재를 부인하는 연구자는 없을 것이다. 하지만 그 변화의 강도는 새로운 정리를 요구할 만큼 강하지 않은 것 같다. 21세기에 시작된 변화는 2010년대에도 지속되었다.

의료사 연구자의 수는 증가하고 있다. 새로운 잡지나 조직도 출범하였다. 단행본 분량의 연구가 논문에 비해 적은 점은 아쉽지만, 양적으로 연구는 앞으로도 증가할 것이다. 서양과 동아시아에서 이루어진 성과들이 한국의 연구자들에게도 영향을 미쳐, 관련 분야에 대한 관심을 높이고 있다. 새로운 관점을 제시하는 연구도 늘 것이다. 이런 연구가 축적될 때 한국 근현대 의료사는 이론을 창출하는 수준으로 성장할 것이다. 2020년대 의료사 연구가 정리될 때 한국적 이론의 성과와 의미를 평가하는 서술이 이루어지기를 바란다.

중국 전근대 의학사 연구 현황과 과제(2010-2019)*

―융합 · 소통을 통한 중국 전근대 의학사 연구의 다원화

김대기 (강원대학교 인문대학 사학전공 교수)

* 이 글은 『醫史學』 제29권 제3호, 2020에 실린 「중국 의학사 연구동향과 전망-융합 · 소통을 통한 의학사 연구의 다원화-」를 일부 수정 · 보완한 것이다.

1. 머리말

2010년에 동아시아 의학사 연구 동향과 전망이 한 차례 정리되었다.[1] 이에 따르면, 동 기간 한국 학계에서 발표된 중국 의학사와 관련된 연구는 논문 34편, 저서 8편이다. 다만 신규환(2010)의 연구에서는 주로 한국 학계의 연구 성과만을 다루었으며, 중국과 대만 학계 등 해외의 동향은 반영하지 않았다.

이 글은 최근 10년간(2010-2019) 중국 전근대 의학사의 연구 동향을 살펴보고 한계와 전망을 제시하는 것을 목적으로 작성되었다. 지역적으로는 한국 학계와 중국·대만 학계의 연구 성과를 주요 대상으로 삼았다. 국내 연구 성과는 『의사학』을 비롯하여 『연세의사학』, 그리고 최근 2018년에 창간된 『의료사회사연구』와 국내 동양사 관련 학술지를 참고하였다. 특히, 『동양사학연구』에서 매년 수록하는 동양사 관련 논문과 저서 목록을 참고하였다. 이를 바탕으로 국내 연구 논문은 총 50여 편을 대상으로 삼았다.[2] 2010

---

1 『의사학』이 창간된 1992년부터 2009년까지의 연구성과에 대한 연구사 정리가 이루어졌다. 신규환, 「동아시아의학사 연구의 동향과 전망」, 『醫史學』 제19권 제1호, 2010.
2 신규환, 위의 논문, 2010에서 중국 전근대의학사 분야에 해당하는 연구는 논문14편, 저서 5편이다.

년대 이전의 국외의 연구 성과는 리징웨이 · 장즈빈(1996),[3] 주젠핑(1996)과,[4] 대만에서 1990년부터 발행된『신사학(新史學)』[5] 및 대만 중앙연구원 역사어 연구소 자료와 웹사이트를 참고하였다.[6]

이 글은 크게 두 부분으로 구성하였다. 먼저, 중국 · 대만 학계에서의 그 간(1950년대-2000년대)의 중국 의학사 연구 흐름을 살펴볼 것이다. 아직까지 국내에서 이 부분에 대하여 전체적인 소개가 없었다는 점이 주요 이유이며, 최근의 국내 · 외 중국 의학사 연구 흐름도 그 연장선상에서 이해할 수 있다 고 보기 때문이다. 그다음으로, 최근 10년간(2010-2019) 국내 · 외 연구 동향 을 살펴볼 것이다. 시간적으로는 크게 세 시기로 구분하였다. 먼저, 1950년 대~1980년대를 제1기로 설정하였다. 이 시기에는 중국에서 중의학연구소 와 중의학자들이 주축이 되어서 이른바 '정통의료과기사(正統醫療科技史)' 또 는 '내사(內史)'로 불리는 중국 의학사에 대한 내재적 접근이 진행되었다. 제 2기는 1990년대~2000년대로 설정하였다. 이 기간에는 대만 중앙연구원 역 사어언연구소를 중심으로 의료를 사회 · 문화사적 관점으로 접근하면서 '신 사학(新史學)'이라는 의학사 연구에서 새로운 조류가 형성되었다. 앞에서 언 급된 '내사'와 대비되는 개념으로 이른바 '외사(外史)'로 불리기도 하는데, 중 국 의학사에 대한 외재적 접근이라고 부연할 수 있다. 주로 전근대 역사학 전공자가 주축이 되었다는 점에서도 앞 시기와 차이점이 있다.

---

3 李經緯 · 張志斌,「中國醫學史研究60年」,『中華醫史雜誌』第26卷 第3期, 1996.

4 朱建平,「中華醫學會醫史學會60年」,『中華醫史雜誌』第26卷 第3期, 1996.

5 『新史學』은 1990년 3월에 창간호를 발간하여 지금까지 꾸준히 간행되고 있는 학술지다. 여기에는 상당수의 의학사 관련 논문들이 수록되어 있다.
   (http://saturn.ihp.sinica.edu.tw/~huangkc/nhist/. 2020.05.30).

6 中央研究院 歷史語言研究所(http://www2.ihp.sinica.edu.tw/. 2020.5.30).

제3기로 설정한 2010년대(2010-2019)에 들어오면서, 여러 의학사 연구자들이 이러한 내재적 연구와 외재적 연구에 상호 융합, 상호 보완 또는 다원적 접근이 필요하다고 인식했다. 환경사, 여성사, 고고학, 인류학, 인문치료 분야 등과 통섭하며 다양한 관점과 연구 방법을 통해, 그리고 한 주제를 다양한 층위에서 연구하는 중층적인 의학사 연구, 이른바 '중층의학사'가 시도되고 또 요청되었다.

2. '정통의료과기사(正統醫療科技史)'와 '신사학(新史學)'

1) '정통의료과기사': 중국 의학사 연구의 내재적 접근

중국 의학사는 1950년대부터 본격적으로 연구되기 시작하였는데, 연구의 경향은 크게 두 가지로 나누어 볼 수 있다. 하나는 내재적 연구이며, 다른 하나는 외재적 연구이다. 전자는 주로 중국을 중심으로 진행되었는데, 과학기술사 연구라는 관점에서 의학의 기원, 의학 기술과 이론의 발전, 의학 문헌, 의학자 등을 그 대상으로 하는 이른바 '정통의료과기사 연구'이다. 다른하나는 대만·미국·일본 등지의 몇몇 연구소와 대학을 중심으로 진행되고있는 외재적 연구로서, 의학사를 사회사적인 혹은 문화사적인 관점에서 접근하고 있다.

중국에서는 1949년 이전까지 의학사 관련 연구 성과는 저조하였으나 의학사가 하나의 학문 분야로 자리 잡고 있었다. 1949년 학제 개혁 이후 의학사는 의학 교육에서 필수과목이 되었다. 그리고 이 시기부터 중국 의학의 발전 과정에 관한 연구에 관심이 증가하였는데, 그 중심에 중화의학회의사학회(中華醫學會醫史學會)가 있었다.[7] 중화의학회의사학회가 1947년에 『의사잡지(醫史雜誌)』(1947-1952)를 창간하면서 학술 활동이 활발해지기 시작했는데, 1949년에 한 차례 정간되었다가 1951년에 복간되어 1952년에 2권 8기를 간행하였다(통권 4권 13기). 『의사잡지』는 고대 의학 문헌과 질병사 및 의학사의 주요 문제에 관한 연구에 중점을 두었다.[8]

1951년에 중국에서는 중앙위생연구원 중국의약연구소 산하에 의사연구실(醫史研究室)이 설립되었는데, 이것이 중국 의학사 전문 연구 기구의 효시격이다. 1953년 중화의학총회 결의에 근거하여, 『의사잡지』를 5권부터 『중화의사잡지(中華醫史雜誌)』(1953-1955)로 개명하였는데, 3권 12기를 출간하였다. 『중화의사잡지』는 국외 의학사의 비율이 이전보다 늘었다. 이 시기의 잡지는 중국 의학·소련 의학·세계 의학 등 세 항목으로 구성되었으며 소련 의학 부분이 두드러졌다.

1955년 12월, 의사연구실은 새로이 설립된 중의연구원에 통합되었다. 그리고 중의연구원은 편심실(編審室)을 설립하였으며, 이후에 문헌자료연구실

---

7 '중화의학회의사학회'는 중화의학회 중에서 가장 오래된 의학전문학회이다. 1935년에 성립된 후 지금까지 그 발전과정을 4단계로 나누어 볼 수 있다. ①1935년-1952년으로 기초단계로 학술교류, 의학전문서적과 『醫史雜誌』의 출판, 그리고 박물관·도서관 건립 등의 방면에 주력하여 내실을 기함으로써 이 후 발전을 위한 기초를 다졌다. ②1952년-1966년으로 발전지속단계이다. 이 기간은 학회의 일부가 상해에서 북경으로 옮겨감으로써 두 곳에서 활발한 학술활동을 하였다. 그러나 전국규모의 활동은 미약했다. ③1966년-1979년으로 정체단계이다. 1966년 문화대혁명이 시작되면서 이 기간 동안 학술활동이 정지되었다. ④1979년-1995년은 부흥단계이다. 이 기간 동안 8차례 전국학술회의와 1차례 국제학술회의를 개최하였으며, 16개 전국지회를 설립하였고, 회원 500여 명 규모로 발전하였다(朱建平, 앞의 논문, 1996).
8 李經緯·張志斌, 앞의 논문, 1996; 朱建平, 앞의 논문, 1996.

로 개명하였다. 의사연구실의 주요 기능은 의학 발전의 법칙성을 연구하는 것이며, 편심실에서는 중의약 문헌을 정리 연구하고 편찬하고 중의잡지 등 간행물을 편집하는 작업을 맡았다.

1957년부터 『중화의사잡지』를 『의학사여보건조직(醫學史與保健組織)』으로 개명하였다. 이 잡지는 2년만 간행되었는데(계간), 1959년에 『중화의학잡지』와 통합하여, 『인민보건(人民保健)』으로 개명하였다. 그렇지만 『인민보건』은 매 호에 의학사 문헌은 다만 한두 편정도 게재하는 것에 그쳤기에 1959년부터 의사잡지는 실제로 정간된 것이나 다름없다.[9]

1950년대 중국은 소련과 우호적인 관계를 맺으면서, 조직적이고 전문적인 연구를 통하여 중의학 부흥을 꾀하였다. 특기할 것은 1950년대 초, 서의 (西醫) 학습반을 조직하였으며, 정책적으로 1955년부터 서양 의학을 공부한 중의(中醫) 인재들이 의학사 연구에 종사하도록 강요되었다는 것이다. 1955 년 12월, 중의연구원은 전국서의이직학습중의반(全國西醫離職學習中醫班)을 개설하였다. 즉, 서양 의학을 학습한 이들을 대상으로 중의학을 배울 사람을 선발하였던 것이다. 그리고 서양 의학을 공부한 사람들 일부를 의사연구실에 배치하였다. 예컨대, 리징웨이(李經緯)는 당시 서양 의학을 공부한 사람으로서 의학사 연구에 종사한 사람 중 한 명이었다. 그는 원래 서양 외과학을 공부하였는데, 그가 고대 중의 외과의 성과를 논한 논문이 호평을 받았다. 이로 인해 천방셴(陳邦賢) 문하에 배치되어 의학사 연구에 종사하게 되었다.

---

9 여기서의 의사잡지는 『의사잡지』부터 『중화의사잡지』로 개명되면서 이어져 온 잡지 모두를 일컫는다.

이 시기부터 문화대혁명 이전까지 10여 년간, 중국 의학사 연구의 주요 특징은 다섯 가지로 정리할 수 있다. ① 의학사학회를 보존시켜 학술 활동을 계속 발전시켰다. ② 의학사 연구 전문 기구를 만들었는데, 이것이 바로 1951년 중앙위생연구원 내에 설립된 의사연구실이다. 후에 이 연구실은 중의연구원에 편입되었고, 중의연구원의 편심실과 더불어 현재의 중국의사문헌연구소(中國醫史文獻硏究所)의 전신이 되었다.[10] ③ 의학사 전문 학자의 양성이다. 1956년 중의연구원 의학사연구실이 전국의사사자진수반(全國醫史師資進修班)을 주최하였는데, 그 학생들이 후에 의학사 발전의 주역이 되었다. ④ 의사(醫史) 연구 잡지를 계속 출판하여, 의학사 연구를 촉진시켰다. ⑤ 의학사와 관련된 문물의 수집 작업과 의학사 유적에 대한 야외 조사 연구를 발전시켰다. 왕지민(王吉民)의 지도 아래, 중화의사학회는 1950년대에 많은 양의 의약 위생 문물과 초기의 의학 정기간행물을 소장하였다. 여기에 기초하여, 1950년대 말 상해중의학원은 의학사박물관을 건립하였다. 더불어, 하북성 임구현(任丘縣)의 편작묘, 섬서성 요현(耀縣)의 손사막(孫思邈) 고향 등을 대상으로 진행한 의학사 유적 조사에서 중요한 성과를 냈다.

1971년 의사연구실과 편심실이 통합되어, 의사문헌연구실(醫史文獻硏究室)이 되었다. 천방셴, 마지싱(馬繼興), 마칸원(馬堪溫), 딩젠탕(丁鑒塘) 등과 1958년에 서의로서 중의반을 졸업한 후 의학사 문헌 연구에 종사한 리징웨이, 차이징펑(蔡景峰), 위잉아오(余瀛鰲) 등도 모두 이 연구실의 구성원이었다. 마지싱의 1970년대 후기 저작 『중의문헌학기초』는 고대 중의 문헌의 전

---

10 현재 '중국중의과학원(原名: 중국중의연구원)' 산하에 여러 연구기구가 있는데, '중국의사문헌연구소'도 그중 하나이다.

반적인 현황과, 고대 중의 문헌을 어떻게 읽으며, 그리고 그것을 어떻게 연구해야 하는지에 대하여 기초 자료로서 의미가 있다. 이 책은 1990년에『중의문헌학』으로 정식 출판되었다.

1980년『중화의사잡지』가 복간되었으며, 의학사 연구 영역도 넓어졌고, 연구자층도 두터워졌다. 내용상으로 중국 고대 의학 외에, 근대 의학사, 소수민족 의학사, 세계 의학사, 의학사 이론 연구, 의약직업사, 지방 의학사 연구 등의 분야와 관계된 글들이 증가하였다. 내용은 물론 관점에서도 이전과 비교하여 많은 변화가 있었다. 그러나 문화대혁명 이후 중국의 의학사 연구는 의약 분야에 국한되었으며, 연구 경향도 내재적 연구 중심으로 점점 기울었다. 그래서 일부 저작은 의학 전공자가 아니면 이해하기 어려울 정도였다. 신진 연구자들 중에서 중의·서의 등 의학 전공자 출신이 많았던 까닭에 의학을 사회사나 문화사적으로 접근하고 이해하는 데 한계를 드러냈다.

중국의사문헌연구소(中國醫史文獻硏究所)는 1960년대에 그 전신인 의사연구실과 편심실 시절부터 많은 성과를 남겼다.『중국의학사』,『상한잡병론어역(傷寒雜病論語譯)』,『금궤요략어역(金櫃要略語譯)』 등의 책을 출판하는 등 당시 중의학 교육에 많은 영향을 미쳤다. 1970~1980년대, 마지싱이 중심이 된『무위한대의간(武威漢代醫簡)』, 마왕퇴에서 출토한『오십이병방(五十二病方)』,『도인도(導引圖)』의 연구와 리징웨이 등이 중심이 된『중의명사술어선석(中醫名詞術語選釋)』,『간명중의사전(簡明中醫詞典)』 등의 연구 성과는 중국 중의학 연구자들에게 영향을 주었다. 이 연구소의 연구원들이 주편한『중의대사전(中醫大辭典)』,『중의인물사전』,『중국의학백과전서-의학사』,『마왕퇴

고의서고석(馬王堆古醫書考釋)』,[11] 『신농본초경집주(神農本草經輯注)』,[12] 『돈황
고의적고석(敦煌古醫籍考釋)』,[13] 『중의문헌학(中醫文獻學)』[14] 등 여러 종의 의
학사 저작은 모두 연구사적으로 가치가 있다.[15]

중국 의학사의 주요 연구자들 중 지금까지 언급되지 않은 이들을 중심으
로 간단히 정리해 보면, 먼저 상즈쥔(尙志鈞)을 들 수 있겠다. 그는 본초사
연구에 집중하였는데, 『신농본초경교점(神農本草經校點)』, 『명의별록(名醫別
錄)』, 『신수본초(新修本草)』, 『본초도경(本草圖經)』 등 여러 종류의 본초서를
수집하고 교정, 출판하였다. 자더다오(賈得道)의 저서 『중국의학사략(中國醫
學史略)』은 의학사 입문자에게 유용한 책으로서 역대 의적(醫籍)에 대한 평
가 부분에서 독특한 견해를 가지고 있다.[16] 자오푸산(趙璞珊)은 역사를 전공
한 몇 안 되는 의학사 연구자 중 한 사람인데, 그의 『중국고대의학』은 상고
시대 의료 활동의 기원부터 시작하여 명·청 시기까지의 중국 의학을 다루
었다.[17] 천신첸(陳新謙)은 『중국의약학잡지(中國醫藥學雜誌)』의 편집장으로서
약사(藥史) 연구에 기여하였다. 셰중완(謝宗萬)과 왕샤오다오(王孝燾)는 중국
중의연구원 중약연구소(中藥研究所)의 연구원이었다. 셰중완은 『중약재품종
논술(中藥材品種論述)』, 『중약품종이론연구(中藥品種理論研究)』를 통하여 약

11 馬繼興, 『馬王堆古醫書考釋』(長沙: 湖南科學技術出版社, 1992).
12 馬繼興, 『神農本草經輯注』(人民衛生出版社, 1995).
13 馬繼興 主編, 『敦煌古醫籍考釋』(南昌: 江西科學技術出版社, 1988).
14 馬繼興, 『中醫文獻學』(上海科學技術出版社, 1990).
15 李經緯·張志斌, 앞의 논문, 1996; 朱建平, 앞의 논문, 1996.
16 賈得道, 『中國醫學史略』(太原: 山西人民出版社, 1979).
17 趙璞珊, 『中國古代醫學』(中華書局, 1983 初版; 1997).

재 품종 변천사와 약품 이론을 정리하였다.[18] 왕샤오다오는 한약 조제의 전문가이며, 그가 책임 편집한 『역대중약포제법회전(歷代中藥炮製法匯典)』은 조제사(調劑史)를 연구하는 데 주요한 참고서이다.[19] 마지싱, 정진성(鄭金生), 왕톄처(王鐵策)는 일본 이바라키(茨城)대학 전류청(眞柳誠) 교수와 공동으로 일본에 흩어져 있는 중국의 옛 의서류를 영인하여 중국으로 돌아가 고증을 거쳐, 의학사를 연구하는 데 새로운 많은 사료를 제공하였다.[20]

지금까지 1950년대~1980년대 중국 의학사 연구 흐름과 그 주요 특징에 대하여 대략적으로 살펴보았다. 앞에서 언급하였지만 이 시기 중국에서는 주로 (서의 출신이든 중의 출신이든 아니면 두 분야 모두 공부했든 간에) 중의 출신자들이 주축이 되어 중국 의학사가 내재적 연구 중심으로 진행되었다. 그런데 1990년대 들어와서 문호가 개방됨에 따라 중국 학자들의 안목이 넓어졌고, 그로 인하여 일부 소장 학자들은 이전과 다르게 다양한 관점과 분야에서 의학사를 연구하기 시작하였다.

2) '신사학'의 등장: 중국 의학사 연구의 외재적 접근

1992년 7월에 대만에서 '중앙연구원(中央研究院) 역사어언연구소(歷史語言研究所)'가 설립되었는데, 그 산하에 '생명의료사연구실(生命醫療史研究室)'이

---

18 謝宗萬, 『中藥材品種論述』(上海科學技術出版社, 1964); 『中藥品種理論研究』(北京: 中國中醫藥出版社, 1991).
19 王孝濤 主編, 『歷代中藥炮製法匯典』(南昌: 江西科學技術出版社, 1986).
20 馬繼興 外, 『日本現存中國散逸古醫籍的傳承史研究利用和發表』, 日本國際交流基金亞洲中心資助課題(北京: 1997).

조직되었다. 이곳에서는 기존 중국에서와는 다른 새로운 관점에서 중국 의학사에 관한 연구가 진행되었다. 이를 두고, 앞에서 언급한 바 있는 '정통의료과기사'·'내사'·'내재적 접근'과 비교하여 '외사' 또는 '외재적 접근'이라고 이야기한다. 그 이유 중 하나는 중국의 연구자들이 주로 의학 전공자 출신이었던 데 비해 대만의 연구자들은 대부분 역사학을 비롯하여 대부분 인문·사회과학 전공자 출신이었기 때문이다. 이들 대만의 연구자들은 비록 중의학에 대한 전문 지식은 상대적으로 부족하지만, 의학 사료를 통하여 당대의 문화 코드를 읽어 내는 데 주안점을 두었다. 즉 기존과 달리 의학을 사회사·문화사적 관점에서 새롭게 해석하는 연구 경향의 등장이라는 의미에서 '신사학'의 등장이라 불리기도 한다.

1990년대 들어서면서 대만에서의 중국 의학사 연구는 본격화되었다. 그 중심에는 학술 잡지로서 『신사학』과 연구 기구로서 중앙연구원 역사어언연구소가 있었다. 이곳에서는 생명의료사연구실을 중심으로 중국의 '정통의료과기사'와는 달리 사회사 혹은 문화사의 관점에서 의학사를 연구하고 있다. 역사어언연구소의 의학사 연구는 역사를 우선 고려 대상으로 설정하고 있는데, "역사의 연구 대상은 바로 사람 혹은 사회집단이다."라는 관점에서 출발한다. 다시 말해서 의학사를 사회적 맥락에서 사람의 생명 역정을 중심으로 연구하고, 각 사회가 인간의 생로병사의 문제를 어떻게 처리하는지를 이해하려 한다. 중국은 의학사연구소에 종사하는 구성원 다수가 의학 전공자(중의 혹은 서의) 출신이기 때문에 그 연구 범위가 대부분 두정성(杜正勝)이 말한 '정통의료과기사'에 속한다. 그러나 대만의 역사어언연구소의 학자들은 의학 전공자 출신이 아니며, 의학 이론의 원류 등의 문제를 직접 연구하

지는 않았다.[21]

두정성은 과거 역사 연구가 정치·경제와 협의의 사회에 제한된 결과, 역사학의 빈곤화를 초래하였다고 비판하였다. 그는 십여 년간의 실증적 연구를 통하여 이러한 문제점을 반성하고, 신사학(혹은 신사회사)의 몇몇 기본 개념들을 정립하였다. 그리고 의학사 연구 작업을 몇 개의 범주로 나누었다. 첫째, 신체에 대한 인식과 문화적 의미 부여, 신체와 연관된 역사 지식과 관념의 발전, 그리고 거기에 반영된 중국 문화의 특색, 예컨대 해부의 문제와 인체의 신비한 작용이다. 둘째, 의자(醫者) 그룹과 학술 분류이다. 의(醫)와 무(巫), 의학과 도교, 의학과 유교의 관계에 대한 토론 그리고 고대 시기의 무의(巫醫), 중세 시기의 도의(道醫), 근세 시기의 유의(儒醫)라는 세 그룹의 의자(醫者)들의 특색에 대한 서술이다. 셋째, 남녀, 부부 그리고 어린이와 늙은이에 관계된 가족사이다. 유가 학설은 가족을 중시하는데, 개인에게는 수신을 가족에게는 윤리를 중시하였다. 그러므로 생로병사의 문제에 대하여서는 거의 어떤 관점도 제기하지 않았다. 의학사는 바로 이 부분의 부족을 보충하여 가족사 연구를 충실하게 할 수 있다. 넷째, 의학 분야에서의 문화 교류이다. 그는 인도 의학이 중국 의학에 영향을 주었다는 데 대하여 비교적 부정적이다. 반면, 중국 의학이 고대 일본 문화에 영향을 주었다는 것에서 한 걸음 더 나아가 동아시아 중국 의학사를 비교 연구하였다.[22] 다섯째, 질병과 의료에 반영된 대중심리이다.[23]

---

21 余新忠,「中國疾病,醫療史探索的過去,現實與可能」,『歷史研究』2003年 第4期, 2003, 158-168쪽.
22 杜正勝,「從醫療史看道家對日本古代文化的影響」,『中國歷史博物館館刊』21期, 1993.
23 杜正勝,「作爲社會史的醫療史」,『新史學』6卷 1期, 1995a.

앞서 언급한 바 있듯이, 대만에서는 1990년대 들어서 중국 의학사 연구가 본격화되었는데, 그 연구의 두드러진 경향은 사회사 혹은 신문화사로서 의학사를 연구하였다는 것이다. 1987년에 량치쯔(梁其姿)가 발표한 「명청예방천화조시지연변(明清豫防天花措施之演變)」은 '신사학'의 탄생을 예고하는 것이었다.[24] 그녀는 오랫동안 명·청 시대의 자선·구제 사업과 의료 사이의 상관관계에 관하여 연구하였다. 프랑스에서 석·박사 학위를 받은 역사학자로서, 아날학파의 학술 이론과 당시 서양사학계의 추세에 정통하여, 이 두 가지 요소를 결합할 수 있었으며 이 때문에 그녀는 중국사학계에서 의료와 역사의 새로운 접목 즉, '신사학' 분야의 선구자가 되었다.[25] 그간 진행된 연구 동향을 몇 개의 주제로 나누어 정리해 보았다.

① 방중(房中): 선진·진한 시기의 사상가들은 금욕주의를 제창하지 않고, 대체로 인간의 기본 욕구를 긍정하였다. 다만 사회 예법으로서 규제하기도 하였지만, 이것은 개인의 건강이라는 측면에서 이루어진 것이다. 『송사(宋史)』 이후부터는 방중에 대한 기술이 완전히 자취를 감추었다. 마왕퇴 의서의 출토는 이 분야 연구자들로 하여금 한나라 때의 사고방식으로 새로이 돌아가서 수·당 이전의 의서 기록들을 재검토하게 하였는데, 방중의 범위가 양생 외에 부부의 사랑과 임신까지도 확장할 수 있으며 이것은 가족사의 맥락에서 고찰하는 것이 합당하다는 인식을 갖게 하였다.[26]

② 출산과 육아: 중국 문화에서 일관된 것은 출산은 여성의 일이며 그러

24 梁其姿, 「明清豫防天花借施之演變」, 楊聯陞 等 主編 『國史釋論』(臺灣食貨出版社, 1987).
25 余新忠, 앞의 논문, 2003, 158-159쪽.
26 杜正勝, 위의 논문, 1995a.

므로 임신과 피임 이 두 가지 상반되는 상황이 부녀자의 몸에 집중되어 있다는 것이다. 리전더(李貞德)는 한대에서 수대까지의 임신과 피임에 대한 지식과 방법에 관한 의서를 텍스트로 삼아 사회사적 해석을 통하여, 여성생활사 연구의 깊이를 심화시켰다.[27] 더불어 한대에서 당대까지 임신과 분만에 관한 연구도 진행하였다.[28]

리젠민(李建民)은 마왕퇴에서 출토된 「우장매포도(禹藏埋胞圖)」의 주석을 통하여 태반[胞衣:포의]에 대한 중국인의 인식과 태반을 묻는 매포(埋胞) 문화에 대하여 살펴보았다. 매포 문화의 기저에는 태반과 영아의 미래 운명이 밀접하게 연결되어 있다는 믿음이 자리하고 있었다. 그래서 중국인들은 고대부터 출산 후 태반을 어디에 어떻게 묻을 것인지 궁구했던 것이다.[29] 한편 신생아의 탯줄 자르기·청결·보온, 유아에게 우유 먹이기, 음식 먹이기 및 생리 변화와 생장 발육 과정의 보건에 관한 연구도 있는데, 이러한 의학의 발전이 근세 시기에 인구가 성장한 주요 배경이 되었다고 보았다.[30]

③ 양생: 전국(戰國) 시기부터 양한(兩漢) 시기에 이르는 기간 동안의 자료에서 장생을 추구하는 염원과 기예가 보이는데, 여기에 대하여 두정성은 도가의 정종양신파와 방사양형파의 구별을 해명함과 아울러 한나라 초기 이

27 李貞德, 「漢隋之間的 〈生子不擧〉 問題」, 『中央研究院歷史語言研究所集刊』 第66本 第3分, 1995.
28 李貞德, 「漢唐之間醫書中的生産之道」, 『中央研究院歷史語言研究所集刊』 第67本 第3分, 1996; 「漢唐之間求子醫方試探-兼論婦科濫觴與性別論述」, 『中央研究院歷史語言研究所集刊』 第68本 第2分, 1997.
29 李建民, 「馬王堆漢墓帛書 〈禹藏埋胞圖〉 箋證」, 『中央研究院歷史語言研究所集刊』 第65本 第4分, 1994.
30 熊秉眞, 『幼幼-傳統中國的襁褓之道』(聯經出版公司, 1995).

전 기의 운행과 도인의 방법과 기술에 관하여 연구하였고, 또 양생가의 궁극의 목적이 늙음을 피하여 다시 젊어져서 백세천수를 누리는 것에서 벗어나지 않는다고 보았다.[31]

④ 질병: 문헌 사료를 바탕으로 한대(漢代) 이래 중국 남방 지역의 풍토병 연구와, 중국 남북 지방이 생활습속에서 큰 차이가 있으며 이를 배경으로 북방 통치자들이 남방지역에 펼친 특수 군정 시책에 관한 연구가 있다.[32] 린푸스(林富士)는 후한 말기의 질병에 관하여 고찰하였는데, 인구문제를 떠나서 전통 무축(巫祝)과 신흥 도교 그리고 외래 불교가 질병에 어떻게 대처하였는지, 그리고 그 연장선에서 각 교파의 성쇠를 살펴보았다.[33] 량치쯔는 질병이 인구 증가를 제어한다는 것에 중점을 두고, 천연두를 예로서 우두를 추진해 나가는 명·청 시대의 사회상에 주목하였는데, 이는 '신사학' 분야의 선구적인 연구이다.[34]

⑤ 의학 사상: 중국 의학에서 생명에 대한 인식은 사람들이 귀신에게 기도를 드리는 것에서 자신의 힘으로 제어하는 것으로 변화하는데, 이것은 중국 고대사회가 지니는 하나의 보편성이다. 신에게서 인간에게로, 예측 불가능에서 예측 가능한 사고 체계로 변화하는 것은 보편적 의의가 있다. 이른바 예측 혹은 제어라고 하는 것은 합리적 실증성을 의미하며 또 현학적 체계를 일컫는다. 현학적이란 수치체계화를 의미한다. 수치체계화된 사고방

31 杜正勝,「從眉壽到長生-中國古代生命觀念的轉變」,『中央研究院歷史語言研究所集刊』第66本 第2分, 1995b.
32 蕭璠,「漢宋間文獻所見古代中國南方的地理環境與地方病及其影響」,『中央研究院歷史語言研究所集刊』第63本 第1分, 1993.
33 林富士,「東漢晚期的疾疫與宗教」,『中央研究院歷史語言研究所集刊』66本 3分, 1995.
34 梁其姿,「明淸豫防天花借施之演變」, 楊聯陞等 主編『國史釋論』(臺灣食貨出版社, 1987).

식은 일상생활뿐만 아니라, 생명을 해석하는 영역에도 영향을 미쳤다.[35]

기화론(氣化論)적 사고에 따르면, 사람은 남녀의 기가 결합하여 태어나는 것이며, 죽은 후에는 육체가 자연으로 돌아가 다시 기로 변화한다. 사람이 살아 움직일 때 그 생명의 존재를 지탱하는 정신도 또한 기가 변화한 것으로 심지어 종교 범주에 해당하는 혼백과 귀신도 기로서 해석한다. 두정성은 이것을 '기일원론적 생명관'이라고 칭한다. 기로써 경맥 체계를 건립하였으며 오장의 인식으로부터 오행을 배합하는, 이 두 종류의 사상은 중국 전통 의학의 기본 이론을 구성하고 있으며, 기와 오행의 개념은 중국 문화 속에 깊이 내재한다고 보았다.[36]

'신사학'은 정치사 · 경제사 · 군사사 · 제도사 · 사상사가 중심인 기존의 역사학에 "과연 사람이 있는가?" 하는 의문에서 출발했다. 역사는 인간을 떠나서 존재할 수 없다. 인간의 생로병사, 즉 생명의 역정 속에서 의료는 불가분의 관계에 있다. 그러므로 '신사학'은 남성과 여성의 관계, 출산과 육아, 질병 치료, 생명 유지, 사람들로 하여금 연속적으로 의료 지식과 기술을 습득하게 하는 것, 이 모든 것이 의학사의 연구 과제가 될 수 있다고 보았다. 이러한 측면에서 볼 때, 1990년대~2000년대 의학사 연구에서 기존과는 대비되는 새로운 흐름(신사학)이 등장했음은 분명해 보인다.

---

35 金仕起, 「古代解釋生命危機的知識基礎」, 國立臺灣大歷史硏究所碩士論文, 1994.
36 杜正勝, 「形體, 精氣與魂魄-中國傳統對〈人〉認識的形成」, 『新史學』 2卷 3期, 1991.

3. '중층의학사(重層醫學史)'

: 융합·소통을 통한 의학사 연구의 다원화

1) '중층의학사': 중국 의학사 연구의 새로운 모색

1990년대 대만에서 시작된 중국 의학사 연구의 새로운 조류인 생명의료 사 연구는 기존의 역사학이나 의학사와는 다른 새로운 시각과 연구 방법론을 추구하였다. 즉, 기존 역사학이 정치·경제·군사·제도·사상 범주에서 벗어나지 않았다면, 생명의료사 연구는 생명과 의료를 중심으로 역사의 사회적·문화적 의미를 탐색하는 작업을 추구하였다. 신사학이라 불리기도 하고 '대안[另類:, Alternative]'으로 불리기도 하였다.

역사 연구에서 범주와 방법론을 달리한다 하여도 역사 연구의 기본은 사료이다. 그러므로 의학사 연구도 반드시 사료 해석에 기초해야 한다. 『한학연구(漢學硏究)』에는 리전더를 비롯하여 몇몇 학자들의 본초약방, 의학 이론, 신체관, 신체감각 등에 관한 논문들이 수록되어 있다.[37] 모두 의학 고서를 당시의 역사적 맥락에 기반을 두고 다른 문헌과 비교 연구하였다. 이를 통하여 여러 문화사적 과제와 질병, 의료의 해외 전파, 의약 교류의 효과, 의학 발전에 투영된 정치적 의미와 종교적 지향성, 그리고 질병과 의료에 투영된 성별에 대한 인식 등을 분석하였다. 또한 리전더는 당귀를 중심으로 의료와 젠더(Gender)의 상관관계를 설명하기도 했다. 송대 이래 "여성은 혈(血)이 근본이다."라는 젠더화된 의료 관념이 형성되면서, 혈을 조절하는 효

---

37 李貞德 外, 『漢學硏究』 34卷 3期, 漢學硏究中心, 2016.

과가 있는 당귀가 여성의 필수 약재로 자리 잡아 가는 과정을 분석하였다. 또한 19세기 말 독일의 제약 회사가 당귀를 수입하여 생리 불순 치료제인 '당귀침고(當歸浸膏, Eumenol)'를 제조하여, 이를 역으로 중국에 수출한 것을 발견하였다.[38] 량치쯔는 이와 같은 관점과 방식으로 의학사 연구를 지속함으로써 의학사가 중국 역사에서 과거의 '대안[另類, Alternative]'적 지위에서 미래의 '주류(主流)'로 바뀔 수 있을 것으로 전망하였다.[39]

반면, 랴오위췬(廖育群)은 의학사 영역에서 이와 같은 외재적 연구 방법에 대해 비판하였다. 랴오위췬은 아류에서 출발하여 정통성을 다투려 하더라도 전통 의학사 연구자들의 관심을 끌 방법이 없다고 보았다. 그는 현재 신사학(신문화사)의 연구 방법과 자료 처리 등의 측면에서 볼 때, 의학의 '내핵(內劾)'에 접근하지 못하고 있다고 보았다. 성별, 종교에 대해 이야기하면서 의학을 운운하는 것은 마치 의료사회사의 의미가 있는 것처럼 보이지만, 이러한 모방으로는 문제와 지식의 진정한 핵심을 파악할 수 없다는 것이다.[40]

'정통의료과기사'와 '신사학' 즉, '내사'와 '외사'의 갈등과 대립 문제를 해결하기 위하여 위신중(余新忠)은 다원적 시각과 내사와 외사의 융합·소통을 제시하였다.[41] 피궈리(皮國立)는 학문상의 논쟁은 본래 자연스러운 것이며,

---

38 李貞德,「女人要藥考: 當歸的醫療文化史試探」,『中央研究院歷史語言研究所集刊』第88本 第3分, 2017. 유연실,「중국 근현대 의료사 연구의 새로운 흐름과 동향」,『歷史學研究』제77집, 2020, 36-37쪽 재인용.

39 梁其姿,『面對疾病: 傳統中國社會的醫療觀念與組織』(北京: 中國人民大學出版社, 2012), 13쪽.

40 廖育群,「醫史研究"三人行": 讀梁其姿『面對疾病』與『麻風』」,『中國科技史雜誌』第36卷 第3期, 2015.

41 余新忠,「當今中國醫療史研究的問題與前景」,『歷史研究』2015年 第2期, 2015.

124 | 의료사 연구의 현황과 과제

학자마다 연구의 출발점과 문제의식이 동일할 수 없고 상호 보완적이면서 확장적인 태도가 좋다고 보았다. 정통 의학사 연구자들이 자신의 전공 분야에서 사회 문화의 신사학적 서사 방식을 수용하였고, 의료사회사 학자들 역시 전통 의학 이론과 전적을 많이 학습하면서 자신의 주제를 심화시키는 등 상생 발전을 이룰 수 있다고 보았다. 그는 '중층의학사 연구(multi-gradations of medical history research)'라는 개념을 제시하였는데, '중층'은 다양한 층위에서 특정 문제를 다루자는 의미이다. 하나의 의학사 주제에 대하여 내·외사를 겸비한 논술 체계를 갖추기 위하여 의학 발전과 의학 문헌의 내재적 이론 변화를 설명할 뿐만 아니라, 일상생활과 문화 변천의 특성을 파악할 수 있어야 한다는 것이다.[42] 이러한 제안은 의학과 역사학이 기존의 경계를 뛰어넘어 의학사 연구가 더욱 발전할 수 있는 방향을 제시했다고 평가할 수 있겠다.

그 발전 가능성은 여러 곳에서 확인할 수 있다. 리젠민은 최근 중의 외과사 연구에 매진하고 있는데, 중국 전근대 의학사에서 내재적 연구와 외재적 연구의 통합을 시도한 대표적 예이다.[43] 그는 명대 『외과정종(外科正宗)』을

---

42 皮國立, 『「氣」與「細菌」的近代中國醫療史: 外感熱病的知識轉型與日常生活』(臺北: 國立中國醫藥研究所, 2012), 26-38쪽; 「新史學之再維新: 中國醫療史研究的回顧與展望(2011-2017)」, 『當代歷史學新趨勢』(廈門: 聯經出版事業股份有限公司, 2019), 458-459쪽.
43 李建民, 『華佗隱藏的手術: 外科的中國醫學史』(臺北: 東大圖書公司, 2011); 「明代 『外科正宗·救自刎斷喉法』考釋」, 『九州學林』 32期, 2013a; 「中醫近世外科反常」 手術之謎: 中醫爲什麼沒有 「手術」傳統」, 『大韓韓醫學原典學會誌』 第26권 제4호., 2013b; 「中國明代の縫合手術」, 『千葉大學人文社會科學硏究』(日本) 第28期, 2014; 「中醫外科爲什麼不動手術? - 淸代手抄本《瘍醫探源論》的身體物質觀」, 『韓國醫史學會誌』, 제28권 제2호, 2015; 『從中醫看中國文化』(北京: 商務印書館, 2016a); 「被忽視的中醫手術史」, 『南京中醫藥大學學報』 第17卷 1期, 2016b.

집필한 진실공(陳實功)의 외과 수술 사례를 통해서 중의의 치료법이 어떠한 사회·문화적 배경하에서 봉합 수술에서 약물요법으로 변천했는지를 탐구하였다.[44] 량치쯔는 송·원·명 시기의 의학을 가문과 스승을 중심으로 한 '학술 전통'과 민간과 도교 의료를 중심으로 한 '비학술 전통'으로 구분하여 '이중적 전통'에 입각한 중의학 지식의 확립과 전파에 관하여 연구하였다.[45] 진스치(金仕起)는 외과, 유옹(乳癰), 그리고 성별의 문제에 관심을 두고 있으며, 전통 의서 문헌을 정리하는 작업을 진행하고 있다.[46]

린푸스의 경우 꾸준히 고대의 미신적 치료법과 빈랑(檳榔) 문화, 건강의 상관관계에 관한 논문을 발표하고 있으며, 종교사부터 식품 위생 등 여러 분야를 넘나들며 연구를 진행하고 있다.[47] 그는 특히 평범한 사람들의 작은 역사에 주목하였는데, 역사가는 반드시 사회 저층을 위해 목소리를 내어야 하며, 상위 엘리트층과 국가의 역사에만 관심을 가져서는 안 된다고 하였다.[48]

리전더는 그녀의 주된 관심 분야인 성별, 의료, 그리고 건강과 관련하여 지속적으로 연구를 진행하고 있다. 최근에는 중국 중세 시기에서 근대 중

---

44 李建民, 『近世中醫外科「反常」手術之謎』(臺北: 三民書局股份有限公司, 2018).

45 梁其姿, 『面對疾病: 傳統中國社會的醫療觀念與組織』(北京: 中國人民大學出版社, 2012), 3-28쪽(유연실, 앞의 논문, 2020, 20-21쪽 재인용).

46 金仕起, 「中國傳統醫籍中的乳癰, 性別與經驗」, 『國立政治大學歷史學報』 第47卷1期, 2017.

47 林富士, 「「祝由」釋義: 以『黃帝內經·素問』爲核心文本的討論」, 『中央研究院歷史語言研究所集刊』, 第83本 第4分, 2012; 「試論影響食品安全的文化因素: 以嚼食檳榔爲例」, 『中國飲食文化』, 第10卷 1期, 2014; 「中國的「巫醫」傳統」, 『中國史新論·醫療史分冊』(臺北: 聯經出版事業股份有限公司, 2015); 「檳榔與佛教: 以漢文文獻爲主的探討」, 『中央研究院歷史語言研究所集刊』, 2017.

48 林富士, 『小歷史: 歷史的邊陲』(臺北: 三民書局股份有限公司, 2018).

국과 대만으로 관심 분야를 옮겼고, 서양의 생리학이 동아시아의 성별 지식 체계에 끼친 영향에 관하여 탐구하고 있다.[49] 브레이(Francesca Bray, 白馥蘭)는 성별과 기술의 측면에서 중국 역사의 변천을 분석하였다. 여성 의료에 관련된 내용이 부족하고 또한 전통 의학의 의안(醫案) 문헌에 편중되어 있다는 문제가 있지만, 성별의 시각에서 큰 역사 속에 내재되어 있는 작은 부분을 이해하려 했다는 의의가 있다. 물론, 의료를 과학기술사의 변화라는 맥락에서 바라보았다.[50]

장저자(張哲嘉)는 최근 몇 년간 법의학사,[51] 청궁의료(清宮醫療),[52] 중・일 해부학 전문 용어와 의학 지식의 번역 등에 집중하고 있다.[53] 장자펑(張嘉鳳)은 고대 유아 의학사의 영역을 개척하였으며,[54] 최근 몇 년간 『절굉만록(折肱漫錄)』의 저자 황승(黃承:, 1576-1650)의 기록을 토대로 환자, 문인, 그리고 의사의 의료 경험을 검토하였다. 그의 연구에는 명말 강남 사대부의 일상생활

49 李貞德,「臺灣生理衛生教育中的性・生殖與性別(1945-1968)」,『近代中國婦女史研究』第 22期, 2013a; 李貞德,「二十世紀前半中國生理衛生教育中的性,生殖與性別」,『第四屆國際 漢學會議論文集・衛生與醫療』(臺北: 中央研究院, 2013b).

50 白馥蘭,『技術, 性別, 歷史: 重新審視帝制中國的大轉型』(南京: 江蘇人民出版社, 2017).

51 張哲嘉,「清代檢驗典範的轉型: 人身骨節論辨所反映的清代知識地圖」,『中國史新論: 醫 療史分冊』(2015).

52 Che-chia Chang, "The Qing Imperial Academy of Medicine: Its Institutions and the Physicians Shaped by Them", East Asian Science, Technology, and Medicine, 41, 2015.

53 張哲嘉,「『全體新論』と『解體新書』の漢字醫學術語について」,『東アジアにおける近代諸 概念の成立』(京都: 國際日本文化研究センター, 2012);「逾淮爲枳: 語言條件制約下的漢 譯解剖學名詞創造」,『近代中國新知識的建構』(臺北: 中央研究院, 2013a);「重訂解體新 書』譯詞的改訂與方法」, 鈴木貞美・劉建輝 編,『東アジアにおける知的交流: キイ. コン セプトの再檢討』(京都: 國際日本文化研究センター, 2013b).

54 張嘉鳳,「隋唐醫籍中的小兒病因觀試探」,『臺大文史哲學報』第77期, 2012;「黃帝不能察 其幼小: 宋清之間小兒醫的自我認同與社會定位」,『新史學』, 第24卷 1期, 2013b.

전반이 나타나 있으며, 당시의 의료 환경과 의료 시장의 특색이 반영되어 있다.[55] 추중린(邱仲麟)은 오랜 기간 명대 사회 · 문화사 방면을 연구하였다. 최근에는 관심의 영역을 환경사 분야로 확대하였지만, 그는 여전히 의료와 질병의 관계, 의료사회사에 관해 연구 활동을 계속하고 있다.[56]

장주산(蔣竹山)은 약품과 물질, 그리고 소비문화의 시각을 견지하면서 자신이 연구 초년에 진행한 인삼사 연구를 수정하여 출판하였고, 신체, 습속, 그리고 물질문화 및 그 교류의 시각에 근거하여 명 · 청시대 사회 문화의 발전을 탐구하였다.[57] 천슈펀(陳秀芬)은 고대의 정신 질환에 관하여 연구를 하였는데, 최근에는 연구 대상 시기를 금 · 원 · 명 시기까지 확대하였을 뿐만 아니라[58] 『본초강목 · 인부(人部)』까지 연구를 진행하고 있다.[59] 주핑이(祝平一)는 청대 전통 중국 의학의 질병사와 생리학 분야의 여러 가지 논쟁을 연구하고 있다.[60]

량치쯔는 명 · 청 시대의 한센병[癩病]에 대한 인식이 서양의 '예방'과 '격

55 張嘉鳳,「愛身念重:『折肱漫錄』中文人之疾與養」,『臺大歷史學報』第51期, 2013a.
56 邱仲麟,「醫資與藥錢: 明代的看診文化與民眾的治病負擔」,『中國史新論 · 醫療史分册』(臺北: 聯經出版事業股份有限公司, 2015);「明代以降的痘神廟與痘神信仰」,『中央研究院歷史語言研究所集刊』第88本 第4分, 2017.
57 蔣竹山,『人參帝國: 清代人參的生產, 消費與醫療』(杭州: 浙江大學出版社, 2015);『裸體抗砲: 你所不知道的暗黑明清史讀本』(臺北: 蔚藍文化出版股份有限公司, 2016).
58 陳秀芬,「情志過極, 非藥可癒: 試論金元明清的「以情勝情」療法」,『新史學』第25卷 1期, 2014;「「診斷」徐渭: 晚明社會對於狂與病的多元理解」,『明代研究』第27期, 2016.
59 陳秀芬,「從人到物:『本草綱目 · 人部』的人體論述與人藥製作」,『中央研究院歷史語言研究所集刊』第88本 第3分, 2017.
60 祝平一,「清代的痧: 一個疾病範疇的誕生」,『漢學研究』第31卷 3期, 2013;「疫病,文本與社會: 清代痧症的建構」,『中國史新論 · 醫療史分册』(臺北: 聯經出版事業股份有限公司, 2015);「方寸之間: 天主教與清代的心,腦之爭」,『漢學研究』, 第34卷 3期, 2016.

리'라는 개념과 기본적으로 상통한다고 보았다. 그녀는 명·청 시대의 역사적 맥락 속에서 중국인 나름대로 이성적인 나병 관리 방식이 존재했다고 주장하는 등 내재적 발전론의 시각에서 중국의 의료와 질병을 바라보았다.[61] 위신중은 공공 위생 관념과 행위가 청말 이전의 중국 전통 사회 속에서 존재했으며, 이는 국가의 공권력이 아닌 개별적·집단적 지역사회의 차원에서 운영되거나 관리되었다고 지적하였다. 또한 그는 19세기 이전에 분뇨와 오수를 처리하는 데도 당시의 생태 환경에 기본적으로 상응하는 대응 기제가 갖추어져 있었으며, 이러한 전통적 요소가 근대 위생 제도의 변천에 광범위한 영향력을 발휘하였다고 주장하였다.[62]

위경저(于賡哲)는 선진 시기부터 당나라 시기까지 부자(附子)에 관한 지식과 사용법이 어떻게 변화되었는지를 살펴보았다. 부자는 독약으로 쓰이기도 하고 백약 중 으뜸으로 쓰이기도 하는 등 사람들에게 다양하게 인식되었다. 부자의 약용 가치는 끊임없이 발견되었는데, 주류나 농산물에 또 불교와 도교 축제 등에도 널리 사용되는 등 점점 일상화되었다. 부자의 다양한 사용 양태를 확인하면서 한약재의 발전과 일반화 과정 등을 밝혔다.[63] 또한 그는 중국인의 성병 인식의 변화에 대해서도 연구하였다. 그에 따르면, 고대로부터 청루 문화(기생 문화)가 있었는데 중국인들은 성병의 원인과 전염 체계에 관해 지식이 부족하여, 성병의 치료와 예방은 오랫동안 개인의 문제

---

61 梁其姿, 『痲風: 一種疾病的醫療社會史』(北京: 商務印書館, 2013).
62 余新忠, 『淸代衛生防疫機制及其近代演變』(北京: 北京師範大學出版社, 2016); 유연실, 앞의 논문, 2020, 27쪽 재인용.
63 于賡哲, 「先秦至唐對附子的認識和使用兼論論中藥材發展演變規律」, 『中國中藥雜誌』 2017年 23期, 2017.

로 치부하였다. 그리고 불결한 성관계에 대한 경각심이 부족하여 청루 문화가 오랜 세월 내려왔음에도 중국사회에서 성병에 대한 언급은 부재하였다. 그러다가 16세기 초 매독의 새로운 유형이 전해지면서 성병 감염 체계에 대한 인식에 큰 변화가 생겼다. 특히 아편전쟁 이후의 매독은 외국에서 온 것이라는 인식이 강해지면서 청루 문화에 대한 중국인의 태도와 성병 검역에 대한 인식이 바뀌었다고 보았다.[64]

퍼스(Charlotte Furth, 费侠莉)는 과학기술사의 관점에서 중국 의학사를 살펴보는 것이 아니라 사회와 문화 등의 관점에서 중국 중세 젠더를 연구하였다. 기존의 전통적인 의학사적 접근 방식에서 탈피하여 의학사와 관련된 주제를 사회・가족・성별에 걸쳐 탐구함으로써 의학사를 질병사・신체사의 관점에서 접근하였다.[65]

중국 고대 시기의 의학사 연구는 대체로 종교와 의학 사이의 관계에 관한 연구가 가장 많이 진행되었는데, 이러한 현상은 당・송 시기까지 이어졌다.[66] 당・송 이래의 의학사는 대부분 의약 교류사,[67] 의료 제도,[68] 의서의 간행과 지식 생산,[69] 질병[70] 등 몇 가지 중요한 주제에 집중되어 있다.

---

64 于赓哲,「外來疾病與文化衝激: 以梅毒東傳爲例」,『复旦國際關係評論』 2019年 1期, 2019.

65 费侠莉,『繁盛之陰: 中国医学史中的性(960年-1665年)』(南京: 江蘇人民出版社, 2006).

66 陳明,『敦煌的醫療與社會』(海口: 南海出版公司, 2018).

67 陳明,『中古醫療與外來文化』(北京: 北京大學出版社, 2013).

68 韓毅,『政府治理與醫學發展: 宋代醫事詔令研究』(北京: 中國科學技術出版社, 2014).

69 范家偉,『北宋校正醫書局新探』(香港: 香港中華書局, 2014).

70 余新忠等著,『溫疫下的社會拯救-中國近世重大疫情與社會反應研究』(北京: 中國書店, 2004); 曹樹基・李玉尚,『鼠疫: 戰爭與和平―中國的環境與社會變遷(1230-1960)』(濟南: 山東畫報出版社, 2006); 余新忠主編,『淸以來的疾病, 醫療和衛生: 以社會文化史爲視角的探索』(北京: 三聯書店, 2009); 于賡哲,『唐代疾病, 醫療史初探』(北京: 中國社會科學出

중국은 영토가 매우 넓기에 각 지방의 의학은 고유의 특색이 있다. 영남[71] · 온주[72] · 절강[73] 등의 지역의료 위생사 연구와 북경[74] · 상해[75] · 천진[76] 등 대도시의 의학사 연구는 많이 진행된 상태이다. 이 저서들의 특색은 크게 두 종류로 나누어 볼 수 있다. 첫 번째는 전통적인 지역 중의약사를 기술하는 것이며, 두 번째는 각 지역의 현대 공공 위생 변천사를 서구의 위생 개념으로 서술하는 것이다.

고대 질병사(疾病史) 연구는 한정된 자료로 인해 심층적인 탐구와 문화사 측면에서 세부적으로 분석하기가 어려웠지만, 최근 새로운 자료의 출토와 여러 학문 간의 연계가 활발해지면서 연구에 활기를 되찾고 있다. 예를 들어 산서성(山西省)에서 발굴된 선진(先秦) 시기의 고분을 발굴하는 데 참여한 연구자들은 체질인류학 · 해부학 · 병리학 등의 연구 방법을 이용하여 분석을 진행하였고, 이를 통해 이들의 치과 질병 발병률이 신석기시대와 청동기시대에 비해 높다는 사실과 퇴화성(退化性) · 화농(化膿) · 괴사(壞死) 등을 포함하는 관절염의 예가 많다는 사실을 발견하였다. 이러한 연구들은 고대 질

版社, 2011); 焦潤明, 『淸末東北三省鼠疫災難及防疫措施硏究』(北京: 北京師範大學出版社, 2011); 韓毅, 『宋代瘟疫的流行與防治』(北京: 商務印書館, 2015). 陳旭, 『明代溫疫與明代社會』(成都: 西南財經大學出版社, 2016).

71 劉小斌, 『嶺南醫學史』下冊(廣州: 廣東科技出版社, 2014).

72 宮溫虹, 『溫州中醫藥文化志』(北京: 中國中醫藥出版社, 2016); 劉時覺, 『溫州醫學史』(北京: 人民出版社, 2016).

73 朱德明, 『南宋時期浙江醫藥的發展』(北京: 中醫古籍出版社, 2005);『自古迄北宋時期浙江醫藥史』(北京: 中醫古籍出版社, 2013); 謝紅莉, 『浙江醫學史』(北京: 人民衛生出版社, 2016).

74 杜麗紅, 『制度與日常生活: 近代北京的公共衛生』(北京: 中國社會科學出版社, 2015).

75 張文勇 · 童瑤 · 俞寶英, 『上海中醫藥文化史』(上海: 上海科學技術出版社, 2014).

76 朱慧穎, 『天津公共衛生建設硏究(1900-1937)』(天津: 天津古籍出版社, 2015).

병사와 사회생활의 변화를 한층 더 깊이 이해할 수 있게 해 준다.[77]

2012년 7월부터 2013년 8월까지 성도문물고고연구소(成都文物考古研究所)와 형주문물보호센터(荊州文物保護中心)는 공동 발굴단을 구성하여 성도시(成都市) 금우구(金牛區) 천회진(天回鎮) 일대 노관산(老官山)의 서한(西漢) 시기 고분의 발굴 작업을 진행하였다. 이를 통해 출토된 920여 개의 의간(醫簡)과 경(經)을 분석·정리하여 『맥진(脈診)』·『십육병방(六十病方)』·『제병(諸病)』·『십이경맥(十二經脈)』·『별맥구경(別脈灸經)』·『칙수(刺數)』·『맥수(脈數)』 등 10여 종의 의서를 정리하였다.[78] 편작(扁鵲)학파의 의학 경전에 대한 해독은 아직 대부분 초보적인 단계에 머물러 있는데, 이와 같은 작업을 통해 고대 의학사 연구는 큰 진전이 있을 것으로 기대한다.[79] 그리고 최근 몇 년간 많은 의료 문헌의 출토와 해독 작업이 진행되었다. 예를 들어 『신강출토의약문헌집성(新疆出土醫藥文獻集成)』은 신강 지역의 고고 출토 자료와 투르판 지역에서 출토된 문서, 대곡(大谷) 문서, 영장(英藏)·아장(俄藏)의 둔황(敦煌) 문헌 등의 자료에서 여러 의약(醫藥) 자료를 수집하고 정리하였는데,[80] 이는 고대 의학사 연구에 귀중한 자료로 평가된다.

시기를 막론하고 새로운 자료를 발굴하고 정리하는 것이 의학사 연구에 새로운 동력이 된다는 것은 이론의 여지가 없다. 자료 정리의 방면에서는

77 賈瑩, 『山西浮山橋北及鄉寧內陽垣先秦時期人骨研究』(北京: 文物出版社, 2010); 張林虎, 『新疆伊犁吉林台庫區墓葬人骨研究』(北京: 科學出版社, 2016).
78 成都文物考古研究所, 「成都天回鎮老官山漢墓發掘簡報」, 『南方民族考古』(北京: 科學出版社, 2016).
79 梁繁榮·王毅, 『揭祕敝昔遺書與漆人: 老官山漢墓醫學文物文獻初識』(成都: 四川科技出版社, 2016).
80 王興伊·段逸山, 『新疆出土醫藥文獻集成』(上海: 上海科學技術出版社, 2016).

근대 의학사 연구가 상대적으로 용이하기 때문에 많은 작업이 진행되었다. 대표적으로 최근 위신중은 도서와 간행물 백 권 이상을 포함하여 총 30권으로 이루어진 『중국근대의료위생자료휘편(中國近代醫療衛生資料彙編)』이라는 근대 의학 문헌을 정리하는 작업을 진행하였는데, 이는 중국 근대 의료사 연구를 전반적으로 정리한 것이다.[81]

　과거 대만의 중국 의학사 연구는 중앙연구원 역사어언연구소의 1세대 학자들의 노력으로 만들어진 연구토론회와 연구 주제들이 이후 하나하나씩 성과를 냈다.[82] 다만 최근 몇 년의 연구 성과는 대부분이 학자들의 예전 저서들을 모아 논문집을 낸 것인데, 시기도 상이할뿐더러 관심 주제가 서로 다른 논문들이 함께 수록되어 일관성이 부족하다는 지적과 연구자들 간에 연구 주제의 분업화와 체계화가 부족하다는 한계가 있다.[83]

2) 연구 분야의 다양화와 양적 성장

　그간 중국 의학사 연구는 주로 근·현대 시대에 편중되었다. 물론 현재도 변함이 없지만, 지난 10년간 한국 학계에서의 중국 전근대 의학사 연구는 논문의 편 수만을 비교해 보아도 양적으로 성장한 것을 알 수 있다. 그뿐만 아니라, 연구자 수가 늘어나고 연구 주제도 다양해진 것을 확인하였다.

81　余新忠, 『中國近代醫療衛生資料彙編(全30冊)』(北京: 北京圖書館出版社, 2018).
82　皮國立, 『「氣」與「細菌」的近代中國醫療史: 外感熱病的知識轉型與日常生活』(臺北: 國立中國醫藥研究所, 2012), 9-11쪽.
83　中央研究院史語所 生命醫療史研究室 主編, 『中國史新論: 醫療史分冊』(臺北: 聯經出版事業公司, 2015).

기존에는 방사·도교와의 연관성 속에서 중국 고대 의학에 접근한 연구, 환경사의 관점에서 환경과 자연재해, 질병의 상관성을 다룬 연구, 그리고 약업·신체관 등의 분야 등에서 각각 한두 편 연구가 전부였다. 반면 최근 10년간 한국 학계에서는 고고 유물과 간독 등 새로운 자료들을 바탕으로 선진시대부터 진한 시기까지에 관한 연구도 진행되었다. 새로운 자료의 발굴은 연구를 활성화시키는 원동력이다. 최근 10년간의 연구 성과를 몇 개의 주제로 분류하여 살펴보았다.

① 제도사: 김호(2012; 2013; 2014; 2015)는 『천성령(天聖令)』 「의질령(醫疾令)」을 기본 사료로 하여 질병을 치료하기 위한 국가와 민간의 의료 기구를 논의하는 일환으로, 당대 중앙 의료 체계 특히 태의서와 상약국에 관하여 제도사적 연구를 진행하였다. 당대의 의료 체계는 주변국인 고려와 일본의 의료 체계에도 큰 영향을 끼쳤다는 점에서 본 연구는 동아시아 의료 체계를 비교할 수 있는 토대를 제공한다. 더불어 당대 의관들의 입사 경로·품계·관직·대우 등을 밝힘으로써 의료 종사자의 사회적 지위와 타 관직과의 비교도 확인할 수 있었다.[84]

김상범은, 수·당 제국 성립 이래 정부의 주도하에 의료 환경이 개선되었는데, 중앙과 지방의 의료 교육 체제가 확립되어 의료 전문 인재를 양성하였으며 국가 의료 시스템이 구비되었다고 하였다. 이 과정에서 관료 사회

---

84 金澔, 「唐代 太醫署의 醫學分科와 醫書-『天聖令』 「醫疾令」의 관련조문에 근거하여」, 『中國古中世史研究』 第27輯, 2012; 「唐代 皇帝의 醫療官府-『天聖令』 「醫疾令」에 근거하여 北宋 天聖年間까지의 연속성과 변화상 추적」, 『歷史學報』 第217輯, 2013; 「唐代 醫療從仕者의 지위」, 『史叢』 82, 2014; 「天聖令 醫疾令과 假寧令의 사료적 가치와 역주」, 『中國古中世史研究』 第36輯, 2015.

내에서 무의(巫醫)에 대한 거부감이 점차 높아졌다. 사회적으로도 의술이 발전되고 보급됨에 따라 무의의 사회적 기능이 약화되어 갔다고 밝혔다.[85]

김대기는 송대 자선 기구 중에서 안제방과 양제원의 기능과 변화 과정을 통하여 송대 사회가 빈민과 이재민을 대상으로 어떠한 방식으로 의료구제 활동을 했는지 밝혔다. 이러한 국가의 의료 시혜는 일반 백성뿐만이 아니라 죄수들에게까지 제도적으로 마련되었음을 확인하였다. 또한 몽골족이 지배하던 원대 의관의 신분과 입사 경로를 밝힘으로써, 앞에서 언급한 김호(2014)의 연구와 더불어 중국 고대 의료 종사자의 관직 진출 과정과 사회적 지위의 시대적 변화를 비교할 수 있는 연결 고리를 마련하였다.[86]

김선민은『성경삼무당안사료(盛京蔘務檔案史料)』를 중심으로 17~18세기 강희-옹정-건륭 연간에 걸쳐 청대 인삼 정책의 추이를 검토하였다.[87] 인삼은 청조의 중요한 국가 재정 수입원이었기에 인삼 산지 관리부터 판매까지 국가가 독점적으로 관리하였다. 그러나 19세기 중반 인삼 고갈이 심각해지면서 산지를 통제할 능력을 상실한 청조는 결국 인삼업의 독점을 포기할 수밖에 없었다. 청조의 중요한 물질적 기반이었던 만주 인삼은 제국의 팽창과 반비례해 급속히 고갈되었고, 이는 청조의 재정 고갈의 중요한 요인이었다.

② 신체관, 해부 지식: 중국 전통 의학에서 중요한 주제 중의 하나가 바로

---

85 金相範,「醫術과 呪術: 唐代 醫療知識의 확산과 禁巫措置」,『中國古中世史研究』第31輯, 2014.

86 김대기,「宋代 慈善機構와 醫療救濟-安濟坊과 養濟院을 중심으로」,『역사와 경계』101, 2016;「元代 恤刑과 罪囚에 대한 醫療 救恤」,『인문과학연구』제47집, 2015;「중국 원대 의료관원의 선발과 관리-의호(醫戶)제도와 의학과거제의 실시를 중심으로」,『醫史學』제26권 제3호, 2017.

87 김선민,「17-18세기 청대 인삼정책의 변화」,『中國學報』第七十四輯, 2015.

신체관과 해부 지식에 관한 연구이다. 정우진은『황제내경』을 중심으로 초기 동아시아 신체관에서는 심장 중심의 신체관과 기를 중심으로 하는 신체관이 병존한다고 주장하면서, 경맥 체계를 포함하여 초기 동아시아에서는 다양한 신체관이 존재하였다고 보았다.[88] 신규환은 중국 고대부터의 신체관 변화 추이를 통시적으로 살펴보았고, 근대라 불리는 청말에 이르러 기존의 전통적 신체관에서 해부학적 인식으로 전환한 시기까지 다루었다. 그는, 청말의 해부학적 인식으로의 전환은 서양의 '충격'에 대한 단순한 '반응'으로서 해부학 혁명이 일어난 것이 아니라 중국에서 근대적 해부학의 내재적 발전 요소도 공히 존재한다고 보았다.[89]

③ 질병과 의료: 김영현은 갑골문에 나타난 은대 신체 각 부위별 질병의 종류와 치료법을 고찰하였다.[90] 이는 고대 의학사 연구에 가장 중요한 사료의 발굴과 해석이라는 측면에서 의미가 있다. 고대 시기 죽간 또는 갑골문에 기록된 의료 관련 글자 하나하나의 의미는 사료의 희소가치 그 이상이기 때문이다. 민후기는 1920년대에 출토된 거연한간(居延漢簡)과 돈황한간(敦煌漢簡)을 통하여, 그간의 연구가 개별적 질병을 파악하는 단계였다면, 한대 서북 변경 지역에 배치되었던 사졸들의 전반적인 의료 상황을 살펴보았다.[91] 사졸들이 어떠한 질병과 병증에 노출되었고, 어떤 치료 수단을 썼는지

---

88 정우진,「Research about the View of Body in Early East Asian Medicine」,『의료사회사연구』3, 2019.

89 신규환,「중국 고대인의 신체관과 해부 인식」,『延世醫史學』제15권 제2호, 2012a;「청말 해부학 혁명과 해부학적 인식의 전환」,『醫史學』제21권 제1호, 2012b.

90 金英鉉,「中國 殷商代 醫療文化特色 小考-甲骨文을 중심으로」,『中國文化研究』第25輯, 2014.

91 민후기,「한제국(漢帝國) 하서(河西) 변경 사졸(士卒)들의 질병과 치료-거연(居延), 돈황(

파악하고, 이를 통하여 한 무제 이후 한 제국의 영역에 편입된 최일선 방어선이었던 서북 변경과 장액·돈황 지역의 질병과 의료 수준에 관해 분석을 시도하였다. 1973년 마왕퇴에서 출토한 14종의 의약 관련 간독(簡牘)과 백서(帛書) 등은 기존의『사기』·『한서』·『후한서』등의 사료에서 밝힐 수 없었던 질병·처방·치료법 등 구체적인 기록을 담고 있어 고대 의학사 연구 분야의 발전 가능성을 높여 주었다.

문정희는『수호지진묘죽간』일서(日書, 시일을 점치는 택일서)를 통하여 중국 고대사회의 공동체 제사와 질병의 관념을 연구하였다. 질병의 원인이 되는 대상과 질병의 구체적인 매개체 그리고 치병을 위한 제사 의식 등을 분석하여 중국 고대인들의 질병 관념과 제사 습속의 일면을 분석하였다. 중국 고대인들은 질병이 기본적으로 각종 귀신을 빌미로 한 것이지만 구체적으로는 음식물을 통해 야기되는 것이라고 보았는데, 이는 고대사회에서 제사 후에 술과 고기를 공유하는 관습에 비추어 볼 때 일종의 공중위생 개념에 대한 고대인들의 초보적인 인식의 결과로 보았다. 병이 생겼을 때 안팎을 청소하고 더러워진 옷을 갈아입는 등의 조치를 취하는 것도 같은 맥락에서 이해했다.[92] 한편, 조용준은 진·한 시기 샤머니즘적 의료 활동에 관한 논문을 발표하였다. 그는 선진 시대부터 진·한 시대에 이르기까지 중국 고대 의술은 샤머니즘적 사고와 밀접한 관련이 있다고 보았다.[93]

敦煌) 출토 간독(簡牘)자료를 중심으로」,『의사학』제24권 제1호, 2015.
92 문정희,「일서(日書)를 통해 본 고대 중국의 질병관념과 제사습속」,『學林』第39輯, 2017.
93 趙容俊,「秦漢時期之巫術性醫療小考」,『中國古中世史研究』第49輯, 2018;「秦漢傳世文獻所見之醫療巫術考察」,『中國史研究』第115輯, 2018; CHO Yongjun,「A Research on the Sharmanistic Medical Activities as Seen in the Recipes for Fifty-two Ailments(五十二病方) Written in the Mawangdui(馬王堆) Silk Manuscript」,『醫史學』제28권 제3호, 2019.

이현숙은, 당 고조 연간에 전염률과 이환율 및 사망률이 높은 골증병(骨蒸病)이 유행하였다는 사실과 수·당대 의학서를 통해서 당시 골증병에 대한 인식과 그 처방들을 살펴보았다.[94] 골증이라 불리는 질병은 다양한 증세를 포괄하지만, 크게 두 계통으로 나누어 볼 수 있다. 하나는 노채(勞瘵), 즉 결핵성 질병이고, 다른 하나는 『천금방』에서 태대열, 『외대비요』에서 골증전시라고 불렀던 질병이다. 무덕 연간에 유행한 골증병은 태대열과 연관이 있다고 할 수 있다. 태대열의 증상은 오늘날 인플루엔자였을 가능성을 지적하였다. 수말 당초에 인구가 격감한 주요 요인으로 역병이 유행했을 가능성, 그 역병 즉 골증병이 인플루엔자였을 가능성, 그로 인하여 수나라가 단명하였을 가능성 등을 제기하였다. 전염병이 역사에 끼치는 영향을 간과할 수는 없으나, 저자도 스스로 밝혔듯이 사료가 부족하여 실증적인 논거를 제시하는 데는 일부 한계가 있었다. 유강하는 『태평광기』「의류(醫類)」에 담겨 있는 중국 고대의 병인론, 약물 치료법, 외과적 처치법, 위약 반응, 종교·주술적 치유법 등을 고찰하였다. 특히, 손사막과 그의 의료윤리를 인문학적 의료인, 인문치유의 시각으로 해석한 것이 독특한 점이다.[95]

리젠민은 중국의 전통 의학 중에서 외과 의학이 바라본 몸의 물질성에 관한 글을 발표하였다.[96] 18~19세기 중국 상해 인근에 거주했던 주비원(朱費元)의 『양의탐원론(瘍醫探源論)』을 주요 연구 대상으로 삼아 명·청 시대 외

---

94 이현숙, 「당 고조 연간(618-626)의 골증병」, 『延世醫史學』 제20권 제2호, 2017.
95 柳江夏, 「『태평광기(太平廣記)』「의(醫)」류를 통해 본 고대 중국의 '의(醫)'와 치유에 관한」, 『인문학연구』 제32호, 2016.
96 李建民, 「中醫外科爲什麽不動手術?-清代手抄本《瘍醫探源論》的身體物質觀」, 『韓國醫史學會誌』 제28권 제2호, 2015.

과 의학을 역사적인 관점에서 고찰하였다. 중국의 전통 외과 의학은 내과 의학이 활용하던 맥진이나 처방과는 다른 치료 방식을 취했으며, 몸을 바라보는 관점 역시 내과 의학과는 차이를 보였다. 전통적인 중국의 외과 의학에서는 몸이 힘줄과 살로 구성되어 있다고 여겼고, 썩어 들어가는 살이나 몸에 나타나는 또 다른 비정상적인 징후들을 수술을 통해 처치해야 했다. 중국의 전통적인 외과 의학의 대상은 물질적으로 실재하는 몸이었고, 의사들은 치료를 위해 외과적 개념을 만들어 냈으며, 수술적 중재를 활용할 것인지 아닌지를 판단해야만 했다. 리젠민은 중국 전통 의서 중에 존재하는 물질적 신체에 대한 중요 개념, 근육 및 진액 등에 주목하여 외과 수술사라는 관점에서 몸을 새롭게 조명하였다.

김현선은 명·청 시대 양호(兩湖) 산악 지역에서의 전염병에 관하여 연구했다. 명·청 시대 인구가 증가하면서 상대적으로 낙후 지역이었던 산악 지역으로 인구가 유입되어 산림 남벌, 광산 개발, 농경지 개간 등으로 환경적 변화뿐만 아니라 전염병의 발병률도 증가하였다는 사실을 환경사적 시각에서 논했다.[97]

④ 침구·의술: 강인욱·차웅석은 기원전 12~10세기 형성된 연길 소영자 석관묘에서 발견된 다수의 골침과 석침을 분석하였다.[98] 소영자의 침구류는 대형(골제 송곳) 및 중형 골침, 바늘형 골침 등으로 세분된다. 침통과 환부를 문지르는 둥근 돌과 예리한 백두산제 흑요석 돌날 등이 일습을 이루어서 시

---

97 金賢善,「明淸時代 兩湖 山岳地域 人口 移動과 疫病」,『明淸史研究』第五十二輯, 2019.
98 강인욱·차웅석,「연길 소영자 출토 유물로 본 동아시아 침구류(針具類)의 기원」,『醫史學』제26권 제3호, 2017.

신의 한가운데에 소중하게 놓여 있는 점 등을 근거로 의료용 침구류로 상정하였다. 이제까지 침구류의 기원에 관한 연구는 선사시대의 폄석, 또는 침술이 상당히 정비가 된 전국시대 말기에서 한나라 시기의 청동제 침과 문헌 자료에 머물러 있었다. 하지만 연길 소영자 유물을 분석하여 청동기시대에 사용한 의료용 석기와 골기에 관한 구체적인 자료를 확보할 수 있었다. 또한 침구류의 등장에 대해 지리적, 생태적 요인을 고고학적인 자료로 분석해서 구체적인 발전 과정을 연구하는 단초를 제공했다는 데에 그 의의가 있다.

정우진은 침술의 등장 시점에 대한 논쟁이 존재하는 상황에서, 마왕퇴 문헌이 선진 시기 침의 부재를 선언한다는 데 근거하여, 폄과 뜸의 경험 의학적 지식이 전한기 이후 중첩적 발전 과정에서 탄생한 것으로 보았다.[99] 그는 기원전 3세기경 의사들이 경험 의학 지식을 체계적으로 이론화시키고자 한 것으로 보았는데, 그 결과물이 양생의 영역에서 성장한 경맥 이론이라는 것이다. 경맥 이론을 바탕으로 중국의 의학은 생리학과 병리학 그리고 진단학을 통일적으로 결합한 체계적인 이론 의학으로 변모할 수 있었다고 보았다. 최초로 경맥과 결합한 의술은 뜸과 폄이었는데, 마왕퇴 시기에는 뜸과 폄만이 경맥과 결합되었다고 보았다. 전한기에 접어들어, 고대 중국의 의사들은 폄의 기능, 즉 사혈이 그들의 생명관에 어울리지 않는다는 문제를 해결해야 했다. 생명의 씨앗인 정(精)을 싣고 있는 혈을 빼내는 것은 생명의 유실을 뜻했다. 침술은 이 문제를 해결할 수 있었다. 경맥과 경맥을 따라 들어온 양생의 정신에 맞춰 미리 기혈을 조절하는 침술을 고안해 낸 것이다. 침은 폄의 시대적 반응물이었지만, 폄의 역할이 완전히 없어지지는 않았다.

99 정우진, 「침술(鍼術)의 성립에 관한 연구」, 『醫史學』 제20권 제2호, 2011.

다만 무게 중심이 옮겨 갔을 뿐이다. 즉 전대의 것을 폐기하지 않고 병존시키는 발전 양상을 확인할 수 있다.

⑤ 의료윤리: 최지희는 청대 의료 환경의 변화 속에서 용의(庸醫) 문제의 배경과 그 사회적 인식의 다양성에 관하여 논하였다.[100] 주로 청말 매체에 나타난 용의에 대한 보도를 중심으로 하여 당시 매체가 대중에게 재현한 용의의 이미지를 분석하였다. 이를 통해 용의의 문제가 청대 사회의 의료 문제에 관한 대중들의 인식과 의사 정체성에 대한 복잡한 인식의 결과물이라고 보았다. 청말에 매체에서 용의 문제가 자주 등장했던 것은 실제로 용의로 인한 사건이 증가했다기보다는 사회 여론에서 용의 문제를 사회적 문제로 만들어 가려 했다는 것이다. 즉, 청말 중의사들의 무능함을 부각시켜 중의 개혁의 필요성을 제기하려는 의도가 내재되어 있었다는 것이다. 이러한 용의 문제는 비단 청대에만 문제가 되었던 것은 아니다. 김대기는 명 후기인 16~17세기에 편찬된 의서들 중에서 의료윤리를 언급한 서적이 많은 점에 착안하여 의료윤리가 중요시된 배경을 분석하였다. 당시 의료 수요의 증가 · 의료인의 증가 · 의약업의 발달 · 의서 출판업의 성장 등에서 알 수 있듯이 의료 시장은 확대되었으나, 의사들의 전문성 저하 · 빈부 격차에 의한 의료 혜택의 불평등 · 의료윤리 분야 등에서는 많은 문제점이 노출되었다고 보았다. 더불어 당시 의서들에서 강조된 의료윤리 덕목의 특징을 분석하였다.[101]

---

100 최지희, 「청대 사회의 용의(庸醫) 문제인식과 청말의 변화」, 『醫史學』 제28권 제1호, 2019.
101 김대기, 「明 後期 醫書에 나타난 醫德論」, 『전북사학』 제53호, 2018.

⑥ 외래 의학 지식의 전파와 변용: 김성수, 여인석, 박기수, 조정은은 외래 의학 지식의 전파와 수용에 대하여 다루었다. 먼저 김성수는 동아시아 전통 의학에서 생소한 분야인 안과학 분야를 다루었다는 데 의미가 남다르다. 동아시아 전통 의학이 중국을 중심으로 발전한 부분이 크지만, 중국 의학 중에서는 인도 의학의 영향을 받은 부분도 존재한다는 것을 『용수안론』을 통하여 실증적으로 밝혔다.[102] 더불어 서로 다른 문명권 사이에서 이루어진 의학 지식의 교류와 융합을 통해 종교적인 신념 체계와 함께 전래된 의학 지식이 새로운 사회적 · 정치적 맥락 안에서 고급 지식 체계의 일부로 수용될 수 있다는 사실을 보여주었다.

여인석은 『주제군징(主制群徵)』을 통하여 서양 의학의 개념들 특히 해부학, 생리학적 개념들이 중국과 조선의 지식인들에게 어떻게 수용되었는지를 살펴보았다.[103] 박기수는 1800년대 초 영국 의사 피어슨(Alexander Pearson, 1780-1874)에 의하여 중국에 우두법이 도입 · 전파된 과정과 중국인들이 우두법을 수용하도록 하는데 어떻게 인식 · 사상의 측면에 기여했는지를 고찰했다. 특히 그 과정에서 광동 지역의 행상들이 금전적, 물질적으로 지원한 것을 구체적 사례를 통하여 밝혔다.[104] 박기수가 중국이 우두법을 수용한 과정을 살펴보았다면, 조정은은 의학 지식의 수용과 변용, 즉 의학 지식의 교류라는 측면에서 인두법이 유럽과 일본에 전래되는 과정과 우두법

---

102 김성수, 「인도 안과의학의 동아시아 전래와 용수보살안론」, 『醫史學』 제22권 제1호, 2013.

103 여인석, 「『주제군징(主制群徵)』에 나타난 서양의학 이론과 중국과 조선에서의 수용 양상」, 『醫史學』 제21권 제2호, 2012.

104 박기수, 「淸 중엽 牛頭法의 도입과정과 광동 行商의 역할」, 『明淸史硏究』 第四十輯, 2013.

이 중국과 일본에 수용·변용되는 과정을 살펴보았다.[105]

⑦ 환경과 의료: 김지수는 송·원 시대 12~14세기 사이 급격한 한랭화와 온난화의 반복으로 인한 잦은 재해와 질병의 상관성에 주목하여, 그것이 당시 상한론·화열론 등 의학의 발전에 영향을 끼쳤을 것으로 추론하였다.[106] 김문기는 명·청 시대 환경사 분야에 많은 연구 성과를 내었는데, 특히 17세기 소빙기 현상에 주목하여 명·청 왕조의 교체를 설명했다. 명말 청초는 전 지구적으로 소빙기라는 이상기후 현상으로 인하여 자연재해와 기근이 빈번하였으며, 이는 자연히 전염병의 발병률을 증가시켰다. 이러한 재해에 사회(또는 국가권력)가 어떻게 대처하느냐[荒政]에 따라 왕조의 흥망성쇠가 영향을 받는다는 것이다.[107] 환경사가 '세계사적 동시성'을 매개로 지구사 서술 가능성을 열었듯이 의학사도 타 학문과의 융합 연구 방식 등을 통하여 지구사적 서술의 가능성을 타진해 볼 수도 있겠다.

⑧ 미시사: 위신중·왕위멍은 미시사 특집 논문에서 중국 의학사 연구에서의 미시사 연구 동향을 발표하였다.[108] 이 글에서는 개별 의사, 특정 의학 텍스트 또는 특정 전염병에 대한 사례 연구가 미시사로 간주되어서는 안 된다고 강조하였다. 중요한 역사적 자료들을 아주 상세하고 깊이 있게 읽어야

---

105 曹貞恩,「의학지식의 수용과 변용-종두법(種痘法)의 전래와 한문 우두서(牛痘書)를 중심으로」,『明清史硏究』第四十九輯, 2018.

106 김지수,「宋元시대 기후환경변화가 질병과 의학발전에 미친 영향」,『韓國醫史學會誌』 제31권 제2호, 2018.

107 김문기,「17세기 중국과 조선의 재해와 기근」,『梨花史學硏究』 제43집, 2011;「明末清初의 荒政과 王朝交替」,『中國史硏究』第89輯, 2014.

108 Yu Xinzhong · Wang Yumeng,「Microhistory and Chinese Medical History: A Review」,『醫史學』 제24권 제2호, 2015.

할 뿐만 아니라, 공감적 이해와 추론을 통해 역사적 맥락과 구체적인 역사적 시간과 장소에 있는 자료들을 조명해야 한다고 했다. 문자적 의미를 파악할 뿐만 아니라 텍스트의 배경과 제작 과정, 작가의 입장, 단어에 숨겨진 메시지에 주목해야 하며, 과거의 사건과 대상을 구체적인 삶과 연결시켜야 한다고 강조하였다.

⑨ 젠더와 의료: 김지선은 명대 여성의 일상과 질병, 의료행위에 대하여 고찰하였는데,[109] 명대(明代) 유의(儒醫) 담윤현(談允賢)이 생전에 자신이 치료한 사례들을 정리하여 쓴 책 『여의잡언(女醫雜言)』을 기본 텍스트로 삼았다. 전통 시대에 남성 유의가 아닌 여성 유의가 여성 환자를 대상으로 치료한 사례를 기록한 의안으로, 무엇보다 명대 여성의 신체와 질병, 그리고 생활상을 생생하게 알 수 있다는 점에서 의의가 크다. 유연실은 1715년에 출판된 청대 산과 의서 『달생편』에서 제시한 출산 담론은 어떠하며, 그것을 여성들이 어떻게 수용하고 실천했는지를 탐구하였다.[110] 이를 통해 청대 여성의 출산에 대해 남성 의사의 기술적 지배가 점차 줄어든 상황에서 남성 의사가 출산 담론을 확립하여 여성의 신체에 대해 감시와 통제를 강화해 나가는 성별 정치의 일면을 조망하였다. 위의 두 연구는 여성사의 측면에서 바라볼 수도 있지만, 특히 전근대 여성 의학사 분야에서 기존에 이렇다 할 연구가 없었다는 점에서 연구사적 의미가 크다.

109 金芝鮮, 「明代 여성의 일상과 질병, 의료행위에 대한 고찰- 談允賢의 《女醫雜言》을 중심으로」, 『中國語文論叢』 第87輯, 2018.
110 유연실, 「청대(淸代) 산과(産科) 의서와 여성의 출산: 달생편(達生編)을 중심으로」, 『醫史學』 제24권 제1호, 2015.

⑩ 의료인: 최해별은 송대 사대부들 사이의 의학 지식의 교류라든지,[111] 송대 유의에 관한 연구사를 정리하면서 유의의 출현 배경부터 개념과 전형까지 일목요연하게 정리하였다. 유의는 송대 의학사의 한 특징이자, 동아시아 의학사에서도 중요한 주제로 평가되는 만큼 이 분야에 관심 있는 연구자들에게 도움이 될 것으로 본다.[112] 황영원은 명·청 시대 오중과 신안 등 강남 지역을 중심으로 의술의 전승과 의사들의 사회적 지위에 대하여 논하였다. 특히, 지식인들이 의업에 진출하는 이른바 유의 현상에 주목하였는데, 당시 유의 담론은 의사의 사회적 지위를 향상시켰다기보다는 의사 집단 내부의 구별 짓기 방식에 불과하였다는 해석이 인상적이다.[113]

⑪ 법의학·검험: 최해별은 최근 10년간 중국 전근대 의학사 분야에서 가장 두드러진 연구 성과를 냈다. 특히, 송대 검험 지식과 제도 분야에 관하여 수년 동안 체계적으로 연구를 진행하였다. 검험은 오늘날 법의학 분야에 해당한다. 살인 사건 등 각종 사법 사건에 대하여 법의학적으로 검증함으로써 법적 판단의 객관적 근거를 제공하는 과정이다. 『세원집록』·『무원록』 등 중국의 검험 지식은 조선으로도 전해졌고, 동아시아의 법의학에 매우 중요한 기준을 제공하였다. 최해별은 송대 검험 제도에서 결과 보고의 절차와

---

111 최해별, 「宋代 사대부의 의학지식 입수와 교류: 洪遵의 『洪氏集驗方』을 중심으로」, 『歷史學報』 제230집, 2016a; 「송대 의방(醫方) 지식의 전승과 사대부의 역할-화독배농내보산 (化毒排膿內補散)을 중심으로」, 『醫史學』 제27권 제1호, 2018c; 「宋代 『夷堅志』 수록 '醫方' 지식의 특징」, 『東洋史學硏究』 第146輯, 2019.

112 최해별, 「宋代 儒醫 硏究 회고: 儒醫의 출현배경·개념 변화·전형 탐색」, 『역사와 담론』 제86집, 2018b.

113 황영원, 「명청시대 의사와 지역사회-강남지역 유의(儒醫)를 중심으로」, 『延世醫史學』 제20권 제1호, 2017.

내용, 그리고 검험 격목의 시행 및 수정 보완 과정을 통해 남송 시기 검험 제도의 구체적 운영 양상 및 검험 업무의 실제 집행 양상, 검험 관원들이 숙지해야 했던 구급의학 지식 등을 살펴보았다.[114] 중국에서 검험 지식이 발전한 시기는 송·원 시기이다. 최해별은 송·원 시기 검험 지식이 어떻게 형성되고 발전되었는지를 『세원집록』과 『무원록』을 기본 사료로 분석하였다.[115] 더 나아가 동아시아 전통 검험 지식의 계보를 비교하였으며,[116] 송·원 시대 검험 지식의 계보가 18세기까지 중국 내에서뿐만 아니라 조선과 일본 등 동아시아로 전승과 변용 과정이 진행되었다는 부분까지 연구를 진척시켰다.[117] 사인(死因)을 밝혀내는 데 필요한 검험 지식과 분류 기준 등 이러한 검험 지식과 제도들이 실제 송사 판례에서 어떻게 적용되었는지 살펴보는 것도 매우 중요하다.[118]

이제 중국 의학사 연구는 전통적인 분야인 의학 문헌·의학 이론·의료 제도에 관한 연구도 더욱 확장되어야겠지만, 다양한 주제, 예컨대 환경사·

---

114 최해별, 「宋代 檢驗 제도에서의 결과보고-"驗狀"류 문서를 중심으로」, 『梨花史學硏究』 제47집, 2013a; 「송대 검험제도의 운영-「檢驗格目」을 중심으로」, 『歷史學報』 第220輯, 2013b; 「남송 시기 검험 관원이 알아야 할 구급의학 처방-『洗冤集錄』 「救死方」을 중심」, 『東洋史學硏究』 第134輯, 2016c.

115 최해별, 「南宋 시기 지방관이 알아야 할 '檢驗' 관련 법률-宋慈의 『洗冤集錄』 「條令」에 대한 분석」, 『東洋史學硏究』 第129輯, 2014a; 「宋·元시기 '檢驗'지식의 형성과 발전: 『洗冤集錄』과 『無冤錄』을 중심으로」, 『中國學報』 第六十九輯, 2014b.

116 최해별, 「동아시아 전통 '檢驗' 지시의 계보: 檢驗 서적의 편찬·전파·변용을 중심으로」, 『梨花史學硏究』 第50輯, 2015.

117 최해별, 「13-18세기 동아시아 '檢驗(檢屍)' 지식의 전승과 변용: 死因 분류 체계와 死因 규명에 관한 지식을 중심으로」, 『역사문화연구』 제61집, 2017.

118 최해별, 「宋代 殺傷 사건 판례를 통해 본 '檢驗'의 실제」, 『역사문화연구』 제58집, 2016b; 「송대 검시지식의 死因 분류 배경」, 『의료사회사연구』 제1집, 2018a.

여성사·고고학·인류학·인문치료·통합인문의료 등에서도 중국 의학사 연구가 축적되어야 할 것이다.

4. 맺음말: 한계와 전망

이 글은 기획 단계에서 최근 10년간(2010-2019)의 중국 의학사 연구 동향에 초점을 맞추었다. 지금까지 중국 의학사 전반에 대한 조망이 미흡한 상황에서 전체적인 연구사적 흐름 중 최근 10년간의 그 의미를 살펴볼 필요성이 제기되었다. 그렇다 보니 1950년대까지 거슬러 올라가는, 당초부터 훨씬 광범위한 시간을 다루게 되었다. 지면상의 이유도 있지만 필자의 역량 부족으로 국외는 중국과 대만을 중심으로 다룰 수밖에 없었고 서구와 일본의 연구는 포함시키지 못하였다. 더불어 연구 대상에서 누락되었거나 미처 언급하지 못한 연구도 있을 것이다. 연구자들에게 양해를 구한다.

동 시기의 연구사 흐름을 좀 더 쉽게 이해하기 위하여 필자는 크게 세 시기로 분류하였다. 제1기: '정통의료과기사(正統醫療科技史)'―중국 의학사 연구의 내재적 접근기(1950-1980년대), 제2기: '신사학(新史學)'―중국 의학사 연구의 외재적 접근기(1990-2000년대), 제3기: '중층의학사(重層醫學史)'―융합·소통을 통한 중국 의학사 연구의 다원화기(2010-2019)가 그것이다. 이러한 분류에 대하여 각 시기별 다양한 연구가 제대로 반영되지 않고 지나치게 단순화되었다는 이견이 있을 수 있다. 일리 있는 지적이다. 예컨대, 제2기에서도 내재적 연구는 많이 진행되었으며, 제3기에서도 내재적 연구와 외재적 연구 사이 경계 의식은 여전히 남아 있기 때문이다. 철기시대에도 여전

히 석기와 청동기가 사용되었다는 말로는 부족할 것이다. 그럼에도 지난 70
년의 시간 속에서 각 시기별 특징을 가장 함축하는 어휘를 묻는다면 역시나
위의 제시어라고 생각한다.

그간 중국 의학사 연구는 주로 근·현대 시대에 편중된 측면이 강했다.
물론 현재도 변함이 없지만, 지난 10년간 한국 학계에서 중국 전근대 의학
사 연구는 논문의 편 수만을 비교해 보아도 양적으로 성장한 것을 알 수 있
다. 그뿐만 아니라, 연구자 수와 연구 주제도 증가하고 다양화되었음을 확
인하였다. 기존에는 방사·도교와의 연관성 속에서 중국 고대 의학에 접근
하거나, 환경사의 관점에서 환경·자연재해·질병의 상관성을 다루거나,
약업·신체관 등의 분야에서 한두 편 연구가 전부였다. 반면 최근 10년간
한국 학계에서는 고고 유물과 간독 등 새로운 자료들을 바탕으로 선진 시대
부터 진·한 시기의 연구도 진행되었다. 새로운 자료의 발굴은 연구를 활성
화시키는 원동력임에 틀림없다.

『천성령』을 바탕으로 당대 의료 제도와 의료 관련 법령에 관한 연구는 의
학사적으로 진·한 시대와 송·원 시대를 연결하는 매우 의미 있는 연구 성
과이다. 이와 같이 의학사에서 가장 기본이 되는 것은 각 시대의 의료 제도
와 체제를 밝히는 것이다. 이러한 측면에서 당대, 송대, 원대까지의 의료 제
도와 관련된 연구가 진행되었다는 것은 매우 긍정적이다. 더불어 환경과 의
학사의 접목이 진행되고 있다는 점도 주목해야 한다. 이것은 최근 10여 년
전부터 몇몇 연구자가 환경사적 관점에서 중국사를 조망하는 기류와 무관
치 않다. 의학사를 좀 더 융합 학문적 관점에서 바라볼 수 있는 하나의 방법
론으로서 유의미하다. 여성사적 시각에서 의학사에 접근하는 것은 서구와
대만 학계에서 일찍이 시작되었지만, 한국 학계에서도 여성사 연구가 나왔

다는 것은 고무적이다.

한국 학계에서 중국 의학사 연구자 층은 매우 얇다. 몇몇 연구자가 주도하다 보니 특정 시기, 특정 주제에 연구가 집중된다는 점을 부인할 수 없다. 그렇다 보니 선진 시대부터 명·청 시대에 이르기까지 통시대적으로 체계적이고 계통적인 이론이나 연구 성과의 집적이 아직은 미약하다. 특히, 전근대 의학사 연구는 근·현대 의학사보다 상대적으로 훨씬 광범위한 시간을 그 대상으로 한다. 그 때문에 연구자의 밀도가 상대적으로 낮다. 이는 연구자 간 시기·지역·주제 등에서 교집합의 가능성이 높지 않은 이유이기도 하다. 중국 전근대 의학사의 연구 사슬이 성기다는 평가를 하는 근원이기도 하다. 더불어 연구가 연속성이 없거나, 체계적 연구가 미흡한 것도 아쉬운 대목이다. 이러한 한계를 극복하기 위해서는 많은 중국 의학사 연구자들이 배출되면 좋겠으나, 짧은 시간에 해결할 수 있는 문제가 아니다. 그러므로 우선적으로, 기존의 연구자들이 협력하여, 특정 주제를 중심으로 집단 공동 기획 연구를 한다거나, 다(多)학문 간 공동 연구·융합 연구 등을 통하여 중국 전근대 의학사 연구 사슬의 성긴 부분을 하나씩 메워 나가야 한다.

최근 국가를 단위로 하는 일국사 중심의 연구를 넘어, 지구사로서 역사를 통찰하려는 시도들이 진행되고 있다. 물론 중국 의학사에서도 서의와 중의의 교류와 상호 관계 등에 관한 연구가 진행된 바 있다. 그럼에도 특히, 한·중·일 동아시아 3국의 의학 지식, 의료 제도, 약재, 의서, 의료인, 질병(전염병) 등의 교류와 상호 관계에 대하여 지구사적 관점에서 접근한 연구가 부족한 것은 사실이다. 향후 의미 있는 과제가 될 것이다.

1950년대 중국 과학기술사의 발전이라는 측면에서 출발한 의학사 연구가 전통 시대 중국의 왕조, 단대사 단위의 구조를 뛰어넘어 한 주제에 대하여 여러 층위에서 논의하는 단계로 발전하고 있다. 이제 중국 전근대 의학사 연구는 전통적인 분야인 의학 문헌, 의학 이론, 의료 제도에 관한 연구도 더욱 확장되어야겠지만, 다양한 주제, 예컨대 환경사 · 여성사 · 고고학 · 인류학 · 인문치료 · 통합인문의료 분야 등에서도 연구가 축적되어야 할 것이다.

중국 근현대 의료사의
연구 흐름과 동향(1990-2020)[*]

—중국 근현대사의 특수성과 역사적 접근법의 전환을 중심으로

유연실 (목포대학교 사학과 조교수)

---

[*] 이 글은 『역사학연구』 77집, 2020년 2월에 실린 「중국 근현대 의료사 연구의 새로운 흐름과 동향」을 수정·보완한 것이다.

1. 머리말

    의학사는 중의학 연구와 과학기술사의 한 부분으로서, 전문적 의학 지식을 갖춘 의료인들이 연구를 주도하였다. 그러므로 의학사는 오랫동안 의학 이론·질병의 증상·임상적 치료 기술과 경험 등의 연구에 치중될 수밖에 없었다.[1] 역사학자들은 1920~1930년대 천인커(陳寅恪)·저우쭤런(周作人)·장샤오위안(江紹原) 등이 의료사 연구에 관심을 가지기는 하였으나,[2] 질병과 의료는 전문적 지식을 갖춘 사람만 할 수 있는 특수한 연구 대상이라고 간주하였다. 특히 1980년대 초반까지 중국의 역사학계는 마르크스의 유물론적 역사관의 영향을 받아 생산력과 생산관계, 경제 기초, 상부구조와 사회

---

1 중국에서 의학사 연구는 주로 中國醫史文獻硏究所·上海市中醫文獻館·山東中醫藥大學 醫史文獻硏究所·南京中醫藥大學 醫史文獻硏究所·俠西省中醫藥硏究院 文獻醫史硏究所·北京醫科大學 醫史學硏究中心 등 중의학 관련 연구소가 중심이 되어 이루어져왔다. 또한 의학사 방면에 관한 논문은 『中華醫史雜誌』·『醫學與哲學』·『中國科技史料』·『中國藥學雜誌』·『浙江中醫學院學報』·『自然科學史硏究』·『上海中醫藥雜誌』 등 중의학과 과학사 방면의 학술 잡지에 주로 게재되었다(甄橙, 「責任與擔當: 二十世紀中國的醫學史硏究」, 『衛生史新視野: 華人社會的身體·疾病與歷史論述』, 臺北: 華藝學術出版, 2016, 78-82쪽).

2 杜正勝, 「醫療·社會與文化: 另類醫療史的思考」, 『新史學』 八卷 四期, 1997年 2月, 149-154쪽.

발전의 규율과 같은 사회 경제적 문제의 분석에만 치중하여 인간의 '생로병사(生老病死)'와 직접적인 관련이 있는 의료·질병사에 관한 연구는 상대적으로 도외시되었다.[3]

그러나 1990년대 이후 사회경제사 연구는 지나치게 농후한 구조주의적 색체와 사회과학화된 연구 방법 때문에 역사에서 제도와 숫자만 보일뿐 인간과 인간 집단은 보이지 않는다는 비판과 도전에 직면하게 되었다. 무엇보다 '신문화사'와 '미시사'의 도전은 중국사 연구자들에게 새로운 역사 연구의 주제에 대한 모색과 더불어 방법론적인 전환을 가져다주었다.[4] 신문화사 연구자들은 사회구조·경제구조·역사의 진실성·인과관계와 같은 문제에 얽매이지 않고, 두껍게 읽기·다르게 읽기·작은 것을 통해 읽기·깨뜨리기 등의 방법론을 통해 문화 현상의 상징적 의미를 분석하였다.[5] 아울러 역사상 '인간'의 다양성과 개별성을 부각시켜 역사의 복잡성과 다층성을 복원하려 하였다. 신문화사의 영향 속에서 역사 연구자들은 일상생활·문화 교류·종교와 대중 의례·집단 심리·환경과 생태 등으로 연구의 범위를 확장시켰고, 이 속에서 자연스럽게 질병과 의료의 문제에 대해서도 관심을 갖게 되었다.

---

3 余新忠,「關注生命: 海峽兩岸興起疾病醫療社會史研究」,『中國社會經濟史研究』2001年 第3期, 95쪽.

4 張仲民,「新文化史與中國研究」,『復旦學報(社會科學版)』2008年 第1期, 100-108쪽; 王笛,「新文化史·微觀史和大衆文化史: 西方有關成果及其對中國史研究的影響」,『近代史研究』2009年 第1期, 126-140쪽; 復旦大學歷史學系·復旦大學中外現代化進程研究中心 編,『新文化史與中國近代史研究』(上海: 上海古籍出版社, 2009); 周兵 著,『新文化史: 歷史學的文化轉向』(上海: 復旦大學出版社, 2012); 張仲民,「理論·邊界與碎片化檢討: 新文化史研究的再思考」,『復旦學報(社會科學版)』2016年 第5期, 13-20쪽.

5 조한욱 지음,『문화로 보면 역사가 달라진다』(서울: 책세상, 2000).

질병과 의료는 단지 과학적으로만 측정할 수 있는 생리학적 병변과 치료 기술이 아니다. 질병과 의료는 문화적·사회적 산물로서, 그 속에는 과학적 담론과 더불어 환자의 경험, 사회제도와 문화적 관념이 다층적으로 투영되어 있다. 신체 또한 생리적인 의미 이외에도 사회·문화적인 함의를 지니고 있다. 의학 지식은 신체를 인식하고 이해하는 과정이자 동시에 젠더 질서를 만들어 내고 유지하는 과정이며, 또한 권력은 의료를 통해 신체에 대해 통제와 훈육을 실현하기도 한다. 의료의 사회·문화적 의미를 분석하고, 의료-신체-권력의 상관관계를 조명하는 것은 의학적 문제일 뿐만 아니라 근대적 규율의 형성과 국민국가의 건설과도 밀접하게 관련된 문제이다. 이와 같은 맥락에서 보자면 의료·신체·젠더 및 그 배후에 존재하는 권력(국민국가 혹은 제국주의)과 근대성의 문제는 중국 근현대사를 이해하는 핵심적인 키워드라고도 할 수 있을 것이다. 그러므로 본 논문은 문화적·사회적 산물로서 의료와 그 배후에 존재하는 권력관계를 탐색한 의료사 연구를 종합적으로 검토함으로써, 중국 근현대사의 발전 과정과 역사적 특수성을 탐색해 보고자 한다.

본 논문에서 다루는 중국 근현대사는 시기적으로 1840년에서 1949년까지에 해당한다. 일반적으로 아편전쟁 이후 프로테스탄트 선교 의료의 영향 속에서 서구 의료가 전파되고 근대적 의료 시스템이 정비되었기 때문에 중국 의료사의 시기 구분에서 1840년을 근대의 기점으로 삼는 것은 타당하다고 생각한다. 물론 명말·청초(明末·淸初)의 저명한 의사 왕굉한(王宏翰)이 천주교를 통해 서양 의학 지식을 수용하고 동서 의학을 교류한 것과,[6] 청대(淸

6　祝平一,「通貫天學·醫學與儒學: 王宏翰與明淸之際中西醫學的交會」,『中央硏究院歷史

代) 위생 방역 기제의 근대적 연속성[7]을 부정하는 것은 아니다. 다만 근대 서양 의학이 동아시아에 수용된 것은 제국주의의 확장 과정이나 식민 활동과 불가분의 관계를 맺고 있기 때문에 의료를 '제국'이라는 역사적 맥락 속에서 고찰하기 위해서 편의상 아편전쟁을 근대의 기점으로 삼고자 한다. 또한 2000년대 이후 중화인민공화국사(中華人民共和國史)에 관한 연구가 심화되면서, 1950~1970년대 질병·의료·위생에 관한 연구도 주목받고 있다.[8] 물론 이 시기가 근대와 연속선상에 있는 것은 주지의 사실이기 때문에 1949년을 근현대 의료사 연구의 하한선으로 삼는 것은 문제가 있을 수 있다. 다만 1949년 이후는 사회주의 체제 속에서 새로운 의료 시스템이 확립되고, 공산당의 인민의 신체에 대한 지배 방식도 국민당 시기와는 다소 차이가 있다.[9] 그러므로 중화인민공화국 시기의 의료사 연구 동향은 향후 별도의 지면을 빌려 좀 더 구체적으로 다루도록 하겠다.

중국 근현대 의료사 연구는 프로테스탄트 의료사, 위생사, 질병사, 신체

語言硏究所集刊』 第70本 第1分, 1999年 3月, 165-201쪽.

7 余新忠, 『淸代衛生防役機制及近代演變』(北京: 北京師範大學出版集團, 2016).

8 Taylor Kim, *Chinese Medicine in Early Communist China*, 1945-1963 (London: Routledge, 2005); Xiao ping Fang, *Barefoot doctors and western medicine in China* (N.Y.: University of Rochester Press, 2012); Andrews Bridie, Bullock Mary Brown ed, *Medical transitions in twentieth-century China* (Bloomington: Indiana University Press, 2014); 施亞利, 『江蘇省血吸蟲病防治運動硏究(1949-1966)』(安徽: 合肥工業大學出版社, 2014); 李海紅, 『"赤脚醫生"與中國鄕土社會硏究』(北京: 社會科學文獻出版社, 2015); Miriam Gross, *Farewell to the God of Plague: Chairman Mao's Campaign to Deworm China*(California: University of California Press, 2016); Liping Bu, *Public Health and the Modernization of China(1865-2015)* (New York: Routledge, 2017).

9 유연실, 「1950년대 초기 中華人民共和國의 무통분만 담론」, 『역사학연구』 74, 2019년 5월, 155-190쪽; 유연실, 「1950년대 중국의 파블로프 학설 수용과 의료 체계의 변화: 보호성(保護性) 의료 제도의 확립을 중심으로」, 『의사학』 29-2, 2020년 8월, 613-672쪽.

사, 의사와 환자의 관계, 의료 소송과 갈등, 동서 의학의 교류와 충돌, 의료
인·병원·의료 자선단체, 의약품의 생산과 소비 등 다양한 주제를 중심으
로 적지 않은 연구 성과가 누적되었다.[10] 본 논문은 중국과 대만의 의료사
연구를 중심으로 한국·일본·영미의 연구 성과를 보충적으로 정리하였
다. 주로 서적을 중심으로 연구 성과를 정리하되, 석·박사 논문을 비롯한
학술 논문은 연구 범위에서 제외하였다. 다만 상대적으로 중요한 논문은 필
요에 따라 보충적으로 언급하였다. 최근 중국 근현대 의료사와 관련된 자료
집이나 연구서들이 한우충동(汗牛充棟)으로 쏟아져 나오고, 직접적으로 의

---

10 중국 근현대 의료사의 회고와 전망을 다룬 논문은 다음과 같다. 皮國立,「探索過往·發
現新法: 兩岸近代中國疾病史的研究回顧」,『臺灣師大歷史學報』第35期, 2006年 6月, 251-
278쪽; 陳秀芬,「醫療史研究在台灣(1990-2010): 兼論其與「新史學」的關係」,『漢學研究通
訊』第2卷 3期, 2010, 19-28쪽; 王小軍,「中國史學界疾病史研究的回顧與反思」,『史學月
刊』2011年 第8期, 100-108쪽; 杜正勝,「另類醫療史研究20年: 史家與醫家對話的臺灣經
驗」,『古今論衡』第25期, 2013年 10月, 3-38쪽; 蔣竹山,「新文化史視野下的中國醫療史研
究」,『當代史學研究的趨勢·方法與實踐: 從新文化史到全球史』(臺北: 五南圖書出版股
份有限公司, 2012), 109-136쪽; Yu Xinzhong·Wang Yumeng, Microhistory and Chinese
Medical History: A Review, *Korean Journal of Medical History* 24-2, 2015, pp.355-387; 飯
島涉,「「醫療社會史」という視角: 二〇世紀東アジア·中國を中心」,『歷史評論』第787號
, 2015年 11月, 50-60쪽; 劉士永,「由庶而嫡: 廿一世紀華人醫學史的重現與再釋」,『衛生史
新視野: 華人社會的身體·疾病與歷史論述』(臺北: 華藝學術出版,2016), 2-42쪽; 趙婧,「醫
療社會文化史的理論與方法」,『中國史理論前沿』(上海: 上海社會科學出版社, 2016), 257-
266쪽; 史敏,「中國現代女性身體史研究述評」,『史學月刊』2017年 第 2 期, 102-111쪽; 劉
士永·張仲民·柴彬·楊雄威,「醫療社會史研究: 新議題·新路徑和新方法」,『醫療社會
史研究』第5輯, 2018年 6月, 157-195쪽; 皮國立,「新史學之再維新: 中國醫療史研究的回
顧與展望(2011-2017)」,『當代歷史學新趨勢』(臺北: 聯經出版公司, 2019), 431-465쪽; 黃良
俊,「近40年中國疾病醫療史研究現狀述論」,『寧德師範學院學報(哲學社會科學版)』, 2019
年 第3期, 87-96쪽; 余新忠,「構建內外融通的生命史學: 中國醫療史研究的回顧與前瞻」,
『西部史學』2020年 第1期, 119-145쪽; 陳思言·劉小朦,「醫療史與知識史: 海外中國醫療
史研究的趨勢及啟示」,『史林』2020年 第3期, 26-41쪽.

료사를 표방하지는 않았더라도 의료적 내용을 다룬 의미 있는 책들도 적지 않게 출판되었다.[11] 그러므로 본 논문에서는 1990년대부터 2020년까지 출판된 중국 근현대 의료사 관련 연구 서적을 중심으로 연구 동향과 접근법을 주로 소개하고자 한다.

본 논문은 중국 근현대 의료사의 연구 흐름과 동향을 네 가지 주제를 중심으로 검토하고자 한다. 첫째, 내사(內史)와 외사(外史)의 통합이다. 내사는 일반적으로 '의학사'라고도 불리며, 주로 의료인들에 의해 주도되었다. '외사'는 '의료사' 혹은 '의료사회사'라고도 하며, 주로 역사학자들이 주도하였다. 전자는 의학 이론과 기술의 발전에 치중하였고, 후자는 의료의 사회·문화사적 측면을 중시하였다. 오랫동안 '내사'와 '외사'가 대립하며, '내사'는 '외사'에 대해 '의학이 없는 의료사'라는 비판을, '외사'는 '내사'에 대해 '사람이 없는 의료사'라는 비판을 제기하였다. 2장에서는 이와 같은 간극을 좁히기 위한 역사학자들의 노력을 주로 소개하고자 한다.

둘째, 의료사와 제국주의·근대성의 문제이다. 동아시아 근대의 역사는 제국주의 침략에 따른 식민 지배와 그로 인한 피식민지 현실의 생산으로 특징지을 수 있을 것이다. 따라서 제국주의가 이식한 '근대화' 과정을 어떻게 비판적으로 성찰하고, 동아시아적 '특수성' 혹은 '차별성'을 드러낼 것인지가 중국 근현대사 연구의 주된 과제였다. 특히 의료사의 영역에서는 제국주의

---

11 (英) 沈艾娣 著, 趙妍傑 譯,『夢醒子: 一位華北鄉居者的人生』(北京: 北京大學出版社, 2013); (美) 韓瑞 著, 袁劍 譯,『假想的『滿大人』: 同情·現代性與中國疼痛』(南京: 江蘇人民出版社, 2013); (美) 曼素恩(Susan Mann) 著, 羅曉翔 譯,『張門才女』(北京: 北京大學出版社, 2015); (英) 白馥蘭(Francesca Bray) 著, 吳秀傑·白嵐玲 譯,『技術·性別·歷史: 重新審視帝制中國的大轉型』(南京: 江蘇人民出版社, 2017).

가 '의료'를 통해서 어떻게 식민 지배를 관철시키고, '근대성' 혹은 '현대성'이라는 명목으로 어떻게 식민 지배를 정당화했는지의 문제를 비판적으로 성찰할 필요가 있다. 그러므로 3장에서는 제국주의와 근대성의 문제를 비판적으로 고찰한 의료사 연구의 성과들을 소개하고자 한다.

셋째, 의료사의 지구사적 전환이다. 최근 역사 연구의 방법론으로 지구사가 대두하면서, 의료사도 로컬리티(Locality)와 세계의 연관성, 국제적 의학 지식과 물질의 교류 등에 관한 연구가 많아지고 있다. 그러므로 지구사적 전망 속에서 의료 · 질병 · 위생의 문제를 다룬 연구들을 살펴볼 것이다.

넷째, 의료사의 물질주의적 전환이다. 최근 물질문화사에 대한 관심이 증대되면서, 약재의 교류, 의약품 광고, 약품의 생산과 소비를 둘러싼 연구가 활발히 이루어지고 있다. 첫 번째와 두 번째 문제는 중국 근현대 의료사 연구의 오래된 과제이지만 전 세계 의료사 연구자들이 공동으로 풀어 나가야 할 문제이기도 하다. 세 번째와 네 번째 주제는 2000년대 이후 의료사 연구에서 나타난 새로운 경향으로, 역사 연구의 지구사적 · 물질주의적 전환 속에 의료사가 어떤 변화를 모색하고 있는지 관찰할 수 있을 것이다. 이와 같은 네 가지 주제를 탐색함으로써 의료사 연구의 새로운 아젠다뿐만 아니라 새로운 방법론과 접근법을 모색해 갈 수 있기를 기대한다.

2. 내사(內史)와 외사(外史)의 통합을 향하여

정통 의학사는 의학을 배운 전문적 의료인들이 의학과 과학기술사적 시각에서 의리(醫理) · 증후(症候) · 방약(方藥) · 의안(醫案) · 의설(醫說) · 의가

(醫家) 등에 대해 연구한 것을 일컫는다. 이들의 연구는 주로 '의학사' 혹은 '내사'라 불리며, 하나의 방법론이자 독자적 영역으로 발전하였다. 정통 의학사 연구자의 주요한 임무는 고대 신화와 무속적 치료의 영역에 있던 의료 혹은 의술이 '과학화'되는 과정을 탐구하는 데 있었다. 그 때문에 의학사 연구는 의료 지식과 기술의 진보 과정을 단선적으로 그려 내거나, 뛰어난 의사들의 전기와 의학 사상사의 서술에 집중되었다. 물론 일부 연구자들은 환자의 시각에서 의학의 발전을 연구하거나,[12] 의사 · 환자 · 질병의 관계를 규명하려는 연구를 진행하였다. 그러나 기본적으로 전통적 울타리를 크게 벗어나지는 못했다.

중국의 정통 의학사 혹은 내사 연구는 주로 네 개의 영역에 초점을 맞추어 진행되었다. 첫째는 중국 의학 유파(流派) · 학파(學派) · 의파(醫派)에 대한 분석과 그들의 학설에 관한 연구이다.[13] 사실 중의학의 유파 · 학파 · 의파는 약간의 차이[14]가 있지만 뚜렷한 중심 학술 사상을 바탕으로 특정 저작

12 에릭 J. 카셀 저, 강신익 역, 『고통받는 환자와 인간에게서 멀어진 의사를 위하여』(서울: 들녘, 2002).

13 石岩, 『中醫內科學術流派及各家學說』(北京: 遼寧科學技術出版社, 2015); 楊殿興, 『川派 中醫藥源流與發展』(北京: 中國中醫藥出版社, 2016); 蔣熙德(Volker Scheid), 『孟河醫學源 流論』(北京: 中國中醫藥出版社, 2016); 秦玉龍 · 尙力, 『中醫各家學說』(北京: 中國中醫藥 出版社, 2016).

14 유파(流派)는 전문 과목을 중심으로 針灸流派 · 皮膚流派 · 脾胃流派 · 養生流派 등 각각의 학과를 분류하여, 그 내부에서 형성된 학술 유파를 의미한다. 學派는 학술사상을 핵심으로 시간과 지역의 한계를 두지 않고 전승을 통한 인재의 배출과 학술의 변천 과정을 중시한다. 중의학의 학파는 일반적으로 傷寒學派 · 河間學派 · 易水學派 · 丹溪學派 · 攻邪學派 · 溫補學派 · 溫熱學派 등 7개의 학파가 존재한다. 醫派는 어떤 학파나 유파가 특정 시기와 지역에서 어떻게 형성되었는지에 초점을 둔 분류법으로 지역적 요소가 핵심이다. 즉 의파는 지역에 따라 孟河醫派 · 上海醫派 · 新安醫派 · 嶺南醫派 · 燕京醫派 · 金陵醫派 등으로 구분된다(闫海軍 · 傅海燕, 「基於文獻分析的當代中醫學術流派研究」,

과 인물을 받들며, 전승을 통해 인재를 배출하고 학설을 계승한다는 점에서는 공통점이 있다. 그러므로 이들 유파에 따른 학술 사상의 전승과 발전 과정을 살피는 것은 중의학의 핵심 과제이다. 이와 관련하여 옌하이쥔(閻海軍)·푸하이옌(傅海燕)은 중국지망(中國知網, CNKI)의 데이터베이스를 이용하여 2006년 1월 1일부터 2016년 7월 1일까지 발표된 학술 성과 가운데 중의학술유파(中醫學術流派)·중의각가학설(中醫各家學說)·중의학파(中醫學派)·중의의파(中醫醫派)·중의유파(中醫流派)·중의학설(中醫學說) 등 여섯가지 키워드를 입력하면, 2,417편에 달하는 연구 성과가 검색된다고 하였다. 이 가운데 비교적 학술적 의미와 영향력이 있는 논문을 걸러 내면 중의학의 유파와 학술에 관련된 논문은 대략 414편, 학파를 중심으로 한 연구가 124편, 의파에 관한 연구가 162편, 유파에 관한 연구가 78편, 기타 연구가 50여 편에 달한다고 하였다.[15] 이처럼 의학사는 중의학의 학파·유파·의파에 따른 학술적 관점과 특징, 분종립맥(分宗立脈)의 인적 네트워크와 학술적 전승 관계, 각 학파의 논쟁과 회통을 분석하여 중의학의 학문적 뿌리와 근대적 발전 과정을 탐구하는 데 많은 노력을 기울이고 있다.

둘째, 의학 문헌에 관한 고증과 편찬이다. 사실 중의학 문헌에 관한 정리와 고증은 고대에 치중된 측면도 있지만,[16] 최근에는 근대 중의학 잡지에 관

『遼寧中醫雜志』第44卷 第4期, 2017年 4月, 720-721쪽).

15 閻海軍·傅海燕, 위의 논문, 720-721쪽.

16 張曉麗,『明淸醫學專科目錄硏究』(合肥: 黃山書社, 2011); 劉時覺,『中國醫籍續考』(北京: 人民衛生出版社, 2011); 王育林,『四庫全書總目子部醫家類匯考』(北京: 學苑出版社, 2013); 眞柳誠,『黃帝醫籍硏究』(東京: 汲古書院, 2014); 浦山きか,『中國醫書の文獻學的硏究』(東京: 汲古書院, 2014); 錢超塵,『宋本《傷寒論》文獻史論』(北京: 學苑出版社, 2015); 逯銘昕,『宋代傷寒學術與文獻考論』(北京: 科學出版社, 2017).

한 연구도 활발하게 진행되고 있다. 예를 들어 상하이중의약대학(上海中醫藥大學)의 돤이산(段逸山) 교수는 청말(清末)부터 1949년까지 출판된 중요한 중의약(中醫藥) 잡지 47종을 정리하여『중국근대중의약기간회편(中國近代中醫藥期刊滙編)』(全5輯 213冊)[17]을 영인본으로 출간하였다. 이를 토대로 근대 중의학 잡지의 출판 특징이나 독자들에 대한 연구를 비롯하여, 중서의(中西醫) 논쟁 및 중의학의 '과학화'와 관련된 다양한 연구가 진행되었다.[18] 이 외에도 베이징 국가도서관(國家圖書館)에서 출판한『해관의보(海關醫報)』(全10冊)[19]는 세관 검역이나 국가의 질병 통제의 역사를 연구하는 데 많은 도움을 주고 있다. 또한『민국문헌자료총편(民國文獻資料叢編): 중국근대의료위생자료휘편(中國近代醫療衛生資料彙編)』,『민국시기사회조사총편(民國時期社會調查叢編(二編): 의료위생여사회보장권(醫療衛生與社會保障卷)』,『용상판의(甬商辦醫): 영파방여근대영파자선의원사료집(寧波幫與近代寧波慈善醫院史料集)』,『하문의료위생자료선편(廈門醫療衛生資料選編, 1909~1949)』,『중경대굉작당안문헌(重慶大轟炸檔案文獻): 재산손실, 문교위생부분(財産損失, 文教衛生

---

17 段逸山 主編,『中國近代中醫藥期刊滙編』(上海: 上海辭書出版, 2011-2015).
18 沈偉東,『醫界春秋(1926-1937): 民國中醫變局中的人和事』(桂林: 廣西師範大學出版社, 2011); 沈偉東,『中醫往事: 民國中醫期刊研究』(北京: 商務印書館, 2012); 馬祥·張豐聰·王振國,「對近代中醫藥期刊研究現狀的分析」,『山東中醫藥大學學報』第38卷 第3期, 2014年 5月, 294-296쪽; 付書文,「民國中醫藥期刊的文獻計量分析」, 中國中醫科學院 中醫藥古籍文獻目錄學專業 碩士學位論文, 2015; 李博群·陳婷,「民國時期中醫藥期刊及其文獻特色探析」,『中國中醫藥圖書情報雜志』第40卷 第3期, 2016年 6月, 49-52쪽; 劉洋,「近代中醫體制化歷程(1919-1937): 以中醫改進研究會爲中心」, 山西大學 科學技術史專業 博士學位論文, 2017; 羅惠馨,「廣州近代中醫期刊《醫林一諤》研究」, 廣州中醫藥大學 中醫藥專業 碩士學位論文, 2018; 羅惠馨·陳凱佳·黃子天,「廣州近現代(1840-1949年)中醫期刊研究概況」,『中醫藥導報』第24卷 第14期, 2018年 7月, 18-25쪽.
19 (英) 哲瑪森(R. A. Jamieson),『海關醫報(全10冊)』(北京: 國家圖書館出版社, 2016).

部分)』, 『침화일군제칠삼일부대죄행실록(侵華日軍第七三一部隊罪行實錄)』[20] 등은 민국 시기 국가의 의료·위생 행정과 각종 명령 공문서를 비롯하여 민간의 의료 조직과 단체, 항일 전쟁 시기 방역과 세균전 문제 등에 대한 다양한 자료를 포함하고 있다. 이와 같은 국가 당안(檔案, Archives) 자료와 문헌의 정리와 출판은 의료사의 연구 시야를 확장하고 새로운 연구 주제를 발굴하는 데 상당한 역할을 하고 있다.

셋째, 의사의 전기와 사상에 관한 연구이다. 근대 의료 인물에 관한 연구는 상대적으로 기독교 선교 의료[21]와 근대 의료·위생 행정[22] 및 서구 의료

---

20 余新忠 選編, 『民國文獻資料叢編: 中國近代醫療衛生資料彙編(全30冊)』(北京: 國家圖書館出版社, 2018); 李文海 主編, 『民國時期社會調查叢編(二編): 醫療衛生與社會保障卷(上·下)』(福州: 福建教育出版社, 2014); 寧波市政協文史委員會 編, 『甬商辦醫: 寧波幫與近代寧波慈善醫院史料集』(寧波: 寧波出版社, 2014); 洪蔔仁 主編, 『廈門醫療衛生資料選編(1909-1949)』(廈門: 廈門大學出版社, 2017); 唐潤明·羅永華, 『重慶大轟炸檔案文獻: 財產損失(文敎衛生部分)』(重慶: 重慶出版社, 2012); 楊彦君 編, 『侵華日軍第七三一部隊罪行實錄(全60冊)』(北京: 中國和平出版社, 2015).

21 Gerald H Choa(蔡永業), "Heal the Sick" was their Motto: The Protestant Medical Missionaries in China (Hong Kong: Chinese University Press, 1990); 高晞, 『德貞傳: 一個英國傳敎士與晚淸醫學近代化』(上海: 復旦大學出版社, 2009); 譚樹林, 『美國傳敎士伯駕在華活動研究(1834-1857)』(北京: 群言出版社, 2010); (美) 小愛德華·布裏斯(Edward Bliss Jr.), 安雯 譯, 『邵武四十年: 美國傳敎士醫生福益華在華之旅(1892-1932)』(北京: 中央編譯出版社, 2015).

22 동북지역의 페스트 방역에 선구적 공을 세운 우롄더(伍連德)에 대해서는 伍連德 著, 徐民謀 節譯, 『伍連德自傳』(新加坡: 南洋學會出版, 1960); 哈爾濱市政協文史和學習委員會 編, 『哈爾濱文史資料 第28輯: 愛國僑胞 防疫泰鬥-伍連德』(哈爾濱: 哈爾濱市政協文史和學習委員會出版, 2006); 伍連德, 『買鼠疫鬥士: 伍連德自述(20世紀中國科學口述史)』上·下(長沙: 湖南敎育出版社, 2011); 趙驥民 主編, 『鼠疫鬥士: 伍連德的故事』(長春: 吉林科學技術出版社, 2012); 陳雪薇, 『伍連德研究: 經驗·認同·書寫』(新加坡: 新加坡國立大學中文系, 八方文化創作室 聯合出版, 2014); 孟久成, 『蒼生大醫伍連德』(哈爾濱: 哈爾濱出版社, 2019) 등이 있다. 또한 베이징협화의학원(北京協和醫學院)에 공공위생 학과를 설립하여 중국의 위생행정 체계의 기틀을 마련한 존 그랜트(John B. Grant)에 대해서는 (

시스템[23]의 구축에 많은 영향을 미친 인물을 중심으로 적지 않은 성과가 누적되어 있다. 다만 이러한 연구는 인물들의 학문적 성취와 의료적 실천을 중심으로, 그 영웅성을 찬양하고 역사적 교훈을 전달하려는 고전적 인물 전기에서 크게 벗어나지 못하였다. 이러한 연구는 인물들의 다각적 본성이나, 의료인으로서의 정체성 인식과 같은 문제에 대해서는 상대적으로 소홀히 다루었다. 무엇보다 인물이 소속된 사회와 인적 네트워크 속에서 갈등하고 협력하는 모습과 더불어 정치·사회·문화·역사적 긴장이 개인의 삶에 어떻게 복잡한 양상으로 나타나는지를 다층적으로 그려 내지 못하였다. 이에 반해서 인첸(尹倩)이 저술한『민국시기적의사군체연구(民國時期的醫師群體研究, 1912~1937): 이상해위토론중심(以上海爲討論中心)』과 허샤오롄(何小蓮)의『근대상해의생생활(近代上海醫生生活)』에서는 민국 시기 의사 집단의 전문화 과정을 비롯하여, 중의와 서의의 관계, 의사와 사회의 관계, 의사와 환자의 관계를 다각적으로 조명하였다.[24] 또한 자오징(趙婧)은「근대여의논술

美) 索爾·本尼森 訪問整理, 張大慶 譯,「蘭安生自傳」,『中國科技史雜志』第34卷 第4期, 2013年 12月, 502-517쪽; 王勇,「蘭安生與中國近代公共衛生」,『南京醫科大學學報(社會科學版)』第1期, 2013年 2月, 13-17쪽; 杜麗紅,「制度擴散與在地化: 蘭安生(John B. Grant)在北京的公共衛生試驗, 1921-1925」,『中央研究院近代史研究所集刊』第86期, 2014年 12月, 1-47쪽; 北京協和醫學院校史研究室出版社 編,『公共衛生先驅蘭安生文集』(北京: 中國協和醫科大學出版社, 2017) 등 연구가 있다. 이외에 1928년 남경국민정부(南京國民政府) 위생부 사무처장을 역임했던 류뤼헝(劉瑞恒)에 대해서는 劉似錦 編,『劉瑞恒博士與中國醫藥及衛生事業』(臺北: 商務印書館, 1989)의 연구가 있다.
23 嚴仁英 等 主編,『楊崇瑞博士: 誕辰百年紀念』(北京: 北京醫科大學, 中國協和醫科大學聯合出版, 1990); 左奇·嚴仁英 主編,『楊崇瑞博士: 中國婦幼衛生事業的開拓者』(北京: 北京醫科大學出版社, 2002); 陳安民 主編『當代醫聖表法祖』(北京: 科學出版社出版, 2009); 吳在德 主編,『紀念人民醫學家表法祖誕辰100周年』(北京: 人民衛生出版社, 2014); 劉德培·劉謙主 編,『外科醫生黃家駟』(北京: 中國協和醫科大學出版社, 2006).
24 尹倩,『民國時期的醫師群體研究(1912-1937): 以上海爲討論中心』(北京: 中國社會科學出

여여의군체(近代女醫論述與女醫群體): 이상해위중심적고찰(以上海爲中心的考
察)」[25]을 통해서 의료 잡지의 여의(女醫)에 대한 논술과 민족주의의 관계를
비롯하여, 여성 의사의 양성과 교육과정, 다양한 여의사의 존재 형태, 여의
사의 환자 유치 전략과 환자와의 관계, 여의사에 대한 사회적 인식의 문제
등을 다양하게 언급하였다. 요컨대 의사 집단에 관한 연구는 근대 의료인
의 사회적 위치와 역할에 관한 연구뿐만 아니라 '근대성' 혹은 '민족주의'에
대한 책임과 함께 형성된 의료인의 정체성의 문제에 관해 심도 깊은 연구를
할 수 있는 기틀을 마련해 주었다.

　넷째, 의학분과사(醫學分科史)에 관한 연구이다. 이에 관한 연구는 침과 같
은 중의학 치료술뿐만 아니라 중의학의 각 분과의 발전사, 서구 의료에 기
초한 의료 분과의 발전 과정을 다룬 성과가 주를 이룬다.[26] 그러나 대부분
과학기술사적 관점에서 의료 기술의 발전과 임상적 실천을 서술하는 데 치
중하거나 중의학의 현대적 가치를 부각시키는 데 급급한 측면이 있다. 다

　版社, 2014); 何小蓮, 『近代上海醫生生活』(上海: 上海辭書出版社, 2017). 인천(尹倩)과 허
　샤오렌(何小蓮)의 연구는 내사와 외사의 통합을 지향한 대표적인 사례라 할 수 있다.
25 趙婧, 「近代女醫論述與女醫群體: 以上海爲中心的考察」, 국민대학교 중국인문사회연구
　소 HK 사업단 제11회 국제학술회의 "중국지식・지역연구의 종합적 고찰" 발표집, 2019
　년 4월 6일; 趙婧, 「近代上海女醫群體的形成: 以社會網絡爲視角的考察」, 『史林』 2020년
　第3期, 17-25쪽. 자오징은 향후 상하이 여의 집단에 대한 연구를 심화시켜, 이를 학술 서
　적으로 출판할 예정이다. 자오징은 역사학자로서 의료사회사적 시각에서 여의 집단을
　다루고 있는데, '내사'의 영역까지 포괄하고 있다.
26 肖林榕 主編, 『中西醫結合發展史硏究』(北京: 中國科學技術出版社, 2011); 馬繼興, 『針
　灸學通史』(長沙: 湖南科學技術出版社, 2012); 小曽戸洋・天野陽介 著, 『針灸の歴史: 悠
　久の東洋醫術』(東京: 大修館書店, 2015); 中華中醫藥學會編 著, 『中國中醫藥學科史』(北
　京: 中國科學技術出版社, 2014); 吳少禎, 『中國兒科醫學史』(北京: 中國醫藥科技出版社,
　2015); 孫紹裘・孫達武, 『中醫骨傷科發展簡史』(北京: 人民軍醫出版社, 2015): 江曉原 主
　編, 『中國科學技術通史』(上海: 上海交通大學出版社, 2015).

만 최근에는 국가와 문화적 맥락 속에서 법의학이나 정신의학과 같은 의료 분과가 건립되는 과정을 학제 간의 연구를 통해 치밀하게 분석한 선구적 성과도 속속 출현하고 있다. 대표적인 연구는『베이징에서의 죽음(Death in Beijing): 민국시기 살인과 법의학(Murder and Forensic Science in Republican China)』으로,[27] 저자인 다니엘 아센(Daniel Asen)은 중국의 전통적 법의학이 근대 경찰·법률·언론 매체·의료 전문가의 등장이라는 새로운 환경 속에서 국가와 사회의 요구에 부응하며 변모해 가는 과정을 역사적으로 탐구하였다. 이를 통해 죽음과 시신의 의미의 근대적 전환, 과학과 전문 지식의 경쟁과 갈등, 근대성의 예상치 못한 결과와 우연성을 흥미롭게 그려 냈다. 이 외에 근대 중국의 정신과 의료 발전에 대해서는『정신의학과 중국사 (Psychiatry and Chinese history)』[28]를 주목할 필요가 있다. 이 책에서는 제국주의 의료의 상대적 영향력의 부재와 중의학에 대한 열렬한 신뢰 속에서 중국의 정신의학이 독특하게 발전해 간 역사적 맥락을 추적하였다. 특히 근대 초기 신경정신의학 담론 속에서 전통적 가족제도와 결혼 제도가 개인의 정신적 억압과 스트레스의 근원으로 논의되는 측면은 상당히 흥미롭다. 이는 중국의 가부장적 가족제도가 병리화되는 측면과 더불어 중국의 정신의학이 사회적 맥락 속에서 자리매김하는 과정을 탐색하는 데 중요한 단서를 제공한다. 이 외에도『정신과학여근대동아(精神科學與近代東亞)』에서는 일본·조선·중국·대만에서 우울증·신경증 및 정신의학이 발전해 가는 과정을

---

27 Daniel Asen, *Death in Beijing: Murder and Forensic Science in Republican China* (Cambridge: Cambridge University Press, 2016).
28 Howard Chiang ed, *Psychiatry and Chinese history* (London : Pickering & Chatto, 2014).

문화적·의료적 측면에서 다각적으로 살핌으로써, 정신병이 근대적 욕망과 사회적·정치적 억압 속에서 문화적으로 출현하는 양상을 식민지 근대성의 형성과 함께 검토하였다.[29]

　물론 최근 의학사 연구에서도 소수민족 의료사에 관한 연구[30]와 중의학의 교류사에 관한 연구[31]가 활발히 이루어지고 있으며, 의학사에 환경사·인류학·사회학적 연구 방법을 가미한 다양한 연구가 나오고 있는 것도 사실이다.[32] 또한 전청(甄橙)의 주장처럼 "최근 의학사 연구에 과학사·역사학·사회학·인류학 등의 연구 방법을 적용한 연구가 증가하면서 '내사'와 '외사'의 구분이 약해지고, 다학제(多學際) 간의 연구 방법을 적용하는 것이 의학사 연구의 회피할 수 없는 현실"이 된 것도 사실이다.[33] 그러나 의학사는 여전히 의학 혹은 의료의 발전 과정을 중심으로 역사학의 방법론을 수단적으로 사용하거나 종속적으로 치부함으로써 의학의 주류적 지위를 놓지 않으려 하고 있다. 요컨대 정통 의학사 연구자들은 의료사회사 연구에 대하여 '의학이 없는 의학사'[34]라는 비판을 제기하며, '의학'이 의학사의 핵심이어야 한다는 당위성을 여전히 역설하고 있다.

---

29 王文基·巫毓荃 主編,『精神科學與近代東亞』(臺北: 聯經出版公司, 2018).
30 王弘振 主編,『安多藏蒙醫藥學史研究』(蘭州: 甘肅民族出版社, 1994); 蔡景峰,『藏醫學通史』(西寧: 青海人民出版社, 2002); 沈志祥·王國辰,『中國少數民族醫學』(北京: 中國中醫藥出版社, 2005); 陳海玉,『西南少數民族醫藥古籍文獻的發掘利用研究』(北京: 民族出版社, 2011).
31 (波蘭) 葡彌格(Michel Blym) 著, 張振輝·張西平 譯『葡彌格文集: 中西文化交流與中醫西傳』(上海: 華東師範大學出版社, 2013).
32 周瓊,『清代雲南瘴氣與生態變遷研究』(北京: 中國社會科學出版社, 2007); 周瓊, 「環境史多學科研究法探微: 以瘴氣研究爲例」,『思想戰線』 2012年 第2期, 64-69쪽.
33 甄橙, 앞의 논문, 86쪽.
34 張大慶, 「當代醫學史研究的趨勢與問題」,『科學新聞』, 2017年 11月, 59쪽.

반면 대만에서 시작된 의료사 연구는 의학에는 비전문가인 기본적으로 역사학적 방법론의 훈련을 받은 연구자들이 의료의 사회·문화적 의미를 탐구한 것이다. 이와 같은 역사 연구자들의 의료사 연구는 정통 의학사인 '내사(內史)'와는 대칭적으로 '외사(外史)'로 불리었다. 외사로서의 의료사의 시작은 1992년 7월 대만 중앙연구원(中央研究院) 역사어언연구소(歷史語言研究所)의 연구진들이 주축이 되어 조직한 '질병·의료와 문화토론소조(疾病·醫療與文化討論小組)'라고 할 수 있을 것이다. 이 모임의 발기자였던 두정성(杜正勝)은 "의료사회사가 지향하는 바는 생생지구(生生之具, 사람을 살리는 도구와 기술)의 구(具)의 방법에 치중하기보다는 이러한 방법이 체현하는 역사·사회적 현상과 문화적 의의에 치중한다."[35]라고 하면서, 기존의 의학사(=내사)와의 차별성을 강조하였다.

　　이 모임에 소속된 연구자들은 두정성·리전더(李貞德)·리젠민(李建民)·린푸스(林富士)·진스치(金仕起)·추중린(邱仲麟)·주핑이(祝平一)·천위안펑(陳元朋)·장주산(蔣竹山) 등 전근대사 연구자들이 주류를 이루었다. 이 모임의 초창기 연구 방향은 ① 육체에 대한 인식과 그 문화적 의미, ② 무속·도교·유교·불교 등과 관계된 의가(醫家) 집단과 학술적 분류, ③ 남녀 부부와 어린아이·노인을 포함하는 가족사, ④ 의료 문화 교류의 문제, ⑤ 질병과 의료에 나타난 대중의 심리 등 다섯 가지 영역에 치중되어 있었으며, 주로 고대 의료 문헌의 문화적·사회적 의미를 분석하는 것에 집중되어 있

35　杜正勝,「作爲社會史的醫療史: 並介紹「疾病·醫療與文化」硏討小組的成果」,『新史學』六卷 一期, 1995年 3月, 114쪽.

었다.[36] 이후 대만의 『신사학(新史學)』 잡지에서 1995년 3월 '질병·의료와 문화(疾病·醫療與文化)' 특집호를 발간하였고, 1997년 6월 중앙연구원 역사어언연구소에서 '의료·사회와 문화(醫療·社會與文化)' 국제 학술 대회를 개최하면서 의료사가 역사 연구의 한 영역으로 자리매김하였다.[37]

그러나 초기 의료사 연구는 하나의 '별종(別種, Alternative)', 즉 기존의 역사학이나 의학사와는 다른 대안적이고 색다른 연구 방법론을 추구하지만, 보편적인 것에서는 벗어난 '비주류'에 가까운 것으로 치부되었다. 사실, 의료사 연구는 기존의 역사학 연구가 정치사·군사사·제도사·학술 사상사에 치중하면서 인간과 인간 집단에 관한 연구를 홀시한 것에 대한 반성에서 시작되었다. 두정성은 의료사가 지향해야 할 방향에 대해 다음과 같이 언급하였다.

'질병·의료와 문화토론소조(疾病·醫療與文化討論小組)'가 관심을 가진 주제는 생명을 주축으로 한 사회의 생명에 대한 해석과 생명을 유지하기 위한 방법이다. 우리가 연구하는 의료사와 전통 의학사는 다르다. 우리는 '사회'와 '문화'를 중심으로 삼으며, 이는 중국 근대 역사학의 발전상에서도 하나의 선례를 찾을 수 있다. 예를 들어 천인커(陳寅恪)과 저우쭤런(周作人)이 대표적이다. 의료사의 문제를 사회적 맥락 속에서 보면, 사람들의 생명 여정을 핵심으로 한 역사 연구의 실질에 더욱 다가갈 수 있으며, 각 사회가 사람

---

36 杜正勝, 위의 논문, 113-153쪽.
37 杜正勝, 「醫療·社會與文化: 另類醫療史的思考」 『新史學』 八卷 四期, 1997年 2月, 143-144쪽.

들이 회피할 수 없는 생로병사(生老病死)의 문제를 어떻게 처리하는지를 이해할 수 있다. 우리는 외래 의료 문화의 영향을 연구하는 것만이 아니라, 의료사를 빌려서 사회의 심층적 심태(心態)를 연구하고자 한다.[38]

이처럼 두정성은 의료사 연구가 의료 기술·의학 이론과 지식에 관해 연구하는 것이 아니라 의료의 '사회'와 '문화'적 의미를 탐구하는 데 목적이 있는 것이라고 강조하였다. 그러나 당시 역사학자가 의료사를 다룬다는 것은 정통 역사가들에게 '별종(別種)'으로 여겨졌을 뿐만 아니라 정통 의학사 연구자들의 승인을 얻기도 힘들었다.[39] 그 때문에 두정성과 같은 초기 의료사 연구자들은 자신들을 정통 의학사 연구자들과 동일시하지 않고, 마치 '대안(Alternative)' 음악처럼 대중에게 받아들여지지 않고 정식 콘서트홀에서 연주할 자격도 갖추지 못했지만 고도의 실험 정신을 가지고 새로운 방향을 모색하는 '별종(別種)'의 의료사 연구자들이라고 명명하였다.[40]

이후 20여 년 동안 '별종(別種, Alternative)'의 의료사가 정통 의학사를 대체했다고 할 수는 없지만, 정통 의학사의 연구를 보완하거나 뛰어넘는 성과를 축적하였다.[41] 질병·의료와 문화토론소조는 소규모 연구 모임에서 출발하여, 1997년 중앙연구원 역사어언연구소 휘하의 부속 연구 기관인 생명의료사연구실(生命醫療史研究室)[42]로 정식 출범하였다. 생명의료사연구실은

---

38 杜正勝, 위의 논문, 1997, 143쪽.
39 杜正勝, 위의 논문, 1997, 146쪽.
40 杜正勝, 위의 논문, 1997, 164쪽.
41 杜正勝, 「另類醫療史研究20年: 史家與醫家對話的臺灣經驗」, 『古今論衡』 第25期, 2013年 10月, 3-38쪽.
42 생명의료사연구실의 홈페이지 http://www.ihp.sinica.edu.tw/~medicine/index.html.

'화양잡처(華洋雜處): 중국 19세기 의학(中國十九世紀醫學)(1998)', '양생·의료와 종교(養生·醫療與宗教)(1999)', '질병의 역사(疾病的歷史)(2000)', '종교와 의료(宗教與醫療)(2004)', '의료로 본 중국사(從醫療看中國史)(2005)', '의료와 시각문화(醫療與視覺文化)(2010)', '의학의 물질문화사(醫學的物質文化史)(2015)' 등 다양한 국제 학술 대회를 개최하며 대만의 의료사 연구를 주도하는 기관으로 성장하였다.[43] 또한 『질병적역사(疾病的歷史)』·『종교여의료(宗教與醫療)』·『성별·신체여의료(性別·身體與醫療)』·『제국여현대의학(帝國與現代醫學)』·『종의료간중국사(從醫療看中國史)』·『중국사신론(中國史新論): 의학사분책(醫學史分冊)』과 같은 연구 총서를 발간하여,[44] 의료사 연구의 내실을 심화하는 데 적지 않은 공헌을 하였다.

중앙연구원의 생명의료사연구실에서 발간한 연구 총서의 주제는 사실상 사회·문화사로서의 의료사 연구가 추구했던 방향을 그대로 반영한다고 할 수 있을 것이다. 즉 이들 논문집에는 ① 질병의 사회 문화적 의미는 무엇인가? ② 종교인의 의료 활동은 어떠한 사회 문화적 의미가 있으며, 종교 의료

---

43 대만 중앙연구원에서는 2001년 대만·한국·중국·말레이시아·일본 학자들과 함께 아주의학사학회(亞洲醫學史學會, Asian Society for the History of Medicine, ASHM)를 조직하고, 2년에 한 번씩 국제학술대회를 개최하고 있다. 원래 2020년 5월에 전통아주의료연구국제학회(傳統亞洲醫療研究國際學會, International Association for the Study of Traditional Asian Medicine, IASTAM)와 공동으로 "아시아 의학이 직면한 도전(亞洲醫學面臨的挑戰, Challenges to Asian Medicines)"이라는 주제로 중앙연구원에서 학술대회(제10회)를 개최할 예정이었으나, 코로나19로 인해 취소되었다.

44 林富士 主編,『疾病的歷史』(臺北: 聯經出版公司, 2011); 林富士 主編,『宗教與醫療』(臺北: 聯經出版公司, 2011); 李貞德 主編,『性別·身體與醫療』(臺北: 聯經出版公司, 2008); 李尚仁 主編,『帝國與現代醫學』(臺北: 聯經出版公司, 2008); 李建民 主編,『從醫療看中國史』(臺北: 聯經出版公司, 2008); 生命醫療史研究室 主編,『中國史新論: 醫學史分冊』(臺北: 聯經出版公司, 2015).

와 세속 의료의 관계는 무엇인가? ③ 의학 지식과 기술에 젠더 구조가 어떻게 투영되며, 의료가 신체를 훈육 혹은 통제하는 권력으로 어떻게 작동하는가? ④ 제국주의가 의료를 통해 어떻게 식민 지배를 확장하며, 의료가 식민지의 현대성과 피식민자의 정체성 구축에 어떠한 작용을 하는가? ⑤ 의료를 통해 어떻게 중국사를 새롭게 서술할 수 있을 것인가? 등과 같은 문제의식이 녹아 있다. 다만 이들 논문집은 생명의료사연구실 연구원들의 분산적 연구 방향과도 결부되어, 통일적이고 통사적인 중국 의료사의 방향을 제시하는 데는 한계를 보였다. 즉, 린푸스는 고대 종교와 의료, 리전더는 젠더와 의료, 리상런(李尚仁)은 근대 서양 의료 및 중서(中西) 의료 교류, 리젠민은 중의학 외과 수술사 등 연구원의 관심과 전공 방향에 따라 연구 주제가 지나치게 분산적으로 추진되었다는 것은 하나의 단점으로 지적될 수도 있을 것이다. 그 때문에 의료사 연구에서 분산적이고 파편화된 주제 중심의 시대적 접근법을 어떻게 극복할 것인지의 문제는 여전히 풀어야 할 과제로 남아 있다.

1980년대 중국 대륙에서는 마르크스주의 유물론적 역사학 방법론에 대한 반성 속에서 기존의 역사 연구가 정치 · 경제 · 계급투쟁 · 외교 · 군사 등에만 치중하는 것에 대해 불만이 대두되었다. 이러한 분위기 속에서 사회사 연구가 흥기하면서 사회집단 · 생활 · 구휼 · 인구 · 환경 등의 문제로 연구 범위가 확장되었고, 자연스럽게 질병사 · 의료사에 관심을 갖는 연구자들이 생겨나게 되었다.[45] 또한 1990년대 이후 신문화사의 영향 속에서 의료사 연구도 점점 질병 체험, 신체적 감각, 의사와 환자의 관계, 의약품의 생산과 소

---

45 余新忠, 「中國疾病 · 醫療史探索的過去 · 現實與可能」, 『歷史硏究』 2003年 第4期, 2004
年 8月, 158쪽.

비, 생명에 대한 인식과 표상, 일상생활, 대중문화 등으로 다양화되었다.[46]

그러나 무엇보다 중국 대륙의 의료사 연구가 국가적·사회적 요구에 의해서 확산되기 시작한 것은 2003년 사스(SARS)로 드러난 전염병과 방역 대책에 대한 위기의식 때문이었다.[47] 이후 중국에서는 '1회 사회문화적 시각으로 본 중국 질병 의료사(首屆社會文化視野下的中國疾病醫療史)'(2006년 8월, 南開大學 社會史硏究中心 주최), '일상생활사 시각으로 본 중국의 생명과 건강(日常生活史視野下中國的生命與健康)'(2012년 7월, 南開大學 中國社會史硏究中心 주최), '국가·의가와 역사가(國家·醫家與史家): 의사와 환자의 관계를 중심으로(以醫患關係爲中心)'(2014년 7월, 復旦大學中外現代化進程硏究中心 주최), '국제 위생조직과 의료 위생사(國際衛生組織與醫療衛生史)'(2013년 10월, 上海大學 馬斯托禁毒政策硏究中心 등 공동 주최), '근현대 이후의 세계 무역과 의약 상품(近現代以來的世界貿易與醫藥產品)'(2018년 4월, 復旦大學 歷史系 등 공동 주최), '지구사적 시각에서 본 의료와 사회(全球視野下的醫療與社會): 역사 속의 음식·약과 건강 지식 교류(歷史中的食·藥與健康知識交流)'(2018년 10월, 上海大學歷史系와 台灣中原大學 연합 주최) 등 다양한 국제 학술 대회가 개최되었다. 아울러 상하이대학(上海大學)의 마사탁금독정책연구중심(馬斯托禁毒政策硏究中心)(혹은 毒品與國家安全硏究中心: The David F. Musto Center for Drugs and National Security Studies), 난징대학(南京大學)의 의료사회문화사연구중심(醫療社會文化

---

46 蔣竹山,「新文化史視野下的中國醫療史硏究」,『當代史學硏究的趨勢·方法與實踐: 從新文化史到全球史』(臺北: 五南圖書出版股份有限公司, 2012), 109-136쪽; Yu Xinzhong·Wang Yumeng, *Microhistory and Chinese Medical History: A Review*, *Korean Journal of Medical History* 24-2, 2015, pp.355-387.

47 余新忠,「非典·瘟疫史·生命關懷: 我與疫病醫療社會史硏究」,『書城』, 2003年 7月, 5-6쪽.

史研究中心), 산시사범대학(陝西師範大學)의 의학사회사연구중심(醫學社會史研究中心)과 같은 다양한 의료사 연구소들이 조직되었다. 특히 마사탁금독정책연구중심[48]에서는 2016년부터 매년 두 차례씩 『의료사회사연구(醫療社會史研究)』 잡지를 발행하고 있다. 이 잡지의 창간은 중국 사학계에서 의료사회사가 하나의 역사적 범주로서 자리매김하였다는 것을 의미하며, 의료사를 연구하는 연구 집단도 어느 정도 견고한 기초를 형성하게 되었다는 것을 증명한다.

'외사'로서의 의료사 연구가 발전하면서 프로테스탄트 의료사, 위생사, 서의동점(西醫東漸)과 중서의(中西醫) 회통, 젠더와 신체, 질병사, 의사와 환자의 관계, 의료 소송과 갈등 등의 영역에서 괄목할 만한 연구 성과가 누적되었다. 첫째, 프로테스탄트 의료사 연구는 기독교가 중국 의료 근대화에 미친 영향에서 시작하여 의료 선교사의 정체성, 의료 선교 단체의 활동, 의료 선교 사업의 토착화 문제에 이르기까지 다양한 연구가 진행되었다.[49] 둘째, 위생사는 근대적 위생 관념의 형성과 '위생'의 의미의 복잡성,[50] 국가와 지

---

48 馬斯托禁毒政策研究中心의 홈페이지, http://www.mcdps.shu.edu.cn/Default.aspx.

49 李傳斌, 「20世期基督教在華醫療事業研究綜述」, 『南都學壇』第26卷 第4期, 2006年 7月, 33-38쪽; 牛桂曉, 「近六年來大陸基督教醫療事業研究述評」, 『滄桑』 2014年 6期, 75-84쪽; 趙曉陽, 「60年來基督教與近代中國醫療衛生事業研究述」, 『蘭州學刊』, 2017年 12月, 5-15쪽; 조정은, 「중국 근대 프로테스탄트 의료선교사(史) 연구의 흐름」, 『중국근현대사연구』 79, 2018년 9월, 59-90쪽; 曹貞恩 著, 『近代中國のプロテスタント醫療傳道』(東京: 研文出版, 2020).

50 雷祥麟, 「衛生爲何不是保衛生命? 民國時期另類的衛生·自我與疾病」, 『台灣社會研究季刊』 54期, 2004年 6月, 17-59쪽; (美) 羅芙芸·向磊, 『衛生的現代性: 國通商口岸衛生與疾病的含義』(南京: 江蘇人民出版社, 2007); 張仲民, 『出版與文化政治: 晚淸的 "衛生"書籍硏究』(上海: 上海書店出版社, 2009); 祝平一 主編, 『健康與社會: 華人衛生新史』(臺北: 聯經出版公司, 2013); 劉士永·皮國立 主編, 『衛生史新視野: 華人社會的身體·疾病與歷史論

역별 위생 제도의 확립,[51] 대중 위생 운동과 단체[52] 등을 중심으로 많은 연구 성과가 축적되었다. 셋째, 서의동점(西醫東漸)과 중서의(中西醫) 회통에 관한 연구는 서구적 의료 교육제도의 확립과 의료 기관 및 기구에 관한 연구가 활발하게 진행되었다.[53] 또한 서구 의료의 영향 속에서 중의학의 사상적·이론적 변화와 더불어 중의학 폐지론, 중의학의 과학화·현대화 문제 대한 연구도 적지 않게 이루어졌다.[54] 넷째, 젠더와 신체에 관한 연구는 여

述』(臺北: 華藝學術出版, 2016); 張仲民, 『種瓜得豆: 清末民初的閱讀文化與接受政治』(北京: 社會科學文獻出版社, 2016).

51 彭善民, 『公共衛生與上海都市文明(1898-1949)』(上海: 上海人民出版社, 2007); 신규환, 『국가, 도시, 위생: 1930년대 베이징시 정부의 위생행정과 국가의료』(서울: 아카넷, 2008); 路彩霞, 『清末京津公共衛生機制演進研究(1900-1911)』(武漢: 湖北人民出版社, 2010); Angela Ki Che Leung, Charlotte Furth ed., *Health and Hygiene in Chinese East Asia: Policies and Publics in the Long Twentieth Century* (Duke University Press, 2011); 杜麗紅, 『制度與日常生活: 近代北京的公共衛生』(北京: 中國社會科學出版社, 2015); 朱慧穎, 『天津公共衛生建設研究(1900-1937)』(天津: 天津古籍出版社, 2015); (美) 吳章·(美) 瑪麗·布朗·布洛克 編, 蔣育紅 譯, 『中國醫療衛生事業在二十世紀的變遷』(北京: 商務印書館, 2016); 余新忠, 『清代衛生防疫機制及其近代演變』(北京: 北京師範大學出版社, 2016).

52 範鐵權, 『近代科學社團與中國的公共衛生事業』(北京: 人民出版社, 2013); 雷祥麟, 「公共痰盂的誕生: 香港的反吐痰爭議與華人社群的回應」, 『中央研究院近代史研究所集刊』 第97期, 2017年 6月, 61-95쪽; 雷祥麟, 「以公共痰盂為傲? 香港·紐約與上海的反吐痰運動」, 『中央研究院近代史研究所集刊』 第98期, 2017年 12月, 1-47쪽.

53 慕景強, 『西醫往事: 民國西醫教育的本土化之路』(北京: 中國協和醫科大學出版社, 2010); 夏媛媛, 『民國初期西醫教育的建構研究(1912-1937)』(北京: 科學出版社, 2014); 瑪麗·布朗·布洛克, 『洛克菲勒基金會與協和模式』(北京: 中國協和醫科大學出版社, 2014); 甘穎軒, 『全人醫治半世紀: 香港浸信會醫院史』(香港: 三聯書店有限公司, 2015); Josep L. Barona, *The Rockefeller Foundation, public health and international diplomacy, 1920-1945* (London: Pickering and Chatto, 2015).

54 何小蓮 著, 『西醫東漸與文化調適』(上海: 上海古籍出版社, 2006); 皮國立, 『近代中醫的身體與思想轉型: 唐宗海與中西醫匯通時代』(北京: 三聯書店, 2008); 皮國立, 『「氣」與「細菌」的近代中國醫療史: 外感熱病的知識轉型與日常生活』(臺北: 國立中國醫藥研究所, 2012); Hsiang-lin Lei, *Neither Donkey Nor Horse: Medicine in the Struggle over*

성의 근대적 생리 위생 지식의 형성, 서구적 분만 의료 시스템의 확립, 조산사의 제도화에 관한 연구에 집중되었다.[55] 이를 통해 의료 지식·기술·제도 속에 투영된 젠더 구조를 분석하고, 서구 의료의 도입이 여성의 신체와 출산 문화를 어떻게 변형시켰는지를 밝혔다.[56] 다섯째, 질병사는 페스트·콜레라·장티프스·천연두 등 전염병에 관한 연구가 주를 이루었다.[57] 그러나 최근에는 우울증·결핵·정신병·암 등 다양한 질병으로 연구가 확장되

China' Modernity (Chicago and London: University of Chicago Press, 2014); 皮國立, 『近代中西醫的博弈: 中醫抗菌史』(北京: 中華書局, 2019).

55 李貞德·梁其姿 主編, 『性別·身體與醫療』(臺北: 聯經出版公司, 2008); 周春燕, 『女體與國族: 強國強種與近代中國的婦女衛生(1895-1949)』(臺北: 國立政治大學歷史學系, 2010); 姚毅, 『近代中國の出産と國家·社會: 醫師·助産士·接生婆』(東京: 研文出版社, 2011); Tina Johnson, *Childbirth in republican China: delivering modernity* (Lexington Books, 2011); 趙婧, 『近代上海的分娩衛生研究(1927-1949)』(上海: 上海辭書出版社, 2015); Angela Ki Che Leung and Izumi Nakayama, eds., *Gender, Health and History in Modern East Asia* (Hong Kong: Hong Kong University Press, 2017).

56 李貞德, 「二十世紀前半中國生理衛生教育中的性·生殖與性別」, 『第四屆國際漢學會議論文集: 衛生與醫療』(臺北: 中央研究院, 2013), 101-155쪽; 李貞德, 「臺灣生理衛生教育中的性·生殖與性別(1945-1968)」, 『近代中國婦女史研究』第22期, 2013년 12月, 65-125쪽; 楊璐瑋, 「産痛的隱喩: 從明淸到1950年代」, 南開大學 歷史學 碩士學位論文, 2013; 유연실, 「民國時期 출산의 의료화와 무통분만법의 전파」, 『중국근현대사연구』 79, 2018년 9월, 91-122쪽.

57 曹樹基·李玉尚 著, 『鼠疫: 戰爭與和平—中國的環境與社會變遷(1230-1960)』(濟南: 山東畫報出版社, 2006); 焦潤明, 『中國東北近代災荒及救助研究』(北京: 北京師範大學出版社, 2011); 焦潤明, 『淸末東北三省鼠疫災難及防疫措施研究』(北京: 北京師大學出版社, 2011); William Summers, The great Manchurian plague of 1910-1911: the geopolitics of an epidemic disease (New Haven: Yale University Press, 2012); 班凱樂, 『十九世紀中國的鼠疫』(北京: 中國人民大學出版社, 2015); 永島剛·市川智生·飯島涉 編, 『衛生と近代: ペスト流行にみる東アジアの統治·醫療·社會』(東京: 法政大學出版局, 2017); 飯島涉著, 『ペストと近代中國: 衛生の近代化と社會變容』(東京: 研文出版, 2000); 신규환, 『페스트 제국의 탄생: 제3차 페스트 팬데믹과 동아시아』(서울: 역사공간, 2020).

고 있다.[58] 특히 장강(長江) 중하류 유역의 흡혈충과 같은 지역적 질병을 중심으로 질병의 사회적 영향과 국가·사회의 대응, 질병 퇴치 운동의 정치적 함의 등의 문제를 분석한 연구들이 많아지고 있다.[59] 여섯째, 근대적 의사와 환자의 관계에 관한 연구는 의료 소송 사건을 통해 드러난 의사와 환자의 관계 분석을 비롯하여, 근대적 의사 윤리의 형성, 위생과 의료 법규의 제정과 그것이 현실적 의사와 환자의 관계에 미치는 영향 등을 중심으로 이루어졌다.[60]

그러나 '내사'와 '외사'의 간극을 어떻게 메꾸고, 내사와 외사의 융합을 어

58 凱博文(Arthur Kleinman) 著, 郭金華 譯, 『苦痛和疾病的社會根源: 現代中國的抑鬱·神經衰落和病痛』(上海: 三聯書店, 2008); 戴志澄 著, 『中國防癆史』(北京: 人民衛生出版社, 2013); 雷祥麟, 「衛生·身體史語身份認同: 以民國時期的肺結核與衛生餐台為例」, 『健康與社會: 華人衛生新史』(臺北: 聯經出版公司, 2013), 119-144쪽; Howard Chiang ed., Psychiatry and Chinese history (London: Pickering & Chatto, 2014); 王文基, 「瘋狂·機構與民國社會」, 『東亞醫療史: 殖民, 性別與現代性』(臺北: 聯經出版公司, 2017), 77-98쪽; 王文基·巫毓荃 編著, 『精神科學與近代東亞』(臺北: 聯經出版公司, 2018); 姚霏·鞠茹, 「醫療內外的社會性別: 近代中國子宮癌的認知·發病與診療研究」, 『婦女研究論叢』 總第150, 2018年 11月, 68-79쪽.

59 王小軍, 『疾病·社會與國家20世紀長江中遊地區的血吸蟲病災害與應對』(南昌: 江西人民出版社, 2011); 袁理, 『堤垸與疫病: 荊江流域水利的生態人類學研究』(北京: 中國社會科學出版社, 2014); 朱振球, 『蘇州市阻斷鎮湖血吸蟲病流行防治史』(蘇州: 蘇州大學出版社, 2015); 萬振凡·萬心, 『血吸蟲病與鄱陽湖區生態環境變遷(1900-2010)』(北京: 中國社會科學出版社, 2015).

60 雷祥麟, 「負責任的醫生與有信仰的病人: 中西醫論爭與醫病關系在民國時期的轉變」, 『新史學』 第14卷 第1期, 2003年 3月, 45-96쪽; 龍偉, 『國醫事糾紛研究(1927-1949)』(北京: 人民出版社, 2011); 馬金生, 『發現醫病糾紛: 民國醫訟凸顯的社會文化史研究』(北京: 社會科學文獻出版社, 2016); 曾宣靜·林昭庚·孫茂峰, 「承擔抑或抗辯: 醫者醫療刑事責任在民初之轉變(1912-1949)」, 『科技·醫療與社會』 27期, 2018年 10月, 59-120쪽; 姬淩輝, 「醫療·法律與地方社會: 民國時期「劉梁醫訟案」再探」, 『近代史研究所集刊』 104期, 2019年 6月, 37-76쪽; 馬金生, 「病人視角與中國近代醫療史研究」, 『史學理論研究』 2019年 第4期, 51-59쪽.

떻게 추진할 것인지는 여전히 의료사 연구의 중요한 과제로 남아 있다. 위신중(余新忠)은 중국 사학계의 의료사 연구자 대부분이 사회사와 문화사의 각도에서 의료사를 연구하기 때문에 의학 방면의 훈련이 거의 되어 있지 않다고 지적하였다. 즉 중국의 의료사 연구자들이 의학 지식 방면의 기초가 부족하기 때문에 종종 의학 발전의 핵심 문제를 회피하게 되고, '내사(의학사)' 연구자들이 '의학이 없는 의학사'라고 비판을 제기한다는 것이다.[61] 그러나 일부 '내사' 연구자들은 '외사' 연구에 대해 근본적인 방법론의 문제를 제기하며, 그 학문적 의의를 폄하하려는 경향도 존재한다. 대표적인 사례가 랴오위췬(廖育群)의 량치쯔(梁其姿)의 『면대질병(面對疾病)』[62]과 『마풍(麻風)』[63] 두 책에 대한 서평이다.

의료사회사 · 의료문화사 · 질병사는 지금까지 각종 의학사에서 결코 다루지 않은 것은 아니었다. 그러나 현재 일부 연구자들은 오히려 시각을 일반 민중으로 옮겨야만 비로소 사회 · 문화에 주목했다고 할 수 있다고 강조하며, 스스로 '별종(別種)'이라고 자칭한다. 량치쯔는 이러한 범주에 속하는 새로운 저서에서 "성공한 의료사는 중국 역사의 구성 부분으로 인정받을 뿐만 아니라 심지어 역사학의 취향의 변화를 주도할 수 있을 것이다. 언젠가는 '과거의 별종'에서 '미래의 주류(主流)'가 될 수 있을 것이다."라고 제기하였다. 그러나 의사업(醫史業) 내에서는 오히려 이러한 '의학사 발전의 신(新)

61 余新忠, 「當今中國醫療史研究的問題與前景」, 『歷史研究』 2015年 第2期, 25쪽.
62 梁其姿, 『面對疾病: 傳統中國社會的醫療觀念與組織』(北京: 中國人民大學出版社, 2012).
63 梁其姿 著, 朱慧穎 譯, 『麻風: 一種疾病的醫療社會史(Leprosy In China: a History)』(北京: 商務印書館, 2013).

방향'을 대표하는 저서에 대해 반응이 냉담하다. 나 한 사람의 생각과 독후
감이지만 문제는 수많은 의사(醫史) 연구자의 '묵수(墨守)'에 있는 것이 아니
라 이른바 '의료사회문화사'라고 하는 연구 방법과 자료 처리 등 측면에 있
는 것 같다. 특히 '이론적 틀에 맞추어 역사를 서술하는' 즉 '개념에서부터
시작하여 실천을 토론하는' 역사 서술의 주도 방식은 절대로 취해서는 안
된다. … '내핵(內核)'을 단단히 부여잡고 끊임없이 주변으로 확산하여 내사
와 외사의 유기적 결합을 형성할 때, 즉 '원(圓)'이 끊임없이 확산될 때 학술
영역 내에서 비로소 '새로운 방향'을 대표할 만하다고 인정해 줄 것이다. 반
대로 만약 '원'이 '고리'로 변하여 '내핵'이 결여되면 뿌리 없는 나무가 될 뿐
이며, '주변'이라고 불려도 마땅하다.[64]

이처럼 랴오위췬과 같은 '내사' 연구자들은 의료사회사가 신문화사와 젠
더적 분석 방법을 끌어들여 이론에 역사를 끼워 맞추는 것은 문제와 지식의
진정한 핵심을 건드리지 못하는 것이라고 비판하였다. 그러므로 랴오위췬
은 '의학'을 '내핵'에 두고 역사·사회·문화의 외연을 확장해 갈 것을 요구
하였다. 또한 랴오위췬은 역사학자들이 서구적 역사 해석의 패러다임이나
이론적 틀에 맞추어 역사적 사실을 해석함으로써, 하나의 개별적 현상을 전
(全) 시대적·전(全) 사회적 현상으로 확대 해석하는 것을 극도로 경계하였
다. 무엇보다 랴오위췬은 만약 의료사가 '대안' 혹은 '별종'에서 출발하여 '정
통성'을 다투려고 한다면 결코 '내사(의학사)' 연구자들의 인정을 받을 수 없

64 廖育群,「醫史硏究 "三人行": 讀梁其姿《面對疾病》與《麻風》」,『中國科技史雜誌』第36卷
第3期, 2015, 366-374쪽.

을 것이라고 강조하였다. 어떤 의미에서 랴오위췬의 말은 중국 의료사학계에 존재하는 '내사'와 '외사' 간 소통의 부재, '의학' 지식의 독점과 권위에 대한 의학계 내부의 위기의식을 반영한 것이라 할 수 있을 것이다. 그러나 이와 같은 대립과 배척은 결과적으로 학문적 고립을 초래하고, 학제 간의 소통과 대화를 어렵게 할 뿐이다.

이와 같은 내사와 외사의 대립을 완화하기 위해 위신중은 '다원적 시각'과 '내·외(內·外)의 융통'을 요구하며,[65] 세 가지를 제안하였다. 첫째는 의료사가 과도하게 특수성과 전문성을 강조하기보다는 통사(通史)의 일부분이라는 것을 인정하고, 더욱 개방적인 자세를 취해야 한다는 것이다. 둘째는 서구의 신문화사·일상생활사·지구사·의료인류학 등의 새로운 방법론을 수용하여 새로운 주제와 접근법을 모색하자는 것이다. 셋째는 내·외사의 벽을 허물고 서로의 소통과 융합을 실현하자는 것이다. 위신중은, 역사 연구자는 의학 서적을 학습하여 의학 지식을 겸비하고, '내사' 연구에서 주목하지 않은 문제를 새로운 시각으로 검토해야 한다고 주장했다. 예를 들어 그는 의사(중의학 醫生 포함) 집단과 훈련 체계의 형성, 의사의 지위와 의료 자원의 역사적 변천, 역사적인 질병의 체험, 환자의 시각에서 바라본 의료사, 질병의 은유와 그것이 나타내는 신체관과 시대성 등의 문제에 주목한다면 의학의 '내핵' 혹은 '핵심'을 장악하면서도 역사적·문화적·사회적 외연을 확장해 나갈 수 있을 것이라고 긍정하였다.

---

65 余新忠, 「當今中國醫療史硏究的問題與前景」, 『歷史硏究』 2015年 第2期, 26쪽; 余新忠, 「構建內外融通的生命史學: 中國醫療史硏究的回顧與前瞻」, 『西部史學』 2020年 第1期, 119-145쪽.

사실 리젠민의 연구는 중국 고대 의료사에 관한 것이지만, 대표적으로 내사와 외사의 통합을 시도한 연구라고 할 수 있을 것이다. 그는 명대(明代) '외과' 천재였던 진실공(陳實功)의 수술 사례를 통해서 중의(中醫)의 치료법이 어떠한 사회 문화적 배경하에서 봉합 수술에서 약물요법으로 변천했는지를 탐구하였다.[66] 또한 량치쯔도 송(宋)・원(元)・명(明) 시기의 의학을 가문과 스승을 중심으로 한 '학술 전통(學術 傳統)'과 민간과 도교 의료를 중심으로 한 '비학술 전통(非學術 傳統)'으로 구분하여 '이중적 전통'에 입각한 중의학 지식의 확립과 전파에 관해 연구하였다.[67] 이와 같은 연구는 의학 지식과 기술에 관한 연구가 의학을 전문적으로 학습한 사람들만의 전유물이 아니라는 것을 충분히 입증하였으며, 사료에 대한 분석과 역사적 해석을 통해서 중의학의 가치와 의미를 더 깊게 이해할 수 있다는 명확한 사례를 제시하였다.

이 외에도 근대 중・서의(中・西醫) 회통 문제에 관심을 가진 피궈리(皮國立)는 의료사 연구에 '중층의사(重層醫史, Multi-Gradations of medical history)'의 개념을 제기하였다.[68] 그는 하나의 의료사 주제가 내・외사의 논술 체계를 모두 고려하기 위해서는 의학 이론 발전과 의서 문헌의 내적인 이론 변화를 해석해야 할 뿐만 아니라 일상생활과 문화 변천의 특징을 긴밀하게 연결시켜 독자들로 하여금 기술과 사회 사이의 관계를 이해할 수 있도록 해야 한다고 주장하였다. 그가 제기한 '중층'은 다층적 시각으로 특정한 문제

---

66 李建民, 『世中醫外科「反常」手術之謎』 (臺北: 三民書局, 2018).
67 梁其姿, 「宋代至明代的醫學」, 『面對疾病』 (北京: 中國人民大學出版社, 2012), 3-28쪽.
68 皮國立, 『「氣」與「細菌」的近代中國醫療史: 外感熱病的知識轉型與日常生活』 (臺北: 國立中國醫藥研究所, 2012), 1-38쪽.

를 논의하자는 것으로, 문헌·이론·사회·문화의 복합적 관계를 밝힘으로써 내·외사를 종합한 '총체적' 역사를 드러내자는 것이다. 예를 들어 그는 『「기」여 「세균」적근대중국의료사(「氣」與「細菌」的近代中國醫療史)』에서 전통 문헌, 의사의 관점, 중·서(中·西) 질병관의 변천, 일상생활 등 다층적 시각을 통해 중의열병학(中醫熱病學)의 근대적 변화를 다루었다.[69] 이를 통해 그는 중의학이 서구 세균학의 충격 속에서도 자신의 외감열병학(外感熱病學)의 지식 체계를 이용하여 중의학적인 전염병학 체계를 만들어 냈으며, 근대 중·서 의학의 회통을 통해 중의학이 현대화의 길을 걸으면서도 완강하게 자신들의 전통을 유지시킨 측면도 있다는 것을 밝혀냈다. 무엇보다 그는 '대도시의 위생사관'에 입각해서 민국 시기 일상생활에서 서구 의료의 현대성을 지나치게 강조했다는 점을 지적하며, 중의학이 여전히 방역과 가정 내의 건강관리와 같은 보살핌에서 중요한 위치를 차지하고 있었다는 점을 강조하였다. 이처럼 피궈리는 '기(氣)'론와 '세균'학의 중·서(中·西) 의학 지식의 회통을 다루면서도 의학 지식의 발전이 일상생활과 문화에 어떠한 영향을 주었는지를 검토함으로써 기술과 사회의 관계를 '중층적'으로 그려 내는 데 성공하였다. 어떤 의미에서 피궈리는 내사와 외사를 융합하여 일상생활에서 중의(中醫)/서의(西醫)의 대립적 구도보다는 그 경계의 '모호성'과 '혼종성'을 밝히고자 했다는 점에서 의료사회문화사의 새로운 가능성을 시사했다고도 볼 수 있을 것이다.

---

69 皮國立, 위의 책. 2012.

3. 의료사와 제국주의 · 근대성의 문제

1980년대 이후 영국과 미국의 식민지 의료사 연구가 발전하면서,[70] 중국의 근현대 의료사 연구자들도 제국주의 · 식민주의 · 탈식민주의(Post-colonialism) 등의 문제에 대해서 고민하기 시작했다. 사실 의료와 위생은 제국 권력이 식민 지배를 관철하는 주요한 수단이었을 뿐만 아니라, 제국주의는 의료와 위생의 공공성과 근대성을 내세워 식민 지배를 정당화 혹은 합법화하기도 하였다. 즉 근대 서양 의학이 동아시아의 역사에 수용된 것은 제국의 확장 과정이나 식민 활동과 불가분의 관계에 있었으며, 근대성은 역설적으로 식민지 민족에 대한 억압이라는 폭력성과도 밀접하게 연관되어 있었다. 그러므로 제국주의와 의료의 관계를 탐색하는 것은 '근대성'에 대한 비판적 사유와 더불어, 서구 중심적 근대성론에서 벗어나 동아시아적 근대의 특수성과 차별성을 모색하는 데 도움을 줄 것이다.

중국은 1840년대 영국과 아편전쟁을 치르면서 기존의 조공 질서가 붕괴되었다. 이후 중국은 제국주의 열강과 난징조약(1842) · 베이징조약(1860) 등 다양한 불평등조약을 체결하면서 자본주의 체제의 종속적 시장으로 전락하였다. 중국은 대만 · 홍콩 · 조선과 같이 완전한 식민지가 되지는 않았지만, 영국 · 러시아 · 프랑스 · 독일 · 일본 등의 제국주의의 압박 하에 통상 항구 · 조계지 · 영국인이 관리하는 중국 해관(海關, 의료 업무 포함) 등 공식적

---

70 Warwick Anderson, "Postcolonial Histories of Medicine", in Frank Huisman and Jolin Harley Warner (eds.), *Locating Medical History: The Stories and Their Meaning* (Baltimore: Johns Hopkins University Press, 2004), pp. 286-306.

인 제국주의의 제도와 기관이 만들어졌다. 제국주의의 통상 항구와 조계지, 해관(海關)은 제국의 의료와 위생이 중국에 유입되는 주된 통로였다. 따라서 서양 의학이 중국에 이식되는 과정은 식민지 의학의 중요한 특징을 지니고 있으면서도 이들과는 다른 중요한 차별성이 존재한다. 무엇보다 첫 번째 특징은 중국의 근대 의료와 위생 시스템이 단일한 제국주의 권력에 의해 구축된 것이 아니라 다양한 시스템이 경쟁하고 혼재되었다는 점이다. 두 번째 특징은 서구 의료인의 활동과 서구 의료의 확산 과정에서 지방 정부와 민간단체의 역할이 중요하게 작용했다는 것이다. 서구 의료인들은 이들과의 협상 혹은 타협을 통해 서구 의료를 이식하고, 그 이식 과정에는 지방 엘리트와 민간단체의 직접적 간여가 두드러지게 나타났다.[71] 세 번째 특징은 중국의 서양 의료의 수용이 중의학적 지식 체계와 중의(中醫)의 사회적 영향력 속에서 이루어졌다는 점이다. 즉 서구 의료가 중의학적 전통 속에서 선택적으로 수용되거나 저항을 겪음으로써 서구 의료의 중국적 '변용'이 불가피하게 일어났다는 것이다. 그 때문에 제국주의와 의료의 관계를 중국의 역사적·정치적 상황 속에서 더욱 복합적으로 이해해야 할 필요가 있으며, 중국을 제국의 주변이 아닌 중심에 놓고, 그 주체성과 내재적 발전의 의미를 탐색해야 한다.

과거 일부 의료사 연구는 서양 근대 의학의 식민지 이식 과정을 근대 과학의 '전파와 흡수' 과정으로 단순하게 묘사하는 경향이 있었다.[72] 그러나 '전파와 흡수'라는 시각은 서양 의학이 비서구사회로 이식된 복잡한 역사적

---

71 李尙仁 主編, 『帝國與現代醫學』(北京: 中華書局, 2012), 2쪽.
72 熊月之, 『西制東漸: 近代制度的嬗變』(長春: 長春出版社, 2005).

과정을 지나치게 단순화시킬 우려가 있다. 또한 이러한 서술 방식은 서구적 의료 제도의 확립을 '근대성'의 이식으로 지나치게 긍정적으로 평가하거나, 이와 상반되게 제국주의의 문화 침략과 수탈의 일환으로 부정적으로 평가하는 양분된 태도를 양산할 수도 있다. 그러므로 '전파와 흡수'라는 단순한 서술 방식을 지양하고, 해당 지역사회의 서구 의료에 대한 선택적 흡수와 분열, 서구 의료의 이용에 대한 다양한 사회적 태도를 좀 더 분명하게 드러낼 필요가 있다. 또한 서양 의학의 도입 과정에 작용하는 복잡한 동기와 이해관계의 갈등을 명확히 보여줌으로써 중국 혹은 지역사회의 반응을 주체적·능동적으로 그려 내야 한다. 더욱이 비서구 혹은 식민지 해당 지역의 주민들은 기존의 문화적 자원과 인식 틀을 통해 근대 서구 의학을 이해하기 때문에, 이와 같은 사회 문화적 요소가 서구 의료를 받아들이는 데 어떠한 작용을 했는지에 대해서도 명확하게 밝혀야 한다. 그러므로 '제국'의 틀 속에서 중국의 근대 의료를 고찰할 때, 의학의 '근대성' 혹은 '과학성'의 신화에 빠지거나, 진보사관의 상투적인 틀에 빠지는 것을 무엇보다 경계해야 한다.

　루스 로가스키(Ruth Rogaski)의 『위생적현대성(衛生的現代性)』[73]은 위생을 식민지 의료사의 맥락에서 검토한 대표적인 저작이다. 그는 중국의 대표적 개항 도시였던 톈진(天津) 지역을 주된 연구의 대상으로 삼아, 1858년부터 1950년 초까지 영국·8개국 연합군·위안스카이(袁世凱)와 군벌 정권·일본·공산당 등 서로 다른 권력이 '위생'의 현대화를 수단으로 상수도 건설, 분뇨 처리 시스템의 확립, 도시 공간의 재배치를 관철시키는 과정을 탐색하

73　(美) 羅芙芸(Ruth Rogaski) 著, 『衛生的現代性(Hygienic Modernity: Meanings of Health and Disease in Treaty-Port China)』(南京: 江蘇人民出版社, 2007).

였다. 그는 위생이 국가 권력의 확장과 밀접한 관련이 있으며, 위생 기술의 우열이 국가 주권과 현대화를 판단하는 중요한 지표였다고 강조하였다. 그리고 위생이 전통적 의미를 벗어나 민족 건강과 현대적 문명을 건설하는 수단과 방법으로 변모하는 과정을 면밀하게 탐색함으로써, 도시 엘리트의 정체성 형성에 어떠한 영향을 미쳤는지를 생동감 있게 그려 냈다. 아울러 그는 '위생'이 외국인 혹은 제국주의 침략자, 지역 엘리트, 국가권력, 사회주의 혁명가에게 서로 다른 의미로 사유되는 것을 다층적으로 분석함으로써, '위생' 관념이 역사적 맥락 속에서 다변화되고, 다양한 의미가 혼재되어 있음을 밝히고자 하였다. 이처럼 로가스키는 도전과 반응 혹은 제국과 주변이라는 이분법적 서술에서 벗어나 지역사회의 정치적 상황, 경제와 사회구조, 문화 관념과 가치, 국가와 민족적 아이덴티티를 중심으로 중국이 주체적으로 서구의 과학과 의학을 어떻게 재해석했는지를 규명하였다.

이 외에 양녠췬(楊念群)은 『재조병인(再造病人)』[74]에서 서구 근대 의료가 중국 사회에 미친 영향을 공간 정치의 각도에서 새롭게 해석하였다. 양녠췬이 책의 제목을 '환자 재구성하기'라고 지은 것은, 질병이 근대 중국의 민족주의 형성의 사상적·제도적 측면의 함의를 지니고 있기 때문이었다.[75] 즉 그는 '병들다'라는 것이 단순하게 생리적 현상이 아니라 일종의 역사적·문화적 개념으로서, 현대적 '환자'의 생산은 일련의 정치적·사회적 행위에 의해 만들어진 결과라는 것을 강조하였다. 그는 기존의 연구에서 서양 의

74 楊念群, 『再造 "病人": 中西醫沖突下的空間政治(1832-1985)』(北京: 中國人民大學出版社, 2006).
75 楊念群, 위의 책, 7쪽.

학을 받아들인 중국의 변화에만 주목하여 서술하는 경향을 비판하고, 중국의 전통 의학과의 상호작용을 통해 서양 의학도 변화하였다는 것에 주목하였다. 또한 중의(中醫)와 서의(西醫)의 의료 시스템을 비교하는 데 초점을 맞춘 기존의 연구를 비판하고, 서구 의료의 이식 속에서 병원과 위생의 새로운 공간을 통한 지역사회의 권력 질서 재편과 일상생활의 변화를 중점적으로 검토하였다. 예를 들어 양녠췬의 주장에 따르면, 존 그랜트(John B. Grant)의 모델에 입각해 1920년대 베이징에 근대적 위생 공간이 만들어지면서, 도시 공간이 재편되고 조산사와 생명통계원이 새로운 공간 속에서 권력을 장악하게 되었다. 더불어 위생 시범구의 건립으로 인간의 삶과 죽음이 전문화된 의료화 과정으로 전환되어, 전통적 삶의 질서와 리듬이 파괴되었다. 그러나 서구화된 위생 시스템에 의존하는 의료 인력은 '감정 중립(Affection-Neutrality)'이라는 직업적 특성을 지니고 있었으며, 이것이 전통적 인정 관계를 중시하는 지역사회 질서와 충돌을 겪으며 그들의 역할을 재조정하게 만들었다.[76] 이처럼 양녠췬은 서구 의료에 대응하는 지역사회의 문화 습속과 감정을 '지방감(地方感)'이라는 용어를 사용하여 표현하면서, 서구 중심주의에 대응하는 중국의 주체성을 드러내고자 하였다.[77] 무엇보다 양녠췬은 중국 현대 정치사에 대한 이해는 상층의 제도 변천에 대한 해석에 국한되어서는 안 되며, 사회사적 시각에서 정치가 어느 지역에서 어떤 작용을 발휘하는지의 문제만을 탐구해서도 안 된다고 하였다. 그는 현대 정치의 문제

76 楊念群, 「現代城市中的"生"與"死"」, 『再造"病人"』, 127-173쪽.
77 楊念群, 「"地方感"與西方醫療空間在中國的確立」, 『「中國十九世紀醫學」研討會論文集』(臺北: 中央研究院歷史語言研究所, 2000), 47-93쪽.

를 이해하기 위해서는 의료사적 시각에 입각하여 미세한 신체의 감각에서 출발하여 공간에서의 신체의 위치 변화를 관찰하여, 그 제도화 과정을 자세하게 해석해야 하며, 반드시 개체의 정밀한 감정과 사회동원의 기획 과정을 함께 고려해야 한다고 강조하였다.[78]

리상런도 제국주의와 현대 의학의 관계를 다양한 측면에서 재조명하는 데 적지 않은 공헌을 하였다.[79] 그가 편집을 주관한 『제국여현대의학(帝國與現代醫學)』은 '의학과 식민 통치', '중심과 주변의 상호작용과 지식 생산', '질병·공간과 신분의 구축'의 세 부분으로 구성되었으며, 레이샹린(雷祥麟)·류스융(劉士永)·판옌추(範燕秋) 등 의료사 연구를 대표하는 학자들의 논문이 12편 가량 실려 있다. 이 가운데 일부 연구는 의료 지식과 약물, 의료 실천이 국가 간의 경계를 초월할 뿐만 아니라 제국 간의 경계를 초월하는 현상에 주목함으로써, 의학 지식의 교류와 제국주의 의약 상품의 유통을 '다층적 권위와 다층적 상호작용'의 '다(多) 중심적 유통 네크워크'라는 틀 속에서 사유할 것을 제안하였다.[80] 즉 제국적 시야는 지구적인 것으로 국가의 경계로 한정할 수 없으며, 국가주의와 민족주의적 사학의 시야와 상상력을 초월한다는 것이다. 그러므로 리상런은 "제국 의학과 그 유산을 연구하려면, 역사학자의 시야는 반드시 제국의 시야만큼 넓어야 할 뿐만 아니라, 또한 역사적 깊이를 넘어서야 한다."[81]라고 주장하였다.

78 楊念群, 「如何從 "醫療史"的視角里理解現代政治?」, 『"感覺主義"的譜系: 新史學十年的反思之旅』(北京: 北京大學出版社, 2012), 280-296쪽.
79 李尙仁, 『帝國與現代醫學』(北京: 中華書局, 2012).
80 李尙仁, 위의 책, 8쪽.
81 李尙仁, 위의 책, 16쪽.

중국의 근대성에 관한 논의는 서구의 정치 · 경제 제도와 과학을 어느 정도로 모방하고 실천하였는가, 라는 서구 중심적 시각에서 전개되었다. 유럽의 계몽주의 시대 이후 서구 사회의 근대성은 내셔널리즘의 홍기, 기독교의 몰락, 도시 부르주아 계급의 형성, 공사(公私) 영역의 분화, 시민과 공민 개념의 성장과 밀접한 관련을 맺으며 등장하였다.[82] 그러나 이와 같은 역사적 요소는 20세기 이전의 중국과 완전히 무관하다. 그러므로 량치쯔는 중국 자체의 역사적 맥락 속에서 중국적 '근대성'을 새롭게 사유할 것을 제기하였다. 그녀는 세 가지 측면에서 근대성에 대한 탐색을 시도하였다.

첫째, 중국적 근대성의 차별성과 특수성의 문제이다. 량치쯔는 중국의 한센병의 역사를 통해 서구 의학으로 대표되는 '현대화' 혹은 '근대화'가 결코 유일한 모습은 아니었다고 증명하였다.[83] 량치쯔는 명 · 청(明 · 淸) 시대 나병에 대한 인식이 고전적 질병 인식에서 벗어나 환경과 개인의 습관 · 체질 속에서 질병의 발생 원인을 찾고자 했으며, 사람과 사람 사이의 '전염'이라는 관념도 이미 형성되었다고 주장하였다. 또한 그녀는 명 · 청 시기에 이미 당시의 의학 지식 · 사회적 요구 · 통치자의 천하관에 부합하는 이성적 나병 관리 방식이 등장하였다고 강조했다. 그녀는 16세기에 등장한 마풍원(痲風院) · 라자영(癩子營) 등과 같은 기구는 정부가 주도적으로 관리하였으며, 명확히 사회적 건강 보장 기능과 더불어 질병이 전염되는 것을 차단하는 예방적 성격을 지니고 있었다고 지적하였다. 이는 16세기 중국의 남방 사회가

---

82 梁其姿,「醫療史與中國 "現代性"問題」,『面對疾病』(北京: 中國人民大學出版社, 2012), 123쪽.
83 梁其姿,『痲風: 一種疾病的醫療社會史』(北京: 商務印書館, 2013).

새로운 질병 관념과 제도를 창설했다는 것을 의미하며, 이를 중국적 특색의 '근대성'으로 간주할 수도 있을 것이다. 이처럼 서구의 위생과 의학으로 인증된 '근대성'을 전 세계가 동일하게 겪은 것은 아니기 때문에 개별 지역의 역사적 상황과 맥락 속에서 근대성을 별도로 사유해야 한다. 량치쯔의 한센병에 관한 연구는 의료사가 중국의 근대성 혹은 근대사의 새로운 틀을 제시할 수 있다는 하나의 가능성을 보여주는 사례라고 할 수 있을 것이다.

둘째, 근대 이전의 역사에서 근대성의 의미를 찾는 것이다. 대체적으로 중국 근현대사 연구자들은 중국의 근대를 서양 제국주의의 영향을 받은 19세기 이후에서야 가능했던 일로 생각한다. 그러나 근대의 특색을 지니고 있다고 여겨지는 제도나 태도가 실은 전근대에 이미 나타났다는 점에 유념할 필요가 있다. 위신중은 대만의 의료사 연구자들이 "근대 위생을 대부분 청말(淸末) 특히 20세기 이후 서구·일본과의 관계에서 탐구함으로써, 중국 근세 사회의 위생 기제와 그 근대적 전환을 체계적으로 이해하는 데 어려움이 따른다."[84]라고 비판하였다. 그는 공공위생 관념과 행위가 청말 이전의 중국 전통 사회 속에서 존재했으며, 이는 국가의 공권력이 아닌 개별적·집단적 지역사회의 차원에서 운영되거나 관리되었다고 지적하였다. 또한 그는 19세기 이전에 분뇨와 오수를 처리하는 데도 당시의 생태 환경에 기본적으로 상응하는 대응 기제가 갖추어져 있었으며, 이러한 전통적 요소가 근대 위생 제도의 변천에 광범위한 영향력을 발휘하였다고 주장했다.[85] 이 외에도 량치쯔는 전통과 근대의 경계 흐리기를 요구했다. 즉 전통과 근대 사이에는

---

84 余新忠, 『淸代衛生防疫機制及其近代演變』(北京: 北京師範大學出版社, 2016), 17쪽.
85 余新忠, 위의 책, 324쪽.

명확한 분절이 존재하지 않으며, 그 관계의 연속성이나 계승이라는 측면에 주목할 필요가 있다는 것이다. 예를 들어 우두법은 단순히 서구 과학기술이 이루어 낸 근대적 성취가 아니라, 명·청 시기 이래 인두법의 보급과 자선 기구의 의료 활동에 속에서 연속성을 찾아야 한다.[86] 그러므로 19세기 이전 의 중국 의학사에서 자체적인 발전의 의미를 규명하려는 노력이 전개되어 야 하며, 각 시기에 이룩된 의학적 성과가 어떻게 계승, 변형되었는지를 연 속적인 시각에서 검토해야 한다.

셋째, 근대성의 복잡성과 혼종성에 대한 문제이다. 앤더슨(Warwick Anderson)은 19세기 이후 비서구 지역의 의료와 과학기술의 실천은 단순한 서구 지식의 수용과 실천이 아니라 일종의 '혼종적 담론(Hybrid discourses)'으 로서 서구 사상과 현지의 전통적 특색이 혼재되어 있다고 하였다.[87] 그러므 로 근대화 과정은 다원적·다향적(多向的)이며, 시간적 순서가 모호하고, 전 통적 색채가 충만하며 또한 서구의 근대 언어가 혼합된 구체적인 역사의 과 정이라고 할 수 있을 것이다.[88] 그 때문에 량치쯔는 중국의 근대성이 단순한 서구의 복제품이 아니며, '혼합체'적인 성격이 있다고 평가하였다. 이 외에 레이샹린은 『Neither Donkey Nor Horse』에서 중의(中醫)의 근대화 과정에 서 '당나귀도 아니고 말도 아닌' 새로운 '종'의 중국 의학이 등장하였음을 강 조했다.[89] 레이샹린은 근대 중의(中醫)를 '잡종의(雜種醫, mongrel medicine)'라

---

86 梁其姿, 「明淸豫防天花措施之演變」, 『面對疾病』(北京: 中國人民大學出版社, 2012), 48-67쪽.

87 Warwick Anderson, "Introduction: Postcolonial technoscience", *Social Studies of Science* 32/5-6, 2002, pp.648-650.

88 梁其姿, 『面對疾病』, 112쪽.

89 雷祥麟(Hsiang-lin Lei), *Neither Donkey Nor Horse: Medicine in the Struggle over China'*

고 표현하면서, 중국 의학이 과학화와 국가 권력과의 결합이라는 전략을 통해서 전통의 고수도 서양 의학의 수용도 아닌 제3의 모습으로 자신만의 근대성을 주조해냈다고 평가하였다. 어떤 면에서 '비려비마(非驢非馬)'는 유럽의 '근대성'이라는 보편적 이상에 대항하는 중국의 '근대성' 자체를 상징한다고 할 수 있으며, 다양한 근대성을 만들어가려던 '타자'의 노력을 대표한다고 할 수도 있을 것이다. 이처럼 레이샹린은 의료사적 맥락에서 중국적 근대성의 본질과 특성을 탐구할 수 있는 새로운 가능성을 제시하였다.

신규환은 『국가, 도시, 위생: 1930년대 베이징시정부의 위생행정과 국가의료』(아카넷, 2008)에서 서구적 위생·의료 제도의 확산에 대해 언급하면서 근대화와 구분되는 '제도화'라는 개념을 사용하였다. 그는 베이징시정부가 출생 및 사망 관리·질병 통제·환경 위생·위생 교육 등을 통해 위생 행정을 제도화하는 과정을 살피고, 이를 통해 '국가 의료'가 개별 신체뿐만 아니라 일상생활 전반을 통제해 가는 역사적 추이를 분석하였다. 또한 그는 위생 행정의 효과가 베이징시 전역에서 균일하게 나타나지 않고, 성내구-성외구-교구라는 행정의 위계에 따라 지역적 '분절성'을 노출하였던 점에 대해서도 주목하였다. 무엇보다 신규환의 연구는 20세기 서구 열강의 침략 속에서 동아시아의 주체적인 국가 건설과 도시 건설의 경험을 탐구하고, 중국적 경험을 통해 구미 제국의 선진적인 의료 시스템과 경쟁할 수 있는 동아시아의 주체적 '국가 위생 의료 체제'의 실체적 역사상을 복원했다는 점에서 매우 의미

Modernity (Chicago and London: University of Chicago Press, 2014). 이 책의 한국어 번역본을 참고하라. 샹린레이 지음, 박승만·김찬현·오윤근 옮김, 『비려비마: 중국의 근대성과 의학』(서울: 읻다, 2021).

가 깊다. 이 외에도 신규환은 동아시아 페스트에 관한 일련의 연구를 통해서 제국 의학과 식민지의 관계 및 '위생의 혼종성' 문제를 검토하였다.[90] 그는 세균설과 같은 서구 의학 이론의 도입과 근대 의학의 공간화 과정에서 민간 사회의 의료 공간이 근대 의학에 저항하고 균열되는 양상에 주목하여, 전통의 소멸이나 회귀라는 양가적 현상이 아니라 민중문화적 관점에서 근대 의학적 요소를 재해석하는 '혼종성'의 특징이 나타난다고 주장하였다. 그의 연구는 동아시아 근대 도시에서 의료 공간을 포함한 도시 공간의 점진적 변화와 재편 과정을 복합적·중층적으로 이해하는 데 적지 않은 도움을 준다.

중국의 근대성에 대한 의료사적 탐색은 '근대성'이란 과연 무엇인가 하는 근본적인 물음을 제기한다. 그러나 우리가 경계해야 할 대상은 '근대성' 자체라기보다는 근대성에 대한 신화이다. 위신중은 "현대 생물 의학과 공공 위생 메커니즘의 진보성와 정당성은 결코 자명하다고 할 수 없으며, 그것의 끊임없는 진보가 인류의 주요한 심지어 모든 건강 문제를 해결할 수 있다고 보는 것은 현대성의 신화에 불과하다."[91]라고 지적하였다. 그러므로 근대성에 대한 비판적 성찰은 질병과 의료 문제를 탐구하고, 오늘날 보건 의료 시스템을 건설하면서 서구 제도를 무분별하게 도입하는 데 비판적인 시각을

---

90 Sihn Kyu-hwan, Reorganizing Hospital Space: The 1894 Plague Epidemic in Hong Kong and the Germ Theory, *Korean Journal of Medical History* 26-1, 2017, pp.59-94; 신규환, 「1894년 홍콩 페스트의 유행과 동화의원의 공간변화」, 『도시연구』 19, 2018년 4월, 253-278쪽; 신규환 저, 『페스트 제국의 탄생: 제3차 페스트 팬데믹과 동아시아』(서울: 역사공간, 2020); 신규환, 「위생의 근대성에서 혼종성으로」, 『북경의 붉은 의사들』(서울: 역사공간, 2020), 479-520쪽.

91 余新忠, 「導言: 新世紀中國醫療社會文化史芻議」, 『醫療·社會與文化讀本』(北京: 北京大學出版社, 2013).

제공하는 역사적 자원이 될 수 있을 것이다. 또한 최근 대만 과학·기술 그리고 사회(Science, Technology, and Society, STS) 연구자는 '표준화'가 현대 의학과 과학의 '제국 확장' 과정에서 중요한 추진력 중 하나였으며, 표준화가 국가권력에 의해서 '현대화'라는 이름으로 규율과 감시를 수행하는 기술로 전환되었다고 지적하였다. 그리고 무엇보다 실험실이 현대 서구 의학의 '표준화'된 진단·치료 그리고 질병을 정의(Disease identity)하는 과정에서 중요한 역할을 했다고 입증하였다.[92] 그러나 제레미 그린(Jeremy A. Greene)이 '표준화' 혹은 '숫자'에 의해 지배된 의학이 보건 의료에 근본적인 도덕적 위기를 초래하고, 개인이 치료를 선택할 때 윤리적 딜레마를 일으킨다고 경고한 것을 유념해야 한다.[93] 이와 같은 의료의 근대성에 대한 본질적 회의와 비판은 의료에서 인간 가치를 회복하고 대안적 치료를 모색하기 위해서도 반드시 필요하다고 사료된다.

4. 의료사의 지구사적 전환

1990년대 이후 지구화에 대한 역사학적 대응으로서 국가와 민족의 경계를 초월하는 지구사적 연구가 대두하였다. 지구사가 대두한 배경에는 기존의 '서구 중심주의'에 대한 비판적 성찰과 더불어 제3세계 국가의 경제적 성

---

92 李尙仁,『帝國與現代醫學』, 13쪽.
93 제러미 A. 그린 저, 김명진·김준수 번역,『숫자, 의학을 지배하다: 고혈압, 당뇨, 콜레스테롤과 제약산업의 사회사』(서울: 뿌리와 이파리, 2019).

장이라는 세계 질서의 변화가 존재하고 있었다. 지구사는 인류의 역사를 민족과 국가를 초월하여 전체 인류, 지구라는 하나의 역사적 범주 속에서 파악하려는 것이다. 여기에는 지구적 시각을 토대로 다양한 역사적 현상과 사건을 분석하고, 그 속에서 나타나는 보편성과 특수성뿐만 아니라 상호작용까지 면밀히 탐색하고자 하는 시도가 담겨 있다.[94] 물론 지구사의 개념과 방법론·범주에 대해서 적지 않은 역사학자들이 문제점을 지적하고 있지만,[95] 로컬리티(Locality)와 지구적 연계성, 지역적 상호 연관성이나 의존성, 유럽 중심주의나 근대성을 뛰어넘을 수 있는 하나의 대안으로서 지구사를 모색하려는 노력이 지속되고 있다.

　역사학의 지구사적 전환 속에서 의료사 연구도 유럽과 서구 중심주의에서 벗어나 탈(脫) 중심화를 추구하며 동남아시아·아프리카·남아메리카 등 제3세계 지역에 관한 연구로 그 범위를 확장하였다.[96] 또한 지역·국가와 같은 지리적·정치적 범주에서 벗어나 상상 속의 지리적 범주와 복잡한 지구화 과정 속에서 지구적 위생사를 모색하려는 시도도 전개되었다.[97] 2015년 영국의 대표적 의료인문학자인 마크 해리슨(Mark Harrison)은 「지구적 관점에서 건강·의료·질병의 역사를 재구성하기(A Global Perspective Reframing the History of Health, Medicine, and Disease)」라는 글을 발표하였다.

---

94 김서형, 「21세기의 새로운 역사 서술, 지구사」, 『역사와 문화』 29, 2015년 5월, 222쪽.
95 조지형, 「지구사란 무엇인가?」, 『서양사론』 92, 2007년 3월, 295-326쪽.
96 Mc Cook S., Focus: global currents in national histories of science: the "global turn" and the history of science in Latin America, *Isis* 104-4 (2013 Dec), pp.773-776; Espinosa M. Globalizing the history of disease, medicine, and public health in Latin America, *Isis* 104-4, 2013 Dec, pp.798-806.
97 Sujit Sivasundaram, "Introduction" *Isis* 101, no. 1, 2010 March, pp.95-97.

놀라운 것은 위생·의학·질병사에 있어서 정확하게 지구사라고 칭할 만한 책이 없다. 대다수는 지역에 기반한 정치적 실체의 틀에서 쓰여진 것이다. 민족국가의 틀에 맞추어 역사를 서술하는 것이 잘못된 것은 아니지만 모든 위생·의학·질병사를 민족국가의 틀에서만 서술한다면, 우리들은 이 시대 가장 시급한 문제를 이야기할 수 있는 기회를 놓치게 될 것이다.[98]

이처럼 마크 해리슨은 기존의 지구사적 의료사 연구가 단지 지구사라는 명분만 내걸었을 뿐 여전히 민족국가를 주요한 범주로 상정하고 있다는 것을 비판하였다. 그는 위생·질병·의료사가 진정한 지구사적 영감을 흡수하여 현대사를 새롭게 서술해야 한다고 호소하였다. 특히 무엇보다 질병의 전 세계적 파급력, 세계적 공공위생 정책과 제도, 초국가적 의료 조직, 환경과 질병 등을 연구하는 데 의료사를 지구적 차원에서 새롭게 재구성하려는 노력이 필요하다고 지적하였다.

중국의 의료사 연구에서 지구사적 시각을 반영한 대표적인 연구자는 리상런이라고 할 수 있을 것이다. 그는 「건강적도덕경제(健康的道德經濟)」[99]에서 더전(John Dudgeon, 1837~1901)이라는 영국 선교사의 중국 위생에 관한 연구에 주목하였다. 더전은 19세기 중국의 영국 해관(海關)에서 의료 업무를 담당했으며, 동문관(同文館)에서 의학과 생리학 교사로도 재직하는 등 40여 년간 중국에서 의료 활동을 벌였다. 더전은 당시 중국에 있던 많은 서구 의

---

98 Mark Harrison, A Global Perspective Reframing the History of Health, Medicine, and Disease, *Bulletin of the History of Medicine* 89-4, 2015, pp.639-689.
99 李尚仁, 「健康的道德經濟」, 『帝國與現代醫學』(北京: 中華書局, 2012), 235-284쪽.

사가 중국인의 생활 습관과 건강 상황을 부정적으로 보았던 것과 달리, 중국의 위생 상황이 유럽 도시의 현대 생활보다 우월하고, 이를 유럽인이 배워야 한다고까지 주장하였다. 리상런은, 중국의 경험에 의거하여 영국의 공공위생 운동의 한계를 반성하고자 했던 더전의 특수한 관점은 당시 스코틀랜드의 사회·경제·공공위생 문제와도 밀접한 관련이 있으며, 동시에 18세기 신고전(新古典) 의학의 이론적 전통, 그의 종교·신학에 입각한 도덕 경제 관념과도 관련이 있다고 분석하였다. 리상런은 더전의 사례를 통해서 대영제국 중심의 의학 이론과 해외 의사의 주변적 경험 사이의 상호작용과 긴장을 세밀하게 분석하였다. 더 나아가 더전의 사례가 사회 속에서 개인의 사상과 행위의 모순과 다원성을 드러내며, 모든 위생 시스템은 변동적·개방적이며, 이들 시스템의 각종 변화는 작은 인물의 선택과 행위에서 유발된다는 것을 연구자들에게 환기시켰다.

또한 리상런은『제국적의사(帝國的醫師): 만파덕여영국열대의학적창건(萬巴德與英國熱帶醫學的創建)』[100]에서 영국 의학과 식민지 의학의 관계를 탐구하였다. 리상런은 맨슨(Sir Patrick Manson, 1844~1922)의 영국과 식민지에서의 의학 연구를 섬세하게 탐구하여, 19세기 영국 의학과 생명과학의 관계, 대영제국의 확장과 의학 지식의 구축, 현대 서방 의학이 중국에 들어오는 과정 등에 대해서 새로운 시각을 제시하였다. 그는 맨슨이 모기를 필라리아(Filarial, 사상충)의 '보모(保母)'라고 명명한 것에 대해, 맨슨이 중국의 통상 항구에 거주하는 유럽 가정의 가사 업무 분업 모델을 통하여 기생충과 숙주 사이의 관계를 구상했다고 분석하였다. 그리고 당시 서구 의사들의 보편적

---

100 李尚仁,『帝國的醫師: 萬巴德與英國熱帶醫學的創建』(臺北: 允晨文化出版公司, 2012).

인 인식이었던 열대 지역 백인 여성의 생육 기능이 기후의 영향을 받는다는 생각이, 맨슨의 기생충의 생식 기제에 관한 연구에도 깊게 침투되었다고 지적하였다. 이처럼 리상런은 제국의 의학이 식민지의 경험 속에서 구성되고, 식민지적 생활양식을 반영하고 있다는 것을 지구사적 시각에서 분석함으로써, 세계와 지역사회가 어떻게 연결되고, 교류하는지를 좀 더 명확하게 보여주었다.

이 외에도 후청(胡成)과 류스융의 연구를 주목할 필요가 있다.[101] 후청은 의료·위생사의 시각에서 중국 지방 사회·의료 선교사·중국인의 의약(醫藥)·중국인의 '불결함'·열성전염병·전쟁 지역에 대한 구호·공공위생 사업·방역·검역 및 상하이와 난징의 매춘 금지 운동 등 일련의 구체적 사례에 관한 연구를 진행하였다. 그는 이를 통해 일상생활사적 의미가 있는 하층 사회와 일반 민중이, 근대 중국이 세계화로 나아가는 과정에서 어떠한 역할과 작용을 하였는지에 대해 주목했다. 또한 외래/본토·동방/서방·제국/식민지·침략/저항·국가/사회·민중/엘리트·남성/여성의 복잡하게 얽힌 관계와 상호작용에 대해서 주목하면서, '권력'의 신체에 대한 현대적 감시와 작동 및 일반 민중의 권력의 통제에 대한 투쟁과 생명권을 지키기 위한 노력에 대해서 중점적으로 서술하였다. 요컨대 후청은 국가와 문화를 초월하여 근대 중국 사회가 어떻게 건강과 질병, 생(生)과 사(死)의 문제에 대면했는지를 서술함으로써, 중국 역사 발전의 자주성과 주체성을 드러

---

101 胡成, 『醫療·衛生與世界之中國: 跨國和跨文化視野之下的歷史研究』(北京: 科學出版社, 2013); 劉士永, 『武士刀與柳葉刀: 日本西洋醫學的形成與擴散』(臺北: 國立臺灣大學出版中心, 2012).

내고자 하였다.

　류스융의 연구는 일본과 식민지에 집중되어 있지만 지구사적 시각에서 동아시아 의료사를 이해하는 데 매우 도움이 된다. 류스융은 일본 제국 의사들의 역사적 기원과 발전을 검토하여, 그들이 어떻게 제국의 의사가 되었으며 동아시아의 일본 식민지와 단거리의 국제적 네트워크를 떠돌아다녔는지에 대해 서술하였다. 특히 류스융은 일본 제국 의사의 네트워크 관계와 연구의 물질문화에 주목하여, 그들이 일본의 무사도와 번주(藩主)의 시의(侍醫), 근대 유학 등을 혼합한 특징이 있다고 지적하였다. 그 때문에 그는 이 점을 유념해야만 제2차 세계대전 이전 일본의 제국 의사가 서구 제국주의 의사와 어떻게 구별되는 특징과 행위를 가지고 있었는지를 이해할 수 있다고 주장하였다. 요컨대 류스융은 "무사도(武士刀)에서 수술도(手術刀)로 변화하는 과정에서, 집도자(執刀者)의 무사적 품격과 가치는 완전히 사라지지 않고, 오히려 부분적으로 전환되고 보존되어 일본의 현대 '서양' 의학 가운데 은은한 '동양적 풍미'가 형성되었다."[102]라고 주장하였다. 이를 통해 그는 지구사적 시각에서 일본 현대 의학 발전의 문화와 전통적 특질에 대해서 새로운 해석을 제시하였다. 이 외에도 류스융의 연구는 중국 근현대사에서 제국주의 의료의 특징과 영향을 분석할 때 반드시 유념해야 할 다양한 시사점을 제시하였다.[103]

102　劉士永, 위의 책, 57쪽.
103　劉士永,「日治時期臺灣地區的疾病結構演變」,『新史學』13卷 4期, 2002年 12月, 165-208쪽; 劉士永,「"淸潔"‧"衛生"與"保健": 日治時期臺灣社會公共衛生觀念之轉變」,『臺灣史研究』8卷 1期, 2001年 10月, 41-88쪽; 劉士永,「醫學‧商業與社會想像: 日治臺灣的漢藥科學化與科學中藥」,『科技醫療與社會』11期, 2010年 10月, 149-197쪽.

지구사적 관점에서 의약품과 약물의 생산과 교류·유통의 문제에 주목한 연구도 적지 않다. 최근 몇 년간 서구 학계에서는 약물의 지구적 유통이 의료사 연구의 쟁점이 되면서, 물질의 유통과 상업 및 의학 지식의 상호 교류와 영향에 주목하기 시작했다.[104] 어떤 의미에서 의학은 단순히 개념과 실천이 아니라 상업과 식민지 사업 구조의 일부분이었다. 근세 이후 서구인들은 세계 각지에서 유용한 약물을 찾고, 인간과 물질의 지구적 이동을 촉진시켰다. 이 현상이 몇 세기 동안 지속되면서 정보의 유통과 교환도 촉진되었다. 이러한 의미에서 약물의 발전과 세계사의 발전은 밀접하게 관련되어 있다. 이는 근대 이전의 장기간의 역사에서 중국과 외국의 약물 교류사에 관심을 기울일 필요가 있음을 상기시킨다.

장주산은 『인삼제국(人蔘帝國): 청대인삼적생산(淸代人蔘的生産)·소비여의료(消費與醫療)』[105]에서 인삼의 국제적 무역을 중심으로 인삼과 청제국의 흥망 관계를 흥미롭게 분석하였다. 그의 연구는 지구사적 관점에서 중국과 외국 약물의 교류를 관찰하고, 중국과 서양의 의약의 차이점을 반성적으로 고찰하며, 아울러 세계 의학 네트워크에서 중국의 역할과 지위의 변화를 풍부하게 인식하는 데 도움을 준다. 그는 청대라는 근대 이전 시기의 국제적 네트워크 속에서 중국 의학사를 이해할 수 있는 포괄적인 안목을 제시하며, 동아시아와 구미 사이의 의학 전통의 전승과 상호작용을 거시적인 틀 속에서 이해하였다. 또한 장주산의 연구는 세계화 혹은 지구화가 현대의 발명품

104 Mark Harrison, *Disease and the Modern World: 1500 to the present day* (Polity Press, 2004).
105 蔣竹山, 『人蔘帝國: 淸代人蔘的生産·消費與醫療』(杭州: 浙江大學出版社, 2015).

이 아니라는 새로운 시각을 제시하였다. 사실 세계가 19세기 이후 혹은 제2차 세계대전 이후에 지구화 혹은 글로벌화를 추구하게 된 것은 아니며, 지구화는 오래 지속된 변혁의 과정이라고도 할 수 있을 것이다. 그러므로 장주산의 연구는 오래 지속된 변화의 과정으로서 세계화 혹은 지구화를 검토할 필요성을 연구자들에게 제기하였다고 해도 과언이 아닐 것이다.[106]

5. 의료사의 물질주의적 전환

지구사와 더불어 의료사 연구의 또 다른 주목할 만한 현상 중의 하나는 물질주의에 대한 관심이다. 최근의 물질문화 연구는 전통적 인류학의 연구 영역인 인간의 일상생활과 밀접한 관련이 있는 인공 제품에 대한 관심 이외에도 주체와 객체의 관계, 상품 이론, 소비문화, 권력, 이데올로기, 신체와 기술 이론 등의 내용을 포함하고 있다. 1990년대에 서구 역사학계는 물질적 전환(Material Turn)을 맞이했는데, 이로 인해 역사학자들은 사회·경제적 요소의 작용을 심도 깊게 탐구하며, 물질문화와 소비문화에 관심을 갖게 되었다. 물질적 전환은 의료사 연구에도 일정한 반향을 일으켰는데, 일부 학자들은 의약품의 생산과 소비·유통에 대해 흥미로운 연구를 시도하였다. 예

---

106 인삼에 대한 지구사적 연구로 장주산의 저서 이외에도 설혜심의 『인삼의 세계사: 서양이 은폐한 '세계상품' 인삼을 찾아서』(서울: 휴머니스트, 2020)도 주목할만하다. 이 책은 광범위한 사료를 바탕으로 인삼을 중심으로 운영되었던 세계체제뿐만 아니라 인삼이 서구 중심적인 지문화(Geoculture)에 포섭되지 못함으로써 인삼의 소비가 동아시아에 한정되는 측면을 역사적으로 밝혔다.

를 들어 약물·의약품에 관한 연구는 단순히 약품의 개발과 응용만을 연구하는 것에서 벗어나 물질문화의 관점에서 의학 지식과 상업 문화·일상생활·소비와의 연관성을 검토하는 데 주안점을 두었다. 의학 지식은 본질적으로 사회 문화적 산물이며, 특히 근대 이후에는 선명한 상업화와 정치화의 특징을 지니고 있다. 그러므로 상업 또는 다양한 사회적 이해관계가 어떻게 의학 이론의 실천을 주도하고, 그 배후에 어떤 권력 기제가 내포되어 있는지에 관하여 물질주의적 관점에서 검토할 필요성이 제기된다.

역사학의 물질주의적 전환에 발맞추어, 대만 중앙연구원의 생명의료사연구실에서는 '의학의 물질문화'를 주제로 2013년부터 학술 연구를 진행하였다.[107] 특히 2015년 11월 11~13일에는 '의학의 물질문화사(醫學的物質文化史)'라는 주제로 국제학술대회를 개최하였다. 아래 〈표1〉에서 알 수 있는 것처럼 '의학의 물질문화사'에서는 총 19개 주제의 논문이 발표되었다.

〈표1〉 '의학의 물질문화사(醫學的物質文化史)' 국제학술대회 발표 제목

순서	발표자	제목	소속
1	梁其姿	光緖十三年(1887) 『脚氣芻言』建構脚氣症候的「方」與「法」	香港大學香港人文社會研究所
2	林富士	檳榔與佛教: 以中國文獻爲主的探討	臺灣 中硏院史語所
3	張樂翔	十九世紀以來歐美或者是日本的醫學論文中有關茶葉的問題	香港大學香港人文社會研究所
4	眞柳誠	醫藥書の商業出版: 中日韓越醫學著作的數量·內容與其社會經濟背景	日本 茨城大學人文學部人文交流學科
5	陳昊	本草書的作者們與物質性: 『新修本草』的編撰列位名表與唐初官修本草書的製作	中國 人民大學歷史學院
6	陳韻如	藥物與方土: 宋代(960-1279)嶺南的辟瘴與治瘴用藥	臺灣 中硏院史語所
7	陳明	從「天竺藥譚」到「西藥大成」: 全球史視野中的近代印度藥物的認知與流動	中國 北京大學外國語學院南亞學系

107 http://www.ihp.sinica.edu.tw/~medicine/medicinehistory/index.html.

8	陳元朋	「生不可得見」的有形之物」: 中藥材龍骨的認知變遷與使用歷史	中國 東華大學歷史系
9	Daniel Trambaiolo	Gathering Medicine in the Mountains: Expertise and Commercial Networks in the Collection and Distribution of Herbal Drugs in Early Modern Japan	香港大學香港人文社會研究所
10	陳秀芬	明代本草傳統中的人藥・物性與身體宇宙論	臺灣 政治大學 歷史系
11	李貞德	當歸考: 從相招芳草到女人要藥	臺灣 中研院史語所
12	久保輝幸	淺析弄花養性: 明代文人爲何將賞花結合于養生	中國 武漢工程大學外語學院
13	金仕起	古代中國的金屬鏡鑑與生命維護	臺灣 政治大學歷史系
14	顧雅文	奎寧與金雞納在臺的生產與消費(1930-1960)	臺灣 中研院臺史所
15	劉士永	From 'Humanness' to 'Humanless': Changing Focus of Medical Care in 20th-Century Taiwan	臺灣 中研院臺史所
16	張哲嘉	淸代毒物知識的想像與徵實: 以『律例館校正洗冤錄』爲中心	臺灣 中研院近史所
17	吳一立	夾板・布帶・和縫合線: 從18至19世紀中國傷科來探討醫學的物質文化	英國 University of Westminster
18	李尚仁	蒐集・分類與實驗: 湯瑪斯・史賓賽・寇博的寄生蟲學研究與博物館式科學	臺灣 中研院史語所
19	李貞	Problems of Localized Herbs in Colonial Korea	臺灣 中研院史語所

위의 〈표1〉를 통해 알 수 있는 것처럼, 의료와 물질문화에 관한 연구에서 단연 두각을 나타내는 주제는 약재・약품・서적의 생산과 유통에 관한 것이다. 무엇보다 지구사와 근대 제국 의료의 네트워크 속에서 물질문화를 통해 지역과 세계의 연결을 추구하려는 연구가 주를 이룬다. 이 외에도 2019년 12월 10일부터 20일까지 10일간 베이징대학(北京大學) 인문사회과학연구원(人文社會科學硏究院)에서 '물질문화사의 방법과 실천(物質文化史的方法和實踐)'을 주제로 워크숍이 개최되었다.[108] 이 워크숍에는 베이징 지역의 청년 학자와 대학원생 25명이 참가하였으며, 특히 12월 18일에는 '중국역사 속의

---

108 http://www.ihss.pku.edu.cn/templates/xw/index.aspx?nodeid=135&page=ContentPage
&contentid=3552.

물(中國歷史中的物): 연과 약물(硯與藥物)'을 주제로 량치쯔·가오옌이(高彥頤) 교수의 강연이 진행되었다. 이처럼 물질문화사의 시각에서 의료에 대해 접근하는 연구가 점차 증가하고 있다.

의료와 물질문화의 연구에서 가장 주목받는 연구는 앞서 언급했던 것처럼 약물(藥物)의 생산과 유통에 관한 것이다. 의료사에서 지구사와 물질문화의 전환이라는 두 방향을 가장 명확하게 포착하고, 역사적 측면에서 이를 성공적으로 복원한 연구는 장주산의 『인삼제국(人蔘帝國)』이다. 이 외에도 레이샹린의 「상산(常山): 일개신항학약적탄생(一個新抗瘧藥的誕生)」[109]과 리전더의 「여인요약고(女人要藥考): 당귀적의료문화사시탐(當歸的醫療文化史試探)」[110]의 연구가 주목할 만하다. 레이샹린은 1940년대 계골상산(鷄骨常山)에서 항(抗)말라리아제를 추출하는 과정을 검토하여, '초근목피(草根木皮)'로 평가 절하되던 중약(中藥)이 과학적 효용성을 취득하는 과정을 검토하였다.

리전더는 당귀(當歸)를 중심으로 의료와 젠더의 상관관계를 설명하였다. 리전더는 송대(宋代) 이래 "여성은 혈(血)이 근본이다."라는 젠더화된 의료 관념이 형성되면서, 혈을 조절하는 효과가 있는 당귀가 '여성의 필수 약재'로 자리 잡아 가는 과정을 분석하였다. 또한 19세기 말 독일의 제약 회사가 당귀를 수입하여 생리 불순 치료제인 '당귀침고(當歸浸膏, Eumenol)'를 제조하여, 이를 역으로 중국에 수출한 것을 발견하였다. 이를 통해 리전더는 여성의 신체와 젠더 질서, 의료 지식과 물질문화 사이의 관계를 면밀하게 분

---

109 雷祥麟, 「常山: 一個新抗瘧藥的誕生」, 『由醫療看中國史』(臺北: 聯經出版公司, 2008), 331-372쪽.
110 李貞德, 「女人要藥考: 當歸的醫療文化史試探」, 『中央研究院歷史語言研究所集刊』 88-3, 2017年 9月, 521-588쪽.

석하였다. 아울러 근대적 의약품에 관한 연구로 장닝(張寧)의 「아사필령재
중국(阿司匹靈在中國)」[111]도 주목할 만하다. 장닝은 20세기에 가장 보편적으
로 통용된 약품인 '아스피린'에 초점을 맞추어 독일에서 생산된 아스피린이
중국에 들어오는 복잡한 과정을 상세하게 추적하였다. 장닝은 아스피린의
수입과 유통을 통해 국가의 역할과 작용, 의학계과 약학계의 관계, 전 지구
적 약품의 일원화 등의 문제에 대해서 서술하였다.

의료사의 물질문화적 전환 속에서 연구자들은 '도상(圖像)', 즉 영상·그
림·조각과 같은 시각 문화에 대해서도 주목하기 시작하였다. 중앙연구원
의 생명의료사연구실은 '영상과 의료의 역사(影像與醫療的歷史)'를 주제로 3
년간의 연구 프로젝트를 수행하였으며, 2010년에는 '의료와 시각문화(醫療
與視覺文化)'를 주제로 국제 학술 대회를 개최하였다.[112] 영상을 비롯한 시
각 문화는 의료 지식이 만들어지는 과정, 전파 루트, 대중에 대한 설득 방
식 및 사회 각 계층 참여자의 집단 관계와 문화 행위 등을 이해하는 데 필수
적인 사료이다. 그러므로 학자들은 고대 의서 가운데 '장부도(臟腑圖)', '산
도(産圖)'를 비롯하여, 석각(石刻) 및 불교 조각을 분석하는 한편,[113] 근대 의
학 현상 기술로 찍은 X-ray와 사진, 질병의 치료 과정을 담은 영상물에 대
해 도상학적 분석을 시도하였다. 이러한 경향을 대표하는 연구 성과는 라리
사(Larissa Heinrich)의 「병태적신체(病態的身體): 임화적의학회화(林華的醫學

111 張寧, 「阿司匹靈在中國: 民國時期中國新藥業與德國拜耳藥廠間的商標爭訟」, 『中央研究
    院近代史研究所集刊』 2008年 第59期, 97-155쪽.
112 http://www.ihp.sinica.edu.tw/~medicine/ih/index1.htm.
113 李貞德, 「圖像·物質文化與醫療史」, 『中醫藥文化』 100 (上海: 中醫藥大學, 2014), 72-77쪽.

繪畫)」[114]라고 할 수 있다. 라리사는 광둥(廣東)의 상업 화가인 린화(林華)가 1836년부터 1855년까지 의료 선교사 피터 파커(Peter Parker)의 종양 환자를 그린 의학 회화를 이용하여, 그림을 그린 배경, 기술과 내용 등을 분석하였다. 이 논문에서 그녀는 19세기 초기 질병의 상태와 중국인의 신분에 관한 정보가 어떻게 문자와 시각 문화를 통해 전파되고 변화되었는지를 탐구하였다. 요컨대 라리사는 서구 선교사가 의학 치료를 기독교 복음 전파의 중요한 수단으로 간주하는 데 의학 회화가 상당한 영향을 미쳤다는 것을 밝혀냈으며, 린화의 그림을 통해서 중국인 환자들도 서구의 외과 치료의 효과에 대해 신뢰를 형성하게 되었다고 분석하였다.

마지막으로 근대 의약품 광고에 관한 연구도 주목할 만한데, 대표적 연구 성과는 장중민(張仲民)의 『롱가성진(弄假成眞)』,[115] 황커우(黃克武)의 『언불설불소(言不褻不笑)』,[116] 피궈리의 『허약사(虛弱史)』[117] 등이다. 장중민은 '위생'이 결코 관념적으로만 존재한 것이 아니라 다양한 상품으로 생산되었으며, 대중들은 위생과 관련된 상품을 구매하여 그 관념과 욕망을 소비했다고 강조하였다.[118] 그는 '애나보뇌즙(艾羅補腦汁)'과 같은 '건뇌(健腦)' 혹은 '보뇌(補腦)'를 위한 약품이 등장한 것은 뇌에 대한 의학 지식의 변화를 반영한 것

---

114 韓依薇(Larissa Heinrich), 「病態的身體: 林華的醫學繪畫」, 『新史學: 感覺·圖像·敘事』(北京: 中華書局, 2007).

115 張仲民, 『弄假成眞: 近代上海的醫藥廣告研究』(臺北: 獨立作家, 2016).

116 黃克武, 『言不褻不笑: 近代中國男性世界中的諧謔·情慾與身體』(臺北: 聯經出版公司, 2016).

117 皮國立, 『虛弱史: 近代華人中西醫學的情欲詮釋與藥品文化(1912-1949)』(臺北: 商務印書館, 2019).

118 劉士永·張仲民·柴彬·楊雄威, 「醫療社會史研究: 新議題·新路徑和新方法」, 『醫療社會史研究』第5輯, 2018年 6月, 166-169쪽.

이며, '우승열패(優勝劣敗)'의 위기의식 속에서 건뇌(健腦)를 통해 종족을 개량하고 건강을 증진시키려는 민족주의적 욕망을 상업적으로 창출되었다고 주장했다. 그러므로 장중민은 소비자가 애나보뇌즙(艾羅補腦汁)이라는 약품 자체를 소비했다기보다는 그것이 만들어 낸 상징적 가치와 사회 문화적 의미를 소비했다고 할 수 있으며, 소비자의 '보뇌(補腦)'를 향한 갈망은 신체적 필요에서 나왔다기보다는 상업적·문화적 산물에 불과하다고 지적하였다.[119] 이처럼 물질주의적 관점에서 물질에 투영된 다양한 사회적 욕망과 권력의 상호작용을 분석하는 것은 물질이 사람들의 일상생활에 미치는 실제적 효과뿐만 아니라 그 상징적 작용을 분석하는 데도 많은 도움을 준다.

이 외에 황커우는 민국 초기 신문의 광고를 통해 서구 의료의 영향 속에서 남성의 신체와 성욕에 대한 요구가 변화하는 과정을 설명하고, 광고에 반영된 남성의 환상과 두려움에 관해서 서술하였다. 피궈리는 허약·욕망·질병·약품의 키워드를 중심으로 의약 서적과 광고를 분석하여 성(性)과 신체의 관계를 설명하였다. 그는 '허약함'을 두려워하는 신체관이 서구 의료의 전파를 통해서 한 차례 전환을 겪으며, 민국 시기 이후에는 허약이 '성욕'과 연관되어 병태(病態) 혹은 질병(疾病)으로 간주되는 역사적 변천 추이를 분석하였다. 이는 '허약'이라는 근대적 감각을 물질문화와 시각 자료를 통해 복원한 감각사(感覺史) 연구의 대표적인 사례라고도 할 수 있다.

앞서 살펴보았듯이 모든 의료사적 주제가 지구사와 물질주의적 관점에 부합하는 것은 아니다. 다만 하나의 지역적 범위의 이야기를 설명하면서도, 그 배후의 지구적 의미를 드러내는 것은 미래의 의료사 연구가 노력해야 할

---

119 張仲民, 『弄假成眞: 近代上海的醫藥廣告硏究』, 88-153쪽.

하나의 방향이라고 할 수 있다. 또한 약물의 소비 혹은 지역을 초월한 의료 기술의 전파와 유통 및 건강과 관련된 물질문화의 소비와 변화에 대해서도 지속적으로 관심을 가져야 할 것이다.

6. 맺음말

최근 몇 년간 중국과 대만에서는 신진 연구자들이 의료사 연구에 참여 하면서, 의료사 연구의 주제와 범위가 상당히 넓어졌다. 이들의 연구는 질병·약품·공공위생·선교 의료·의학 교육·의료 단체·병원 등 기존의 연구 범위를 뛰어넘어 언어·신체·통증·감각·문화적 상징의 측면까지 매우 다양해지고 있다. 의료사 연구의 주제도 환자 중심으로 전환되면서 의사와 환자의 관계라든가 환자의 질병 경험, 질병의 치료를 둘러싼 의료 갈등과 소송 등으로 확장되었을 뿐만 아니라, 여성·빈곤층·소수민족 등과 같은 소수자에 대한 관심도 증대되었다.

1990년부터 2020년까지 중국 근현대 의료사의 주요 흐름과 동향은 내사와 외사의 통합, 의료와 제국주의 및 근대성의 문제, 의료사의 지구사적 전환과 물질주의적 전환이라는 네 가지 주제로 요약할 수 있을 것이다. 첫째, 오랫동안 내사와 외사가 대립하며 의료 지식과 의학 이론의 변천만을 중시하던 경향에서 벗어나, 최근에는 의학 기술의 사회적·문화적 실천 및 작동 방식, 지식과 기술에 대한 의료인과 대중들의 인식과 태도 등에 관한 연구가 활발하게 진행되고 있다. 둘째, 의료사를 통해서 제국주의와 근대성에 대해 비판적 성찰이 제기되면서, 근대화 과정에서 중국의 주체성과 특수성을 규명하고자 하는 연구들이 많아지고 있다. 이 과정에서 중국적 근대의 혼종성과 연속성의 문제가 활발하게 논의되었다. 셋째, 역사학의 지구사적 전환 속에서 지역과 세계를 연결시키려는 시도가 증가하며, 지역사회의 의료적 노력과 제국주의의 관계, 의료 지식과 물질의 세계적 전파와 소비에 관한 연구가 주목받고 있다. 넷째, 물질문화사적 시각에서 의료 지식의 형성과 전파, 대중의 일상생활, 의약품의 생산과 소비, 물질문화의 상징적 의미 등을 분석한 연구가 많아지고 있다. 이를 통해 물질문화에 투영된 권력·문화적 상징·사회적 상호작용 등을 의료사적으로 해석하려는 시도들이 새롭게 제기되었다.

그러나 중국의 의료사 연구가 더욱 확장되기 위해서는 여러 측면에서 경계 흐리기가 이루어져야 한다. 예를 들어 내사와 외사의 경계 흐리기, 근대와 전통의 경계 흐리기, 지역과 세계의 경계 흐리기, 학제 간의 경계 흐리기가 필요하다. 최근 류스융과 왕원지(王文基)는 『동아의료사(東亞醫療史): 식민, 성별여현대성(殖民, 性別與現代性)』을 통해 역사와 기술, 사회학의 학제적 연구의 가능성을 보여주었다.[120] 이 책은 역사적 시각에서 동아시아 과학 문제를 관찰하였으며, 역사와 의학의 학제 간 연구를 성공적으로 이룩했다고 평가된다. 그러므로 다양한 경계 흐리기를 통해 의료사 연구의 새로운 방향을 탐색하려는 노력은 앞으로도 꾸준히 시도되어야 할 것이다.

"의료사를 통해서 중국사를 새롭게 서술할 수 있을 것인가?"의 문제는 의료사 연구가 달성해야 할 하나의 목표이다. 류스융은 "의학 혹은 의료의 영역이 포괄하는 영역은 매우 넓어서 상아탑의 심도 깊은 지식과 연구에서부

---

120 劉士永·王文基 編, 『東亞醫療史: 殖民,性別與現代性』(臺北: 聯經出版公司, 2017).

터 병상 옆의 탕약 달이기 및 부엌 주변의 양생 음식까지 전문가와 일반인이 모두 회피할 수 없이 의학 지식의 맥락과 실천에 참여하고 있다."[121]라고 주장하였다. 즉 개인과 사회가 모두 의식적이든 무의식적이든 의학 지식과 의료 행위의 실천에 참여하고 있는 것이다. 어떤 면에서 '생로병사(生老病死), 의식주행(衣食住行)'의 여덟 글자는 거의 모든 사람의 일생뿐만 아니라 일상생활의 다양한 측면까지 포괄한다. 그러므로 의료에 대한 인문학적 사유를 통해서 인류사와 역사 전체를 관통하는 새로운 역사 서술의 방법론을 모색할 수도 있을 것이다. 이는 량치쯔의 말처럼 의료사를 과거의 '별종(別種)'에서 미래의 '주류(主流)'로 만들기 위한 것이 아니라,[122] 역사의 다층적 · 다원적 측면을 복원하기 위한 노력의 일환으로 전개해야 한다.

2020년 코로나19 팬데믹으로 인한 초국가적 위기를 통해서 알 수 있듯이, 현대 사회로 접어들수록 인간의 삶에서 질병과 의료가 차지하는 비중은 갈수록 커지고 있다. 그러므로 현재는 무엇보다 의사와 치료 중심으로 인식되어 왔던 의료의 사회적 역할과 기능, 질병의 사회 문화적 영향, 의료 지식과 약품의 세계적 확산과 교류, 의료와 물질문화 · 일생생활의 관련성 등에 대하여 역사학적 회고와 전망이 필요한 시점이다. 나아가 시대와 지역에 따라서 의료의 관념과 형태, 기능 · 문화 · 상징 등이 어떻게 다르게 나타났는지 살펴보는 것은 '의료'라는 행위의 가변성과 불변성을 함께 이해하기 위해서 반드시 이루어져야 할 작업이다. 또한 '의료'의 정치 · 사회 · 문화적 함의에

---

121 劉士永 · 皮國立 主編,「導言」,『衛生史新視野: 華人社會的身體 · 疾病與歷史論述』(臺北: 華藝學術出版, 2016), 1-2쪽.
122 梁其姿,「爲中國醫療史研究請命(代序)」,『面對疾病』(北京: 中國人民大學出版社, 2012), 13쪽.

대한 역사적 시사점과 교훈을 찾아내어, 이를 현대 사회의 의료 문제를 이해하고 해결하기 위한 하나의 실마리로 제시하려는 노력도 진행되어야 할 것이다. 이를 위해서는 실증적 사료를 바탕으로 새로운 방법론을 모색함으로써 의료사를 이론화하려는 시도가 필요하며, 학제 간의 '통합적' 연구를 통해 의료인문학의 토대를 구축하려는 노력도 병행되어야 한다. 이를 통해 우리 사회가 현재 직면하고 있는 다양한 의료적 갈등과 문제에 대한 인문학적 해답을 제시할 수 있을 것이며, 과학과 기술 중심의 의료 속에서 인간 중심의 가치를 정립해 나갈 수 있을 것이다.

일본 의료사
연구 현황과 과제(1990년대 이후)

─연구 주제와 방법 논의 확대와 다양화

김영수 (연세대학교 의과대학 인문사회의학교실 의사학과 연구조교수)

*   이 글은『의사학』29권 2호, 2020에 실린「일본 의학사의 연구동향과 전망: 연구 주제와 방법론의 확대」를 일부 수정 · 보완한 것이다.

1. 들어가며

매일 최고치를 경신하고 있다. 이제는 일상의 한 부분이 되어 버린 코로나19(COVID-19)의 확진자 수에 관한 이야기이다. 코로나19는 2019년 12월 중국 후베이성(湖北省) 우한(武漢)에서 시작한 원인 불명의 폐렴으로, 2020년 한 해 동안 전 세계 곳곳으로 확산되며 유례없는 확진자 수와 사망자 수를 기록했고, 여전히 창궐하고 있다.[1] 여러 제약 업체가 치료제 개발에 박차를 가하고 있고, 앞다투어 백신을 제조하여 국가별로 접종이 시작됐지만, 유효성 검증과 부작용 등의 문제가 발생하고 있어 코로나19의 유행은 쉽사리 끝날 것 같지 않다.

역사상 수차례 유행하면서 문명을 바꿔 놓았던 여러 감염병이 있다. 두창, 페스트 등이 그것이다. 이번 코로나19의 통계에서 확인되듯이, 미국의 경우 코로나19로 인한 사망자가 제2차 세계대전 이후 전쟁으로 인해 발생한 사망자 수를 뛰어넘는다고 하니 이번 유행이 끝나면 코로나19도 인류에

---

1   세계보건기구(WHO)가 집계한 확진자는 2020년 12월말 기준으로 8천만 명, 사망자는 180만 명 넘어섰다. 백신 접종이 시작된 지금도 확진자와 사망자 수는 크게 줄어들지 않고 있다. https://covid19.who.int/

게 큰 영향을 끼친 대표적인 감염병의 하나로 이름을 올릴 듯하다.

이처럼 이번 코로나19의 유행은 유행 이후의 사회와 문화, 체제 등을 변화시킬 가능성이 크다는 점에서 최근에 발생한 감염병 유행과는 다른 차원에서 접근할 필요가 있다. 특히 국지적인 유행이 아닌 전 세계적인 유행이라는 점, 감염 경로가 확실하지 않아 사람들이 영위하던 생활양식을 그대로 유지하기 어렵다는 점 등이 이번 유행의 큰 특징이다. 바꾸어 말하면, 이번 유행으로 지금까지 이어져 온 사회시스템이 그대로 유지되기 힘들고, 불가피하게 향후 일련의 변화가 필요하다는 것이다. 감염병에 대응하는 새로운 사회시스템의 구축은 요원한 가운데, 감염병 전문가와 미디어는 인류사회가 코로나 유행 이전과 이후의 사회로 나누어질 것이라고 하며, 혹자는 인류사적 분기로서의 의미까지 부여하기도 한다.

이번 코로나19의 유행으로 역사상 유사한 사례에 대해 관심이 커지며 인문학 전반에 대한 관심이 증가했다. 21세기에 들어 사스(SARS, 중증급성호흡기증후군), 신종플루(H1N1), 메르스(MERS, 중동호흡기증후군) 등의 신종 감염병이 유행하면서, 연구자뿐만 아니라 일반인들도 의학 지식과 생활 방역의 필요성을 인식하고 감염병의 역사에 관심을 보였다. 한 예로 전 지구적 차원에서 맹위를 떨치고, 중세의 붕괴와 인본주의, 르네상스의 시대를 가져온 이래 수차례 대유행한 페스트를 다룬 다니엘 디포의 『전염병 연대기』, 알베르 카뮈의 『페스트』 등의 고전이 다시금 주목을 받고 있다. 위의 고전은 일본 아마존에서 베스트셀러로 등극했고, 지금까지 일반인 독자에게는 생소하기만 했던 100년 전 일본에서 발생한 감염병에 관한 상세한 기록에도 관심이 쏠렸다. 이것은 일본 내무성 위생국이 작성한 것으로, 1918~1920년에 일본 · 대만 · 조선 등 일본과 그 식민지에서 발생한 스페인 독감의 유행 양상과 이때 실시한 방역행정의 기록이 담겨 있다. 관에서 작성한 행정 문서로, 지역별 유행의 시작, 환자와 사망자 통계 등 사실관계에 기초한 내용을 담고 있음에도 불구하고 책의 수요가 증가하여 이례적으로 중판(重版)을 결정했을 정도이다. 이는 전염병 유행에 대한 국가적, 사회적 대응이 현재 사회가 풀어나가야 하는 최우선 과제가 됨에 따라, 역사적 경험을 통해 코로나 이후의 사회의 변화 양상에 대한 해답을 얻고자 하는 경향이 커지면서 나타나는 현상이라고 할 수 있다.

이러한 관심은 의학사에 대한 관심의 확대로 이어지고 있다. 의학·의료·위생·질병·감염병 등은 특정 학문 분야를 넘어 주목받는 주제가 되었고, 의학·역사학·사회학·경제학 등이 접목되어 다양한 분야에서 논문이 발표되고 있다. 일본에서는 의학과 의료를 주제로 다루는 다양한 연구가 꽤 오래전부터 발표되어 왔다. 한일 간 연구자 교류를 통하여 연구 성과가 간헐적으로 한국에 소개되기도 하였으나, 한국 내의 일본 의학사 연구자들의 저변이 넓지 않아 상대적으로 관심이 적었던 탓에 지금까지 일본 의학사의 연구 동향은 제대로 다루어지지 못했다. 2010년에 발행된 『의사학』 19-1에서 동아시아 의학사 연구 동향을 다루면서 일본 의학사가 소개된 적은 있으나, 이때는 대한의사학회와 한국의사학회의 학회지, 그리고 국내외에서 활동하고 있는 한국인 연구자를 중심으로 그 경향을 살펴보는 데에 그쳤다.[2] 따라서 일본 현지에서 진행되고 있는 연구의 성과는 아직 본격적으로 정리된 적이 없다. 일본과 학문적·인적 교류가 활발해지고, 감염병이라는 인류 공통의 문제가 사회적인 문제로 대두하고 있는 지금, 일본에서 진행되

---

2 신규환, 「동아시아 의학사 연구의 동향과 전망」, 『의사학』 19-1, 2010.

고 있는 의학사의 연구 동향에도 관심을 기울일 필요가 있다.

이에 본 논문은 최근 일본에서 발표된 연구를 중심으로 일본 의학사 연구 동향을 살펴보고자 한다. 일본의 의학사 연구는 연구 전통이 짧지 않음에도 불구하고, 근대적인 학문 구분만으로는 설명이 쉽지 않다. 이는 의학사 연구의 융합적인 특징으로 말미암아 학문 분야를 일컫는 용어가 다양한 것에도 기인한다. 최근 일본 학계에서 의학·의료·위생·질병 등을 다층적으로, 복합적으로 접근하는 학문 영역을 어떻게 표현할 것인지에 관한 논의가 다양하게 이루어지고 있다. 본문에서 이와 관련한 일본 내의 논의를 의학사 연구의 시대적 흐름과 연관 지어 소개하면서 의학사가 지칭하는 연구 범위, 학문 범위의 변화에 대해서 간단히 언급하고자 한다.

연구와 학문 범위에 관한 논의를 전개한 후에 본격적으로 일본 의학사의 연구 동향을 살펴보려고 한다. 상대적으로 연구가 활발히 이루어지고 있는 전근대, 특히 에도시대를 다루는 논문을 중심으로 연구 경향성을 파악하되, 의학과 의료의 문제가 국가 형성과 운영의 주된 요소로 부상하면서 중요성이 배가되었던 근대에 관한 연구를 자세히 다루면서 연구 동향을 정리해 보고자 한다. 이 시기에는 의학과 의료 자체가 목적이자 수단으로 활용되었고, 국가 정책의 일환으로 관련 정책이 실시되면서 각종 데이터가 생산되었기 때문에 관련 연구는 확장성을 지닌다. 관련 연구를 살펴보되, 의학이 비단 의학의 영역에 머물지 않고 역사학·사회학 등과 조우하면서 본격적으로 의학과 의료 영역에 대한 학문적 관심이 표면화되고 확장되기 시작한 1990년대 중후반부터 최근까지의 연구를 중점적으로 분석해 보도록 하겠다.

연구 동향을 파악하기 위해 주로 참고한 학술지는 『사학잡지(史學雜誌)』,

『일본의사학잡지(日本醫史學雜誌)』 등이다. 특히 1889년에 창간된 『사학잡지』는 일본에서 가장 오래된 역사학 학술지로, 일본사뿐만 아니라 동양사와 서양사를 포함한 역사 전반을 아우르는 잡지이다. 매달 발행되는 이 잡지는 도쿄대학교 계열의 연구자가 편찬을 담당하고 있으나, 매년 5월 호로 발간되는 「회고와 전망」 특집은 전년도 국내외의 커다란 사건, 사고와 『사학잡지』에 수록된 논문을 포함한 역사학 · 민속학 · 인류학 등 관련 학문 분야에서 발행된 논문과 단행본을 검토하여 한 해의 경향을 다룬다. 1949년 『사학잡지』 58편 1호에서 「1948년의 역사학계」를 돌아보는 회고와 전망을 게재한 이래 매년 일본 역사학계 전반을 시대별로, 주제별로 정리하고 있어 매년의 연구 동향을 파악하는 데에 도움이 된다. 그리고 『일본의사학잡지』에 수록된 논문의 일부는 『사학잡지』의 회고와 전망에 언급되기도 하나, 별도로 최근 연구 논문을 참고하여 살펴보았다.[3] 추가적으로 한국에서 발표된 일본 의학사 관련 논문도 포함하였다. 한국의 경우, 식민지 시기의 위생 의학을 둘러싼 문제에 관심이 높아, 식민지로 파견된 일본인 관료나 제도 형성 과정에서 나타난 일본의 영향에 초점을 맞춘 연구가 다수 있다. 그러나 여기에서는 이러한 논문은 언급하지 않고, 본격적으로 일본 의학사에 근거한 논문만을 대상으로 하였음을 미리 밝혀 둔다.

---

3 『일본의사학잡지』의 경우, 원저, 연구노트, 자료 등으로 구성되어 있는데, 다른 학술지에 수록된 논문과의 형평성을 확보하고자 원저만 검토 대상으로 삼았다.

2. 의학사 연구의 시기적 변천과 명칭 문제

1) 의학사 연구의 시작부터 1990년대까지

일본의 의학사 연구는 후지카와 유(富士川游, 1865-1940)가 『일본의학사(日本醫學史)』(1904)를 집필한 것에서 시작되었다고 해도 과언이 아니다. 유럽 등지에서 역사에 관한 관심이 확대되고, 의학의 과학화가 이루어지면서 급속하게 발전하던 19세기 중후반에서 20세기에 걸쳐 의학사가 확립되었고, 그 과정에서 후지카와도 일본 의학의 역사를 정리하며 해당 학문 분야를 개척했다. 이후 20세기 전반에 연구를 이끈 인물들은 후지카와와 직간접적으로 관계가 있던 의사들이었다. 따라서 이때는 헨리 지거리스트(Henry Sigerist, 1891-1957)나 에르빈 아커크네이트(Erwin Acherknecht, 1906-1988) 등에 의해 의학의 역사가 정리된 것처럼, 일본에서도 의사를 중심으로 의학의 역사가 정리되었다.

이들은 20세기 전반의 일본 의학사 연구를 주도하면서 이전의 의학자들의 업적을 정리하거나, 질병의 역사 등을 정리하였다. 후지카와나 구레 슈조(吳秀三, 1865-1932) 등 메이지기에 활약한 제1세대 연구자들의 의학사 연구는 전후에도 이어져, 혈청학자이자 동경대 교수인 오가타 도미오(緒方富雄, 1901-1989),[4] 해부학자이자 동경대에서 퇴직한 후 준텐도 대학의 의사학

---

4 오가타 도미오는 오가타 고안(緒方洪庵)의 증손자로, 오가타 고안을 비롯하여 의학자를 배출한 집안의 역사에 많은 관심을 가지며 집안의 계보 및 난학, 두창 관련 연구를 비롯하여, 스기타 겐파쿠(杉田玄白)의 저서를 현대어로 번역하고 주석을 다는 역주 작업을 진행하였다. 또한 학술잡지인 『의학의 발자취(醫學のあゆみ)』의 제1기 편집장을 맡아

교수가 된 오가와 데이조(小川鼎三, 1901-1984), 위생학자이자 동경대 교수 야마모토 슌이치(山本俊一, 1922-2008), 바이러스학자이며 치바 대학 교수 가와키타 요시오(川喜田愛郎, 1909-1996) 등이 초기 일본의 의학사 연구를 이끌어 갔다.[5] 오가와는 『의학의 역사(醫學の歷史)』(1964)를, 야마모토는 일본의 콜레라, 한센병, 매독 등을 둘러싼 질병사 연구서를 출간하였다.[6] 그중에 가와키타는 『근대 의학의 사적기반(近代醫學の史的基盤)』(1977)을 발간하여 1970년대까지의 서구의 의학사 통사를 짚어 냈다. 이 외에도 사카이 시즈(酒井 シヅ, 1935-현재) 등이 에도시대와 관련된 다양한 의학 지식과 질병의 문제를 고찰하는 연구를 지속하고 있다.

1980년대까지는 의사 연구자 중심의 의학사 연구가 계속되었다. 다만, 1960~1970년대에 들어서면서 기존의 의학사 연구와는 다른 목적과 체제를 지닌 연구가 등장했다. 이때 진행된 연구는 동시대의 사회문제를 반영하면서 체제에 대한 비판적인 시선을 드러내는 특징이 있다. 의학사 연구가 시민운동과 밀접한 관련을 맺으며 진행되었던 것이다. 이에 빈곤에 따른 영아 사망률 문제 등을 사회구조와 연관시킨 연구가 진행되었고, 사회운동·좌익 등 당대 사회의 문제의식을 받아들인 연구를 중심으로 의료평론가 등이 등장하여 당대의 의료 체계를 비판하는 움직임이 주류로 나타났다. 그러나 이후 좌익의 쇠퇴 등으로 의료 체제, 의국(醫局) 제도에 대한 비판과 무의촌

활약하였다.

5 鈴木晃仁, 「醫學史の過去·現在·未來」, 『科學史研究』 269, 2014, 28쪽.
6 山本俊一, 『日本コレラ史』(東京: 東京大學出版會, 1982); 山本俊一, 『日本公娼史』(東京: 中央法規出版, 1983); 山本俊一, 『日本らい史』(東京: 東京大學出版會, 1993); 山本俊一, 『梅毒からエイズへ: 賣春と性病の日本近代史』(東京: 朝倉書店, 1994).

진료, 노동자 진료소, 농촌 의학 등을 주로 하는 연구가 힘을 잃게 되면서 새로운 조류가 시작되었다.[7]

　1980~1990년대에는 의학의 역사를 논의하는 방식에 큰 변화가 일어났다. 그때까지의 의학사 연구가 의사에 의해 의학부 내부에서 논의되어 왔다고 한다면, 이때 등장한 의학사는 인문 사회 분야의 연구와 접점이 마련되면서 다양한 학문 분야에서 다양한 목적을 띤 의학사 연구가 진행되었다.[8] 이러한 변화는 영미권을 중심으로 하는 의학사 연구의 변화[9]에 따라 일본에도 유사 영역이 급속하게 확대된 결과라고 할 수 있다.

　기존의 의학사는 19세기 말에서 20세기 초엽까지의 비약적인 의학의 발전을 서술하고, 위대한 의사를 발굴해서 서술하는 데 주된 초점이 맞추어져 있었다. 여기에는 과학기술의 발전을 긍정하는 시선이 깔려 있고, 상대적으로 역사적인 배경을 분석하거나 통계 수치에 대한 객관적인 해석은 중요하게 다루어지지 않았다.[10] 미셸 푸코(Michel Foucault, 1926-1984)의 영향, 신체에 대한 주목, 젠더론 등의 영향과 이전 시대와 비교하여 의료 기술의 진보

7　鈴木晃仁, 앞의 논문, 28쪽.

8　기존에 주로 연구를 주도하던 의사 출신 의학사 연구자 비중이 크게 감소한 것도 한 요인으로 볼 수 있다. 통계조사에 따르면 1960-61년도의 M.D. 의학사 연구자는 52%였으나, 2000-2001년에는 13%로 감소하였다. 月澤美代子, 「複合領域としての醫療史/醫學史/科學史」, 『日本醫史學雜誌』 64-4, 2018, 403쪽.

9　의학사는 19세기 후반의 급격한 의학의 과학화를 정당화하기 위한 의학사, 20세기 초반의 급격한 과학화를 반성하기 위한 교양으로서의 의학사, 20세기 후반의 역사학자들의 유입에 따른 의학의 역사학적인 탐구와 사회운동에 대한 반응 등을 포함하는 의학에 대한 비판적인 연구를 포함하는 의학사 등으로 재해석되어 왔다. Frank Huisman and John Harley Warner eds., Locating Medical History: The Stories and Their Meanings (Baltimore: Johns Hopkins University Press, 2004), pp. 5-7.

10　井本眞理, 「醫療史の可能性-醫學史, 衛生史からの飛躍」, 『文化共生學研究』 10, 2011.

가 더 이상 시대의 상징으로 작동하지 못하면서 의학사는 변용되었고, 외연이 확대되었다. 그 결과, 의학사의 주제는 기존의 의학사 서술에서 중시되던 의학에의 공헌을 다룬 글쓰기만으로는 담아 내지 못하는 의학과 사회와의 관계, 그리고 그 안에서 파생되는 다양한 주제로 확대되었다.

특히 역사학과의 접점은 의학사의 연구 주제와 연구 방법론에 크게 영향을 주었다. 그중에 가장 중요한 측면은 역사학계에서 대두된 국민국가론이다. 1980~1990년대 역사학계에서는 근대국가를 형성하는 개념을 설명하면서 국민에 초점을 두는 국민국가론에 관심이 집중되었다. 이는 전후 일본의 역사 연구에 큰 반향을 일으키는 문제 제기였다.[11] 국민국가론의 대두에 따라 1990년부터 이를 설명하기 위한 학술 대회가 다수 개최되었고,[12] 국가 통합을 위한 각종 장치인 국민 신체에 대한 국가의 개입, 위생(제도), 질병 통제 등을 키워드로 이를 분석하려는 경향성이 두드러지게 나타났다.[13]

의학과 역사학 내부에서 일어난 변화의 흐름은 학계에 의학·의료·질병

---

11 일본의 전후 역사학은 황국사관이 붕괴한 후에 국민을 대상으로 새로운 국사, 즉 일본사상(像)을 창출하는 것이 본인의 책임이라고 자각한 역사학자들의 움직임에서 시작됐다. 그 후 역사학연구회, 역사과학협의회, 일본사연구회 등의 학술단체가 거점이 되어 아카데미즘과 운동을 두 개의 축으로 하여 전후 일본에 강한 영향력을 가지고 국민의 역사의식 형성에 큰 힘을 발휘했다. 전후 역사학에서는 과학적 역사학이 주창되었고, 마르크스주의적인 유물사관이 주효했다. 역사발전의 기본단위는 일국사였고, 1970년대 이후 사회사나 민중사의 등장을 계기로 변화하기도 하였으나, 이러한 이론체계는 1980년대까지 유지되었다. 이러한 기반이 흔들리게 된 것은 동구 혁명 및 소련의 붕괴 등 세계사적 동요와 맥을 같이 했다. 加藤千香子, 「國民國家論と戰後歷史學: 「私」論の可能性」, 『立明館言語文化研究』 27-1, 2015, 129쪽.
12 加藤千香子, 위의 논문, 130쪽.
13 成田龍一, 「身體と公衆衛生-日本の文明化と國民化」, 歷史學研究會編, 『講座世界史 4 資本主義は人をどう變えてきたか』(東京: 東京大學出版會, 1995).

통제 등을 다각도에서 분석해야 한다는 연구의 필요성을 인식시켰고, 그 결과물의 의미에 중요성을 부여하였다. 이것은 의학·의료·질병·위생 등을 프리즘 삼아 사회를 바라보고, 역으로 이를 통해 의학 역사의 발전과 변화를 다루는 쪽으로 진행되었다. 1990년대 이후 의학사 연구는 각국사뿐만 아니라, 민속학·문화인류학·문학·사회학 등과의 접점 속에서 연구가 확대되어 갔다.

2) 다학제적 접근과 학문 분야 명칭을 둘러싼 논의

의학사의 변용으로 다양한 연구가 진행되면서 해당 학문을 무엇이라고 명명할 것인지에 대한 논의가 진행되었다. 의학, 의료, 위생, 질병 등의 주제를 다양한 각도에서 다루는 학문 분야를 어떻게 부를 것인지에 대한 공적인 합의를 도출하는 것은 쉬운 작업이 아니다. 연구 대상을 크게 나누자면 의학의 역사, 실천으로서의 의료의 역사, 환자의 경험을 중시하는 병과 건강의 역사, 인체에 발생하는 현상으로서의 질병의 역사 등으로 구분된다. 또한 각각의 연구는 의학·의료·환자·질병 등의 주제를 어떠한 관점에서 다룰 것인지에 따라 도출되는 결론이 달라지고, 각각의 소재 간의 관련성을 어떠한 입장에서 파악할 것인지도 연구자의 관심사에 따라 크게 변화한다. 이는 의학·의료·과학 등은 모두 실천의 현장을 가지고 있는 영역으로, 실천의 현장이 끊임없이 변하는 것에 기인한다.[14]

한국에서도 의사학이냐, 의학사냐, 의료사냐 하는 명칭에 대한 의견과

---

14 月澤美代子, 앞의 논문, 403쪽.

해석이 분분하다. 여기에서 더 나아가 의학의 문제를 어떠한 시각에서, 어떠한 방법론을 활용하여 분석할 것인지에 대해서도 다양한 의견이 존재한다.[15] 이 연구 영역이 더욱 복잡성을 띠게 된 원인 중의 하나는 역사학·의학·사회학 등 각각 다른 방법론을 추구하는 학문 분야에서 의학과 의료를 둘러싼 문제를 다루면서, 이를 연구 주제를 설명하기 위한 하나의 소재로 활용하는 경우가 많았던 데에 기인한다. 일본에서도 비슷한 상황이 일어나고 있어서 최근 이 학문 분야의 명칭을 어떻게 설정하고, 어떤 연구 영역을 확보해 나아갈 것인지에 대해 논의가 진행되고 있다.

감염병 통제를 통한 근대 의료의 제도화를 다룬 이이지마 와타루(飯島涉)는 새로운 시각에서 의학과 의료의 문제에 접근하고 있는 연구를 '의료사회사'라고 명명했다. 이 용어는 익숙하지 않아 의학사나 의사학으로 오해되는 경우가 많고, 의학사와의 경계와 차이를 서술하기가 쉽지 않다고 밝히면서도 의료사회사의 가장 큰 특징을 다음과 같이 서술하였다. 의학사가 의학·의료·공중위생 그 자체를 논한다고 한다면, 의료사회사는 의학·의료·공중위생을 둘러싼 정치·경제·문화 등에 초점을 맞춘 것이라고 말이다.[16]

최근 정신의학에 대한 의료인문학적 접근을 시도하는 스즈키 아키히토(鈴木晃仁)는 의료사, 의사학, 의학사 등의 후보군을 두고 설명하면서 각각

15 『의사학』의 잡지명에서도 볼 수 있듯이 한국에서는 의사학과 의학사라는 용어가 혼재되어 사용되고 있다. 다만, 최근의 경향으로 보면, 해당 학문분야를 일컫는 용어로 의학사라는 용어를 더 보편적으로 사용하고 있는 것으로 보인다. 최근에 의사나 의술의 발전을 다루는 연구가 아닌 의학의 사회적 측면을 반영한 연구 동향을 일컬어 의료역사, 의료사회사 등의 용어가 등장하기 시작했다.
16 飯島涉,「「醫療社會史」という視角-20世紀東アジア·中國を中心に」,『歷史評論』787, 2015, 50쪽.

의 차이를 설명하였다. 의료사(醫療史)는 의사와 환자의 쌍방을 포함하는 의미의 새로운 '의(醫)의 역사'라는 측면이 주된 흐름이기 때문에 임상에 특정하고 있는 듯한 표현이고, 의사학(醫史學)은 순수한 의미로 본다면 history of medicine의 가장 적절한 번역어로, 일본의사학회도 이 명칭을 사용하고 있기는 하나, 의사학회를 벗어나면 별로 사용되지 않는다고 하였다. 실제로 의사학과 의학사의 검색어 비중을 살펴보면, 의학사가 단연 높게 나타난다는 점을 언급했다. 의학사라고 하면 협의의 학문적인 성과로서의 의학의 역사를 지칭한다고 오해받기 쉽지만, 그것은 연구자의 의식과 성과에 의해 정정되어야 할 사안이라고 의견을 표명하며, 의학사라는 용어를 채택했다.[17]

한편, 이모토 마리(井本眞理)는 「의료사의 가능성─의학사, 위생사로부터의 비약」이라는 논문에서 엿볼 수 있듯이 의료사를 의학사와 위생사를 포함하는 더 큰 학문 영역으로 설명했다. 이모토는 근대 의사직의 형성과 그들의 활동을 다루는 연구를 의학사로 보고, 여기에 사회사의 영향력이 작용하여 의료사로 확대되어 간다고 보았다. 의학사와는 별개의 줄기로 국가에 의한 신체 관리와 위생 정책의 시행이라는 점에 초점을 둔 연구를 위생사라고 명명하여, 이 두 개의 연구 영역이 의료사 분야를 구성하는 것으로 파악하였다.[18]

준텐도 대학의 쓰키사와 미요코(月澤美代子)는 의학사 연구의 역사에는 다양한 입장이 교차하고 있다고 밝히며, 의학의 하부 학문 영역(sub-discipline)인 의학사의 방법론[捉える見方]과 역사학의 일부로서의 의학사

---

17 鈴木晃仁, 앞의 논문, 27쪽.
18 井本眞理, 앞의 논문 참조.

의 방법론은 공존하면서도 때로는 미묘한 불협화음을 내어 왔다고 이야기
했다. 그럼에도 불구하고 일본의사학회 내에서 전통 의학의 문헌 연구라는
협의의 '의사학'부터 '의료사/의학사' 연구자들까지 다양한 입장이 조화롭게
어울리고 있다고 현재 학회의 동향을 밝혔다. 쓰키사와는 의료사/의학사/
과학사는 자립적인 학문 영역(discipline)이며, 복수의 방법·입장·시점이
공존 가능한 '다원적 공존(pluralism)'의 세계라고 주장하였다.[19]

　이처럼 일본에서는 구미권의 의학사 연구의 변화와 맥을 같이하며, 다변
화하고 확장된 연구 영역을 설명하기 위해 기존의 의사학과 의학사뿐만 아
니라 의료사회사, 의료사 등의 용어가 등장하였음을 확인할 수 있다. 용어
는 상이하지만, 공통적으로 해당 연구가 의학이나 역사학이라는 전통적인
학문 분야와는 별개의 학문 영역이라는 점을 인정하고, 의학 발전의 역사
를 다루던 협의의 의학사가 아닌 확장된 학문 영역을 어떻게 담아낼 것인지
에 대한 고민이 담겨 있다. 여전히 연구 방법론에 대한 합의는 도출되지 않
았지만, 다양한 학제에서 접근하는 연구가 진행되면서 기존의 의학사 연구
와는 차별성을 강조하는 의료사나 의료사회사 등의 용어도 등장했다. 이들
용어는 새로운 '의(醫)의 역사'를 강조하고, 의학·위생·질병 자체에 관한
연구보다는 그로 인해 촉발되는 정치·경제·사회·문화적인 변화와의 상
호 관련성에 초점을 맞추고 있다. 다만, 이러한 용어는 최근 의학사 연구의
새로운 경향성을 설명하고는 있으나, 스즈키가 언급한 것과 같이 해당 학문
영역을 표현하는 보편적인 용어로 정착될 것 같지는 않다. 왜냐하면 의학사
가 이미 뿌리 깊게 자리 잡고 있기 때문이다. 다만, 협의의 의학사 연구와 차

19　月澤美代子, 앞의 논문, 406쪽.

별성을 나타내기 위한 용어의 해석 문제는 남아 있어 당분간 용어를 둘러싼 논의는 지속될 것으로 보인다.

3. 1990년대 이후 일본 의학사의 연구 동향

1) 전근대 의학사 연구 동향

다음으로 최근 의학사의 연구 동향을 살펴보도록 하겠다. 그중에서도 먼저 전근대 의학사의 연구 흐름을 파악해 보도록 하겠다. 1990년대 중반 이후, 전근대 시기 중에서도 에도시대를 중심으로 활발한 연구가 이루어지고 있다. 에도시대 연구에 관해서는 '에도학(江戸學)'이라는 용어가 있을 정도로 당대 사회 연구가 활발하다. 『사학잡지』의 「회고와 전망」에서 이 시기를 다룰 때 집필자가 에도시대의 사회·문화 분야 안에 거의 매년 의학·의료라는 항목을 설정하여 연구 논문을 소개하고 있을 정도로 꾸준히 논문이 발표되고 있다. 주로 다루어지는 주제는 의자(醫者) 및 유학(儒學)·난학(蘭學) 연구, 도시 연구, 감염병 정보의 전파 등이다.

주된 흐름 중 하나는 의사라는 계층, 직군에 주목하고 있다는 점이다. 에도시대에 번(藩)별로 지역별로 다양한 형태의 의사가 존재했음을 확인하고, 번의(藩醫)·재촌의(在村醫)·정의(町醫) 등 존재 형태에 따라 그들이 상호 간에 그리고 사회와 어떻게 관계를 정립해 나아갔는지에 관한 연구가 진행되었다. 각 지역에 분포하는 의사들의 계급 관계와 의술을 중심으로 하는 연구,[20] 재촌의를 중심으로 하는 연구,[21] 데이터 분석을 통해 의사상(像)을 보여주는 연구,[22] 각 번(藩)에 속해 있는 의사의 존재 형태[23] 등을 다루는 연구가 그것이다. 또한 의사 개인의 유학(遊學)과 활동을 다루는 연구[24]나, 에도 말기 제도의 변화 속에서 이에 대응하는 한 가문의 역할과 의의를 탐구하는 논문,[25] 1874년 의제 확립 이전의 막말(幕末) 의사 신분의 상황과 변용을 고찰한 논문[26] 등도 꼽을 수 있다.

다음으로 의료 환경에 관한 연구도 다양하다. 이에 대해서는 재촌(在村) 의료를 분석하여 의사 수의 증가와 의술과 주술과의 병존 등을 그려 낸 연구,[27] 치료를 받는 자가 어떻게 의사를 선택했고, 그들이 주체가 되어 각종

---

20 川鍋定男,「江戸時代, 甲州における醫者と醫療意識」,『山梨縣史研究』7, 1999; 竹下喜久男,「熊本藩における華岡流醫師の動向」,『鷹陵史學』25, 1999; 張基善,「幕醫・藩醫の社會的地位に關する基礎的考察」,『國史談話會雜誌』48, 2007b.

21 青木歲幸,『在村蘭學の研究』(京都: 思文閣出版), 1998; 海原亮,「彦根藩醫學寮の設立と藩醫中」,『論集きんせい』23, 2001; 海原亮, 海原亮,「知識・技術の所有と身分」,『部落問題研究』76, 2006.

22 岩下哲典,「尾張藩『御醫師』の基礎的研究(上)」,『德川林政史研究所研究紀要』34, 2000; 岩下哲典,「尾張藩『御醫師』の基礎的研究(下)」,『德川林政史研究所研究紀要』36, 2002.

23 上野周子,「紀州藩の醫療政策と地域社會」,『三重大史學』7, 2007; 張基善,「仙台藩における諸醫師とその把握・動員」,『歷史』109, 2007a.

24 長田直子,「幕末期在村における醫師養成の實態」,『論集きんせい』24, 2002; 梶谷光弘,「在村醫の蘭學修業とその影響について」,『山陰史談』30, 2002; 平野惠,「植木屋柏木吉三郎の本草學における業績」,『MUSEUM』577, 2002; 深瀬泰旦,「緒方洪庵と添田玄春」,『日本醫史學雜誌』49-1, 2003a; 深瀬泰旦,「西洋醫學所醫師添田玄春の長崎留學」,『洋學』11, 2003b; 深瀬泰旦,「江戸幕府寄合醫師 添田玄春の醫學と醫療」,『日本醫史學雜誌』60-3, 2014.

25 田嶋哲郎,「錦小路家門人の一形態」,『愛大史學』10, 2001.

26 海原亮,「醫療環境の近代化過程」,『歷史評論』726, 2010.

27 細野健太郎,「18世紀における村社會と醫療」,『關東近世史研究』62, 2007.

의료 수단을 취하는 것이 가능했던 에도의 의료 환경을 보여주는 연구,[28] 양생소가 임상 면에서는 의학의 거점이었다는 연구,[29] 난방(蘭方) 의사의 양적 확대에 따른 사회 기반으로서의 의료 문제,[30] 난학의 확대에 따라 의료 환경이 변화되는 모습,[31] 난방(蘭方) 의학이 지역에 침투하는 모습,[32] 에도 의학관의 임상 교육의 목적이 변화되는 양상,[33] 의학 교육과 의료 정책[34] 등에 관한 연구가 진행되었다.

에도시대에는 많은 수의 의사가 존재했고, 그들의 존재 형태도 다양했다. 이에 따라 의사 개인이나 그들의 지위나 의술 활동 등에 초점을 맞추는 연구가 진행되었고, 시기에 따른 그들의 지위 변화에 관한 고찰이 이루어졌다. 또한 의사와 그 집단의 다양한 존재 형태에 초점을 맞추면서 지역별로 상이했던 의료 환경을 구현해 내거나, 에도 후기에 점차 세를 키워 간 난방 의학이 각 지역으로 침투하면서, 의료의 형태가 달라져 가는 모습을 그려

---

28 竹下喜久男, 「摂津北部一豪農の醫療への關わり」, 大阪大學文學部日本史研究室編, 『近世近代の地域と權力』(大阪: 清文堂出版, 1998); 海原亮, 「近世後期在村における病と醫療」, 『史學雜誌』 190-7, 2000.

29 岩渕佑里子, 「寬政~天保期の養生所政策と幕府醫學館」, 『論集きんせい』 22, 2000.

30 岸野俊彦, 「近世醫療都市名古屋と尾張藩社會」, 岸野俊彦著, 『尾張藩社會の文化・情報・學問』(大阪: 清文堂出版, 2002).

31 海原亮, 「醫療知識の移動と普及」, 『ヒストリア』 213, 2009.

32 細野健太郎, 「近世後期の地域醫療と蘭學」, 『埼玉地方史』 43, 2000; 細野健太郎, 「幕末明治初期の埼玉縣域における種痘の樣」, 『國立歷史民俗博物館研究報告』 116, 2004; 酒井耕造, 「會津藩における種痘の普及と民俗」, 『國立歷史民俗博物館研究報告』 116, 2004; 小川亞彌子, 「長州藩における牛痘種痘法の導入と普及」, 『國立歷史民俗博物館研究報告』 116, 2004.

33 町泉壽郎, 「江戸醫學館における臨床教育」, 『日本醫史學雜誌』 59-1, 2013.

34 海原亮, 「都市大坂の醫療文化と町觸規則」, 塚田孝編, 『近世大坂の法と社會』(大阪: 清文堂出版, 2007).

내어 점차 의료 환경이 변해 가는 모습을 담아내는 연구도 진행되었다.

이 외에도 감염병에 관한 연구도 전근대 의학사 연구의 중요한 흐름으로 볼 수 있다. 감염병의 유행과 그 다양한 대응 양상을 분석한 연구[35]를 비롯하여, 각종 감염병을 제도 및 사회와의 관계 속에서 그려 낸 연구가 주된 연구이다. 두창과 관련해서는 종두법이 전파되는 과정에서 오사카의 제두관(除痘館)의 역할과 지역사회 의사들의 우두법을 보급하기 위한 활동을 담아낸 논문[36]이 있다. 이 외에도 매독 연구를 들 수 있다. 신체적인 변형이 일어나고, 기능장애를 가져오며, 부부간·모자간의 감염 문제 등이 발생하여 사회적으로 문제시되었으나 결정적인 치료법이 없어 만연했던 매독에 관한 연구는 에도시대부터 근대까지를 연속선상에서 다루었는데, 관련 연구는 에도시대 의학서에서 보이는 매독관·치료법·양생론을 비롯하여 매독의 근대적 치료법·매독 검사·매독 병원, 살바르산 요법 등을 폭넓게 다루었다.[37] 또한 매독의 국민병화와 근대 의료경찰제도의 흐름을 설명한 연구[38] 등도 눈에 띈다. 매독 연구는 전근대에도 그 이후에도 지속적으로 국가적·사회적으로 문제가 된 감염병이었다는 점에서 전근대와 근대의 연속선상에서 진행되고 있음을 확인할 수 있다. 이와 함께 의학과 질병에 관한 비교적

---

35 松木明知,「幕末の弘前藩における疱瘡流行と牛痘普及の實態」,『日本醫史學雜誌』43-1, 1997; 小林茂,「近世の南西諸島における天然痘の流行パターンと人痘法の施行」,『歷史地理學』197, 2000; 前川哲朗,「疱瘡・コレラの流行と對策」,『市史かなざわ』6, 2000; 鈴木則子,「江戶時代の痲疹と醫療」,『日本醫史學雜誌』50-4, 2004.

36 淺井允晶,「適塾と除痘館」, 有坂隆道・淺井允晶編,『論集 日本の洋學』IV (大阪: 淸文堂出版, 1997); 淺井允晶,「種痘舍の成立と明石天民」, 網干善教先生古稀記念會,『網干善教先生古稀記念考古學論集』, 1998.

37 福田眞人, 鈴木則子編,『日本梅毒史の研究』(京都: 思文閣出版, 2005).

38 宮崎千穗,「ロシア艦隊醫が描いた幕末長崎の醫學的風景」,『歷史學研究』882, 2011.

협의의 의학사 연구도 지속되었다. 에도의 눈병 치료,[39] 의사별 의술에 관한 연구,[40] 정신병자 연구[41]를 통해 에도시대의 복지의 일면을 보여주는 연구,[42] 중국과 일본의 의학의 차이를 짚어 낸 연구[43] 등이 그것이다.

　에도시대를 중심으로 하는 전근대의 의학사 연구는 시기별로 연구 경향이 달라진다기보다는 몇 가지 주요 테마를 중심으로 꾸준히 연구가 진행되고 있다는 점을 확인할 수 있다. 이는 전근대 의학사 연구가 의가(醫家) 문서의 발굴과 해독에 오랜 시간을 할애해야 하는 사료 분석을 바탕으로 이루어지기 때문이라고 할 수 있다. 이에 따라 상대적으로 제한된 연구자 사이에서 의학, 의료, 질병을 다루는 경향이 보인다. 다만, 점차 전근대 의학사 연구에서도 의사 개인의 의학 연구와 활동을 중심으로 분석하는 연구 이외에 의사 수의 확대와 그에 따른 의료 환경의 변화를 그려 내는 등의 사회사적인 접근이 이루어지고 있어, 향후 이와 같은 방향성을 지닌 연구 논문이 발표될 것으로 보인다.

39　海原亮,「江戸の眼病療治」, 東京大學大學院人文社會係研究科・文學部日本史學研究室 編,『近世社會史論叢』(東京: 東京大學大學院人文社會係研究科・文學部日本史學研究室, 2013).

40　松木明知,「華岡青洲の痲醉法の普及について」,『日本醫史學雜誌』42-3, 1996; 高橋克伸, 「華岡流外科を學んだ門人たちの手術記錄について」,『和歌山市立博物館研究紀要』27, 2013.

41　板原和子・桑原治雄,「江戸時代後期における精神障害者の處遇(1)」,『社會問題研究』 48-1, 1998; 板原和子・桑原治雄,「江戸時代後期における精神障害者の處遇(2)」,『社會 問題研究』49-1, 1999a; 板原和子・桑原治雄,「江戸時代後期における精神障害者の處遇 (3)」,『社會問題研究』49-2, 1999b; 板原和子・桑原治雄,「江戸時代後期における精神障 害者の處遇(4)」,『社會問題研究』50-1, 2000.

42　妻鹿淳子,「病者收容施設としての牢屋數」,『岡山縣立記錄資料館紀要』5, 2010.

43　館野正美,「吉益東洞の醫術と藥劑觀」,『生活文化史』58, 2010.

2) 근대 의학사 연구의 흐름과 주요 주제

근대 의학사 연구는 에도시대를 중심으로 하는 전근대 연구와는 달리 복잡성을 띤다. 1990년대 중반에는 전후 50년을 맞이하여 태평양전쟁의 역사적 평가, 국민국가론에 대한 성찰이 이루어지면서 국민과 국가를 단위로 하는 역사와는 달리 다양한 시점에서 역사를 풀어내는 방법이 시도되었다. 여전히 '국민'의 창출이 중심 주제이기는 하지만, 국민에 초점을 두다 보니 국민에서 배제되어 버리는 마이너리티에도 관심을 갖게 되어 관련 연구가 진행되었고, 이와 동시에 균질적인 국민국가의 허구를 파헤치려는 시도도 이루어졌다.[44] 또한 2000년대 초 제국론이 유행하면서 국민국가론과 결합하여 제국 일본의 성립과 국민의식, 타자의식에 대한 문제의식이 대두되었다. 시기별로 각기 다른 주제가 등장하면서 논점을 달리하는 연구가 동시다발적으로 진행되었으나, 1990년대를 지나 2000년대 이후까지 의학사를 관통하는 큰 주제는 대부분 국민국가론의 영향 아래에서 이루어졌다.

근대 의학사에서는 크게 근대 서양 의학의 도입과 새로운 형태의 의사의 등장, 근대 의학의 소비, 위생 행정, 방역 대책, 감염병, 격리와 배제 등이 주된 테마로 등장한다.

우선, 근대 의학 교육을 받은 의사에 관한 연구를 꼽을 수 있다. 관련 연구는 1960~1970년대에 후지카와 유를 필두로 의학사를 정리하는 과정에서 근대 서양 의학 교육을 받은 의사들의 역할을 부각시키는 과정에서 시작되었다. 일본의 근대 의학은 에도시대에 축적된 난방(蘭方)을 기초로 하여 독

---

44 小森陽一ほか編, 『岩波講座 近代日本の文化史 4 感性の近代』(東京: 岩波書店, 2002).

일 등에서 근대 서양 의학을 도입한 것에서 시작되었다. 이는 일본의 의료 체계에 극적인 변화를 가져온 사건이었기 때문에, 서양 의학 교육을 받은 의사의 배출과 그들을 정의하는 새로운 자격 규정, 사회적 지위와 실제 활동, 그들을 기초로 하여 형성된 의료 제도에 관한 연구는 중요한 테마가 되었다.[45] 이러한 흐름에 이어서 근대 서양 의학 교육을 받은 의사와 의학교에 관한 연구[46]가 지속되고는 있지만, 최근의 연구 관심은 의사 자체에 관한 것보다는 서양 의학 도입 이후 그들을 바탕으로 메이지 시기의 위생 행정이 어떻게 형성되었는지에 대한 부분에 초점이 맞추어져 있다.

의사와 의료인 개인에 관한 연구는 많이 이루어지고 있지 않지만, 의사와 근대 의학에 대한 새로운 시각을 제시하는 연구는 진행되고 있다. 의사와 의료인에 관한 연구 중에 흥미로운 부분은 전근대와 근대 의학에 대한 평가와 실제 활동한 의사의 존재 형태, 그리고 근대 의학의 출발점에 관한 연구라고 할 수 있다. 일반적으로 근대 의학과 의사에 관한 연구에서는 전통 의학에 대비시켜 근대 의학의 학문적인 우월성을 바탕으로 메이지 정부 주도의 근대 서양 의학으로의 전환, 근대 서양 의학을 배운 의사들의 전국적 배치와 국가 의료 행정의 담당 등을 강조한다.

그러나 최근 연구는 이와 같은 변화가 일괄적으로 이루어지지 않았다는 점을 보여준다. 한 연구는 관련 정책이 적극적으로 시행되고 있을 당시 활동했던 의사의 형태를 살펴보면서 일반적으로 연구에서 언급하고 있는 것

---

45 川上武, 『現代日本醫療史』(東京: 勁草書房, 1965); 菅谷章, 『日本醫療制度史』(東京: 原書房, 1976); 布施昌一, 『醫師の歷史—その日本的特長』(東京: 中央公論社, 1979).

46 唐澤信安, 「濟生學舍廢校後の各種講習會及び私立東京醫學校・私立日本醫學校」, 『日本醫史學雜誌』41-1, 1995.

처럼 의사 집단이 근대 서양 의학을 전공한 의사로 급격히 전환된 것이 아니라고 지적하였다. 즉, 서양 의학과 한방의학 양쪽의 지식을 받아들인 절충의(折衷醫)의 형태가 많았다는 점을 보여주며, 지금까지 그려 왔던 메이지 초기 의사의 존재 형태에 새로운 시각을 제시하였다.[47] 또한 남성들만이 의사라는 이름으로 불리던 메이지 초기, 의사 면허 시험을 치르지 못해 의사로 불리지는 못했지만, 여러 임산부들을 살려 낸 여의(女醫)의 활동을 다룬 연구도 진행되어 근대적인 의사 면허 제도가 확립되기 이전의 의료 활동의 일면을 엿볼 수 있다.[48] 그 이후 의사 면허 제도의 변화에 따라 근대적 여의(女醫)가 탄생하고, 그들의 수와 활동이 확대되어 가는 모습에 주목하는 연구[49]도 이어져, 이들 연구를 통해 시기별 여의의 존재 양태와 활동을 파악할 수 있다. 또한 일본의 근대 의학은 메이지 정부가 독일식 의학과 의료 체제를 받아들여 추진해 나아갔기 때문에 그 시작을 1870년대로 보는 경향이 일반적이지만, 이에 반론을 제기하는 연구가 발표되었다. 이 연구는 에도시대에 데지마를 통하여 서양의 의학 지식을 흡수한, 규슈를 중심으로 하는 다수의 난방의들의 활약을 다룬 것으로, 19세기 중반 종두의(種痘醫)의 확대와 근대 의학의 수용과의 관계 속에서 근대 의학의 기원을 둘러싸고 새롭게 문제 제기를 시도하였다.[50]

47 馬場義弘,「近代的醫師制度の成立と一般開業醫の動向について」,『歷史科學』131, 1993.
48 田中ひかる,『明治を生きた男裝の女醫-高橋瑞物語』(東京: 中央公論新社, 2020).
49 三崎裕子,「「近代的明治女醫」誕生の經緯と背景」,『日本醫史學雜誌』61-2, 2015; 福嶋正和・藤田慧子,「大正女醫の動向」,『日本醫史學雜誌』62-4, 2016.
50 青木歲幸・大島明秀・W. ミヒェル編,『天然痘との闘い-九州の種痘』(東京: 岩田書院, 2018).

아울러 의사의 불균형 배치에 관한 새로운 시각을 도출하는 연구도 이루어졌다. 의사의 도시집중 문제는 근대사회의 큰 문제로 지적되어 왔고, 지금까지는 그 이유를 자본주의적인 시각에서 찾았다. 즉, 기존의 연구에서는 의사가 도시에 집중하여 개원하고, 농촌을 기피하여 무의촌이 생겼다고 파악하여 농촌에서 일정한 수입을 확보할 수 없기 때문에 무의촌이 만들어진다고 하는 자본주의 논리에 의해 이 문제가 다루어졌다. 그러나 최근 연구에서는 지역 편차가 생기는 원인을 대학을 졸업한 의사가 병원을 선호하는 데에 있고, 사람들이 '도시' 수준의 고도의 의료 서비스를 받고자 하는 욕구에 있다고 지적하여, 무의촌의 문제가 단순히 의사의 영리 추구에서 비롯되는 것은 아니라는 점을 새롭게 밝혀냈다.[51]

이 외에 근대사회를 구축해 나아가는 과정에서 의료와 위생의 중요성과 관련 정책, 즉 근대의 의료 위생 행정의 형성을 다루는 논문이 다수 등장했다. 역사학계에서 위생에 관한 연구는 1990년대에 주목을 받으면서 역사학연구회가 펴낸 『강좌 세계사 4』(1995)에 공중위생에 관한 논문[52]이 수록되고, 1997년 역사학연구회대회의 근현대사부회에서 '근대사회시스템으로서의 공중위생'이 중심 주제로 상정되어 토론이 진행되기도 했다.[53] 사회 공공

51 猪飼周平, 「近代日本醫療史における開業醫の意義-病院の世紀の論理による醫療史再構成に向けて」, 佐口和郎・中川清編著, 『講座 社會福祉2 福祉社會の歷史-傳統と變容』(京都: ミネルヴァ書房, 2005); 猪飼周平, 『病院の世紀の理論』(東京: 有斐閣, 2010); 高岡裕之, 「醫療問題の社會的成立-第一次世界大戰後の醫療と社會」, 『歷史科學』 131, 1993; 井本眞理, 앞의 논문.
52 成田龍一, 앞의 논문.
53 成田龍一, 「書評 小林丈廣著 『近代日本と公衆衛生-都市社會史の試み』(東京: 雄山閣出版, 2001年)」, 『部落解放研究』 141, 2001.

의 이익에 근거하여 사람들에게 규범을 요구하고, 그들을 일정한 틀에 맞춰 넣으려는 정치적인 통치 수단의 일환으로 공중위생이 실시되었기 때문에 관련 연구는 국가의 국민 신체 관리, 그리고 그 관리를 위해 도입한 수단과 제도 등에 관한 연구가 주를 이루고 있다.[54] 여기에는 일본이 국민국가를 형성해 나아가는 과정에서 근대적 규율의 대상으로 등장한 신체, 감각, 가족 등에 대한 이해가 변화하였음을 규명하고자 하는 사회적 신체-문명화-국민화의 연관성에 대한 이해가 깔려 있다.[55]

이와 관련하여 공중위생의 정비와 관련 규칙을 다룬 연구를 언급할 수 있다. 위생 행정은 질병의 유행을 예방하고, 건강한 신체를 만들어 내기 위한 조치이다. 따라서 위생 행정에 관한 연구는 특히 감염병 발생과 그에 대한 대책의 결과에서 도출되는 경우가 많았다. 콜레라·페스트·두창 등의 유행에 따른 방역 대책의 결과, 전염병 예방법이 전국적으로 법제화되었다는 내용 등이 여기에 속한다.[56] 이들 연구가 전염병 발생에 따른 방역 사업의 결과로 의료 위생 행정의 모습을 그려 냈다고 한다면, 다음의 연구는 메이

---

54 大日方純夫,「日本「國民國家」と衛生システムの成立」,『人文學報』287, 1998.
55 成田龍一, 앞의 논문(1995); 阿部安成,「健康, 衛生, あるいは病という歷史認識」,『一橋論叢』116-2, 1996b, 423쪽.
56 小島和貴,「我が國近代醫療行政の形成」,『慶應義塾大學大學院法學研究科論文集』36, 1995; 笠原英彦,「明治10年代における衛生行政」,『法學研究: 法律·政治·社會』70-8, 1997; 笠原英彦,「近代日本における衛生行政の變容」,『法學研究: 法律·政治·社會』73-4, 2000; 長野浩典,「大分縣における明治12年のコレラ流行と民衆」,『大分縣地方史』85, 1997; 山本志保,「明治前期におけるコレラ流行と衛生行政-福井縣を中心として」,『法政史學』56, 2001; 竹原萬雄,「明治10年代におけるコレラ豫防と地域社會」,『日本歷史』681, 2005; 廣川和花,「近代大阪のペスト流行にみる衛生行政の展開と醫療·衛生環境」,『歷史評論』726, 2010; 遠城明雄,「傳染病·都市社會·衛生組合-明治期の仙台を事例として」,『史淵』152, 2015.

지기 초중반에 집중적으로 이루어진 위생 행정 개념과 내용의 전환을 살펴보고 있다. 나가요 센사이(長與專齋)에서 고토 신페이(後藤新平)로 이어지면서 근대 일본의 위생 행정이 실시되어 가는 가운데, 전염병에 대한 대책, 중앙과 지방의 위생 행정의 시행과 궤도 수정, 환경 위생에 대한 관심 등을 다룬 연구가 그것이다. 연구를 통해 이 시기에 위생 행정의 주체로 경찰이 부상하고, 자치 위생이 좌절되는 일본의 위생 행정의 변화 양상을 읽어 낼 수 있다.[57] 아울러 위생 행정 정비의 일환으로 제도화된 간호부, 산파 규칙 제정에 관한 연구도 일부 진행되었다.[58]

정부 차원에서 진행된 의료 위생 행정의 형성뿐만 아니라 중앙이나 지방의 위생 행정 기관의 결성에 대해서 다루는 연구와 중앙과 지방에서의 의료 행정의 상황을 다루는 연구도 발표되었다. 주된 연구로는 콜레라 유행 당시의 현(縣)지방위생회의 활동이 일본의 지방위생회의 원형이 되었다는 연구,[59] 내무성 위생국, 중앙위생회와 대일본사립위생회 등의 결성을 논한 연구,[60] 콜레라 유행에 따라 각지에 설립된 위생 조합에 관한 연구[61] 등을 들 수

57 大日方純夫, 『日本近代國家の成立と警察』(東京: 校倉書房, 1992); 笠原英彦, 『日本の醫療行政』(東京: 慶應義塾大學出版會, 1999); 竹原萬雄, 「明治初期の衛生政策構想」, 『日本醫史學雜誌』 55-4, 2009; 笠原英彦・小島和貴, 『明治期醫療・衛生行政の研究』(京都: ミネルヴァ書房, 2011).

58 高橋みや子, 「山形縣における近代産婆制度成立過程に關する研究-明治32年までの産婆規則類の制定を中心に」, 『日本醫史學雜誌』 47-4, 2001; 平尾眞智子, 「大正4(1915)年制定の「看護婦規則」の制定過程と意義に關する研究」, 『日本醫史學雜誌』 47-4, 2001.

59 市川智生, 「近代日本の開港場における傳染病流行と外國人居留地」, 『史學雜誌』 117-6, 2008.

60 吉川美佐, 「明治初期段階における近代醫療體制の構築過程」, 『京都女子大學大學院文學研究科研究紀要 史學編』 7, 2008.

61 中澤惠子, 「明治期の農山漁村における衛生組合の設置目的と役割」, 『千葉縣史研究』 17,

있다.

그리고 감염병과 방역 대책, 위생 행정의 형성이라는 큰 틀에서 진행되는 연구도 있다. 이 주제는 1990년대부터 최근까지 지속적으로 등장하고 있다. 초기에는 전국 단위의 감염병 발생과 그 대책이라는 행정제도의 정비를 다루었다고 한다면, 최근 연구는 한 지역의 사례를 연구하여 지역적인 특징이나 정부 정책과의 관계에 주목하여 결과를 도출하는 쪽으로 변화하고 있다. 다만 감염병 발생 자체만을 다루는 연구는 많지 않고, 병과 의료 기술·지방 유지의 역할·병의 언설 등을 연결하여 다루는 논문이 몇 편 존재한다.[62]

위생 정책을 시행하는 과정에서 나타나는 강제적 감염병 방역과 그 과정에서 관(官)과 민(民) 사이에 발생하는 마찰과 차별이라는 근대적인 위생 정책 시행에서 드러나는 문제점 등을 다루는 연구도 진행되었다. 콜레라 소동을 통해 위생 등 근대적인 조치에 대항하다가 결국 억압에 의해 정부가 제시하는 질서에 익숙해져 가는 민중의 모습을 그려 내는 연구,[63] 메이지 정부가 강제로 방역을 실시하는 과정에서 민중이 공유하는 생활과 관의 강제적인 방역 정책 사이에 긴장이 발생하여 폭력으로 비화된 사건이나, 피차별민에 대한 대응을 통해 제도가 지역사회에 수용되는 과정을 살펴보는 연구도

2009.

62 松永巖, 「長崎におけるコレラの流行と「救濟」-世紀末におけるその展開」, 原田勝正編著, 『「國民」形成における統合と隔離』(東京: 日本經濟新聞社, 2002); 内田正夫, 「隔離と消毒-明治のコレラ對策における豫防と治療」, 原田勝正編著, 『「國民」形成における統合と隔離』(東京: 日本經濟新聞社, 2002); 島薗進, 『〈癒す知〉の系譜』(東京: 吉川弘文館, 2003); 度會好一, 『明治の精神異說』(東京: 岩波書店, 2003); 二谷智子, 「1879年コレラ流行時の有力船主による防疫活動」, 『社會經濟史學』 75-3, 2009.

63 阿部安成, 「文明開化とフォークロア」, 宇野俊一編, 『近代日本の政治と地域社會』(東京: 國書刊行會, 1996a).

있다.[64] 그리고 예방을 위해 격리와 배제를 인정하는 위생 시스템의 성립이 사회적 차별 대상을 새롭게 창출해 내는 점을 지적한 연구[65]도 들 수 있다. 이 연구들은 일본 사회에 폭력과 차별을 동반하는 근대적 제도가 정착되면서 근대적인 위생 개념이 대중에게 수용되는 과정을 보여주었다. 또한 위생행정이 만들어 낸 억압과 순응, 그리고 '균등'한 '국민' 사이에서 차별이 정당화되는 모습을 보여주었다.

이처럼 근대 위생행정에 대한 접근은 다양한 각도에서 조명되었다. 그러나 연구의 대부분은 메이지 초중기를 다루고 있고, 이후 시기는 전쟁으로 인해 제도가 개편되는 전시체제하의 의료 제도로 연결된다. 전시기의 현(縣)의 의료조합운동,[66] 사회사업적인 의료제도사,[67] 지역의 보건부 주재(駐在) 제도의 전전(戰前)과 전후의 연속과 단절의 문제,[68] 후생과 건민정책[69]을 정리하거나, 전후 도립 병원의 확충[70]과 전시기의 의료 제도가 전후의 지역 의료로 연결되는 과정을 그린 연구,[71] 연합군 최고사령부인 GHQ(General Headquarters)의 간호 제도 개혁이 전전의 일본형 간호 체제에 강하게 규정

64 小林丈廣, 『近代日本と公衆衛生-都市社會史の試み』(東京: 雄山閣出版, 2001).

65 大日方純夫, 앞의 논문; 小林丈廣, 「近代的精神醫療の形成と展開」, 『世界人権問題研究センタ-研究紀要』 3, 1998.

66 田中省三, 「戰時期における靜岡縣の國民健康保險について」, 『靜岡縣近代史研究』 22, 1996.

67 藤原壯介, 「醫療生協前史(戰前)をめぐるいくつかの問題」, 『立命館産業社會論集』 32-1, 1996.

68 木村哲也, 「高知縣における保健婦駐在制」, 『歷史民俗資料學研究』 4, 1999.

69 藤野豊, 『强制された健康』(東京: 吉川弘文館, 2000).

70 森山治, 「美濃部都政下における道立病院政策と白木構想の影響」, 『人文論究』 75, 2006.

71 中村一成, 「日本醫療團と『公的醫療機關』-醫療供給體制の戰時と戰後」, 『年報·日本現代史』 11, 2006.

되어 있다는 점을 규명한 연구,[72] 전후 간호부 자격 변천에 관한 연구,[73] 근대 일본의 정신 의료 시스템이 전후 민간 정신병원의 융성으로 이어진 경향을 담아낸 연구[74] 등이 그것이다. 이들 연구는 전시기에 형성된 의료 제도를 분석함과 동시에 그것이 전후의 제도와 어떤 연관성이 있는지를 파악하는 데에 초점이 맞춰져 있다고 하겠다.

이 외에 감염병의 연구도 한 축을 이룬다. 급성 감염병 연구는 메이지 초기의 위생 행정이 형성되는 과정에서 서술되었고, 만성 감염병 연구는 전시체제하의 만성 감염 질환 환자들의 전시 동원과 격리, 배제라는 문제에 초점이 맞춰져 있다.[75] 전시기의 한센병·정신병·결핵 환자 등은 전시체제를 운용하는 데 국가의 이익에 배치되고, 배제가 필요한 자들로 간주되었다. 따라서 그들에 대한 억압과 통제는 우생학과 우생 사상이 작동하며 정당화되었다. 전시체제는 근대 초기와는 다른 맥락에서의 국익 추구와 전시 동원을 위한 위생을 매개로 국가가 국민의 생명과 건강을 파악하고, 관리·통제하는 것을 허용하였다. 이와 관련해서는 전쟁에 동원될 수 없는 만성 감염병 환자를 차별하는 논리적 근거를 부여하는 우생학이 파시즘 체제하에서

---

72 田中幸子, 「占領期における保健婦助産婦看護婦法の立法過程」, 『神奈川法學』 34-2, 2001.

73 山下麻衣, 「明治期以降における看護婦資格制度の變遷」, 『大阪大學經濟學』 50-4, 2001a; 山下麻衣, 「戰後醫療技術革新下における看護業務の變遷過程」, 『大阪大學經濟學』 51-3, 2001b; 山下麻衣, 『看護婦の歴史-寄り添う專門職の誕生』(東京: 吉川弘文館, 2017).

74 後藤基行, 「戰前期日本における私立精神病院の發展と公費監置」, 『社會經濟史學』 78-3, 2012.

75 연구가 많지는 않지만, 점령기의 급성 감염병의 발생추이를 다룬 연구도 있다. 田中誠二·杉田聰·森山敬子·丸井英二, 「占領期における急性感染症の發生推移」, 『日本醫史學雜誌』 53-2, 2007; 田中誠二·杉田聰·安藤敬子·丸井英二, 「風土病マラリアはいかに撲滅されたか」, 『日本醫史學雜誌』 55-1, 2009.

광범위한 정책 체계로 추진되었다는 점에 주목한 연구[76]와, 메이지 이후 쇼와(昭和) 전중기(戰中期)까지의 한센병 환자들에 대한 차별의식과 격리, 단종 정책과 환자의 저항을 그려 내고, 민족 위생 정책(우생 정책)이 적극적으로 추진된 모습을 그려 낸 연구[77]를 들 수 있다.

또한 만성 감염병인 결핵을 둘러싼 사회적인 함의를 살펴본 연구도 있다. 국민병이라고 불릴 정도로 유행한 탓에 관련 대책이 지속적으로 마련되었는데, 메이지 시기부터 제2차 세계대전까지의 일본의 결핵 대책을 정리하고, 동시기에 창설된 다양한 예방 단체의 성격·목적·활동을 분석하는 한편, 결핵 환자의 생활과 그들이 직면한 현실을 다루면서 사회사적인 측면을 담아낸 연구가 대표적이다.[78] 이 외에도 사업장을 중심으로 환자를 적극적으로 배제하는 정책을 펼친 역사적 사실과 법령의 정비를 통해 일본의 결핵 예방책이 격리 정책에서 백신 정책으로 전환하는 모습을 그려 낸 연구[79]도 발표되었다. 아울러 우생학과 국방 국가 건설과의 관련성을 짚어 보는 연구[80]와 전후의 가족계획이 전전의 우생 사상에 근거하여 사적인 가족 행복뿐만 아니라 기업의 발전과 평화 국가 건설이라는 공적인 목적의 수단으로 위

76 藤野豊,「優生思想と民衆」,『民衆史研究』 49, 1995a; 藤野豊,「近代日本のキリスト教と 優生思想」,『キリスト教史學』 49, 1995b; 藤野豊,『日本ファシズムと優生思想』(京都: かもがわ出版, 1998a).

77 藤野豊,「隔絶のなかのハンセン病患者」, 藤野豊他編,『歴史なかの「癩者」』(東京: ゆみる 出版, 1996); 藤野豊,「民族衛生政策の成立-厚生省設置への道」, 內務省史研究會,『內務 省と國民』(東京: 文獻出版, 1998b).

78 靑木純一,『結核の社會史』(東京: 御茶の水書房, 2004).

79 林采成,『鐵道員と身體-帝國の勞動衛生』(京都: 京都大學學術出版會, 2019).

80 松村寬之,「『國防國家』の優生學」,『史林』 83-2, 2000.

치 지어지고 있다고 밝힌 연구[81]도 있다.

3) 향후 일본 의학사 연구의 전망과 과제

이와 같이 1990년대 이후의 일본의 의학사 연구는 의학·의료·위생·질병을 둘러싼 제도사와 사회사적인 함의를 추구하는 분석이 주를 이루었다. 이 가운데 감염병 통제를 통한 근대적 제도의 수립과 변화, 국가가 구성원인 국민의 신체를 규율하고 관리하는 제도를 강제한 측면이 강조되어 왔음을 확인할 수 있다. 아울러 전시기에 형성된 의료 제도가 전후 의료 제도와 연속선상에 있다고 밝히는 논의가 진행되고 있다는 점도 확인하였다. 다만, 왜 공중위생이 민중의 국가에 대한 합의 조달의 매개로 작동했는지에 관한 구체적인 논의나, 의사를 단순히 국가기관의 하나로 취급한 나머지 근대 의료나 의사의 특성을 중심으로 논의를 전개하는 연구는 거의 찾아볼 수 없다.[82] 아울러 관련 연구가 메이지 초기와 1930년대 전시기에 집중되는 경향이 나타나, 1900년대 초부터 1930년대까지의 일본의 의료와 위생 정책의 전개 과정이나 변화 양상에 관한 연구는 공백으로 남아 있다. 최근 통계분석을 통해 1920년대 감염병의 양상을 알아보고, 이것과 도시의 생활환경을 연계한 연구[83]와 20세기 초부터 중반까지의 감염병 발생을 대도시의 인구 과밀과 기후의 문제와 관련지어 살펴보는 연구[84]가 있어 향후 유사한 연구

---

81 荻野美穂, 「家族計劃への道」, 『思想』 925, 2001.
82 井本眞理, 앞의 논문, 145쪽.
83 永島剛, 「感染症統計にみる都市の生活環境」, 『三田學會雜誌』 97-4, 2005.
84 鈴木晃仁, 「近代日本におけるジフテリア疾病統計の分析」, 『三田學會雜誌』 97-4, 2005.

가 등장하여 연구의 공백을 채워 줄 것으로 기대한다. 그리고 최근 일본 게이오대학 스즈키(鈴木晃仁) 교수를 중심으로 진행되고 있는 정신 의료의 역사에 관한 연구도 주목할 만하다. 이는 정신병을 둘러싼 역사, 사회 차원에서의 문제 해결 방식, 국가·정책·의사 등 의료와 위생 정책의 공급자 입장에서의 서술이 아닌 수급자인 환자 입장에서의 정책 수용 등을 포함한 다양한 차원에서 연구가 진행되고 있다. 특히 정신병 환자에 대한 사회적 측면에서의 문제 해결은 의학·사학·철학·문학·음악 등이 결합된 형태로, 더욱 폭넓은 융합 연구가 진행되고 있다는 점에서 향후 관련 연구 성과가 의학사의 흐름에 영향을 미칠 것으로 보인다.

연구에 공백이 있지만, 관련 연구자의 수와 폭이 넓어졌다는 점은 1990년대 이후의 특징이라고 할 수 있다. 연구자 분포로 보면, 점차 의학·역사학뿐만 아니라 민속학·문학·사회학 분야로 확장되어 가는 것을 볼 수 있다. 앞서 지적했듯이 한국의 상황과 마찬가지로, 일본에서도 의학 전공자 출신의 연구자 비중이 감소하고 있다는 점은 아쉽다. 1990년대 이후 일본의 의학사 연구는 영미권 내의 변용과 발전과 함께 인문사회과학의 각 분야와 영역으로 확장되어, 시점·문제 관심·방법론이 다양화되어 병존하고 있는 상황이다. 그러나 일본의 의학사 연구를 대표하는 학술지인 『일본의사학잡지』에 수록되는 연구 논문은 전통적인 의학사에 가까운 의가와 의서 연구, 의학 기술의 발전에 관한 연구가 상당 부분을 차지하고 있다.[85] 새롭게 발굴되는 사료가 많은 만큼, 일본에서는 여전히 관련 연구가 큰 비중을 차지하

---

85 앞서 언급한 것과 같이 본 논문에서는 『일본의사학잡지』의 원저만을 대상으로 하고 있으나, 학회 발표를 통해 접수된 초록은 훨씬 다양한 내용을 포괄하고 있음을 밝혀둔다.

고 있다고 할 수 있다. 다만, 그들의 연구가 전근대와 근대 초기 연구에 집중되어 있어, 상대적으로 근대 의학사를 논하는 장면에 그들이 등장하는 횟수가 많지 않은 것으로 파악된다.

그렇다고 하더라도 의학사의 연구 주제와 방법론이 확대되면서 1990년대 이전에 비해 연구자 수가 증가한 것은 사실이다. 이는 국민국가론과 제국론의 대두로 이 주제를 의학사로 풀어내는 연구가 다수 발표되며, 의학사가 학계의 큰 흐름에 편입되는 모습을 보였던 것에 기인한다. 그 결과, 일본에서 진행되는 의학사 연구는 이전 시기에 비해 인지도도 올라가고, 연구자 수도 증가했다. 그러나 여전히 의학사는 일본사 내에서 아주 작은 비중을 차지하고 있다. 그 원인은 무엇보다 1990년대와 2000년대의 국민국가론·제국론과 같이 학계의 논의를 주도한 거대 담론이 2010년대에는 등장하지 않기 때문으로 이해할 수 있다.

이는 2011년의 동일본대지진 발생 후, 근대와 현대와의 연속성보다는 단절감이 심화된 결과에 따른 것으로 보인다. 이는 장기 지속 가능한 연구, 이성이 아닌 감성과 신체의 문제에 주목하는 쪽으로 학계의 흐름이 변화한 것에서 감지된다. 그러한 가운데 의학사는 1990년대나 2000년대 초반과 같은 동력을 갖지 못하고, 명맥을 이어나가고 있는 상황이다. 다만 몇 가지의 특징은 향후 의학사의 방향성을 보여준다. 학제 간 융합이라는 테마가 여전히 유효하다는 점과 세계화의 추세에서 국가 주권이 약화되어 비교사 연구가 활성화되고 있다는 점을 꼽을 수 있다.

현재 일국사의 관점에서 의학·의료·위생이 정치와 사회에 끼친 영향 혹은 양자 간의 상호관계가 도출한 사회 변화에 초점을 두는 연구가 지속되는 가운데, 의학·의료·위생의 발전과 변화, 그리고 이를 둘러싼 제도의 규정과 운용이 '동아시아'의 맥락에서 어떻게 전개되고 있는지를 파악하는 데에 관심이 높다는 점은 이를 방증한다고 하겠다. 이와 같은 전개 양상은 근대국가를 유지하기 위해 적극적으로 활용된 의학, 의료, 위생이 시대에 따라 어떠한 영향력을 발휘했는지를 지역별로 살펴보는 데에 유효하다. 아울러 유사한 의료 체계나 전염병의 확산을 두고 지역별로 어떠한 대응이 이루어졌으며, 그것이 그 사회의 정치·경제 문제와 어떻게 결부되는지에 대해 해답을 얻는 것도 가능하다.[86] 단, 일본에서 이루어지는 동아시아 연구는 근대에 일본 제국의 영향력이 미쳤던 지역, 즉 역사적으로 일본과 정치적·외교적인 연계가 있었던 지역을 중심으로 자료 분석이 진행되고 있음에 유의할 필요는 있다. 그러나 동시기에 서로 다른 지역에서 이루어진 의료의 문제를 종합적으로 파악할 수 있다는 점에서는 유의미한 시도라고 할 수 있다.

마지막으로 한국에서 이루어진 일본 의학사 관련 논문을 일본의 연구 동향과 비교해 보고자 한다. 2010년도에 『의사학』에 수록된 「동아시아 의학사 연구의 동향과 전망」에서는 한국 내 일본 의학사 관련 연구는 극히 드물다고 하면서 일본 해부학의 역사, 산과학 연구 등에 관한 논문 3편을 언급하는 데에 그쳤다.[87] 그러나 2010년대 이후 전근대 연구로는 에도시대의 해부학의 발전을 다룬 논문,[88] 일본의 서양 마취술 도입에 관한 논문,[89] 유의의 분

---

86 永島剛·市川智生·飯島渉編, 『衛生と近代-ペスト流行に見る東アジアの統治·醫療·社會』(東京: 法政大學出版局, 2017).

87 신규환, 앞의 논문, 72-73쪽.

88 김성수, 「에도시대 해부학의 발전: 『장지(藏志)』의 간행을 중심으로」, 『의사학』 21-1, 2012.

89 이규원, 「일본의 서양마취술 도입에 관한 연구」, 서울대학교대학원 의학과 박사논문, 2017.

류와 평가를 논한 논문[90]이 발표되었다. 전근대 연구는 일본 의학이 서양 의학과 조우하고 이를 도입하는 과정, 그와는 별개로 일본의 독자적인 의학과 의료 문화가 형성되는 과정을 다룬 연구가 중심이 되었다.

근대와 관련한 연구로는 근대 초기 의사의 형성에 관한 연구,[91] 근대 일본의 위생 개념에 관한 연구[92]가 발표되었고, 감염병 유행에 따른 방역 체계의 형성[93]과 제국 의학 지식의 형성,[94] 묘지 제도와 위생의 문제를 결부시킨 연구[95]가 있다. 근대 일본의 위생과 감염병, 위생 행정에 관한 연구는 한국사의 그것과의 연관성 때문에 활발히 연구가 진행되고 있는 추세로, 최근 19세기말~20세기초 페스트 팬데믹 발생에 대응하는 과정에서 드러난 각국의 의학적 헤게모니 경쟁, 그리고 그 의학지식이 제국 일본의 건설과 방역체계 형성에 끼친 영향을 그려낸 연구가 발표되었다.[96] 이 외에도 근대의 의약 담

90 김영수, 「에도시대 유의의 분류와 평가」, 『의료사회사연구』 3, 2019a.

91 김옥주·미야가와 타쿠야, 「에도말 메이지초 일본 서양의사의 형성에 대하여」, 『의사학』 20-2, 2011; 김영수, 「근대 일본의 의사면허의 변천: 의제부터 의사법까지」, 『연세의사학』 16-1, 2013.

92 김영희, 「근대일본의 공중위생관념 형성과정」, 『일본학보』 102, 2015; 김영희, 「근대전환기 일본 국민의 '위생' 인식-메이지건백서를 중심으로」, 『일본학보』 107, 2016; 서동주, 「노동을 위한 〈의학〉·국가를 위한 〈위생〉-근대일본의 위생학자 데루오카 기토의 과학적 위생론을 중심으로」, 『역사연구』 36, 2019.

93 신규환, 「1870-80년대 일본의 콜레라 유행과 근대적 방역체계의 형성」, 『사림』 64, 2018a; 전경선, 「1933년 만주국 페스트의 유행과 방역활동」, 『중국사연구』 117, 2018.

94 신규환, 「1890년대 대만과 일본의 페스트 유행과 제국의학 지식의 형성」, 『일본역사연구』 48, 2018b.

95 호소연, 「메이지 시기 묘지 제도와 위생: 장법과 묘지를 둘러싼 담론을 통하여」, 『일본역사연구』 48, 2018.

96 신규환, 『페스트 제국의 탄생-제3차 페스트 팬데믹과 동아시아』(서울: 역사공간, 2020).

론의 형성과 그것이 질병 치료에 미치는 영향에 관한 연구[97]와 일본의 근대 병원의 등장과 변천의 사회적 함의를 그려 낸 연구[98] 등도 꼽을 수 있다.

지난 2010년의 동아시아 의학사의 연구 동향과 전망에서 일본 의학사 연구는 미미한 수준이었으나, 현재는 에도시대와 근대 초기를 중심으로 위생 제도의 확립과 의학 지식의 구축이라는 주제를 중심으로 연구가 진행되고 있는 점을 확인할 수 있으며, 위생과 의료 제도의 형성을 다루는 주제에서 병원과 약 등으로 관심 주제가 확장되어 가고 있음을 볼 수 있다. 전반적으로 일본의 근대 의학사의 연구 동향과 맥을 같이하고, 역사학계의 비교사적 연구 동향을 반영한다고 할 수 있다. 다만, 일본 의학사 자체에 대한 관심보다는 세계사적, 동아시아적 맥락에서의 비교사 연구나 식민지와 제국 일본 간의 관계를 규명하기 위한 연구가 주로 진행되고 있어 연구의 초점은 상이한 부분이 있다. 비교사 연구의 출발점이 서로 다르기는 하나, 양국에서 비교사 연구가 진행된다면, 근대사회 시스템으로서의 공중위생과 근대 의료가 동아시아 각국에 끼친 영향을 보여주는 연구 성과가 도출될 수 있을 것이다.

---

97 김영수, 「메이지기 근대적 의약담론의 성립과 '뇌병(腦病)'의 치료」, 『이화사학연구』 58, 2019b.

98 김영수, 「근대 일본의 '병원': 용어의 도입과 개념형성을 중심으로」, 『의사학』 26-1, 2017.

4. 나가며

  의학 · 의료 · 위생 · 질병 등의 주제는 인간의 역사와 공존하며, 시대에
따라 주제에 접근하는 방식과 주제를 다루는 방식이 달라진다. 또한 연구자
의 관심과 사료 발굴 및 분석 능력에 따라 연구 결과는 크게 달라진다. 학문
이 추구하는 방법론의 변화, 주제의 변화, 연구자 수의 증가에 따라 일본의
의학사 연구는 깊이를 더하며 연구 영역이 확대되어 가고 있다. 관련된 다
수의 논문이 존재하는 가운데, 본 논문에서는 『사학잡지』의 「회고와 전망」,
그리고 『일본의사학잡지』에 수록된 일본 의학사 논문 분석을 중심으로 일
본 의학사의 최근 연구 동향을 분석하였다. 그에 앞서 일본에서 논의되고
있는 학문 분야 명칭을 둘러싼 논의를 소개하였다.

  1990년대부터 2000년대 초까지의 국민국가론, 제국 일본 연구와 관련한
흐름이 지속되는 가운데, 이제는 기존에 다루어진 의료나 위생에 관한 제도
사적 연구를 토대로 근대 일본의 의학사 공백기에 해당하는 시기의 일본사
회의 의료와 위생의 문제를 다루어야 하는 시기에 도달했다. 연구는 기존의
방식과는 다르게 학제 간 융합 연구가 더해지면서 기초연구뿐만 아니라 하
나의 주제를 둘러싼 융합적이고, 다각적인 측면에서의 접근이 시도되어 더
욱 다채로워질 것으로 보인다. 또한 최근 활성화되고 있는 국가 단위보다는
지역에 초점을 맞춘 글로벌 히스토리에 근거한 연구가 더해져 확장성을 지
닌 연구로 이어질 것으로 생각한다. 이러한 연구 방식의 변화에 더하여 최
근 동일본대지진 발생 이후 주목받고 있는 건강에 관한 주제도 빈번히 다루
어질 것이다.

  다만 여전히 기존의 방법론을 답습하는 연구가 지속되고 있기 때문에, 현

상황에서 새로운 연구 동향이 명확히 드러나지는 않는다. 그러나 고무적인 것은 저작권 문제에 민감하여 자료 공개를 꺼리는 일본에서도 최근 다양한 사료와 자료의 온라인화가 진행 중이라는 점이다. 특히 일본 의학사의 선구자인 후지카와 유의 소장 문고를 온라인으로 공개하는 작업이 진행 중이라는 점은 반가운 소식이다. 후지카와 유의 기증 자료는 현재 교토 대학, 게이오 대학 등의 복수 기관에 소장되어 있는데, 두 대학의 미디어센터가 '후지카와문고 디지털 연계 프로젝트'를 진행하여, 기증된 자료를 아카이브로 구축하여 순차적으로 온라인에 공개하고 있다. 비단 후지카와 유의 자료뿐만 아니라 국회도서관 자료의 디지털화 작업, 논문 검색 서비스의 개선과 논문 자료의 온라인 공개 등이 활발하게 진행 중으로, 이는 일본을 연구하는 연구자들이 항상 불만으로 여겼던 자료 접근성이 한층 개선되었다는 것을 보여준다. 또한 연구자 스스로가 방치되어 있던 자료를 발굴하는 사례도 늘고 있다. 이러한 자료들은 상대적으로 의학계나 역사학계의 관심이 적었던 탓에 발굴 · 정리 · 활용이 적극적으로 이루어지지 않아 사장되는 자료였다. 이처럼 자료 접근성의 개선과 다양한 자료 발굴을 바탕으로 하여 현재 궤도에 오르고 있는 융합적인 연구 방법론이 결합되어 향후 한층 정교하고, 종합적인 연구가 진행될 것으로 기대한다.

영미 의료사
연구 현황과 과제(1990-2010)[*]

—사회사적 전환과 문화사적 전환에 주목하여

이상덕 (경희대학교 인문학연구원 HK+통합의료인문학연구단 HK교수)

* 이 글은 『역사학연구』 제77호, 2020에 실린 「영미 의료사의 연구 동향: 1990-2019」를 수정·보완한 것이다.

1. 서론: 영미 의료사의 발전

18세기 말에서 현재까지 짧다면 짧은 역사에도 불구하고 의료사는 다른 어떤 학문보다 큰 진통을 겪었고, 앞으로도 이 진통은 계속될 듯하다. 의료사의 소재, 서술자와 독자, 방법론과 시각 등이 지각변동이라 할 수 있을 정도의 변화를 겪었기 때문이다. 각각의 요소를 살펴보면, 의료사의 소재는 의학 그 자체이다. 의학은 근현대에 신화에 가까운 발전을 이루었고, 이에 따라 의학을 대하는 사회적 인식도 크게 바뀌었다. 과거에는 환자가 의사에게 큰 기대를 걸지 않았고 스스로 집에서 치료하기도 했지만, 20세기 이후 과학의 발전으로 의사가 실제로 많은 병을 고칠 수 있게 되면서 병을 정의·진단하고 환자를 병원으로 오도록 하는 권력을 지니게 되었다.[1] 그러나 20세기 후반이 되면서 의학은 한 번 더 변화를 겪게 된다. 의료가 상업화되고 환자는 의료 서비스를 이용하는 소비자가 된 것이다.[2] 의학의 이러한 변화에 따라 의료사를 서술하는 주체와 그 독자도 변화하였다. 18세기 독일에

---

1 R. Porter,"Introduction", Porter, R. (ed.) The Cambridge History of Medicine (Cambridge, 2006), p. 6.
2 *Ibid.*, pp. 7-8; 포터는 이를 "의학의 맥도널드화"라고 표현하기도 했다. R. Porter, "Review: *Foucault: Health and Medicine*", *Social History of Medicine*, 42 (1996), p. 1616.

서 처음 의료사가 발생했을 때부터 20세기 초까지, 의료사는 의사들을 교육하기 위한 도구적 성격을 띠어 과학사나 질병의 역사, 위대한 의사들의 전기를 주요 주제로 삼았다. 따라서 의대 내의 교수들이 서술자였고, 의대생들이 독자였다. 그러나 19세기 말에서 20세기 초 의학은 여타 학문의 연구 대상화되었고, 다양한 학문적 배경을 지닌 학자들이 의료사 저술에 참여하기 시작했다. 20세기 후반이 되면 의학의 권력이 점차 환자, 혹은 소비자에게로 옮겨 가면서 의료사의 독자가 일반 대중으로 확대되었으며, 이에 따라 의료사의 서술자도 더욱 다양해졌다. 이전 의료사의 주제들은 교양 수준으로 요구되었을 뿐이고, 오히려 환자의 입장에서 왜 의료 서비스에 불평등이 생기는지, 여성의 건강은 어떻게 지키는지, 더 나아가 웰빙이란 무엇인지, 행복이란 무엇인지 등의 문제를 살펴보는 것이 더 관심을 끌었다. 방법론과 시각의 변화는 여타 학문의 영향을 받았다. 의료사는 그 태생부터 학제 간 연구로 시작되었기 때문에 다양한 학문, 즉 일반 역사학·사회학·철학·인류학·문학 등과의 교류는 필연적이었다.[3] 의학과 역사학을 의료사의 '부모 학문(parent disciplines)'이라고 부른다든지, 의료사가 '두 개의 시민권(dual citizenship)'을 가지고 있다는 등의 표현은 의료사의 하이브리드적인 면모를 보여주는 단적인 예이다.[4] 또한, 의료는 인류 보편적 주제로서 초국가적으로 연구되어야 할 필요성이 생겼다. 이에 따라 트랜스내셔널이라든지 글로벌 의학이 추구되었다. 의료사는 이렇듯 복잡한 특성을 지니고 단기간에 큰

---

3 G. H. Brieger, "Bodies and Borders; a New Cultural History of Medicine", *Perspectives in Biology and Medicine*, 47/3 (2004), p. 417.

4 M. Jackson, "Introduction", Jackson, M. (ed.), *The Oxford Handbook of the History of Medicine* (Oxford, 2011), p. 13.

영미 의료사 연구 현황과 과제(1990-2010) | **251**

변화를 겪었기 때문에 깊이 있는 이해가 필요하다. 그러나 아직 서양에서 출판된 서양 의료사의 연구 성과를 체계적으로 소개한 국내 논문이 부족한 실정이다. 2010년 『의사학』에 국내 의학사 연구 동향이 특별히 실리면서 논문 4편(한국 전근대와 근대, 동아시아, 서양 의학사의 연구 동향) 중 하나로 서양 의학사 연구 동향이 발표되었지만, 국내의 연구 성과에 집중하여 서양의 연구 성과는 짧게 기술되었다.[5] 또한, 김정란의 2014년 논문 「일본 사회사 무엇을 할 것인가 — 의학사를 중심으로」에도 서양의 의료사회사 연구 성과가 한 절을 이루지만 사회사에 집중하였고 내용이 소략하다.[6] 이러한 연구들을 바탕으로 좀 더 체계적인 연구가 필요하다.

그렇다면 왜 영미 의료사(본 논문에서 영미 의료사란 영미권에서 출판된 연구를 뜻한다)인가? 첫째, 역사적으로 의료사의 중심이 영미권으로 옮겨졌기 때문이다. 처음 의료사가 발생한 곳은 독일이었다. 근대 의료사의 아버지라고 할 수 있는 쿠르트 슈프렝겔(Kurt Sprengel, 1766-1833)은 나폴레옹이 파괴한 국가를 영적, 지적 부흥을 통해 재건하고자 했다.[7] 헤겔의 시대정신(zeitgeist)과도 상통하는 의료사에 대한 이러한 입장은 1840년대부터 실험실(laboratory)이 도서관(library)을 대체하면서, "역사는 당대 의학을 지배하는 개념의 근원을 다룰 때만 의미가 있다."고 한 칼 분덜리히(Carl Wunderlich, 1815-1877)의 도전을 마주하기도 했다.[8] 그러나 테오도르 푸쉬시만(Theodor

---

5 김옥주, 「한국의 서양의학사 연구 동향과 전망」, 『의사학』, vol. 19 (2010).

6 김정란, 「일본 사회사 무엇을 할 것인가-의학사를 중심으로」, 『일본역사연구』, vol. 40(2014).

7 F. Huisman and J. H. Warner, "Medical Histories", F. Huisman, and J. H. Warner (ed.), *Locating Medical History; the Stories and their Meanings* (Baltimore, 2004), pp. 5-6.

8 O. Temkin and C. L. Temkin, "Wunderlich versus Haeser: A Controversy over Medical

Puschmann, 1844-1899)이 실험실과 병원 의학의 통합을 꾀하면서 의학의 재인간화(rehumanization of medicine)를 추진하였고, 그가 남기고 떠난 푸시만 기금(Puschmann money)이 칼 수도프(Karl Sudhoff, 1853-1938)와 그가 연구소장으로 있던 라이프치히 대학의 연구소에 귀속되면서 독일의 역사주의가 지속될 수 있었다.[9]

한편, 미국의 존스홉킨스 대학은 의료사 연구소를 1929년 설립하고 『Bulletin of the History of Medicine』이라는 잡지를 창간하였다. 이는 10년 후 미국의료사협회(the American Association for the History of Medicine)의 공식 잡지가 되었다.[10] 창단 멤버 네 명 중 가장 영향력 있었던 인물인 윌리엄 오슬러(William Osler, 1849-1919)는 1930년대 유럽의 사회 정치적 변화 때문에 주요한 학자들이 미국으로 이주하자 독일의 의료사를 적극적으로 받아들였다. 헨리 지거리스트(Henry Sigerist, 1891-1957)는 미국으로 이주한 대표적 독일 학자로 1932년 존스홉킨스 의료사 연구소장이 된다. 그는 1931년 출판했던 『Einfürung in die Medizin』을 1933년 『Man and Medicine: An Introduction to Medical Knowledge』라는 제목으로 번역하였는데, 이는 연대기식이 아닌 주제별 개설서로 이후 미국 의료사의 성격을 형성하는 기초가 되었다.[11] 지거리스트를 위시한 독일의 학자들이 미국으로 건너가 자신

History", O. Temkin (ed.), On Second Thought and Other Essays in the History of Medicine and Science (Baltimore, 2002), pp. 243-244.

9 이 연구소는 Archiv für Geschichte der Medizin(Sudhoffs Archiv 라고도 함)을 출판하였다.

10 M. Jackson, "Introduction", M. Jackson, (ed.), The Oxford Handbook of the History of Medicine (Oxford, 2011), p. 4.

11 F. Huisman and J. H. Warner, "Medical Histories", F. Huisman and J. H. Warner (ed.), Locating Medical History; the Stories and their Meanings (Baltimore, 2004), p. 17.

의 이론을 펼치면서 의료사의 중심은 독일에서 미국으로 이동하게 되었다. 특히 세계대전 이후 미국 중심의 세계적 대변혁은 의료사가 발전할 수 있는 토대가 되었다. 지거리스트의 제자였던 아커네히트(Erwin H. Ackerknecht, 1906-1988)는 전염병 등을 사회사적으로 연구하여 의료사의 사회사적 전환을 적극적으로 받아들였다.[12] 그의 제자인 로젠버그(Charles E. Rosenberg, 1936-현재)는 질병이 문화적 인식의 틀로 정의된다는 문화사적 이해 방식을 채택하면서 스승과 차이를 보였다.[13] 이러한 문화사적 전환에 대해, 아커네히트는 그간의 의학의 발전을 경시한 채 낭만적이며 도덕적으로 둔감한 태도를 취하는 것이라고 비판했고, 신진 학자들도 말만 바꾸어 설명하는 것 아니냐고 의심하였다.[14] 그러나 의료사의 문화사적 전환은 현재 전 지구적인 경향이 되었다.

영국 의료사의 발전에는 웰컴 트러스트(Wellcome Trust)가 큰 공헌을 하였다. 1936년 헨리 웰컴(Henry Wellcome, 1853-1936)이 창립한 웰컴 트러스트는 인간과 동물의 건강을 증진시키는 데 그 목적이 있었다. 1968년에 웰컴 트러스트의 도서관과 박물관을 합치면서 웰컴 의료사 연구소(Wellcome

12 C. E. Rosenberg, "Erwin H. Ackerknecht, Social Medicine, and the History of Medicine", *Bulletin of the History of Medicine,* vol. 81 (2007), p. 512.
13 C. E. Rosenberg, and J. L. Golden, *Framing Disease: Studies in Cultural History* (New Brunswick, 1992); R. A. Stevens, "Charles E. Rosenberg and the multifaceted promise of medical history", *Journal of the History of Medicine and Allied Sciences*, vol. 63 (2008); N. Rogers, "Explaining everything? The power and perils of reading Rosenberg", *Journal of the History of Medicine and Allied Sciences*, vol. 63 (2008).
14 C. E. Rosenberg, "Erwin H. Ackerknecht, Social Medicine, and the History of Medicine", *Bulletin of the History of Medicine*, vol. 81 (2007), p. 528-529; R. Cooter, ""Framing" the End of the Social History of Medicine", R. Cooter and C. Stein, *Writing History in the Age of Biomedicine* (New Haven, 2013).

Institute for the History of Medicine)가 되었다. 이는 1972년에 학술 연구 기관이 되었다.[15] 웰컴 트러스트는 런던의 본원을 비롯하여 유닛이라고 부르는 기관을 옥스퍼드 · 케임브리지 · 맨체스터 · 글래스고 대학에서 운영하며, 30개가 넘는 영국 대학에서 강좌를 열고 있다.[16] 영국의료사회(the British Society for the History of Medicine)는 1965년, 영국왕립의사협회(the Royal Society of Medicine)와 런던약사협회(the Worshipful Society of Apothecaries), 스코틀랜드의료사회(the Scottish Society of the History of Medicine), 런던오슬러클럽(the Osler Club of London)의 역사분과들이 공동 투자하여 창립되었다. 영국의료사회는 『Medical History』라는 잡지를 출판하고 있다. 맥케온(Thomas MacKeown, 1912-1988)은 영국 의료사의 사회사적 전환을 이끈 인물이다. 그는 인구학을 연구하여 영국의 인구 증가가 경제성장과 연관이 있다고 증명하였다.[17] 1970년 영국에서 의료사회사학회(the Society for the Social History of Medicine)가 창단되었다.[18] 이 학회에서는 1988년부터 『Social History of Medicine』이라는 잡지를 펴냈으며, 사회과학자들과 좌파적 성향의 의료인들이 참여하였다.[19] 이들의 연구는 의료사회사의 발전을 가져왔고 다양한 연구가 시도되었다. 사회사의 인구통계학(demography)에서는 몸을 생

15 M. Jackson, "Introduction", M. Jackson (ed.), *The Oxford Handbook of the History of Medicine* (Oxford, 2011), pp. 3-4.
16 R. Porter, "The Historiography of Medicine in the U.K.", *Medicina nei Secoli,* 10/2 (1998), p. 255.
17 T. MacKeown, *The Modern Rise of Population* (London, 1976).
18 M. Jackson, "Introduction", M. Jackson (ed.), *The Oxford Handbook of the History of Medicine* (Oxford, 2011), p. 3.
19 R. Porter, "The Historiography of Medicine in the U.K.", *Medicina nei Secoli,* 10/2 (1998), p. 255.

물학적 존재(biological entity)이자 사회적 행위자(social actor)로 보았다.[20] 토니 리글리(Tony Wrigley)와 로저 쇼필드(Roger Schofield)는 맬서스의 인구론에 반대하여 초기 근대 영국의 인구가 크게 증가하지 않았다는 것을 증명하였고, 이것이 결혼을 늦게 하는 풍조 때문이었다는 것도 밝혔다.[21] 메리 돕슨(Mary Dobson)은 인간이 지형/지역의 영향을 받는다고 주장하는 환경사(environmental history)를 연구했고,[22] 메리 피셀(Mary Fissell)은 의료의 상업화와 계급 간 불평등을 연구했다.[23] 병원과 수용 시설의 역사가 서술되기도 했다.[24]

본 장이 영미 의료사에 집중한 이유는 이렇듯 출판물이 영미권에서 많이 나왔기 때문이기도 하지만, 이들의 연구가 다양한 지역을 아우르기 때문이기도 하다. 미국은 아메리카 대륙으로 연구를 확장했고, 영국은 코먼웰스(the Common Wealth) 국가들을 전반적으로 다루어 왔다. 이러한 연구의 확장은 초기 제국주의적 태도로써 이루어졌지만, 지금은 그에 대한 반동적 의도로 행해지는 경우가 많다. 따라서 식민지 의학 연구는 서술자, 서술 목적, 소재 등에서 큰 변화를 겪고 있다. 그러나 영미 의료사를 함께 다룬다고 하여 영국과 미국의 의료사를 같은 것으로 여기는 것은 아니다. 특히 문화사

---

20 R. Porter, "The Historiography of Medicine in the U.K.", *Medicina nei Secoli*, 10/2 (1998), p. 258.

21 E. A. Wrigley and R. S. Schofield, *The Population History of England, 1541-1981: A Reconstruction* (London, 1981).

22 M. J. Dobson, *Contours of Death and Disease in Early Modern England* (Cambridge, 1997).

23 M. E. Fissell, *Patients, Power, and the Poor in Eighteenth-Century Bristol* (Cambridge, 1991).

24 L. Granshaw, and R. Porter (ed.), *The Hospital in History* (London, 1989).

적 전환을 다루고 있는 본 논문에서 그러한 시각은 위험하다. 영국과 미국은 서로 다른 역사가 있고, 정치적·사회 문화적 이해가 다를 뿐 아니라 충돌하기도 한다. 다만, 이들 연구의 합집합이 서양 의료사 연구의 큰 부분을 차지한다는 점을 이해하고 그 단면을 보여주려는 것이 본 논문의 목표이다.

그렇다면 왜 1990~2010년인가? 위에서 살펴보았듯이 의료사가 미국으로 그 중심을 옮겨 가면서 현대 철학, 사회학, 인류학 등의 영향을 깊게 받는 '사회사적 전환(social turn)'이 일어났다. 이는 1960년대 후반부터 연구에 반영되었다. 이 시기, 즉 1960년대 후반부터 다시금 '문화사적 전환(cultural turn)'이 일어나게 되었는데 이러한 변화가 1980년대 후반, 1990년대 초부터 2010년까지 연구에 반영된 것이다. 의료사의 사회사적 전환을 정리한 논문은 이미 많이 출판되었지만, 문화사적 전환을 정리한 글은 별로 없다. 일정한 맥락이 아직 존재하지 않고, 다양화·분화되었기 때문에 그 정리가 쉽지 않은 까닭이다. 로젠버그의 질병의 문화사적 연구 등은 문화사적 전환을 분야별로 정리한 경우이다. 문화사적 전환을 전반적으로 포괄하여 조망하려는 시도가 필요한 때인 것으로 판단된다.

각 장에서는 먼저 의료사에 사회학과 인류학, 현대 철학이 끼친 영향을 살펴보고 사회사적 전환이 어떻게 정착되었는지 알아본다. 윌리엄 바이넘(Bynum, W. F.)과 로이 포터(Porter, R.)가 의료사를 집대성하여 1993년 출판한 『Companion Encyclopedia of the History of Medicine』을 분석하면 사회사적 전환이 어떻게 정착되었는지 그 단면을 볼 수 있다. 그 후, 1990년대 사회사적 전환의 주제들과 그 발달 과정을 알아보고, 21세기에 새로 등장한 주제들을 살펴본다. 결론에서 의료사 전체의 문화사적 맥락을 짚어 본다.

2. 사회사적 전환의 정착

서론에서 살펴보았듯이 독일에서 시작된 의료사는 1930년대에 미국에 그리고 한 세대 후인 1960년대에는 영국에 소개되었다. 그러나 1930년대의 대공황과 두 번의 세계대전을 경험하면서 근대화 과정에서 누렸던 자신감을 잃었고, 실존주의가 대두하며 모더니즘의 그림자를 보여주었다. 이에 대한 응답으로 아날학파는 사회과학적 방법론을 활용하여 정치사보다 사회경제사적으로 현실을 이해하려는 태도를 보였다. 이는 거시적 구조 속에서 인간의 행동을 이해하려는 구조주의와도 일맥상통하는 것이었다. 이러한 이해 위에 의료사의 사회사적 전환이 이루어졌다. 그러나 1968년을 기점으로 변화의 바람이 불었다. 기득권 세력에 대해 쌓여 있던 불만과 자유에 대한 갈망으로 '68운동'이라고도 부르는 전 세계적인 학생운동이 일어난 것이다. "드골의 우파 정책에 반대하지만 그렇다고 공산당의 좌파 노선을 지지하지도 않는 프랑스의 비판적 지식인들이 1968년 5월 이후 학생들의 정치 노선에 합류하는 것은 자연스러운 결과였다."[25] 연구실에 갇혀서 사회를 이론적으로 분석하기만 하던 학자들은 다시 한 번 현실에 뛰어들게 되었고, 소외 · 교육 · 여성 · 억압 · 제도 등 현실적 문제를 다루었다.[26] 미셸 푸코(Michel Foucault, 1926-1984)는 그 대표적인 학자이다. 그는 『감시와 처벌』(1975), 『성의 역사 I』(1976) 등을 펴내면서 포스트모더니즘의 초석을 마련하였다. 그가 에이즈로 사망한 것은 특히 의료사에 중요한 영향을 끼쳤다. 에

---

25 이석우 외, 『서양문화사강의』(형설출판사, 2005), 319쪽.
26 이석우, 앞의 책, 322쪽.

이즈는 1981년 처음 미국에서 보고된 후 동성애와 관련된 질병이라는 오해로 'GRID(gay-related immune deficiency)'라는 오명을 받았다가 바로 1982년에 동성애와 관련이 없는 것으로 판명이 났다. 이는 질병마저 사회관계 안에 위치시키려고 한 이전 세대의 오류를 여과 없이 보여주는 사건이었다. 푸코가 이 때문에 사망한 것이 상징적으로 느껴지기까지 했던 듯하다.[27] 1968년 4월 마틴 루터 킹(Martin Luther King Jr. 1929-1968)이 살해된 것 역시 사회에 충격을 안겨주었다. 이는 미국에 전국적인 인종차별 반대 운동으로 확산되었고, 전 세계적으로도 큰 영향을 끼쳤다. 1968년 이후 20세기 후반 일련의 사건들은 구조보다는 개인으로 초점이 다시 옮겨 가도록 했다. 이러한 변화를 문화사적 전환이라고 한다.

그러나 연구 동향의 변화, 즉 전환은 바로 연구사에 반영되지 않는다. 사회사적 전환에 대한 연구사는 1980년대 말부터 1990년대 초 사이에 정리되었고, 문화사적 전환은 이제 정리를 시도하는 단계다. 20세기 후반의 사회사적 전환의 연구 성과가 하나의 열매로 맺어진 것이 1993년 출판된 윌리엄 바이넘과 로이 포터의 『Companion Encyclopedia of the History of Medicine』이다.[28] 이 책은 총 두 권으로 구성되어 있으며, 72편의 논문이 실려 있다. 바이넘과 포터는 서문을 다음과 같이 시작한다:

여기에 실려 있는 72편의 논문은 각기 자신의 논조를 담고 있다. 이는 이론

---

27 R. Cooter, ""Framing" the End of the Social History of Medicine", R. Cooter and C. Stein, *Writing History in ghte Age of Biomedicine* (New Haven, 2013), pp. 83-84.

28 W. Bynum and R. Porter (ed.), *Companion Encyclopedia of the History of Medicine* vols. 1-2 (London, 1993).

의 여지 없이 현재 출판된 의료사 관련 출판물 가운데 가장 많은 전문 연구와 해석을 포함하고 있다. 이는 다양한 국가 출신이자 서로 다른 전문 영역의 학자들이 최대한 넓은 영역을 최대한 풍요로운 시각으로 제공하려 서로 긴밀히 협력하여 맺은 열매이다.[29]

이 서문의 제목은 '의학의 인문학과 과학(The Art and Science of Medicine)'이다. 이는 지난 30여 년간의 변화를 반영한다. 전통적인 과학 위주의 의료사, 즉 질병학 · 전염병학 · 의학 이론과 의료 행위 · 수술 · 해부 · 치료법뿐 아니라 현대 철학 · 사회학 · 인류학 등의 영향을 받은 새로운 시각의 의료사도 담고 있다. 개설서의 특성상 연구가 진행되어 어느 정도 정립된 경우에만 실을 수 있으므로 1960년대 이래 발전해 온 학제 간 연구가 상당히 진전되었다고 평가할 수 있을 것이다. 실제로 이 책이 발표된 이후 여러 권의 개설서가 뒤이어 출판되었다.

이 책의 구성을 살펴보자. 제1권은 총 네 개의 장으로 이루어져 있다. 제1장에서는 의학의 위치에 대해 살펴본다. 서양 의학의 위치를 확인하고 서양 의료사의 발전 과정을 그린다. 제2장에서는 신체의 기관들을 각각 다루고 그 기관들에 대한 이해가 역사적으로 어떻게 변화되어 왔는지 살펴본다. 해부학의 전통, 현미경의 발명 이후 세포나 박테리아에 대한 이해의 변화, 생리학의 전통, 생물화학의 전통, 병리학의 전통, 면역학의 전통 등이 다루어진다. 이 두 장은 전통적으로 개설서에는 늘 있었던 내용이다. 그러나 그

---

29 W. Bynum and R. Porter (ed.), *Companion Encyclopedia of the History of Medicine* vol. 1 (London, 1993), p. 3.

논조가 조금 바뀌었다. 서양 의학의 위치를 우위에 놓지 않고, 과학을 절대적이거나 늘 진보하는 것으로 파악하지 않는다. 이는 분명 사회사적 전환의 결과이다. 제3장은 분명히 사회학과 인류학의 영향을 받았다. "'삶, 건강, 질병에 대한 이론"'이라는 제목 자체가 새롭다. 이 장에서는 건강, 질병, 질환, 삶, 죽음 등의 개념을 살펴보고, 환경 · 전염 · 질병 분류 · 질병 생태학 · 열병 등을 다룬다. 특히 체질과 유전병, 정신병, 열대 질병, 암, 성과 관련된 질병, 문명과 질병 등은 새롭게 관심을 끌게 된 질병들이다. 제4장은 이러한 질병을 이해하는 방법들을 소개한다. 전통 서양 의학에서는 비과학적이라고 치부했을 것이다. 비정통 이론들을 소개하고 비서구의 이론들을 소개한다. 또한, 민속 의학을 살펴보고 비서구 중 중요도가 높은(혹은 높다고 판단한) 아랍-이슬람 의학, 중국 의학, 인도 의학을 소개한다.

제2권에서는 병원에서의 의학, 사회에서의 의학, 문화로서의 의학을 다룬다. 이는 사회사에서 문화사로 그 방점이 옮겨 가는 의료사의 역사와 관련이 없지 않을 것이다. 제5장 병원 의학에서는 의-환 관계를 살펴보고 진단의 기술과 진단의 과학을 비교한다. 또한, 의료윤리, 여성 의학, 사이코테라피 등을 소개하고 전통적 수술과 근대의 수술을 비교한다. 소아와 노인 의학 문제도 이 장에서 다룬다. 제6장은 사회 내에서의 의학이다. 의료 관련 직업의 역사, 의학 교육, 병원, 국가와 의료 기관, 공공의료, 전염병과 사회, 위생, 간호의 역사, 정신과의 역사, 보험 등 사회학적 문제들을 대거 다룬다. 제7장은 마지막 장으로 의학과 관련한 여러 가지 발상과 문화에 대해 다룬다. 의학과 식민지 · 의학의 국제화와 공공의료 · 의학과 인류학 · 의학과 종교 · 의학과 문학 · 의학과 법 · 의학과 사회학 등 의학과 다른 분야와의 관계, 고통 · 인구 · 사망률 등 의학과 관련이 있는 다양한 생각들을 총망

라한다. 물론, 현재의 시점보다 후진적인 시각도 있지만 당대로서는 최대한의 주제를 담았다고 할 수 있다.

이 책의 주제들을 면밀히 살펴본 것은 1990년대의 주제들이 이 범위에서 자유롭지 않기 때문이다. 어떻게 보면 21세기의 주제들도 여기에서 크게 벗어나지 않는다. 의료의 사회사적 전환은 의료사회사로서 더 나아가 의료사 그 자체로서 정착되었고, 의료를 사회와 구별된 단독적인 소재로 생각하는 것은 위험하다고 생각될 정도가 되었다. 따라서 이 주제들을 중심으로 1990년대의 주요 주제들과 이들이 21세기에 어떻게 변화했는지 좀 더 자세히 살펴보도록 하겠다. 이는 21세기의 변화를 인식하는 토대가 되어 줄 것이다. 필자가 전문적으로 다룰 수 없는 신기술이나, 의료윤리를 포함한 법 등은 논외로 하였다.

3. 사회사적 주제들의 문화사적 전환과 새로운 주제들

1) 전염병에 대한 이해의 변화

전염병은 인류가 극복하고자 노력해 온 공포의 대상이다. 이유도 모르고 많은 이들이 사망할 때, 이는 더 이상 개인의 일이 아니었다. 그래서 전염병사에서 의료의 사회사적 이해가 필요하게 되었던 것이다. 그러나 연구가 진행될수록 개별성과 특수성이 함께 이해되어야 한다는 주장이 일어났다. 각 도시에 집중한 연구가 발표되었다. 또한, 개인의 고통이나 감정에 집중하고자 하는 연구가 증가하였다. 문화사적 전환이 일어난 것이다. 21세기의 새로운 전염병들을 다루는 것 역시 중요했다. 그러나 자국의 피해가 적은 경우에는 연구되지 않았다. 주요한 전염병들을 중심으로 그 변화를 파악해 보고자 한다.

(1) 콜레라(Cholera)

콜레라는 전염병사에서 다루는 가장 중요한 전염성 감염 질환으로 19세기에 유행하여 전 세계적인 문제가 되었다. 위생 문제 등 사회문제로 일반화되었던 연구는, 1990년대 특정 도시의 콜레라를 개별적으로 다루는 방향으로 발전해 갔다. 개별 도시의 특성을 강조하고 일반화될 수 없는 요소들에 방점을 두게 된 것이다. 독일의 함부르크, 이탈리아의 나폴리, 영국의 런던(램버스), 캐나다의 퀘벡 등이 다루어졌다.[30] 헴린은 이러한 연구 경향을 반영하여 콜레라의 전기(biography)를 썼다.[31] 이는 전염병이 사회적 맥락에 따라 어떻게 다르게 인식되는지 알아보는 연구였는데, 전염병을 하나의 유기체로서 이해하는 태도는 이후 문화사적 연구에 큰 영향을 주었다.

(2) 인플루엔자(Influenza)

우리가 흔히 독감으로 알고 있는 인플루엔자는 변이가 쉽게 일어나는 바

30 R. J. Evans, *Death in Hamburg: Society and Politics in the Cholera Years* 1830-1910 (Oxford, 1987); F. M. Snowden, *Naples in the Time of Cholera, 1884-1911* (Cambridge, 1995); A. J. Thomas, *The Lambeth Cholera Outbreak of 1848-1849: The Setting, Causes, Course, and Aftermath of an Epidemic in London* (London, 2010); M. Zeheter, *Epidemics, Empire and Environments: Cholera in Madras and Quebec City, 1818-1910* (Pittsburgh, 2015).
31 C. Hamlin, *Cholera: The Biography* (Oxford, 2009).

이러스로 백신을 만들기 매우 어려웠다. 지금은 인플루엔자 예방접종이 가능하지만 이를 극복하기 위해 들인 인간의 노력은 사회사적으로 중요한 연구 대상이 되었다. 뉴질랜드, 스페인, 미국, 영국, 아일랜드 등의 사례가 책으로 출판되었다.[32] 런던대의 마크 호닉스봄(Mark Honigsbaum)은 기자로 일한 이력이 있기도 하여, 인플루엔자의 역사를 서술하면서 인플루엔자가 사회에 끼친 공포에 주목했다.[33] 전염병이라는 의료사의 소재를 도구로 공포 개념을 설명하고자 한 것이다.

(3) 결핵(Tuberculosis)

결핵은 가난과 밀접한 관련이 있어 가난의 사회사적 연구에 활용되었다. 1990년대 초까지의 결핵에 대한 의료사는 대개 제목에 '사회의(social)'나 '사회사(social history)', 또는 아예 '사회(society)'라는 단어를 포함했다.[34] 1998

32 G. Rice, *The 1918 Influenza Epidemic in New Zealand* (Wellington, 1988); H. Philips and D. Killingray, *The Spanish Influenza Pandemic of 1918-19* (London, 2003); A. W. Crosby, *America's Forgotten Pandemic: The Influenza of 1918* (New York, 2003); C. R. Byerly, *Fever of War: The Influenza Epidemic in the U.S. Army during World War I* (New York, 2005); N. Johnson, *Britain and the 1918-19 Influenza Pandemic: A Dark Epilogue* (London, 2006); G. Rice, *Black November: The 1918 Influenza Pandemic in New Zealand, 2nd edn* (Christchurch, 2005); I. Milne, *Stacking the Coffins: Influenza, War and Revolution in Ireland, 1918-19* (Manchester, 2018).

33 M. Honigsbaum, *A History of the Great Influenza Pandemics: Death, Panic and Hysteria, 1830-1920* (London, 2013).

34 L. Bryder, *Below the Magic Mountain: A Social History of Tuberculosis in Twentieth-Century Britainy* (Oxford, 1988); B. Bates, *Bargaining for Life: A Social History of Tuberculosis, 1870-1938* (Philadelphia, 1992); D. S. Barnes, *The Making of a Social Disease. Tuberculosis in Nineteenth Century France* (Berkeley, 1995); S. M. Rothman, *Living in the Shadow of Death: Tuberculosis and the Social Experience of Illness in*

년에 발표된 러너의 책은 미국의 빈민들의 거주지를 뜻하는 스키드 로드 (Skid Road)를 중심으로 결핵을 살펴보았고,[35] 2001년에는 아일랜드 대기근 시기의 결핵을 다룬 책이 발표되었다.[36] 2000년대부터 결핵 연구에 문화사적 전환이 일어났다. 키어 와딩턴(Keir Waddington)은 소결핵이 걸린 소의 유통을 다루며 이를 공공의료에 대한 연구로 확장하였고,[37] 크리나 피츠제럴드(Criena Fitzgerald)는 호주의 결핵 예방을 위한 공공의료 캠페인을 다루었다.[38] 최근에는 결핵 요양원에 대한 연구도 발표되었다.[39]

(4) 폴리오(Polio)

소아마비를 일으키는 폴리오 바이러스는 WHO(world health organization, 세계보건기구)에 의해 1994년 서유럽에서, 2000년 서태평양 지역에서 박멸이 선언되었다. 이는 특히 사회사적 관심을 받은 주제였는데, 미국 루스벨트 전 대통령이 겪었던 병으로서 그가 사회 전반에 가져온 변화를 분석하거

American History (New York, 1994); G. D. Feldberg, *Disease and Class. Tuberculosis and the Shaping of Modern North American Society* (New Brunswick, 1995).

35 B. H. Lerner, *Contagion and Confinement: Controlling Tuberculosis along the Skid Road* (Baltimore, 1998).

36 G. Jones, '*Captain of all these men of death*'. *The History of Tuberculosis in Nineteenth and Twentieth Century Ireland* (New York, 2001).

37 K. Waddington, *The Bovine Scourge: Meat, Tuberculosis and Public Health, 1850-1914* (Woodbridge, 2006).

38 C. Fitzgerald, *Kissing Can Be Dangerous: The Public Health Campaigns to Prevent and Control Tuberculosis in Western Australia, 1900-1960* (Crawley, 2006).

39 C. Reeves and A. Shaw, *The Children of Craig-y-nos: Life in a Welsh Tuberculosis Sanatorium, 1922-1959* (London, 2009); S. Burke, *Building Resistance: Children, Tuberculosis, and the Toronto Sanatorium* (Montreal, 2018).

나, 박멸에 전력을 기울였던 호주의 사례를 연구하는 것이 주를 이루었다. 예일대의 나오미 로저스(Naomi Rogers)는 호주 출신의 학자로 미국과 호주에 공히 관심을 가지고 있었다. 1992년의 저작에는 미국에서 폴리오가 지니는 사회사적 의미를 분석하였다. 특히 마지막에 FDR(프랭클린 루스벨트)이 미국사회에 가져온 변화를 소개하여 이전의 병리학적 연구와는 뚜렷한 차별점을 보였다.[40] 2014년 발표한 저작은 호주 출신 간호사 엘리자베스 케니(Elizabeth Kenny)에 관한 연구이다.[41] 케니는 1940~1950년대 미국의 폴리오케어에 직접 참여하여 한때 갤럽 조사에서 가장 존경받는 여성으로 뽑힌 인물이다. 이 외에도 뉴욕대의 데이비드 오쉰스카이(David Oshinsky)가 2005년에 미국의 폴리오에 관한 연구를 집대성하였고,[42] 케리 하일리(Kerry Highley)가 최근 호주의 폴리오 연구를 발표하였다.[43]

(5) 에이즈(AIDS)

1980년대의 가장 뜨거운 주제를 찾는다면 그것은 아마 에이즈일 것이다 (심지어 브란트는 1880년부터의 성병의 역사를 다룬 기존의 책에 에이즈에 대한 장을 추가하였다).[44] 특정한 상징성을 지니고 사회에 큰 영향을 주었던 이 질병

---

40 N. Rogers, *Dirt and Disease: Polio before FDR* (New Brunswick, 1992).

41 N. Rogers, *Polio Wars: Sister Kenny and the Golden Age of American Medicine* (Oxford, 2014).

42 D. Oshinsky, *Polio: An American Story* (Oxford, 2005).

43 K. Highley, *Dancing in My Dreams: Confronting the Spectre of Polio* (Victoria, 2015).

44 A. M. Brandt, *No Magic Bullet. A Social History of Venereal Disease in the United States since 1880. With a New Chapter on AIDS* (New York, 1987); P. Aggleton and H. Homans, (ed.), *Social Aspects of AIDS* (Lewes, 1988); P. Aggleton, G. Hart, and P. Davies, (ed.), *AIDS: Social Representations, Social Practices* (Lewes, 1989); D. Altman,

을 통해 문화사적 전환을 일찌감치 경험하게 되었다. 1990년대부터 문화적 측면에 관한 연구가 증가했고, 흑인이나 여성 등에 집중한 사회사적 연구가 정치적 몸에 대한 바이오 의학의 연구로 발전하는 등의 변화를 겪었다.[45] 또한, 에이즈를 위한 사회운동 연구가 공동체의 유지와 대화 등의 주제로 변모해 나아갔다.[46] 대화는 곧 소통, 미디어 등의 주제나 오럴 히스토리, 더 나아가 기호학적 접근으로 발전하였다.[47] 그러나 최근에는 에이즈에 대한 관심이 이전보다 많이 감소했다.

AIDS and the New Puritanism (London, 1988); E. Fee and D. M. Fox (ed.), *AIDS: The Burdens of History* (Berkeley, 1988); D. M. Fox, P. Day, and R. Klein, 'The Power of Professionalism: AIDS in Britain, Sweden and the United States' in Daedalus special issue: "Livingwith AIDS", vol. 118 (Spring 1989); S. Panem, *The AIDS Bureaucracy* (Cambridge, 1988); S. Andreski, *Syphilis, Puritanism and Witch Hunts: Historical Explanations in the Light of Medicine and Psychoanalysis with a Forecast about AIDS* (London, 1989).

45 D. Nelkin, D. Willis, and S. Parris (ed.), *A Disease of Society: Cultural and Institutional Responses to AIDS* (Cambridge, 1991); McBride, D., *From TB to AIDS. Epidemics among Urban Blacks since 1900* (Albany, 1991); C. Squire (ed.), *Women and AIDS, Psychological Perspectives* (London, 1993); C. Waldby, *AIDS and the Body Politic: Biomedicine and Sexual Difference* (London, 1996).

46 S. Epstein, *Impure Science: AIDS, Activism, and the Politics of Knowledge* (Berkeley, 1996); Brown, P. M., *Replacing Citizenship: AIDS, Activism and Radical Democracy* (New York, 1997); C. Hannaway, V. A. Harden, and J. Parascandola (ed.), *AIDS and the Public Debate* (Amsterdam, 1995); S. Resnick, *Blood Saga: Hemophilia, AIDS and the Survival of a Community* (Berkeley, 1999).

47 D. Miller, J. Kitzinger, K. Williams, and P. Beharrell, *The Circuit of Mass Communication: Media Strategies, Representations, and Audience Reception in the AIDS Crisis* (London, 2000); R. Bayer and G. M. Oppenheimer, *AIDS Doctors. Voices from the Epidemic. An Oral History* (New York, 2000); T. Long, *AIDS and American Apocalypticism: The Cultural Semiotics of an Epidemic* (New York, 2005).

(6) 새로운 전염병들: SARS와 MERS

의료사의 성격상 전염병사는 그 중요한 위치를 잃을 수 없다. 새로운 세대에도 새로운 전염병이 등장하기 때문이다. 다만, 흥미로운 점은 서구에 팬데믹으로서 영향을 주었던 사스(SARS)는 연구가 많이 된 것에 비해 메르스(MERS)는 연구가 비교적 적다는 것이다.[48] 아직 의료사의 서술 주체가 서구에 있다는 점을 반증한다고 할 수 있겠다.

2) 여성과 어린이에 대한 관심 증가

(1) 여성

사회사의 주요 주제였던 여성은 의료사에서도 매우 중요한 주제가 되었다. 수많은 연구가 있어서 소개하기가 어려울 정도다. 그중 몇 가지를 소개하자면 다음과 같다. 먼저, 여성에 대한 통시적 연구가 이루어졌다. 통시적 연구의 유행은 이해가, 혹은 새로운 이해가 필요한 주제에서 주로 보이는 현상이다. 고대로부터 근대에 이르기까지 여성과 여성 관련 의학에 관한 연구가 계속되었다.[49] 이어서 여성의 건강에 대한 통시적, 공시적

---

48 T. Abraham, *Twenty-First Century Plague. The Story of SARS* (Baltimore, 2004); D. P. Fidler, *SARS, Governance and the Globalization of Disease* (Basingstoke, 2004); L. Christine (eds), *At the Epicentre: Hong Kong and the SARS Outbreak* (Hong Kong, 2004); A. R. McLean, R. M. May, J. Pattison, and R. A. Weiss, (ed.), *SARS: A Case Study in Emerging Infections* (Oxford, 2005). cf.) D. S. Hui, G. A. Rossi, and L. S. Johnston (ed.), *SARS, MERS and other Viral Lung Infections: ERS Monograph* (2016).

49 L. Dean-Jones, *Women's Bodies in Classical Greek Science* (Oxford, 1994); P. J. P. Goldberg, *Women, Work, and Life Cycle in a Medieval Economy: Women in York and Yorkshire c. 1300-1520* (Oxford, 1992); W. P. Ward, *Birth Weight and Economic Growth*;

연구가 이루어졌다.[50] 이는 건강을 위한 사회운동과[51] 여성의 건강을 위한 복지와 연계되었다.[52] 여성 병원에 관한 연구도 이루어졌다.[53] 2000년대에 들어서면 주제와 연구 대상이 좀 더 분화된다. 모니카 그린(Monica H. Green)은 여성의 병을 다루는 부인과를 남자 의사들이 독점하는 과정을 분석하여 여성과 남성 사이의 권력 구도에 관해 연구했다.[54] 여성들의 전기에 관한 연구도 있었다. 캐서린 호지킨(Katharine Hodgkin)은 영국의 근대를 산 디오니스 피처버트(Dionys Fitzerbert)의 전기를 통해 근대 영국 여

Women's Living Standards in the Industrializing West (Chicago, 1993); L. Steinbrügge, (Trans. by Selwyn, P. E.), The Moral Sex. Women's Nature in the French Enlightenment (Oxford, 1995); A. Summers, Female Lives, Moral States: Women, Religion and Public Life in Britain 1800-1930 (Newbury, 2000).

50 M. H. Green, Women's Healthcare in the Medieval West: Texts and Contexts (Aldershot Ashgate Variorum, 2000); C. K. Warsh, Prescribed Norms: Women and Health in Canada and the United States since 1800 (Toronto, 2010); R. D. Apple (ed.), Women, Health, and Medicine in America: A Historical Handbook (New York, 1990); J. W. Leavitt, Women and Health in America (Madison, 1999); F. Scott, K. Scarth, and J. W. Chung (ed.), Picturing Women's Health (London, 2014).

51 S. L. Smith, Sick and Tired of Being Sick and Tired: Black Women's Health Activism in America, 1890-1950 (Philadelphia, 1995); T. Hart, Health in the City: Race, Poverty, and the Negotiation of Women's Health in New York City, 1915-1930 (New York, 2015).

52 미국 메디슨의 위스콘신대는 여성사가 활발하여 여성 의료사에도 큰 영향을 미쳤다. L. Gordon, (ed.), Women, the State and Welfare (Madison, 1990); V. Fildes, L. Marks and H. Marland (eds.), Women and Children First: International Maternal and Infant Welfare, 1870 (London, 1992); J. Henderson, and R. Walls (ed.), Poor Women and Children in the European Past (London, 1994); C. Duchen, Women's Rights and Women's Lives in France 1944-1968 (London, 1994).

53 L. Leneman, In the Service of Life: the story of Elsie Inglis and the Scottish Women's Hospitals (Edinburgh, 1994); E. Crofton, The Women of Royaumont: A Scottish Women's Hospital on the Western Front (East Lothian, 1997).

54 M. H. Green, Making Women's Medicine Masculine: The Rise of Male Authority in Pre-Modern Gynaecology (Oxford, 2008).

성의 광기에 관해 연구했다.[55]

여성과 관련된 주제 중 또 하나의 중요한 주제가 출산이다. 여기서 출산은 임신, 출산, 육아, 피임, 낙태 등을 포괄하는 개념으로 사용한다. 영국의 의사이자 의료사가였던 어빈 루던(Irvine Loudon)은 1992년에 1800년부터 1950년에 이르는 긴 시간 동안 출산 중 사망한 여성을 연구했다.[56] 이는 임산부 관리와 사망률에 관한 방대한 연구의 집적이었다. 이 연구는 이후의 출산 연구에 영향을 주었으며, 여성만 희생하는 것이 아닌 남성이 참여하는 출산에 관한 연구로 발전하였다.[57] 여성의 권리가 증진되면서 피임과 낙태에 관한 연구도 꾸준히 이어졌다.[58] 낙태는 과거에 범죄로 여겨졌지만, 낙태하는 여성을 변호하는 연구가 많아졌다. 미국 일리노이대의 레즐리 레이건(Leslie Reagan)이 대표적이다.[59] 피임에 관한 연구로는 호주 시드니대의 헤라 쿡(Hera Cook)을 들 수 있다.[60] 영국 워릭대의 안젤라 데이비스(Angela Davis)

55 K. Hodgkin (ed.), *Women, Madness and Sin in Early Modern England: The Autobiographical Writings of Dionys Fitzherbert, The Early Modern Englishwoman 1500-1750: Contemporary Editions* (Farnham, 2010).

56 I. Loudon, *Death in Childbirth: An International Study of Maternal Care and Maternal Mortality 1800-1950* (Oxford, 1992).

57 J. P. Zinsser (ed.), *Men, Women, and the Birthing of Modern Science* (DeKalb, Illinois, 2005).

58 C. Debenham, *Birth Control and the Rights of Women: Post-Suffrage Feminism in the Early Twentieth Century* (London, 2014); S. M. Klausen, *Abortion under Apartheid. Nationalism, Sexuality and Women's Reproductive Rights in South Africa* (Oxford, 2015).

59 L. J. Reagan, *When Abortion Was a Crime: Women, Medicine, and Law in the United States, 1867-1973* (Berkeley, 1997); L. J. Reagan, *Dangerous Pregnancies: Mothers, Disabilities, and Abortion in Modern America* (Berkeley, 2010).

60 H. Cook, *The Long Sexual Revolution; English Women, Sex and Contraception 1800-1975* (Oxford, 2004).

는 이러한 여성상을 종합하여 근대의 어머니상에 관해 썼다.[61]

여성의 다양한 면모 중 또 하나의 중요한 정체성이 있다면 의료인으로서의 여성일 것이다. 의료인은 다른 많은 역할이 있지만 대표적으로 간호사, 조산사, 의사를 포함한다. 간호사에 관한 연구는 사회사와의 상호작용으로 발전하였다.[62] 전시의 군 간호사에 관한 연구 등이 그렇다.[63] 1980년대까지 간호사 연구는 매우 활발했으나, 최근에는 연구가 감소하였다. 반면, 조산사에 관한 연구는 최근에 더욱 활발해지고 있다. 이는 사회사적인 관심 때문이 아니라, 문화사적 관심 때문이다. 헬렌 킹(Helen King)은 18세기 중반 스코틀랜드 휘그당의 남자 조산사 윌리엄 스멜리(William Smellie)와 그의 라이벌인 요크 토리당의 존 버튼(John Burton) 사이의 관계를 조명했다.[64] 앨리슨 링고가 편집한 루이 4세의 왕비를 위한 조산사 루이즈 부르주아(Louise Bourgeois)의 책 세 권(파리에서 1609, 1617, 1626년에 출판되었다)도 영어로 번역되었다.[65] 여의사에 관한 연구는 상대적으로 적다. 최근에 미국에서 내전기 이전의 220명의 여의사 220명을 정리한 책이 가장 방대하다.[66]

61 A. Davis, *Modern Motherhood: Women and Family in England, 1945-2000* (Manchester, 2012).

62 D. C. Hinc, *Black Women in White: Racial Conflict and Cooperation in the Nursing Profession, 1890-1950* (Bloomington, 1989); A. Bradshaw, *The Nurse Apprentice, 1860-1977* (Ann Aldershot, 2001).

63 A. Summers, *Angels and Citizens, British Women as Military Nurses 1854-1914* (London, 1988); P. Starns, *Nurses at War: Women on the Front Line*, 1939-45 (Stroud, 2000).

64 H. King, *Midwifery, Obstetrics and the Rise of Gynaecology: The Uses of a Sixteenth-Century Compendium* (Ashgate, 2007).

65 A. K. Lingo (ed), O'Hara, S. (trans. by), *Louise Bourgeois: Midwife to the Queen of France: Diverse Observations* (Tempe, 2017).

66 E. C. Atwater, *Women Medical Doctors in the United States before the Civil War: A*

(2) 취약계층으로서의 어린이

취약 계층으로서 어린이에 관한 연구는 영국의 산업혁명기 아동노동으로부터 시작한다.[67] 이는 아동 학대의 문제와도 연결된다.[68] 로저 쿠터(Roger Cooter)는 이러한 문제의식에서 시작하여 어린이의 건강과 복지에 관해 연구했다.[69] 그가 편집했던 이 책을 필두로 어린이의 건강과 복지에 관한 저서들이 연이어 출판되었다.[70] 최근에는 어린이의 정신과 관련된 연구가 주를 이루고 있다.[71]

Biographical Dictionary (Rochester, 2016).

67 C. Nardinelli, Child Labor and the Industrial Revolution (Bloomington, 1990); P. Kirby, Child Workers and Industrial Health in Britain 1780-1850 (Woodbridge, 2013).

68 아동살해도 다루어졌다. P. Guarnieri, C. Mieville (trans. by), Case of Child Murder: Law and Science in Nineteenth-Century Tuscany (Oxford, 1993); M. Jackson, New-Born Child Murder (Manchester, 1996).

69 R. Cooter (ed.), In the Name of the Child: Health and Welfare, 1880-1940 (London, 1992).

70 M. Tennant, Children's Health, The Nation's Wealth. A History of Children's Health Camps (Wellington, 1994); H. Hendrick, Child Welfare: England, 1872-1989 (London, 1994); I. Loudon (ed.), Childbed Fever: A Documentary History (Diseases, Epidemics and Medicine, vol. 2) (New York, 1995); B. Harris, The health of the Schoolchild: A History of the School Medical Service in England and Wales (Buckingham, 1995); K. Lindenmeyer, 'A Right to Childhood': The U. S. Children's Bureau and Child Welfare, 1912-46 (Chicago, 1997); I. Loudon, The Tragedy of Childbed Fever (Oxford, 2000); A. M. Stern, and H. Markel, Formative Years. Children's Health in the United States, 1880-2000 (Ann Arbour, 2002); R. A. Meckel, Classrooms and Clinics: Urban Schools and the Protection and Promotion of Child Health, 1870-1930 (New Brunswick, 2013); E. B. Johnstone and J. Baines, The Changing Faces of Childhood Cancer: Clinical and Cultural Visions since 1940 (Basingstoke, 2015); A. Davis, Pre-school Childcare in England, 1939-2010; Theory, Practice and Experience (Manchester, 2015). E. M. Hammonds, Childhood's Deadly Scourge: The Campaign to Control Diphtheria in New York City, 1880-1930 (Baltimore: The Johns Hopkins University Press, 1999).

71 A. Rafalovich, Framing ADHD Children: A Critical Examination of the History, Discourse,

3) 인구학과 우생학의 진화

인구학과 우생학은 인류학적 방법론을 활용하여 19~20세기 의료사 연구
에 혁신적인 변화를 가져온 연구 분야다. 그러나 이 둘은 21세기에 들어 서
로 다른 운명을 가지게 되는데, 인구학에 관한 연구는 점차 감소하는 반면,[72]
우생학은 다양하게 활용되어 새로운 시대에 적용된다.

19세기 말에서 20세기 초 진화론과 우생학의 발전은 인간이 자신의 재생
산을 합리적으로 통제할 수 있다는 믿음을 갖게 하였다. 여기에는 사회적
불평등과 편견이 반영되었고, 이는 더 나아가 인간 게놈 연구에도 영향을
주었다. 불필요하거나 사회악이 되는 인간형을 최소화하는 것에 그치지 않
고, 유익한 인간형을 인위적으로 만들려는 것이다. 따라서 우생학은 생명
윤리와도 직접적 연관이 있다.[73] 우생학 연구가 처음에는 영국 · 미국 · 독일
등의 국가에 국한되었지만, 2000년대에 들어서 브라질 · 러시아 · 중국 ·
헝가리 등의 국가에 관한 연구로 확대되었다.[74] 최근의 연구는 국가 간의 비

and Everyday Experience of Attention Deficit/Hyperactivity Disorder (Lanham, 2004);
S. Shuttleworth, The Mind of the Child: Child Development in Literature, Science, and
Medicine, 1840-1900 (Oxford, 2010); J. Gill-Peterson, Histories of the Transgender Child,
(Minneapolis, 2018).

72 그나마 영국에 대한 연구가 있다. C. Galley, The Demography of Early Modern Towns:
York in the Sixteenth and Seventeenth Centuries (Liverpool, 1998); R. Woods, The
Demography of Victorian England and Wales (Cambridge, 2000); E. Garrett, A. Reid, K.
Schurer, and S. Szreter, Changing Family Size in England and Wales: Place, Class and
Demography, 1891-1911 (Cambridge, 2001).

73 E. Dyck, Facing Eugenics: Reproduction, Sterilization, and the Politics of Choice
(Baltimore, 2012).

74 P. M. H. Mazumdar, Eugenics, Human Genetics and Human Failings: the Eugenics

교에 집중한다. 영국 옥스퍼드 브룩스대의 마리우스 투르다(Marius Turda)는 루마니아의 마라무레스(Maramures) 출신이다. 이 지역은 헝가리, 체코슬로바키아 등 여러 국가에 속했던 아픈 역사가 있다. 투르다는 이러한 배경을 기반으로 해서 우생학에 전념하고 있으며, 2006년부터 우생학과 인종의 역사(History of Eugenics and Race) 프로젝트를 운영하고 있다. 그는 중부 유럽과 동유럽, 그리고 특히 헝가리의 우생학연구를 토대로 유럽과 라틴아메리카의 우생학 연구와 비교하였다.[75] 다이안 폴(Diane B. Paul), 존 스텐하우스(John Stenhouse), 해미시 스펜서(Hamish G. Spencer) 등은 대영제국 변방의 코먼웰스 우생학을 논했다. 이들은 뉴질랜드의 오카고대를 중심으로 연구하여 뉴질랜드는 물론, 호주와 캐나다 등 코먼웰스에서 우생학이 어떤 역할을 했는지 연구했다.[76]

Society, its Sources and its Critics in Britain (London, 1992); M. Thomson, The Problem of Mental Deficiency: Eugenics, Democracy, and Social Policy in Britain c. 1870-1959 (Oxford, 1998); G. Broberg and N. Roll-Hansen (eds.), Eugenics and the Welfare State: Sterilisation Policy in Denmark, Sweden, Norway and Finland (East Lansing, 1996); I. Dowbiggin, Keeping America Sane: Psychiatry and Eugenics in the United States and Canada, 1880-1940 (Ithaca, 1997); M. Bucur, Eugenics and Modernization in Interwar Romania (Pittsburgh, 2002); D. Wyndham, Eugenics in Australia: Striving for National Fitness (London, 2003); M. Turda and P. Weindling (ed.), Blood and Homeland: Eugenics and Racial Nationalism in Central and Southeast Europe, 1900-1940 (Budapest, 2007); S. Trubeta, Physical Anthropology, Race and Eugenics in Greece (1880s-1970s) (Leiden, 2013); M. Turda, Eugenics and Nation in Early 20th Century Hungary (Basingstoke, 2014); M. Turda (ed), The History of East-Central European Eugenics, 1900-1945: Sources and Commentaries (London, 2015).

75 M. Turda and A. Gillette, Latin Eugenics in Comparative Perspective (London, 2014).
76 D. B. Paul, J. Stenhouse, and H. G. Spencer (eds), Eugenics at the Edges of Empire. New Zealand, Australia, Canada and South Africa (London, 2018).

4) 의료에 포함된 죽음

역사를 통해 그 인식이 가장 많이 변화한 것 중 하나가 '죽음'일 것이다. 기술의 발달로 인간은 죽음을 연기할 수 있다는 자신감을 얻게 되었으니 말이다. 의료사 연구자들이 먼저 관심을 가진 것이 바로 이 죽음의 인식에 대한 변화다. 20세기 말에 14세기 흑사병에 관한 연구가 증가한 것은 이러한 이유 때문일 것이다.[77] 흑사병으로 죽음을 더욱 흔하게 접하게 된 까닭에 해부학이 발전할 수 있었다는 증언이 있을 정도로 죽음과 시신은 일상적인 것이 되었다. 그러나 600년이 지난 20세기의 죽음은 이와는 많이 다르다. 국립 호주대의 명예교수인 패트리샤 잘란드(Patricia Jalland)는 영국사와 호주사 전공자이면서 죽음, 비통, 애도에 관심이 있다. 그녀는 영국의 가정에서 느꼈던 죽음에 대한 슬픔을 연구했다.[78] 그녀의 연구에 이어 죽음의 슬픔에 관한 연구가 계속되었다.[79] 살아남은 자의 슬픔에 집중하면서 연장된 삶에 대해 관심이 증가하였다. 이제 죽음은 의료의 실패가 아니라 의료의 일부이다.

---

77 L. R. Poos, *A Rural Society after the Black Death: Essex 1350-1525* (Cambridge, 1991); C. Platt, *King Death: The Black Death and its Aftermath in Late-Medieval England* (London, 1996); M. Ormrod and P. Lindley (ed.), *The Black Death in England* (Stamford, 1996).

78 P. Jalland, *Death in the Victorian Family* (Oxford, 1996).

79 R. Houlbrooke, *Death, Religion and the Family in England, 1480-1750* (Oxford, 1998); A. C. Swedlund, *Shadows in the Valley: A Cultural History of Illness, Death, and Loss in New England, 1840-1916* (Amherst, 2010); P. Jalland, *Death in War and Peace: Loss and Grief in England, 1914-1970* (Oxford. 2010). 아벨은 1965-2014년의 미국을 다루었다. E. K. Abel, *Living in Death's Shadow: Family Experiences of Terminal Care and Irreplaceable Loss* (Baltimore, 2016).

5) 공공의료와 개인

공공의료 역시 의료 근대화의 한 단면이다. 제1, 2차 세계대전이 끝나고 각국은 전쟁의 혼란을 수습하고 국민의 건강을 지키기 위해 공공의료를 본격적으로 시작했다. 영국의 National Health Service가 1948년 창설된 것이 그 예이다. 사회사적 전환기에 공공의료에 관한 논의가 활발해졌고, 1990년대에는 이를 정리하는 수준의 저작이 다수 출판되었다. 1990년 존 더피(John Duffy)와 리처드 메켈(Richard A. Meckel)은 미국의 위생과 공공의료를 정리하였고,[80] 존 허친슨(John F. Hutchinson)은 러시아 혁명기의 공공의료를 살펴보았다.[81] 뉴질랜드[82]나 독일,[83] 영국[84]과 같은 국가는 물론 아시아[85]나 아프

80 J. Duffy, *The Sanitarians: A History of American Public Health* (Urbana, 1990); R. A. Meckel, *Save the Babies: American Public Health Reform and the Prevention of Infant Mortality 1850-1929* (Baltimore, 1990). cf) J. H. Warner and J. Tighe, (ed.), *Major Problems in the History of Medicine and Public Health. Documents and Essays* (Boston, 2001).

81 J. F. Hutchinson, *Politics and Public Health in Revolutionary Russia 1890-1918* (Baltimore, 1990).

82 D. A. Dow, *Safeguarding the Public Health: A History of the New Zealand Department of Health* (Wellington, 1995).

83 M. Berg and G. Cocks (eds.), *Medicine and Modernity: Public Health and Medical Care in Nineteenth- and Twentieth-Century Germany* (Cambridge, 1997); J. Reinisch, The Perils of Peace: *The Public Health Crisis in Occupied Germany* (Oxford, 2013). 1945-49년 사이를 조명, 전후 독일의 공공의료를 다룬 미시사.

84 T. Crook, *Governing Systems: Modernity and the Making of Public Health in England, 1830-1910* (Oakland, 2016).

85 M. J. Lewis and K. L. MacPherson (ed.), *Public Health in Asia and the Pacific. Historical and Comparative Perspectives* (London, 2008).

리카[86]의 공공의료도 연구되었다. 도로시 포터(Dorothy Porter)는 공공의료와 국가 간의 관계에 대한 그간의 글들을 엮어서 냈다.[87] 국가 간 비교 연구 역시 활발했으며,[88] 국가 간 경계의 이동을 다루기도 했다.[89]

공공의료에 대한 비판적 시각도 소개되었다. 데보라 럽튼(Deborah Lupton)은 공공의료에 의해 규제되는 몸, 강제되는 건강에 관한 연구를 출판하였다.[90] 공공의료에 의해 개인이 제약을 받게 되는 현실을 분석한 것이다. 조셉 바로나(Josep L. Barona)는 국제 외교가 의료와 어떤 관계가 있는지 록펠러 재단과 국제연맹보건국(League of Nations Health Organization)의 관계를 통해 밝혔다.[91] 글로벌 역사의 영향이 반영된 현실적 연구이다. 한편, 마크 해리슨(Mark Harrison)은 그의 첫 책인 『Public Health in British India, Anglo-Indian Preventive Medicine, 1859~1914』에서 영국의 식민지였던 인도의 공공의료와 예방의학을 다루었다.[92] 이는 그의 방대한 식민지 의학 연구의 시작점이 되었다.

86 R. J. Prince and R. Marsland (ed.), *Making and Unmaking Public Health in Africa* (Ohio, 2014).

87 D. Porter (ed.), *The History of Public Health and the Modern State* (Amsterdam, 1994).

88 M. Niemi, *Public Health and Municipal Policy Making: Britain and Sweden, 1900-1940* (Aldershot, 2007).

89 S. G. Solomon, L. Murard, and P. Zylberman (ed.), *Shifting Boundaries of Public Health: Europe in the Twentieth Century* (Rochester, 2008).

90 D. Lupton, *The Imperative of Health. Public Health and the Regulated Body* (London, 1995).

91 J. L. Barona, *The Rockefeller Foundation, Public Health and International Diplomacy, 1920-1945* (London, 2015).

92 M. Harrison, *Public Health in British India, Anglo-Indian Preventive Medicine, 1859-1914* (Cambridge, 1994).

6) 식민지 의학, 누구의 것인가?

식민지 의학은 제국의 식민지 지배에 활용되었다. 의료사는 제국과 식민지 사이의 다양한 사회적, 문화적, 정치적 충돌과 근대화의 추구가 의료에 어떻게 나타났는지 살펴본다. 특히 아프리카와 인도에 관한 연구가 많고, 2000년대 후반부터 호주도 스스로를 식민지로서 연구한다. 영국 UCL의 메간 본(Megan Vaughan)은 아프리카의 역사와 건강에 집중하였다. 그중 의료에 관련된 연구를 살펴보면, 1991년에 발표한 「Curing their ills: Colonial Power and African Illness」가 있다.[93] 제목 그대로 제국이 어떻게 아프리카의 질병에 대처했는지 설명하였다. 그녀는 식민지 아프리카의 정신과적 문제도 중요하게 다루었다.[94] 정신의학은 식민 지배의 기제로 활용되기도 했기 때문이다.

식민지 인도에 관한 연구에는 중요한 학자가 두 명 있다. 영국 워릭대의 데이비드 아놀드(David Arnold)와 영국 옥스퍼드대의 마크 해리슨(Mark Harrison)이다. 이들은 인도를 지배하는 데 있어 의학이 어떤 역할을 하였는지에 특히 주목했다. 1993년에 발표한 「Colonizing the Body: State Medicine and Epidemic Disease in Nineteenth-Century India」는 아놀드의 대표작이다.[95] 1996년의 편서에서는 서양과 다른 기후를 극복하기 위해 열대의학이

---

93 M. Vaughan, *Curing their ills: Colonial Power and African Illness* (Oxford, 1991).

94 S. Mahone and M. Vaughan, Psychiatry and Empire (Basingstoke, 2007). cf) J. McCulloch, *Colonial Psychiatry and the African Mind* (Cambridge, 1995).

95 D. Arnold, *Colonizing the Body: State Medicine and Epidemic Disease in Nineteenth-Century India* (Berkeley, 1993).

탄생하게 되는 과정을 다양한 전문가들의 글로 엮어 내었고,[96] 2000년에는 식민지 인도의 과학·기술·의학을 다룬 개설서를 출판하였다.[97] 마크 해리슨은 식민지 인도와 관련하여 방대한 양의 글을 썼는데 단행본만 살펴보면 다음과 같다. 『Climates and Constitutions: Health, Race, Environment and British Imperialism in India, 1600~1850』는 유럽인들이 인도의 기후에 대해 취한 태도를 분석하고 인종 퇴화가 두려워 지배를 꺼리던 정황을 살펴본다.[98] 『Health, Medicine and Empire: Perspectives on Colonial India』는 비사모이 파티(Biswamoy Pati)와 함께 썼다.[99] 이 책에서는 식민지 인도에서의 의료를 집중적으로 살폈다. 또한, 무역과 전염병의 관계를 살펴보기도 했다.[100] 그 후, 질병들을 하나씩 집중 분석하고 있는데,『Fractured States: Smallpox, Public Health and Vaccination Policy in British India, 1800~1947』에서는 천연두를 다루었고,[101] 그가 최근 편집·출판한 『Society, Medicine and Politics in Colonial India』에서는 콜레라를 다루었다.[102] 이 책에서 주목

96 D. Arnold (ed.), *Warm Climates and Western Medicine; The Emergence of Tropical Medicine 1500-1900* (Amsterdam, 1996).

97 D. Arnold, *The New Cambridge History of India: Science, Technology and Medicine in Colonial India* (Cambridge, 2000).

98 M. Harrison, *Climates and Constitutions: Health, Race, Environment and British Imperialism in India, 1600-1850* (Oxford, 1999).

99 B. Pati and M. Harrison, *Health, Medicine and Empire: Perspectives on Colonial India* (London, 2001).

100 M. Harrison, *Medicine in an Age of Commerce and Empire: Britain and Its Tropical Colonies 1660-1830* (Oxford, 2010).

101 S. Battacharya, M. Harrison, and M. Worboys, *Fractured States: Smallpox, Public Health and Vaccination Policy in British India, 1800-1947* (Hyderabad, 2005).

102 M. Harrison, "The Great Shift: Cholera Theory and Sanitary Policy in British India, 1867-1879", B. Pati and M. Harrison (ed.), Society, *Medicine and Politics in Colonial India*

할 점은 많은 인도 학자들이 참여했다는 점이다. 2000년대 후반부터 인도와 동아시아의 학자들이 자국의 의료사를 직접 쓰면서 역사 서술에 변화가 일어났다. 무카르지는 다카리의 역사를 썼다.[103] 다카리는 서양 의학을 하는 인도인을 뜻한다. 이는 인도인의 시각으로 인도 의학을 분석, 평가한 중요한 작업이다. 판데는 영제국하의 벵갈을 연구했는데, 제국주의와 현대 식민국가 사이의 관계를 분석하였다.[104]

　호주의 학자들이 자국을 식민지로서 서술한 것도 이러한 변화와 같은 맥락이다. 영국 뉴캐슬대의 캐서린 콜본(Catherine Coleborne)은 호주 출신이다. 그녀는 빅토리아의 식민지 보호시설에 관해 연구했다.[105] 피터 호빈스(Peter Hobbins) 역시 호주 시드니대 소속으로 호주인이다. 그는 식민지 호주에서의 생체 해부와 의과학을 살펴보았다.[106] 이렇게 식민지 의학을 자국민이 서술하게 되면서 제국의 의료에 대한 시각이 다양해졌다. 이는 로컬을 강조하는 최근의 경향과도 연결된다.

(London, 2018).

103 P. B. Mukharji, *Nationalizing the Body: The Medical Market, Print and Daktari Medicine*, (London, 2009).

104 I. Pande, *Medicine, Race and Liberalism in British Bengal: Symptoms of Empire* (Abingdon, 2010), 1쪽.

105 C. Coleborne, *Reading 'Madness': Gender and Difference in the Colonial Asylum in Victoria, Australia, 1848-1888* (Perth, 2007).

106 P. Hobbins, *Venomous Encounters: Snakes, Vivisection and Scientific Medicine in Colonial Australia* (Manchester, 2017).

7) 병원과 보호시설, 환자

(1) 병원과 보호시설

병원의 근대화를 병원의 "'의학화(medicalization)'"라고 생각하기 쉬우나, 어원 아커넥트를 위시한 학자들의 오랜 논의 과정을 살펴보면 그렇게 단정 지을 수 없다. 기독교의 자선 기관 정도로 기능했던 전근대의 병원은 병원이라기보다 가난한 이들을 보호하는 보호시설이었다. 전근대의 병원이 보호시설과 명확하게 구분되지 않았다면, 근대화된 병원은 가난한 사람을 보호하는 곳에서 병든 사람을 치료하는 곳으로, 보호시설은 요양원으로 분화되었다. 그러나 이는 단절적이고 급진적인 현상은 아니었다. 요양원으로서의 보호시설은 정신의학을 다루는 장에서 살펴보기로 하고, 먼저 의학화된 병원의 연구 동향을 살펴본다. 병원의 근대화가 가장 잘 드러나는 국가는 프랑스다. 앙시앙 레짐(Ancien Régime, 프랑스혁명 이전의 절대왕정체제)에서 혁명을 통해 근대화를 이룬 프랑스는 혁명기에 앙시앙 레짐의 특권층이라고 할 수 있는 의사들을 모두 처단하고, 새로운 병원을 꾸렸던 것이다. 이 특징적인 발전에 많은 의료사가들이 관심을 가졌다. 콜린 존스(Colin Jones)는 이 과정이 급진적이기보다 점진적이었다는 것을 님 병원과 몽펠리에 병원을 케이스 연구하여 증명했다.[107] 10여 년이 지나 존 프랑고스(John Frangos)는 프랑스 병원의 근대화가 급진적인 것이었다고 주장했지만 이는 강한 비난을

---

107 C. Jones, *The Charitable Imperative: Hospitals and Nursing in Ancien Regime and Revolutionary France* (London, 1989).

받았다.[108] 병원의 자선적 기능이 완전히 배제되는 것에 대해 불편한 시선이 존재했던 것이다. 이러한 태도는 문화사적 전환에서도 드러나게 된다.

1990년대 후반부터 연구자들이 관심을 가졌던 병원 연구는 크게 두 가지가 있다. 하나는 병원 건축의 역사이고, 다른 하나는 방문하는 곳으로서의 병원 개념이다. 먼저, 병원 건축의 역사는 해리엇 리차드슨(Harriet Richardson)이 편집한 연구를 들 수 있다.[109] 1991~1994년 사이에 영국왕립역사적기념물위원회(Royal Commission on the Historical Monuments of England)의 지원을 받아 이루어진 이 연구를 통해 주요 병원들의 건축에 관한 아카이브가 생기게 되었다. 이는 이후 연구의 기반이 되었다. 10년 뒤, 캐나다 맥길대의 앤머리 애덤스(Annmarie Adams)는 캐나다 몬트리올의 로얄 빅토리아 병원을 중심으로 한층 세련된 연구를 펴냈다.[110] 그녀는 병원 건축의 능동적 역할을 강조하면서 조리실의 위치나 방문객의 동선 등이 어떻게 병원의 특성에 영향을 주는지 연구했다. 또다시 10여 년이 흘러 미국 병원 건축의 역사가 출판되었다. 잔 키사키(Jeane Kisacky)는 병원이 도시 내에서 차지하는 위치가 변방에서 중심으로 이동하였다는 것을 밝히고, 현대 병원 건축가들이 치유의 장소이자 편의의 장소인 병원의 건축 설계를 위해 어떤 고민을

---

108 E. A. Williams, "Review: From Housing the Poor to Healing the Sick: The Changing Institution of Paris Hospitals under the Old Regime and Revolution", *Journal of Social History*, vol. 33 (1999), pp. 481-482.

109 H. Richardson (ed.), *English Hospitals 1660-1948: A Survey of their Architecture and Design* (Swindon, 1998).

110 A. Adams, *Medicine by Design: The Architect and the Modern Hospital, 1893-1943*, (Minneapolis, 2008).

하는지 설명했다.[111]

병원 건축의 역사에서도 드러났듯이 현대의 병원은 일면 방문객들이 드나드는 장소다. 최근의 병원 연구는 바로 이 면에 주목한다. 그레이엄 무니(Graham Mooney)와 조나단 레이나츠(Jonathan Reinarz)는 병원 방문에 관한 역사를 펴냈다.[112] 병원은 환자가 방문하여 치료받는 곳일 뿐 아니라 환자의 보호자, 친구들, 가족이 방문하는 곳이다. 이들에 대한 병원의 태도가 어떻게 변화했는지 고찰한다.

(2) 환자

의사와 환자의 관계는 사회사적 전환기에 인기 있는 주제였다. 1990년대에도 이 주제가 다루어졌으나,[113] 학자들은 환자에 대한 새로운 인식에 관심을 돌리게 되었다. 2000년대에 들어 환자의 개념이 어떻게 변화했는지 그 역사를 살펴보는 연구가 이루어졌다.[114] 2000년대 말 환자의 역할을 능동적으로 보는 시각이 등장했다. 페터 애슬스타드(Petter Aaslestad)는 정신과에서 어떻게 환자의 이야기를 담아 내는지 환자가 지니는 텍스트로서의 역할

111 J. Kisacky, *Rise of the Modern Hospital. An Architectural History of Health and Healing, 1870-1940* (Pittsburgh, 2017).

112 G. Mooney and J. Reinarz (ed.), *Permeable Walls: Historical Perspectives on Hospital and Asylum Visiting* (Amsterdam, 2009).

113 H. Waitzkin, *The Politics of Medical Encounters. How Patients and Doctors Deal with Social Problems* (New Haven, 1991); M. R. McVaugh, *Medicine before the Plague: Practitioners and their Patients in the Crown of Aragon, 1285-1345* (Cambridge, 1993).

114 J. Lane, *The Making of the English Patient: A Guide to Sources for the Social History of Medicine* (Stroud, 2000); G. Reaume, *Remembrance of Patients Past. Patient Life at the Toronto Hospital for the Insane, 1870-1940* (Don Mills, 2000); S. J. Reiser, *Technological Medicine: The Changing World of Doctors and Patients* (Cambridge, 2009).

을 조망했다.[115] 비어트릭스 호프먼(Beatrix Hoffman) 외 학자들은 환자들이 정책을 제정하는 데 어떤 역할을 하는지 분석하였다.[116] 이들은 환자가 매우 중요한 주체임에도 불구하고 이들의 목소리를 정책에 반영하는 데 한계와 장애가 있다는 점을 지적하였다.[117] 대중매체는 학문의 맹점에 놓여 있는 현상들을 조명하는 장점이 있어 문화사적 전환기의 연구에 중요한 사료가 되었다. 최근의 연구는 환자를 본격적으로 소비자로 칭하며 환자를 서비스 이용자로 파악한다.[118]

8) 정신과

정신과의 문제는 매우 복잡하다. 근대 초 정신병 환자들에 대한 인식은, 사회의 문제를 해결하는 방법으로서 '사회 정화'를 위해 사회로부터 격리해야 하는 '오염물' 정도였다. 환자들의 인권은 완전히 무시되었고, 이들은 수용소에 감금되었다. 정신과는 이들의 인권을 고민하며, 병원 안으로 이동시키고, 다시 이들을 공동체 내에서 치료하는 방향으로 발전하였다. 따라서 정신과와 관련된 의사학은 수용소/병원 연구와 인권 문제 등의 사회문제

---

115 P. Aaslestad, *The Patient as Text: The Role of the Narrator in Psychiatric Notes, 1890-1990* (Oxford, 2009).

116 B. Hoffman, N. Tomes, R. Grob, and M. Schlesinger (ed.), *Patients as Policy Actors: A Century of Changing Markets and Missions* (New Brunswick, 2011).

117 K. Ostherr, Medical Visions: *Producing the Patient Through Film, Television, and Imaging Technologies* (Oxford, 2013).

118 N. Tomes, *Remaking the Modern Patient: How Madison Avenue and Modern Medicine Turned Patients into Consumers* (Chapel Hill, 2016).

와 긴밀한 연관성을 가질 수밖에 없었다.[119] 특히, 20세기 세계대전을 겪으면서 인식이 많이 변화하였다. 전쟁 시 포탄 소리 때문에 충격을 겪으면서 정신병을 얻게 된 이들이 생겼기 때문이다. 이들을 '오염물'로 인식할 수 없다는 이해가 생겼고, 제1차 세계대전 중 포탄에 의한 충격으로 인해 정신적 고통을 받는 것을 의미하는 단어로 '셸 쇼크(Shellshock)'라는 말이 생겼다.[120]

119 수용소/병원/공동체 치료의 연구에 대해서는 다음을 참조하라. Peter Hall and Ian F. Brockington (eds.), *The Closure of Mental Hospitals* (London: Royal College of Psychiatrists, Gaskell, 1990); Gerald N. Grob, *From Asylum to Community: Mental Health Policy in Modern America* (New Jersey: Princeton University Press, 1991); Bernard Cashman, *A Proper House. Bedford Lunatic Asylum: 1812-1860,* (Bedford: North Bedfordshire Health Authority, 1992); Kathleen Jones, *Asylums and After. A Revised History of the Mental Health Services: From the Early 18th Century to the 1990s* (London: The Athlone Press, 1993); Dylan Tomlinson and John Carrier (eds.), *Asylum in the Community* (London: Routledge, 1996); Edward Shorter (ed.), *TPH: History and Memories of the Toronto Psychiatric Hospital, 1925-1966* (Toronto: Wall and Emerson Inc., 1996); Diana Gittins, *Madness in its Place: Narratives of Severalls Hospital, 1913-1997* (London: Routledge, 2000); Geoffrey Reaume and Don Mills, *Remembrance of Patients Past. Patient Life at the Toronto Hospital for the Insane, 1870-1940* (Ontario, Oxford University Press, 2000); Geertje Boschma, *The Rise of Mental Health Nursing. A History of Psychiatric Care in Dutch Asylums, 1890-1920* (Amsterdam, Amsterdam University Press, 2003); Paul Chambers, *Bedlam: London's Hospital for the Mad* (London: Ian Allan, 2009). 인권 문제에 대해서는 다음을 참조하라. Phil Fennell, *Treatment Without Consent: Law, Psychiatry and the Treatment of Mentally Disordered People Since 1845* (London: Routledge, 1996).

120 Hans Binneveld, *From Shellshock to Combat Stress: A Comparative History of Military Psychiatry* (Amsterdam: Amsterdam University Press, 1997); Marijke Gijswijt-Hofstra and Roy Porter (eds.), *Cultures of Psychiatry and Mental Health Care in Postwar Britain and the Netherlands Amsterdam-Atlanta* (GA: Rodopi, 2000); Mark S. Micale and Paul Lerner, *Traumatic Pasts: History, Psychiatry and Trauma in the Modern Age, 1870-1930* (Cambridge Cambridge University Press, 2001); 연금논란에 대해서는 Edgar Jones and Simon Wessely, *Shell Shock to PTSD: Military Psychiatry from 1900 to the Gulf War, Maudsley Monograph 47* (Hove: Psychology Press, 2005); Volker Roelcke, Paul J.

이는 1970년대에 'PTSD(외상 후 스트레스 장애)'라는 단어로 대체되었다. 복잡한 정신과의 문제에 관한 논문집들이 출판되었다.[121] 특히 1985년 바이넘, 포터, 셰퍼드가 편집한 『The Anatomy of Madness. Essays in the History of Psychiatry』가 대표적이다.[122] 총 세 권으로 이루어진 전집은 각각의 권에서 이 당시의 고민들을 풀어냈다. 1권에서는 광기의 이론과 그 치료법을, 2권에서는 근대 정신병 수용소의 등장, 법정에서의 정신과, 셸 쇼크 등 사회 통제의 방편으로서의 정신과 문제를, 3권에서는 보호소의 건축학, 사회정책, 영국 · 프랑스 · 이탈리아 · 미국 · 덴마크 등의 국가별 연구 등을 다루었다. 이 이후에는 알코올 · 담배 · 마약 등의 중독 문제도 중요시되었고, 2000년대에 들어서는 신종 약물에 관한 연구도 진행되었다.[123] 1987년 FDA(Food

Weindling and Louise *Westwood (eds), International Relations in Psychiatry: Britain, Germany, & the United States to World War II* (Rochester, NY; Woodbridge: University of Rochester Press, 2010).

121 German E. Berrios and Hugh freeman (eds.), *150 years of British Psychiatry, 1841-1991* (London: Gaskell, Royal College of Psychiatrists, 1991); Henri F. Ellenberger, *Beyond the Unconscious: Essays in the History of Psychiatry (Introduced and edited by Mark S. Micale)* (Princeton: Princeton University Press, 1993); Leonie de Goel and Joost Vijselaar (eds.), *Proceedings of the 1st European Congress on the History of Psychiatry* (Rotterdam: Erasmus Publishing, The Netherlands Institute of Mental Health, Utrecht, 1993); Mark S. Micale and Roy Porter (eds.), *Discovering the History of Psychiatry* (Oxford: Oxford University Press, 1994); German Berrios and Roy Porter (eds.), *A History of Clinical Psychiatry: The Origin and History of Psychiatric Disorders* (London: Athlone, 1995); Michael H. Stone, *Healing the Mind: A History of Psychiatry from Antiquity to the Present* (New York: W. W. Norton &Co., 1997); Hugh Freeman, *A Century of Psychiatry* (London Harcourt, 1999).

122 W. F. Bynum, R. Porter, and M. Shepherd (eds.), *The Anatomy of Madness. Essays in the History of Psychiatry. Volumes I-III* (London, The Tavistock Press, 1985).

123 알코올중독에 대해서는 다음을 참조하라. Susanna Barrow, Robin Room, Jeffrey Verhey (eds.), *The Social History of Alcohol. Drinking and Culture in Modern Society* (Berkeley:

and Drug Administration, 미국식품의약국)의 승인을 받은 후 전 세계적으로 널리 사용된 프로작(Prozac)은 항우울제로서 '해피 메이커(happy-maker)', '해피 필(happy-pill)' 등의 별명을 얻기도 했는데, 이에 대해 논의가 한동안 지속되었다.[124]

Alcohol Research Group, Medical Research Institute of San Francisco, 1987); Jean-Charles Sournia, Nick Hindley Gareth Stanton (trans. by) *A History of Alcoholism; with an introduction by Roy Porter* (Oxford: Basil Blackwell, 1990); Elizabeth Armstrong, *Conceiving Risk, Bearing Responsibility: Fetal Alcohol Syndrome and the Diagnosis of Moral Disorder* (Baltimore and London, Johns Hopkins University Press, 2003); 임신 중 음주에 대한 경고에 대해서는 Janet Golden, *Message in a Bottle: The Making of Fetal Alcohol Syndrome* (Cambridge, MA: Harvard University Press, 2005); Mack P. Holt (ed.), *Alcohol: A Social and Cultural History* (Oxford: Berg, 2006); Pamela E. Pennock, *Advertising Sin and Sickness: The Politics of Alcohol and Tobacco Marketing, 1950-1990* (Dekalb: Northern Illinois Press, 2007); James Nicholls, *The Politics of Alcohol: A History of the Drink Question in England* (Manchester: Manchester University Press, 2009). 마약 중독에 대해서는 다음을 참조하라. Ronald Glick and Joan Moore (eds.), *Drugs in Hispanic Communities* (New Brunswick: Rutgers University Press, 1990); John M. Riddle, *Quid pro quo: Studies in the history of drugs* (Aldershot: Variorum, 1992); Diana R. Gordon, *The Return of the Dangerous Classes: Drug Prohibition and Policy Politics* (London: W. W. Norton and Co., 1994); J. Strang and M. Gossop (eds.), *Heroin Addiction and Drug Policy. The British System* (Oxford: Oxford Medical Publications, 1994); Eve Bertram, Morris Blachman, Kenneth Sharpe, and Peter Andreas, *Drug War Politics: The Price of Denial* (Berkeley, CA: University of California Press, 1996); Leonard J. Weber, *Profits Before People? Ethical Standards and the Marketing of Prescription Drugs* (Bloomington: Indiana University Press, 2006); Paul Dimeo, *A History of Drug Use in Sport 1876-1976: Beyond Good and Evil* (London: Taylor and Francis, 2006); 중동과 아프리카의 이민자들 때문에 전파된 캇에 대한 논란에 대해서는 D. Anderson, S. Beckerleg, D. Hailuand A. Klein, *The Khat Controversy: Stimulating the Debate on Drugs* (Oxford: Berg, 2007); Erica Dyck, *Psychedelic Psychiatry: LSD From Clinic to Campus* (Baltimore: Johns Hopkins University Press, 2008); 재활원에 대해서는 Alex Mold and Virginia Berridge, *Voluntary Action and Illegal Drugs: Health and Society in Britain Since the 1960s* (Basingstoke: Palgrave Macmillan, 2010).

124 Jonathan Michel Metzl, *Prozac on the Couch: Prescribing Gender in the Era of Wonder*

9) 새로운 주제들

  문화사적 전환기 의료사의 가장 큰 특징이라고 한다면 서술 주체가 다양해졌다는 점일 것이다. 다양한 분야의 사람들이 의료에 대해 연구하고 서술한다. 위에서 이들 중 중요한 주제들을 이미 살펴보았지만, 그 외에 아직 연구가 충분히 진행되지 않았음에도 불구하고 앞으로 중요하게 다루어질 주제들에 관해 추가로 정리가 필요할 듯하다. 먼저, 의료사의 서술 주체가 다양화되면서 일반인들의 인터뷰가 연구의 주제가 되기도 한다. 이에 대한 역사 서술을 오럴 히스토리라고 한다. 환자들의 인터뷰나 과거의 편지, 일기 등이 사료가 된다.[125] 실제 연구에서 미시사의 관점으로 개개인을 보기 때문에 개인의 권리가 중시되고 평등의 개념 역시 깊이 있게 연구되었고, equality와 equity의 차이 등이 조명되었다.[126] 개인은 다시금 확대되어 과학, 자연, 환경과의 관계가 중시된다. 바이오 의학, 환경 의학 등은 이런 맥락에서 탄생했다.[127] 결국 중요한 것은 건강이고, 웰빙이라는 결론에까지 이르게

Drugs (Durham, 2005); David Healy, *Let Them Eat Prozac: The Unhealthy Relationship between the Pharmaceutical Industry and Depression* (New York, 2004); David Herzberg, *Happy Pills in America: From Miltown to Prozac* (Baltimore: Johns Hopkins University Press, 2008).

125 A. B. Weisse, *Heart to Heart. The Twentieth-Century Battle against Cardiac Disease: An Oral History* (Brunswick, 2002); D. Scrimgeour, *Proper People: Early Asylum Life in the Words of Those Who Were There* (York, 2015).

126 D. Callahan, and A. A. Wasunna, *Medicine and the Market: Equity v. Choice,* (Baltimore, 2006).

127 C. Hannaway (ed.), *Biomedicine in the Twentieth Century: Practices, Policies and Politics* (Amsterdam, 2008); V. Janković, *Confronting the Climate: British Airs and the Making of Environmental Medicine* (New York, 2010).

되었다.[128] 데이비드 슈스터는 더 나아가 행복을 연구한다.[129]

4. 결론

사회사적 전환은 의료사 연구에 필연적이었고, 자연스럽게 의료사에 녹아들었다. 그러나 사회사적 전환의 반동이라 볼 수 있는 문화사적 전환은 기존의 전통 의료사적 시각과 충돌했다. 이는 일종의 딜레마라고도 할 수 있다. 의료사를 다양한 사람들이 다양한 담론을 통해 논의하게 되면서 의료사의 정체성의 모호해진 것이다. 전통 의료사 학자들은 "의료사가 개념적, 방법론적, 경험적으로 여전히 유효하다는 점을 고수하라",[130] "의료사는 진지하게 연구할 수 있는 힘을 잃었다. 단지 이름만 '의료문화사'로 바꾼다고 큰 의미가 있는 것은 아니다. 새로운 지식이 생긴 만큼 의학과 몸 사이의 관계 역시 바뀌어야 한다",[131] "의료사회사는 아직 완성되지 않았다."[132]라는 등의 주장을 했다. 위의 연구 동향에서 살펴보았듯이 의료사의 연구 주체·연구 대상·독자 등이 대중화되었고, 이를 의료사 권위의 해체라고 이해한 탓

---

128 K. Kroker, *The Sleep of Others and the Transformation of Sleep Research* (Toronto, 2007); K. Bergdolt, *Well-being: A Cultural History of Healthy Living* (Cambridge, 2008).

129 D. G. Schuster, *Neurasthenic Nation: America's Search for Health, Happiness, and Comfort, 1869-1920* (New Brunswick, 2011).

130 R. J. Evans, *In Defence of History* (London, 1997), p. 9.

131 R. Cooter, "After Death/After-'Life': The Social History of Medicine in Post-postmodernity", *Social History of Medicine*, 22 (2009), pp. 609-615.

132 L. Jordanova, "Has the Social History of Medicine Come of Age?", *The Historical Journal*, 36 (1993), pp. 437-449.

이다. 문화사적 전환은 아직 발전의 과정 위에 놓여 있다. 로이 포터가 가장 최근 발표한 글에서 그는 다음과 같이 자신의 긴 연구의 입장을 밝혔다.

"의학의 역할에 의문을 제기하는 것은 중요하다. 비판을 위한 비판이 아니라 의학이 지금 가고 있는 방향을 이해하기 위한 것이다. 여기에는 의학의 최우선 가치, 자본, 법률 등이 포함된다. 또한, 이렇게 된 역사적 관점을 지니는 것이 중요하다. 그래서 다시금 역설적 위치에 있는 현재의 의학으로 되돌아오는 것이 도움이 된다."[133]

의학은 시간적으로 현재에, 공간적으로 우리와 가까운 곳에 있는 실용적인 학문이므로 이론에 머물 수 없다. '다시금 역설적 위치에 있는 현재의 의학으로 되돌아'와야 하는 이유도 여기에 있다. 그러나 우리의 현재, 우리의 공간이 새로운 세대를 맞이하여 변화하고 있다. 의료사는 이 흐름 위에 인간과 가장 밀접하게 조응하는 학문이다. 그러므로 변화를 가장 먼저 느끼면서도 변화에 가장 비판적이어야 하는 것이다. 문화사적 전환이라고 부르는 변화는 시작된 지 이미 오래되었다. 이에 대한 정당한 비판은 의료사가 가고 있는 방향을 제시할 것이다. 영미에 한정된 본 연구는 그 자체로서 한계가 있다. 그러나 영미 의료사를 시작으로 의료사의 문화사적 전환을 전반적으로 살펴볼 수 있을 것이다. 본 연구가 그 자그마한 시작이 되기를 소망한다.

133 R., Porter (ed.), *The Cambridge History of Medicine* (Cambridge, 2006), p. 5.

21세기 국내외 서양 의학사 연구의 향방(2011-2020)*

—학술지 게재 연구 논문을 중심으로

이현주 (이화여자대학교 지구사연구소 연구교수)

* 이 글은 『의사학』 29권 3호, 2020년에 실린 「서양의학사 연구 동향과 전망, 2011~2020: 연구주제의 확장과 새로운 방법론의 모색」을 수정·보완한 것이다.

1. 들어가며

서양에서 의학사(the history of medicine)[1] 연구는 18세기 말에 발아해, 19세기를 거쳐, 20세기 중반 이후 더욱 크게 발전했다. 의학 내의 내적 발전에 집중하던 분과 학문으로서의 의학사는 1960년대와 1970년대를 지나면서 사회사적 관점에서 연구되기 시작했고, 1980년대와 1990년대를 지나면서 문화사적 접근 방식이 기존 의학사의 연구 발전에 큰 영향을 미치게 되었다.

지난 반세기 동안 발전한 사회 문화적 접근법은 기존 의학사에서 주목하

---

1 현재 한국의 의학사 학계에서는 질병과 인체에 대한 지식 그리고 치료를 다루는 학문을 어떻게 명명할 것인가에 대한 논의가 진행되고 있다. 이러한 논의는 서양의 'the history of medicine' 또는 'medical history'의 한국어 번역에 대한 논의와 함께 더욱 복잡한 양상을 띤다. 다른 학술지를 차치하고 그간 『의사학』에 수록된 논문들만 보더라도 서양뿐 아니라 한국과 동아시아 국가들의 의학, 치료, 질병, 건강 등을 다루는 논문에서의학사', '의사학', '의료사' 등의 용어가 다양하게 이용되고 있음을 알 수 있다. 서양의 경우도 'medicine'에 대한 명쾌한 정의를 내리고 있지 못하는 점은 동일하다. 이는 서양에서 의학사 발달 과정과 연관이 있다. 서양세계에서 학문의 발달 과정에 따라 '의학' 또는 '의학사'의 함의가 지속적으로 변화해 왔기 때문이다. 이와 함께 동아시아 또는 한국에서의 의학과 치료에 대한 표현이 서양문화권과 차이가 있다는 점은 이 학문을 언어적으로 어떻게 표현할 것인가의 문제를 더욱 복잡하게 만들고 있다. 본고에서는 한국에서 가장 보편적으로 사용되는 '의학사'를 기본 번역어로 사용하고, 맥락에 따라 '의료사', '의사학'이라는 표현을 사용하도록 하겠다.

지 않았던 주제로 연구자의 시선을 확장시켜 왔으며, '의학'이라는 학문에 대한 기본적 이해 자체를 바꾸어 놓았다. 의학의 발전 과정과 그 발전에 기여한 의사와 의과학자들에게 중심을 두었던 연구는 특정 시간과 공간 그리고 사회, 정치, 경제, 문화라는 맥락 속에 위치지어졌다. 의학 이론과 기술의 발전은 복잡한 사회적, 문화적 맥락이 만들어 내는 조건들로부터 영향을 받고 또 영향을 주는 상호 연동의 관계 속에서 이해되게 되었다. 즉, 의학의 역사는 특정 전문인에 의해 소유되고 발전하는 것이 아닌 병·치료·건강 등의 경험을 통해 국가·지역사회·기관 등의 공동체와 치료사·환자라는 다양한 주체에 의해 경험되고 역사적으로 주어진 사회적·문화적 조건과의 역동적 연관 관계 속에서 구성되는 것으로 이해되게 되었다.

한편, 이러한 의학을 바라보는 시선을 끊임없이 재조정하면서 의학에 대한 시대의 요구와 문제의식을 가장 잘 탐색하고 표현하기 위한 사료의 발굴과 글쓰기 방식에 대한 논의가 계속되어 왔고, 연구 대상뿐 아니라 연구 방법론과 연구 주체에 대해서도 부단한 변화가 동반되었다. 의학사에서 고전적인 서술 방식인 인물사 연구는, 19세기 말 이래로 가속화된 세균학과 실험실 의학의 발전에 따른 의학의 비인간화에 대응해 의학의 인문학적인 면모를 강조할 수 있는 대안으로 주목받았다. 19세기 정치적 격변기를 지나며 사료에 입각한 실증적 역사 연구와 객관적 서술의 중요성을 강조하는 역사주의(historicism)가 등장했고, 역사는 서술자의 주관에 의해서 좌우되어서는 안 되는 '객관적 과학(objective science)'의 이미지를 얻었다.[2] 그러나 역사주

---

2   Peter Novick, *That Noble Dream: The "Objectivity Question" and the American Historical Profession* (Cambridge University Press, 1988), p.31.

의에 입각한 의학사 서술은 관찬 사료에 집중했으며, 의학의 발전에서 내재적(internal) 요건에 집중했다. 이에 대한 반발로 20세기 중반 의학과 사회의 관계를 중시하는, 즉 의학의 문제를 다루는 데 외재적(external) 요건의 중요성을 고려하는 사회사적 연구 방식이 제안되었고, 사회사의 대두와 함께 기존에 주로 의사들이 서술했던 의학사의 영역에 역사가들이 대거 참여하게 되었다.[3] 사회사는 의학사에서 다루는 사료의 종류를 변화시켰고, 이를 통해 사회적 조건과 변동은 의학의 발전과 문제점을 진단하는 데 중요한 맥락으로서의 역할을 하게 되었다. 1960년대와 1970년대 정치적·문화적 격변기를 겪으면서, 1980년대와 1990년대 이후 서양사회는 사회현상과 맥락을 구성하는 지적 흐름과 문화적 맥락을 역사 연구에서 중시하게 되었는데, 이러한 지성사적·문화사적 접근법은 이후 현재까지 의학사와 역사학 전반에 큰 영향을 미치고 있다.[4]

한국은 서양에 비해 서양 의학의 역사에 관한 연구 기간이 비교적 짧으며, 이 분야의 연구 성과를 정리하고자 하는 학계의 노력도 비교적 최근에서야 이루어졌다. 대표적인 국내 선행 연구로는 2010년 『의사학』에 게재된 김옥주의 「한국의 서양 의학사 연구 동향과 전망」과 2020년 『역사학연구』에 게재된 이상덕의 「영미 의료사의 연구 동향: 1990~2019」가 있다. 김옥주

---

3 Howard I, Kushner, "Medical Historians and the History of Medicine", The Lancet 372, 2008, p. 710.

4 Charles R. King, "The Historiography of Medical History: From Great Men to Archaeology", Bulletin of the New York Academy of Medicine 67 (5), 1991, pp. 408-423; Allan M. Brandt, "Emerging Themes in the History of Medicine", Milbank Quarterly 69 (2), 1991, pp. 199-209; John V. Pickstone, "Review Article: Medical History as a Way of Life", Social History of Medicine 18 (2), 2005, pp. 309-317.

의 연구는 국내 연구 성과를 중심으로 한국에서의 서양 의학사 연구 현황을 정리한 논문으로 1992년 창간 이후 18년간『의사학』에 게재된 서양 의학에 관한 논문과 기타 국내 서양 의학 관련 연구를 분석했다. 1990년대 초반에서 21세기 첫 10년 동안 의학사가 발전하는데 있어 대한의사학회와『의사학』의 역할을 분석하고, 국내의 서양 의학에 관한 연구 경향과 문제점을 정리해 한국에서의 의학사 발전에 이정표를 제시한 것에 그 의의가 있다.[5] 한편, 이상덕의 최근 논문은 한국 내 서양 의학사 연구에 초점을 맞추었던 김옥주의 연구를 보충하고, 국내에 거의 소개되지 않았던 서양에서의 서양 의학사 연구 동향을 한국 독자들에게 소개했다는 점에 의의가 있다. 기존의 의학사라는 표현을 대신해 사회 문화적 접근법의 도입과 그에 따른 의학사 연구에서의 주제와 접근 방식의 변화를 반영하기 위해 '의료사'라는 용어를 사용하고 있는 이 글은, 특히 1980년대 이후 의학사 연구에서 '문화사적 전환'의 의의를 서양의 의학사 연구에서 주도적인 역할을 하는 영국과 미국의 연구 성과에 집중해 논했다.[6]

지난 10년 동안의 서양 의학사 연구 동향을 정리하면서 본고에서는 한국과 해외의 연구 동향에 각각 초점을 맞춘 앞서 소개한 두 논문의 기획 의도 사이에서 균형점을 찾으려 한다. 우선, 이 글에서는 2011년에서 2020년도 국내외 서양 의학사 연구를 함께 다룸으로써 지난 10년간의 연구 주제 · 방법론 · 의학사의 효용성 등에 관한 국내와 해외의 논의의 궤적이 어떠한 지

---

5 김옥주,「한국의 서양의학사 연구 동향과 전망」,『의사학』제19호, 대한의사학회, 2010, 94-107쪽.

6 이상덕,「영미 의료사의 연구동향: 1990-2019」,『역사학연구』제77호, 호남사학회, 2020, 51-61쪽.

점에서 만나고 헤어지는지를 살펴보고, 이를 통해 서양 의학사 연구의 미래를 위해 방향을 설정하는 데 기여하는 것을 그 목표로 한다. 10여 년 전보다 연구자 교육, 학술 활동, 연구 성과물을 출판하는 데 해외와의 교류가 월등히 증가한 현재의 서양 의학사 교육과 학술 활동 환경의 변화를 고려할 때 한국과 해외에서의 서양 의학사 연구 동향은 이제 함께 논의되어야 하는 부분이라고 생각한다. 국내와 해외 동향을 함께 다루는 것은 어쩌면 하나의 논문에서 다루기에는 너무 거대한 이야기가 될지 모르겠다. 리서치의 범위를 넓게 설정함으로써 아마도 기존의 연구사 정리에 비해 개별 연구에 관해 상세한 논의를 할 수 있는 기회는 많이 축소될 것으로 보인다. 이러한 한계는 서양 의학사 내의 세부 주제별 연구 동향을 다루는 후속 연구를 통해 차차 보충되길 바란다.

따라서 본 논문은 학술지에 중심을 두고 일부 연구서를 포함해 지난 10년 동안의 국내와 해외의 서양 의학사 연구 동향을 분석한다. 무엇보다 한국에서 서양 의학사 연구 성과는 저서보다는 학술지 논문을 중심으로 간행되고 있다. 이에 국내의 경우 의학사 논문을 전문적으로 게재하는 『의사학』을 비롯하여 『연세의사학』, 2018년부터 의료역사연구회에서 발행된 『의료사회사연구』와 기타 인문학・역사・지역학 관련 학술지에 게재된 서양 의학사 논문을 주요 분석 대상으로 했다. 해외의 경우 한국과는 달리 저서 출판이 학술 활동의 중요한 부분을 차지하지만, 다음 몇 가지 점을 고려하여 서양 의학사의 연구 동향 분석 역시 학술지에 수록된 논문을 중심으로 연구 동향을 분석하였다. 첫째, 한국의 분석 대상과의 균형을 고려하였다. 둘째, 해외의 경우 역사가 오래된 국제적 수준의 학술지가 다수 존재하며, 최근 연구동향 파악에 저서보다는 학술지 논문이 긴요하다. 셋째, 이상덕의 선행연구가 학술지 논문보다는 1993년에 출판된 윌리엄 바이넘(W. F. Bynum)과 로이 포터(Roy Porter)의 『의학사 길잡이 백과사전(*Companion Encyclopedia of the History of Medicine*)』과 1990년도에서 2019년도 사이에 출판된 연구서에 주로 중심으로 두고 작성되었다는 점이다.

다음으로 본 연구가 대상으로 하는 국내외 학술지에 대해 간략하게 설명하고자 한다. 우선 국내의 경우 지난 10년간 국내 의학사 연구 현황을 파악하기 위해 2011년부터 2020년 4월까지 국내의 의학사 관계 학술지와 기타 학술지에 게재된 서양 의학사 연구 논문을 조사했다. 의학사 관련 학술지는 『의사학』, 『연세의사학』, 『의료사회사연구』를 대상으로 했다. 기타 국내 학술지에 게재된 서양 의학사 연구 논문은 연구 주제의 다양성을 고려할 때 키워드 검색만으로는 조사에 어려움이 있으리라 생각되어 RISS, DBpia, KCI 등의 검색엔진을 이용해 '질병,' '치료,' '의학,' '의료' 등의 용어를 검색해 그 결과를 수합하고 2011년에서 2020년 사이에 발간된 서양사 관련 학술지와 서양사 논문 수록이 가능한 학술지의 논문 목록을 함께 검토했다. 그 결과 지난 10년간 국내에서 총 72편의 의학사 관련 논문이 게재된 것으로 파악되었다. 72편 중 위에서 언급한 세 개의 의학사 학술지에 게재된 논문은 총 38편으로 50% 이상을 차지한다.[7] 의학사 전문 학술지 이외의 학술지에는 총

---

7 이 중 서양의학사 논문은 『연세의사학』과 『의료사회사연구』에 각각 3편과 1편이 게재되었고, 나머지 34편은 모두 『의사학』에 게재되어 그 비중이 매우 높다. 『의사학』 내에서 서양의학사 논문의 분포도를 볼 것 같으면, 2011년에서 2020년 4월까지 『의사학』에 게재된 총 논문편수는 154개로, 서양의학사는 대략 22%에 해당한다. 「한국의 서양의학사 연구 동향과 전망」에 의하면 1992년부터 18년간 『의사학』에 56편의 서양사 논문이 게재 되었고, 2000년대 동안에는 27편의 서양사 논문이 게재된 것으로 기록되어 있어 지난 10년과 비교할 때 『의사학』 내 서양의학사논문 게재 수는 소폭 상승한 것으로 보인다.

34편의 논문이 게재되었다. 이들 논문은 인문학, 문화, 종교, 역사 일반, 시대별 역사, 주제별 연구, 지역별 연구 등을 다루는 다양한 학술지에 게재되었다.[8] 총 16개의 학술지에서 서양 의학사 논문을 수록한 것으로 파악되어 의학사 전문 학술지 이외에도 인문학 및 역사 연구 학술지 전반에 서양 의학사 논문이 게재되고 있는 것이 확인되었다.

해외의 경우 의과학, 의료윤리, 의료 기술, 건강, 간호 등에 관계된 다양한 의학사 학술지가 있고, 한국과 같이 역사 일반과 각국사 또는 시대사를 다루는 학술지 등에도 의학사 관련 논문이 게재된다. 그러나 그 방대한 양 때문에 주어진 연구 기간 동안 부득이 국제적으로 의학사 분야에서 대표성이 있으면서 논문 열람을 개방해 놓은 『의학사회보(Bulletin of the History of Medicine, 이하 BHM)』,[9] 『의학과 관련 과학 역사 저널(Journal of History of Medicine and Allied Sciences, 이하 JHMAS)』,[10] 『의료사회사(Social History of Medicine, 이하 SHM)』[11]라는 세 학술지에 집중했다. BHM, JHMAS, SHM에는

김옥주, 위의 논문, 94, 96쪽.

8 구체적인 학술지 이름은 다음과 같다. 『인문과학연구』, 『영어권문화연구』, 『종교연구』, 『세계역사와 문화연구』, 『역사학연구』, 『동국사학』, 『이화사학연구』, 『사림』, 『서양고대사연구』와 『서양중세사연구』, 『Homo Migrans』, 『도시연구』, 『서양사연구』, 『미국사연구』, 『영국연구』, 『미국학논집』.

9 존스홉킨스대학 출판부 (Johns Hopkins University Press)에서 간행되는 BHM은 봄, 여름, 가을, 겨울 연 4회 출판되는 학술지이다. 1925년 창설된 '미국의학사협회(American Association for the History of Medicine, AAHM)'의 공식 학술지로 본 학술지의 전신격인 『의학사협회회보(Bulletin of the Institute of the History of Medicine)』가 1933년에서 1938년까지 발간되었으며, 1939년부터 현재의 이름으로 발행되고 있다.

10 옥스퍼드대학 출판부(Oxford University Press)에서 출판하는 1946년부터 간행된 JHMAS 는 연 4회 1월, 4월, 7월, 10월에 발행된다.

11 1970년대 창설된 '의료사회사학회(The Society for the Social History of Medicine)'의 공식 학술지인 SHM은 1970년에서 1987년까지 『의료사회사학회회보(The Bulletin of the

지난 2011년에서 2020년 4월까지의 기간 동안 총 617편의 서양 의학사 관련 논문이 게재되었다. 세부 통계는 *BHM, JHMAS, SHM*이 각각 순서대로 139편, 161편, 317편이었다. *BHM, JHMAS, SHM*은 모두 국제적 인지도가 높은 학술지로 논문의 저자뿐 아니라 독자도 미국과 영국을 넘어 유럽, 아메리카, 오세아니아, 아시아 등 세계 전역에 분포한다. 그럼에도 세 학술지 모두 영국과 미국을 기반으로 발달했고, 학술 활동에 참여하는 학자와 논문 저자의 국적이나 연구 활동 지역과 관계없이 관련 학회와 출판부를 영미 지역에 두고 있어 해당 지역의 연구 동향을 가장 잘 반영하고 있다는 점을 환기시키고자 한다.

2장에서는 2011년도에서 2020년도까지 국내와 해외에서 서양 의학사의 연구 주제가 어떻게 확장되었는지를 다룬다. 3장에서는 사료의 이용과 분석에 관계된 연구 방법론의 문제와 그러한 새로운 방법론적 시도를 글로 표현하는 역사적 글쓰기에 관한 국내외 서양 의학사 연구자들의 논의를 살펴본다. 본론의 마지막 장인 4장에서는 지식정보사회의 대두, 글로벌라이제이션으로 변화된 역사가의 현실이 서양 의학사 연구 방법론과 주제의 변화에 미친 영향과 2010년대 중반부터 새롭게 논의되기 시작한 의료사회사의 학문적 정체성에 관한 논쟁을 통해 21세기 서양 의학사의 발전 방향과 전망을 진단해 본다.

Society for the Social History of Medicine)』라는 이름으로 발간되다가 1988년 현재의 이름으로 변경되었다. 본 논문의 연구 기간에 해당하는 2011년에서 2020년 동안 2011년에는 4월, 8월, 12월 3회에 걸쳐, 2012년부터는 2월, 5월, 8월, 11월 연 4회에 걸쳐 발행되고 있는 학술지이다. Society for the Social History of Medicine hompage, https://sshm.org/portfolio/thesociety/(검색일, 2020. 02. 03).

2. 서양 의학사 연구 주제의 확장과 다변화

1970년도 이후 발달한 사회 구성주의적 관점과 1990년 이후 더욱 가속화된 문화사적 관점에서의 분석은 의학사 내에서의 주제 선택, 서술 방식에 영향을 미쳐 왔을 뿐 아니라 기존의 분석 방법에 대해 의문을 제기해 왔다. 2011년에서 2020년도의 연구 성과는 이러한 1990년대 이후 장기 흐름을 반영한다. 본 장에서는 한국에서 출판된 서양 의학사 논문과 *BHM, JHMAS, SHM* 수록 논문을 중심으로 위와 같은 영향하에 지난 10년간 서양 의학사에서 어떠한 연구 주제들이 주로 다루어졌고 주목 받았는지를 살펴본다.

우선 서양 의학사 하부 연구 분야로 매우 큰 비중을 차지하는 질병사 부분은 1990년대 이후 큰 변화를 맞이했다. 1992년 출판된 미국의 의사학자 찰스 로젠버그(Charles Rosenberg)와 자넷 골든(Janet Golden)이 공동 편집한 『질병 프레임하기: 문화사연구(*Framing Disease: Studies in Cultural History*)』는 '구조'라는 표현 대신 덜 노골적인 '프레임'이라는 단어를 선택했지만 질병을 사회 문화적으로 구성된 것이라고 정의했다.[12] 질병은 이제 더 이상 자연적인 분류 기준으로만 받아들여질 수 없게 되었으며, 개인과 집단의 질병 경험을 구성하는 질병을 명명하고 진단하는 것과 치료의 전 과정에 걸친 복잡하고 사회적이며 문화적인 함의들 간의 관계를 분석하고 드러내는 것은 역사가의 임무가 되었다.

이러한 영향하에 국내의 경우 질병사 분야에서 사회통제의 방법으로서의

---

12 Charles E. Rosenberg and Janet Golden, *Framing Disease: Studies in Cultural History* (Rutgers University Press, 1992), pp. xv. xvi-xx.

질병, 질병 통제 기관과 제도, 의료 기술과 의료인, 그리고 사회 공동체와의 관계 등의 측면이 연구되었다. 김서형은 주로 정치권력과 질병 통제의 관계를 논의했는데, 콜레라 · 황열병 · 결핵 · 인플루엔자 등의 케이스에 집중해 정치와 질병 통제 담론, 미국에서의 연방 중심의 질병 통제 시스템 구축, 그 과정에서 주(state)권과 연방 권력의 갈등 등을 연구했다.[13] 신지혜는 이민사와 의학사 연구를 접목하는 연구를 질병을 중심으로 진행했는데, 19세기 말에서 20세기 초에 이르는 기간 동안 이민 아동의 질병 경험, 트라코마와 아시아계 이민자의 관계, 정신 질환자인 외국인 추방 문제, 이민과 질병 통제를 둘러싼 주와 연방 권력의 관계에 관한 연구를 통해 미국에서의 이민 통제 수단으로서의 질병의 역할에 관한 유용한 연구들을 선보였다.[14] 한편, 천연두에 관한 졸고는 18세기에서 20세기에 이르는 기간 동안 인두 접종을 위한 새로운 임상 공간의 등장, 18세기 인두 관련 양적 데이터의 수집과 활용, 20세기 초 천연두 진단 시 불확실성의 문제를 고찰했다. 이를 통해 질병을 통제하기 위한 의학(진단과 예방) 기술의 역할과 새로운 기술을 사회적으로

---

13 김서형, 「루퍼트 블루의 공중보건 정책과 공중보건국」, 『미국사연구』 제37호, 한국미국사학회, 2013; 김서형, 「황열병의 통제담론과 권력관계: 1793 필라델피아」, 『의사학』 제23-3호, 대한의사학회, 2014; 김서형, 「19세기의 유행성 콜레라와 미국사회 개혁운동」, 『의사학』 제24-3호, 대한의사학회, 2015; 김서형, 「질서유지 권력과 공중보건 권력」, 『미국사연구』 제47호, 2018.

14 Ji Hye Shin, "The 'Oriental' Problem: Trachoma and Asian Immigrants in the United States, 1897-1910", Korean Journal of Medical History, 23(3), 2014; 신지혜, 「미국 국경에서의 정신병- '정신이상 외국인(Alien Insane)'의 추방을 둘러싼 연방정부와 주정부의 관계, 1891~1924」, 『미국사연구』 제43호, 2016; 신지혜, 「광기와 통제: 20세기 초 미국의 정신이상 이민자 여성 추방 사례」, 『Homo Migrans』, 제14호, 이주사학회, 2016; 신지혜, 「20세기 초 엘리스 섬의 이민 아동과 질병」, 『미국사연구』 제47호, 한국미국사학회, 2018.

수용하는 과정에서 활용된 다양한 의학적, 공중보건학적, 수량화 데이터 등의 설득 방법에 대해 논의했다.[15]

BHM, JHMAS, SHM에 수록된 연구 논문들의 경우 질병사 부분에서는 천연두, 나병, 황열병, 소아마비, 결핵, 페스트, 인플루엔자, 성매개감염병 (AIDS·매독·임질) 등에 관한 연구가 새로운 지역과 기관에 관한 케이스 발굴과 함께 계속되고 있다. 서양의 경우 이들 질병은 기존에도 사회 문화적 관점에서 많은 연구가 진행되어 온 주제인데, 특기할 점은 기존에 연구 성과가 적은 인종적 관점에서의 연구가 증가하고 있다는 것이다. 더불어 최근 몇십 년 동안 역사학에서 주목받고 있는 아동이라는 분석틀을 이용한 연구도 늘어나고 있다. 더 나아가 기존에 지식의 전유와 통제의 관점에서 주로 분석되던 감염병 연구가 일상의 회복 또는 전문인과 대중의 소통, 문화적 층위에 따른 질병에 대한 이해의 상이함이라는 새로운 관점에서 분석되고 있다.[16]

한편, 질병사 연구에서 아직 감염병에 관한 연구가 주를 이루는 국내와는 달리 해외의 경우 그 연구 주제의 스펙트럼이 훨씬 넓어 일찍이 비감염병과 만성병에 관한 연구가 증가해 왔다. 감염병, 특히 사회적 파장이 큰 유행병

15 Hyon Ju Lee, 「Public Health and the Emergence of New Clinical Settings for Smallpox Inoculation in Boston, 1753 to 1764」, 『미국사연구』 제43호, 한국미국사학회, 2016; Hyon Ju Lee, 「Smallpox, Numeric Data, and Calculating Risk in Colonial Boston, 1720s ~ 1750s」, 『미국사연구』 제44호, 한국미국사학회, 2016; Hyon Ju Lee, "Rethinking the History of Smallpox in the Early Twentieth Century: The SS Korea and Uncertainty Surrounding the Diagnosis of Smallpox", Korean Journal of Medical History 29 (1), 2020.

16 Heather Varughese John, "Translating Leprosy: The Expert and the Public in Stanley Stein's Anti-stigmatization Campaigns, 1931-60", Journal of the History of Medicine and Allied Sciences 68 (4), 2013 참고.

(epidemic)에 집중되었던 연구는 20세기 후반부터 서서히 그 중심축을 만성병과 일상적 질병으로 옮겨 왔다. 이는 20세기 후반 서구사회에서 감염병의 위협이 줄어들고 만성병에 대해 사회적 관심이 증가하는 것과 맥을 같이했다. 연속성과 장기적 관점 그리고 일상적 층위에서의 질병과 건강관리라는 연구 주제에 대한 관심이 크게 증가하면서 암에 관한 연구도 꾸준히 증가하고 있다.[17] 더불어 심장병, 비만, 치매, 당뇨, 피로 등의 만성질환에 관한 연구도 다수 등장했다.[18] 펠라그라와 같은 영양결핍증과 주류·마취제·흥분

---

17 암에 대한 연구는 다음과 같다. Ilana Löwy,"'Because of Their Praiseworthy Modesty, They Consult Too Late': Regime of Hope and Cancer of the Womb, 1800-1910", Bulletin of the History of Medicine 85 (3), 2011; Michael Stolberg, "Metaphors and Images of Cancer in Early Modern Europe", Bulletin of the History of Medicine 88 (1), 2014; Alanna Skuse, "Wombs, Worms and Wolves: Constructing Cancer in Early Modern England", Social History of Medicine 27 (4), 2014; Elizabeth Toon, "The Machinery of Authoritarian Care: Dramatising Breast Cancer Treatment in 1970s Britain", Social History of Medicine 27 (3), 2014; David Higgins and Geoffrey Tweedale,"A Chequered (and Mated) Scientific Career': Robert Case and the Politics of Occupational Bladder Cancer", Social History of Medicine 28 (4), 2015; Laurent Loison,"The Microscope against Cell Theory: Cancer Research in Nineteenth Century Parisian Anatomical Pathology", Journal of the History of Medicine and Allied Sciences 71 (3), 2016; Agnes Arnold-Foster, "Mapmaking and Mapthinking: Cancer as a Problem of Place in Nineteenth-century England", Social History of Medicine 33 (2), 2020.

18 Carsten Timmermann, "Appropriating Risk Factors: The Reception of an American Approach to Chronic Disease in the two German States, c. 1950-1990", Social History of Medicine 25 (1), 2012; Jessica M. Parr, "Obesity and the Emergence of Mutual Aid Groups for Weight Loss in the Post-War United States", Social History of Medicine 27 (4), 2014; Arleen Marcia Tuchman, "Diabetes and 'Defective' Genes in the Twentieth-Century United States", Journal of the History of Medicine and Allied Sciences 70 (1), 2015; Nicolas Rasmussen, "Group Weight Loss and Multiple Screening: A Tale of Two Heart Disease Programs in Postwar American Public Health", Bulletin of the History of Medicine 92 (3), 2018; Stenffan Blayney, "Industrial Fatigue and the Productive Body: the Science of Work in Britain, c. 1900-1918", Social History of Medicine 32 (2), 2019; Cara Kiernan Fallon,

제·진정제 등에 의한 중독에 관한 연구도 계속되고 있다.[19]

한편, 사회 문화적 측면에서의 질병 연구가 괄목할 만한 영향을 미친 분야는 정신병과 정신의학에 관한 연구이다. 정신의학에 관한 연구의 성장은 국내외의 서양 의학사 연구 동향에서 모두 뚜렷하게 드러난다. 「한국의 서양 의학사 연구 동향과 전망」의 분석 결과와 비교할 때 분류 기준이 동일하지 않아 항목별 1:1 분석이 용이하진 않지만, 2000년대 2편에 그쳤던 정신의학 분야 연구는 지난 10년간 7편으로 늘어났다.[20] 앞서 언급한 미국 이민사의 맥락에서 정신 질환자인 외국인 추방을 논의한 신지혜의 연구 외에, 노서경은 프랑스의 북아프리카 평정화 과정에서 의료인의 조력과 정신병원의 건립, 인종주의를 둘러싼 논쟁을 통해 식민지 정신의학의 정치성에 관해 논

"Husbands' Hearts and Women's Health: Gender, Age, and Heart Disease in Twentieth-Century America", Bulletin of the History of Medicine 93 (4), 2019.

19 Mat Savelli, "Diseased, Depraved or just Drunk? The Psychiatric Panic over Alcoholism in Communist Yugoslavia", Social History of Medicine 25 (2), 2012; Katherine A. Chavigny, "'An Army of Reformed Drunkards and Clergymen': The Medicalization of Habitual Drunkenness, 1857-1910", Journal of the History of Medicine and Allied Sciences 69 (3), 2014; David Gentilcore, "Louis Sambon and the Clash of Pellagra Etiologies in Italy and the United States, 1905-14", Journal of the History of Medicine and Allied Sciences 71 (1), 2016; Sara E. Black, "Doctors on Drugs: Medical Professionals and the Proliferation of Morphine Addiction in Nineteenth-Century France", Social History of Medicine 30 (1), 2017; Catherine Mills and W. Paul Adderley, "Occupational Exposure to Heavy Metals Poisoning: Scottish Lead Mining", Social History of Medicine 30 (3), 2017; David Herzberg, "Entitled to Addiction? Pharmaceuticals, Race, and America's First Drug War", Bulletin of the History of Medicine 91 (3), 2017; Johan Edman, "A Medical Challenge: The Alcohol Disease in Sweden 1946-1955", Social History of Medicine 33 (1), 2020; Holly M. Karibo, "'The Only Trouble is the Dam' Heroin': Addiction, Treatment and Punishment at the Fort Worth Narcotic Farm", Social History of Medicine 33 (2), 2020.

20 김옥주, 앞의 논문, 96-97쪽.

했다.[21] 정모세의 연구는 영국의 초기 정신병에 대한 이해와 관리를 근대 정신의학의 발달과 근대 관료제 국가의 발달 양상이라는 의학적·사회적 맥락 속에서 고찰했으며, 설혜심의 연구는 소비문화의 성장과 소비 욕구, 이에 대한 시대의 계급적·젠더적 측면에서의 해석의 교차를 '도벽광'이라는 질병을 통해 논의했다.[22] 황혜진은 울병과 우울증 연구를 통해 전문가 집단과 비전문가 집단 사이의 의학 지식의 간극과 질병의 명명을 둘러싼 다양한 의학적 논의를 통해 20세기 초 영국에서의 정신의학의 혼란스러운 발달상을 추적했다.[23]

해외의 경우 지난 20년간 정신병과 정신의학에 관한 연구는 양적인 면에서 크게 성장해 의학사 내 하나의 연구 영역으로 그 자리를 굳건하게 했다. 이에 더해 지난 10년 동안 정신의학에 관한 연구에서 개별 집단별로 세부적이고 구체화된 연구가 다수 등장했다.[24] 지난 10년간 *BHM, JHMAS, SHM*에 소개된 정신의학 관련 논문들은 진단과 치료에 대한 의학적·사회적 논의, 신체적 질병과 정신적 질병의 연관성, 섹슈얼리티와 범죄의 관계, 진단과 치료 기관의 사회통제적 역할, 사회 교정 기관인 감옥에서의 정신병 등 다

---

21 노서경, 「식민지 북아프리카 정신의학 문제에 관한 몇 장의 스케치」, 『서양사연구』 제50호, 한국서양사연구회, 2014.

22 정모세, 「19세기 초 영국의 광기(狂氣) 관리와 사회통제-조나단 마틴의 요크 대성당 방화 사건(1829)를 중심으로-」, 『영국연구』 제37호, 영국사학회, 2017; 설혜심, 「도벽광(kleptomania) -소비사회가 낳은 광기와 유산-」, 『영국연구』 제37호, 영국사학회, 2017.

23 황혜진, 「갱년기 울병(Involutional Melancholia)의 혼란스러운 역사: 20세기 전반 전문가 집단과 비전문가 집단의 개념 이해 및 활용」, 『영국연구』 제40호, 영국사학회, 2018; Hye Jean Hwang, "Towards Modern Depressive Disorder: Professional Understanding of Depression in Interwar Britain", Korean Journal of Medical History 28 (2), 2019.

24 군인, 아동, 노인, 학생, 청소년, 원주민, 이민자, 인종별연구 등 개별 집단에 대한 연구가 진행되었다.

양한 주제를 포괄해 왔다.[25]

최근 2019년 *JHMAS*도 위와 같은 관점의 논의를 반영하는 다수의 논문을 출판했다.[26] 특히, 「정신의학 연구사에 있어서 새로운 방향(New Directions

25 Alice Mauger, "'Confinement of the Higher Orders': The Social Role of Private Lunatic Asylums in Ireland, c. 1820-60", Journal of the History of Medicine and Allied Sciences 67 (1), 2012; David Wright, Laurie Jacklin, Tom Themeles, "Dying to Get Out of the Asylum: Mortality and Madness in Four Mental Hospitals in Victorian Canada, c. 1841-1891", Bulletin of the History of Medicine 87 (4), 2013; Jessica Slijkhuis and Harry Oosterhuis, "Cadaver Brains and Excesses in Baccho and Venere: Dementia Paralytica in Dutch Psychiatry (1870-1920)", Journal of the History of Medicine and Allied Sciences 69 (3), 2014; Catherine Cox, Hilary Marland, "'A Burden on the County': Madness, Institutions of Confinement and the Irish Patient in Victorian Lancashire", Social History of Medicine 28 (2), 2015; Thomas R. Blair, "Plague Doctors in the HIV/AIDS Epidemic: Mental Health Professionals and the "San Francisco Model", 1981-1990", Bulletin of the History of Medicine 90 (2), 2016; Katariina Parhi and Petteri Pietikainen, "Socialising the Anti-Social: Psychopathy, Psychiatry and Social Engineering in Finland, 1945-1968", Social History of Medicine 30 (3), 2017; Chris Millard, "Concepts, Diagnosis and the History of Medicine: Historicising Ian Hacking and Munchausen Syndrome", Social History of Medicine 30 (3), 2017; Catherine Cox and Hilary Marland, "'He Must Die or Go Mad in This Place': Prisoners, Insanity, and the Pentonville Model Prison Experiment, 1842-52", Bulletin of the History of Medicine 92 (1), 2018; Annmarie Adams, "Designing Penfield: Inside the Montreal Neurological Institute", Bulletin of the History of Medicine 93 (2), 2019; Stephanie Schöhl and Volker Hess, "War Imprisonment and Clinical Narratives of Psychiatric Illness, Psychiatric Hospital Charité, Berlin, 1948-1956", Journal of the History of Medicine and Allied Sciences 74 (2), 2019; Jonathan Tomes, "MIND, Anti-Psychiatry, and the Case of the Mental Hygiene Movement's 'Discursive Transformation'", Social History of Medicine 33 (2), 2020.

26 *JHMAS*의 2019년도 정신의학 특집호에 게재된 논문은 아래와 같다. Nancy Tomes and Kathleen W. Jones, "Introduction", Journal of the History of Medicine and Allied Sciences 74 (1), 2019; Deborah Doroshow, Matthew Cambino, Mical Raz, "New Directions in the Historiography of Psychiatry", Journal of the History of Medicine and Allied Sciences 74 (1), 2019, Naoko Wake, "Homosexuality and Psychoanalysis Meet at a Mental Hospital: An Early Institutional History", Journal of the History of Medicine and Allied Sciences

in the Historiography of Psychiatry)」에서는 앞으로의 정신의학 연구사가 나아가야 할 다음의 세 가지 측면이 강조되었다. 첫째, "치료 기관의 내부와 외부 모두에서 의료인과 정신 질환을 경험하는 사람들의 체험의 구조(texture)를 탐구"하는 것, 둘째, 현대의 정신 건강 의료와 더 연관성이 있는 탈기관화의 결과에 관한 연구를 더 진행할 것, 마지막으로 감금(incarceration)과 청소년 법원과 관련된 정책 입안 또는 사회정의 문제와 관련 있는 분야로 연구를 확대하는 것 등이다.[27] 즉, 21세기 정신의학 연구에서 지난 세기 중반 이후 의료사회사 연구와 함께 대두된 정신병을 통한 사회통제 프레임과 그 속에서 규정된 환자의 수동성의 논리를 넘어 치료와 질병 경험을 구성하는 의료인과 환자 간의 실질적 소통의 메커니즘에 주목하고, 역사가의 관심을 현대의 정신의학의 문제와 관련 정책으로 확장해 갈 것을 독려했다.

1980년대 후반부터 주목받기 시작한 역사 분석의 주요 분류 기준(analytical categories)인 젠더·인종·계급 그리고 이들 간의 교차 지점에 관한 연구도 국내외에서 계속되고 있으며 이러한 연구는 나이라는 또 하나의 분류 기준에 의해 더욱 심화되었다. 서양 의학사 연구에서 여성과 관련된 연구는 1980년대부터 발달했고, 꾸준히 연구 성과가 생산되고 있다. 이 분야 연구에서 비교적 후발 주자인 한국 서양 의학사 학계의 경우 지난 10년

74 (1), 2019; Ellen Dwyer, "The Final Years of Central State Hospital", Journal of the History of Medicine and Allied Sciences 74 (1), 2019; Nic John Ramos, "Pathologizing the Crisis: Psychiatry, Policing, and Racial Liberalism in the Long Community Mental Health Movement", Journal of the History of Medicine and Allied Sciences 74 (1), 2019; Ayah Nuriddin, "Psychiatric Jim Crow: Desegregation at the Crownsvill State Hospital, 1948-1970", Journal of the History of Medicine and Allied Sciences 74 (1), 2019.

27 Doroshow, Cambino, Raz, op. cit., pp.15-33.

동안 여성을 주제로 하는 연구가 성장했다. 김서형, 신지혜, 박상언, 이필은 등의 연구자들이 중세부터 현대에 이르기까지 여성 질병과 치료뿐 아니라 통제 대상으로서의 여성, 의료 행위자나 건강 관련 사회운동의 주체로서의 여성 등 다양한 모습을 재현했다.[28]

인종과 의학의 관계에 관한 연구는 아직 국내에 그 예가 많지는 않지만, 노서경·염운옥·박진빈·이남희의 연구에서 식민 통치와 정신의학, 전염병 통제와 인종 의식에 관한 연구뿐 아니라 인종적 편견에 입각한 특정 인종에 대한 비윤리적 의학 실험과 시민적 권리와 주요 사회적 논의에서 특정 인종을 배제하는 문제도 논의했다.[29] *BHM, JHMAS, SHM*의 경우에도 감염병, 정신의학, (아래에 소개할) 아동, 그리고 인종 문제를 교차적으로 다루는 다수의 연구를 선보였다.[30]

---

28 김서형, 「1918년 인플루엔자와 여성-새로운 권력주체와 권력관계의 재구성」, 『미국사연구』 제33호, 한국미국사학회, 2011; 신지혜, 「광기와 통제: 20세기 초 미국의 정신이상 이민자 여성 추방 사례」, 『Homo Migrans』 제14호, 이주사학회, 2016; 박상언, 「19세기 미국 건강개혁운동 담론의 여성 젠더의 사회적 구성에 관한 연구-캐서린 비처를 중심으로-」, 『종교연구』 제79-2호, 한국종교학회, 2019; 이필은, 「Trotula를 통해서 본 중세 여성의 질병과 치료」, 『서양중세연구』 제43호, 한국서양중세사학회, 2019.

29 노서경, 앞의 논문; 염운옥, 「19세기말 20세기 초 영국 열대의학과 식민지 도시위생」, 『도시연구』 제18호, 도시사학회, 2018; 박진빈, 「터스키기 실험 사건의 역사적 기원-미국 공중보건의 딜레마-」, 『의사학』 제26-3호, 대한의사학회, 2017; 이남희, 「건강한 사회 만들기: 벤자민 스팍의 육아법과 인종」, 『Homo Migrans』 제18호, 이주사학회, 2018.

30 인종과 감염병의 관계에 대한 연구는 다음과 같다. Kristin Burnett, "Race, Disease, and Public Violence: Smallpox and the (Un)Making of Calgary's Chinatown, 1892", Social History of Medicine 25 (2), 2012; Stephne Snelders, "Leprosy and Slavery in Suriname: Godfried Schilling and the Framing of a Racial Pathology in the Eighteenth Century", Social History of Medicine 26 (3), 2013; Julia Ross Cummiskey, "Drugs, Race and Tuberculosis Control in Baltimore, 1950-1978", Social History of Medicine 27 (4), 2014; Susan Kelly, "Education of Tubercular Children in Northern Ireland, 1921 to 1955", Social

여성과 인종이라는 이제는 다소 고전적인 분석 분류에 더해, 지난 10년간 주목받은 분석의 분류는 나이이다. 특히 아동과 고령 인구에 관한 연구가 성장하고 있는데, 아동에 관한 연구는 1960년대부터 등장해 지난 20년 동안 서양사 내에서 급속하게 성장한 연구 분야이다. 최근에는 나이에 따른 사회적·문화적 경험에 대한 관심이 노령층에 대한 관심으로도 이어지고 있다. 이러한 서양사학사의 발전 경향은 국내외 서양 의학사 연구 주제 선정에도 영향을 미치고 있어, 서양 의학사 내 노화와 아동에 대한 연구가 지난 10년 동안 크게 성장했다.

국내의 경우 아직 나이에 따른 연구는 성장 초기 단계이지만 20세기 초 미국 엘리스 섬 이민 아동의 질병 경험을 다룬 신지혜의 논문, 한국에서 사역한 미국인 선교사 자녀의 죽음·질병·건강의 문제를 다룬 졸고가 있다.[31] 노령에 대해서는 프랑스의 외과의 알렉시스 카렐(Alexis Carrel)이 근대 노인학(gerontology) 형성에 끼친 영향을 연구한 박형욱의 논문을 들 수 있겠다.[32]

국내에 비해 나이·의학·건강에 관한 연구가 일찍이 발달한 서구의 경우 이 분야에 연구 성과를 꾸준히 쌓아 왔다. *BHM, JHMAS, SHM*의 경우, 사

History of Medicine 24 (2), 2011; Jo Robertson, "Leprosy's Untainted Child", Bulletin of the History of Medicine 92 (2), 2018; Ramos, op.cit.; Nuriddin, op.cit.

31 신지혜, 「20세기 초 엘리스 섬의 이민 아동과 질병」, 『미국사연구』 제47호, 2018; 이현주, 「두 개의 세계에서 하나의 세계로: 로제타 S. 홀의 육아일기에 나타난 선교사 자녀의 삶 그리고 의료선교, 1893-1902」, 『이화사학연구』 제58호, 이화사학연구소, 2019.

32 Hyung Wook Park, "Senility and Death of Tissues Are Not a Necessary Phenomenon: Alexis Carrel and the Origins of Gerontology", Korean Journal of Medical History 20 (1), 2011.

회·정부·의료 기관·가정에서의 아동 건강 증진을 위한 노력 뿐 아니라,
특정 질병(자폐증·정신병·나병·영양 결핍)·약물 이용·아동 폭력·유아
돌연사 신드롬(SIDS: Sudden Infant Death Syndrome) 등 구체적인 주제별 연구
들을 발표했다.[33] 고령에 관한 연구도 최근 급증하고 있는데 노인성 질환(골
다공증·치매 등), 노인 돌봄 기관, 노화와 영양 및 호르몬의 관계, 노인 정신

33 Tamar W. Carroll and Myron P. Gutmann, "The Limits of Autonomy: The Belmont Report and the History of Childhood", Journal of the History of Medicine and Allied Sciences 66 (1), 2011; Julia F. Irwin, "Sauvons les Bébés: Child Health and U.S. Humanitarian Aid in the First World War Era", Bulletin of the History of Medicine 86 (1), 2012; Tom Feeney, "Church, State and Family: The Advent of Child Guidance Clinics in Independent Ireland", Social History of Medicine 25 (4), 2012; Lawrence T. Weaver, "Kinderheilkunde and Continental Connections in Child Health: The 'Glasgow School Revisited'—Again", Journal of the History of Medicine and Allied Sciences 68 (4), 2013; A. R. Ruis, "'Children with Half-Starved Bodies' and the Assessment of Malnutrition in the United States, 1890-1950", Bulletin of the History of Medicine 87 (3), 2013; Angela Marques Filipe, "The Rise of Child Psychiatry in Portugal: An Intimate Social and Political History, 1915-1959", Social History of Medicine 27 (2), 2014; Bonnie Evans, "The Foundations of Autism: The Law Concerning Psychotic, Schizophrenic, and Autistic Children in 1950s and 1960s Britain", Bulletin of the History of Medicine 88 (2), 2014; Angus H. Ferguson, "Ignored Disease or Diagnostic Dustbin? Sudden Infant Death Syndrome in the British Context", Social History of Medicine 28 (3), 2015; Jennifer Crane, "'The bones tell a story the child is too young or too frightened to tell': The Battered Child Syndrome in Post-war Britain and America", Social History of Medicine 28 (4), 2015; Deborah Blythe Doroshow, "Residential Treatment and the Invention of the Emotionally Disturbed Child in Twentieth-Century America", Bulletin of the History of Medicine 90 (1), 2016; Edith Snook, "'The Women Know': Children's Diseases, Recipes and Women's Knowledge in Early Modern Medical Publications", Social History of Medicine 30 (1), 2017; Robertson, op.cit.; Koichi Mikami, "Orphans in the Market: The History of Orphan Drug Policy", Social History of Medicine 32 (3), 2019; Katharina Rowold, "What Do Babies Need to Thrive? Changing Interpretations of 'Hospitalism' in an International Context, 1900-1945", Social History of Medicine 32 (4), 2019.

의학, 그리고 노인학의 형성에 관한 연구 등이 등장했다. 이러한 연구들은 새로운 진단 기술의 발달과 의학적 개입의 증가, 나이에 대한 사회적·의학적 개념의 변화, 돌봄 시스템에서 의학의 역할, 제약 산업, 건강관리의 상업화 등의 문제를 진단했다.[34] 위의 연구들은 나이에 따른 질병과 건강 관련 경험의 특수성 및 사회 문화적 인식과 대응을 분석하는 데 기여한다.

지난 10년간 서양 학계에서 가장 큰 주목을 받은 연구 분야 중 하나는 불임과 피임, 임신중절, 임신, 출산, 태아와 임산부 사망, 육아 등의 다양한 주제를 포괄하는 재생산(reproduction)에 관한 연구이다. 본 논문의 조사 대상인 세 개의 학술지 모두에서 재생산에 관련된 특집호를 발행했다. 2015년도 가을 *BHM*은 '재생산에 대해 소통하기(Communicating Reproduction)'라는 주제로 중세로부터 현대에 이르기까지 다른 시공간의 역사적 맥락 속에서 '수태'에 대한 지식이 어떻게 전파되고 공유되어 왔는지를 논의했다.[35] 여성 의

34 Gerald N. Grob, "From Aging to Pathology: The Case of Osteoporosis", Journal of the History of Medicine and Allied Sciences 66 (1), 2011; Bernard Harris, Martin Gorsky, Aravinda Guntupalli, and Andrew Hinde, "Ageing, Sickness and Health in England and Wales during the Mortality Transition", Social History of Medicine 24 (3), 2011; Hyung Wook Park, "Biological Aging and Social Characteristics: Gerontology, the Baltimore City Hospitals, and the National Institutes of Health", Journal of the History of Medicine and Allied Sciences 68, 2013; Alistair Ritch, "English Poor Law Institutional Care for Older People: Identifying the 'Aged and Infirm' and the 'Sick' in Birmingham Workhouse, 1852-1912", Social History of Medicine 27 (1), 2014; Tenna Jensen, "The Importance of Age Perceptions and Nutritional Science to Early Twentieth-century Institutional Diets", Social History of Medicine 30 (1), 2017; Claire Hilton, "Developing Psychogeriatric Services in England, 1979-89", Social History of Medicine 30 (1), 2017; Aimee Medeiros and Elizabeth Siegel Watkins, "Live Longer Better: The Historical Roots of Human Growth Hormone as Anti-Aging Medicine", Journal of the History of Medicine and Allied Sciences 73 (3), 2018.
35 2015년도 *BHM* 특집호 제89-3호에 수록된 논문은 다음과 같음. 이하 저널 정보는 생략.

료의 관점을 넘어 재생산은 남성과 여성 모두의 문제이자 사회적 문제로 다루어지고 있다. 2016년도 5월 *SHM*은 '중세와 근대 초기 의학에서의 불임 (Infertility in Medieval and Early Modern Medicine)'이라는 주제로 남성 불임, 불임에 대한 의학적 치료, 나이와 불임에 대한 상관성 이해, 수태율을 높이기 위한 건강 지침 등을 연구한 논문을 게재했다.[36] 2018년 *JHMAS*도 출산에 관한 특집호를 통해 수술에 의한 출산·가정 출산·출산 트라우마·사회주의 국가에서의 출산 문화를 논의하는 논문을 게재하고, 이를 통해 출산의 장소·방법·출산에서의 여성의 위치와 역할 등에 대해 심도 있는 논의를 진행했다.[37] 국내 재생산 관련 연구로는 20세기 중반 미국에서 큰 인기를 끌었

Peter Jones, Murray Jones, and Lea T. Olsan, "Performative Rituals for Conception and Childbirth in England, 900-1500" ; Jennifer Richards, "Reading and Hearing The Womans Booke in Early Modern England"; Alicia Puglionesi, "'Your Whole Effort Has Been to Create Desire': Reproducing Knowledge and Evading Censorship in the Nineteenth-Century Subscription Press"; Solveig Jülich, "The Making of a Best-Selling Book on Reproduction: Lennart Nilsson's A Child Is Born"; Wendy Kline, "Communicating a New Consciousness: Countercultural Print and the Home Birth Movement in the 1970s."

36 2016년도 *SHM*의 제29-2호 특집호에 수록된 논문은 다음과 같음. 이하 저널 정보는 생략. Daphna ren-Magidor and Catherine Rider, "Introduction: Infertility in Medieval and Early Modern Medicine"; Kristen L. Geaman, "Anne of Bohemia and Her Struggle to Conceive" ; Catherine Rider, "Men and Infertility in Late Medieval English Medicine"; Theresa L. Tyers, "'In the Merry Month of May': Instructions for Ensuring Fertility in MS British Library, Lansdowne 380"; Jennifer Evans "'They are called Imperfect men': Male Infertility and Sexual Health in Early Modern England"; Sarah Toulalan "'Elderly years cause a Total dispaire of Conception': Old Age, Sex and Infertility in Early Modern England."

37 2018년도 *JHMAS*의 제73-1호 특집호에 수록된 논문은 다음과 같음. 이하 저널 정보는 생략. Eugene Declercq, "Introduction to a Special Issue: Childbirth History if Everyone's History" Jacqueline H. Wolf, "Risk and Reputation: Obstetricians, Cesareans, and Concent",; Wendy Kline, "Back to Bed: From Hospital to Home Obstetrics in the City of Chicago"; Paula A. Michaels, "Childbirth and Trauma, 1940s-1980s"; Ema Hrešanová,

던 의사 벤자민 스팍(Benjamin Spock)의 육아 지침서에 관한 이남희의 연구와 중세 이탈리아에서 불임에 대한 인식과 치료법을 다룬 남종국의 연구가 있다.[38] 주로 여성 의료의 영역에서 논의되던 재생산이라는 주제는 이제 남성과 여성을 포괄하는 사회적 맥락 속에서 논의되고 있다.

한편, 위에서 언급한 주제 이외에 국내와는 달리 해외의 서양 의학사 연구 분야에서 괄목한 만한 발전을 보인 분야는 가정의학과 식품을 아우르는 일상에서의 의학의 역할에 관한 연구와 장애에 관한 연구이다. 일상에서 의학에 대해 관심이 증가함에 따라 치료와 건강관리 부분에서도 가정의학·음식·영양과 같은 연구 분야가 성장했다. BHM와 JHMAS에서 두 주제를 다룬 논문이 다수 출판되었으며, 2016년 7월 SHM은 '가정에서의 의학(Medicine in the Household)'이라는 주제로 특집호를 발행했다.[39] 식품에 관

"The Island of Alternatives: Power, Medical Science, and 'Gentle Birthing' in Socialist Czechoslovakia."

38 이남희, 「예방의학과 육아: 벤자민 스팍(Benjamin Spock)의 『육아상식』을 중심으로」, 『미국사연구』 제47호, 한국미국사학회, 2018; 이남희, 「건강한 사회 만들기: 벤자민 스팍의 육아법과 인종」; Jong Kuk Nam, "Social Perception of Infertility and Its Treatment in Late Medieval Italy: Margherita Datini, and Italian Merchant's Wife", Korean Journal of Medical History 25 (3), 2016.

39 2016년도 SHM 제29-4호 특집호 수록 논문은 다음과 같음. 이하 저널 정보 생략. Roberta Bivins, Hilary Marland, and Nancy Tomes, "Histories of Medicine in the Household: Recovering Practice and 'Reception'"; Roberta Bivins and Hilary Marland, "Weighting for Health: Management, Measurement and Self-surveillance in the Modern Household"; Tinde Van Andel, "The Reinvention of Household Medicine by Enslaved Africans in Suriname"; Sandra Cavallo, "Health, Air and Material Culture in the Early Modern Italian Domestic Environment"; Marion Baschin, "'Globules at Home': The History of Homeopathic Self-medication"; Claire L. Jones, "Under the Covers? Commerce, Contraceptives and Consumers in England and Wales, 1880-1960."

한 연구는 사회사와 문화사 발달의 영향으로 1970년대 말부터 서양사 부분에서 지속적으로 성장해 오늘날 하나의 연구 분야로 자리 잡았다. 지난 10년간 식품사 성장의 영향은 의학사 부분에서도 뚜렷하게 드러난다. 의학사 내에서 식품과 영양에 관한 연구도 크게 성장해 왔으며, 영양과 사망률·질병·건강과의 관계에 관한 연구와, 식품 안전 정책의 발달에 관한 연구가 이루어졌다.[40] *JHMAS*의 2018년 특집호는 상이한 문화와 의료 환경, 주체에 따라 변화하는 약과 음식의 모호한 경계에 대해 논의했다. 식품과 영양에 대한 논의는 일상의 경험을 통해 국가의 규제와 보건 정책이 개인 생활에 미치는 영향뿐 아니라 개인과 집단의 건강과 질병 경험에 영향을 미치는 요소에 대해 포괄적인 이해를 증진시켰다.[41]

---

40 Gill Newton, "Infant Mortality Variations, Feeding Practices and Social Status in London between 1550 and 1750", Social History of Medicine 24 (2), 2011; Paul S. Lloyd, "Dietary Advice and Fruit-Eating in Late Tudor and Early Stuart England", Journal of the History of Medicine and Allied Sciences 67 (4), 2012; Edward Geist, "When Ice Cream Was Poisonous: Adulteration, Ptomaines, and Bacteriology in the United States, 1850-1910", Bulletin of the History of Medicine 86 (3), 2012; Catherine Carstirs, "'Our Sickness Record Is a National Disgrace': Adelle Davis, Nutritional Determinism, and the Anxious 1970s", Journal of the History of Medicine and Allied Sciences 69 (2), 2014; Ximo Guillem-Llobat, "The Search for International Food Safety Regulation. From the Commission Internationale pour la répression des falsifications to the Société universelle de la Croix Blanche (1879-1909)", Social History of Medicine 27 (3), 2014; Todd M. Olszewski, "The Causal Conundrum: The Diet-Heart Debates and the Management of Uncertainty in American Medicine", Journal of the History of Medicine and Allied Sciences 70 (2), 2015; Kari Tove Elvbakken, "Physiology and Hygiene in the History of Nutrition Science: The Norwegian Case 1870-1970", Social History of Medicine 33 (1), 2020 참고.

41 2018년도 *JHMAS* 제73-2호 특집호 논문 목록은 다음과 같음. 이하 저널정보는 생략. Juliana Adelman and Liza Haushofer, "Introduction: Food as Medicine, Medicine as Food"; Steven Shapin, "Was Luigi Cornaro a Dietary Expert?"; Martin D. Moore, "Food as Medicine: Diet, Diabetes Management, and the Patient in Twentieth Century Britain";

지난 10년 동안 의학사 분야에서 장애(disability)에 관한 연구는 괄목할 만한 수준으로 성장했다. 주로 신체적 관점과 생리학적 측면에서 정의되고 이해되었던 장애에 대해 사회적 관점의 연구가 집중적으로 이루어진 것은 1990년도 중반 이후로 이러한 변화는 장애 연구(disability studies)의 성장과 그 맥을 같이한다. 장애에 관한 역사적 연구를 주도하는 장애사학회(Disability History Association)가 2003년 조직되었고, 현재 영국과 미국을 중심으로 국제적 활동을 펼치고 있다.[42] 2000년대 이후 장애사의 발달이 의학사 분야에 미친 영향은 지난 10년 동안 더욱 뚜렷해졌다. 현 연구는 장애를 바라보는 의학적 시선과 정의, 사회적 인식, 치료, 정책, 삶의 질 향상을 위한 의학적 조력 등 광범위한 측면에서 의학의 역할을 포괄한다.[43] 2017년 *SHM*

Lisa Haushofer, "Between Food and Medicine: Artificial Digestion, Sickness, and the Case of Benger's food"; Juliana Adelman, "Invalid Cookery, Nursing and Domestic Medicine in Ireland, c.1900"; Sam Goodman, "Unpalatable Truths: Food and Drink as Medicine in Colonial British India."

42 "Disability History Association" https://www.historians.org/about-aha-and-membership/affiliated-societies/disability-history-association(검색일, 2020, 5, 15)

43 Suzannah Biernoff, "The Rhetoric of Disfigurement in First World War Britain", Social History of Medicine 24 (3), 2011; Jaipreet Virdi-Dhesi, "Curtis's Cephaloscope: Deafness and the Making of Surgical Authority in London, 1816-1845", Bulletin of the History of Medicine 87 (3), 2013; Heli Leppälä, "Duty to Entitlement: Work and Citizenship in the Finnish Post-War Disability Policy, early 1940s to 1970", Social History of Medicine 27 (1), 2014; Liz Ross, Phil Lyon, Craig Cathcart, "Pills, Potions and Devices: Treatments for Hearing Loss Advertised in Mid-nineteenth Century British Newspapers", Social History of Medicine 27 (3), 2014; Ben Curtis, Steven Thompson, "'A Plentiful Crop of Cripples Made by All This Progress': Disability, Artificial Limbs and Working-Class Mutualism in the South Wales Coalfield, 1890-1948", Social History of Medicine 27 (4), 2014; Sabine Arnaud, "Fashioning a Role for Medicine: Alexandre-Louis-Paul Blanchet and the Care of the Deaf in Mid-nineteenth-century France", Social History of Medicine 28 (2), 2015; José Martínez-Pérez and Mercedes Del Cura, "Bolstering the Greatness of the Homeland:

은 '불완전한 아이들(Imperfect Children)'이라는 제목으로 장애 아동에 대한 특집호를 구성하고 지역과 시대에 따라 다르게 나타난 장애 아동에 대한 이해·치료·교육 등에 대해 논의했다. '불완전한 아이들' 특집호는 역사를 통해 근대 이후 사회가 규정해 온 불완전성과 완전성의 규범을 검토하며, 신체와 정신, 행동에서 특정 불완전성이 장애라는 개념과 교차하는 지점에 대해 논의했다. 더불어 아동 관련 정책이 지닌 계급적 성격을 폭로하고, 불완전한 아동이 사회에서 '타자화'되는 방식과 과정을 조명하며, 아동기의 의료화 문제를 진단했다.[44] 이러한 연구들은 장애를 규정하고 장애에 대한 인식을 구성하는 사회 문화적 요소들에 집중함으로써 장애가 사회적 문제임을 이해하는 데 기여해 왔다.

위에서 언급한 주제 이외에 의학 의론과 사상의 발전, 의료 행위와 실천에서의 지식과 경험, 의학과 철학/종교의 관계, 상이한 의학적 전통의 수용

Productivity, Disability and Medicine in Franco's Spain, 1938-1966", Social History of Medicine 28 (4), 2015; Sandra Sufian, "As Long as Parents Can Accept Them: Medical Disclosure, Risk, and Disability in Twentieth-Century American Adoption Practice", Bulletin of the History of Medicine 91 (1), 2017; Maria Cristina Galmarini-Kabala, "Between Defectological Narratives and Institutional Realities: The 'Mentally Retarded' Child in the Soviet Union of the 1930s", Bulletin of the History of Medicine 93 (2), 2019.

44 SHM의 2017년도 제 30-4호 특집호 논문 목록은 다음과 같음. 이하 저널 정보는 생략. Steven King and Steven J. Taylor, "'Imperfect Children' in Historical Perspective"; Mike Mantin, "'His Whole Nature requires Development': Education, School Life and Deafness in Wales, 1850-1914"; Steven J. Taylor, "'She was frightened while pregnant by a monkey at the zoo': Constructing the Mentally-imperfect Child in Nineteenth-century England"; Matthew Smith, "Hyperactive Around the World? The History of ADHD in Global Perspective"; David M. Turner, "Impaired Children in Eighteenth-century England"; C. F. Goodey, "Where the Wild Things Were: Victor of Aveyron and the Pre-Emptive Critique of Developmental Disability in the Early Modern Novel."

과 배제, 다양한 과학의 분과 학문 간의 상호 연관성 등 의학 지식을 생성하고, 축적하며, 재해석하는 데 작용하는 다양하고 역동적인 요인과 방식들에 관한 연구가 지속되고 있다. 더 나아가 문학과 의과학, 실험의학, 그리고 질병 경험의 다양한 조우에 관한 연구와, 다음 장에서 상술할 시청각 자료를 포함하는 다양한 매체를 통한 의학 지식의 생성과 전파, 교류에 관한 연구도 국내외 서양 의학사 연구의 지평을 넓히는 데 기여하고 있다. 수술, 백신, 치료법, 진단 기기의 발달 등 의학 기술과 사회·문화와의 관련성을 다루는 연구들도 주요한 연구 분야로 자리 잡았다. 더불어 식민지, 포스트 식민주의, 제국, 트랜스내셔널 히스토리, 국제기구와 정책에 집중한 접근법을 통해 더욱 확장된 공간 속에서 의학과 정치체, 국제적 교류와 갈등, 의료 인력의 이동과 의료 문화에 관한 연구도 지속적으로 생산되고 있다.

위와 같은 연구 주제의 외연의 확장은 과거를 보는 역사가의 인식의 틀의 변화와 동시에 역사가가 처한 건강과 의학 관련 현실의 변화로부터 영향을 받아 왔다. 문화사적 인식은 다양한 주체의 질병의 경험을 복원하고, 복수의 의학 지식의 존재를 수용하며, 비의학과 의학, 비전문가와 전문가, 식품과 약의 경계를 재정립하고 의학의 역사를 다시 쓰도록 역사가를 종용해 왔다. 한편, 이와 더불어 21세기 사회 변화를 반영하는 기술 중심 사회의 도래, 출산율 저하와 인구절벽에 대한 우려, 육아에 대한 현대사회의 고민 또한 역사가가 과거에는 주목하지 않았던 역사적 사실에 관심을 갖도록 이끌었다.

3. 연구 방법론과 역사적 글쓰기 방식에 관한 논의

1970년대 이후 서양의 의학사는 사회사적 분석법과 문화사적 분석법을 수용하면서, 연구의 외연을 확장해 왔을 뿐 아니라 연구 방법론과 역사적 글쓰기 방식에 관한 활발한 논의와 실험적 변화를 거듭해 왔다. 의학에 관한 역사학적 연구에서 무엇을 연구할 것인가 하는 연구 주제의 문제와 더불어 어떻게 연구하고 어떻게 표현할 것인가 하는 문제는 지난 반세기의 시간에 걸쳐 서양 의학사 연구자들이 지속적으로 고민해 온 문제이다. 본 장에서는 2011년도에서 2020년도 사이 국내외에서 논의된 구술사, 미시사, 전기적 글쓰기, 시청각 사료 이용과 분석 등을 중심으로 연구 방법론과 글쓰기 방식에 대해 살펴보도록 하겠다.

국내의 경우 2010년도 중반부터 본격적으로 의학사 분야에서 구술사와 미시사의 유용성에 대한 논의가 이루어졌다. 위에 소개된 두 가지 방법론은 1970년대부터 서양사학계에서 논의되기 시작해 이후 역사학계 내에서 학문적 정체성을 세웠다. 특히 미시사는 문화사적 연구를 잘 표현해 낼 수 있는 역사적 글쓰기 방법으로 주목받았다. 위의 방법론들이 한국에 소개된 시점은 1990년대로 전자의 경우 1990년대 중반 인류학계를 중심으로 먼저 수용되어 2000년대 이후 역사학계의 주목을 받기 시작했고, 후자의 경우에는 1990년대 후반 국내 역사학계에 소개되었다.[45] 황임겸과 김호연은 2013년에

---

45 설혜심, 「미시사 연구의 이론과 동향: 의사학의 시각」, 『의사학』 제24호, 대한의사학회, 2015, 326-327쪽; 황임경·김호연, 「구술사와 서사의학의 만남, 그 시론적 탐색」, 『의사학』 제22호, 대한의사학회, 2013, 360-361쪽.

『의사학』에 게재된「구술사와 서사의학의 만남, 그 시론적 탐색」을 통해 구술사를 '주변부로 밀려난 개인들의 이야기에 주목하여 치유적 효과를 도모하는 실천적 분야'와 '아래로부터의 역사'를 재현할 수 있는 유용한 방법론적 접근으로 소개했다.[46] 한편, 2015년도 같은 학술지에 게재된「미시사 연구의 이론과 동향: 의사학의 시각」에서 설혜심은 국가, 집단의 경험, 계량 중심의 역사 서술에 대응해 구조가 아닌 인간의 삶과, 행동하는 존재로서의 인간의 능동성을 더 생생하게 포착해 낼 수 있는 연구 방법인 미시사를 상세히 소개하고 의학사 연구와 서술에서 미시사적 접근의 유용성을 강조했다.

국내에서 구술사와 미시사는 이론적 논의를 넘어 실제 의학사 연구에 이용되었다. 공혜정과 김옥주의 논문「'만일 내가 그녀의 외투를 만지기만 한다면': 뉴올리언스 자선병원에서의 성 조셉 자선 수녀회, 1834~1860('If I Only Touch Her Cloak': The Sisters of Charity of St. Joseph in New Orleans' Charity Hospital, 1834~1860)」는 미국 뉴올리언스 성 조셉 자선 수녀회의 자선병원에 대한 미시사적 분석을 통해 미국 남부에서 가톨릭 의료 문화의 형성을 분석했다. 저자는 이 병원에서 보이는 공간 구성과 운영, 신체와 정신에 대한 가톨릭적 치유와 돌봄 그리고 의학의 독특한 융합에 대한 세밀한 묘사를 통해, 의학·종교·간호·젠더가 중첩되는 공간으로서의 19세기 중반 미국 남부 가톨릭 병원에서의 경험과 그러한 치료 공간에서 수녀들이 행한 주체적인 역할을 복원했다.[47]

신지혜의「20세기 초 엘리스 섬의 이민 아동과 질병」은 구술사 자료를 이

46 황임경·김호연, 앞의 논문, 358-359쪽.
47 Kong & Kim, op.cit.

용한 좋은 예이다. 저자는 엘리스 섬 구술사 도서관(Ellis Island Oral History Library)에 등록된 구술사 중 '신체검사(medical exam)'와 '엘리스 섬에서의 장기 체류(Long Stay on Elis Island)'를 주제로 한 자료 중 입국 당시 16세 미만의 아동에 해당되었던 사람들의 구술을 중심으로 기존의 질병사와 이민사에서 주목받지 못했던 이민자 아동의 질병 경험을 재구성했다. 이를 통해 이 연구는 주로 이민법과 이민국 정책에 중심을 둔 기존 연구에서 주변부에 위치해 있던 아동의 이민과 정착 과정에서의 주체적 참여 양상을 복원했다.[48]

미시사와 구술사는 아래로부터의 역사와 거시사가 포착하지 못한 역사적 순간에 대한 세밀한 묘사를 가능하게 함으로써, 역사 연구에 있어 새로운 지평을 열었다. 그러나 사료의 제한으로 인해 구술사와 미시사는 모든 역사가가 시도할 수 있는 방법론은 아니다. 구술사와 미시사에 대한 방법론적 논의가 지니는 더 큰 의미는 아마도 사료를 대할 때 구술사적 또는 미시사적 관점에서 사고할 수 있는 역량을 역사가들이 기를 수 있도록 기존에는 주목하지 못했던 사료에 대한 관심을 환기시키거나 기존에는 지나쳐 버린 자료를 재해석할 수 있도록 도와준다는 점에 있을 것이다. 일례로 국내 연구 중에서는 태평양전쟁기 전쟁 포로로 수용소 생활을 했던 의사 맥리안스의 전쟁 일지와 의료 선교사의 육아 일기를 활용한 연구를 들 수 있다.[49]

한편 미시사와 구술사적 연구가 일찍이 발달한 서양의 의학사 학계에서는 지난 10년 동안 의학사를 서술하는 고전적인 방법의 하나로 간주되었던

---

48 신지혜, 「20세기 초 엘리스 섬의 이민 아동과 질병」.
49 전쟁일지는 이주연, 조영수, 앞의 논문, 2017; 육아일기는 이현주, 「두 개의 세계에서 하나의 세계로」 참고.

전기적(biographical) 글쓰기에 대해 재평가가 이루어졌다. 1990년대 후반부터 다수의 의학사 서적을 출판한 역사학자이면서 내과 의사이고, 생명윤리학자인 바론 H. 러너(Barron H. Lerner)는 2018년 *BHM*에 게재된 비평 논문 「위대한 의사의 역사(Great Doctor History)」에서 21세기 의학사를 연구하는 데 전기적 접근법의 유용성을 논했다. 자신의 2014년 저작 『좋은 의사: 아버지, 아들, 그리고 의료윤리의 진보(*The Good Doctor: A Father, A Son, and the Evolution of Medical Ethics*)』의 사학사적 위치에 대해 체계적인 설명을 하고 있는 위의 논평문에서 러너는 전기적 글쓰기의 의미를 시대에 맞게 재해석했다. 러너에 의하면 『좋은 의사』는 감염내과 의사였던 러너의 아버지 필립 러너(Phillip Lerner)에 대한 전기(biography)이자 바론 러너 자신의 이야기를 기록한 자서전(autobiography)이다.

1980년대 이후 미국 역사학계에서 활발히 전개된 문화사적 연구 방법론의 유행은 연구 대상의 맥락뿐 아니라 연구 대상을 선택하고 분석하는 역사가의 맥락에 대해 비판적인 논의를 불러일으켰다. 러너에 의하면 전기는 직접적으로 표현되지 않지만, 전기 작가의 편견이나 관점이 글 속에 표현될 수밖에 없다. 그리하여 역사가들은 일찍이 전기가 '자서전적' 성향을 지니고 있으며, 역사가가 견지해야 하는 연구 대상에 대해 객관성을 해친다는 이유로 전기 작가와 자신들의 작업을 구분해 왔다. 그럼에도 의학사 분야에서 전기는 "근대 의학을 인간화할 수 있는 하나의 방법(a way to humanize modern medicine)"으로 간주되었고 꽤 오랜 시간 그 유용성을 인정받았다.[50]

---

50 Barron H. Lerner, "The Fielding H. Garrison Lecture: Great Doctor History", Bulletin of the History of Medicine 92 (1), 2018, 58-59.

그럼에도 다음의 두 가지 측면에서 의학사 분야에서의 전기적 글쓰기에 대해 부정적 평가가 이루어졌다. 하나는 의학사 내부의 사학사적 변화로 사회사가의 등장과 이들의 전기에 대한 비판이다. 사회사가들은 전기를 통해 드러나는 의학의 역사는 의학의 진보와 그 과정에서 영웅적 선구자에 중심을 두고 있어 역사에서 환자를 소외시켜 왔고, 사회적 관점의 분석이 결여되어 있으며, 의료인의 비윤리적인 의료 행위에 대해 민감성이 떨어지고, 주로 남성 중심의 역사를 생산해 왔다고 평가했다. 다른 한 가지는 당시 의학의 현실 문제였는데, 러너에 의하면 1970년대 초 폭로된 터스키기 매독 실험으로 미국에서 의료인에 대한 대중적 신뢰가 추락하게 되었고, 이후 의료 기관과 의료인에 대한 윤리적 측면의 논의가 더 체계적으로 제기되면서, 인물 중심의 서술인 전기적 서술에 대한 관심도 하락했다고 한다.[51]

그러나 2000년대 이후 역사 일반에서도 전기적 글쓰기의 유용성에 대해 재평가가 이루어지고 있고, 러너의 자전적 전기도 이러한 변화를 반영했다. 러너는 다음의 두 가지 측면에서 전기적 연구와 글쓰기를 옹호했다. 그는 일인칭 시점을 노골적으로 드러내는 전기의 경우 오히려 역사가가 결코 완벽하게 구현할 수 없는 역사 서술에서 객관성 문제에 솔직하게 접근하고 역사적 사실이 역사가의 '관점'을 통해 재구성된 것임을 명확하게 한다는 점에서 유용하다고 설명했다. 더 나아가 러너는 전기는 사건이나, 집단, 기관을 중심으로 하는 역사 서술에서는 구현하기 어려운 인간이 "역사 속에 사는 것"이 무엇인지를 이해할 수 있도록 돕는다고 평가했다. 따라서 그는 전기를 사회나 집단의 역사를 보여주는 작은 샘플로 치부하는 것은 전기가 지

51 Lerner, ibid., 58-59.

닌 유용성을 평가절하는 것이라고 주장했다. 러너의 저서와 전기에 대한 재해석은 의학사 분야에서 전기적 분석과 글쓰기가 다양한 층위의 역사적 맥락 속에서 생동하는 인간의 모습과 그들의 삶의 총체성을 그려 내는 효과적인 방식으로 새롭게 재탄생하는 데 기여했다.[52]

지난 2011년에서 2020년의 기간 동안 해외 의학사 연구에서 두드러지는 또 다른 특징 중 하나는 의학사 연구에서 시각 자료와 영상 자료가 매우 활발하게 사료로 이용되고 있다는 점이다. 의학사 연구에 이용되는 시청각 자료는 그 종류가 매우 다양해 도판 자료·출산 형상(birth figure)·메디컬 핸드 드로잉과 사진·의학 지도(medical cartography)·캐리커처, 의학표본·영상기록물 등을 포괄하고, 이를 통해 논의하는 주제도 해부학·병리학·장애·정신의학·태아와 출산을 아우른다.

도판 자료를 이용한 해부학과 병리학 연구로는 카린 버코위츠(Carin Berkowitz)와 도미니코 베르토로니 멜리(Domenico Bertoloni Meli)의 연구가 있다. 전자는 해부도 스타일 분석을 통해 예술과 의학, 그리고 자본이 함께 만들어 내는 18세기에서 19세기 중엽에 이르는 독특한 의료 문화를 효과적으로 포착했다.[53] 후자는 18세기 말에서 19세기 초 영국과 네델란드에서 병리학적 이미지와 질병분류학, 해부학을 매개로 변화하는 내과학과 외과학의 연관 관계를 관찰하고, 의학 연구와 교육에서 시각 이미지의 매체로서의 역할을 분석했다.[54] 레베카 휘틀리(Rebecca Whiteley)의 16세기에서 17세기

---

52 Lerner, ibid., 61, 64-65, 73, 77.

53 Carin Berkowitz, "The Illustrious Anatomist: Authorship, Patronage, and Illustrative Style in Anatomy Folios, 1700-1840", Bulletin of the History of Medicine 89 (2), 2015.

54 Domenico Bertoloni Meli, "The Rise of Pathological Illustrations: Baillie, Bleuland, and

임산부와 태아 이미지에 관한 연구는 기존에 주목받지 못했던 임신과 출산의 시각 이미지를 분석하고 이를 통해 초기 근대 서양의 신체 문화를 논의했다.[55] 사뮤엘 알베르티(Samuel Alberti)는 20세기 초 영국인 메디컬 핸드 드로잉 예술가 3인의 작품에 관한 연구를 통해 이 시기 이미 옛것으로 간주된 핸드 드로잉과 사진의 해부학적 상호 매체성(anatomical intermediality)에 관해 분석했다.[56]

메디컬 사진에 관한 연구는 꽤 다양한데, 베스 링커(Beth Linker)는 제1차 세계대전 베테랑 재활에 관한 기록인 「계속 나아가라: 장애를 가진 군인과 해병의 재건에 대한 매거진(Carry on: A Magazine on the Reconstruction of Disabled Soldiers and Sailors)」을 바탕으로 이들의 재활 이미지가 지니는 전후 회복의 사회적 메시지를 분석했다.[57] 솔빅 줄리치(Solveig Jülich)는 레나르트 닐슨의 인간 배아와 태아 사진이 1950년도부터 1970년대에 이르는 시기 스웨덴에서 진행된 낙태 논쟁에서 한 역할을 조명했다. 버트 한센(Bert Hansen)은 미국에서 사진사로 활동했던 레아렌 아힐러(Lejaren à Hiller)와 발렌티노 사라(Valentino Sarra)의 흑백사진 작품집을 분석하고 그들의 삶을 전기적으로 재구성하여 20세기 전반 미국에서 의학사가 시각 이미지를 통해 표현

Their Collections", Bulletin of the History of Medicine 89 (2), 2015.

55 Rebecca Whiteley, "Roy Porter Student Prize Essay Figuring Pictures and Picturing Figures: Images of the Pregnant Body and the Unborn Child in England, 1540-c.1680", Social History of Medicine 32 (2), 2019.

56 Samuel J. Alberti, "Drawing Damaged Bodies: British Medical Art in the Early Twentieth Century", Bulletin of the History of Medicine 92 (3), 2018.

57 Linker, Beth, "Shooting Disabled Soldiers: Medicine and Photography in World War I America", Journal of the History of Medicine and Allied Sciences 66 (3), 2011.

되고 대중이 이를 이해하는 방식을 연구했다.[58] 리사 오설리번과 로스 존스 (Lisa O'Sullivan and Ross L. Jones)는 19세기 말에서 20세기 초 호주 원주민 태아 표본과 이를 이용한 영국의 해부학자이자 인류학자인 프레더릭 우드 존스(Frederic Wood Jones, 1879-1954)에 관한 논의를 통해 물질적 표본을 매개로 의학 지식이 생산되고, 제도가 설립되는 과정을 고찰했다.[59] 아그네스 아놀드-포스터(Agnes Arnold-Foster)는 19세기 영국 의사 알프레드 하빌랜드(Alfred Haviland)의 암(cancer) 의학 지도(medical cartography)에 관한 분석을 통해 "병리학적 장소에서의 삶의 모습이 시각화"되는 과정을 분석했다. 이 연구는 도시와 공중 보건 및 위생 개혁, 그리고 사회통제를 주로 연결한 기존 연구와 암을 오히려 시골과 연결시키는 하빌랜드의 추론을 대별하며 19세기 질병과 보건 위생, 장소에 대해 대안적 이해가 가능하다고 시사했다.[60] 루카스 엥겔만(Lukas Engelmann)은 1990년도 샌프란시스코에서 선페스트가 유행하던 시기 연방 소속 해군 군의감 조셉 킨윤(Joseph Kinyoun)을 대상으로 한 캐리커처를 분석해 이 시기 사회적 논쟁을 통해 세균학이 과학으로 인정받고 수용되는 과정에서 존재했던 도전과, 과학의 정치화 문제를 논했다.[61]

58 Bert Hansen, "Medical History's Moment in Art Photography (1920 to 1950): How Lejaren à Hiller and Valentino Sarra Created a Fashion for Scenes of Early Surgery", Journal of the History of Medicine and Allied Sciences 72 (4), 2017.

59 Lisa O'Sullivan, Lisa and Ross L. Jones, "Two Australian Fetuses: Frederic Wood Jones and the Work of and Anatomical Specimen", Bulletin of the History of Medicine 89 (2), 2015.

60 Arnold-Foster, Agnes, "Mapmaking and Mapthinking: Cancer as a Problem of Place in Nineteenth-century England", Social History of Medicine 33 (2), 2020, p.488.

61 Lukas Engelmann, "A Plague of Kinyounism: The Caricatures of Bacteriology in 1900 San Francisco", Social History of Medicine 33 (2), 2020.

영상 자료를 활용한 의학사 연구 또한 활발하게 진행되고 있다. 에밀리 K. 윌슨(Emily K. Wilson)의 미국 피츠버그 대학 해부학자 데이븐포트 후커 (Davenport Hooker)의 인간태아행동연구 영상에 대한 연구가 있다. 저자는 영상과 영상에 관한 사료 분석을 통해 태아에 대한 이해에 영향을 미치는 사회적·의학적·역사적 맥락을 재구성하고, 이 자료를 둘러싼 논쟁이 의 생명공학 연구 윤리 논쟁에 미친 영향을 논의했다.[62] 파울라 A. 마이클스 (Paula A. Michaels)는 자연분만운동이 한창이던 1950년대에서 1980년대에 걸 쳐 산전 교육 수업에서 이용되던 시각 및 오디오 자료가 당시 부부가 부모 됨을 준비하는 과정을 이해하고 평가하는 하나의 렌즈로서의 역할을 했다 고 평가하고 이러한 영상들을 통해 당시 출산 현장에서의 여성과 남성, 그 리고 의료진에게 기대되는 이상적 역할을 분석했다.[63] 아서 허스트(Author F. Hurst)의 '전쟁신경증(shell-shock)' 환자 영상에 관한 논문 2편이 나왔는데, 에 드가 존스(Edgar Jones)는 1917년부터 1918년까지 제작된 환자 영상을 분석 해, 영상 제작 과정과 치료법을 둘러싼 논쟁, 그리고 영상이 지니는 환자 치 료에 대한 사회적 메시지의 힘에 대해 분석했다.[64] 줄리 포웰(Julie M. Powell) 의 경우 동일 의사가 1940년도까지 제작한 군인 환자의 이상행동을 기록 한 자료를 기반으로 이 영상이 전쟁기와 전후 국가적으로 요구되는 남성

62 Emily K. Wilson, "Ex Utero: Live Human Fetal Research and the Films of Davenport Hooker", Bulletin of the History of Medicine 88 (1), 2014.

63 Paula A. Michaels, "The Sounds and Sights of Natural Childbirth: Films and Records in Antenatal Preparation Classes, 1950s-1980s", Social History of Medicine 31 (1), 2018.

64 Edgar Jones, "War Neuroses and Arthur Hurst: A Pioneering Medical Film about the Treatment Psychiatric Battle Casualties", Journal of the History of Medicine and Allied Sciences 67 (3), 2012.

성(masculinity)과 질병에 대한 계급적 인식을 반영하고 있다는 것을 밝혀냈다.[65] 존스는 1943년 베이즐 라이트(Basil Wright)가 제작한 다큐멘터리 영화 '신경정신병학(Neuro Psychiatry)'에 관한 연구도 발표했는데, 이 영상은 영국의 밀힐응급의료원(Mill Hill Emergency Medical Service Hospital)에서 정신 질환 환자의 치료를 기록한 것으로 의학적 개입을 통해 정신 질환을 치료할 수 있다는 메시지를 담았다. 존스는 이 영상이 투사하는 과장된 메시지와 이러한 결과를 초래한 영화제작에 관계된 영국과 미국의 정치적, 문화적 배경을 분석했다.[66]

이러한 시청각 자료를 이용한 의학사 연구는 의학적 순간을 포착하고 전달하는 다양한 매체 간의 상호성, 의료 지식의 생산자와 소비자 간의 관계, 의학 지식의 대중화, 의학 지식 해석의 다양성, 의학 지식 생산에서 시청각 자료의 역할, 시청각 자료를 통해 투사되는 의학적 메시지와 사회적 메시지 간의 관계에 관한 심도 있는 관찰과 논의를 가능하게 한다. 이를 통해 문자 기록 문화만으로는 포착하기 어려운 이미지를 통해 형상화되고 유통된 지식과 이러한 지식의 생산과 순환의 기반이 된 문화를 분석할 수 있게 도와준다. 더 나아가 이와 같이 사료를 확장함으로써 역사가는 이러한 자료로부터 효과적으로 역사적 사실과 논의를 이끌어 내는 방식에 대해 고민하게 되었고, 의학적 지식이 생산되고, 논의되며, 순환하는 다양한 층위의 역사를

---

65 Julie M. Powell, "Shock Troupe: Medical Film and the Performance of 'Shell Shock' for the British Nation at War", Social History of Medicine 30 (2), 2017.

66 Edgar Jones, "Neuro Psychiatry 1943: The Role of Documentary Film in the Dissemination of Medical Knowledge and Promotion of the U.K. Psychiatric Profession", Journal of the History of Medicine and Allied Sciences 69 (2), 2014.

재구성하는 데 한 걸음 더 다가가게 되었다.

4. 21세기 서양 의학사의 미래에 대한 전망

지금까지 2장과 3장을 통해 2011년에서 2020년에 걸친 시기 동안 국내외 서양 의학사 연구 주제의 확장, 새로운 사료 발굴과 분석을 위한 연구 방법론 모색, 그리고 역사적 글쓰기에 대한 고민에 대해 살펴봤다. 지난 10년간의 위와 같은 변화는 20세기 중반 서양 의학사 연구에 도입된 사회사적 접근법, 그리고 1980년대를 지나면서 서양 역사학계에 확연히 자리 잡은 문화사적 접근의 영향을 반영하는 사회문화사적 전환의 장기적인 영향 속에서 진행되어 왔다.

그러나 다른 한편 21세기를 살아가는 의학사 연구자들이 삶에서 경험하고 인지해 온 사회변동과 현대사회의 문제는 질병, 건강, 의학을 바라보는 그들의 시선에 끊임없이 영향을 미쳐 왔다. 이같이 변화하는 역사가의 맥락과 연구 대상과 방법론에 대한 학문적 논의는 서로 상호적으로 영향을 미치며 새로운 관점을 발굴하고 의학사의 연구 대상과 방법론을 확장시키며, 분석의 깊이를 더하는 데 기여해 왔다. 더 나아가 이러한 과정 속에서 의학사 연구자들은 그들의 연구와 현실 문제 사이의 관계를 정립하기 위해 많은 고민을 해 왔다. 이에 무엇을 어떻게 연구할 것인가의 문제를 넘어 의학사는 왜 연구되어야 하는가 하는 학문적 가치에 대한 질의가 계속되었다. 본 장에서는 20세기 말 이후 가속화되어 온 지식과 정보 중심 사회의 대두와 글로벌라이제이션이 의학사 연구에 미친 영향, 그리고 의료사회사학회를 중심으로 2010년대 중반 이후 진행되고 있는 의학사 연구의 학문적 가치에 관한 논의를 통해 이러한 변화가 향후 의학사 연구에 미칠 영향에 대해 간략하게 살펴보도록 하겠다.

1990년대 중반 이후 급속하게 발달한 정보 통신 기기의 발달과 인터넷과 같은 상업적 정보 통신망의 발달은 현대사회에서 지식과 정보의 중요성을 혁명적으로 바꾸어 놓았다. '지식사회,' '정보사회'라는 표현과 함께 우리에게 다가온 이러한 변화는 그러한 변화 이전에 존재했던 사회적 관계를 재정립하도록 했다. 1990년대부터 독일, 프랑스와 영어권 국가들에서 지식사(the history of knowledge)가 하나의 분과 학문으로 발달하기 시작했는데, 지식사의 연구 분야는 지식의 생산 · 유통 · 확산 · 형식 · 축적 · 매개물 등 광범위한 영역을 포괄한다.[67]

의학사에서 지식사의 활용 가능성에 대해 논의한 파비오 드 시오(Fabio De Sio)와 헤이너 판저라우(Heiner Fangerau)에 의하면, 의학의 역사에서 과학과 비과학을 나누는 경계는 자연과학에서만큼 분명하지 않았고, 의학 발달에서 과학과 비과학의 관계는 오히려 순환적이었다.[68] 이러한 측면에서 의학의 발달 양상을 실제에 가깝게 복원하기 위해서는 의사와 환자, 정규 의학과 비정규 의학, 과학과 비과학 사이의 경계뿐 아니라 그 경계를 투과하고 순환하는 지식의 흐름에 관한 연구도 함께 이루어져야 할 것으로 보인다. 이를 통해 의료에 참여하는 주체들 간의 상호 연결성을 관찰하고 분석

---

67 Peter Burke, *What is the History of Knowledge?* (Cambridge, UK: Polity Press, 2016), p. vi, 3.

68 Fabio De Sio and Heiner Fangerau, "The Obvious in a Nutshell: Science, Medicine, Knowledge, and History", Berlin Wissenschaftsgesch 42, 2019, p. 167.

의 깊이를 더할 수 있을 것이다. 더불어 의학 지식의 순환에서 매체의 역할에 관한 연구도 중요한데, 앞서 3장에서 소개한 다양한 시청각 사료를 이용한 연구에서도 매체 고유의 성격뿐 아니라 이동성에 관한 분석이 함께 이루어지고 있다. 한편, 정보 접근성의 차이, 정보 순환의 범위와 양상, 속도가 의학 지식의 형성 및 의료 현장에서의 적용에 미치는 영향, 더 나아가 의료인과 환자의 관계, 의료 전문가와 비의료인 간의 관계, 의료인들 간의 관계, 의료인·환자·정부의 관계에 미치는 영향 등에 관한 연구도 중요하다.

이와 함께 인터넷을 통한 경계 없는 지식과 정보의 범람 속에서 의학사와 의학사 연구자의 위치를 어떻게 설정할 것인지의 문제도 대두되고 있다. 일례로 헬렌 킹(Helen King)은 *SHM*에 게재된 자신의 글 「역사가 없는 역사? 의학사와 인터넷(History without Historians? Medical History and the Internet)」에서 2010년 여름 한 인터넷 웹사이트에 공개된 18세기 스코틀랜드 출신의 해부학자이자 의사인 윌리엄 헌터(William Hunter)의 연구에 관한 잘못된 정보를 논의하면서 인터넷 시대 정보와 역사, 그리고 대중의 관계를 어떻게 재정립해 갈 수 있을지에 대해 문제의식을 고취시켰다. 웹사이트의 저자는 헌터가 해부도 제작과 연구를 위해 수급되는 사체의 출처(특히 임산부의 경우)에 대해 무관심했거나 살인을 통해 사체를 얻었다는 불명예스러운 주장을 했다. 이 주장은 돈 셸턴(Don Shelton)이라는 사람의 18세기 산과 의학 발달에 중심적인 역할을 한 윌리엄 스멜리(William Smellie)와 윌리엄 헌터에 대한 5페이지 남짓의 짧은 글에 근거를 두고 있었다. 헬렌 킹에 의하면 헌터의 연구에 대한 위와 같은 주장은 사실로 보기 어려울 뿐 아니라 셸턴은 전문 역사 연구자가 아니고, 인터넷에 출판된 글 또한 공신력 있는 저널과는 달리 동료 평가(peer review) 없이 출판되었다. 그럼에도 셸턴은 이 과정에서 대중의

호기심을 자극하는 센세이셔널한 주장을 통해 대중매체의 스포트라이트를 받았다.[69]

지식정보사회의 기술적 기반을 제공하는 인터넷 기술의 발달은 전문가 집단을 중심으로 하는 정보의 생산과 소유를 불가능하게 만들었다. 21세기 의료 현장에서뿐 아니라 의학사의 영역에서도 이러한 지식과 정보를 매개로 기존의 전문가와 비전문가의 경계가 해체되고 있다. 더 나아가 출판 과정과 출판 매체의 변화는 종종 정보와 지식의 진위에 대한 검증이 생략된 채 대중적 유통이 이루어지는 데 기여하고 있다. 킹의 글은 이러한 시대에 일반 대중과 의학사 연구자의 관계를 어떻게 재설정할 수 있는지에 대해 의미 있는 화두를 던진다고 하겠다.

다른 한편 1980년도부터 그 논의가 증가해 21세기 서구사회뿐 아니라 전 지구적으로 영향을 미치고 있는 글로벌라이제이션에 대한 역사학계의 인식은 글로벌라이제이션의 역사적 기원과, 역사 연구에 있어 글로벌 관점의 유용성에 대한 관심을 불러일으켰다. 우선 질병사 부분에서 지난 15년간 스페인 독감에 관한 연구는 폭발적으로 증가했는데, 하워드 필립스(Howard Phillips)는 이러한 사학사적 변화를 1990년대부터 계속된 '신흥 바이러스 질병(emerging viral diseases)'에 대한 공포, 1997년 홍콩에서 발견된 H5N1 인플루엔자의 발견, 2003년 SARS의 유행과 2009년 H1N1의 세계적 유행 등과 같은 실질적인 감염병의 세계적 유행 위험 증가와 1990년대 후반부터 계속된

---

69 Helen King, "History without Historians? Medical History and the Internet", Social history of Medicine 24 (2), 2011, pp. 213-219.

바이오테러리즘에 대한 우려 때문인 것으로 분석했다.[70] 올해 COVID-19 팬데믹과 함께 이러한 우려는 현실로 다가왔는데, 앞으로도 스페인 독감뿐 아니라 글로벌 감염병에 대한 관심은 계속 높을 것으로 보인다.

마크 해리슨(Mark Harrison)은 2015년 겨울 *BHM*에 게재된 논문 「글로벌 관점: 건강, 의학, 그리고 질병의 역사 다시 프레임하기(A Global Perspective: Reframing the History of Health, Medicine, and Disease)」에서 글로벌 관점의 유용성에 관한 체계적 논의를 통해 이 분야에 대한 의학사 연구자들의 관심을 환기시켰다. 해리슨에 의하면 의학사 연구에서 글로벌 관점의 도입은 근대 서양 의학의 대두와 같은 의학사에서 고전적인 주제를 비판적이고 새로운 시각에서 고찰할 수 있는 기회를 제공한다. 또한, 역사가는 지리적 시각의 확장을 통해 상품과 인적 자원의 활발한 이동에 의해 연결되는 국가적 또는 지역적 층위에서 발생하는 질병 유행 간의 연관성을 포착할 수 있다. 더 나아가 국가의 국경에 한정되지 않는 초국가적인 기관을 통해 글로벌 감염병 확산에 대응하고 건강 증진을 위해 상호 협조하는 문제는 의학사 분야에서 글로벌 관점의 중요성을 더욱 부각시켜 왔다.[71]

*BHM*은 해리슨의 논문에 대한 논평을 통해 의학사 연구에서 글로벌 관점의 필요성과 유용성 그리고 앞으로의 연구 방향성에 대한 논의를 더욱 풍부하게 했다. 존 R. 맥닐(J. R. McNiell)은 질병의 역사에서 국가 간 경쟁 등 지정학적 요소의 중요성과 전쟁의 역할에 대해 관심을 환기시켰다. 또한 글로

---

70 Howard Phillips, "Second Opinion: The Recent Wave of 'Spanish' Flu Historiography", Social History of Medicine 27 (4), 2014, p. 792.
71 Mark Harrison, "A Global Perspective: Reframing the History of Health", Bulletin of the History of Medicine 89, 2015.

벌 감염병에 대한 논의에서 인수공통감염병의 중요성을 고려할 때 상품과 인적 이동뿐 아니라 동물과 가축 유행병(epizootic disease)에 관한 연구가 확대되어야 한다고 지적했다. 더 나아가 역사가가 질병, 의학, 건강이라는 주제를 글로벌 관점에서 논의할 때 지역적 맥락에 따라 평등과 정의의 문제가 고려되는 범위에 차이점이 있음을 고려해야 한다고 설명했다.[72] 카비타 시바라마크리슈난(Kavita Sivaramakrishnan)은 물적 자원뿐 아니라 사상과 지적 교류 등 무형의 교환에 관해 논의해야 할 필요성이 있으며, 거대 서사를 보완할 수 있는 지역 거점과 주변부를 잇는 흐름과 다양한 층위의 기관과 행위자를 포함하는 글로벌 네트워크에 관한 연구가 보강될 필요가 있고, 글로벌라이제이션이 지역에 미치는 영향의 불균등성과 한계에 관한 연구 또한 중요하다고 논평했다.[73] 마지막으로 앨리슨 배쉬포드(Alison Bashford)는 글로벌라이제이션에서 생식능력과 출산의 문제를 포괄하는 재생산이 매우 중요한 이슈라는 점을 부각시키고, 젠더라는 관점을 도입할 때 의학과 건강, 그리고 질병의 문제를 다루는 의학사 연구자들이 이 분야 연구에서 해야 하는 역할이 더욱 중요하다고 피력했다.[74]

글로벌 의학사에 대한 관심은 21세기에 들어오면서 증가했고, 2010년대 중반 이후 국내외의 의학사 연구에서 그 성과가 나오고 있다. 우선, 최은경과 이종구의 2000년대 글로벌 전염병 거버넌스의 변화를 글로벌 보안 안보

72 J. R. McNeill, "Harrison, Globalization, and the History of Health", Bulletin of the History of Medicine 89, 2015, pp. 697-699.

73 Kavita Sivaramakrishnan, "Global Histories of Health, Disease, and Medicine from a 'Zig-zag' Perspective", Bulletin of the History of Medicine 89, 2015, pp. 700-704.

74 Alison Bashford, "Bioscapes: Gendering the Global History of Medicine", Bulletin of the History of Medicine 89, 2015, pp. 690-695.

의 필요성에 대한 인식과 전염병 관리 체계 변화를 통해 살펴본 연구가 있다.[75] 의학 기술과 의료 정책에 대한 글로벌 관점의 연구의 중요성을 제시하며 19세기에서 20세기 중반까지 우두법과 백신 접종 정책에 관한 연구사를 정리한 졸고를 이에 더한다.[76] 저서로는 2020년도 2월에 출판된 설혜심의 유럽과 아메리카 그리고 동아시아를 연결하는 『인삼의 세계사: 서양이 은폐한 '세계 상품' 인삼을 찾아서』가 좋은 예시가 될 것이다. 해외의 경우 앞서 *BHM*에서의 글로벌 의학사 연구에 대한 논의를 이끈 마크 해리슨의 『전염병, 역사를 흔들다(*Contagion: How Commerce Has Spread Disease*)』가 2012년 출판되었고, 2020년 5월 한국어 번역본 초판이 출간되었다. 2019년 말 시작되어 올해 전 세계를 강타한 COVID-19 팬데믹의 여파는 글로벌 감염병 유행의 메커니즘과 통제뿐 아니라 국가 간 의료 자원과 의료 기반의 차이, 정보와 기술 공유에서의 문제점, 국제적 소통과 공조에 대한 관심을 고조시켰고, 향후 이 분야에 관한 연구는 계속 성장할 것으로 보인다.

마지막으로 지식정보사회와 글로벌라이제이션 등 현대사회의 변화가 의학사 연구에 미친 영향과 더불어, 의학사 연구자들 스스로가 자신의 작업에 어떠한 가치를 부여할 것인지의 문제는 앞으로 의학사의 발전 방향을 설정하는 데 큰 영향을 미칠 것으로 생각된다. 일례로 의료사회사학회(SSHM)는 창설 이래 처음으로 2015년부터 학회취지문을 개정하는 작업을 진행 중인데, 집행부원 리차드 멕케이(Richard A. McKay)는 전반적인 인문학의 위기 속

---

75 최은경 · 이종구, 「2000년대 글로벌 전염병 거버넌스의 변화: 글로벌 보안 안보의 대두와 국내 전염병 관리 체계의 변화」, 『의사학』 제25-3호, 대한의사학회, 2016.
76 이현주, 「19세기에서 20세기 중반 한국의 우두법 및 백신접종 연구에 있어 지구사적 관점 (global perspective)의 유용성」, 『동국사학』 제65호, 동국역사문화연구소, 2018.

에서 의학사 연구의 가치를 연구자들 스스로 다시 세울 필요성이 있다고 설명했다. 2018년 영국 리버풀(Liverpool)에서 개최된 학술 대회에서 취지문을 다시 쓰는 것이 결정되었고, 회원들의 의견을 아래로부터 수렴하기 위해 여러 문화적 배경을 지닌 다양한 세대 및 커리어 단계에 있는 회원들에게 새로 작성된 취지문에 대한 의견을 문의했다. 그 결과가 2019년 *SHM*에 게재된 「우리가 하는 것을 우리는 왜 하는가? 의료사회사의 가치(Why Do We Do What We do? The Values of the Social History of Medicine)」이고 이 글에서 나타난 논의는 사회 문화적 연구가 이미 중요한 부분을 차지하는 의학사 연구의 향후 발전 방향을 진단해 보는 데 도움이 된다.

취지문 개정에서 중심적으로 다루어진 아젠다는 의료사회사학회 내에서 보여지는 의학사의 학문으로서의 자기 목적성과 사회적 유용성 사이의 긴장 관계를 어떻게 이해할 것인지의 문제였다. 즉, 역사는 그 자체로 연구의 목적이 있는가 아니면 현실을 조명하기 위해 역사를 이용해야 하는가 하는 문제이다. 의료사회사학회가 이러한 문제를 공론화한 데에는 다음과 같은 배경의 영향을 생각해 볼 수 있다. 1960년대와 1970년대 사회사는 기존의 내재적 발전론에 중심을 둔 역사 서술에 반기를 들고 의학사 연구에 사회사적 관점을 도입하는 것이 매우 중요하다고 역설했다. 이러한 변화의 기저에는 민권운동의 영향과 아래로부터의 정치 참여라는 1960년대에서 1970년대 서구사회에 널리 퍼져 있던 사회적 변화가 자리 잡고 있다. 그러나 이러한 흐름은 1980년대 이후 보수주의의 성장과 신자유주의 정부의 등장으로 변화를 맞이하게 되었다. 1980년대 이후 영국과 미국에서 도입된 신자유주의는 공공의료의 영역에서도 경제적 효율성의 논리를 적용했고, 복지의료는 붕괴되었다. 의료의 영역에 깊게 관여된 상업자본의 논리는 의료인·

정부·기업의 관계를 바꾸어 놓았고, 소비주의의 논리는 환자와 의사의 관계에서 힘의 관계를 재정립했다. 이러한 의료 환경의 변화를 통해 축적된 경험은 의학을 어떻게 역사적으로 이해할 것인지에 대한 변화와 연결되었다.[77]

이와 함께 1980년대 이후 의학사 연구는 문화사의 영향을 많이 받았다. 그 주요한 영향 중 하나는 기존에 사회사에서 이용해 오던 개념과 분석 기준에 의문을 제기하고 해체하여 역사 연구의 대상을 확장하고, 새로운 접근법과 틀로써 분석하도록 한 것이었다. 사회·정치·의학·환자의 개념은 끊임없이 재정의되었고, 이와 같은 변화를 통해 의학사 연구에서 절충주의 의학(eclectic medicine)과 상이한 문화권의 서로 다른 질병 인식 모델에 대한 관심이 증가했다. 의학의 발달과 실천에서 다양한 치료사들의 역할과 환자에 대한 관심이 증대했고, 의학 지식의 종류와 성격에 대한 이해가 확장되고 심화되었다. 사회사와 문화사의 조우를 통해 의학의 역사에 대한 역사가의 이해는 더욱 확장되고 깊어질 수 있었다. 그러나 다른 한편 연구 주제의 횡적 팽창과 다변화된 문제의식이 오히려 공동의 문제에 집중할 수 없게 하고 현실 문제로부터 학문을 괴리시키는 결과를 가져오기도 했다.

더 나아가 학제 간 연구의 성격을 지닌 의학사 분과 학문 내에서 각각 의학과 역사를 기반으로 하는 학자들 간의 교류의 부재와 함께 지난 몇십 년간 의학사 연구가 이루어 온 성과가 의료 교육 현장에 제대로 반영되지 못했다는 비판은, 의학사와 의학 현실의 괴리, 즉 의학사 연구의 유용성에 대

---

77 Roger Cooter and Claudia Stein, *Writing History in the Age of Biomedicine* (New Haven & London: Yale University Press, 2013), pp. 73-77.

한 의문을 제기하게 했다. 미국 에모리 대학의 하워드 쿠슈너 (Howard I. Kushner)가 저명한 의학 학술지 『랜싯(The Lancet)』에 기고한 두 장 남짓의 짧은 「의사학자와 의학사(Medical Historians and the History of Medicine)」라는 글은 이러한 문제의식을 잘 반영하고 있다. 이 글은 2008년에 게재되었지만 저자가 제기한 문제는 현재까지도 유효하다. 쿠슈너에 의하면 미국에는 두 종류의 의학사 연구자가 존재한다. 한 그룹은 의사 윌리엄 오슬러(William Osler)의 이름을 딴 오슬레리안(Oslerians)이고, 다른 그룹은 역사 연구를 전문으로 하는 아카데믹 역사학자(academic historians)이다. 그에 의하면 이들은 역사에 대한 접근법에서 차이가 있다. 전자는 "위대한 의사의 이야기를 통해 교훈과 모방을 위한 모델"을 탐색하며, "의학과 과학의 관점에서 질병의 발견, 진단, 치료법"에 관한 연구를 주로 수행하지만 문화적 영향으로부터는 다분히 절연되어 있다. 그러나 후자는 역사를 통해 "현재와 과거의 의학적 주장을 비판적으로 연구하기 위한 문제에 기반을 둔 탐구"를 즐기며, 의사와 환자의 관계에 영향을 미치는 사회적 문화적 가치에 대한 분석을 중시한다. 이들의 서로 간 거리두기는 오래 세월 지속되어 오고 있는데, 의사 회원 중심인 미국 오슬러회(the American Osler Society)는 회원 자격을 제한했고, 미국의사학회(the American Association of the History of Medicine)는 개방되어 있지만 의사들에게 관심이 없는 주제를 중심으로 학술 대회를 구성해 왔다. 쿠슈너는 이러한 학회 분리 현상 외에, 외부 펀딩보다는 봉급에 더 의존하는 역사가들의 급여 시스템이 그들로 하여금 단독 연구를 선호하게 했고, 상이한 지식 체계와 용어 사용 및 논증의 방식은 의학사 저널과 의학 저널 사이에도 간극을 벌려 놓았다고 설명했다. 그리하여, 그는 결론적으로 20세기 중반 이후 사회사와 문화사 관점에서 이루어진 의학사의 결실이 아이러

니하게도 의학 교육과 의료 행위에 미친 영향은 적었다고 주장했다.[78]

본 논문에서 중점적으로 논의한 세 개의 해외 학술지 중 *BHM*과 *JHMAS*의 경우 학회와 학술지 이름에 '의학사'라는 해당 분과 학문 전체를 아우르는 표현을 사용하고 있는 반면, *SHM*의 경우 그 명칭에서도 알 수 있듯이 의료사회사 연구에 특화되어 있는 학술지이다. 사회사 연구에 집중하는 의료사회사학회가 형성되고 관련 전문 학술지가 발간된 시기는 상술한 사회사적 연구가 꽃피운 1970년대로 거슬러 올라간다. 학회의 기원이 1970년에 있는바 지난 20세기 후반에서 21세기 초반에 걸친 의료 환경의 변화, 변화하는 의학사와 의학의 관계, 의학사 연구자의 학문적·사회적 위치와 역할 등을 고려한 가치 재정립이 더 이상 피할 수 없는 것이 되었다. 더욱이 의학사 연구 분야에 대한 영국 정부 기관의 지원 조정 등의 문제에 대응해 의학사 연구가 현실 문제와 괴리되어 있다는 비판에 대한 해답을 연구자들 스스로가 찾아야 할 필요성이 있었다.

그러나 *SHM*에 게재된「우리가 하는 것을 우리는 왜 하는가?」에 대한 답변은 역사가들조차 의료사회사의 가치에 대해 매우 다른 해답과 기대를 가지고 있다는 것을 보여주었다. 학회 집행부는 새로 작성한 취지문을 다양한 커리어 단계와 성별, 인종적 배경을 가진 회원들에게 공개해 의견을 수합했다. 아젠다에 대해 다양한 답변이 공개되었는데, 미국의 시니어 의학사 연구자 마가렛 험프리(Margaret Humphreys)는 "필요와 차별을 드러낼 때 우리의 역사는 자연스럽게 정책으로 흘러들어 간다"라고 주장했다.[79] 이보다

---

78 Kushner, op.cit., pp. 710-711.
79 Richard A. McKay, "Second Opinion: Why Do We Do What We Do? The Values of the

는 적극적이고 능동적인 네트워킹과 현실 문제에 관여할 것을 권유하는 답변도 있었는데, 건강에 대한 이슈를 함께 다루는 유럽학회를 조직하고, 의사·정책 입안자·일반 대중과 학생에 대해 투자를 늘리고, 연구뿐만 아니라 교육과 외부 지원 활동과 덜 개발된 국가들과의 연계 등을 위한 노력이 필요하다는 답변, 생산된 연구 결과를 교육에 연계하고, 학제적 연구를 증진시키고, 학문적 네트워크를 통해 의학사 연구 공동체를 형성해야 한다는 의견, 그리고 마지막으로 취지문에 '타자'에 관한 연구사를 더 반영해야 한다는 내용이 있었다.[80]

의료사회사학회의 「우리가 하는 것을 우리는 왜 하는가?」라는 질문은 다만 한 학회의 가치를 결정하는 데 필요한 질문이 아니라 21세기 의학사 연구자들이 함께 고민하고 해답을 찾기 위해 노력을 기울여야 하는 질문인 것 같다. 지난 세기 동안 국가마다 다른 환경 속에서 의학사가 발전되어 왔다는 점을 고려할 때 미국의 케이스를 모든 지역으로 확대 해석할 수는 없지만, 쿠슈너가 포착했던 학문 내 분리와 그로 인한 의학사와 의학 교육 사이의 연결이 미진하다는 문제는 정도와 양상에 차이가 있을 수는 있으나 우리의 의학사 학계가 처한 현실에도 시사하는 바가 크다고 하겠다. 의학사라는 학문의 생명력을 유지하기 위해 위의 문제점들에 대해 심도 있는 논의와 해결책을 찾기 위한 공동의 노력이 필요하다.

Social History of Medicine", Social History of Medicine 33 (1), 2019, p.12.
80 McKay, ibid., pp. 13-17.

5. 나가며

지금까지 2011년에서 2020년도까지 국내외 학술지를 중심으로 서양 의학사 연구 주제와 방법론, 그리고 앞으로의 발전 전망에 대해 알아보았다. 서두에 밝힌 바와 같이 연구 범위의 한계를 설정함으로써 본 글에서는 해외의 경우 연구 성과에서 학술지 논문을 중심으로 서술할 수밖에 없었다. 그러나 서양 의학사 연구 분야에서 한 해 출판되는 단행본 연구서의 수 또한 매우 방대한 것을 고려할 때 추후 후속 연구들에서는 질병, 건강, 의학 또는 의료 전문화 과정, 기관, 보건 행정, 의료 정책 등의 세부 주제 또는 여성 · 인종 · 민족 · 계급 · 나이 · 지역의 분류 구분에 따른 의학사 연구 추이에 대해 정리가 활발하게 이루어지길 기대한다.

연구 주제와 방법론의 측면에서 국내의 경우 서양에 비해 서양 의학사 연구의 역사가 짧고 또 상대적으로 연구자의 수도 매우 적지만 대체로 연구 주제 선정이나 방법론에 관한 논의에서 국외의 서양 의학사 연구 동향과 그 맥을 같이하고 있는 것 같다. 이는 교육과 리서치 환경의 국제화와 깊은 관련이 있어 보인다.

그러나 국내에서 활동하는 서양 의학사 연구자의 경우 상대적으로 해외의 연구자보다 사료 접근성이 떨어지고, 해외의 연구 공동체 활동에 참여하기 어렵다는 제약이 있다. 직접 방문이 필요한 고문서나 희귀본 자료에 대한 접근성의 문제는 여전히 남아 있지만, 그럼에도 2000년대 이후 급속히 발달한 역사 자료의 디지털화 작업과 전자책 보급 등의 변화는 국내 서양 의학사 연구자의 해외 소장 1차와 2차 사료에 대한 접근성을 그 이전에는 생각할 수 없는 수준으로 끌어올렸다.

그러나 지금도 계속되고 있는 COVID-19의 전 세계적인 유행은 해외 리서치가 연구에 중요한 부분을 차지하는 서양 의학사 연구자들에게 예상치 못한 어려움을 가져왔다. 올해 팬데믹으로 인한 이러한 변화가 서양 의학사 연구자의 연구 환경과 연구 방향에 미칠 장기적인 영향이 무엇일지에 대해 한국의 서양 의학사 연구자들 간의 대화와 소통이 절실하다. 더 나아가 현재의 이러한 어려움을 극복하고 장기적으로 지속 가능한 구자 간, 연구자와 리서치 기관 간의 네트워크를 형성하기 위해 국내외 의학사 연구자들이 함께 체계적인 논의를 진행해 나갈 필요가 있다.

의료사회학 연구의 흐름*

—개념을 통한 의료사회학 연구사 고찰

김재형 (한국방송통신대학교 문화교양학과 조교수)
이향아 (경희대학교 인문학연구소 HK+통합의료인문학연구단 HK연구교수)

*   이 글은 『의사학』 29권 3호, 2020에 실린 필자들의 글인 「의료사회학의 연구동향과 전망: 개념의 전 개와 의료사와의 접점을 중심으로」를 수정 · 보완한 것이다.

1. 서론

사회학은 우리 개인의 삶과 그 개인을 둘러싸고 있는 사회와의 관계를 사회과학적 방법론과 개념 및 이론을 가지고 연구하는 학문이다. 사회학자들이 가장 많이 사용하는 말 중 하나인 '사회학적 상상력(sociological imagination)'은 우리에게 익숙한 일상이 실은 더 커다랗고 복잡한 사회구조에 영향받고 있는 상황을 포착할 수 있는 능력을 일컫는다. 즉 사회학은 개인에게 영향을 주는 경제, 문화, 이념, 권력, 제도 등 다양한 사회적 요인들에 관하여 연구한다. 동시에 사회학은 사회구조 안에 있는 다양한 행위자인 인간의 인식, 신념, 행동, 관계 등에 관해 연구한다. 한편으로는 특정한 구조의 사회가 행위자에게 어떠한 영향을 미치며 그 영향 속에서 행위자는 어떻게 행위하는지, 다른 한편으로는 행위자들의 다양한 인식과 행동이 사회구조의 유지와 변화에 어떠한 영향을 미치는지가 사회학이 영원히 풀어야 할 숙제라고 할 수 있다. 사회학에 대한 이러한 정의는 의료사회학이 무엇인지에 대한 질문에 답하는 데 중요한 근거가 된다.

초기 의료사회학자인 로버트 스트라우스(Robert Straus, 1957)는 의료사회학을 정의하면서 '의료 내 사회학(sociology in medicine)'과 '의료의 사회학(sociology of medicine)'이라는 이분법을 사용함으로써 사회학과 이 학문 분과의 연구 대상인 의료와의 복잡한 관계를 드러냈다. 의료 내 사회학은 의료를 학문하는 데 있어 사회적 요소들을 고려해 환자의 치료를 포함하는 건강과 관련한 실용적인 문제를 다루기 때문에 사회적 문제보다는 의료적 문제가 연구의 동기가 된다. 제도적으로는 연구자들이 주로 건강 관련 연구소나 기관에 종사하거나 혹은 기관의 의뢰를 받아 연구를 수행하기 때문에 응용 학문적 성격이 강하며, '임상 사회학(clinical sociology)'이라고 부르기도 한다. 즉 의료 내 사회학의 지향점은 사회학이 의학에 어떻게 기여할 것인지에 있다. 사회학은 처음부터 계층/계급, 성/젠더, 정체성, 지역, 네트워크 등이 인간의 신체, 건강, 질병, 죽음 등에 어떠한 영향을 미쳤는지 관심을 가져 왔다. 뒤르켐(Emile Durkheim, 1897)은 연대의 정도와 형태가 자살에 미치는 영향을 연구했으며, 엥겔스(Friedrich Engels, 1845)는 산업화가 노동자의 건강과 질병 그리고 죽음에 어떠한 영향을 미치는지 묘사했다. 의료 내 사회학은 이러한 연구 경험을 토대로 사회적 요인이 어떻게 인간의 건강과 질병에 영향을 미치는지 설명함으로써 의학이 포착하지 못한 사회적 영역을 의학 내로 포섭하고, 의학을 더욱 발전시키는 역할을 한다.

반면 의료의 사회학은 의료를 개인에게 영향을 주는 사회구조로 인식하며, 의료가 독립적인 영역이 아닌 사회 속에 위치하며 경제, 권력, 문화 등의 영역과 상호작용을 한다고 간주한다. 동시에 이러한 의료라는 장 안에서 행위자들이 어떠한 인식, 신념, 행동, 관계를 갖는지도 연구 대상으로 삼는다. 즉 의료사회학은 한편으로는 인간의 건강과 질병에 영향을 미치는 사회적 요인들을 연구하지만, 다른 한편으로는 하나의 사회적 구조로서 의료를 다루며, 이 구조 속의 다양한 행위자들과의 상호작용을 연구한다고 할 수 있다.

의료사회학은 다른 사회학 분과보다 상대적으로 역사가 짧음에도 불구하고, 전체 사회학 내에서 상당히 큰 부분을 차지하는 중요한 분과이다. 특히 미국사회학회(American Sociological Association)에서 의료사회학은 가장 큰 분과 중 하나이며, 『건강과 사회행위(Journal of Health and Social Behavior)』는 이 학회에서 출판하는 몇 안 되는 학술지 중 하나이다. 영국사회학회(British Sociological Association)에서도 의료사회학 분과는 가장 크고 활발한 분과 중 하나이다. 영국사회학회에서 출판하는 것은 아니지만 의료사회학 학술지인 『건강과 질병의 사회학(Sociology of Health and Illness)』 역시 가장 규모가 크고 활발한 영국 사회학 학술지 중 하나이다.[1] 이렇듯 미국과 영국의 의료사회학은 다른 조직·노동·경제·경제 범죄 등의 전통적인 사회학 분과보다 상대적으로 제도적 역사가 길지 않음에도 불구하고, 사회에서 의료와 보건 영역의 중요성 때문에 더욱 빠르게 발전했다. 특히 선진국에서 건강을 포함하는 삶의 질이 갈수록 중요해지는 상황에서 의료사회학의 학문적·실용적 기대는 더욱 커지고 있다.

영미권의 의료사회학의 성과는 1980년대 중반부터 한국에 소개되기 시작했는데, 특히 1990년대 후반부터는 중요한 의료사회학 개론서들이 번역되면서 한국 사회학계뿐만 아니라 의료·보건학·역사학·간호학 등 여러 학문 분과에 영향을 미쳤다. 이 시기에 본격적으로 의료사회학이 한국 학계에서 주목을 받은 것은 한국사회가 이전의 경제성장에 집중하던 것에서 벗어

---

1   미국사회학회에서 의료사회학 분과는 "Medical Sociology Section"으로 표기하는 반면, 영국사회학회에서 이 분과는 "Medical Sociology Group"으로 표기한다. 『건강과 사회행동』은 미국사회학회에 의해 1966년에 발간한 반면 영국의 『건강과 질병의 사회학』은 13년 후인 1979년에야 발간됐다. 2018년 『건강과 사회행동』은 148개의 미국 사회학 학술지에서 9위를 차지했고, 『건강과 질환의 사회학』은 전세계 공중보건 학술지에서 10위 안에 들었고, 사회학 관련 학술지에서는 20위 안에 들었다.

나 점차 건강, 웰빙과 같은 삶의 질과 의료 복지 제도에 관심을 두기 시작한 것과 관련되어 있다.[2]

국내에 번역된 대표적인 의료사회학 개론서는 미국 의료사회학자인 윌리엄 코커햄(William C. Cockerham)의 『의료사회학(*Medical Sociology*)』(2005, 아카넷), 영국 의료사회학자인 사라 네틀턴(Sarah Nettleton)의 『건강과 질병의 사회학(*The Sociology of Health and Illness*)』(1997, 한울아카데미)이 있다. 또한 중요한 의료사회학 저서인 브라이언 터너(Bryan S. Turner)의 『몸과 사회(*The Body & Society*)』(2002, 몸과 마음) 역시 국내에 번역되었다. 한편 호주 의료사회학자인 데버러 럽턴(Deborah Lupton)의 『의료문화의 사회학(*Medicine As Culture*)』(2009, 한울아카데미)도 국내에 번역된 의료사회학 개론서이다. 이들 의료사회학 개론서들은 주로 2000년대에 번역되었다는 점이 흥미로운데, 1990년대까지 발전해 온 영미권의 의료사회학의 성과가 이 무렵 한국 사회학을 비롯한 학계에 관심을 끌었다는 것을 의미한다.

하지만 이러한 개론서들은 의료사회학이 다루는 분야를 개괄적으로 소개하는 역할을 했을 뿐, 영미권 의료의 성격 변화와 의료사회학의 이론과 제도의 발전 과정 등에 관한 정보는 제공하지 못했다. 또한 많은 의료사회학자와 저서 등이 존재함에도 불구하고 소수의 개론서만 번역되었기 때문에 전체 의료사회학의 흐름을 이해하는 데 한계가 있었다. 이러한 이유에서 이 논문은 시간의 흐름에 따라 의료사회학에서의 개념과 이론의 발전사를 정

---

2 이 외에도 미국 의료사회학에서 매우 중요한 저작인 폴 스타(Paul Starr)의 『미국 의료의 사회사(The Social Transformation of American Medicine, 2012(의료정책연구소))』 등이 국내에 번역되어 소개되었다.

리하고자 한다. 하지만 다른 사회학 분과보다 의료사회학이 상대적으로 역사가 짧다고 하나, 수십 년에 걸쳐 발전해 왔고, 수많은 학자가 존재하며 다루는 범위도 넓으므로 영미권 의료사회학의 동향을 정리하기는 쉽지 않은 일이라 할 수 있다. 하지만 다행히 영미권 의료사회학계에서는 몇 차례에 걸쳐 자신의 역사를 정리하는 작업을 해 왔기 때문에 이러한 성과물은 본 논문에 큰 참조가 된다.

미국의 저명한 사회학자인 홀링쉐드(August Hollingshead)는 1973년 「의료사회학: 간략한 리뷰(Medical Sociology: A brief review)」라는 논문에서 19세기 중반부터 의료사회학이라는 학문 분과가 어떻게 발전해 왔으며, 미국에서 제2차 세계대전 이후 1970년대 초반까지 의료사회학이 어떻게 제도화되었는지를 간략히 정리했다. 한편 코커햄 역시 1981년 출판된 「의료사회학」이라는 제목의 논문에서 의료사회학이 대학과 정부 등의 제도에서 발전해 온 과정과 1950년대부터 1970년대까지 의료사회학의 연구 경향을 정리했다. 한편 블룸(Samuel W. Bloom)은 자신의 저서 『메스로서 말: 의료사회학의 역사(A Word as Scalpel)』(2002)에서 제도로서 미국 의료사회학의 발전과 미국 정치 환경 변화의 역학 관계에 대해서 정리했다. 한편 영국에서는 2003년에 의료사회학 학술지인 『건강과 질환의 사회학』 25주년 특집호에서 영국과 미국의 의료사회학의 흐름을 정리했다. 한편 미국의 의료사회학자인 클레어(Jeffery Michael Clair, et al.) 역시 2007년에 미국의 의료사회학 학술지인 『건강과 사회행위』와 『사회과학과 의료(Social Science & Medicine)』를 비교 정리하는 논문을 썼다.

하지만 이러한 작업은 특정한 주제에 한정해서 의료사회학의 역사를 정리하거나, 또는 특정한 학술지에 있는 논문들을 정리하는 등의 한계가 있었다. 이러한 선행 연구의 장점과 한계를 바탕으로 이 글은 다음과 같이 구성하고자 한다. 사회학은 수집된 데이터를 근거해서 사회현상을 묘사함과 동시에 그 현상을 가장 잘 이해할 수 있도록 개념화하고 이론화하는 학문이라 할 수 있다. 이러한 이유에서 의료사회학을 가장 잘 이해하는 방법의 하나는 개념과 이론의 변화와 발전을 시간의 흐름에 따라 추적하는 것이다. 개념과 이론의 발전은 단순히 전문가들의 논의 안에서만 이루어지는 것이 아니라 의료사회학의 제도와 학계에서의 위치, 의학과의 관계, 그리고 의료제도 및 사회의 발전과 상호작용을 통해서 이루어지기 때문에, 개념과 이론을 추적하는 것은 동시에 의료사회학의 연구 대상인 의료와 사회에 대한 이해를 돕는 것이기도 하다.

2. 권력과 구조로서 의료(medicine)에 관한 이론의 발전

의료에 관한 사회학적 관심은 콩트(Auguste Comte)가 1839년 사회학이라는 학문의 이름을 만든 이래로 계속되었다. 1849년에는 독일 의사인 루돌프 피르호(Rudolf Carl Virchow, 1849)가 의학을 사회과학이라 간주했으며, 미국의 의사인 존 쇼 빌링스(John Shaw Billings, 1897)는 공중 보건을 사회학과 연결 짓기도 했다. 1894년 찰스 매킨타이어(Charles McIntire)는 의료사회학을, 다른 계급과 구분되는 의사들을 다루며, 이러한 의료 전문직(medical profession)과 사회의 관계가 문명의 진보에 미치는 영향을 연구하는 학문이라고 정의했다(Hollingshead, 1973). 하지만 의료사회학은 20세기 중반에서야 제도화되었는데, 이것은 제2차 세계대전 이후 미국 정부가 미국적 가치와 그것이 기반으로 하는 합리성과 과학 등에 더욱 관심을 두기 시작하면서부터이다. 특히 의료사회학의 제도화에는 1949년 국립정신건강연구소(National Institute of Mental Health)의 설립과 민간 재단의 지원이 크게 이바지했다(Hollingshead, 1973: 535; Bloom, 2002: 155). 그리고 1954년 미국 예일대에 의료사회학 프로그램이 만들어지면서, 의료사회학은 사회학의 하위 학문 분과로서 제도화가 어느 정도 이루어졌다.[3]

1) 의료 권력을 둘러싼 논쟁

(1) 문화적 권위로서 의료

의료사회학의 이론적 발전에는 탈콧 파슨스(Talcott Parsons, 1951)의 역할이 크다. 파슨스는 사회구조에 대한 자신의 구조기능주의적 관심에서 근대 의학을 분석했다. 그는 질환을 단순히 생물학적 장애가 아니라 아픈 개인이 사회적 역할을 수행하는 데 장애를 가져오는 일탈(deviance)로 정의함으로써, 생물학적 범주에 있던 질환을 사회학적 연구 대상으로 만들었다. 그리고 의료를 질병을 치료하는 전문 영역에서 일탈을 제거하는 사회적 영역으로 위치 지웠다. 한편 의료 내에서 의사는 환자를 치료하는 사회적 역할 외에, 의료 그 자체가 지닌 합리성에 기반을 둔 문화적 가치와 규범의 수행자로 사회의 각 개인에게 영향력을 행사하기도 한다. 의료의 규범적 역할을

---

3 사회학과와 의대, 보건대 내에 만들어진 의료사회학 프로그램은 1965년에 이르면 미국 전역에 15개, 1972년에 이르면 미국에 47개, 캐나다에 5개가 만들어졌다(American Sociological Association, 1965).

파슨스는 '환자 역할(sick role)'이라는 개념으로 설명하는데, 근대사회에서 개인은 아프면 빨리 회복되기 위하여 의사의 지시를 적극적으로 따라야 하는 것이 문화적으로 기대되는 것이다.[4] 이로써 사회학 내에서 아픔과 의료는 생물학적 영역에서 사회적 영역으로 이동했고, 의료는 단순히 기술뿐만 아니라 문화적 규범으로서의 권위를 지니고 사회의 각 개인에 영향력을 행사하는 것으로 인식되었다.

1960년대 이후 파슨스의 의료에 관한 분석은 여러 학자에 의하여 계승·발전되기도 하고, 다양한 비판을 받기도 했다. 그중 엘리엇 프라이드슨(Eliot Freidson)은 파슨스의 논의 중 의료 전문직에 관한 이론을 발전시켰다(Halpern & Anspach, 1993).[5] 프라이드슨은 전문직의 가장 큰 특징은 자신의 노동에 대해 자율성을 지니고 있으며, 간호사 등 의료 내 다른 전문직들을 통제할 수 있는 권력이 있는 것이라고 보았다(Freidson, 1970). 그는 의료 전문직이 이러한 특권을 부여받은 것은 단순히 그들이 기술을 지니고 있기 때문만이 아니라, 제도적으로 스스로 조직화하고 엘리트와 대중을 설득하여, 그 특권을 합법화하는 데 성공했기 때문이라고 설명함으로써, 파슨스가 설명하지 못한 의료가 문화적 권위를 획득하게 된 이유를 제시했다. 프라이드슨이 제시한 의료 전문직의 특권에 관한 주장은 폴 스타(Paul Starr, 1982)가

---

4 환자 역할은 다음과 같다. 첫째, 환자는 질병의 심각성에 따라 정상적인 역할과 책임을 면제 받는다. 둘째, 환자는 스스로 질병에서 벗어나지 못하기 때문에 반드시 돌봄을 받아야 한다. 셋째, 환자는 최대한 빨리 치료되어야 할 의무를 갖는다. 넷째, 치료받기 위하여 기술적으로 유능한 전문가의 도움을 받고, 이를 위해 최대한 협조해야 한다(Parsons, 1975).
5 엘리엇 프라이드슨은 의료 전문가에 대한 분석을 근거로 이후 법률, 교육 등 전문가 일반에 대한 이론을 발전시켰다.

수행한 미국 의료의 역사적 형성과 변화에 관한 연구를 통해서 확인되었다. 스타는 미국에서 의사의 권위와 특권은 다양한 치료 집단과의 투쟁의 결과 획득한 것이고, 이러한 기득권을 지키기 위하여 의사 집단은 지속해서 엘리트와 일반 대중을 설득하는 작업을 하고 있다는 것을 역사적 분석을 통해 밝혀냈다.

국내에서는 의료사회학의 기반을 확립한 조병희가 한국의 의료 전문직에 관해서 연구했다(1989, 1992). 국내의 의료 전문직의 전문 직업성은 식민지 경험뿐만 아니라 해방 이후 미군정기와 발전 국가 체제의 근현대사 속에서 발전했고, 의료 지식과 영향력이 국가와 자본과의 관계에서 형성되었다는 것을 밝혔다(조병희, 1989, 1992; 이현지, 2002). 미국의 경우와 달리 처음부터 국가가 매우 중요한 행위자로 자리매김했기 때문이다. 따라서, 국내 의료 전문직과 의료 전문 직업성에 관한 연구는 국가와 법, 제도 등의 변수를 중심으로 이루어져 왔다.

(2) 자본주의 체제 내에서 의료 권력

의료 전문직의 권위에 관한 의료사회학 연구는 1970년대까지 주로 환자와 의사 관계에 한정되어서 논의되었다. 그러다가 1980년대에 들어오면서 환자와 의사 관계를 설명하는 데 자본주의와 국가라는 새로운 변수가 등장하게 되었다. 미국의 대표적인 마르크스주의 의료사회학자인 비센테 나바로(Vicente Navarro, 1980)는 그동안 의료사회학자들이 미국의 건강관리 시스템을 다룰 때 계급 갈등을 무시했다고 비판하면서, 부르주아 이데올로기는 경제와 정치의 영역에서뿐만 아니라 의학의 영역에서도 계급 불평등을 재생산하고 있다고 주장했다. 그리고 더 나아가 미국의 과학적 의학 자체가 자본의 이익에 맞게 형성된 것이라 주장했다. 반면 스타(Starr, 1982)는 미국에서 의학이 강력한 권위를 획득하게 된 이유는 의사들이 자신의 능력을 성공적으로 사회에 설득시켰기 때문이라고 반박했다. 또한 스타는 자본주의 이데올로기라는 변수로는 의학이라는 문화적 힘이 대중에게 깊게 뿌리 박혀 있는 현상을 설명하지 못한다고 지적했다. 의사의 문화적 권위와 이 권위의 제도적 강화는 의사와 환자 관계가 단순히 경제적 관계로 환원될 수 없다는 것이 대중에게 설득되었기 때문이다.

나바로(Navarro, 1984)는 미국 대중이 의료라고 하는 이념적 가치와 신념을 모두 공유한다는 스타의 주장을 재비판했다. 즉 미국의 의료에 내재해 있는 계급 불평등에 대한 불만과 반대 그리고 계급 갈등이 계속 존재했으나, 부르주아 엘리트에게 맞지 않은 주장은 억압되었거나 배제되었다는 것이다. 나바로의 의료 내 자본주의의 영향에 대한 비판은 이후 의사와 의료의 성격 논쟁으로 이어졌다. 하워드 웨이츠킨(Howard Waitzkin, 1989)은 1980년대 미국의 건강 기구들과 의료 시스템에서 미국의 정치 경제 일반에 발생한 것과 같은 계급 지배 패턴이 동일하게 발견된다는 것을 밝혀냈다. 즉 보건 시스템에는 기업, 중상층, 중하층, 그리고 노동계급으로 대표되는 사회의 계급 구조가 그대로 내재되어 있었다. 한편 의료는 이데올로기로서 다음과 같이 이러한 계급 구조의 재생산에 기여한다. 첫째, 건강과 신체를 인식하는 기계적 패러다임은 기술 의존적 개입을 정당화하며, 질병의 원인을 환경이나 사회적 과정에 있다는 설명을 소외시킨다. 둘째, 의료화(medicalization)는 사회적 삶의 영역을 의료의 통제하에 위치시킴으로써 부르주아 이데올로기의 영향력을 강화시킨다. 마지막으로 난해한 형식의 의학 지식으로 인해 의과학은 전문가의 정책 결정에 일반인이 접근하지 못하도록 한다.

전술한 바와 같이 국내의 의료 권력은 국가와 자본과 관계하면서 성장하였다. 전 국민 건강보험제도와 함께 민간의료보험 시장의 확대는 1997년 금융 위기를 계기로 신자유주의적 방향으로 진행되어 왔다. 특히, 민간의료보험회사들이 기업의 '리스크'를 가입자에게 떠넘기는 방식으로 전략을 구사했는데, 이러한 전략이 가능했던 까닭은 보험회사라는 자본과 국가 · 대형 병원으로 대표되는 의료 권력이 일종의 '카르텔' 혹은 '성장동맹(growth machine)'을 맺어 왔기 때문이라는 논의가 진행되었다(이지원, 백승욱, 2012).

2) 의사 권력의 약화와 의료의 사회적 지배의 강화

(1) 비전문직화(deprofessionalization)와 노동자화(proletariatization)

미국사회에서 강력했던 의사의 권위는 1970년대부터 비판을 받기 시작했고, 1980년대에 들어서면 이전과 달리 의사의 권위가 쇠퇴한 듯 보였다. 이로 인해서 이전의 의사 권력에 대한 이론은 1980년대 후반부터 도전을 받게 되었고, 의사 권위의 쇠퇴를 중심으로 논쟁이 벌어졌다. 마리에 하우그(Marie Haug, 1988)는 의사의 자율성은 지식의 독점에서 나오는데, 기술의 발전으로 컴퓨터의 진단과 정보 저장 등의 능력이 의사를 능가하게 되면서 의사 집단이 더는 의학 지식의 생산과 사용의 유일한 주체가 아니라고 주장했다. 하우그는 당시 IT의 발전으로 환자가 온라인을 이용하여 스스로 진단과 치료를 할 수 있을 것이라 예측했다. 또한 점차 의료 소비자 · 건강 행위자로서 일반 환자의 목소리가 높아지면서, 의사에 대해 무조건적인 복종은 과거의 것이 되었으며, 의사 결정에 참여하기 시작했다. 예를 들어 비의료 전문가가 병원 심사위원회에 들어가고 의사가 관료적 제약을 받는 의사 결정을 내리는 건강관리기구(HMO)의 발전으로 의사 권위는 약화되었다. 하우그는 1980년대 의사 지위가 약화되는 현상을 비전문직화(deprofessionalization)라고 개념화했다.

한편 의사의 지위 약화는 기술의 발전이나 환자·일반인의 성장 외에 의료 체계에 대한 관료제의 지배력이 점점 강화되는 과정에서 발생한 현상이기도 했다. 존 멕킨레이(John B. McKinlay, 1988)는 의료 체계의 효율화가 의사의 업무 내용을 극적으로 변화시켰고, 의사의 노동자화(proletariatization)로 이어졌다고 주장했다. 1970년대부터 사회문제가 되었던 의료 비용의 상승을 줄이기 위하여 포괄수가제(DRG)가 메디케어(Medicare)에 도입되면서 관료에 의한 의사 통제가 본격화되었다. 또한 숙련된 비의사 전문가 집단이 발전해 의사의 감독 없이 이들이 의료 행위를 하게 되는 영역이 확대되었다. 다른 한편으로는, 의사의 공급 과잉으로 많은 의사가 상대적으로 낮은 임금으로 관료의 감독을 받으며 건강관리기구(HMO) 등에서 일하게 되었다. 이러한 상황에서 당시 미국에서는 의사들의 노조화가 논의되기도 했다. 이렇게 효율성을 추구하는 건강 관료 제도의 강화로 인하여 의사의 자율성과 임금이 낮아지는 현상을 멕킨레이는 의사의 노동자화라고 개념화했다.

의사 권력의 약화에 대한 논쟁은 1990년대 중반에 재개되는데 먼저 프라이드슨(Freidson, 1994)은 비전문화 주장(Haug, 1988)이 의료 전문가의 자율성을 오해하고 있다고 비판했다. 프라이드슨은 의료 제도의 관료화 경향에서도 의사들은 여전히 새로운 형태의 지식과 정보를 생산하는 주체로, 자율성이 상대적으로 예전보다 축소되었을 수는 있으나 자율성의 핵심 요인은 여전히 남아 있다고 주장했다. 반면 나바로(Navarro, 1994)는 노동자화 개념 자

의료사회학 연구의 흐름 | **355**

체에 대해 비판했는데, 의사의 자율성과 역할이 변화했지만 사회에서의 의료가 지니는 자본주의 이데올로기 역할은 변하지 않았다고 주장했다. 이렇듯 의료사회학은 의사 역할에 대한 분석을 통하여 1980년대부터 시작된 미국 의료 환경의 변화를 설명하려 노력했다(Hafferty & Light, 1995). 한편 도널드 라이트(Donald Light, 1993)는 의료 전문가의 자율성은 약화되고 있지만, 의료 주권(medical sovereignty)이 확대되고 있다고 주장했다. 즉 의사에 대한 관료의 통제에 맞서 의사들은 시장에서의 영향력을 높이기 위해 노력했는데, 이러한 시장화 과정에서 의사의 영향력은 병원에서 시장으로 확대되었다.

국내의 의료 권력이 국가 · 자본과 맺어 온 공공한 결속은, 아이러니하게도 의료 권력의 비전문직화 현상으로 이어졌다는 논의가 있다(박종연, 1993). 국가와 자본의 권력에 의료가 포섭되면서 오히려 의료계의 비전문직화가 이루어져, 의사의 자율성이 상실되고 있다는 것이다. 전문 직업성의 위기는 비단 의사들만의 문제는 아니었다. 국내 의료계의 논쟁적인 문제였던 1999년 의약분업 사태는 오히려 약사의 전문 직업성이 국가와 기관에 종속되는 결과를 초래하기도 했다(변진옥, 이혜재, 2019). 그러나 프라이드슨과 나바로의 주장대로, 의료계의 전문 직업성이 처한 자율성의 위기 문제에도 불구하고, 의료계는 여전히 국가 · 자본과 함께 권력으로서의 지위를 누리고 있다.

(2) 의료화(medicalization)

미국과 영국 의료사회학계에서는 1980년대부터 의료화(medicalization)에 대한 논의가 시작되었다. 의료화란 전통적으로 비의료적 영역으로 인식되었던 삶의 여러 부분이 의료 용어로 정의되고 다루어지는 현상을 의미한다(Conrad & Schneider, 1980). 의료화라는 개념은 질병이란 본질적으로 존재하는 것이 아니라 역사 속에서 구성되고 변화한다는 사회구성주의의 영향을 받았다. 여기에 의료는 문화적 규범으로서 사회의 개인에 영향을 미친다는 파슨스(1951)의 주장을 확장시켜 피터 콘라드(Peter Conrad)와 조셉 슈나이더 (Joseph Schneider)는 의료가 단지 질병과 관련된 사회적 영향력만을 갖는 것이 아니라, 질병과 무관한 것으로 여겨졌던 삶의 여러 부분에 자신의 영향력을 확장시키고 있는 현상을 포착했다. 예를 들어서 여성의 출산은 질병이 아닌 삶의 궤적에서 발생하는 여러 사건 중 하나임에도 불구하고 질병처럼 취급받고 산모는 환자 대우를 받는다(Graham & Oakley, 1986).

또한 삶의 한 과정인 노화 역시 질병화되었다(Estes & Binney, 1989). 의학적 문제로서 노화의 사회적 구성은 노화를 구성하는 다양한 요소 중 질병으로 노화를 정의한다. 그리고 질병을 중심으로 재정의된 노화라는 자연적 과정은 비정상적이며 병리학적이며 그래서 바람직하지 않은 것으로 변형된다. 이러한 노화의 의료화에는 네 가지 요소가 개입하는데, 첫째, 오랫동안 소외되었던 노인학이 자신의 지배력을 높이기 위하여 집단적 로비를 했고, 다른 의학 분야에 노인병을 결합함으로써 치료 기술을 발전시켰다. 둘째, 노인학의 발전으로 노화에 대한 전문 지식의 생산량이 급격히 증가하게 되었다. 셋째, 국립노화연구소(National Institute on Aging), 노화국가자문위원회 (National Advisory Council on Aging), 노화관리국(U.S. Administration on Aging) 등이 모두 노화에 관한 연구에서 생의료적, 임상적 연구에 지원을 집중하고 사회과학적 연구는 소외시키고 있다. 마지막으로 생의학적 노화 지식에 노출된 일반 대중은 노화와 관련하여 더욱 의료에 의존하게 되었고, 비타민·항노화 상품 등 노화와 관련된 시장이 급격히 확장되게 되었다. 즉 라이트 (1993)가 지적한 대로 의사의 영향력은 감소했을지라도 의료의 사회적 영향력은 더욱 강화된 것이다.

의료화 개념은 특히 사회적으로 낙인찍힌 일탈(deviance) 집단에 대한 과도한 의료적 통제를 비판하는 데 이론적 자원이 되었다(Renee Fox, 2001). 예를 들어 연구자들과 활동가들은 의료화와 관련된 연구에 근거하여 미국정신의학협회(American Psychiatric Association)가 동성애를 정신 질환으로 분류해 이들의 인권을 침해했다고 비판하였고, 결국 동성애는 정신 질환 리스트에서 삭제되었다. 이것은 르네 폭스(Renee Fox, 2001)가 탈의료화(demedicalization)라고 부르는 사례이기도 하다. 즉 의료화에 저항하는 일반인이 증가하고, 비전문가가 의료 영역에 점차 적극적으로 참여하면서 어떠한 영역에서는 의료의 영향력이 약화되기도 하는 것이다. 하지만 일반인들은 항상 의료화에 저항하는 것은 아니며, 때때로 의료화의 진전에 적극적으로 참여하는 중요한 행위자가 되기도 한다. 예를 들어 이전에 질환으로 인정받지 못했던 성인 주의력 결핍 및 과잉 행동 장애(ADHD)를 겪는 일반인 집단은 치료에 건강보험의 혜택을 받기 위하여 이 질환의 의료화를 주도했다(Conrad, 2007). 또한 많은 일반인이 의료라는 시장의 소비자로서 더 많은 의료 상품을 욕망하고 요구하는 방식으로 의료화를 추동한다. 이러한 점에서 시장과 자본주의 역시 의료화의 중요한 행위자이다. 결과적으로 한 사회에서 의료화와 탈의료화가 동시에 진행되고 있다는 것을 인식하는 것이 중요하다.

이처럼 의료화는 사회학 연구에서 매우 일반적으로 사용되는 개념이며 연구 대상이다. 국내에서는 특히 인구 재생산의 관점에서 출산의 의료화 문제가 다양하게 제기되어 왔다. 국내 의료사회학 연구의 시발점이 된 1960년대 가족계획사업은 그 자체가 출산을 국가 통치권의 대상으로 간주한 것으로서, 출산과 함께 여성의 몸에 대한 의료화가 국가의 주도하에 이루어졌다는 것을 알 수 있다(배은경, 2005). 한편, 몸에 대한 의료화는 외모에 대한 욕망에서 개인의 자율적인 선택으로 확대되어 여성뿐만 아니라 연령과 젠더를 아우르는 현상으로 진행되고 있다(임인숙, 2002, 2010; 김정선 · 김민경, 2020).

(3) 건강 불평등

1980년대 레이건(Donald Reagan) 행정부 시기, 미국의 보수화와 민영화, 신자유주의의 영향으로 의료 제도 내에서의 건강 불평등은 점차 심화되었다(Bloom, 2002; Cockerham, 2004). 이러한 의료 환경의 변화는 영미권 의료사회학이 의사 권력 또는 의사-환자 관계에 대한 관심에서 점차 건강 불평등에 관한 연구로 범위를 확장시키는 결과를 가져왔다. 1990년대를 거치면서 미국 공중 보건에 대한 가장 큰 도전은 사회 경제적 불평등의 존재라는 인식이 의료사회학계 내에서 점차 보편화되었다는 것이다(Link & Phelan, 1995; Ginsburg & Rapp, 1995; Farmer, 1999; Robert & House, 2000; Gershman & Irwin, 2000; Thompson, 2005; Lutfey & Freese, 2005; Labonte & Schrecker, 2007; Phelan, Link, Tehranifar, 2010). 스테파니 로버트와 제임스 하우스(Stephanie A. Robert & James S. House, 2000)는 사회 경제적 지위가 미국사회의 계층화된 건강 불평등을 설명하는 데 가장 중요한 요인임에도 불구하고, 미국 학계는 건강 불평등에 접근하면서 주체가 처한 사회 경제적 기반보다는 단순히 개인의 건강 장애(health disparities)라는 기술적 문제로 접근하고 있는 점을 비판했다. 이들은 건강 불평등에 대한 사회 경제적 지위의 영향을 보기 위하여 영구 소득, 교육, 인종, 연령, 젠더 등 요인을 지표화해야 한다고 주장했다.

존 절시먼과 알렉 어윈(John Gershman & Alec Irwin, 2000)은 미국의 건강 불평등은 세계화와 신자유주의화의 결과 중 하나이기 때문에 전 지구적 관점에서 이 문제를 고려해야 한다고 주장했다. 세계화와 신자유주의로 인한 노동조건의 약화는 전 지구적으로 건강 불평등을 심화시켰다. 한편 건강 불평등은 의료화와 가부장제적 질서, 그리고 새로운 기술의 등장·확산과 연결되기도 한다. 예를 들어 채리스 톰슨(Charis Thompson, 2005)은 계층별로 출산의 과정과 내용, 결과가 다르다는 계층화된 재생산(Ginsburg & Rapp, 1995) 개념을 보조재생산기술(assisted reproduction technology)의 개념으로 발전시켰다. 예를 들어 난임클리닉에서 여성은 지시에 잘 따르는 '좋은 환자'가 되어야만 좋은 결과를 기대할 수 있는데, 이를 위해서는 충분한 사회 경제적 자원을 갖추어야만 한다. 더 나아가 사회 경제적 자원을 갖추지 못한 여성 집단은 이미 난임클리닉의 보조재생산기술에서 배제되어 있다. 더 나아가 생물학에 기반을 둔 보조재생산기술을 통하여 여성의 몸은 임신과 출산에 적합한지를 기준으로 생물학적 계층화된다. 톰슨(2005)은 이 보조재생산기술에 대한 보험 적용 확대가 '민주화'라고 주장했다.

한편 조 펠란, 브루스 링크, 파리사 테라니파(Jo C. Phelan, Bruce G. Link, Parisa Tehranifar, 2010)는 이러한 건강 불평등의 문제에 대한 기존 논의에 위험(risk)의 개념을 같이 고려해야 한다고 주장했다. 건강 행태와 라이프스타일의 변화나 환경문제 등으로 인해 건강 위험 요소가 증가하는 상황에서 이를 최소화하기 위해 사람들은 사회 경제적 자원(지식·돈·권력·명성·사회 네트워크 등)을 유연하게 적용하는데, 사회 경제적 지위가 높은 사람들은 낮은 사람들에 비해 건강을 더 잘 유지할 수 있다. 또한 사회 경제적 지위 자체가 건강 위험과 관련되는데, 왜냐하면 낮은 지위에 있는 집단은 상대적으로 스트레스 노출이 증가하고, 사회적으로 고립되며, 예방에 소외되고, 영양이 부족할 가능성이 크기 때문이다. 이러한 문제를 극복하기 위하여 이들은 사회 경제적 자원의 재분배 정책을 강화하고, 위험 요인의 회피를 개인에게 맡기기보다 국가가 개입해야 하며, 사회 경제적 자원이 건강 개선책에 접근을 방해하지 않는 보건 정책을 만들어야 한다고 제안했다. 2010년대 건강 불평등에 대한 연구는 젠더, 인종, 그리고 계급의 상호 교차성을 고려하여 이루어졌다(Sayer, 2015; Bartley, 2017; Scambler, 2018; Scambler & Scambler, 2015; Budoki & Goldthorpe, 2019).

국내의 건강 불평등의 문제는 1997년 금융 위기 이후로 주목받기 시작하였다. 대량 실업과 그에 따른 정신적 후유증 등은 신체 건강의 문제를 야기하게 되었고(문창진, 1998; 이미숙, 1998), 이후 사회 경제적 지위 · 젠더 · 연령 · 지역 · 교육 · 고용 상태 등에 따른 건강 불평등의 문제에 관한 연구가 지속되어 오고 있다. 특히, 성소수자, 해외 이주민, 북한이탈주민, 감정노동자 등 사회적 약자에 대한 건강 불평등 연구가 확대되는 추세이다(손인서 외, 2017; 이혜민 외, 2014; 박상희, 2016; 윤인진 2007).

3. 환자 경험과 지식, 행위에 관한 이론의 발전

1) 질병의 주관적 경험 연구

(1) 환자 주체성(subjectivity)의 강조

파슨스(Parsons, 1951)의 구조기능주의에 근거한 환자 역할 이론이 등장한 후 이 이론의 정합성을 두고 논쟁이 발생했는데, 가장 큰 비판은 상징적 상호주의(symbolic interactionism)의 전통에서 나왔다. 대표적인 상징적 상호주의자인 어빙 고프만(Erving Goffman, 1963)은 질환에 대한 의료적 정의보다는 질환에 대한 환자의 주관적 경험과 정체성의 구성에 초점을 맞추었다. 고프만은 만성질환을 겪고 있거나 장애를 지닌 사람에게 정상성을 강요하는 사회구조가 이들에게 고통을 가하고 있다고 주장했다. 특히 정신 질환을 정의 내리고 관련된 지식을 생산하는 정신의학은 환자에 대한 치료보다는 그들을 환자로 낙인찍고 사회로부터 격리하는 역할을 했다. 문제는 이들을 일탈로 낙인찍는 정상성(normality)을 생산하는 의학과 의학 지식이었다. 프레드 데이비스(Fred Davis, 1963) 역시 소아마비를 중심으로 구성한 정체성 연구를 통해서 건강·질병·정상성에 대한 지배적 문화 이데올로기를 문제화했다. 특히 생의학적(biomedical) 관점에서 소아마비를 겪은 아이를 정상화(normalization)하려는 관점과 시도는 결국 그 아이가 좌절과 실패를 경험하고 비정상의 정체성을 구성하도록 했다.

1960년대를 지나면서 질병에 대한 환자의 경험과 정상성에 반하는 일탈의 경험에 관한 연구 대상은 장애에서 만성질환으로 이동하기 시작했다. 선진국의 경제 발전과 의료 기술 및 보건 체계의 발전으로 초점이 급성질환에서 만성질환으로 이동하면서 한편으로는 만성질환에도 환자 역할을 적용시키려는 이론적 작업이 이루어졌지만(Berkanovic, 1972; Gallagher, 1976), 환자 역할에 대해 비판적인 입장이 더욱 많았다. 예를 들어 줄리어스 로스(Julius A. Roth, 1963)는 자신의 결핵 경험과 병원에서 치료받은 경험을 근거로 의사와 환자의 갈등을 묘사했다. 그리고 안셀름 스트라우스와 바니 글레이저(Anselm Strauss & Barney Glaser, 1975)는 암·낭포성 섬유증·설사·폐기종·

저혈당 · 당뇨병 · 류마티스 관절염 · 궤양성 대장염 등 다양한 만성질환 및 증상과 회장루 형성술 · 인슐린 · 유방절제술 · 투석 등의 치료와 치료의 결과를 환자들이 어떻게 주관적으로 인식하는지 정리했다. 더 나아가 이들은 병원에서의 죽음에 관해서도 연구했다(Glaser and Strauss 1965; 1968). 이들은 병원에서 죽음을 둘러싼 사람들 간의 상호작용을 연구하여 죽음에 대한 인식과 의미 붙이기 등의 주관적 행위가 연령 · 성별 · 질병에 따라 다르게 구성되며, 이에 따라서 의료 행위 역시 달라질 수 있다는 것을 보여주었다.

미국 의료사회학자인 스트라우스와 글레이저의 만성질환과 환자의 주체성(subjectivity)에 관한 연구는 이후 영국 의료사회학(Anderson & Bury, 1988; Bury, 1991; Williams, 2000)과 미국 의료사회학(Conrad, 1987; Roth & Conrad, 1987; Charmaz, 2000)에 상당한 영향을 미쳤다. 환자의 주체성(subjectivity)에 관한 이들 연구는 환자들이 은유(metaphors)적 재현을 통하여 자신의 질병 경험이 주는 의미, 그리고 자신의 질병 상태를 배우면서 발전시키는 이미지에 관한 연구에 초점을 맞추었다.

국내에서도 음주와 흡연 등의 건강 행태와 고혈압, 비만 등 긴박한 의료 전문 지식을 요하지 않는 만성질환의 경험 등의 연구에서 환자의 주체적인 선택을 다루는 연구가 이루어지고 있다(장동민, 강성홍, 2008; 정준호, 박혜경, 2016). 특히, 한센병 연구는 질병의 주관적 경험을 강조하는 연구로 환자에 대한 낙인과 차별에 관해 연구하면서 환자의 주체적 선택을 다루었다(정근식, 1997; 김재형, 2019a).

(2) 인구와 사회적 요인에 따른 주체성의 변화

환자의 주관적 경험에 관한 연구는 1980년대 들어서면서 급증하게 되는

데, 이 시기 연구의 특징은 사회적이고 인구학적인 요인들이 환자의 경험과 행동에 미치는 영향에 관한 관심이다. 양적 연구들은 점차 사회적 변수를 설명하기 시작했다(Pirret, 2003). 특히 환자의 연령·성·젠더·사회 계급이 질병과 그 결과의 의미에 어떻게 영향을 주는지에 관한 연구가 증가했는데, 이는 전술한 바와 같이 미국의 의료 체계의 변화와 건강 불평등의 심화에 따른 현상이었다. 또한 여성주의의 영향이 1980년대부터 의료사회학에 강하게 미쳤다. 예를 들어 밀드레드 블랙스터와 엘리자베스 패터슨(Mildred Blaxter & Elizabeth Paterson, 1982)의 삼대에 걸친 여성의 건강과 관련된 태도와 행위에 관한 연구를 시작으로 여성의 건강과 질병 경험 연구가 발전했다 (Charles & Walters, 1998).

한편 마이클 베리(Michael Bury, 1982)는 의료적 지식뿐만 아니라 질병으로 인한 미래의 불확실성이 환자에게 미치는 영향에 관해 연구했다. 불확실성은 단순히 의료적 지식에만 영향을 주는 것이 아니라, 환자의 불확실한 증상, 치료, 그리고 환자의 불확실한 미래에도 영향을 미친다. 사회 경제적 환경과 관련되는 이러한 불확실성에 대처하기 위하여 어떻게 자원을 동원하는지 보았는데, 친구·가족·직장 동료와 같은 자신의 사회적 관계 역시 중요한 자원이었다. 그는 이러한 연구 결과에 근거해 문화적 시스템인 의료는 질병이라는 고난과 고통의 시기에 사람들이 질병 경험을 통해서 삶의 깊은 의미를 찾는 데 방해물이라고 주장했다. 케시 차마즈(Kathy Charmaz, 1983) 역시 만성병을 앓고 있는 성인에게 의료는 질병을 단순히 신체적인 불편함으로 정의함으로써 그들이 느끼는 고통의 더욱 중요한 의미를 간과하게 만들고, 그 결과 그들의 자아는 상실된다고 주장했다. 한편 이러한 논의의 연장선상에서 인류학자인 로버트 머피(Robert Murphy, 1987)는 척수종양의 경험을 가지고 미국사회에서 경험한 낙인과 차별을 기록했다. 그는 근력·활동성·속도·체력·강인성으로 특징지어지는 남성 지배 이데올로기가 장애인이나 만성질환자의 몸을 문제화한다고 지적했다. 동시에 인종, 계급, 성별, 나이, 그리고 자신의 전문직으로서 특권이 장애 경험에 어떻게 영향을 미쳤는지 묘사했다. 한편 사회학자인 아서 프랭크(Arthur W. Frank, 1991) 역시 의료 제도 내에서 자신이 경험한 질병과 치료, 그리고 자아 상실과 회복에 대하여 기록했다.[6]

한국 보건사회학계에서 인구와 사회적 요인에 따른 주체성 연구는 질적 연구보다는 주로 양적 연구에 의하여 수행되었다. 예를 들어 사회경제적 위치에 따른 만성질환에 대한 인식, 경험, 대응을 다루었고(정백근, 2017; 은기수, 2018; 김보람·고광욱, 2017), 여성주의의 확대와 함께 여성의 건강 연구로 귀결되어, 재생산 영역에서의 여성의 문제에 천착하여 가정 내 젠더 역할에 따른 여성 건강 문제나 주관적 건강성의 만족도 혹은 정신 건강을 다루었다(조영미, 2004; 김정선, 2008; 하정옥 2013).

(3) 감정과 내러티브 재구성

환자의 주관적 경험에 관한 연구는 1990년대에 들어서면서 환자의 감정과 그것의 체화(embodiment)로 확장되었다. 근대 의료 시스템 내에서 질병에 대한 환자의 주관적 경험을 이루는 중요한 요소는 감정(emotion)이다. 한편으로 불확실성, 희망, 모호함의 감정과 정신적이고 감정적인 의지와 혼

---

6 아서 프랭크의 저서 『At the Will of the Body: Reflections on Illness』는 『아픈 몸을 살다』(최은경, 메이 역, 2017)라는 제목으로 한국어로 번역되었다.

란, 그리고 질서(건강)와 무질서(장애·질병)를 둘러싼 행복과 괴로움의 순차적인 느낌 등의 감정이 질병 경험의 중요한 부분을 차지하고 있다는 점에서 감정은 중요한 연구 대상이다. 또한 당사자가 느끼는 감정은 신체적으로도 체화되는데 스트레스나 절망감, 불안, 또는 희망이라는 감정은 질병을 악화시키기도 호전시키기도 한다. 다른 한편 만성질환자나 장애인에 대한 부양과 치료는 더욱더 감정 작업에 의하여 구조화되고 만들어지고 있다. 즉 일상생활에서 그들이 경험하는 부정적 감정을 줄임으로써 그들을 치료하거나 그들의 건강을 유지시키는 작업이 가능한 것이다(Hochschild, 1979; Zola, 1991; Urla & Terry, 1995). 이러한 이유를 바탕으로 하여 이후 환자의 주관적 경험에 관한 연구에서 몸과 체화를 둘러싼 감정은 의료에 의해서 규정된 경험과 인식이 아니라 환자의 살아 있는 경험(lived experience)의 핵심적 요소가 되어 연구되었다(Timmermans, 1994; Becker & Kaufman, 1995; Williams & Bendelow, 1996; MacRae, 1998; Phinney & Chesla, 2003).

다른 한편 감정은 유동적이며, 환자의 질병에 대한 인식과 태도 역시 시간이 지나면서 변화하고 그 결과 경험 역시 변화한다. 이러한 이유에서 의료사회학자들은 이제 질병 경험에 대한 환자의 설명(account)에서 그들의 내러티브 재구성(narrative reconstruction)으로 연구 대상을 확장시켰다. 내러티브 재구성이라는 것은 개인이 자신의 고통의 원인에 대한 믿음에 근거하여 현재와 과거 그리고 사회 속의 자아를 재편성하기 위하여 자신의 삶의 다른 측면들을 해석함으로써 몸, 자아, 그리고 세계 사이의 균열을 재구성하고 고치려는 시도이다(Williams, 1984: 197). 즉 내러티브 연구는 자아의 감각을 재구성하는 것에 대한 연구(Charmaz, 1983), 정체성의 변화(Mathieson & Stam, 1995), 그리고 개인들의 설명(들)을 통한 집단적 경험을 설명하는 것

(Carricaburu & Pierret, 1995)으로 확장되었다. 사회학에서 내러티브 연구는 특히 인류학자(Kleinman, 1988)와 심리학자(Mishler 1986; Radley & Billing, 1996)에게 큰 영향을 주었다(Pierret, 2003).

베리(2001)는 크게 세 가지 종류의 내러티브가 있음을 보여주었다. 첫 번째 내러티브는 장애, 증상, 몸에 대한 초기 믿음과 지식과 관련된 대표 내러티브(contingent narrative)이다. 환자를 둘러싼 집단에게 공유되는 이러한 내러티브는 환자와 그들 곁에 있는 사람들이 어떻게 그 질병의 증상과 결과를 예상하는지를 말해 준다. 두 번째는 도덕적인 내러티브이다. 사회적으로 그 질병과 환자를 평가하는 것으로 대표 내러티브와 도덕적 내러티브는 화해하기도 충돌하기도 한다. 이 내러티브는 환자를 도덕적으로 평가하기도 하고(Williams, 1984; Pound et al., 1998), 종교적으로 평가하기도 한다(Greil & Porter, 1989). 이 과정에서 이 내러티브는 수치(Nijhof, 1995)나 비난(pinder, 1995)을 중심으로 구성될 수 있다. 마지막은 핵심 내러티브(core narrative)로, 질병에 대해 여러 경험을 한 후 환자가 만들어 내는 영웅적·비극적·코믹적·낭만적인 이야기들이다. 환자는 일련의 어려움을 이겨 낸 영웅으로 자신의 이미지를 만들 수도, 아니면 투쟁에도 불구하고 패배한 비극적 인물로 자신을 묘사할 수도 있다. 또는 질병을 낭만화하거나 제삼자의 눈으로 자신의 경험을 희화화하기도 한다.

환자 주체성, 감정, 내러티브와 관련된 연구는 환자가 생산한 충분한 자료나 그들의 경험을 기록한 문건의 존재 또는 연구자가 구술사를 통하여 자료를 생산하는 방법론에 의존한다. 남상희(2004)는 정신 보건 의료의 영향력이 확장됨에 따라 사회적으로 정신 질환자에게 환자 역할이 기대되지만, 초기에 병원이나 시설에서 부정적 체험을 하기 때문에 이들이 환자 됨을 부정하는 정체성을 구성하게 되는 과정을 묘사했다. 반면, 김재형(2019b)은 일제강점기 한센병 환자의 감정과 경험을 자살·살인·인육 섭취 등 죽음과 관련한 신문 기사에 근거하여 이들의 주체성·감정 등을 재구성했다. 즉 환자의 경험이나 주체성과 관련된 연구는 구술사뿐만 아니라 다양한 자료를 사용할 수 있다는 것이다. 또한 일본군위안부(이나영, 2016), 발전 국가 시기 형성된 여성 노동자의 정체성(김경일, 2010)과 성매매 여성의 정체성(이희영, 2008) 연구에도 구술사가 활용되었다.

2) 의료 지식의 사회적 구성과 일반인 지식(lay knowledge)

(1) 의료 지식의 사회적 구성

1980년대부터 건강, 위험, 그리고 질환의 사회적 구성에 대한 의료사회학계의 관심이 증가했다(Wright & Treacher, 1982; Bury, 1986; Crawford, 1994, 2004; Armstrong, 1995; Turner, 1997; Vittoria, 1999; Galvin, 2002; Fosket, 2004). 한편으로는 환자의 주관적 경험에 대한 관심이 증가하면서 이에 관한 연구가 축적되었고, 다른 한편으로는 미셸 푸코(Michael Foucault)의 영향으로 건강, 질환, 그리고 위험과 관련한 의료 지식이 사회적, 역사적으로 어떻게 구성되는지에 관해 연구가 시작된 것이다. 더욱이 1980년대 초부터 HIV/AIDS가 확산되면서 환자 집단들에 대한 낙인과 차별이 횡행하게 되자, 이에 대항하기 위한 운동이 전개되는 등의 경험 역시 의료 지식의 사회 구성적 속성은 더욱 강조되었다. 질병의 사회적 구성은 크게, 질병과 질환의 구분(Freidson, 1970), 계급 갈등을 강조하는 마르크스주의 의학 이론, 그리고 푸코주의적 해석 등 세 가지 전통적인 시각에서 연구되어 왔다(베리, 1986). 특히, 생의학적 차원으로 구성된 질병(disease)과 개인 및 사회심리적 차원으로 구성된 질환(illness)은 지식과 경험 차원에서 상충되는 경향이 있고, 이는 결과적으로 환자에 대한 낙인과 차별로 이어지기도 한다(Freidson, 1970). 베리(1986)는 이러한 전통 속에서 의학 지식 전체를 완전히 해체하거나 무효화하지 않는 사회구성주의 방법론을 내세웠다.

브라이언 터너(Bryan Turner, 1997)는 의료사회학에 푸코의 연구(1973; 1978)가 미친 영향에 대해 논하면서, 주권권력(sovereign power), 규율권력(disciplinary power), 생명권력(biopower)을 포함한 통치성(governmentality) 개념을 통하여 의료 지식이 특정한 이익과 이해에 따라 역사적으로 어떻게 구성되었는지 보여주었다. 푸코는 근대 의학이 어떻게 임상의학으로 변했는지를 역사적으로 추적했으며(1973), 광기가 어떻게 사회문제화되었고(1964), 의료의 관심이 어떻게 인간 개개인의 몸에서 종으로서의 인구로 전환되었는지를 보여주었다(1978). 즉 질병과 환자에 대한 의료 지식은 고정되었거나, 의사 또는 과학자에 의해서만 만들어지는 것이 아니라, 그들을 둘러싼 여러 행위자 특히 자본과 국가의 개입에 의하여 역사적으로 구성되는 것이다. 더 나아가 특정한 방식으로 구조화된 지식을 내면화한 개인들은 그러한 지식 체계를 재생산하기도 한다. 재닌 피어렛(Janine Pierret, 2003)은 의료 지식이 구성되는 과정을 포착한 연구에서, 생물학적 의학이 인간의 경험과 사회 경제적 요인을 소외시킨 채 지식을 구성해 왔다는 것을 보여주었다. 한편 폴 레비나우와 니콜라스 로즈(Paul Rabinow & Nikolas Rose, 2006)는 생명권력과 생명정치(biopolitics) 개념이 최근 인종, 인구와 재생산 그리고 유전의학과 관련된 연구에서 크게 진전되었다고 평가했다. 즉 푸코의 생명권력과 생명정치 개념은 사회학뿐만 아니라 인류학・역사학・여성학 등 학계 전반

에 큰 영향을 미쳤고, 사회구성주의적 사고를 보편화시켰다.[7]

서양의 사회구성주의적 시각에 영향을 받아, 국내 의료사회학도 사회구성주의적으로 접근한 연구가 많다. 김두식(2003)은 사회구성주의적 관점에서 유전공학 기술의 태도는 객관적인 지식보다는 사회적 가치관과 개인의 합리성에 근거한다고 밝혔으며, 메르스 감염병 발발과 관련해 의료 지식이 보편적이고 과학적인 기준이 아닌 사회 구성원의 주관적 관념을 기반으로 형성되는 과정을 고찰한 연구(김기홍, 2016)도 있다. 한편, 푸코의 생명권력 논의에 영향을 받은 국내 연구가 많은데, 특히, 생명정치의 역사적 경험 연구를 통해 북한의 사회주의국가 체제의 형성을 분석한 연구(강진웅, 2013)와, 냉전기 주한 미군 기지촌의 성매매 정책과 이를 방관 혹은 조장했던 주권국가의 생명정치를 분석한 연구들이 있다(박정미, 2015; 2017; 2018).

(2) 일반인 지식에 관한 논의

1980년대 의사 권위의 약화와 함께 의료 영역에서 소비자로서 일반인의 목소리가 점차 강화되었다(Prior, 2003). 1980년 초반까지만 해도 의료 지식에 대한 환자의 이해는 매우 낮은 것으로 평가되었다(Segall & Robert, 1980). 소이야 헌트와 제임스 맥퀸(Soiya M. Hunt & James McEwen, 1980)은 건강에 대한 주관적 해석의 필요성이 어느 때보다 높아지는 상황에서 건강 측정에서 일반인과 전문가의 해석 간 객관적인 균형이 필요한데, 이를 위해서 일반인들이 자신의 건강을 어떻게 느끼는지를 측정할 수 있는 기준이 마련되어야

---

7 흥미로운 것은 푸코는 식민지 권력 등에 큰 관심이 없었으나 그의 이론은 (탈)식민지연구에 커다란 영향을 미쳤다는 것이다.

한다고 주장했다. 이에 따라, 실제로 건강에 관한 주관적인 평가가 건강 측정에 필수적인 것이 되었다. 즉 건강과 질병에 대한 일반인의 이해가 객관적인 지표로 구현된 것이다. 한편 영국에서는 점차 환자 중심 의학(patient-centered medicine)이 발전하기 시작하면서(Stewart et al., 1995), 의사와 환자 사이에 친화적 소통 관행이 등장했다(Prior, 2003). 의사와 환자의 소통은 전문가와 비전문가 간의 간극을 감소시키는 데 도움이 되었으나, 이로 인해, 전문가의 배타적 전문성은 도전받게 되었고, 의료 지식의 정당성은 위기에 직면하게 되었다. 한편, 이 시기 학술장에서는 지식의 민주화에 관한 논의가 시작되었다. 의료사회학에서는 이러한 지식의 민주화를 두 가지 방식으로 논의했는데, 하나는 일반인들이 건강과 질병에 관한 지식을 어떠한 방식으로 표현하는지에 대한 논의였고, 다른 하나는 일반인 지식이 전문가 지식과 동일하게 가치 있다고 주장하는 논의였다. 전문성의 약화와 주관적 건강 지식의 성장으로, 일반인 전문가(lay expert)라는 개념이 만들어졌다.

1987년 필 브라운(Phil Brown, 1987)은 일반인 지식을 강조하기 위하여 대중 역학(popular epidemiology)이라는 개념을 만들었고, 1991년에는 일반인 역학(lay epidemiology)이라는 개념도 만들어졌다(Davison & Frankel, 1991). 이제 일반인은 다양한 기술을 지니고 있으며, 아는 것이 많은 개인, 그리고 역학자(epidemiologist)로 변화하기 시작했다. 그리고 결국 일반인 전문가(lay expert)라는 용어로 거듭났다. 이러한 일반인 전문가는 심지어 진단에 필요한 기술을 습득하기도 하고(Sarangi, 2001), 약리학(Monaghan, 1999)에 대해 해박한 지식을 보유하기도 하며, 사소한 질병을 치료하는 전문가가 되었다(Hibbert, Bissell & Ward, 2002). 이들은 경험적 지식에 근거하여 전문가가 되거나 과학적 훈련을 받은 자들과 겨룰 수 있을 정도의 지식을 축적하기도 한다(Epstein, 1995). 또한 일반인과 전문가 사이의 통역자가 되는 과학자의 도움을 받기도 한다(Brown, 1987). 하지만 이러한 일반인 전문가를 절대화하는 것에 대해 반론도 존재한다. 모든 지식을 상대화할 때 발생하는 위험이 존재하고(Prior, 2003), 일반인 전문가는 하나의 사례에 대해서만 지식을 생산하는 경우가 많아서 그 지식을 보편화시키기 어렵다는 문제가 지적된다(Davison, Smith, Frankel, 1991).

최근 국내 의료사회학 연구도 이러한 경향성과 궤를 같이한다. 전통적으로 지식의 생산자인 의료 전문가와 지식의 소비자인 환자 일반의 관계가 재설정되고 있다. 의료의 주체가 아니었던(잠재적 환자인) 일반인이 주관적 질병 경험을 통해 의료 지식을 습득하여 일반인 전문가가 되는 상황은 주로 병원체에 대한 지식이 전반적으로 부족한 신종 감염병의 경우(김기흥, 2016; 노진철, 2009)와, 긴급한 치료를 요하지 않는 대신, 미디어 등을 통해 다량의 정보를 습득할 수 있는 만성질환의 경우(유현재·조은선·안선희, 2011) 등에서 두드러진다.

3) 건강사회운동

일반인 전문가에 대한 관심은 1980년대 건강사회운동과 관련된 것이기도 했다. 질병의 구성, 질환 경험, 전문가와 일반인 지식, 감정과 체화의 등장은 건강 문제와 관련된 사회 공동체의 (재)구성과 운동의 부상에 있어 모두 중요한 역할을 했다. 1980년대 HIV/AIDS 운동과 여성주의 운동의 성장은 건강사회운동에 대한 학계의 관심을 불러 모았다. 1989년 조쉬 갬슨(Josh Gamson, 1989)은 미국 샌프란시스코 지역 HIV/AIDS 운동인 'ACT UP(AIDS

Coalition to Unleash Power)'에 대한 6개월 참여 관찰을 통해 운동 내부 투쟁 과정을 분석하여 운동의 중심에 정상화(normalization)라는 개념이 있다고 주장했다. HIV/AIDS 운동은 이전의 사회운동과 다르게, 스스로 규정하는 자신의 정체성을 묻고 정의 내리는 운동이기도 하다. 또한 이 운동은 질병에 대한 의료적 정의 아래에 숨겨진 생물학적이고 억압적인 정상화 과정을 폭로하고 이것에 대한 저항의 자원으로 정체성을 활용했다. 한편 스티븐 엡스타인(Steven Epstein, 1995)은 미국의 HIV/AIDS 운동이 전문가와 미국사회에서 신뢰를 얻게 된 방법과 이를 기반으로 활동가들이 어떻게 과학 지식을 구축하는 역할을 했는지에 대해서 연구했다. 엡스타인은 미국의 HIV/AIDS 운동이 처음에는 자신을 '피해자'로 규정했다가, 점차 자신을 낙인화하는 의료와 사회 문화 구조에 적극적으로 저항하는 과정을 보여준 것이다. 특히 기존에 네트워크화되어 있던 성소수자 공동체와 이들의 문화 자본은 사회운동의 발전에 중요한 자원이 되었다. 더욱이, 이 네트워크 내부에는 전문가나 학력이 높은 성원들이 있었기 때문에 자신의 경험과 정체성을 의료계, 과학계, 관료들이 이해할 수 있는 언어로 번역하고 이를 정당한 지식으로 자리매김할 수 있었다.

다른 한편 마렌 클라위터(Maren Klawiter, 1999)는 샌프란시스코 지역에서의 유방암 운동의 목표와 정체성의 변화를 연구했다. 1982년 설립된 수전 코먼(Susan G. Komen) 유방암 재단은 유방암 연구와 조기 발견 캠페인 홍보를 위하여 엄청난 자금을 모금해서 의료와 연구 시설에 지원했지만, 전통적인 의학계나 정부에 도전한 것은 아니었다. 이 운동의 핵심 집단은 백인과 중산층 여성이었다. 1991년 같은 지역에서 백인 레즈비언 여성 3명이 페미니스트, 성소수자 커뮤니티로 구성된 여성 건강과 암 문제 해결을 위한 걷기 캠페인을 시작했다. 이 시도는 실패했지만, 1996년에 다시 비슷한 단체가 결성되었고, 유방암뿐만 아니라 여성을 위협하는 다양한 암과 광범위한 건강 문제까지 담론의 용어를 넓혔다. 그러나 1990년대 후반 이들 유방암 및 여성의 건강과 관련된 단체 또는 캠페인을 지원하던 다국적기업들이 한편으로는 암을 발견하고 치료하기도 하지만, 다른 한편으로는 암을 유발하는 사업에 매진하는 이중적인 태도가 드러났다. 1996년 암산업 투어(the toxic tour of the cancer industry)를 진행하는 등 다국적기업에 지배받고 있는 암산업에 대해 문제 제기를 하는 운동으로 탈바꿈하였다.

한편 브라운(1987)은 지역의 환경문제와 관련한 지역민의 운동 과정 중에 이들의 경험이 지식화되는 과정을 기록했다. 이렇게 20세기 후반 건강사회운동에서 당사자들은 자신의 경험에 기초하여 정체성을 구성하고, 그 경험을 전문가들과도 겨룰 수 있는 전문 지식으로 변형시키는 능력을 강화시켜 왔다. 이에 따라 정체성의 정치와 지식의 정치를 통해서 점차 의학계와 맞설 수 있게 되었다. 하지만 이러한 일반인 전문가들의 건강사회운동 역량이 모든 분야에서 전통적인 전문가 등과 겨루기는 쉽지 않다.

국내 건강사회운동의 대표적인 사례는 반올림운동이라고 해도 과언이 아닐 것이다. 소위 삼성백혈병운동은 건강사회운동과 노동자 운동의 접점을 보여주는 사례라고 할 수 있다. 김종영·김희윤(2016)은 8년여 지속되어 온 반올림운동에 관한 연구를 통해, 노동자들이 정치·사회·경제·기술 등의 복합적인 차원에서 불평등에 처해 있음을 밝혔다. 건강사회운동의 전개는 의료 소비자들의 의료 지식을 재구성하고 전문성의 정치 영역까지 소비자가 목소리를 낼 수 있다는 것을 보여준다. 이 외에도, 건강권 운동은 환경 보건과 식품 안전 등의 연구로 확장되고 있으며, 앞으로 기후변화에 따른 온

열 진환, 미세먼지에 따른 질환, 코로나19 등의 전염병 사태로 불거진 건강 불평등의 문제, 더 나아가 원헬스(ONE Health)로 대표되는 인간-비인간동물-자연과의 관계까지 아우르는 연구들이 이루어질 것으로 보인다.

4. 의료 기술의 발전과 의료사회학

1) 발전하는 의료 기술과 변화하는 의료 현장

20세기 중반 초기 의료사회학자들은 특정한 기술이 의료 전문가에게 미치는 영향에 대해 관심을 갖게 되었다(Reiser & Anbar, 1984). 하지만 의료사회학이 보여준 기술에 대한 관심은 기술 자체보다는 새로운 기구가 도입됨으로써 변화하는 의료 관행에 있었다. 이론적으로 의료사회학의 관심사는 기술의 역사적 발전이 아니라 의료 기술을 통해서 생의학의 윤곽을 명확히 하는 데 있었다(Strauss et al., 1985). 1970년대 의료화 이론의 발전 과정 중에 의료 기술은 고통, 아픔, 그리고 죽음에 맞서는 전문가와 비전문가 모두의 자율성을 막는 비인간화 과정으로 인식되기도 했다(Zola, 1972). 더 나아가 환자의 상태를 낫게 만들기 위해 개입한다고 하지만, 의료 기술은 결과적으로 환자의 상태를 더욱 악화시키는 것이라고 비난하기도 했다(Illich, 1975). 또한 의료 기술은 불필요한 의료화, 의료의 시장화, 그리고 제약 회사의 이윤 추구를 위한 것이라고 여겨지기도 했다(McKinlay, 1984; Navarro, 1986). 한편 여성주의 학자들은 의료의 영역에 새롭게 도입되는 기술에 대해 때때로 환영하기도 하고 비판하기도 했다(Lorber & Moore, 2002). 기술에 대한 여성주의 연구는 의료 기술에 배태되어 있는 권력관계와 그것의 영향력의 젠더 차이를 강조했다.

한편 모니터링 기술은 의료 영역에서 더욱 중요하게 사용되었다. 예를 들어 스트라우스와 그의 동료들은 실험실 테스트, 이동 X-ray 촬영 기계, 심장박동 모니터 등이 의료 현장에서 어떻게 사용되고 있는지, 그리고 그것의 영향은 어떠한지를 조사했다(Strauss et al., 1985). 의료 영역은 시간이 지날수록 건강의 모니터링과 유지를 위한 의료 기술에 더욱 의존하고 있었다. "의료 기술이 의사 등 의료 전문가와 환자의 질병 경험에 어떠한 영향을 미치는가?"는 의료사회학이 주로 던지는 질문이었다(Conrad & Gabe, 1999; Franklin, 2007). 또한 새로운 의료 기술은 사회에서의 생명에 대한 인식을 변화시키기도 했다. 윌리엄스(2008)는 실험실에서 어떻게 배아 줄기세포를 이용해 유전 질환 등의 가능성을 알기 위한 착상 전 유전자 검사가 이루어지고 있는지 보여주었다. 비슷하게 후지무라(Fujimura, 1988; 1996)는 어떻게 의료 전문가들이 의료 기술을 사용하는지를 묘사했다.

1980년대부터 의료 조직과 내용에 상당한 변화와 함께, 새로운 기술의 발전은 의료의 모습을 크게 변화시켰다(Clarke et al, 2003; 2010). 예를 들어 조셉 더밋(Joseph Dumit, 2003)은 양전자 방사 단층 촬영술(PET)의 뇌 이미지화 기술이 인간의 종류에 대한 의료 전문가의 설명을 강화하는 데 사용되고 있다는 것을 보여주었다. 한편 태아에 대한 초음파검사가 보편화되면서 태아·임신·부모·환자에 대한 문화적 의미를 변화시켰고, 좋은 산모가 무엇을 해야하는지 또는 하면 안 되는지에 관해 대중의 인식을 바꾸었다(Burri & Dumit, 2008; Casper, 1998; Oakley, 1984; Taylor, 2008). 한편 정보 기술의 발전은 의료 절차나 의료 전문가의 성격에도 영향을 주었다. 예를 들어 의료 시스템이 점차 멀리 떨어진 환자와 의사 사이를 연결하는 인터넷에 의존하도록 하고 있다. 모든 종류의 병원에서는 환자의 질병과 치료 정보를 저장하고 있다. 생체자원은행(biobank) 역시 인간의 생물학적 시료를 채취해 저장함으로써 의료 관행을 변화시키고, 임상 연구와 실천에 새로운 형태의 생체 데이터를 제공하고 있다(Gottweis & Petersen, 2008).

국내에서 의료 기술에 관한 연구는 주로 비판적 시각에서 비롯되었다. 특히, 재생산을 둘러싼 의료 기술의 문제를 의료윤리의 시각으로 비판하는 연구가 많다. 백영경(2010)은 과학기술의 민주화와 시민 참여에 대한 기존 논의가 젠더에 비교적 관심을 두지 않았다고 비판하며, 재생산 영역인 보조생식기술에서 시민 참여를 확대하는 방안을 모색했고, 김정선(2008)은 남성주의적 보건 의료 기술과 가부장적 사회 구조의 특성 안에서 재생산의 주체인 여성의 몸이 도구화되고 상품화된 것을 비판했다. 한편, 김선혜(2019)는 보조생식기술이 여성의 몸에 집중되어 있기 때문에, 오히려 난임 남성을 비가시화한다고 비판했다. 반면, 의료 기술 발전의 긍정적 효과를 보여주는 연구도 있었는데, 예를 들어 김재형(2019c)은 한센병 치료제의 발전이 제한적이지만 국가 한센병 정책의 변화로 이어지는 과정을 묘사했다.

2) 초국가적 생명정치경제(Biopolitical economy)

아델 클라크 등(Adele Clarke et al., 2003; 2010)은 1985년부터 미국의 의료의 내용이 새로운 기술과학적 변화를 중심으로 이전과는 다르게 바뀌었다고 주장했다. 그리고 이 변화를 추동하는 기술과학적 변화의 중심에는 생명공학기술 등의 눈부신 성장이 있었다. 클락(2010)은 생명권력으로 변화하는 사회와 그 속에서 같이 변하는 사회적 실천들과 규범들, 그리고 더 나아가서는 변화된 사회 속에서 "삶이란 무엇인가?"라는 질문에 사회학이 답해야 한다고 주장했다. 이 새로운 생명 기술들은 다양하게 해석되는데, 예를 들어 에드워드 요센(Edward Yoxen, 1981)은 이 새로운 생명공학기술의 발전은 항상 자본에 의하여 추동되었으며, 그 결과 문자 그대로 삶이 자본화되었다고 주장했다. 자본화된 삶을 이해하기 위해서는 먼저 생명경제(bioeconomy)와 생명자본(biocapital)의 개념을 먼저 살펴봐야 한다. 생명공학을 매개로 자본 자체가 인간 삶의 자체와 대응하여 재개념화되고 재조직되었다(Rose, 2007; Cooper, 2008; Rajan, 2005; 2006). 생명과학, 기술, 생의학, 거대 제약 회사와 바이오테크놀로지 산업, 나노테크놀로지 산업은 거대 자본을 기반으로 발전해 왔다. 그리고 이러한 산업의 발전에 필요한 지식의 생산을 담당하는 대학은 자본주의화(academic capitalism)되었다. 생명경제라는 개념은 인간의 몸을 둘러싼 새로운 생명공학 지식의 생산, 기술의 발전, 그리고 생명공학 산업의 발전이 모두 거대 자본에 결합되어 있는 새로운 경제 형태와 활동을 지칭하는 개념이다.

한편 인류학자인 순데르 라잔(Sunder Rajan, 2005)은 생명자본이라는 개념을 통해서 생명과학과 산업의 발전은 인간의 몸 자체가 자본 증식을 위한 자원이 되어 가고 있는 과정을 포착했다. 또한 생명자본은 동시에 투기 자본이라는 성격을 지니고 있는데, 즉 아직 수익성이 보이지 않는 프로젝트에 투자하는 '약속된 자본(promissory capital)'이다. 이는 생명공학산업의 발전 모델은 투자와 투기의 구분이 모호한 실리콘밸리의 IT 산업이기 때문이다. 아직 현실성이 없더라도, 기술의 가능성만 있으면 엄청난 투자를 받을 수 있고 이 바이오 회사의 주가는 상승할 것이다. 이 자본은 실제로 이 기술이 현실화되지 않더라도, 주식의 매매를 통해 차익을 발생시킬 수 있다. 그리고 생명자본은 초국가적이라는 특징이 있는데 라잔은 미국과 인도의 생명공학기술산업이 이 생명자본을 매개로 연결되어 있는 모습을 민속지적 방법론으로 보여주었다. 인도에서 미국과 같은 생명공학기술을 발전시키고자 하는 욕망은 지식 · 기술 · 자본의 부족으로 인하여 결국 미국 생명공학산업의 하청으로서 임상 실험의 장소가 되거나, 국가의 건강관리 시스템에서 축적한 건강 정보를 상품화하는 것으로 귀결되었다.

더 나아가 잉여가치를 생산하기 위하여 장기와 조직 같은 것을 생산하고 매매하는 행위 역시 생명자본 개념에 포함된다(Waldby and Michell, 2006). 인간 조직들(혈액 · 장기 · 세포)을 포함하여 여러 형태의 생명자본의 초국가적인 교역이 증가하고 있다. 이러한 생명자본의 문제에 맞서, 시민사회는 윤리적 생명자본(ethical biocapital)을 새로운 형태의 문화 자본으로 만들었다(Franklin, 2003). 영국에서는 유전학 · 복제 · 줄기세포에 대한 시민사회의 우려의 결과 정부 · 시민 · 전문가가 협력하여 생명 윤리와 관련된 규제를 만들어 냈다. 그리고 이 윤리적 생명자본에 근거해서 영국은 생명자본의 연구와 생산을 가속화했다(Pfeffer and Kent, 2007). 반면 미국에는 이러한 윤리적 생명자본이 존재하지 않는다(Ganchoff, 2004; 2008; Gottweiss, 2005; Jasanoff, 2007). 한편 코헨(Cohen, 2005)은 초국가적인 임상 실험 산업 체계가 만들어지고 있다고 지적했다. 거래가 가능한 생명유용성(bioavailiability)이 있는 우리의 모든 부분, 심지어 유전체 정보까지 온라인으로 매매되고 있으며, 또는 기증한 혈액 · 장기 · 생체 정보는 우리가 모르는 채 매매되고 있을 수 있다. 또한 라잔(2005)이 지적한 것처럼 특정 국가는 생명자본의 매매에 더욱 유용한 장소가 될 수 있다. 예를 들어 인도는 적극적으로 생명경제에 뛰어들고 있으며, 바베이도스(Barbados)는 인종적으로 동일성을 지니고 있으며 아프리카 기원을 지니고 있다는 점에서 특별한 가치가 있다(Whitmarsh, 2008; Montoya, 2007).

한국에서는 1997년 복제양 돌리가 탄생하면서 생명공학이 논쟁의 대상이 되었다(서이종, 2006). 생명 윤리의 문제는 언급한 바와 같이, 재생산 영역에 집중되고 있다. 국내 사회학계에서 생명경제와 생명자본의 논의는 이제 시작 단계이다. 다만, 앞에서 살펴본 김주희(2016)의 연구는 성매매 여성의 몸이 대출 담보가 되는 '금융화'의 대상이 되었다는 분석으로 생명자본의 논의로 확장될 수 있다. 한편, 김환석(2014)은 클락(2010)의 개념을 빌려 생명경제의 출현으로 '의료화'되었던 정신장애가 '생의료화'되어 가는 과정을 생명정치적 접근으로 해석했는데, 이는 의료 기술 과학의 확대와 맞물린다고 보았다. 생의료화는 위에서 언급한 푸코식 생명권력, 아감벤식 생명정치, 로즈의 생명자체 이론, 순데르 라잔의 생명자본 이론, 레비나우의 생명사회성 등의 개념이 보여준 통찰을 모두 흡수하며 의학에서의 생명과학을 강조한다(김환석, 2014: 12-13).

5. 결론: 의료사회학의 전망

이 글은 1950년대부터 최근까지 70여 년에 쳐 의료사회학의 이론과 개념의 변화를 돌아봄으로써 의료사회학의 연구 관심의 변화와 현재의 관심까지 오게 된 학문의 궤적을 이해할 수 있었다. 의료사회학은 자신에게 부여된 의료계의 요구와 사회의 요구에 부응하면서 발전해 왔다. 한편으로는 근대사회의 구조와 문화의 핵심 요소 중 하나인 의료에 대해 다양한 이해를 발전시켰고, 다른 한편으로는 지배적인 권력으로서 의료를 각 개인이 어떻게 경험하는지에 대한 이해를 발전시켰다. 그리고 1990년대에 이르게 되면 상반된 것으로 보이는 이 두 영역은 일반인 집단의 성장과 건강사회운동 등의 연구 대상을 통해서 하나로 다시 통합되었다. 그리고 1980년대부터 본격적으로 발전하기 시작한 생명공학의 등장은 의료사회학에 하나의 도전이었다. 1950년대 파슨스의 환자 역할이 세균학과 치료약에 기반한 미국 의료 제도를 반영한 것이었다면, 1960년대 이후에는 미국사회의 변화에 따라 만성병이 중요한 보건 문제가 되면서 만성병을 겪는 환자들의 경험이 중요한 연구 대상이 되었다. 하지만 1980년대부터 급격히 발전한 생명공학은 우리가 우리 몸을 인식하는 방식을 변화시킬 정도로 강력한 것이었다. 우리 사회는 근대 의학이 탄생한 이래로 우리 몸을 세포의 합, 그리고 여러 장기와 신체 부분들의 결합체로 여겨 왔으나, 유전학을 비롯한 생명공학의 발전으로 우리는 우리 몸을 유전자에 담겨 있는 정보의 발현체로 인식하기 시작했다. 여기에 생명공학을 추동하는 자본주의적 힘은 우리 몸을 유전체 정보가 담긴 자본 축적을 위한 자원 정도로 격하시키고 있는 것이다.

의료사회학의 전망, 그것도 영미권 의료사회학의 미래를 전망하기는 어렵지만, 최근의 코로나19의 전 세계적인 유행은 의료사회학이 최소 10년은 하게 될 일을 보여주는 것 같다. 전술한 바와 같이 영국과 미국 등 선진국에서는 그동안 만성질환이 심각한 보건 문제였고, 급성질환은 제3세계의 문제로 치부되었다. 이러한 이유에서 영미권의 의료사회학은 오랫동안 만성질환을 둘러싼 지식과 경험, 전문성의 상호 동학에 초점을 맞춰 왔다. 하지만 급성전염병인 코로나19가 미국과 영국 등 선진국에 커다란 피해를 입힌 상황에서 영미권 의료사회학은 첫째, 급성질환을 둘러싼 의료 체계·정치·지식·환자 경험 등의 연구를 시작할 것으로 보인다. 둘째, 영미권 의료사회학은 지금까지 만성질환의 원인 중 개인의 라이프스타일과 사회 정치적 불평등에 초점을 맞춘 반면, 기후변화 등 환경적 요인에 관한 연구는 소홀히 했다. 현재 코로나19 등 신종 감염병의 빈번한 출현의 원인으로 기후변화나 산림개발과 같은 환경적 요인들이 지목되고 있는 상황에서 환경과 질병과의 관계에 관한 연구가 이루어질 것으로 보인다. 넷째, 코로나19와 같은 감염병 통제 정책은 과거와 같은 박테리아와 바이러스 수준에서 이루어지는 것이 아니라, 유전자 수준에서 이해되고 대책이 만들어지고 있다. 이러한 이유에서 자본과 과학기술과 의료, 전염병 통제에 관한 연구는 지속될 것으로 보인다. 코로나19는 누군가에게는 비극이지만, 다른 누군가에게는 엄청난 산업적 기회이다. 다섯째, 인종·계급·젠더 등 불평등한 사회적·경제적 지위가 코로나19의 피해에 미치는 영향에 관한 연구가 진행될 것이다. 마지막으로 코로나19가 만들어 내는 전 세계적인 인종주의로 인하여 낙인과 차별의 주제가 다시 떠오를 것으로 전망된다. 전통적인 의료사회학의 개념과 이론은 코로나19라는 새로운 건강·질병·위험 문제를 이해하는 데 여전히 유용한 수단이 될 것이다.

의료인류학의
연구 현황과 과제[*]

―의료로 인간과 사회를 묻다

윤은경 (경희대학교 인문학연구원 HK+통합의료인문학 연구단 HK연구교수)
김태우 (경희대학교 한의과대학 의사학교실 조교수)

* 이 글은 『의사학』 29권 3호, 2020에 실린 「의료인류학의 연구동향과 전망: 개념의 전개와 의료사와
의 접점을 중심으로」를 수정·보완한 것이다.

1. 들어가며

인류학은 어떻게 의료를 연구하는가? 의학과 인류학은 거리가 있는 학문이 아닌가? 의료에 관해 인류학은 무엇을 다루는가? '의료인류학'이라는 학제에는 이런 질문들이 따라다닌다. 의료인류학은 생경하다. 첨단 의과학 기술의 '의료'와 인문사회과학 중에서도 첨단과는 특히 거리가 있을 것 같은 '인류학' 사이에는 지우기 힘든 어색함이 있어 보인다. 의료인류학의 연구사를 다루려는 이 글에서는 이 질문들을 먼저 짚어 보고, 이어서 의료인류학의 역사적 흐름을 논하고자 한다. 연구사에 대한 논의를 위해서도 이러한 질문들을 개괄하는 일은 필요하다. '의료-인류학'의 생경함과 어색함이 실제로는 최근 인류학에서 가장 많이 연구되는 분야로서 의료인류학을 견인한 동인의 하나라는 사실이 이 질문들을 짚어 보면서 드러나게 될 것이며,[1] 이는 연구사 논의의 의미 있는 출발점이 될 것이다.

인류학에는 인간과 인간 집단의 양상(사회 혹은 문화라고 불리는)에 대한 근

---

1 인류학 학술대회 중 가장 규모가 큰 미국인류학회(American Anthropological Association)의 최근 발표문 동향을 살펴보면 의료인류학이 인류학의 주된 연구 분야가 되었음을 확인할 수 있다. 전체 미국인류학회 내의 분과 인류학회에서 조직한 세션 중 의료인류학회(Association for Medical Anthropology)에서 조직한 세션의 수가 가장 많다.

원적인 질문이 내재해 있다. 인간과 인간 집단에 대한 이해를 추구하는 학문은 하나둘이 아니지만, 이 기저의 질문들은 다른 학제들과 차별되는 인류학의 핵심을 건드린다. 줄기세포를 연구하고 북미 유럽의 메트로폴리탄을 연구하는 인류학도 있지만, 고전적 인류학 현장과 거리를 둔 것 같은 이들 연구에도 그 질문들은 내재해 있다. 인류는 어떻게 그 집단의 양상을 지니게 되었나? 사회적인 것과 문화의 양태는 어떤 조건들과 관계들을 통해 만들어지는가? 마치 인류가 처음 사회와 문화를 만들던 때로 되돌아간 것처럼, 인류학자들은 이런 질문들을 염두에 두고 현지의 현상을 읽어 낸다. 서구의 도시들과 거리를 둔 뉴기니 고산지 사람들을 연구할 때, 첨단 과학의 과학자 사회를 연구할 때에도 인류학자들은 이러한 질문들을 붙잡고 있다. '인류학적 역사성'이라 부를 수 있는 이러한 전제를 깔고 지금 현재의 사회적, 정치적 현상을 바라본다. 그리하여 21세기에도 인류학자들은 신화에 대해 논의하고(비베이루스 지 카스트로, 2018), 그 기저의 질문들을 소환·재소환하며 『통곡 없는 죽음(*Death without Weeping*)』(Scheper-Hughes, 1989), 『우리는 결코 근대인이었던 적이 없다』(라투르, 2009), 『숲은 생각한다』(콘, 2018) 등과 같은 통찰력 있는 논의들을 내놓는다.

사회 문화 속 구체적 내용들을 지정해 그것에 대해 근원적인 질문을 던지던 주제들이 지금 인류학의 세부 학제를 구성한다. 언어를 통해 소통하고, 생계를 꾸리는 경제활동을 하고, 정치조직을 구성하는 등 인류의 모든 집단에서 발견되는 존재 방식들은 인간에 대해 근원적 질문을 하기 위한 의미 있는 논의의 장을 제공했고, 여기에 대한 현장 연구와 논의들이 언어인류학·경제인류학·정치인류학 등 인류학의 세부 학제들을 낳았다. 의료 또한 그 집단의 크기나 복잡 정도에 상관없이 모든 인간 집단에서 관찰된다. 친족

(kinship)・제의의식(ritual) 없는 인간 문화가 없듯이, 의료 없는 인류는 없다.

인간 집단들은 어떻게 예외 없이 의료를 가지는가? '호모 메디쿠스(homo medicus)'라고 부를 수 있을 이러한 특징은 또 하나의 의미 있는 방향에서 인간을 바라보게 한다. 의료는 세계에의 응대에 관한 인간의 가능성 위에 있다. 특히 의료는 타자라는 '나' 이외의 존재를 전제하고, 그 타자의 아픔에 대한 공감을 기본으로 한다(Kleinman, 2015). 그래서 의료는 인간의 윤리적 가능성에 관한 것이다. 또한, 의료는 기본적으로 사회적이다. 자가 치유만으로 의료가 존재할 수는 없으며, 사람과 사람의 만남 속에서 의료가 성립된다. 아픈 이와 아픈 이를 돌보려는 복수의 인간들을 기본 단위로 한다.[2] 또한 미래라는 시제를 가진 인간의 존재 방식을 드러낸다. 미래에 닥칠 수도 있는 사람들의 고통에 대비하려는 것이다. 의료는 체계화된 지식과 실천의 구조물이며, 이로써 미래에 대응한다.

의료는 특히 인간존재에 대한 근본적인 질문과 연결되어 있다. 존재론적 바탕인 몸에 대해 질문하며, 그러한 몸의 시작과 끝인 탄생과 죽음에 연결되어 있기 때문이다. 몸에 대한 의료적 이해는 또한 그 의료가 실천되는 사회에 대한 이해와 연결되어 있다. 생의학이 근대 서구의 인식론・존재론과 불가분의 관계를 가지듯(Foucault, 1994), 의료를 떠받치는 사유는 의료 안팎을 일맥상통하게 관통하며 사회의 토대를 구성한다. 그러므로 의료에 대한 인류학은 바로 사회와 문화에 관한 인류학으로 연결된다.

---

2 인류의 다양한 의료 전통 중, 면대면 만남을 기본으로 하지 않는 의료도 존재한다. (최근의 원격의료에 대한 논의는 이러한 전통과 흥미롭게 조우한다). 하지만 직접적이든 간접적이든 의료에서는 돌봄을 사이에 두고 복수의 사람들이 연루된다.

의료에 대한 인류학적 고찰은 각각의 인간 집단에서 의료가 다양하게 드러나는 모습을 돌아보게 했다. 현대 의료의 첨단 의과학 기술도 이 중 하나다. 인류학이 의료에 던지는 근원적 질문에 관한 고찰은, '첨단'이라고 불리는 과학과 결속된 지금의 의료를 돌아볼 수 있는 인류학적 레퍼런스를 제공한다. 바이오텍의 실험실에서 유전자 염기서열을 관찰하는 과학자 옆에서도 인류학자는 시공간의 차이를 넘어 이들 레퍼런스를 인용 또는 재인용하며 현장의 의료 현상에 참여하고 기술한다. 그 시공간의 간극을 메우며 지금의 의료를 작동하게 하는 자본, 국가, 과학기술 또한 임상연구참여동의서(informed consent) 등 행위자와 행위성들을 연결하며 지금의 의료를 읽는다.

전문화 · 제도화 · 자본주의화로 인해 의료와의 간격이 지나치게 벌어진 것 같지만, 오히려 그래서 지금의 의료는 더욱 인류학의 과제가 된다. 근본적인 질문을 견지하고 있기 때문에 흥미로운 연구들이 등장한다. 첨단과 거리가 멀 것 같은 인류학이기에 지금 의료에 더 흥미로운 질문을 던질 수 있기 때문이다. 의료를 가질 수밖에 없는 호모 메디쿠스의 성격은 지금의 의료에서 어떻게 드러나고 변형되어 왔는가? 돌봄 받는 자와 돌보는 자 사이의 간격을 벌리며 그 사이를 채우는, 점점 늘어나는 행위자들의 행렬은 어디까지 이어지는가? 약재 몇몇, 도구 몇몇이었던 형태로부터, 기기 · 약물 · 자본 · 임상 시험 등 증가하는 개입자들의 수는 어떤 변화를 말하는가? 그 사이의 인간과 비인간 행위자들을 기명하며 인류학은 의료를, 그리고 의료에 연결된 인간과 사회를 읽는다. 시공간을 넘나드는 이러한 인류학적 레퍼런싱의 결과로 『노화와의 조우(Encounters with Aging)』(Lock, 1993), 『생명자본(Biocapital)』(Sunder Rajan, 2012), 『실험이 이동할 때(When Experiments Travel)』(Patryna, 2009) 등 의료인류학의 흥미로운 에스노그래피(ethnography)

가 등장한다.

그러므로 의료인류학에서 '의료'는 제한적이지 않다. 진단과 치료와 관련된 지식/실천, 전문가, 병원 등에 국한하여 사용되지 않는다. 의료에 관한 고찰은 사회적인 것, 정치적인 것, 존재론적인 것이 함께 움직이는 사회 문화의 정경을 제공한다.

따라서 의료인류학 연구사를 고찰하는 것은 의료를 통해 인간과 사회에 던진 인류학적 질문의 역사를 살펴보는 것이다. 몸과 질병에 대한 이해를 사회 속에서 펼치는 방식에 질문을 던진 역사를 돌아보는 것이다. 인간 집단들에 예외 없이 존재하는 타자의 고통에 대한 대처가 자리 잡는 방식과 그 방식들이 유지되고, 변형되고, 회절하는 방식을 고찰하는 것이다. 각각의 정치 · 경제 · 사회 · 역사의 조건 위에서 펼쳐지는, 혹은 변화하고 또는 대체되는 방식을 지켜보는 일이다.

2. 개념으로 의료인류학 연구사 횡단하기

의료인류학 연구의 역사를 고찰할 수 있는 방식은 다양하다. 기념비적 저작들을 징검다리 삼아 연구사를 횡단할 수도 있고, 영향력 있는 의료인류학자들의 족적을 나열할 수도 있다. 각 지역에서 진행된 의료인류학 연구, 예를 들면 동아시아의 의료인류학 연구, 아프리카의 의료인류학 연구 등을 나열할 수도 있을 것이다. 이 글에서는 개념을 통해 의료인류학의 연구사를 고찰해 보고자 한다. 개념을 선택한 이유는 몇 가지가 있다. 무엇보다 지면의 한계로 방대한 의료인류학 저작들과 다수의 의료인류학자들을 살피기에는 무리가 있다. 또한 각 사회의 구체적 상황 속에서 현장 연구를 하는 인류학 연구를 고려할 때 분량상의 무리뿐만 아니라, 나아가서는 곡해의 우려 또한 있을 수 있다. 이에 비해서 개념을 통한 고찰은 제한적인 분량 내에서 연구사를 짚어 볼 수 있는 가능성이 있다. 주지하다시피, 사회과학에서 개념은 데이터를 관통하는 키워드이다. 또한 이론을 담지하고 있기 때문에 키워드 이상의 응집력이 있다. 이론으로 현상을 해석하는 사회과학에서 개념은 응축된 형태로 그것이 기반으로 하는 이론의 지향과 시선을 내재하고 있기 때문에, 개념을 통한 연구사 고찰은 특히 흥미로운 논의의 지점들을 제시할 수 있다.

인류학에서의 '개념'은 토마스 쿤의 '패러다임'에 가깝다(쿤, 2013). 문제 풀이를 하는 정상 과학을 패러다임이 떠받치고 있듯이, 개념은 현지의 현상을 읽을 수 있는 해석의 방식을 제시한다. 새로운 패러다임으로 자연을 바라보는 일이 다른 세계를 보는 것과 같듯, 새로운 개념으로 정치와 경제를, 또한 의료를 읽는다는 것은 새롭게 시공간을 바라보게 한다. 이러한 변화는 인류학 내부에서만 일어나는 것이 아니라 인류학 밖의 인문사회과학의 논의, 그리고 과학기술의 변화와 같은 시대와의 교감의 결과다. 그러므로 개념의 흐름을 읽는 일은 그것의 맥락을 살핌으로써 보다 더 넓은 배경을 함께 읽게 해 준다.

물론 쿤의 패러다임과 인류학의 개념 사이에 차이도 있다. 바로 이 차이가 개념을 통해 연구사를 읽는 데 유용성을 더한다. 쿤의 패러다임의 전환은 반대 방향으로 역전환(reversal)되지 않는다. 하지만 인류학 개념은 이전의 개념을 소환하는 특징이 있다. 물론 소환된 개념은 이전의 개념과 같은 개념이 아니다. 당대의 지적 · 시대적 맥락 속에서 그 개념은 새롭게 부활

하여, 현상을 읽는 차별화된 창을 제시한다. 이러한 방식에는 역사적 축적이 있기에 누적적이지 않은 쿤의 패러다임과는 차이가 있다. 그러므로 패러다임은 전환(shift)되지만, 의료인류학 개념은 재소환·재논의된다고 할 수 있다. 시대별로 주된 개념들이 있지만 다시 재소환되곤 한다(영어로는 revisit이 이에 가깝다). 예를 들면, 1970~1990년대 의료인류학을 장식했던 의료 다원주의(medical pluralism)는 최근 인류학의 '존재론적 전회' 논의에서 재소환되고 있다. 이러한 인류학 개념의 특징은 어떤 시기 어떤 개념이 어떻게 새로운 개념으로 거듭나는지를 통해 그 개념들의 역사적 맥락을 짚게 하므로, 개념을 통한 연구사 고찰이 가능하게 된다.

그러므로 이 글은 두 가지 맥락에서 개념의 역사를 살핀다. 시기별로 주목 받는 개념 '들'의 역사를 통한 연구사에의 접근과 하나의 개념이 어떻게 재소환되고 재개념화되는지를 살피는 맥락적 접근이다. 이러한 개념들의 역사의 씨줄 날줄을 통해 본고는 의료인류학의 연구사를 엮어 보려 한다. 본고에서 짚어보고자 하는 의료인류학 개념들은 의료 다원주의(Medical Pluralism), 사회적 고통(Social Suffering), 로컬 바이올로지(Local Biologies), 생명정치(Biopolitics), 돌봄(Care)이다. 이 개념들이 의료인류학의 역사를 전부 포괄하는 것은 아니지만, 인류학에서 의료를 통해 인간과 사회를 묻는 방식을 보여주는 데 빼놓을 수 없는 주요 개념들로서 충분할 것이다.

3. 개념들로 읽는 의료인류학사

본고에서 개념들을 통해 의료인류학사를 고찰한다는 것은, 지역적 맥락을 탈피함을 의미한다. 한 개념이 특정 지역에서 어떻게 인용되면서 연구되었는지(예를 들면, 동아시아에서 의료 다원주의에 관한 연구들)를 살피기보다는, 하나의 개념이 어떠한 맥락에서 대두되고, 그 개념이 사회 문화의료 현상 독해를 위해 어떠한 시선을 제공했는지를 주로 살피고자 한다.[3] 이러한 방향성에 맞춰서 이어지는 본문에서는 각 개념이 대두된 배경, 연구 내용, 개념에 대한 비판, 현재 연구에서의 적용 방식[revisit] 등을 논의할 것이다. 여기에 더해서, 그 개념이 한국사회에 적용이 가능한지를 고찰하고자 한다. 의료인류학 연구가 아직 많이 활성화되지 않은 상황을 고려할 때 한국사회에 개념 적용 가능성이 있는지 논의하는 일은 의미 있다. 특정 맥락(여기서는 한국사회의 경우)에 대한 개념의 적용 가능성 논의는 의료인류학사 논의의 외연을 확장하고 심화할 수 있기 때문이다.

1) 의료 다원주의(Medical Pluralism)

의료 다원주의(Medical Pluralism)로 번역되는 메디컬 플루럴리즘(medical pluralism)은, 복수의 의료 체계와 연결되어 있는 사회 문화 현상이자 질병에 대한 관념과 실천을 읽기 위한 개념이다. 기본적으로 의료 다원주의 개념은 의료는 복수이므로 기본적으로 의료'들'이라는 것을 명시하는 선언적 의미가 있다. '다원주의'라는 용어를 사용하는 것 자체가 헤게모니적 의료 외의 의료에 대한 관심을 촉구하는데, 그래야 의료와 이에 연결된 사회 문화

---

3 지역적 맥락을 살피기에는 지면의 한계에 더해 지역들 사이 진행된 연구들의 편차도 있다는 것이 지역 연구 논의의 한계라고 할 수 있다.

현상의 실제가 제대로 드러나기 때문이다. 생의학이 헤게모니적 위치에 있지만, 실제 환자들이 의료로부터 도움을 받는 방식은 복수의 의료 시스템의 존재 속에서 다양하게 드러난다는 것을 의료 다원주의라는 용어 자체가 지시하는 것이다. 생의학과 한의학의 공식적 이원 체계를 가진 한국의 경우는 말할 것도 없고, 생의학이 지배적 위치에 있는 북미 유럽에서도 자연 의학, 동종 요법, 동아시아 의학, 아유르베다가 공존하면서(Johannessen and Lazar, 2006) 의료 다원주의를 가시화한다.

의료 다원주의 개념은 의료인류학의 고전인 찰스 레슬리 편저의『아시아의 의료 시스템들(Asian Medical Systems)』(1976)과 아서 클라인만의 저서『문화적 맥락 위의 환자와 치유자(Patients and Healers in the Contexts of Culture)』(1980)로부터 영향을 많이 받았다. 두 저서는 상보적인 관계에 있으면서 의료 다원주의 개념의 유포와 그 개념을 통한 연구들을 견인했다.『아시아의 의료 시스템들(Asian Medical Systems)』은 아시아의 다양한 전통 의학들과 그들의 다양한 존재 방식을 현란하게 제시했다. 동아시아 의학 · 인도 의학 · 아랍 의학의 몸을 바라보는 방식과 그에 연결된 존재론적 사유에서부터,[4] 구체적으로는 인도 · 스리랑카 · 홍콩 · 일본 · 대만 · 인도네시아의 의료 다원주의의 상황을 기술하고 분석했다. 또 정부의 지지를 받는 각 지역의 생의학뿐만 아니라 다양한 전통에 시선을 던지면서 의료에 관한 다원주의의 실제를 드러내 보이며 전통 의학들이 어떻게 생의학과 공존하는지 밝혔다. 그리하여 복수 의료의 공존이 빼놓을 수 없는 인류학적 연구 주제라는 점을 강조했다. 클라인만은 복수 의료의 존재에 관해 이론적으로 분석하고 대만

---

4 레슬리는 이를 "지속되고 있는 고대 과학의 사유 방식"이라고 표현했다(Leslie 1976:1).

의 예시를 통해서 의료 다원주의 개념을 앙양했다. 그는 의료 체계를 크게 세 부분으로 나누어 의료 다원주의를 논했다. 대중 영역(popular sector), 전문 영역(professional sector), 민간 영역(folk sector)이 그것이다. 대중 영역은 질병이 처음으로 정의되는 비전문가 일반인의 영역이다. 여기에는 여러 가지 층위(개인·가족·사회 네트워크·커뮤니티 층위 등)의 믿음과 활동이 중층적으로 연결된다. 전문가 영역은 국가와 같이 권위 있는 체계로부터 인정을 받은 의료 전문가의 영역이다. 이 영역 안에서도 복수의 영역이 (한국의 경우 서양 의학과 한의학과 같은) 존재한다. 민간 영역은 권위적 체계로부터 인정을 받지는 않지만 전문적 지식과 실천을 통해 치유하는 영역이다.[5] 클라인만의 이들 '의료 체계의 내부 구조'에 대한 분석은 가시적인 전문가 영역뿐만 아니라 비전문가 영역까지 포괄하는 논의를 통해 의료 다원주의 개념을 구체화하고 심화하는 역할을 한다. 즉, 횡적인 의료 다원주의의 다양성(예를 들면, 대만의 생의학과 중국 의학의 공존)뿐만 아니라, 종적인(면허를 가진 전문가에 의한 영역, 민간 전문가의 영역, 개인적·대중적 영역의) 다양성을 드러내며, 중층적인 의료 다원주의 현상에 관한 연구를 촉구한다.

의료 다원주의가 본격적으로 대두된 이후, 복수의 의료 체계라는 상황 속 환자들의 돌봄 구하기 실천(care seeking practice)에 관한 연구가 다수 진행되었다. 예를 들면 미국에서의 침 치료(Banes, 2005), 멕시코의 동종 요법(Whiteford, 1995), 일본의 동아시아 의학(Lock, 1980)과 같은 복수 의료 체계 환경에서 사회 구성원들의 의료 관련 행위를 통해 그 행위들에 내재한 '돌봄 구하기 과정을 가이드하고 치료적 접근을 평가하는 일반적 가이드'

5　클라인만은 대만의 샤먼[tang-ki]의 예시를 통해 민간 영역을 심도 있게 논했다.

(Kleinman, 1980: 71)를 연구했다. 의료 다원주의에 관한 이러한 연구들은 단지 인류학 분야에 국한되지 않고 의료 관련 행위와 관련된 다양한 학제(국제 보건, 의료 행동, 공중 보건)에서 다루는 연구 주제로 확장되는 현상을 보인다.

의료 다원주의 개념은 의료인류학 초기의 개념이다. 그리고 의료인류학이라는 학제의 성립과 관련이 있다. 의료인류학의 탄생은 제2차 세계대전 이후 국제 보건에 대한 전 지구적 관심과 연결되어 있다. 각 지역의 보건을 연구하던 국제기구 관계자들은 각 지역의 문화가 지니는 건강과 질병의 관점들이 국제 보건 사업을 위해 중요한 주제라는 사실을 인지하게 되었고, 이는 각 지역과 문화의 전통 의학에 대한 관심으로 이어졌다. 특히 국제기구들은 국제 보건 활동과 각 지역의 의료를 어떻게 연결할 것인지를 고민했다.[6] 문화와 연결된 의료와 의료 행위에 이해가 요구되었고, 여기에 많은 인류학자들이 참여하게 되었다(Joralemon, 2010). 또 1960~1970년대부터 서구에서 시작된 생의학에 대한 비판적 시각 또한 비생의학에 대한 관심을 고양했는데,[7] 이러한 당시의 방향성은 초기의 많은 의료인류학자들을 비생의학 연구로 견인하는 역할을 했다. 이것은 의료인류학의 영향력 있는 학자들이 각 지역의 전통 의학 전문가라는 것을 통해서도 확인할 수 있다. 앞에서 언급한 찰스 레슬리와 아서 클라인만뿐만 아니라, 알랜 영(Allan Young)·바이런 굿(Byron Good)·마가렛 락(Margaret Lock)·주디스 파쿼(Judith Farquhar) 등 내로라하는 의료인류학자들은 인도·대만·중동·일본·중국 등에서

---

6 예를 들면 전통 의학 종사자들을 국제보건의 행위자로 편입하려는 움직임이 있다.
7 마거릿 락은 저서 『East Asian Medicine in Urban Japan』(1980)의 1984년 판 서문에서 본인이 일본의 동아시아의학을 연구하게 된 사회적 문화적 배경을 밝히면서 특히 당시 미국의 생의학에 대한 비판을 강조했다.

전통 의학을 연구했다.[8]

　의료 다원주의는 고전적인 문화 개념과 연결되어 있는 개념이다. 따라서 의료 다원주의에 대한 비판도 그 문화 개념에 대한 비판과 연결된다. 인류학에서 인용하던 고전적 문화 개념은, 집단이 공유하고 삶의 지침으로 삼는 실천의 가이드 역할을 한다는 관점을 견지했다(앞에서 인용한 클라인만의 의료 다원주의 관련 언급에서도 '가이드'라는 단어를 사용했다). 초기에 의료 다원주의를 통해 특정 사회의 돌봄 구하기 방식이 의료 다원주의의 주된 연구 방향이었던 것도 인류학에서 의지하던 당시의 이러한 문화 개념과 연결된다. 의료 돌봄을 구하는 문법을 연구하는 것은 그 문화의 문법 자체와 연결된다는 것이다. 하지만 이 문화 개념에는 무언가 빠져 있었는데, 바로 권력과 역사의 관점이 상대적으로 부재했다. 인류학은 1980부터 본격적으로 권력과 역사의 관점을 포함한 문화에 대해 논의를 시작했고, 인류학의 가장 기본 개념이라고 할 수 있는 문화에 대한 비판과 재검토, 새로운 정의에 대한 논의가 봇물을 이루었다. 이러한 분위기에서 복수의 의료 체계 사이 권력관계에 대한 논의를 통해 기존 의료 다원주의 연구에 대한 비평들이 진행되었다(Lock, 1990; Janes, 1999). 이후 생의학의 헤게모니와 '과학성'을 비판 없이 받아들이는 의료 다원주의가 비판을 받았는데 이는 1980년대부터 시작된 생의학에 대한 인류학적 비평과도 연결되면서 더욱 가시적으로 대두되었다. 생의학이 역사적으로 자리 잡는 과정을 식민 의학의 관점에서 바라본 인류학 연구들은 의료 다원주의의 기반을 더욱 흔드는 역할을 했다(Comaroff, 1985).

8　이들의 전통 의학 연구 경험은 80년대부터 본격적으로 대두된 생의학에 대한 의료인류학적 연구에 이들 연구자들이 기여하는 시금석이 되었다.

의료 다원주의에 대한 비판은 경계가 분명한 결속된 체계로서의 과거 인류학의 문화에 대한 관점과도 연결된다. 의료 다원주의는 의료 시스템과 짝을 이루는 용어다(레슬리는 그가 편저한 책 제목에 시스템이라는 용어를 내세웠다). 시스템이라는, 경계가 확실한 지식과 실천의 체계를 상정하고 그 시스템들이 복수로 존재한다는 것을 상정했다. 사회 구성원들의 의료 돌봄 구하기 또한 경계가 확실한 실천으로 바라보았다. 하지만 실제 돌봄 구하기 실천에서는 경계의 넘나들기가 어렵지 않게 관찰되며, 의료 시스템 간의 경계 자체가 모호한 경우도 적지 않다.

한편 의료 다원주의에 대한 이러한 비평들은 그 개념의 종식을 의미하지는 않았다. 변화하는 사회와 의료의 상황 속에서 이는 여전히 중요한 개념으로 사용되고 있다. 여기에는 보완 대체 의학의 전 지구적 대두가 영향을 끼쳤다. 생의학이 아닌 의학들에 대해 연구가 진행되고 관심이 높아지면서, 자연스럽게 복수의 의료 상황에 관한 연구들이 진행되었다. 이것은 세계화의 맥락과도 중첩되는 부분이다(Zhan, 2009). 냉전체제가 무너지고 사람·자본·상품이 전 지구적으로 이동·교류하면서, 아시아 전통 의학 대학이 미국에 설립되고(Pritzker, 2014), 쿠바에서 침 치료가 의료 서비스의 하나로 부각되고(Beinfield, 2001), 아프리카에서 중의학 제재 약국이 등장하는 상황과 연결된다(Hsu, 2002).

냉전 종식과 동구권의 붕괴 후 보이는 사회적 양상에서 의료 다원주의는 정치 사회 변화를 읽을 수 있는 개념으로 쓰였다. 사회주의 정권 붕괴와 함께 의료 체계가 흔들리면서, 복수의 의료에 의지할 수밖에 없는 상황이 드러났다(Penkala-Gawecka, 2002). 한편 경제적 조건과도 연결된 의료 다원주의 연구도 보인다. 생의학이 전 세계적 헤게모니를 쥐고 있지만, 비용이 많이 드는 생의학이 모든 인류에게 열려 있지는 않다. 가난한 나라의 가난한 사람들은, 혹은 부유한 나라의 가난한 이민자들은 비생의학에 의존할 수밖에 없는 상황이다(Kiesser et al, 2006). 이와 같이 의료 다원주의 연구는 기존의 문화 개념을 탈피함과 동시에, 정치·경제·세계화의 다양한 조건들을 고려하며 계속해서 흥미로운 연구들을 선보이고 있다.

의료 다원주의는 최근 인류학의 존재론적 전회의 대두와 함께 새로운 국면을 맞고 있다. 복수의 의료 체계의 공존이 복수의 존재론을 읽을 기회를 제공하기 때문이다. 특히 의료가 지닌 존재론 논의의 가능성(Mol, 2002) 속에서 이러한 논의는 주목을 받고 있다. 예를 들어 랑윅(Langwick, 2011)은 생의학의 말라리아와 아프리카 전통 의학의 데게데게(말라리아 증상에 대한 전통 의학의 명명) 사이에서 드러나는 탄자니아의 '존재론적 정치(ontological politics)'를 통해 존재론적 전회 맥락의 의료 다원주의 연구를 선보였다. 이러한 존재론적 전회의 영향을 받은 의료 다원주의 연구들은 갈수록 주목받고 있다(Bonelli, 2015; McMallum, 2014).

의료 다원주의 개념은 한국사회에서 다양하게 논의가 가능하다. 특히 한국사회의 분리 이원화된 의료 체계는 의료 다원주의 연구를 위해 고무적인 현지를 제공한다. 오전에는 한의원을, 오후에는 병원을 방문하는 환자들의 행위는 의료 돌봄 구하기 실천 방식과 관련된 연구의 장을 마련해 주고 있다. 증가하는 이주민 인구는 중층의 의료 다원주의(이주민 본국의 의료 다원주의가 한국의 의료 다원주의와 중첩되는)를 들여다보게 한다. 최근 의료 다원주의 논의에서 각종 섞임에 관한 논의가 대두되는 것 또한 한국에서의 적용 가능성에 시사하는 바가 크다. 의료 시스템이라는 단일하게 결속된 지식과 실천의 체계라는 관념을 벗어던지면서 다양한 논의가 드러나고 있으며, 특히 한 의료 체계 내에서도 복수의 의료가 섞이는 방식에 관한 연구들이 대두되고 있다. 최근 국내에서 출간된 『하이브리드 한의학』(2019)은 비록 의료 다원주의라는 용어는 사용하고 있지 않지만, 여기에 포함되는 연구라고 할 수 있다. 양·한방 협진 병원을 현지 조사하여 한의학 내부의 경계 넘기를 논의한 박인효의 연구(2018) 또한 더욱 다양해진 의료 다원주의 연구의 예에 포함된다. 이러한 한국의 복수 의료 공존 상황은 다양하게 접근하는 의료 다원주의 연구를 기다린다.[9]

2) 사회적 고통(Social Suffering)

사회적 고통(Social Suffering)은 경제적·정치적·조직적 사회구조 차원의 요인으로 야기되는 고통을 지칭하는 개념으로, 개인적 차원에서는 신체적 아픔·트라우마·스트레스로 경험되지만 그 배후에는 특정한 사회 집단의 사람들에게만 그런 일들이 일어날 수밖에 없는 사회구조가 있다는 것을 강조한다(Kleinman, Das, and Lock, 1997:9). 따라서 이러한 사회적 차원의 폭력을 지칭하는 개념인 구조적 폭력은 사회적 고통과 떨어질 수 없는 개념이다(Singer and Erickson, 2011:1). 사회적 고통은 고통에 대한 심리학적·의학적 접근이 포착하기 어려운 고통에 기여하는 여러 상황들을 한데 모아 전체적으로 조망할 수 있게 해 주며, 구조적 폭력은 결핵과 같이 이미 정복했다고 여겨지는 질병이 왜 특정한 지역에서는 여전히 많은 청년들의 목숨을 앗아가는지와 같은 국제 보건 문제들을 설명하는 데 빠질 수 없는 개념이다. 의

---

9 한의학과 관련한 의료다원주의에 관해서는 김태우(2014) 참조.

사이자 의료인류학자인 폴 파머(Paul Farmer)는 구조적 폭력과 사회적 고통 개념을 중심으로 지구상에서 가장 빈곤한 국가인 아이티에서 감염병의 확산 및 AIDS와 결핵으로 인한 높은 사망자 수의 배후에 있는 국제정치적 상황과 아이티인들이 처해 있는 위험한 상황을 분석했다(Farmer, 1992; 1997b; 1999; 2003; 2010).

사회적 고통 개념은 국제 사회 간 불평등 외에도 사회구조적 요인 때문에 자원의 분배가 평등하게 일어나지 않거나 타자화·주변화되는 집단이 존재하는 사회라면 어디에나 적용 가능하다. 빈곤층, 여성, 어린이, 노약자, 난민 등 사회적 구조로 인하여 약자로 분류되는 이들에 대한 사회적 고통 개념에 의한 접근은 그들의 고통을 총체적으로 이해하는 데 필수적이다. 고통은 누구나 경험할 수 있지만 예방 가능한 위해 요소들에 특정 계층이 무방비하게 노출되어 있다는 점은, 눈에 보이지 않으나 그 때문에 더 큰 위력을 지니는, 고통을 재생산하는 구조적 폭력의 존재를 암시한다.

인간이 경험하는 고통에 사회적인 차원이 있다는 인식은 오래도록 존재했다. 질병의 문제를 개인의 건강 문제로 접근하는 데 그치기보다는 사회적 차원과 연결 지어 생각해 보아야 한다는 주장도 그런 인식을 반영한다(Stacey and Homans, 1978). 병 자체는 사회적이지 않아도 병으로 인한 고통의 경험과 회복, 병에의 노출은 모두 사회적인 구조의 영향을 받기 때문에 우리는 개인적 또는 집단적으로 야기하는 고통에 관하여 고민해야 한다는 것이다(Stacey et al, 1970). 사회적 고통의 원인이 되는 구조적 폭력이 처음 언급된 것은 갈퉁(Galtung)의 평화에 관한 글에서였다. 그는 평화를 정의하면서 그것이 직접적인 물리적 폭력—개인적 차원에서부터 집단적 차원에까지—의 부재뿐만이 아니라 빈곤, 주변화, 그리고 착취 등으로 인한 간접적인 구조적 폭력까지 부재한 상태라고 했다(Galtung, 1969). 그는 구조적 폭력을 '자원의 분배에 대한 결정권'의 불평등으로이라고 구체적으로 말했으며, 그것이 가져오는 '불평등한 생의 기회'가 물리적 폭력보다 더 많은 죽음과 고통을 야기한다고 지적했다(Galtung, 1969:171). 이러한 구조적 폭력에 대한 인식은 사회정의에 대한 논의를 촉발했으며, 빈곤의 폭력, 인종차별의 폭력, 젠더 차별의 폭력, 신자유주의에 의한 폭력 등에 관한 여러 연구들이 발표되었다(Lee, 1996; Geiger, 1997; Brown, 1989; Morgan and Björkert, 2006:442, Kim et al 2002).

앞서 언급했듯이, 구조적 폭력이 질병에 끼치는 영향에 관한 폴 파머의 연구들은 인류학 내외에서 사회적 고통과 구조적 폭력에 관한 담론의 발전에 크게 기여했다. 그는 구조적 폭력에 관한 연구의 목적은 현장에서의 실천을 향상시키기 위한 것이며, AIDS와 결핵이 구조적 폭력을 연구하기에 최적의 연구실이라고 말했다(Farmer, 1997; Farmer et al., 2006). 두 질병의 공통점은 빈곤층이 가장 취약하다는 점이며, 이러한 극빈함은 젠더 불평등, 인종차별, 그리고 생존에 필요한 필수 자원에 대한 접근성과 긴밀한 관련성이 있으므로 이 부분들을 간과한다면 질병의 예방과 치료는 이루어질 수 없다. 이 때문에 이 두 질병을 포함해 극빈층이 취약한 질병들의 원인은 원인균이나 바이러스가 아니라 '방치'라는 것이다(Rylko-Bauer and Farmer, 2017:6). 따라서 사회적 고통은 대물림되기 쉬우며, 이를 해결하기 위해서 개인 건강이나 웰빙 차원의 접근을 넘어서는 구조적 폭력에 관한 논의가 필수적이다.

사회적 고통과 구조적 폭력에 관한 인류학적 관점이 유용한 이유는 다양한 인류의 다차원적인 고통의 경험에 접근이 가능하기 때문이다. 예컨대 강간의 경우, 빈곤과 젠더 불평등, 여성의 몸에 부여되는 사회 문화적 의미 등의 사회적 구조가 배후에 있으며, 맥락에 따라서 작용하는 폭력의 양상은 더욱 다양해진다(Stark and Wessells, 2012; Mukherjee, 2017; Olujic, 1998). 한편 강력한 폭력인 전쟁이 사회와 그 구성원들에 끼치는 영향력에 관한 인류학적 연구는 전쟁으로 인한 인프라의 파괴뿐만 아니라 가족이나 지역의 지지 체계, 환경, 생업 등과 같이 삶의 다양한 측면을 어떻게 파괴하는지 보여주었다(Leatherman and Thomas, 2008; Rylko-Bauer, Whiteford, and Farmer, 2009). 여기에서 삶의 파괴는 전쟁의 폭력에 의해 직접적으로 이루어지는 것이 아니라 전쟁 이전부터 존재하던 구조적 폭력에 의해 매개되거나 증폭되며, 전후에도 그 영향력을 지속시킨다는 점이 드러났다(Fassin, 2009; Miller and Rasmussen, 2010; Quesada, 2009).

그간 사회적 고통과 구조적 폭력 개념은 사회과학과 보건학 분야에서 핵심 개념으로 사용되었다. 이 개념들이 포괄할 수 있는 사회적 힘의 다양성 덕분에 여러 가지 맥락에 적용 가능하다는 것이 장점이며, 앞서 언급했듯이 사회적 고통 개념 하에 그 고통에 관여하는 다양한 요인들에 총체적으로 접근 가능하고 그들 간의 상호작용까지 살펴볼 수 있어서 전체적인 그림을 읽어 내는 데 유리하기 때문이다. 하지만 이 개념들의 포괄성의 한계에 대한 지적도 있다. 즉, 구조적 폭력의 거시적인 관점을 보다 미시적으로 구체화시킬 필요가 있다는 것인데, 구조적 폭력으로 지칭되는 빈곤, 배제, 차별에 의해 고통 받는 이들이 그러한 폭력을 어떻게 이해하고 있는지를 그들의 감정이나 시각을 통해 맥락적으로 살펴보아야 한다는 것이다(Biehl and Moran-Thomas, 2009; Bourgois and Scheper-Hughes, 2004). 그렇게 하지 않았을 때 지적 영역에서 투쟁을 벌이는 학자들에게 구조적 폭력 개념은 추상적으로 머무를 수 있기 때문이다. 또 다른 비판으로는 구조적 폭력에 역사적 맥락이 중요한 만큼, 그것이 현재 가하고 있는 사회적 고통을 이야기할 때 현재 시점에서의 폭력뿐만이 아닌 그것이 현재에 이르게 된 역사적 맥락에 지금보다 더 주의를 기울여야 한다는 것이다(Fassin, 2004).

한편, 구조적 폭력이라는 서구 중심적인 개념이 타 문화에 적용되었을 때, 그것이 애초의 의도대로 불합리한 사회구조를 드러내어 고통을 감소시키기보다는 해당 문화권의 사람들에게 '희생자' 프레임을 씌워 그들의 행위주체성을 축소시킨다는 비판도 있다(박영수, 2017). 또한 구조적 폭력에 노출되어 있으면서 즉각적인 개입이 필요한 경우, 구조의 개선을 통해 고통을 경감하려는 시도는 공허할 수 있다. 고통에 대한 사회적인 접근은 자칫 개인에게 고통의 책임을 돌리고 재생산될 수밖에 없는 구조적 폭력을 인식한다는 면에서 중요한 위치를 차지하나, 고통을 겪는 당사자들의 경험을 중심에 두지 않으면 분석을 위한 이론으로 그칠 가능성이 있기 때문이다.

이러한 비판에 힘입어 사회적 고통에 관한 연구는 점차 특정한 사회 속 개인의 경험에 귀를 기울이고 이를 거시적 맥락 위에 둠으로써 당사자의 고통을 구체화하고 폭력을 가하는 구조를 개인의 삶과 연결 짓는 방향으로 발전해 왔다. 예를 들어 한국사회에서 사회적 고통 개념을 통한 인류학적 접근은 고통 당사자들의 경험을 드러내고 그 경험이 처해 있는 사회 정치적 상황을 그려 내는 데 일조했다(김관욱, 2018; 백영경, 2013; 이현정, 2016; 장수현, 2001). 이 연구들에서는 저마다 사회적 약자의 위치에 있는 이들—콜센터 여성 노동자·낙태 여성·세월호 참사 피해자·중국 내 북한 난민—의 고통 이면의 불합리성과 사회적으로 보장받지 못한 권리는 무엇이었는지 등을 당사자들의 경험을 통해 드러냈다. 이러한 연구는 개개인의 고통으로 접근했을 때 간과할 수 있는 우리 사회의 구조적 폭력을 드러냄으로써 당사자들의 고통을 총체적으로 이해할 수 있도록 해 주며, 그와 같은 고통이 반복되지 않기 위해서는 사회적 차원에서 의식과 제도적 개선이 필요함을 강조한다. 이에 더해 당사자들의 경험을 담은 연구는 구조적 폭력에 대한 개개인의 반응을 세밀하게 살핌으로써 그들이 일방적인 피해자가 아니라 주어진 상황에서 주체적으로 사고하고 판단하며 저항하기도 하는 자율적인 주체임을 드러내기도 했다. 이로써 사회적 고통은 단일한 경험이 아니라 과거로부터 축적된 구조와 현재 시점에서 역동하는 주체 간의 끊임없는 상호작용이 일어나는, 이론적으로만 재단할 수 없는 생생한 현장이 된다.

지금까지 살펴본 바와 같이 사회적 고통 개념의 연구는 개념의 광범위함과 고통의 경험이 개개 당사자들의 삶과 직결되어 있다는 특성 때문에 학문적 틀 안에서만 다룰 수 없는 '모호함'이 있어, 특정한 저작이나 학문적 성과로서 그 개념의 변화 과정을 읽어 내기에 한계가 있다. 다만 사회적 고통 개념이 적용된 연구를 통해 그 시선을 따라갈 뿐인데, 초반에는 사회적 고통 개념을 통해 개인적인 경험이라고 여겼던 고통 이면에 거대한 사회구조가 있음을 알아차리고 그 구조를 밝히는 데에 연구의 초점이 맞추어져 있었다면, 점차 그러한 구조의 폭력에 노출된 개인·집단의 상황과 당사자들의 직접적인 경험이 중요한 연구 대상이 되었다. 즉, 사회적 개념에 관한 연구는 거시적인 관점에서 점차 줄인하여 미시적인 측면에 관심을 기울이는 방향으로 발전해 왔으며, 이를 다시 거시적 관점에서 읽어 낸 맥락 위에서 해석함으로써 더욱 실질적인 지식을 생산하고 있는 것이다. 예컨대 젠더와 폭력의 상관성을 살펴본 연구에서는 많은 이들이 젠더를 이유로 불평등과 폭력에 노출되어 있음을 드러내며, 그 원인은 각 사회의 구조 자체로부터 나온다고 보았다(Das, 2008; 백영경, 2013; 유현미, 2016; Kwiatkowski, 2019). 특히 백영경의 연구에서는 한국에서 낙태 경험을 한 여성들과 낙태와 관련되어 있는 전문가들과의 인터뷰를 통해 당사자들이 처한 사회구조의 폭력을 드러내고 이 구조를 개선하기 위해서 무엇보다도 개개 여성의 경험을 중시해야 한다고 강조했다(백영경, 2013). 이러한 당사자의 경험에 대한 조사는 인류학적 접근의 강점으로, 추상적인 영역에 머무를 수 있는 고통을 이해하는 데 구체성과 생동감을 부여하여 고통을 완화하기 위한 실질적 개선이 무엇인지를 고민하게 한다.

한편 구조적 폭력에 의한 사회적 고통은 개인의 몸에서 경험될뿐더러 대물림되기도 하고, 겉으로 보아서는 연관성이 없어 보이는 고통의 경험이 동일한 구조로부터 나왔다는 사실이 연구를 통해 밝혀지기도 한다. 그렇기 때문에 사회적 고통에 의한 접근은 역사적으로 주요한 사건들의 실상을 드러낼 뿐만 아니라 그러한 사건들의 이면에 자리 잡고 있는 왜곡된 구조를 지속적으로 노출시킴으로서 과거로부터 현재까지 이어지는 사회구조의 역사적 맥락 또한 짚을 수 있도록 해 준다. 이런 점에서 한국사회에 관한 연구들은 주목할 만하다. 식민지 조선에서 일본으로 이주 한 나가사키 피폭 피해자에 관한 연구(박성실, 2016; 이은정, 2019), 과거 한국의 1960~1980년대 정권의 부랑인 정책에 의해 수용되었던 이들에 관한 연구(유해정, 2018), 새만금 간척 사업으로 인한 지역 주민들의 고통에 관한 연구(함한희, 2002), 그리고 세월호 참사 속 다양한 피해자들이 겪는 고통을 다각도에서 분석하여 총체적으로 파악하고자 한 연구(이현정, 2016)는 한국사회의 어두운 역사로 기록된 사건들의 이면에 있는 세세한 결들을 보여줌으로써 공통적으로 자리하고 있는 한국사회의 '타자화 현상'을 드러냄과 동시에 개개인이 살아 낸 역사를 보여주면서 이들을 우리의 의식으로 소환한다.

결국 사회적 고통의 경험은 역사적 증언이며, 개인의 영역에서 다루어지기 쉬운 고통을 사회적 맥락 안에서 다루는 일은 고통에 역사성을 부여함으로써 그것의 실체를 파악하는 일이다. 앞서 언급한 한국사회의 사회적 고통 생존자들에 관한 인류학적 연구들에서도 볼 수 있듯이 고찰의 대상이 된 사건이나 사회구조는 한국 역사의 주요 사건들이며, 그 이면에는 오랜 시간 동안 고착화된 한국사회의 구조적 부조리가 내재되어 있다. 이 사실은 역사로부터 분리된 인류학적 연구는 있을 수 없다는 점을 시사한다. 의료인류학에서 '사회적 고통'을 중요한 연구 주제로 끌어올리는 데 기여한 편저서 『사회적 고통(Social Suffering)』에서도 의료인류학자들은 역사적 자료를 인용해 사회적 고통을 설명했으며, 역사학자들 또한 저자로 참여해 사회적 고통의 역사적 맥락에 관해 논의했다. 고통의 경험은 개인적이지만 그것의 뿌리는 오랜 기간에 걸쳐 구성된 사회의 구조에 있기 때문에 역사적 맥락에서 다루어야만 사회의 구조가 어떻게 특정 개인이나 집단의 고통으로 귀결되는지 충분히 이해할 수 있는 것이다.

사회적 고통과 구조적 폭력은 보이지 않는 고통의 차원을 드러낸다는 점에서 고통의 이해 과정에서 빠질 수 없는 개념들이다. 특히 당사자들의 경험을 중심에 두는 인류학적 접근은 아직 연구되지 않은 수많은 한국사회의 약자들의 고통을 그들의 목소리를 통해 드러내기에 적절하다. 최근의 코로나19 감염병 사태에서 사망한 이들의 대다수가 사회적으로 배제되어 고립되어 있는 사람들이었다는 점을 상기하면 감염병의 시대를 살아가는 우리의 현재 또한 사회적 고통과 구조적 폭력 개념으로 고찰할 여지가 많다는 것을 알 수 있다. 감염병의 시대를 살아가는 현대 한국사회 구성원 모두가 같은 고통을 경험하지는 않는다. 이는 단지 고통이 주관적인 감각의 결과여

서가 아니라 한국사회의 구조적 조건이 그만큼 대등하지 않기 때문이다. 코로나19로 인한 직간접적인 고통의 경험에 내재하는 사회적 불평등과 편견을 파악하는 데 사회적 고통과 구조적 폭력 개념이 유용한 도구가 될 수 있을 것이다.

3) 로컬 바이올로지(Local Biologies)

로컬 바이올로지(Local Biologies)는 다소 거칠게 '지역 생물학'으로 번역할 수 있는 개념으로, 생물학적으로 인류 보편적이라 여겼던 몸 현상들이 몸이 처해 있는 지역적, 문화적 환경에 따라 다양하게 드러나는 현상을 설명한다 (Lock, 1993). 즉, 기존에 별개로 이해되던 생물학적인 몸과 사회적인 몸 사이에는 지속적으로 영향을 끼치는 관계성이 있다고 전제한다. 이러한 시각은 갑자기 나타난 것이 아니라 서구사회의 존재론적 인식론에 대한 오랜 비판과 반성으로부터 나왔는데, 의료를 비롯한 제 분야에서 전제하는 '보편적이고 단일한 몸' 개념이 실재하는 몸들을 충분히 반영하지 못한다는 것이다 (Hamdy, 2012; Lock, 2013; Nguyen, 2010; Roberts, 2012; Street, 2014). 의료인류학 내부에서는 1980년대부터 일어난 생의학에 대한 비판이 로컬 바이올로지 개념과도 연결되어 있다.

로컬 바이올로지 개념은 복수의 몸을 암시하며, 몸은 선천적으로 결정된 닫힌 체계로 존재하는 것이 아니라 주변과 끊임없이 영향을 주고받으며 변화하는 열린 체계임을 말한다. 여기에서는 적당한 번역어를 확정할 수 없어 로컬 바이올로지라고 쓰고 있지만, 실제로 이 개념은 복수라는 점이 강조되어야 한다. 복수의 바이올로지라는 용어를 통해 단일한 몸에 대한 보편적인 지식 체계로서의 바이올로지(biology)에 대한 비평을 제기하고 있는 것이다. 이 복수성 때문에 로컬 바이올로지 개념은 우리의 몸이 타고난 유전자만으로 결정되는 것이 아니라 환경적인 영향에 따라 유전자의 발현이 달라진다는 후생유전학(epigenetics)과 많은 연관성을 지닌다(Richardson and Stevens, 2015).

로컬 바이올로지는 질병을 비롯한 신체 현상의 사회 문화적 영향력을 실질적인 차원에서 설명함으로써 기존의 획일적인 몸 관념을 해체하고 다양한 몸을 논의에 끌어들인다는 점에서 의료를 비롯해 생물학, 인류학, 의료인문학에서 빼놓을 수 없는 개념이다. 특히 인류가 만들어 낸 환경(주로 환경의 파괴)이 다시 인류에게 영향을 끼치는 시대를 지칭하는 인류세 논의와도 깊이 연관되어 있다. 로컬 바이올로지는 또한 신체와 정신을 분리하여 신체는 과학의 영역으로, 정신은 인문학의 영역으로 나누어서 보는 기존의 인식론을 거부하고, 전인적이고 살아 있는 존재이자 현상으로서의 몸의 관계성을 강조하기에 포스트휴머니즘의 논의와도 이어지는 개념이다.

이 개념은 1980년대에 의료인류학자인 마거릿 락(Margaret Lock)이 일본과 북아메리카 여성들의 갱년기 경험을 비교한 인류학적 연구에서 두 집단 간의 차이를 설명하면서 등장했다. 로컬 바이올로지 개념에 생의학에 대한 비판이 깔려 있다는 것은 락의 이력에서도 잘 드러난다. 그는 1960~1970년대 생의학 비판적 맥락 속에서 일본에서 비생의학에 관한 연구를 진행했다. 그리고 1988년에 데보라 고던과 함께 생의학 지식 실천에 대한 비판적 논의를 편저했다(Lock and Gordon, 1988). 그리고 1993년 출판한 『노령화와의 조우(Encounters of Aging)』를 통해 본격적으로 로컬 바이올로지 개념을 주창했다. 그는 갱년기가 여성의 재생산 능력이 더 이상 발휘될 수 없는 시기라는 데 전 세계적으로 큰 차이가 없으나, 현지 조사를 통해 그것이 의미하는 바가 문화권에 따라 크게 다를 수 있다고 밝혔다(Lock, 1993). 이 차이는 단순히 당사자들의 '주관적인 경험'에서만 나타나는 것이 아니라 생물학적 측면에서도 나타남으로써 환경에 따른 생물학의 변화를 드러냈다. 이렇게 객관적 대상으로 여겨지던 몸과 그것이 처한 환경 사이의 작용으로 모든 사람에게 일정 정도의 생물학적 차이가 나타난다는 통찰을 담은 개념이 등장함으로써 사람에게 나타나는 질병 현상이나 집단 간 건강 불평등 현상을 총체적으로 설명할 수 있는 언어가 마련된 것이다. 이 개념은 인류학 분야에서 또 하나의 주요 개념 가운데 하나인 체화(embodiment)와도 긴밀하게 연결된다.[10] 로컬 바이올로지 개념은 현재까지도 보편적이면서 특수한 관계성을 포함하는 몸을 설명하는 데 유효하며, 사회의 변화에 따라 지속적으로 해체와 재구성을 반복하는 중이다.

로컬 바이올로지는 고정불변이라고 여겨졌던 물질성 또한 사회성과 마찬가지로 고정적이지 않으며 주변 환경의 영향을 받아 변화한다는 통찰을 담고 있다. 가장 대표적인 연구는 이 개념이 처음 등장한 락의 연구로, 갱년기 여성 집단에서 동일하게 경험되리라 예상했던 갱년기 증상이 북아메리카 대륙 여성들과 일본 여성들 간에 달리 체험된다는 내용이다(Lock, 1993). 이를 통해 락은 몸의 경험이 집단에 일괄적이지도 않고, 하나의 시공간에 묶여 있지도 않다는 사실을 밝혔는데, 바로 일본에서 살다가 하와이로 이주한 일

---

10 체화(embodiment)는 현상학에 그 뿌리를 두고 있는 개념으로 물리적 몸과 구분되는 '살아있는 몸'의 주관성을 강조한다. 여기에서는 의식과 행동, 자아와 타자의 이분법적 구분을 거부하고 '몸'으로서 생활세계(lifeworld)를 살아가는 주체를 상정한다.

본인들은 본토의 일본인들과 유사한 증상을 호소하는 반면, 미국 본토의 일본인들은 본토 일본인들보다는 많이, 그러나 미국인들보다는 적은 빈도로 증상을 호소한다는 연구 결과가 드러났기 때문이다.

락의 연구 이후 환경—문화 · 독성 물질 · 빈곤 · 폭력 · 이주 등의 광범위한 의미에서—과 몸을 연결하는 로컬 바이올로지의 개념적 유용함에 힘입어 다양한 연구들이 진행되었다. 그 예로 베트남전쟁 당시 미군이 살포한 고엽제인 에이전트 오렌지의 핵심 독소인 다이옥신에 노출된 사람들과 그들의 후손에 이 성분이 미친 영향력에 관한 연구가 있다(Gammeltoft, 2014). 이 연구에서는 몸이 처한 환경으로서 다이옥신 외에도 당시 베트남의 국제 정치적 상황, 베트남 사람들의 낙태에 대한 인식, 베트남사회에서 다이옥신 피해자라는 낙인이 지니는 의미 등을 종합적으로 보아 로컬 바이올로지에서 '로컬'의 개념 또한 중층적인 의미를 가질 수밖에 없다는 점을 밝혔다. 이 외에도 트라우마나 스트레스 상황이 태아와 유아에게 끼치는 영향에 관한 연구도 로컬 바이올로지가 적용된 연구의 예이다(Grandjean & Landrigan, 2006; Hertzman, 1999; Lock 2015; Monk et al., 2012).

우리나라의 특수한 문화 질병이라 일컬어지는 화병 또한 로컬 바이올로지 개념을 담고 있는 현상 가운데 하나이다. 화병은 DSM에서 최근까지도 문화 관련 질환으로 분류되어 한국사회 또는 한국 사람에게 특수한 질병으로 알려져 있다.[11] 화병의 원인이나 그것을 호소하는 인구 집단에는 그간 변

---

11 DSM-4까지 화병은 문화관련 질환 가운데 하나로 기재되어 있었으나, 최신 개정판인 DSM-5에서는 누락되었다. 문화관련 질환 범주는 해당 문화권에 대한 편견이나 오해 탓이라는 비판을 받곤 한다.

화가 있었으나, 특정한 환경에 처한 사람에게 나타나는 신체 증상이 바로 그가 처한 환경과 직결된다는 점, 즉 물질성과 사회성은 긴밀하게 얽혀 있다는 점에서 로컬 바이올로지와 연결시켜 볼 수 있다.

로컬 바이올로지는 결국 몸의 관계성에 주목하는 개념이다. 그리하여 몸을 맥락으로부터 분리하여 바라보는 실험실 기반 의학이나 인류 보편적인 '단일한 몸(the body proper)' 개념에 반한다. 이는 몸과 '환경'의 관계성을 살피기에 유용하나, 인류세라고 일컬어지는 오늘날의 급변하는 '환경'을 포괄하기에는 부족한 면이 있다. 개념이 만들어진 당시에 비해서 오늘날에는 국경 간 이동이 잦고 전 생애에 걸쳐서 한 지역에만 머무르지 않는 경우도 많기 때문이다. 한 지역에 머무는 경우에도 사회는 급격하게 변하고 점점 복잡해지므로, 환경의 다양성을 포괄하기 위하여 인류학자들은 '처해진 생물학(situated biologies)'을 제시했다(Niewöhner and Lock, 2018). 이 개념이 등장한 배경에는 기존의 로컬 바이올로지가 인류에게 선천적인 생물학적 차이가 있다는 잘못된 믿음을 강화한다는 비판이 있었다. 인종과 문화에 대한 차별의 근거로 사용될 수 있는 위험성이 있다는 것이다. 하지만 이는 로컬 바이올로지에 대한 오해로부터 비롯된 면이 있다(Lock, 2017:11). 기존에 전제하던 '지역'의 협소함에 대한 이와 같은 지적은 전 세계적으로 일어나고 있는 변화에 따른 당연한 비판이며, 과학기술의 발달과 환경 파괴, 최근에는 감염병의 확산과 같이 앞으로도 '환경'은 점점 복잡해질 것으로 보인다.

로컬 바이올로지가 지니는 또 다른 한계는 그것이 여전히 기존의 인식 체계 안에서 작동한다는 점이다. 즉, 환경에 대한 확장된 인식과 후생유전학 분야의 성과들로 인한 기존 생물학적 지식의 수정 보완에도 불구하고, 이 개념은 여전히 기존 생물학의 인체 작동 원리를 전제한다. 로컬 바이올로지 개념은 다른 지역에 있는 사람들 간의 신체 현상의 차이에 대해서는 설명할 수 있으나, 같은 환경에 처해 있는 사람들 간의 차이에 대해서는 충분히 설명할 수 있을 만큼 유연하지 못하다. 결국 로컬 바이올로지가 드러내고자 하는 몸과 환경의 관계성은 몸에 대한 지식의 해체와 재구성으로 이어질 것으로 예상한다(Lock, 2105).

아직 한국에서는 로컬 바이올로지가 적용된 연구들이 많지 않다. 그러나 로컬 바이올로지가 지니는 중요성과 가능성은 매우 크다. 의료에서는 생물사회학적 모델(biosocial model), 생물정신사회학적 모델(biopsychosocial model) 등 몸의 범주에 환경적 측면을 포함하려는 노력을 지속적으로 해 왔다(Engel, 1977). 이는 살아 있는 몸을 대상으로 하는 의료 분야에서 환경의 영향력을 배제할 수 없다는 매우 실질적인 이유 때문인데, 앞서 언급한 모델들은 육체와 정신, 몸과 사회의 연결성을 유기적으로 설명하지는 못한 채 한데 묶어 놓을 뿐이었다. 이에 비해 로컬 바이올로지는 몸을 맥락적으로 해석할 수 있도록 해 주므로 생의학의 한계를 극복하고자 하는 통합적인 의료에 매우 유용한 개념이다.

생의학이 헤게모니를 쥐고 있는 한국사회 또한 로컬 바이올로지 개념 적용 가능성이 많은 곳이다. 생의학적 틀에서 질병의 판단 기준은 단일한 몸 개념을 바탕으로 하며 이를 잣대 삼아 일어나는 진단과 치료는 효율적이기는 하나, 실제의 다양한 몸 현상을 포착하지 못한다는 한계에 직면했다. 이 한계 속에는 몸을 맥락적으로 살피지 못하는 데에서 비롯되는 몸의 기계화도 포함된다. 로컬 바이올로지는 사람이 처한 환경을 의료적 논의 속으로 끌어들이는 역할을 할 수 있으며, 역으로는 보다 다양한 몸을 염두에 둔 통합적인 의료, 맥락적 접근. 맞춤 의학에 관한 논의를 심화시킬 수 있을 것이다. 이 외에도 로컬 바이올로지는 한국사회에서 참사 경험자들에 대하여 몸으로부터의 접근을 가능케 해 주어 그들이 처한 고통의 또 다른 측면을 보여줄 수도 있다. 가습기 살균제 사건이나 세월호 참사, 대기업 반도체 백혈병 사건 등의 당사자들이 실제로 경험하는 고통이 몸의 차원에서 드러남에도 불구하고 몸은 고통의 논의에서 종종 비껴나 있다. 이러한 사건들에 로컬 바이올로지 개념을 적용시킨다면 당사자들이 처한 불합리한 상황이 어떻게 최종적으로 몸 차원의 현상으로 귀결되었는지 설명함으로써 고통의 사회적 차원에서부터 개인적 차원에까지의 연결을 더욱 구체적으로 밝힐 수 있을 것이다.

4) 생명정치(Biopolitics)

생명정치(Biopolitics)는 거리가 있을 것 같은 생명과 정치를 바로 연결하는 개념이다. 니콜라스 로즈(Nicolas Rose)가 그의 책 제목으로 사용하고 있듯 생명정치는 말 그대로 "생명 자체에 대한 정치(Politics on Life Itself)"이다.[12] 제도·법률·사회조직 등 기존의 정치와 연결된 것들을 넘어서 생명과 정치가 직접 연결되어 있음을 말하면서, 이 개념은 지금 시대의 삶과 삶에 미치는 힘들을 조망할 수 있는 창을 제공한다.

주지하다시피 생명정치는 미셸 푸코(Michel Foucault)로부터 영향을 받은 개념이다. 그는 『안전, 영토, 인구』의 도입부에서 생명정치를 "인간이라는 종의 근본적으로 생물학적인 요소를 정치, 정치적 전략, 그리고 권력

---

12 Rose, Nicolas(2007) 『생명자체에 대한 정치(The Politics of Life Itself)』 참조.

의 일반 전략 내부로 끌어들이는 메커니즘의 총체"라고 정의했다.[13] 푸코는 생명정치와 함께 생명권력(biopower), 해부정치(anatomo-politics), 통치성(governmentality) 등의 개념들을 통해 이 '메커니즘의 총체'를 논했다. 다소 혼재된 느낌을 주기까지 하는 이 개념들은 생명정치의 '총체'를 구성하는 내용들을 드러내려는 시도로 받아들일 수 있다. 생명정치의 총체를 이해하기 위해 이 개념들을 간략하게나마 정리해 보자면, 먼저 생명권력은 생명에 대한, 혹은 생명 위의 권력이다. 생명권력은 두 축의 정치를 통해 권력을 행사한다. 그 축들은 해부정치(anatomo-politics)와 생명정치(biopolitics)이다. 이들 근대 정치의 양태를 푸코는 '통치'라고 언급했다. 통치성(governing)은 근대 이전 주권 권력의 지배(ruling)와 차별되는 개념이다. 죽음의 정치인 지배에 반해 통치는 '생명'에 투자한다. 생명을 최적화하고 관리한다. '투자'의 방식은 해부정치와 생명정치라고 명명한 생명권력의 두 축에서 잘 드러난다. 해부정치(anatomo-politics)는 개인의 몸을 훈육하는 기제를 말한다. 잘 알려진 것과 같이 여기서 훈육은 강제적이지 않다. 판옵티콘(panopticon)에 대한 푸코의 논의(푸코, 2016)대로 이 훈육은 대상이 권력의 시선을 내면화하여 스스로 하게 하는 훈육이다. 생명정치는 개별 몸보다는 그 몸들의 집합인 인구에 조절과 통제의 형식으로 영향력을 행사하는 정치이다. 푸코가 강조하고 있듯이 생명정치와 해부정치는 별개의 정치가 아니며 깊은 연관성이 있다. 내면화된 훈육을 통한 개인들의 생각과 실천이 그 집합의(즉 인구의) 양상을

---

13 실제로 콜레주드프랑스의 강연 모음집인 『안전, 영토, 인구』에서 이는 '생명권력(biopower)'에 대한 정의로 언급되었다. 하지만 이 정의는 생명정치의 핵심을 짚어서 말하고 있고, 푸코 또한 생명권력과 생명정치를 혼용하는 경향이 있기 때문에 생명정치에 관한 정의로 사용해도 그 뜻이 와전되지는 않을 것이다.

조절하고 최적화하는 형태로 해부정치와 생명정치는 연결된 채 작동한다.

푸코가 이 개념들을 제안하는 방식은 인상적이다. 그는 거리가 있을 것 같은 생명과 정치가 연결될 수 있다는 것을 주장하기보다는 생명과 정치가 연결되어 있는 것이 바로 우리가 기거하는 근(현)대라는 시대임을 역사적 논의를 통해 보임으로써 이들 개념을 제안했다. 생명정치의 탄생은 근대 유럽의 중상주의, 자본주의와 깊은 연관성이 있다. 중상주의와 함께 인구 개념이 탄생하고 인구를 안전하게 관리하려는 안전 테크놀로지들이 등장했다(푸코, 2011). 이는 식량난이나 감염병과 같이 인구의 급격한 변화를 초래하고 영토 내 안전을 위협하는 상황을 방지하기 위한 장치다. 생명정치는 처음에는 생명권력의 한 축으로 제시되었지만, 때론 생명권력과 혼용되기도 하고, 해부권력과의 깊은 관계 속에서 생명권력을 대표하는 정치로 인용되면서 "생물학적인 요소를 … 정치의 내부로 끌어들이는 정치의 총체적 전략"(앞의 책)을 대표하는 용어로 사용되고 있다.

생명정치 개념은 의료인류학자들의 시선을 끌기에 충분했다. 푸코의 생명정치에 대한 정의에서 생물학적인 요소는 몸, 출생, 사망, 질병 등 인간존재의 근간이 되는 생명에 관한 내용들이다. 이는 모두 의료와 관계가 깊다. 의료인류학에서 관심을 가질 수밖에 없는 내용들인 것이다. 더욱이 푸코는 다음과 같이 의료를 직접 지목하며, 생명정치에서 의료의 중요성을 말했다. "몸은 생명정치의 실제(대상)(reality)이다. 의료는 생명정치의 전략이다"(Foucault, 2000: 137). 생명정치는 근대 이후의 특징적인 정치 양태다. 생명정치에 의해, 인간의 가장 기본적 전제라고 할 수 있는 생물학적 요소들은 정치와 직접적으로 관계를 맺는다. 의료는 생명과 정치 사이에서 생명정치에 직접적으로 관여한다.

생명정치는 푸코의 또 하나의 중요한 논의인 지식—권력과 깊은 연관이 있다. 이 연결성은 생명정치 개념과 연결된 의료인류학의 연구에 깊은 영향을 미쳤다. 무엇보다도 지식—권력은 몸에 관한 의료 지식이 어떻게 생성되고 어떻게 몸에 정치적 영향을 미치는 의료 실천으로 자리 잡는지의 측면에서 의료인류학자들의 관심을 끌었다. 기본적으로 의료인류학은 그러한 의료 지식 실천의 정치성을 염두에 두고 있었다. 앞에서 의료 다원주의 개념을 통해 살펴본 바와 같이 의료인류학은 어느 학제보다도 의료 내부의 논리에 많은 관심을 가진 인문사회과학의 학제라고 할 수 있다. 특정 사회가 공유하는 세계관과 사유의 방식, 문화적 실천과의 깊은 연관 속에서 의료를 바라보던 의료인류학의 전통은 생명정치의 의료 지식-권력에 대한 관심을 만나 시너지를 발휘했다. 이러한 맥락에서 의료 지식-권력을 통한 생명정치의 논의가 의료인류학의 중요한 주제로 부상했다.

생명정치의 대두는 단지 의료인류학뿐만 아니라 인류학 전체에 걸쳐서 푸코로 대표되는 포스트-(post-) 이론에 대한 환대와 관련이 있다. 포스트-이론의 영향력은 지역에 따라 학제에 따라 그 편차가 있겠지만, 인류학은 어느 학제보다도 깊이 영향을 받은 학제 중 하나이다. 특히 문화적, 사회적 비평을 내세우던 1980~1990년대 인류학(Marcus and Fischer, 1986)에 푸코 저작들이 제시하는 근대성에 대한 심도 있는 비평은 인류학자들의 시선을 끌었다. 인류학 내부에서도 특히 의료인류학은 생명정치로 대표되는 푸코의 논의를 적극적으로 수용해 의미 있는 현장 연구들을 수행해 왔다.

이러한 배경에서 특히 2000년 이후의 의료인류학 작업에서는 한층 다양한 현지의 다양한 목소리들에 주목하면서 생명정치 개념을 인용하는 모습을 보였다. 예를 들면 생명의료 지식을 만들어 내는 실험실(Sunder Rajan,

2006), 임상 시험 현장(Lakoff, 2005)에 대한 현지 조사를 통해 의료 지식-권력이 형성되는 장면들을 포착했다. 또한 그 지식이 실천되는 진료 현장에 대한 현지 조사를 통해(Ferzacca, 2000; Greenhalgh, 2001) 의료 지식 실천이 정치로서 작동하는 실제 현장을 드러냈다. 사람들의 몸에 직간접적으로 개입하는 의료 담론의 작동 방식 또한 의료인류학에서 빼놓을 수 없는 연구 주제다(Greenhalgh, 2012). 또 의료 지식과 실천을 직접 접하는 사람들의 경험을 통해, 즉 약을 복용하고(Patryna et al., 2006), 진단 기계로 검사하고(Saunders, 2008; Dumit, 2012), 첨단 의과학 기술을 통해 노년의 생명을 이어 가는 사람들의 목소리를 통해(Kaufman, 2015) 생명과 의료에 정치가 연결되는 방식과 그 연결들에 균열을 내고 협상하는 사람들의 실천을 드러냈다. 그리하여 생로병사의 생애에서 병은 말할 것도 없고, 생·노·사 등 전 생애에 개입하는 의료 지식과 기술의 현장을 연구하여 '생물학적인 요소를 정치로 끌어들이는 메커니즘의 총체를'를 드러내고 비평하는 데 의료인류학은 기여하고 있다(Inhorn, 2003; Rapp, 1997; Taylor, 2008; Wentzell, 2013; Lock, 2001; Kaufman, 2005).

생명정치 개념을 인용한 의료인류학 연구에서 지식-권력과 함께 주목을 끈 것은 주체성에 대한 연구들이다. 푸코가 훈육, 판옵티콘, 자기에 대한 기술(technology of the self) 등으로 주체성과 관련된 생명정치의 작동을 논의한 내용들을 의료인류학의 연구들이 적극적으로 수용하고 실체화하고 있는 것이다. 의료 지식-권력-실천이 주체성의 형성에까지 영향을 미치는 정치의 체계라는 것을 드러낸다. 인류학에서는 생명정치 논의 이전에도 이미 아이덴티티(identity)라는 개념을 통해 주체성 관련 논의가 진행되고 있었다. 마치 결속된 문화의 개념처럼 견고한 형태를 지닌 특정 문화의 구성원들의 내면이었던 아이덴티티 논의는, 사회 문화적 행위와 지식-권력에 좀 더 열려 있는 주체성 개념에 대한 논의로 확장 심화된다. 그러므로 주체성은 실천과 지식-권력에 의해 형성되고 또한 변화하는 개념이다. 이 형성과 변화에 생명과 관련된 지식-실천의 영향력에 주목하는 것이 주체성과 관련된 의료인류학 연구들이다. 의료를 소비하는 의료 소비자로서의 주체성(Nelson, 2008), 디지털 기술을 통해 스스로 관리 혹은 훈육하는, 건강 관련 디지털 장치 사용자들의 주체성(Lupton, 2013), 의료 자원이 풍부하지 않은 지역에서 의료 자원을 확보하기 위한 고투 속에서 형성되는 주체성(Das and Das, 2007) 등이 그 예이다. 또한 생명정치와 관련된 주체성이 질병의 증상 경험 자체에 영향을 미치는 연구들도 진행되었다(Biehl and Moran-Thomas, 2009).

'생명정치(Biopolitics)' 개념에 직간접적으로 영향을 받은 연구로서 제약에 관한 의료인류학 연구를 빼놓을 수 없다. 전 지구적 네트워크 속에서 움직이는 제약 임상 시험(traveling experiments)을 현지 조사해 과학기술-권력-자본-윤리의 중층적 접점을 논한 연구(Patryna, 2009), 평생 먹어야 하는(Drugs for Life) 만성병 처치 제약에 얽혀 있는 정치와 자본과 시장과 몸, 그리고 그 사이를 관류하는 정치의 맥락에 주목하는 연구(Dumit, 2012), 다국적 제약 회사의 가치 만들기와 유지 전략이 지금의 가장 영향력 있는 정치 체계의 하나임(Pharmocracy)을 논하고 있는 연구(Sunder Rajan, 2017) 등이 제약에 대한 인류학 연구의 흥미로운 예시들이다. 또한 신경정신과 제약과 관련된 상상력과 소비를 통해 구성되는 주체성의 문제를 다룬 연구들도 제약에 관한 의료인류학 연구의 예시이다(Jenkins, 2011).

현장의 생생한 장면들과 행위자들의 목소리를 드러내는 경험 연구를 통해 몸 · 의료와 연결된 힘들의 논의에 기여하고 있는 의료인류학의 접근법은, 최근 주목받고 있는 의료에 관한 인문사회과학의 다양한 논의에서 의료인류학 연구들이 적극적으로 인용되면서 부각되었다. '생명정치'에 대한 의료인류학의 높은 관심은 생명정치 개념과 연결된 새로운 개념들의 주조로 이어졌으며, 이 개념들은 인류학을 넘어 다양한 학제에서 사용되는 확장성을 보이고 있다. 이 개념들에는 생명사회성(biosociality), 생명자본(biocapital), 생물학적 시민권(biological citizenship) 등이 포함된다. 생명사회성은 생물학적인 것이 단지 사회와 문화에 대한 비유가 아니라,[14] 아이덴티티·규제·조직 등 사회적인 것의 바탕이 되는 인간게놈프로젝트(human genome project) 이후의 의료-사회의 풍경을 포착하기 위한 개념이다(Rabinow, 1996; Sunder Rajan, 2006; Patryna, 2002). 생명자본 개념은 지금의 자본주의를 읽기 위해서는 생물학에 기반을 둔 과학기술과 자본의 착종을 읽어야 한다고 주장한다. 순더 라잔은 이 개념을 통해 마르크스와 푸코를 연결하면서 '지금 자본주의의 생명정치의 차원'(Sunder Rajan, 2006:12)을 직시할 것을 제안했다. 페트리나(2002)는 우크라이나의 체르노빌 원폭 피해에 대한 현지 조사를 바탕으로 시장경제로의 전환이 급격한 구소련의 신생 국가에서 과학적 지식 그리고 원폭 피해 고통이 국가적 돌봄을 주장하는 사회적 자산 역할을 하는 상황에 주목하며 '생물학적 시민권' 개념을 제안했다. 이 개념은 단지 원폭 피해와 같은 예외적 상황뿐만 아니라 몸의 고통이나 질병에 대한 생명정치의 다양한 상황을 포착하는 개념으로 사용되고 있다.[15] 생명정치 개념과 마찬가지로 이 개념들이 드러내는 것은 결국 생명(bio-)과 사회적인 것들

---

14 레비노우는 자연을 문화에 대한 비유로 사용했던 사회생물학(sociobiology)을 뒤집어 생물사회성을 제안하고 있다

15 이 개념의 확장성에는 니콜라스 로즈의 논의도 기여를 하였다. 그는 레비노우의 생명사회성 논의와 가까운 측면에서 생물학적 시민권 논의를 했다. Rose(2007) 참조.

(즉, sociality, capital, citizenship)의 연결성이다. 이 개념들은 의료인류학에서 생명정치 개념을 적극적으로 수용해 현장 연구를 통해 확장하고 정밀화해 온 과정을 보여준다.

생명에 대한 관점의 차이에서 나타나는 갈등에 주목한 연구도 있다. 서구적 개념인 생명정치는 비서구 문화권의 생명에 관한 인식과 충돌하기도 한다. 생명정치에서 가정하는 생명과 의료는 해부학에 기초하는 생명 개념에서 비롯되기에 몸과 영혼의 분리를 전제하지 않는 존재론을 지닌 이들에게 또 다른 폭력으로 작용하기도 한다(Langford, 2009). 이 외에도 생애 과정이 어떻게 통치되는지에 관한 연구도 다양하다. 특히 재생산(Marchesi, 2012; Whittaker, 2015)과 노화(김희경, 2019)에 주목했는데, 각각 삶의 시작과 끝을 의미하는 생애 과정으로서 이 두 가지는 인구학적으로 중요한 의미가 있기 때문이다. 생명 주체에 주목한 연구로는 장애인(Rapp and Ginsberg, 2020)이나 여성(조주현, 2008)에 주목한 연구가 있다. 이들의 몸은 국가의 인구학적 아젠다를 달성하기 위해 더 침습적이고 폭력적인 통치에 노출되기 쉽다는 점에서 적극적인 연구를 요한다.

한편 생명정치 개념에 대한 비판은 푸코에 대한 일반적 비판들과 맥을 같이한다. 이 가운데 생명정치 개념이 너무 강력한 권력의 존재에 주목함으로써 저항의 가능성을 닫아 버린다는 비판이 대표적이다. 의료인류학에서는 특히 의료화(medicalization)와 관련된 논의에서 이와 유사하게 의료의 권력적 측면을 강조하면서 의료와 관련된 다양한 행위자들의 행위성(agency)을 소외시키는 논의에 대한 비판이 있어 왔다(Lock and Nguyen, 2018).

생명정치 개념과 이 개념의 영향을 받은 연구들은 의료인류학의 연구사에서 중요한 위치를 점한다. 사회적 고통 개념 이후, 사회 정치적 몸의 맥락으로 던져진 인류학적 시선은 생명정치 개념을 통해 더욱 단련되었고, 의료 다원주의를 통해 의료 내부의 내용으로 향하던 시선은 생명정치 개념을 통해 의료-사회, 의료-정치의 착종을 더욱 적극적으로 읽어 나가게 되었다. 생명정치의 '생명'과 '정치' 간의 거리 없음을 주시하는 시선은 의료와 사회 문화의 거리 없음을 말하던 의료인류학의 시선을 더욱 단련시키고, 생명정치를 넘어선 구체적 개념들을 탄생시켰다.

생명정치 개념은 특히 의료사와의 접점이 분명하다. 무엇보다도 푸코 자신이 역사에 대한 고찰을 통해 생명정치 개념을 제안했다는 사실을 상기할 필요가 있다. 근대가 도래하는 시기에 나타난 몸에 대한 관점의 변화, 인구 개념의 탄생, 그리고 몸과 몸들의 집합으로서의 인구에 대한 개입 방식의 변화가 생명정치의 문제의식을 이룬다. 하지만 푸코가 인용한 사료들은, 근대로의 전환 시기 유럽에 대한 것이다. 동아시아의 한국에서 생명정치가 자리 잡는 방식은 유럽과 차이가 날 수밖에 없다. 푸코의 생명정치 개념을 그대로 적용한다면 그 간극에 의한 비약이 있을 수밖에 없다. 비유럽의 생명정치에 관해 논하려면 각 지역의 근현대 역사에 대한 고찰이 필수적이며, 특히 생명정치와 관계 깊은 근현대 의료에 대한 역사적 고찰이 중요하다.

생명정치 관련 의료사 연구 중 먼저 인구라는 주제에 관한 연구를 생각해 볼 수 있다. '인구'는 생명정치의 핵심 대상이다. 하지만 이 대상은 그냥 주어지지 않는다. 출산과 사망에 대한 조사, 센서스, 질병 통제 또한 통계라는 학문을 통해 구성된 것이 인구라는 근현대 정치의 핵심 대상이다. 근대 국민국가 체계의 동아시아로의 수입과 함께 인구라는 개념이 수입되었다고 하더라도, 인구를 구성하기 위한 장치와 행위자의 배치가 동아시아에서, 또한 한반도에서 진행되어야 이 대상은 성립한다. 인구 개념을 먼저 수입한 일본이 자신의 영토와 그 식민지에서 어떻게 그 개념을 문제화하고 구성하였는지, 출생률·사망률 통계와 인구의 급격한 변화를 방지하기 위한 의료적 개입에 어떤 행위자들이 어떻게 관련되었는지에 관한 논의가, 유럽과 다른 '인구'에 대한 논의를 위해 필요하다. 이미 한국의 의료사에서 이러한 연구가 진행되고 있다. 근대 의료 체계의 도입과 함께 인구문제가 대두된 한국과 동아시아의 상황을 논의하는 논문들이 여기에 속한다(신규환, 2007; 신동원·황상익, 1996). 일제강점기 실제 '인구문제'가 다루어지고 사용되는 방식을 밝힌 논문들도 있다(박지영, 2019; Park, 2017). 하지만 여전히 시작 단계라고 할 수 있을 것이며, 앞으로 좀 더 많은 연구가 기대되는 상황이다. 한반도에서 '인구'가 탄생하고 그 위에서 생명정치가 작동하는 방식을 다룬 의료사 연구들은 한국사회의 현지에 기초한 지금의 생명정치 작동 방식을 논하는 의료인류학 연구들과 만나면서 동아시아와 한국에서의 생명정치에 대해 더욱 심도 있는 논의를 가능하게 할 것이다. 나아가 이러한 논의들은 '생명정치' 개념 자체에도 기여할 것이다.

생명정치와 연결된 주제 가운데 한국 의료사 연구에서 적극적으로 논의된 주제가 몸의 '훈육'이다. 이는 특히 위생과 관련된 다수의 논문과 저서를 통해 제시되었다(고미숙, 2014; 박윤재, 2003; 정근식, 2011). 훈육과 관련된 논의 또한 푸코의 논의가 기초하는 유럽의 경우와 동아시아의 경우 간에 차이점이 있다. 무엇보다도 동아시아나 한반도에서의 근대적 몸에 대한 훈육은 위생 담론과 세균설의 수입 및 식민 통치 등과 같은 중층의 조건 위의 주제이다. 따라서 이러한 조건들을 반영한 의료사 연구들이 진행되어 왔다. 앞으로 위생에 대한 연구를 넘어 더욱 포괄적인 의료 담론과 관련된 의료사 연구를 기대해 볼 수 있을 것이다.

생명정치 개념은 단지 근대 이후의 연구 주제는 아니다. 근대 이전과의 관계 속에 몸과 정치의 관계를 읽을 수 있는 장을 제공한다. 푸코 스스로가 근대 이전과 근대 이후의 권력과 정치, 그리고 의료에 대한 비교 논의를 통해 생명정치 개념을 단련했다. 푸코가 근대 이전의 유럽과 근대 이후의 유럽을 통해 생명정치를 읽어 냈다면, 마찬가지로 동아시아에서 근대 이전의 권력과 정치에 대한 논의를 통해 동아시아의 생명정치에 대해 더욱 심도 있는 논의가 가능할 것이다. 인구라는 개념은 없었지만, 동아시아에서도 당연히 사람과 집단을 통치하는 방식이 있었다. 이러한 동아시아의 통치 방식에서 인구와 생명정치로의 전환은 어떤 전환을 의미하는가? 거기서 의료는 어떤 역할을 했는가? 이러한 근대 이전과 근대 이후를 넘나드는 연구를 통해 서구 기원의 이론과 개념에만 의지하지 않는 동아시아의 근대성과 한국의 근대성에 대해 심도 있는 논의가 이루어지기를 기대한다.

5) 돌봄(Care)

돌봄(Care)은 취약한 인간성을 전제하는 치유와 관련된 일련의 지식과 실천을 포괄하는 유동적인 개념으로, 의료 실천·건강·가족 내의 돌봄·생명정치·소통·감정 등과 연관되는 매우 광범위한 개념이다(Buch, 2015). 따라서 돌봄에 관한 연구는 인류학적 관점에서 돌봄이 무엇인지에 대한 논의에서부터 돌봄의 대상이 되는 특정한 계층과 그 이면의 사회적 배경에 관한 연구, 인간의 기본 권리로서의 돌봄과 돌봄을 제공하는 권력, 돌봄으로부터의 배제, 돌봄 제공자가 되는 이들의 정치 사회적 배경, 그리고 돌봄이 이루어지는 장으로서의 언어적 소통에 관한 문화적 연구까지 다양하다(김경학, 2016; 김희경, 2019; 이현정, 2018; Clemente, 2015; Denham, 2017; Desjarlais, 1992, 2003; Kleinman, 2015, 2019; Shohet, 2013; Throop, 2010). 돌봄이 무엇인지에 대해서는 그것이 도덕적/윤리적 미학이 실현되는 일차적인 장이며 (Goodwin & Cekaite, 2018), 돌봄이 감정·관심·공감과 함께 있음을 표현하는 신체 행위에서 실현된다고 했고(Goodwin, 2015), 몰(Mol)은 돌봄이 "현실 속에서, 또는 현실과 타협하면서 살아가기 위한 최선의 방법을 찾으려는, '선'이 의미하는 다양한 가치들의 복잡한 협상 과정과 관련 있다."라고 했다 (Mol, 2008).

　돌봄은 문화적으로 구성되기에 돌봄에 관한 연구는 문화적 맥락을 빠뜨리고서는 이루어질 수 없다. 여러 인류학적 연구에 따르면 해당 문화권에서 무엇이 도덕과 윤리를 구성하며 그것이 어떻게 표현되느냐에 따라 돌봄의 기본이 되는 사회적 관계가 형성되고 그러한 패턴의 습득을 통한 사회화가 이루어진다(Shohet, 2013; Ochs & Schieffelin, 1984). 즉, 한 사회의 구성원이 된다는 것은 해당 문화권에서 무엇이 돌봄에 해당하는 행위인지를 체화한다는 것을 의미하며, 그에 따라 돌봄을 요청하기도 하고 돌봄을 실천하기도 하며 돌봄을 제공받았을 때 그것이 돌봄임을 알아차릴 수 있는 것이다. 이처럼 돌봄은 사회적 소통을 통해 이루어지므로 돌봄을 연구한다는 것은 다름 아닌 해당 문화권의 도덕적/윤리적 실천을 살펴본다는 것인데, 여기에서 돌봄을 제공하는 쪽의 실천뿐만이 아니라 제공받는 쪽 또한 그러한 행위를 돌봄으로 받아들여야 소통이 성립되므로 돌봄은 관계성을 전제하는 상호적인 사회적 행위로서 강조된다(Desjarlais, 1992; 2003; 클라인만, 2020).

　한편 돌봄의 배제 또한 주요한 연구 주제 가운데 하나이며, 건강권이 인권으로 이야기되고 그것을 제공하는 권력 주체로서 국가에 대한 논의가 중

가하는 오늘날, '방치'로 이야기되는 구조적 폭력과도 관련이 깊다. 인류학적으로 돌봄의 배제에 관한 논의는 주로 돌봄을 제공하는 권력 집단, 많은 경우에 국가에서 돌봄의 대상을 선정하거나 배제하는 과정에 대한 것이다. 돌봄을 통해 획득하려는 건강이나 안녕은 인간으로서의 기본 권리로 여겨지나, 돌봄을 재화의 관점에서 접근하고 치료의 효용성을 가격과 대비해서 판단하는 입장을 견지하는 정부나 정권에서 돌봄은 시민 자격 심사를 통과해야 받을 수 있는 혜택이다(Farmer, 2003). 배제는 인종이나 젠더에 근거하기도 하는데, 생의학적 패러다임 안에서 이루어지는 돌봄에 대하여, '서구적' 청결 개념을 이해하지 못해, 요구되는 지침을 따르지 못할 것이라는 편견에 따라 특정 국민들을 돌봄에서 배제하거나(Briggs & Mantini-Briggs, 2003), 헤게모니를 쥐고 있는 젠더를 중심으로 구성된 의료 시스템에서 젠더 소수자들이 일상적으로 소외를 경험하는 것이 그 예이다(Baker & Beagan, 2014).

이처럼 돌봄에 대한 다양한 접근들은 모두 관계성과 실천이라는 공통분모를 갖고 있으며, 돌봄에 내재하는 도덕성과 윤리는 다시 권력과 취약함에 관한 논의로 이어질 수밖에 없으므로 그 연구가 다차원적인 것이다(Vaughn, 2016).

돌봄이 주요 개념으로 등장한 배경에는 연구가 배제의 행위자들로서의 권력에 치중되어 있던 상황에서 '배제의 경험에 관한 이론들을 초월하여 배제된 사람들의 주체성과 창의성에 대한 분석을 포함'하려는 학자들의 노력이 있다(Kleinman, 2013; Robbins, 2013). 즉, 돌봄 개념에는 돌봄을 필요로 하는 취약한 자들의 목소리가 빠져 있다는 문제의식이 전제되어 있는 것이다. 돌봄을 받는 이들 뿐만이 아니라 돌봄이라는 사회적 실천의 중요성과 그것에 대한 사람들의 평가절하에 관하여 아서 클라인만은 "돌봄은 사회를 하나로 잇는 보이지 않는 '접착제'인데도 사회는 영웅적으로 독립적인 행동을 장려하기 위해 돌봄의 실천을 무시한다."라고 지적하기도 했다(클라인만, 2020). 그는 전통적으로 돌봄을 목적으로 삼고 있는 의료 영역에서 오히려 돌봄의 가치를 평가절하하고 그것이 제대로 일어날 수 있는 환경을 조성하기는커녕 방해하고 있다고 지적하며, 그 원인을 "의학 교육에서 돌봄 교육이 제대로 이루어지지 않는다."는 점과 현재의 "의료 시스템의 개혁이 역설적으로 돌봄을 약화"했다는 점을 피력했다(클라인만, 2020).

돌봄의 중요성과 더불어 그것의 희소성에 대한 인식에 따라 기존에 돌봄의 의무가 부과되었던 집단 가운데 하나인 여성에 대한 연구 또한 돌봄의 맥락에서 다양하게 이루어졌다(Abel & Nelson, 1990; Brijnath, 2014; Cohen, 1998; Lamb, 2009). 돌봄의 실천을 추동하는 이데올로기에 대한 탐구 또한 연구의 한 축을 이루고 있는데, 특히 효 관념이 강력한 동아시아에서 그것이 실제의 돌봄 실천을 추동하는 방식에 관한 연구가 있었다(Ikels, 2004). 이처럼 전통적으로 돌봄을 수행하던 집단이나 돌봄 담론을 구성하는 사회적 관념 또는 문화에 대한 연구는 돌봄을 실제로 행하는 집단과 그것을 추동하는 힘 사이에는 간극이 있음을 보여주며, 돌봄에 대한 도덕적·윤리적 접근과 노동으로서의 실천 사이의 차이를 드러낸다.

한편 돌봄에 대한 관심이 높아진 데에는 근대화 이후 전 세계적으로 노인 인구의 급증과 돌봄 노동이 시장에서 거래되는 자원(resources)이 되었다는 사회적 배경이 있다. 돌봄은 관계에서 보편적으로 일어나는 실천이기도 하지만, 수명의 연장으로 노년기가 연장된 현대사회의 인류에게 노년기의 돌봄은 또 하나의 개별적인 장을 형성하게 되었다. 여기에는 일상의 돌봄 실천, 세대 간 돌봄의 순환, 초국가적 돌봄 순환 등의 다양한 측면이 포함되며,

새로운 형태의 통제가 드러나는 현장이기도 하다(Buch, 2015). 물론 노화의 경험은 일반화할 수 없으며 그에 따라 다양한 돌봄의 형태가 존재하지만 누가 일상의 돌봄을 담당하게 되며 그러한 배경에는 어떤 문화적 관습과 정치적 힘이 작용하는지 이해하는 것은 초국가적으로 돌봄 자원이 왕래하는 오늘날 주요한 연구 주제일 수밖에 없다. 육아 또한 이와 같은 접근이 유용한 주제이다. 전통적으로 육아를 담당하던 어머니를 대신하는 할머니의 육아 노동과 그 덕분에 젊은 여성들이 타지에서 돌봄 노동을 수행하며 생계를 잇는 현상은 세계화 이후 돌봄 노동이 초국가적으로 거래되는 모습의 이면으로 읽힐 수 있다(김희경, 2019; Scott, 2012; Yarris, 2014).

이처럼 돌봄에 관한 연구는 돌봄에 내재되어 있는 사회의 도덕성/윤리에 대한 합의와 같은 사회 구성원으로서의 소통, 그리고 돌봄이 암시하는 인간의 취약성과 돌봄을 제공하는 정치권력 간의 복잡한 상호작용을 들여다보게 해 주어 인간이 맺는 관계 중에서 보편적이면서도 특수한 돌봄 관계에 대한 새로운 인식을 가능케 해 준다는 점에서 오늘날 매우 유의미하다. 특히 돌봄이 인간의 기본 권리 가운데 하나라고 전제했을 때, 돌봄이 동등하게 제공되기 위해서는 돌봄에 직접적으로 관여하는 자원뿐만이 아니라 사회 전반적인 인프라의 구축이 필요하기 때문에 돌봄의 논의를 국가 차원 복지와 연결해 발전시킬 수 있다는 점에서 인류학적 돌봄 개념은 건강권 논의와도 직결된다(백영경, 2017; Seo, 2016). 또한 클라인만이 지적했듯이 돌봄의 주요 현장 가운데 하나인 의료 현장에서 돌봄의 부재가 문제로 지적되고 있는 만큼 돌봄의 논의를 다시 의료 현장으로 끌어들이는 것은 돌봄의 실천을 발전시킬 수 있는 방법 가운데 하나일 것이다.

기존의 돌봄에 대한 논의는 이면의 구조적 불평등과 사회적 편견을 드러내는 데 주목했다. 그러나 대다수의 연구가 특정 지역에 편중되어 있으므로 돌봄을 이론화하고 그것의 순환을 논의하기 위해서는 좀 더 다양한 현지 조사 내용이 필요하다는 점이 지적되었다(Appadurai, 1986). 고령화에 관한 연구 또한 노인 인구가 많은 특정 국가에 집중해 세계적인 추세로서 노인 인구가 증가하는 과정 속에 있는 국가들의 모습을 충분히 담아 내지 못하고 있다. 이에 더해 돌봄 연구에서 주된 대상이 되는 노령 인구의 결혼이나 섹슈얼리티에 관한 연구가 부족하다는 지적도 있는데, 이는 돌봄에 대한 논의가 사회적 구성으로서의 측면에 치중해 당사자들의 삶이나 경험에 비교적 관심이 부족했다는 비판으로 볼 수 있다(Buch, 2015).

한편 기존 연구에서 돌봄이 전제하는 또 다른 특성인 관계성이 종종 간과된다는 점도 비판받는 부분이다. 예를 들어 가족 간 노인 돌봄의 논의에서 노동으로서의 측면이 강조되고 그 안에서 일어나는 친교나 신체적 친밀함의 측면은 상대적으로 주목받지 못한다는 점이 그렇다(Buch, 2015). 즉, 오늘날 돌봄이 사회적으로 필요하지만 그 가치를 인정받지 못하는 노동이라는 점에 주목해 그 배경과 맥락을 밝히려는 연구가 주된 반면, 돌봄의 순간순간 일어나는 사람 간의 언어적 또는 비언어적 소통과 공감, 돌봄을 통해 새롭게 맺어지는 세대 간 관계나 기존 관계의 재발견 등과 같은 측면에 대한 관심이 부족하다는 것이다.

한국사회의 돌봄에 관한 연구는 주로 돌봄 체계의 부재나 돌봄의 공공성에 대한 논의의 부족에 주목했다. 가정에서, 병원에서, 돌봄 시설에서, 돌봄은 우리 사회 곳곳에서 일어나며 '모두에게 언젠가는 필요하고 누군가는 해야 하는 일'이지만 국민의 건강권 논의나, 국가 복지 정책 논의에서 중심 자리를 차지하지 못한다. 한국사회에서 돌봄 노동은 여전히 가정 안에서 여성에게 부과되거나, 그렇지 않으면 조직화된 돌봄 노동을 이용하는 경우가 많은데 조직화된 돌봄 노동력은 여성 이주 노동자나 중장년 여성으로, 젠더 특이적이라고 볼 수 있다. 돌봄에 관한 기존 연구도 이러한 부분에 주목했다(김희경, 2019; 이현정, 2018).

근래 돌봄 담론은 돌봄을 제공하는 주체로서 국가에 주목하여 돌봄의 공공성과 돌봄이 이루어지는 과정에 개입하는 복잡한 사회적 맥락에 주목하고 있다(Loaiza, 2018; Abadia-Barrero and Bugbee, 2019; Macleish, 2020). 돌봄은 국민의 건강권에 대응하는 국가의 복지나 의료 서비스로서 고찰되며, 이 때문에 의료보험제도나 의료 및 요양보호시설이 유의미한 현지를 제공한다(Seo, 2016; Dao and Mulligan, 2016).

돌봄이 실천되는 장으로서 제도와 시설에 관한 연구는 의료사 연구와 가장 뚜렷한 접점을 이루는 부분이기도 하다. 돌봄의 제공과 실천은 당대의 제도와 돌봄 기관에 따라 다른 양태를 드러내며, '누가' 돌봄을 제공받느냐의 문제 또한 시대정신의 영향을 받기 때문이다. 이 때문에 기존의 의료 제도와 의료 기관에 관한 의료사 연구(여인석, 2007; 정일영 외, 2016; 김택중, 2017)는 그러한 공간적 현장을 현지로 삼는 인류학적 연구에 역사적 맥락을 드러내주어 돌봄에 내재되어 있는 여러 겹의 구성 요소들을 상세히 밝힐 수 있도록 해 준다. 한편 돌봄을 중심으로 하는 인류학적 접근은 기존 의료사적 관점에 더해 특정 시대의 제도와 기관 안에서 행위자들의 실천에 주목함으로써 최종적으로 돌봄의 형태로 전달되는 정책이나 의료 제도를 새로운 시각에서 보게 해 준다. 즉, 행위자성을 강조하여 돌봄의 도덕적 차원을 드러내고 그러한 도덕을 기반으로 하는 사회의 모습을 역동적으로 보여주며, 이를 통해 역사적 사건에 의미를 다시 부여할 수 있는 기회를 제공한다.

앞서 언급했듯이 돌봄 개념은 광범위하다. 그 가운데 돌봄의 핵심은 바로 관계성을 바탕으로 하는 도덕적 실천이라고 볼 수 있으며, 이와 관련해서 사회적 고통과도 연결되는 의료사적 연구들을 다시 살펴볼 필요가 있는데, 이들 연구를 돌봄이라는 관점에서 다시 살펴보았을 때 기존의 연구에 부재한 행위자에 관한 내용을 보완할 수 있기 때문이다(김재형, 2019; 박진빈, 2017; 서기재, 2017; 유연실, 2011). 이처럼 돌봄 개념은 한쪽, 특히 돌봄 제공자에 치중되어 있는 기존 연구에 '관계성'을 가져옴으로써 연구 대상에 대해 보다 균형 잡힌 고찰을 가능케 한다.

돌봄의 논의가 이루어지는 다양한 주제 가운데 감염병 또한 돌봄 개념이 중요한 대표적인 상황이다. 오늘날 코로나19 사태에서도 알 수 있듯이 감염병의 상황에서는 국가적 차원의 대응과 돌봄이 필수적이기 때문이다. 개인적 차원의 대응만으로는 감염병에 대처할 수 없기 때문에 모든 국민에 대한 국가의 돌봄 체계가 작동해야 하는데, 종종 돌봄은 실패로 돌아가지만 역사에 기록되어 발전을 위한 토대가 된다. 과거 스페인 독감 때 정부의 대처는 실패로 돌아갔지만(김택중, 2017), 오늘날 공공의료 서비스가 한층 나은 성과를 보이고 있는 것은 과거의 돌봄에 대한 역사적 고찰과 돌봄 구성과 실천에 대한 사회적 고찰의 결과일 것이며, 이는 의료사적 접근과 인류학적 접근의 상호작용이 중요한 이유이다. 다시 코로나19의 상황으로 돌아오자면, 현재의 감염병 사태 속 대처는 과거를 토대로 이루어지고 있으므로 돌봄의 작동과 실천에 대한 고찰은 즉각적으로 좀 더 나은 대처를 할 수 있는 통찰을 줌과 동시에 미래를 위한 발판을 다시 마련하는 일이다(Sadruddin and Inhorn, 2020).

향후 한국사회에서의 돌봄 논의는 출산율 저하의 원인으로 꼽히는 육아

환경의 열악함과 고령화 인구의 돌봄 문제에 대한 국가적 돌봄 차원으로 발전시킬 필요가 있다. 그 안에서 한국사회의 가족주의와 근대화로 인한 가족관계의 변화, 재생산 정치, 인구정책, 그리고 돌봄의 관계를 종횡으로 살핌으로써 한국사회에서 돌봄의 의미와 돌봄 관련 정책, 역사적 맥락을 읽어낼 수 있을 것이다. 한편 돌봄의 핵심 요소 가운데 하나인 의료에 대한 접근이 미비한 만큼 돌봄을 중심으로 의료를 재구성하기 위한 다양한 논의가 필요하며, 특히 코로나 사태에서 경험한 국가 차원의 대응을 면밀히 살핌으로써 정치와 의료가 교차하는 국가적 차원의 돌봄의 의미와 범위 및 한계에 대하여 고찰할 필요가 있다.

4. 나가며

의료는 인간 집단의 양상(사회, 문화라고 불리는)에서 빼놓을 수 없는 부분이다. 언어로 소통하고 경제활동을 하고 가족을 이루듯, 인간의 모든 집단은 의료를 통해 돌보고 치유한다. 집단의 양상이기 때문에 의료는 사회적일 수밖에 없다. 또한 의료는 기본적으로 정치적이다. 몸에 대한 지식(즉, 지식-권력)으로서, 또한 몸에(주체에) 개입하는 실천으로서 정치적일 수밖에 없다. 집단의 양상 속에서 정치적 힘을 지닌 의료는 사회에 배치되는 과정에서 그 정치성이 배가된다. 분배되고, 혹은 분배되지 않고, 지불 능력을 갖춘 사람과 집단에게만 사용 가능한 돌봄과 치유가 되기도 하면서 정치 체계로 작동한다. 이런 면에서 의료는 과학적이기보다는 사회적이고 정치적이다.

의료인류학은 인류 집단의 양상으로서 의료를 직시하면서 의료 다원주의, 사회적 고통, 로컬 바이올로지, 생명정치, 돌봄 등의 개념을 제안하고 현장 연구를 통해 구체화해 왔다. 이들 의료인류학의 개념들은 관계성 위의 개념이다. 의료를 따로 떼어 놓지 않고―에를 들면 사회와 분리된 자연과학 지식으로 보지 않고―사회적인 것들과의 연결성 속에서 바라본다. 의료 다원주의는 의료가 획일적이지 않으며, 각 지역 문화들의 몸과 질병에 대한 다양한 이해와 연결된 사회적 지식의 체계임을 말한다. 사회적 고통은 개별적, 생물학적인 것으로 인식되는 고통이 사회 속에서 만들어진다는 것을 강조한다. 그러므로 고통에 대한 이해는 그 사회적 조건들에 대한 이해와 불가분의 관계가 있다. 몸과 그 몸이 속한 사회의 소통 자체가 바이올로지를 이룬다는 로컬 바이올로지는 더 적극적으로 사회적 몸, 몸의 사회성을 말한다. 생명정치는 몸·의료·생명 그리고 주체가 정치와 연결되는 장면들을 포착하며, 몸과 의료가 사회적임을 말한다. 돌봄은 특히 다수의 접점 위에 있는 개념으로, 관계·자원·국가·복지·권력·고통·세계화 등의 접점 위에서 제시된다. 인류학자들은 각각의 현지의 맥락 속에서 이들 접점들의 고리를 구체화하고 가시화하면서 인류학적 분석을 제공한다.

　사회적이기 때문에, 의료는 또한 역사적이다. 위 개념들은 시간 축 위의 흐름 속에서 변화하고, 혼종하고, 새롭게 구성되는 의료 현상을 바라보기 위한 하나의 지지대가 된다. 한 사회에서 복수 의료들의 존재는 역사적 변화를 떠나서 논의할 수 없다. 고통이 사회와 연결되어 있다면 사회의 변화 속에서 그 사회적 고통의 내용도 변화할 것이다. 고통의 정도가 경감되기도 하고, 새로운 사회적 고통이 시대적 변화 속에서 부각되기도 할 것이다. 시공간의 차이를 둔 서로 다른 고통이 같은 구조로부터 기인함이 드러나기도 할 것이다. 한편 근현대의 정치를 말하는 생명정치는 특히, 근현대의 역사적 변화와 관계 깊은 개념이다. 생명에 대한 인식과 개념의 변화와 더불어 그것을 통제하고 관리하는 힘들의 경합을 역사적 맥락에서 총체적으로 살펴보기 때문이다. 돌봄 또한 제도적·관념적 변화와 함께, 윤리의 변화와 함께, 또한 국가 개입의 양상과 함께 변화한다. 이들 개념들을 통해 관련 사건이나 현상들을 역사적 시선으로 재조명할 수 있다.

의료인류학 연구에서 각 시기에 주로 주목받는 개념이 있지만, 다른 개념이 대두되고 적극적으로 논의되더라도 이전 개념이 사라지지는 않는다. 오히려 이전 개념의 한계가 돌파를 추동하고, 개념은 계속해서 재소환되고 단련되어 더욱 현재적인 생동감을 장착한 예리한 시선을 제공한다. 여기에는 과거의 시선까지 녹아 있어 그 자체로 '인식의 역사'를 보여주기도 한다. 로컬 바이올로지로 현지를 바라보는 인류학적 시선에는 의료 다원주의의 논의가 녹아 있으며, 생명정치 논의 속에는 사회적 고통 논의를 통해 단련한 인류학적 시선이 또한 녹아 있다. 사회적 고통, 생명정치의 논의의 성과들이 돌봄 개념을 관통하기도 한다. 이런 관계성 위의 작동을 목격하면서 사회 속의 몸들과, 의료와 정치의 중층적인 지형들을 논하고자 하는 것이 의료인류학의 방향성이다. 의료인류학 개념들은 이러한 중층성을 예시하며 인류 집단의 경향성 속 의료를 읽는 시선들을 제공한다. 이러한 인류학적 시선이 역사적 관점과 조우하고 다양한 역사적 조건들을 만났을 때 드러나는 시너지 효과가 향후 다양한 연구를 통해 나타나기를 기대한다.

참고문헌

한국 전근대 의료사 연구 현황과 과제(2010-2019) _김성수

〈저 · 역서〉

강영민,『조선왕들의 생로병사』, 이가출판사, 2009.

고미숙,『동의보감-몸과 우주 그리고 삶의 비전을 찾아서-』, 그린비, 2011.

구교훈,『정조와 법의학자 구윤명』, 코리아쉬핑가제트, 2015.

구만옥,『영조 대 과학의 발전』, 한국학중앙연구원출판부, 2015.

국사편찬위원회,『한국문화사 35-'몸'으로 본 한국여성사-』, 국사편찬위원회, 2011.

규장각한국학연구원,『조선 전문가의 일생』, 글항아리, 2010.

규장각한국학연구원,『조선 여성의 일생』, 글항아리, 2010.

김남일,『한의학에 미친 조선의 지식인들-유의열전-』, 들녘, 2011.

김남일 외,『동의보감으로 이루어진 동아시아 의과학 문명의 교류』, 한국학중앙연구원,
     2016.

김남일 외,『동의보감의 지식 체계와 동아시아 의과학』, 한국학중앙연구원, 2016.

김동진,『조선의 생태환경사』, 푸른역사, 2017.

김문식 외,『풍석 서유구 연구 上』, 사람의무늬, 2014.

김미란,『조선시대 양반가 여성의 생애와 풍속』, 평민사, 2016.

김성수 · 신규환,『몸으로 세계를 보다: 동아시아 해부학의 성립과 발전』, 서울대학교출판
     문화원, 2017.

김영미 외,『전염병의 문화사-고려시대를 보는 또 하나의 시선-』, 혜안, 2010.

김영식,『정약용의 문제들』, 혜안, 2014.

김지영 외,『왕실 가족의 출생과 성장-책례가례등록』, 한국학중앙연구원, 2018.

김호,『조선의 명의들』, 살림, 2012.

김호,『100년 전 살인사건-검안을 통해 본 조선의 일상사』, 휴머니스트, 2018.

김훈식 외,『조선시대사 2-인간과 사회』, 푸른역사, 2015.

남재우 외,『가야인의 삶 그리고 흔적』, 선인, 2011.

남평 조씨,『병자일기-노부인, 일상을 기록하다』, 나의시간, 2015.

농촌진흥청,『구황방 고문헌집성 제1권-조선의 구황방』, 휴먼컬처아리랑, 2015.

박인순,『혜민서연구』, 교육아카데미, 2014.

박현모 외,『세종의 서재』, 서해문집, 2016.

박훈평,『조선, 홍역을 앓다-조선후기 홍역치료의 역사』, 민속원, 2018.

방성혜,『조선, 종기와 사투를 벌이다-조선의 역사를 만든 병, 균, 약-』, 시대의창, 2012.

서유구,『임원경제지-조선 최대의 실용백과사전』, 씨앗을뿌리는사람, 2019.

손중양,『조선 침뜸이 으뜸이라』, 사단법인 허임기념사업회, 2010.

신동원, 『호환 마마 천연두-병의 일상 개념사-』, 돌베개, 2013.

신동원, 『조선의약생활사-환자를 중심으로 본 의료 2000년-』, 들녘, 2014.

신동원, 『동의보감과 동아시아 의학사』, 들녘, 2015.

심재우, 『조선후기 국가권력과 범죄 통제-심리록 연구』, 태학사, 2009.

심재우 외, 『검안과 근대 한국사회』, 한국학중앙연구원출판부, 2018.

여인석 외, 『한국의학사』, 의료정책연구소, 2012.

여인석 외, 『한국의학사』, 역사공간, 2018.

이경록, 『국역 향약제생집성방』, 세종대왕기념사업회, 2013.

이경록, 『국역 향약구급방』, 역사공간, 2018.

이경록 · 전종욱 · 엄동명, 『국역 의림촬요』 1~10. 세종대왕기념사업회, 2014~2016.

이경록 외, 『국역 의방유취』 1-4, 8-9, 14-15, 33, 37, 39, 41-44. 세종대왕기념사업회, 2017~2019.

이수광, 『나는 조선의 의사다』, 북랩, 2013.

이준걸, 『조선서적 일본교류사-일본의 조선서적약탈사-』, 홍익재, 2012.

장일무, 『한국인삼산업사 제1권』, 서울대학교출판문화원, 2018.

장일무, 『한국인삼산업사 제2권』, 서울대학교출판문화원, 2018.

정정남 외, 『일기를 통해 본 양반들의 일상세계-17세기 『매원일기』를 중심으로』, 새물결, 2017.

정창권, 『역사 속 장애인은 어떻게 살았을까-사료와 함께 읽는 장애인사-』, 글항아리, 2011.

정해은, 『조선의 여성, 역사가 다시 말하다』, 너머북스, 2011.

정해은, 『조선 엄마의 태교법-'기질 바른' 아이를 낳기 위한 500년의 역사』, 서해문집, 2018.

정호완, 『언해태산집요』, 세종대왕기념사업회, 2010.

정호훈 외, 『실용서로 읽는 조선』, 글항아리, 2013.

조계영 외, 『일기로 본 조선』, 글항아리, 2013.

주영하, 『장수한 영조의 식생활-영조 시대의 조선 10』, 한국학중앙연구원, 2014.

최일생, 『히포크라테스 조선왕비를 만나다-의사의 시각으로 본 조선 왕비들의 삶과 죽음』, 메디안북, 2016.

한희숙, 『의녀-팔방미인 조선 여의사』, 문학동네, 2012.

허경진, 『조선의 중인들-정조의 르네상스를 만든 건 사대부가 아니라 중인이었다』, RHK, 2015.

황상익 외, 『두 조선의 여성 : 신체 · 언어 · 심성』, 혜안, 2016.

〈연구논문〉

JANET YOON-SUN LEE, "FEMALE DESIRE, ILLNESS, AND METAMORPHOSIS IN 'LOVESICK SNAKE' NARRATIVES IN SIXTEENTH-CENTURY KOREA", Acta Koreana, 18-2, 2015.

Kim Seong su, "Publication of Obstetric Books and Actual Childbirth Cases of the Choson Dynasty", 『HORIZONS : SEOUL JOURNAL OF HUMANITIES』 1-2, INSTITUTE OF HUMANITIES, SEOUL NATIONAL UNIVERSITY, 2010.

KIM Seong-su, "From Woohwang Cheongsimwon(牛黃淸心元) to Ginseng(人蔘) : The History of Medicine Use in the Joseon Era",『의사학』 26-2, 2017.

KIM Seongsu, "Health Policies under Sejong: The King who Searched for the Way of Medicine",『The Review of Korean Studies』 22-1 The Academy of Korean Studies, 2019.

SHIN Dongwon, "Korean Medical Discourses on Western Medicine, 1720~1876",『茶山學』 15, 다산학술문화재단, 2009.

Shin Dongwon, "How Commoners Became Consumers of Naturalistic Medicine in Korea, 1600-1800",『TECHNOLOGY AND SOCIETY』 4-2, 2010.

Shin Dongwon, "The Characteristics of Joseon Medicine",『The Review of Korean Studies』 13-1 The Academy of Korean Studies, 2010.

Shin Dongwon, "The Development of Self-Awareness in Indigenous Medical Traditions in Premodern Korean Medical History",『ACTA ASIATICA』 115, 2018.

Soyoung SUH, "From Influence to Confluence : Positioning the History of Pre-Modern Korean Medicine in East Asia", 의사학, 19-2, 2010.

강도현,「승정원일기의 醫案을 통해 살펴본 효종의 질병과 사인」,『대한한의학원전학회지』 27-4, 2014.

강민구,「李奎報의 疾病에 대한 意識과 문학적 표현」,『동방한문학』 40, 2009.

강민구,「權近의 질병과 정서의 문학적 표출」,『한문학보』 22, 2010.

강민구,「金宗直의 질병과 문학적 표출」,『동방한문학』 45, 2010.

강민구,「牧隱 李穡의 질병에 대한 의식과 문학적 표현」,『동방한문학』 42, 2010.

강병국,「필사본『鄕藥救急方』의 流轉」,『역사와 현실』 112, 2019.

강순애,「허준 편·간의 언해본 의서와 관련 판본에 관한 연구」,『서지학연구』 48, 2011.

강연석·이상섭·박희수 외,「『醫方類聚 癲癇門』을 통해 본 한의학에서 癎疾의 역사」,『한국의사학회지』 24-1, 2011.

강연석·조선영·김지연,「전통 약물의 국제 교류에 관한 小考」,『한국의사학회지』 26-2, 2013.

강인욱·차웅석,「연길 소영자 출토 유물로 본 동아시아 침구류(針具類)의 기원」,『의사학』 26-3, 2017.

강혁준,「《东医宝鉴》方剂引文与代表性中医原著比较研究」,『한국의사학회지』 22-1, 2009.

고광렬,「원시시대 조선옛류형사람의 유전학적계승관계」,『조선고고연구』 2011-3, 2011.

고광렬,「청동기시대에 형성된 조선사람의 고유한 특징」,『조선고고연구』 2012-2, 2012.

고대원·김동율·차웅석 외,「숙종의 痘瘡에 관한『承政院日記』의 醫案 연구」,『한국의사학회지』 25-1, 2012.

고대원·차웅석·김남일,「醫人 黃子厚 인물 연구」,『한국의사학회지』 23-2, 2012.

곽신환,「成渾의 廢疾과 倭亂」,『우계학보』 36, 2019.

구만옥,「조선후기 과학사 연구에서 '실학'의 문제」,『韓國實學研究』 36, 2018.

구민석·김민선·김홍균 외,「『醫林撮要』의 醫案에 대한 연구」,『한국의사학회지』 31-1, 2018.

구민석·김민선·이향영 외,「영월군 家傳『察病要訣』에 대한 연구」,『한국의사학회지』 31-2, 2018.

구범진,「병자호란과 천연두」,『민족문화연구』 72, 2016.

구지현,「1748년 조선 양의(良醫)와 일본 관의(官醫)와의 필담 출현과 서적담화 양상」,『열상고전연구』 38, 2013.

구현희,「전통지리지 및 읍지를 통해 본 본초약재정보와 지역문화에의 활용-경상남도 산청을 중심으로-」,『한국학논집』 49, 2012.

구현희,「황도순 手澤本『燕行日記』의 발굴과 의의」,『한국의사학회지』 31-2, 2018.

구현희·안상우,「의료설화를 통해 본 名醫 柳義泰의 자취 연구」,『영남학』 16, 2009.

구현희·안상우,「의료설화에 나타난 의학적 처치의 사실성과 의미-류의태 의료설화 사례를 중심으로」,『한국의사학회지』 23-1, 2010.

국수호·김남일·차웅석,「『太醫局諸科程文格』의 내용상 특징에 관한 소고」,『한국의사학회지』 32-1, 2019.

권오민·박상영·안상영 외,「국내 한의학 학술지에 발표된 동의보감 연구 현황 조사」,『한국의사학회지』 22-2, 2009.

권오민·안상영·안상우 외,「經驗醫案『愚岑雜著』의 肝鬱 治驗例」,『한국의사학회지』 25-1, 2012.

금경수,「〈東醫寶鑑〉處方 中 薑三棗二에 관한 考察」,『대한한의학원전학회지』 23-4, 2010.

금경수,「韓國의 原典學 研究 動向」,『대한한의학원전학회지』 24-2, 2011.

금경수·엄동명·송지청 외,「『目科一覽』의 編制와 內容에 대한 考察」,『한국의사학회지』 26-2, 2013.

금경수·엄동명·송지청 외,「『新纂辟瘟方』의 編制와 內容에 대한 考察」,『한국의사학회지』 26-2, 2013.

금유정·유미선·엄동명 외,「조선후기 의서『樂山堂新集醫方錦囊至寶』收載 藥性歌에 대한 연구」,『한국의사학회지』 32-2, 2019.

기호철·배재훈·신동훈,「조선후기 한양 도성 내 토양매개성 기생충 감염 원인에 대한 역사 문헌학적 고찰」,『의사학』 43, 2013.

김경미,「17~18세기 日本의 朝鮮 藥材 求請」,『대구사학』 119, 2015.

김경숙,「을병대기근기 향촌사회의 경험적 실상과 대응」,『역사와 실학』 61, 2016.

김경옥,「19세기 말 昌善島 林召史 致死事件에 대한 〈檢案〉 분석의 사례」,『역사와 경계』 73, 2009.

김기욱·이병욱·황수정 외,「『食療纂要』에 記載된 7개 病證의 食藥療法에 관한 小考」,『한국의사학회지』 27-1, 2014.

김남일,「양생의학 연구의 회고와 전망」,『한국의사학회지』 29-2, 2016.

김남일·권오민·차웅석 외,「醫員 朴泰元 인물연구」,『한국의사학회지』 22-1, 2009.

김남일·김단희,「『醫方新鑑』에 나타난 韓秉璉 의학사상」」,『한국의사학회지』 22-1, 2009.

김남일·김헌,「東醫寶鑑의 醫易思想 硏究」,『한국의사학회지』 24-2, 2011.

김남일·김혁규·강도현 외,「조선 仁祖의 질병기록에 대한 고찰-승정원일기 기록을 중심으로-」,『한국의사학회지』 25-1, 2012.

김남일·오준호·차웅석,「『承政院日記』를 통해 본 鍼灸擇日 활용 방법」,『한국의사학회지』 22-1, 2009.

김남일·유철호,「麻疹篇 저자와 저술 시기에 대한 고찰」,『한국의사학회지』 25-2, 2012.

김남일·차웅석·구민석 외,「『醫方類聚』의 醫案에 대한 연구-各 門別 분포와 引用書를 중심으로-」,『한국의사학회지』 30-1, 2017.

김남일·차웅석·박준규,「『東醫寶鑑』의 '形氣論'에 대한 소고」,『한국의사학회지』 23-1, 2010.

김남일·차웅석·방성혜 외,「醫人 白光玹의 행적 연구」,『한국의사학회지』 26-2, 2013.

김남일·차웅석·한봉재,「『東醫寶鑑』의 望診圖像에 관한 연구」」,『한국의사학회지』 22-1, 2009.

김단희·김남일·안상우,「『救急簡易方』에 대한 小考」,『한국의사학회지』 23-1, 2010.

김대길,「조선시대 전주의 시장과 유통망」,『전주학연구』 7, 2013.

김대중,「星湖와 茶山의 육체 경제학」,『한국실학연구』 32, 2016.

김덕진,「17세기 한강의 장기 결빙과 그 영향」,『한국사연구』 157, 2012.

김덕진,「19세기말 藥局 판매장부를 통해 본 의약 거래관행」,『역사학연구』 69, 2018.

김동율,「肅宗의 中脘穴 受灸事 연구-『승정원일기』 약방기록을 중심으로-」,『대한한의학원전학회지』 28-4, 2015.

김동율,「정조의 膈氣에 대한 연구-『승정원일기』를 중심으로-」,『대한한의학원전학회지』 32-3, 2019.

김동율·차웅석,「이공윤의 의약동참기록 연구」,『한국의사학회지』 29-2, 2016.

김동율·정지훈·한봉재,「『의방유취』의 導引圖에 관한 연구」,『한국의사학회지』 27-1, 2014.

김동율·조학준,「유상의 『고금경험활유방』 연구-내용상의 특징을 중심으로-」,『한국의사학회지』 30-2, 2017.

김동진·유한상,「병자호란 전후, 1636-1638. 소의 역병, 牛疫. 발생과 확산의 국제성」,『의사학』 43, 2013.

김동진,「16~18세기 우역 치료방과 방역 시스템의 발전」,『연세의사학』 19-2, 2016.

김동진·유한상·이항,「17세기 후반 우역의 주기적 유행이 기근·전염병·호환에 미친 영향」,『의사학』 23-1, 2014.

김두얼,「행장류 자료를 통해 본 조선시대 양반의 출산과 인구변동」,『경제사학』 52, 2012.

김문기,「17세기 중국과 조선의 小氷期 기후변동」,『역사와 경계』 77, 2010.

김문기,「근세 일본의 『동의보감』 어류지식 연구, Ⅰ.-신사 의원문답을 중심으로, 1636~1717」,『역사와 경계』 111, 2019.

김문용,「서양 의학의 수용과 신체관의 변화-최한기의 『身機踐驗』을 중심으로-」,『동양고전연구』 37, 2009.

김문용, 「18세기 鄕村 知識人의 自我 構成-存齋 魏伯珪의 경우-」, 『민족문화연구』 61, 2013.

김문용, 「최한기 자연학의 성격과 지향」, 『민족문화연구』 59, 2013.

김민선·하동림·김남일, 「조선 인목왕후의 진료 기록 연구-『조선왕조실록』과 『승정원일기』를 중심으로-」, 『한국의사학회지』 32-2, 2019.

김부찬, 「退溪 李滉의 『活人心方』에 나타난 심신수양론」, 『유학연구』 45, 2018.

김부찬, 「惠岡 崔漢綺의 『氣測體義』에 나타난 기학적 신체수양론」, 『유학연구』 48, 2019.

김상현, 「『新纂辟瘟方』의 瘟疫 인식 및 辟疫書로서의 의의에 대한 고찰-『東醫寶鑑·瘟疫門』과의 비교를 중심으로-」, 『대한한의학원전학회지』 26-4, 2013.

김상현, 「『辟疫神方』의 毒疫에 대한 고찰」, 『대한한의학원전학회지』 28-2, 2015.

김상현, 「『痘瘡經驗方』에 나타난 두창 치료의 특징과 그 의의」, 『대한한의학원전학회지』 29-4, 2016.

김상현, 「『역시만필』에 기록된 조선 후기 외감병 치료에 대한 소고-온병학적 관점에서 본-」, 『한국의사학회지』 30-2, 2017.

김상현, 「『痘瘡經驗方』의 편집본과 그 활용에 대한 연구」, 『대한한의학원전학회지』 33-1, 2020.

김선형·김달래, 「정조의 의학관」, 『의사학』 18-2, 2009.

김선형·김달래, 「영조의 질병력과 사망원인 : 승정원일기를 중심으로」, 『의사학』 19-2, 2010.

김선희, 「조선의 문명 의식과 서학의 변주」, 『동방학지』 165, 2014.

김성수·강성용, 「인도 안과의학의 동아시아 전래와 『龍樹菩薩眼論』」, 『의사학』 22-1, 2013.

김성수, 「朝鮮後期 私的 醫療의 성장과 醫業에 대한 인식 전환」, 『의사학』 18-1, 2009.

김성수, 「朝鮮前期 痘瘡 流行과 『瘡疹集』」, 『한국한의학연구원논문집』 16-1, 2010.

김성수, 「朝鮮時代 醫員의 변화와 自己意識 형성」, 『한국한의학연구원논문집』 17-2, 2011.

김성수, 「神仙太乙紫金丹-조선의 만병통치약-」, 『인문논총』 67, 2012.

김성수, 「『默齋日記』가 말하는 조선인의 질병과 치료」, 『역사연구』 24, 2013.

김성수, 「18세기 후반 의학계의 변화상-『欽英』으로 본 조선후기 의학-」, 『한국문화』 65, 2014.

김성수, 「이형익의 번침술에 대하여」, 『연세의사학』 17-2, 2014.

김성수, 「조선 전기 胎敎論의 수용과 전개」, 『인문논총』 71-1, 2014.

김성수, 「조선 전기 鄕藥 정책과 『鄕藥集成方』의 편찬」, 『한국사연구』 171, 2015.

김성수, 「조선시대 儒醫의 형성과 변화」, 『한국의사학회지』 28-2, 2015.

김성수, 「18세기 조선 의학지식의 구조와 특성」, 『연세의사학』 19-2, 2016.

김성수, 「조선 시대 한증 요법의 운영과 변천」, 『한국과학사학회지』 38-3, 2016.

김성수, 「조선후기, 醫學과 實學의 관계에 대한 再考: 18세기 전반까지를 중심으로」, 『의료사회사연구』 2, 2018.

김성수, 「18-19세기 서양의학의 전개 양상」, 『역사와실학』 70, 2019.

김성수, 「20세기 초 한의원 개량론」, 『연세의사학』 22-1, 2019.

김성수, 「20세기 한의학의 '신'(新) 고전 탄생-李濟馬와 四象醫學」, 『인문논총』 76-3, 2019.

김성일, 「조선사람의 머리뼈에서 관찰되는 인류학적 징표의 시대적변화과정에 대하여」, 『조선고고연구』 2019-1, 2019.

김소희, 「조선전기 전라도의 출판문화 연구-지방관서의 간행양상을 중심으로-」, 『서지학연구』 62, 2015.

金昭姬, 「17~18세기 完營 출판의 간행양상과 특징-자치통감, 주자대전, 동의보감을 중심으로」, 『서지학연구』 70, 2017.

김승룡·채한, 「석곡 이규준 연구의 성찰과 모색」, 『한국의사학회지』 31-1, 2018.

김신회, 「1821년 콜레라 창궐과 조선 정부 및 민간의 대응 양상」, 『한국사론』 60 서울대학교 국사학과, 2014.

김영경, 「『醫書玉篇』 판본 비교 연구」, 『서지학연구』 6, 2016.

김영미, 「고려 후기 여성의 變成男子說」, 『이화사학연구』 40, 2010.

김용진, 「『鄕藥集成方·齒門』의 外治法에 관한 研究」, 『대한한의학원전학회지』 28-4, 2015.

김용진, 「鄕藥集成方·咽喉門의 外治法에 관한 研究」, 『한국의사학회지』 30-2, 2017.

김용한, 「《東醫寶鑑》 飜譯書에 대한 異見」, 『대한한의학원전학회지』 23-1, 2010.

김용한, 「『東醫寶鑑』에 쓰여진 許浚 文章의 文法의 特性과 飜譯書의 誤謬-「湯液篇」을 中心으로-」, 『대한한의학원전학회지』 24-6, 2011.

김인호, 「고려시대 무당·術士의 사회적 기능과 배척」, 『역사와 실학』 55, 2014.

김일권, 「장서각 소장본 『향약집성방』의 판본가치 재조명과, 「향약본초부」 초부편의 향명 식물 목록화 연구」, 『장서각』 41, 2019.

김일환, 「조선시대 왕실의 溫泉 목욕법에 대한 연구」, 『역사와 실학』 58, 2015.

김정박, 「《증수무원록》의 편찬년대에 대하여」, 『력사과학』 2018-3, 2018.

김종두, 「『東醫寶鑑』에 나타난 한국의 食餌養生 사상」, 『한국사상과 문화』 72, 2014.

김종석·김남일·차웅석, 「편찬과정을 통해 본 校正本 『醫方類聚』, 世祖本의 의의」, 『한국의사학회지』 23-2, 2010.

김종현, 「『東醫壽世保元·性命論』의 '大同於協義'와 '各立於擅利'의 해석에 대한 고찰」, 『대한한의학원전학회지』 『대한한의학원전학회지』 32-3. 2019

김주희, 「신석기시대 출토 인골로 보는 사회상」, 『한국신석기연구』 37, 2019.

김중한, 「李濟馬의 醫學 범위와 四象醫學 理論의 문제점에 대한 研究」, 『대한한의학원전학회지』 26-1, 2013.

김지영, 「조선후기 왕실의 출산문화에 관한 몇 가지 실마리들-장서각 소장 출산관련 '宮中件記'를 중심으로-」, 『규장각』 23, 2010.

김지영, 「조선시대 왕실, '捲草禮'의 변화」, 『민속학연구』 30, 2012.

김지영, 「조선시대 출산과 왕실의 '藏胎儀禮'-문화적 실천양상과 그 의미-」, 『역사와 세계』 45, 2014.

김지은, 「고대 香藥의 유통과 불교의례-통일신라시대를 중심으로-」, 『경주사학』 37, 2013.

김춘미, 「19세기 의학발전에 대하여」, 『력사과학』 2013-4, 2013.

김태우, 「과거의 의서에서부터 당대의 실천까지 :『소문대요』, 소문학회, 그리고 동아시아

의학전통의 전승을 바라보는 의료인류학적 시선」, 『한국의사학회지』 26-1, 2013.

김태우, 「의료체계로서의 조선 의서: 인류학적 시선으로 읽는 의서 발간의 의미」, 『한국의사학회지』 28-1, 2015.

김학동, 「『醫方類聚』의 臟腑圖와 五臟存思法에 관한 연구」, 『대한한의학원전학회지』 28-4, 2015.

김현경·김태우·김남일, 「조선시대 주요의서들을 통해 살펴본 노인 건강과 식치」, 『한국의사학회지』 25-1, 2012.

김형수, 「임란직후 상주 지역질서의 재편과 存愛院」, 『국학연구』 30, 2016.

김형태, 「의학필담 형식과 내용의 상관성 및 변천에 대한 연구」, 『동양고전연구』 37, 2009.

김형태, 「'藥性歌'의 성립과 전승 양상 연구」, 『한국시가연구』 30, 2011.

김형태, 「醫員筆談『和韓醫話』를 통한 朝日 의료 풍속의 고찰」, 『한국민족문화』 52, 2014.

김혜일, 「朝鮮通信使 醫學筆談錄 내용 분석-醫書 관련 내용을 중심으로-」, 『대한한의학원전학회지』 8-4, 2015.

김호, 「《韓國醫學史》를 통해 본 김두종의 역사의식」, 『애산 학보』 38, 2012.

김호, 「풍석의 의학론 : 「인제지」의 '이용후생'을 중심으로」, 『풍석 서유구 연구 上』, 사람의무늬, 2014.

김호, 「五洲 李圭景의 醫藥論-『五洲衍文長箋散稿』를 중심으로-」, 『진단학보』 121, 2014.

김호, 「허준(許浚)」, 『내일을 여는 역사』 56, 2014.

김호, 「『檢考』, 19세기 전반 지방관의 檢屍 지침서」, 『조선시대사학보』 72, 2015.

김호, 「1612년 溫疫 발생과 許浚의 『新纂辟溫方』」, 『조선시대사학보』 74, 2015.

김호, 「검안, 예외적 정상의 기록들」, 『장서각』 34, 2015.

김호, 「'以義順命'의 길: 다산 정약용의 種痘法 연구」, 『민족문화연구』 72, 2016.

김호, 「조선초기 『疑獄集』 간행과 '無冤'의 의지」, 『한국학연구』 41, 2016.

김호, 「16~17세기 조선의 지방 醫局 운영-경북 영주의 濟民樓를 중심으로」, 『국학연구』 37, 2018.

김호, 「16세기 지방의 의서 편찬과 患難相恤의 實踐知」, 『조선시대사학보』 89, 2019.

김호, 「시골 양반 疫病 분투기-18세기 구상덕의 『승총명록』을 중심으로」, 『역사비평』 131, 2020.

김홍균, 「本草精華의 解題에 관한 醫史學的 접근」, 『한국의사학회지』 24-2, 2011.

김홍균·안상우, 「歷代醫學姓氏의 針과 鍼에 대하여」, 『한국의사학회지』 25-2, 2012.

김훈, 「朝鮮時代 憲宗의 疾病에 관한 고찰」, 『대한한의학원전학회지』 23-1, 2010.

김훈·이해웅, 「朝鮮時代 哲宗의 疾病에 관한 고찰-『日省錄』을 중심으로-」, 『한국의사학회지』 25-2, 2012.

김훈·이해웅, 「朝鮮時代 純宗의 疾病에 관한 고찰-『朝鮮王朝實錄』을 중심으로-」, 『한국의사학회지』 26-2, 2013.

김희, 「『東湖問答』을 통해 본 安民의 養生論 연구」, 『율곡학연구』 38, 2019.

노중국, 「『삼국유사』 惠通降龍조의 검토-질병 치료의 관점에서-」, 『신라문화제학술논문집』 32, 2011.

로철진,「리조 후반기 진휼정책에 대한 간단한 고찰」,『력사과학』 2011-2, 2011.

류정아,「通过《护产厅日记》对朝鲜王室关于分娩的 医学处置以及医学哲学的考察」,『한국의사학회지』 27-1, 2014.

류정아,「韓國 醫書에 보이는 佛手散의 處方構成과 效能·主治에 대한 고찰」,『대한한의학원전학회지』 29-1, 2016.

리봉국,「15~16세기 우리 나라 수의학의 발전」,『력사과학』 2011-2, 2011.

리호일,「고려시기 진휼정책에 대하여」,『력사과학』 2014-1, 2014.

릴 피에르·갸바 마리·김남일,「프랑스와 동아시아의학과의 만남-18세기, 19세기, 20세기 대표적 인물과 저서의 관점 비평-」,『한국의사학회지』 26-1, 2013.

林炳學,「『格致藁』의 事心身物의『東醫壽世保元』의 天人性命과의 상관성 고찰」,『퇴계학과 유교문화』 58, 2016.

문광균,「18세기 江界지역 貢蔘制의 운영과 변화」,『조선시대사학보』 57, 2011.

문용식,「18세기 후반 제주도의 飢民과 진휼 곡물」,『한국사연구』 186, 2019.

문중양,「15세기의 '風土不同論'과 조선의 고유성」,『한국사연구』 162, 2013.

문현아·차승은·은기수,「조선시대 수면의 의미-일기류를 통해 본 수면과 밤 시간에 관한 일 고찰」,『사회와 역사』 121, 2019.

박경용,「나물·약초 민속의 전승양상과 활용방안-경북지역을 중심으로-」,『민족문화논총』 43, 2009.

박경용,「採藥 민속과 민간의료-대구·경북지역 採藥人의 경험과 인식을 중심으로-」,『인문학연구』 76, 2009.

박경용,「사찰 민간의료의 전승 유형과 의료민속학적 함의-전승 스님과 치료 경험자의 사례를 중심으로-」,『민족문화논총』 52, 2014.

박상영,「《軍中醫藥》飜譯 研究」,『대한한의학원전학회지』 23-1, 2010.

박상영,「「蒸室記」 研究」,『대한한의학원전학회지』 24-5, 2011.

박상영,「『愚岑雜著』 所在 狂證 二案에 關한 研究」,『대한한의학원전학회지』 24-6, 2011.

박상영,「『熱河日記』 所載「金蓼小抄」 飜譯에 관한 研究」,『대한한의학원전학회지』 25-1, 2012.

박상영,「연암 저작 추정서『翼鑑』에 관하여」,『한국의사학회지』 27-2, 2014.

박상영,「『五洲衍文長箋散稿』 소재 의학정보에 대한 일고찰」,『한국의사학회지』 28-2, 2015.

박상영,「發掘 醫案 고려대학교 소장『經驗方』에 대하여」,『한국의사학회지』 28-1, 2015.

박성식,「四象醫學에서 性情의 中節과 心理治療」,『대한한의학원전학회지』 26-2, 2013.

박소현,「18세기 동아시아의 性, gender. 정치학-『欽欽新書』의 배우자 살해사건을 중심으로-」,『대동문화연구』 82, 2013.

박소현,「검안을 통해 본 여성과 사회」,『古文書研究』 50, 2017.

박수밀,「조선의 중국 서적 유입 양상과 그 의미-序班과 琉璃廠의 존재를 중심으로-」,『동아시아문화연구』 50, 2011.

박수현,「《東醫壽世保元》少陰人 表病의 病機 및 治法에 대한 考察-益氣와 升陽을 중심으

로-」, 『대한한의학원전학회지』 23-2, 2010.

박영환, 「鍼金銅人의 製作에 대한 考察」, 『한국의사학회지』 25-2, 2012.

박주영·국수호·김남일 외, 「현종 비 명성왕후의 복약 기록 연구-『승정원일기』의 의안을 중심으로-」, 『한국의사학회지』 32-1, 2019.

박주영·차웅석·김남일, 「조선 장렬왕후의 경련에 대한 치병기록 연구-『승정원일기』의 의안을 중심으로-」, 『한국의사학회지』 29-1, 2016.

朴峻亨·呂寅碩, 「『大同類聚方』 典藥寮本과 고대 한반도 관련 처방」, 『木簡과 文字』 15, 2015.

박현규, 「『東醫寶鑑』의 국내책판 간행시기와 중국본 역유입 배경 고찰」, 『순천향 인문과학논총』 35-2, 2016.

朴現圭, 「일본에서의 조선 許浚 『東醫寶鑑』 유통과 간행」, 『日本硏究』 29, 2018.

박훈평 외, 7인., 「『죽헌실험방』 저술 배경 및 의의 연구-『침구경험방』 영향을 중심으로-」, 『Korean Journal of Acupuncture』 35-2, 2018.

박훈평, 「19세기 후반 典醫監 醫學生徒에 대한 고찰-『前衛生徒案』을 중심으로-」, 『한국의사학회지』 26-1, 2013.

박훈평, 「족보를 통한 조선 중기(1506~1637) 三醫司 의관 가계배경 연구-『선원록』을 중심으로-」, 『한국의사학회지』 26-2, 2013.

박훈평, 「醫官의 原從功臣 錄勳 연구」, 『한국의사학회지』 27-2, 2014.

박훈평, 「朝本 『黃帝內徑素問』 판본에 대한 고찰」, 『한국의사학회지』 27-2, 2014.

박훈평, 「혜민서 관청지 惠局志 편제와 내용 연구」, 『한국의사학회지』 27-2, 2014.

박훈평, 「17-18세기 조선 간행 『동의보감』 목판본에 대한 서지학적 연구」, 『한국의사학회지』 28-1, 2015.

박훈평, 「내의원 편 『內醫院式例』의 저술 시기와 내용 연구」, 『한국의사학회지』 28-1, 2015.

박훈평, 「조선시대 醫官職 審藥에 대한 고찰」, 『한국의사학회지』 28-2, 2015.

박훈평, 「새로 발견된 조선전기 의학서 『胎産集要』 연구」, 『장서각』 36, 2016.

박훈평, 「조선시대 의학교과서 연구」, 『한국의사학회지』 29-2, 2016.

박훈평, 「조선시대 지방 의생 제도에 대한 고찰」, 『한국의사학회지』 29-1, 2016.

박훈평, 「조선 간행 『의학입문』 판본에 대한 서지학적 연구」, 『한국의사학회지』 30-2, 2017.

朴薰平, 「「방약합편」 목판본에 관한 서지적 연구」, 『서지학연구』 74, 2018.

박훈평, 「조선후기 의약동참과 내침의 신분 연구-璿源續譜를 중심으로-」, 『장서각』 39, 2018.

박훈평, 「조선후기 절사의관에 대한 연구-인물과 家系를 중심으로-」, 『한국의사학회지』 31-1, 2018.

박훈평, 「심약 사례 연구 -경상심약을 중심으로-」, 『한국의사학회지』 32-2, 2019.

朴薰平, 「조선 간행 『두과휘편』 저본에 대한 연구」, 『서지학연구』 77, 2019.

박훈평, 「조선 전기 '상한' 관련 문헌의 도입과 활용 연구 : 간행, 인용, 강서 활용을 중심으로」, 『의사학』 28-3, 2019.

박훈평, 「태산구급방 정본화 연구」, 『한국의사학회지』 32-1, 2019.

박훈평·오준호, 「15-16세기 조선 의학 관료의 신분 변천-양성이씨 세전 사례를 중심으로」,

『의사학』 37-3, 2018.

박희진, 「역사인구학 관점으로 해석하는 조선후기」, 『역사와 현실』 93, 2014.

방상근, 「조선 후기 천주교회의 의료 활동」, 『교회사연구』 53, 2018.

방성혜·안상우·차웅석 외, 「『승정원일기』에 기록된 장희빈 의안 관련 연구」, 『한국의사학회지』 27-2, 2014.

방성혜·차웅석·김남일, 「한국 한의학 문헌에 나타난 봉합수술에 관한 소고」, 『한국의사학회지』 23-2, 2010.

백유상, 「乙亥字本 『黃帝內經素問』에 대한 조사 연구-간행연대 고증과 內醫院刻本과의 비교를 중심으로-」, 『대한한의학원전학회지』 24-3, 2011.

백진웅, 「『方藥合編』 收錄 處方 內의 藥物 조합 頻度 연구」, 『대한한의학원전학회지』 24-4, 2011.

서명석, 「수양치료의 관점으로 본 퇴계심학」, 『교육사상연구』 30-1, 2016.

서신혜, 「조선후기 凶荒 현장과 제주 목민관의 생각-남구명의, 「凶年記事」와 양헌수의, 「惻棄兒說」을 중심으로-」, 『온지논총』 48, 2016.

성호준, 「조선 후기 石谷 李圭晙의 유학과 의학」, 『동양철학연구』 60, 2009.

성호준, 「『동의보감』의 몸과 마음」, 『오늘의 동양사상』 20, 2009.

蘇淳圭, 「『世宗實錄』 地理志를 통해 본 朝鮮初 貢物 分定의 실제와 특성-厥貢·土貢·土産 항목의 검토를 중심으로-」, 『한국사연구』 161, 2013.

손계영, 「조선후기 경상감영의 출판과 간행본의 특징」, 『영남학』 61, 2017.

손영종, 「조선민족의학으로서의 고려의학의 발전에 대하여」, 『력사과학』 2012-3, 2012.

송상용, 「일산 김두종의 삶과 학문」, 『애산 학보』 38, 2012.

송재용, 「『미암일기』에 나타난 서적 및 출판 관련 사항 일고찰」, 『東아시아 古代學』 36, 2014.

송지청, 「『東醫寶鑑』 五臟六腑 關聯門의 處方 引用에 관한 考察」, 『대한한의학원전학회지』 24-4, 2011.

송지청, 「『鄕藥集成方』 引用書인 『集成』에 관한 考察」, 『대한한의학원전학회지』 24-6, 2011.

송지청, 「『食療纂要』에 나타난 消渴의 食治에 對한 小考」, 『대한한의학원전학회지』 25-3, 2012.

송지청, 「『東醫寶鑑』 중 『脈訣』 引用에 대한 考察」, 『대한한의학원전학회지』 27-4, 2014.

송지청, 「朝鮮 世宗代 醫員 연구-『朝鮮王朝實錄』을 중심으로-」, 『대한한의학원전학회지』 28-3, 2015.

송지청, 「『兵部手集』에 대한 연구」, 『대한한의학원전학회지』 29-4 , 2016.

송지청, 「세종대 의원 활동 연구-『朝鮮王朝實錄』을 중심으로-」, 『대한한의학원전학회지』 29-1, 2016.

송지청·엄동명·박영채·이훈상, 「조선 홍역발생과 관련의서 편찬관계 고찰-18C, 19C를 중심으로-」, 『한국의사학회지』 31-2, 2018.

송지청·엄동명, 「韓國 醫史學會誌 研究 動向」, 『한국의사학회지』 27-2, 2014.

송지청·이훈상·박영채 외, 「조선 홍역발생과 관련의서 편찬관계 고찰-18C, 19C를 중심으로-」, 『한국의사학회지』 31-2, 2018.

송화섭, 「조선후기 類書類의 구황과 벽온 민속-『증보산림경제』를 중심으로-」, 『역사민속학』 34, 2010.

신규환, 「최근 한국의학사 연구에서 구술사 연구의 성과와 한계」, 『의사학』 44, 2013.

신규환, 「기후변화와 질병 : 19~20세기 페스트 유행과 질병관의 변화」, 『한국학논집』 62, 2016.

신동원 외, 「중세 동아시아의 생명, 신체, 물질, 문화 탐구」, 『의사학』 28-1, 2019.

신동원, 「한국 전근대 의학사 연구 동향」, 『의사학』 19-1, 2010.

신동원, 「병과 의약생활로 본 정약용의 일생」, 『다산학』 22, 2013.

신동원, 「미시사 연구의 방법과 실제 : 이문건의 儒醫日記」, 『의사학』 24-2, 2015.

신동원·오재근·전종욱, 「신라 승려의 『금광명경』 「제병품」 주석을 통해 살펴본 한국 고대 불교의학」, 『의사학』 25-3, 2016.

신상원, 「『東醫寶鑑』의 '形證' 槪念에 대한 고찰-《寒門》〈六經形證用藥〉을 중심으로-」, 『대한한의학원전학회지』 27-4, 2014.

신선미, 「『東醫壽世保元·性命論』의 用語 定義 및 英譯 硏究」, 『대한한의학원전학회지』 24-4, 2011.

申幼兒, 「朝鮮前期 遞兒職의 受職과 役割」, 『역사교육』 131, 2014.

신유아, 「조선시대 내의원의 기능과 醫官의 지위」, 『역사와 실학』 65, 2018.

신익철, 「연행록을 통해본 18세기 전반 한중 서적교류의 양상」, 『태동고전연구』 25, 2009.

신재혁, 「『食療纂要』에서 돼지고기를 이용한 食治에 대한 考察」, 『대한한의학원전학회지』 24-3, 2011.

신재혁·맹학영·송지청 외, 「『御藥院方』 「咽喉口齒門」 중 치아질환 처방에 관한 고찰」, 『한국의사학회지』 25-1, 2012.

심현아, 「『食療纂要』中 五菜를 이용한 食治 硏究」, 『대한한의학원전학회지』 24-5, 2011.

심현아·송지청·엄동명, 「『醫門寶鑑』 「腰痛門」 에 대한 고찰」, 『한국의사학회지』 25-1, 2012.

辻大和, 「17世紀初頭朝鮮における藥用人蔘政策の定立とその意義」, 『朝鮮学報』 210, 2009.

안상우, 「판소리〈수궁가〉醫學記事에 내포된 역사성과 조선후기 민중 의학지식의 보급-김연수 창본 수궁가의 사설을 대상으로-」, 『호남문화연구』 47, 2010.

안상우, 「『醫方類聚』를 통해 바라본 全循義의 醫學觀」, 『지역과 역사』 28, 2011.

안상우, 「海南尹氏 孤山 尹善道의 醫藥事跡」, 『도서문화』 46, 2015.

안상우, 「『三方撮要』의 편찬과 傳存내력」, 『한국의사학회지』 31-2, 2018.

안상우·김남일·조정은, 「동아시아 『醫方類聚』 연구의 회고와 전망」, 『인문학연구』 32 경희대학교 인문학연구원, 2016.

안상우·김현구, 「사상의학의 임상 응용과 저변 확대 - 원지상의 『동의사상신편』을 중심으로-」, 『한국의사학회지』 25-2, 2012.

안상우·신혜규, 「15세기 한국의학의 小兒에 대한 인식과 의학사적 의의」, 『한국의사학회지』 28-1, 2015.

안승현, 「『동의보감』 身形藏府圖의 형성 경위에 관한 고찰」, 『대한한의학원전학회지』 31-4, 2018.

안진희, 「『食療纂要』에 나타난 피부과 질환 食治에 대한 고찰」, 『대한한의학원전학회지』 『대한한의학원전학회지』 32-2, 2019.

양기석, 「百濟 박사제도의 운용과 변천」, 『백제문화』 49, 2013.

양승률, 「단촌 신만의 『保幼新編』 편찬과 『舟村新方』」, 『장서각』 25, 2011.

양영규, 「『東醫壽世保元』 辛丑本 病論 篇名의 解釋과 診斷 活用에 關한 研究」 29-1, 2016.

양윤미, 「성주 世宗大王子 胎室 봉안 安胎用 陶磁器의 양상과 제작시기 연구」, 『영남학』 27, 2015.

양정필, 「한말-일제하 錦山 人蔘 연구」, 『한국사학보』 51, 2013.

양정필, 「17~18세기 전반 인삼무역의 변동과 개성상인의 활동」, 『탐라문화』 55, 2017.

양정필, 「개성상인과 중국 山西상인 비교 연구」, 『탐라문화』 62, 2019.

엄동명, 「鄕藥集成方 鍼灸目錄에 대한 考察」, 『대한한의학원전학회지』 23-6, 2010.

엄동명, 「『鄕藥集成方』에 引用된 『御藥院方』 研究」, 『대한한의학원전학회지』 26-2, 2013.

엄동명, 「영조가 복용한 粥에 대한 고찰-『承政院日記』의 영조 기록을 중심으로 -」, 『대한한의학원전학회지』 30-1, 2017.

엄동명·송지청, 「『御藥院方』 異本에 대한 연구-「痰飮門」을 중심으로-」, 『한국의사학회지』 31-2, 2018.

여인석, 「『主制群徵』에 나타난 서양의학 이론과 중국과 조선에서의 수용 양상」, 『의사학』 21-2, 2012.

여인석, 「김두종의 한국의학사 연구」, 『애산 학보』 38, 2012.

염정섭, 「18~19세기 조선의 '節飮食' 담론과 '飽食逸居'의 실제」, 『농업사연구』 15-1 한국농업사학회, 2016.

오재근, 「『동의보감』과 『향약집성방』의 『증류본초』 활용-『향약집성방』 「향약본초」, 『동의보감』 「탕액편」을 중심으로-」, 『대한한의학원전학회지』 24-5, 2011.

오재근, 「氣의 운동으로 살펴보는 마음, 情-『황제내경』을 중심으로-」, 『의철학연구』 11, 2011.

오재근, 「조선 의서 『동의보감』은 왜 본초 부문을 「탕액편」이라고 하였을까: 『동의보감』 「탕액편」 중 이고, 주진형의 본초학 성과 활용 분석」, 『의사학』 20-2, 2011.

오재근, 「『본초강목』이 조선 후기 본초학 발전에 미친 영향 : 미키 사카에의 『임원경제지』 본초학 성과 서술 비판」, 『의사학』 21-2, 2012.

오재근, 「조선 의서 『향약집성방』 중에 실린 傷寒 논의 연구-인용 문헌, 醫論, 처방, 본초 등을 중심으로-」, 『한국의사학회지』 25-2, 2012.

오재근, 「약 하나로 병 하나 고치기(用一藥治一病)-『동의보감』 단방의 편찬과 계승-」, 『의사학』 43, 2013.

오재근, 「이규준 의서 『황제내경소문대요』의 유통본과 그 저본이 된 조선본 황제내경소문」,

『대한한의학원전학회지』 26-4, 2013.

오재근, 「부양학파, 한국 전통 의학 학술 유파의 탄생과 전승 : 이규준, 서병오, 이원세 그리고 소문학회」, 『의사학』 23-1, 2014.

오재근, 「조선 의가 이규준의 『황제내경』 의학 계승-『의감중마』 「계경장부편」을 중심으로 」, 『대한한의학원전학회지』 28-1, 2015.

오재근, 「조선 의관 허준의 임상 의학 사유 엿보기-『동의보감』에 수록된 임상 사례 및 의안 분석-」, 『의사학』 24-3, 2015.

오재근, 「黃度淵의 의학과 그의 또 다른 이름 黃道淳」, 『대한한의학원전학회지』 30-3, 2017

오재근, 「조선 말기에 등장한 새로운 전통 의학 이론: 儒醫 이규준이 주창한 扶陽論의 특징과 그 의미」, 『의료사회사연구』 1, 2018.

오재근·김용진, 「『東醫寶鑑』 「湯液篇」의 本草 분류에 대한 연구」, 『대한한의학원전학회』 23-5, 2010.

오재근·김용진, 「조선 후기 『본초강목』의 전래와 그 활용 : 『본초정화』, 『본초부방편람』을 중심으로」, 『의사학』 20-1, 2011.

오재근·윤창렬, 「조선 의서 중의 藥性歌에 대한 연구」, 『대한한의학원전학회』 24-3, 2011.

오재근·전종욱·신동원, 「신라 승려의 『금광명경』 「제병품」 주석을 통해 살펴본 한국 고대 불교의학」, 『의사학』 25-3, 2016.

오준호, 「『침구경험방』을 통해 본 17세기 조선 의료와 침구기법」, 『한국의사학회지』 24-1, 2011.

오준호, 「兩感傷寒을 통해 본 조선 후기 醫家들의 傷寒 인식」, 『의사학』 21-1, 2012.

오준호, 「여말선초의 식치의학과 『식의심감』」, 『한국의사학회지』 25-2, 2012.

오준호, 「19-20세기 조선 의가들의 '본초강목' 재구성하기」, 『한국의사학회지』 26-2, 2013.

오준호, 「조선후기 세시풍속과 의학-醫方合編 月行을 중심으로-」, 『대한한의학원전학회지』 26-3, 2013.

오준호, 「17-18세기 조선의 鍼, 그 종류와 형태」, 『民族文化』 49 한국고전번역원, 2014.

오준호·박상영, 「해남의 유의 曺澤乘·曺秉後 父子 연구」, 『호남학연구원』 52, 2012.

오준호·박상영·안상우, 「조선 중기 儒醫 李碩幹의 가계와 의약사적 연구-새로 발견된 大藥賦를 중심으로-」, 『한국의사학회지』 26-1, 2013.

옥영정, 「17세기 출판문화의 변화와 서적간행의 양상」, 『다산과 현대』 3 , 2010.

옥영정, 「『東醫寶鑑』 初刊本과 한글본 『동의보감』의 서지적 연구」, 『장서각』 24, 2010.

옥영정, 「朝鮮前期 『鄕藥集成方』의 간행과 서지학적 특징」, 『한국의사학회지』 29-1, 2016.

王英, 「从《东医宝鉴》的编撰特点探讨许浚的学术思想」, 『한국의사학회지』 23-2, 2010.

원진희, 「『東醫寶鑑』의 의학사적 가치에 대한 고찰」, 『장서각』 24, 2010.

유준상, 「『醫門寶鑑』의 편찬과 주명신의 행적에 대한 연구」, 『대한한의학원전학회지』 26-2, 2013.

유철호, 「조선의 名醫 유이태(劉以泰·劉爾泰) 연구」, 『대한한의학원전학회지』 26-4, 2013.

윤서현·이성진·조은희 외, 「食療纂要에서 五穀을 이용한 食治 硏究」, 『한국의사학회지』 24-2, 2011.

윤은경, 「韓醫學的 觀點에서 본 『胎敎新記』의 胎敎論」, 『대한한의학원전학회지』 31-1, 2018.

윤창열, 「『草窓訣』 中 「用藥勸」에 관한 硏究」, 『대한한의학원전학회지』 30-2, 2017.

윤창열, 「尹東里의 家系와 『草窓訣』 中 「運氣衍論」에 關한 硏究」 3, 『대한한의학원전학회지』 30-3, 2017.

이경록, 「조선 세종대 향약 개발의 두 방향」, 『태동고전연구』 26, 2010.

이경록, 「조선초기 『鄕藥濟生集成方』의 간행과 향약의 발전」, 『동방학지』 149, 2010.

이경록, 「鄕藥에서 東醫로: 『향약집성방』의 의학이론과 고유 의술」, 『역사학보』 212, 2011.

이경록, 『향약집성방』의 편찬과 중국 의료의 조선화」, 『의사학』 39, 2011.

이경록, 「고려와 조선 전기의 위령선 활용-동아시아 본초학의 한 사례」, 『대동문화연구』 77, 2012.

이경록, 「조선전기 『의방유취』의 성취와 한계-'상한'에 대한 인식을 중심으로」, 『한국과학사학회지』 34-3, 2012.

이경록, 「고려와 조선전기 중풍의 사회사」, 『태동고전연구』 30, 2013.

이경록, 「고려후기 의학지식의 계보-『비예백요방』과 『삼화자향약방』의 선후관계 재론-」, 『동방학지』 166, 2014.

이경록, 「조선 중종 19~20년의 전염병 창궐과 그 대응」, 『중앙사론』 39, 2014.

이경록, 「『향약구급방』과 『비예백요방』에 나타난 고려시대 의학지식의 흐름-치과와 안과를 중심으로-」, 『사림』 48 수선사학회, 2014.

이경록, 「조선전기 감초의 토산화와 그 의미」, 『의사학』 24-2, 2015.

이경록, 「조선초기의 성리학적 의료관과 의료의 위상」, 『의료사회사연구』 1, 2018.

이경록, 「고려와 조선시대의 의학발전 단계 시론-의서를 중심으로-」, 『이화사학연구』 58, 2019.

이경록, 「몸의 소비」, 『의료사회사연구』 4, 2019.

이경록, 「조선전기 의관층의 동향: 관료제와 신분제의 충돌」, 『역사학보』 242, 2019.

이경록, 「조선초기 의서습독관의 운영과 활동」, 『연세의사학』 22-1, 2019.

이기복, 「18세기 의관 李壽祺의 자기인식-기술직 중인의 전문가의식을 중심으로-」, 『의사학』 22-2, 2013.

이기복, 「동아시아 의학 전통의 재해석 및 前向: 이제마의 '醫源論'을 중심으로」, 『한국과학사학회지』 38-1, 2016.

이기복, 「실행 층위에서 본 이제마, 1837-1900.의 의학: 동아시아 의학 체계의 재구성」, 『의료사회사연구』 2, 2018.

이기복, 「조선 후기 의학 지식 구성 및 실행 방식의 변화: 18세기 『歷試漫筆』을 중심으로」, 『한국과학사학회지』 41-1, 2019.

이기복·김상현·오재근, 「중세 동아시아의 생명, 신체, 물질, 문화 탐구 : 고려의 『향약구급방』을 중심으로」, 『의사학』 28-1, 2019.

이기봉, 「신라시대 鰥寡孤獨者等의 구제와 그 특징」, 『신라문화』 54, 2019.

이기운, 「조선후기 의학서 간행과 불교」, 『韓國佛敎史硏究』 8, 2015.

이꽃메,「『歷試漫筆』의 사례로 재구성한 조선후기 여성의 삶과 질병」,『의사학』 24-2, 2015.

이난숙,「율곡의「醫藥策」에 담긴 治癒觀-醫藥과 醫國을 중심으로-」,『률곡학연구』 33, 2016.

이남희,「조선 후기 醫科八世譜의 자료적 특성과 의미-현전 자료와 그 수록 년대를 중심으로-」,『조선시대사학보』 52, 2010.

이남희,「雜科合格者의 他科 進出 사례 분석-조선후기의 사회변동과 관련해서」,『열린정신 인문학연구』 15-2, 2014.

이병학,「동무 이제마의 四象的 사유체계와『大學』-「格致藥」를 중심으로-」,『대동문화연구』 81, 2013.

이상복,「김두종 선생님과 그의 한국의학사 그리고 儒醫」,『애산학보』 38, 2012.

이상원·차웅석,「조선 현종의 질병과 예송논쟁의 관계에 대한 연구」,『한국의사학회지』 24-1, 2011.

이상협·김훈·이해웅,「朝鮮前期 임금들의 皮膚病에 관한 고찰-『朝鮮王朝實錄』을 중심으로-」,『한국의사학회지』 27-2, 2014.

이선정,「『赴燕日記』에 나타난 19세기초 中人 醫官의 淸 文物 認識」,『역사교육론집』 45, 2010.

이욱,「15세기 후반 기후특성의 비교사적 고찰-『조선왕조실록』 기후 관련 기록 신빙성 검토의 한 사례-」,『국학연구』 21, 2012.

이유진·안상우·김동율,「汗蒸法을 통해 바라본 朝鮮朝 佛敎醫學의 一面」,『한국의사학회지』 31-2, 2018.

이유진·안상우·김동율,「『佛頂心觀世音菩薩陀羅尼經』의 치병법을 통해 살펴본 한국 불교의학의 일면」,『한국의사학회지』 32-1, 2019.

이은림,「『동의보감』 편성의 분류체계에 관한 연구」,『서지학연구』 79, 2019.

이재환,「한국 고대 '呪術木簡'의 연구 동향과 展望-'呪術木簡'을 찾아서-」,『목간과문자』 10, 2013.

이정란,「고려 '進上制'의 내용과 성격의 변화」,『사학연구』 133 한국사학회, 2019.

이정원,「東醫寶鑑의 명상 修行에 대한 고찰」,『대한한의학원전학회지』 25-3, 2012.

이정현,「『하재일기』를 통해 본 구한말 의약생활의 변화」,『대한한의학원전학회지』 27-4, 2014.

이정현·오준호,「판본별 교감을 통한 동의보감의 정본화」,『한국의사학회지』 31-1, 2018.

이정호,「여말선초 자연재해 발생과 고려·조선정부의 대책」,『한국사학보』 40, 2010.

이정화,「『濟衆新編』의「養老」와「藥性歌」에 관한 연구『한국의사학회지』 22-2, 2009.

이정화,「『濟衆新編』의 간행과 頒賜에 관한 연구」,『서지학보』 34, 2009.

이정화,「『濟衆新編』 현존본의 서지적 연구」,『서지학연구』 47, 2010.

이정화·권오민·박상영 외,「愚岑 張泰慶 生涯 硏究」,『한국의사학회지』 24-1, 2011.

이정화·안상영·한창현 외,「버클리대 아사미문고본 治腫方에 대하여」,『한국의사학회지』 23-2, 2010.

이종봉,「全循義의 생애와 저술」,『지역과 역사』 28, 2011.

이해웅 · 이상협 · 김훈, 「朝鮮前期 임금들의 皮膚病에 관한 고찰」, 『한국의사학회지』 27-2, 2014.

이해웅 · 김훈, 「朝鮮時代 高宗의 疾病에 관한 고찰-朝鮮王朝實錄을 중심으로-」, 『한국의사학회지』 24-2, 2011.

이현숙, 「역병으로 본 한국고대사」, 『신라사학보』 28, 2013.

이현숙, 「한국고대의 본초-고조선 · 백제 · 신라를 중심으로-」, 『신라사학보』 33, 2015.

이현숙, 「총론 : 의학서로 다시 읽는 고려 사회」, 『역사와 현실』 112, 2019.

이현숙, 「『향약구급방』으로 본 고려시대 의안」, 『역사와 현실』 112, 2019.

이현주, 「『향약구급방』부인잡방으로 본 고려의 임신과 출산」, 『역사와 현실』 112, 2019.

이홍식, 「沆瀣 洪吉周의 利用厚生論-醫藥에 대한 관심을 중심으로-」, 『한국실학연구』 19, 2010.

임병학, 「文王八卦圖에 근거한 『동의수세보원』 「확충론」의 哀怒喜樂과 天人性命 고찰」, 『민족문화』 44, 2014.

임병학, 「『동의수세보원』 「性命論」의 四象心에 대한 고찰-四象哲學의 마음 연구-1-」, 『장서각』 33, 2015.

임선빈, 「조선중기 鍼醫 許任의 생애와 활동」, 『역사와 실학』 54, 2014.

임식 · 주동진, 「退溪의 「活人心方」에 대한 人文學的 養生 試論」, 『민족문화논총』 59, 2015.

임호민, 「조선시대 강릉지역 사족 結社 구성과 의미」, 『인문과학연구논총』 36, 명지대학교 인문과학연구소, 2013.

임호민, 「조선시대 향촌조직 결성의 양상과 추이 고찰-강릉지방의 사례를 중심으로-」, 『강원사학』 27, 2015.

장아령 · 금경수, 「『生産秘方』과 『胎産心法』, 『胎産秘書』, 『大生要旨』, 『達生編』의 編制 비교 연구」, 『한국의사학회지』 29-1, 2016.

장우진 · 주학성, 「혈액형에 반영된 조선사람의 기원상 특성」, 『조선고고연구』 2010-4, 2010.

장우창, 「《東醫壽世保元》의 三陰三陽 認識」, 『대한한의학원전학회지』 23-1, 2010.

장우창, 「『東醫壽世保元』의 結胸 해석-소양인 결흉을 중심으로」, 『대한한의학원전학회지』 28-4, 2015.

장우창, 「『纂圖方論脈訣集成』의 張元素 「診脈入式解」 연구」, 『대한한의학원전학회지』 32-1, 2019.

장우창 · 류정아, 「『醫方類聚』에 수록된 『傷寒論注解』에 대한 고찰」, 『한국의사학회지』 27-1, 2014.

장희원, 「『鍼灸經驗方』 '諸節皆屬膽'에 대한 고찰」, 『대한한의학원전학회지』 29-4, 2016.

장희원, 「『鍼灸經驗方』 別穴에 대한 고찰」, 『대한한의학원전학회지』 30-3, 2017.

전세영, 「퇴계의 질병에 대한 고찰」, 『퇴계학논총』 30, 2017.

전제훈, 「朝鮮 小氷期 醫藥思想 연구-江陵 藥局契 성격의 지속과 변화」, 『원불교사상과 종교문화』 73, 2017.

전종욱, 「『單方新編』 以後 文獻傳承에 관한 硏究」, 『대한한의학원전학회지』 27-4, 2014.

전종욱, 「醫案『歷試漫筆』의 脈診 實行에 대한 연구」, 『대한한의학원전학회지』 30-2, 2017.

전종욱, 「조선 후기 醫案『輕寶新編』 연구」, 『대한한의학원전학회지』 30-1, 2017.

전종욱, 「西坡 李以斗의『醫鑑刪定要訣』研究」, 『대한한의학원전학회지』 31-1, 2018.

전종욱, 「조선 鍼灸의 지향에 대한 小考」, 『대한한의학원전학회지』 32-3, 2019.

전종욱·조창록, 「『임원경제지』·「인제지」의 편집 체재와 조선후기 의학 지식의 수용 양상-『동의보감』과의 비교를 중심으로-」, 『의사학』 42, 2012.

전호수, 「조선시대 청주·청원의 토산물·특산물」, 『충북향토문화』 22, 2010.

정복철, 「조선조 의학 텍스트의 정치사상적 함의」, 『대한한의학원전학회지』 23-1, 2010.

정유웅·김남일·차웅석, 「小谷 李在元의 舍岩鍼法 運用에 關한 研究」, 『한국의사학회지』 23-2, 2010.

정재영·이준환·정석희, 「『승정원일기』 기록을 바탕으로 한 조선중기 요통 치료의『동의보감』과의 연관성 : 인조, 효종, 현종, 숙종 시대를 중심으로」, 『의사학』 20-1, 2011.

정지훈, 「倒倉法의 沿革과 현대적 응용」, 『대한한의학원전학회지』 27-1, 2014.

정지훈, 「『醫方類聚·五臟門』의 처방 분석-처방 제형을 중심으로-」, 『한국의사학회지』 31-1, 2018.

정지훈, 「『醫方類聚 諸虛門』을 통해 본 동아시아 전통의학에서의 虛勞의 역사」, 『한국의사학회지』 32-2, 2019.

정지훈·김동율, 「경종독살설 연구」, 『한국의사학회지』 27-1, 2014.

정지훈·김동율, 「코퍼스 분석방법을 이용한『東醫寶鑑』의 어휘 분석」, 『한국의사학회지』 28-1, 2015.

정창현, 「『東醫寶鑑』의 精氣神 養生法과 그 특징」, 『대한한의학원전학회지』 30-1, 2017.

정현종·조미정, 「不整脈에 대한 東醫寶鑑의 판단기준 研究」, 『한국의사학회지』 26-2, 2013.

정혜정, 「『자산어보』에 나타난 해양생물 의료 효용과 현대 민간의료 지식 비교 고찰-'흑산도'를 대상으로-」, 『호남문화연구』 62, 2017.

鄭豪薰, 「『晝永編』의 자료 구성과 지식 세계」, 『진단학보』 110, 2010.

정홍영, 「조선 초기 한문서적 수입에 관한 연구」, 『통일인문학논총』 55, 2013.

정효운, 「『삼국유사』에 나타난 한국인의 사생관」, 『東아시아 古代學』 39, 2015.

조성산, 「조선후기 星湖學派의 古學 연구를 통한 本草學 인식」, 『의사학』 24-2, 2015.

조성산, 「崔漢綺의 神氣 논의와 중서의학 비판: 花潭學과의 관련성을 중심으로」, 『의사학』 28-2, 2019.

조성환·김동율, 「『默齋日記』 속 傷寒 및『상한론』에 대한 인식 연구」, 『한국의사학회지』 32-1, 2019.

조영준, 「조선시대 문헌의 身長 정보와 尺度 문제-軍籍과 檢案을 중심으로-」, 『고문서연구』 41, 2012.

조영준, 「조선말기 살인사건 조사의 과학성 검토, 1895-1907-규장각 소장 檢案에 수록된 凶器 그림의 기초 분석」, 『규장각』 48, 2016.

조현범, 「조선 후기 유학자들의 서학인식: 종교/과학 구분론에 대한 재검토」, 『한국사상사학』 50, 2015.

조현설, 「해골, 죽음과 삶의 매개자」, 『민족문화연구』 59, 2013.

주동진 · 전윤수 · 엄진성, 「儒學者 趙聖期를 통해 본 조선시대 장애인의 삶」, 『인문과학연구』 26, 2015.

주윤정, 「'맹인' 점복업 조합을 통해 본 소수자의 경제활동」, 『한국사연구』 164, 2014.

지명순, 「《東醫寶鑑》 單味 處方 중 食材料活用에 관한 연구」, 『대한한의학원전학회지』 23-1, 2010.

지명순, 「『東醫寶鑑』 內景篇에 나타난 소금에 관한 硏究」, 『대한한의학원전학회지』 23-6, 2010.

진보성, 「『오주서종박물고변』 저술의 성격과 이규경의 博物觀」, 『인문학논총』 45, 경성대학교 인문과학연구소, 2017.

차경희, 「『林園經濟志』 속의 조선후기 飮食」, 『진단학보』 108, 2009.

차웅석 · 김남일 · 구민석, 「柴胡四物湯의 임상 사례에 대한 연구-『輕寶新篇』의 醫案을 중심으로-」, 『한국의사학회지』 30-1, 2017.

차웅석 · 김남일 · 김동율, 「『承政院日記』 醫案을 통해 살펴본 景宗의 奇疾에 대한 이해」, 『한국의사학회지』 26-1, 2013.

차웅석 · 김단희 · 김남일, 「『救急簡易方』에 대한 소고II-霍亂門을 중심으로」, 『한국의사학회지』 23-2, 2010.

차웅석 · 김동율, 「이공윤의 의약동참기록 연구」, 『한국의사학회지』 29-2, 2016.

차웅석 · 김동율, 「조선의 주요 국가간행의학서의 편제구성과 질병분류인식에 대한 개설적 연구」, 『한국의사학회지』 32-2, 2019.

차웅석 · 김정원 · 김남일, 「金久永의 『病因論』에 나타난 의학사상 연구」, 『한국의사학회지』 30-1, 2017.

차웅석 · 김태우 · 김동율, 「景宗의 病歷에 대한 연구 I -『承政院日記』 藥房 기록을 중심으로-」, 『한국의사학회지』 25-1, 2012.

차웅석 · 오준호 · 김남일, 「醫書에 나타난 朝鮮 鍼灸擇日法의 발전과정」, 『한국의사학회지』 22-2, 2009.

최대우, 「이을호의 사상의학 연구」, 『호남문화연구』 47, 2010.

최대우, 「이제마 사상설의 철학적 근거」, 『범한철학』 62, 2011.

최대우, 「사상의학 이론의 의학사적 의의」, 『역사학연구』 68, 2017.

최명철, 「15세기 기술인재정책에 대한 몇가지 고찰」, 『력사과학』 2011-3, 2011.

최성운 · 황지혜 · 김남일, 「『東武遺稿 知風兆』를 통해 본 이제마의 군사학적 배경이 그의 의학 사상에 미친 영향」, 『한국의사학회지』 32-2, 2019.

최종호, 「서애 류성룡의 투병시 고찰」, 『국학연구』 26, 2015.

최해별, 「동아시아 전통 '檢驗' 지식의 계보: 檢驗 서적의 편찬 · 전파 · 변용을 중심으로」, 『梨花史學硏究』 50, 2015.

최해별, 「13-18세기 동아시아 '檢驗, 檢屍.' 지식의 전승과 변용 : 死因 분류 체계와 死因 규명에 관한 지식을 중심으로」, 『역사문화연구』 61, 2017.

하대룡,「慶山 林堂遺蹟 新羅 古墳의 殉葬者身分研究-土人骨의 미토콘드리아 DNA 分析을 中心으로-」,『한국고고학보』79, 2011.

하승록·임보경·최선미 외,「한국 눈침요법의 문헌 근거와 전승 현황 연구」,『한국의사학회지』24-2, 2011.

하여주,「조선시대 의학서로 본 여성 몸 담론-『東醫寶鑑』과『歷試漫筆』을 중심으로-」,『역사와 경계』109, 2018.

韓美鏡,「조선시대 의과 입격자 기록물의 계보적 연구」,『서지학연구』75, 2018.

한영규,「秋史派 醫官 洪顯普의 시문집『海初詩稿』·『海初文稿』」,『문헌과 해석』47, 2009.

함정식,「『答朝鮮醫問』과 한·중·일 의학교류-'의학문답'을 중심으로-」,『조선통신사연구』25, 2018.

허경진,「조선 의원의 일본 사행과 의학필담집의 출판 양상」,『의사학』19-1, 2010.

홍광섭,「《의과방목》의 사료적가치에 대하여」,『력사과학』2013-3, 2013.

홍기승,「경주 월성해자·안압지 출토 신라목간의 연구 동향」,『목간과문자』10, 2013.

홍란영,「조선시대『新編婦人大全良方』의 서지학적 고찰」,『서지학연구』62, 2015.

홍성익,「조선시대 胎室의 역사고고학적 연구」,『영남학』27, 2015.

홍성익,「조선전기 王妃 加封胎室에 관한 연구」,『사학연구』117, 2015.

홍세영,「왕실의 議藥」,『한국의사학회지』23-1, 2010.

홍세영,「『眉巖日記』의 의학 기록 연구」,『민족문화』36, 2011.

홍세영,「몽의학의 학파와 특징」,『한국의사학회지』27-1, 2014.

홍세영,「駝酪의 한반도 수용과 의미 변천」,『대한한의학원전학회지』27-1, 2014.

홍세영·안상우,「『愚岑雜著』에 관한 一考」,『호남문화연구』46, 2009.

홍세영·안상우,「拭疣 金守溫의 醫方類聚 편찬 事蹟」,『한국의사학회지』24-2, 2011.

홍윤정,「『東醫寶鑑』膏劑에 대한 연구」,『대한한의학원전학회지』24-2, 2011.

홍윤정,「『食療纂要』中 닭고기를 이용한 食治에 대한 研究」,『대한한의학원전학회지』24-5, 2011.

홍윤정,「朝鮮時代 여성의 간호역할」,『대한한의학원전학회지』26-1, 2013.

홍진임,「『食療纂要』에서 魚類의 食治의 활용에 관한 연구」,『대한한의학원전학회지』29-1, 2016.

홍진임,「韓國의 運氣學에 關한 硏究」,『대한한의학원전학회지』30-4, 2017.

황상익,「전쟁으로 인한 의학 발전, 그 아이러니」,『역사비평』91, 2010.

황지혜·한지원·김남일,「『舟村新方』소아질환의 처방 분석과 의학지식의 전승 관계 고찰」,『한국의사학회지』31-1, 2018.

〈학위논문〉
김영완,「전통 민간요법의 전승과정과 역사적 연원」명지대학교 박사학위논문, 2016.

김유미,「조선시대 무덤의 미라와 분변석에서 발견된 기생충알에 관한 연구」전북대학교 박사학위논문, 2009.

김종오,「조선시대 藥茶 연구」경희대학교 박사학위, 2010.

김혁규, 「朝鮮 仁祖의 治病記錄에 대한 醫史學적 研究 : 承政院日記』의 醫案을 중심으로」 경희대학교 박사학위논문, 2013.

金惠一, 『朝鮮通信使 醫學筆談錄에 대한 考察 : 醫學 文獻, 理論, 疾患을 중심으로』 경희대학교 박사학위논문, 2016.

박상영, 「朝鮮後期 實學者의 醫學文獻 研究」 고려대학교 박사학위논문, 2016.

박주영, 「조선 후기의 국상에 임하는 왕실 가족의 식이보양과 질병 치료 : 『承政院日記』의 醫案을 중심으로」 경희대학교 박사학위논문, 2019.

오준호, 「五臟辨證을 활용한 朝鮮 鍼法 研究」 경희대학교 박사학위논문, 2010.

원보영, 「민간의 질병인식과 치료행위에 관한 의료민속학적 연구 : 19-20세기 일기와 현지 조사 자료를 중심으로」 한국학중앙연구원 박사학위논문, 2009.

원재영, 「朝鮮後期 荒政 연구」 연세대학교 박사학위논문, 2014.

유동훈, 「조선시대 文獻에 나타난 茶의 약리적 활용에 관한 연구」 목포대학교 박사학위논문, 2014.

유철호, 「劉以泰 생애와 麻疹篇 연구」 경희대학교 박사학위논문, 2015.

이경록, 「고려시대 의료사 연구」 성균관대학교 박사학위논문, 2009.

이상원, 「朝鮮 顯宗의 治病기록에 대한 醫史學적 연구 : 禮訟論爭이 顯宗 疾病에 미친 영향」 경희대학교 박사학위논문, 2011.

이정화, 「『濟衆新編』의 編纂과 刊行 및 流布에 관한 研究」 성균관대학교 박사학위논문, 2010.

진주표, 「劉完素의 火熱論이 許浚의 瘟疫治療法에 미친 영향」 경희대학교 박사학위논문, 2010.

최석찬, 「Part Ⅰ. 韓國 傳統 漆塗膜의 科學的 分析 / Part Ⅱ. 夢古 古人骨에서 抽出한 collagen의 安定 同位元素 成分比를 利用한 古代 食生活 分析」 중앙대학교 박사학위논문, 2012.

홍란영, 『조선전기 『新編婦人大全良方』 간행과 醫學全書 婦人科 항목 변화 연구』 한국학중앙연구원 박사학위논문, 2015.

한국 근현대 의료사 연구 현황과 과제(2010-2019) _박윤재

〈저 · 역서〉

강득용 외, 『한국헌혈운동사』, 나남출판, 2011.

국립소록도병원, 『한센병 그리고 백년의 성찰: 역사편』, 국립소록도병원, 2017.

김남일, 『근현대 한의학 인물실록』, 들녘, 2011.

김상태, 『제중원 이야기 -새 시대를 향한 열망이 들끓던 곳-』, 웅진지식하우스, 2010.

김영수 외, 『신새벽 - 서울대병원노동조합 20년 역사』, 한내, 2013.

김종영, 『하이브리드 한의학』, 돌베개, 2019.

나혜심, 『독일로 간 한인간호여성』, 산과글, 2012.

대한감염학회, 『한국전염병사』 1, 2, 군자출판사, 2009, 2018.

대한보건협회, 『대한민국 보건 발달사』, 지구문화사, 2014.

서울대학교병원 병원역사문화센터, 『의사들의 편지에는 무슨 이야기가 있을까』, 태학사, 2010.

신동원, 『호환 마마 천연두 - 병의 일상 개념사 -』, 돌베개, 2013.

여인석 외, 『제중원 뿌리논쟁』, 역사공간, 2013.

유웅섭 외, 『태허 유상규-도산 안창호의 길을 간 외과의사-』, 더북스, 2011.

이방원, 『박에스더-한국 의학의 빛이 된 최초의 여의사』, 이화여자대학교출판문화원, 2018.

정운찬 외, 『세브란스인의 스승, 스코필드』, 역사공간, 2016.

최규진, 『한국 보건의료운동의 궤적과 사회의학연구회』, 한울, 2015.

한국의사100년기념재단, 『열사가 된 의사들-의사독립운동사』, 한국의사100년기념재단, 2017.

황상익, 『근대 의료의 풍경』, 푸른역사, 2013.

〈연구논문〉

강성우, 「개항기 조선에서 근대적 위생문화의 수용」, 『韓日關係史研究』 52, 2015.

강성우, 「서양인이 "위생"의 관점에서 본 조선의 모습 - 오리엔탈리즘을 넘어서 -」, 『한일관계사연구』 60, 2018.

강진웅, 「1950-1960년대 국가형성기 북한의 생명정치와 사회주의 주체 형성」, 『사회와 역사』 98, 2013.

강혜경, 「제1공화국시기 매춘여성과 성병관리」, 『한국민족운동사연구』 63, 2010.

고요한 외, 「북한 천리마 운동과 보건 의료 인력의 동원, 1956-1961」, 『한국과학사학회지』 40-3, 2018.

곽희환 외, 「생태계의 사회주의적 개조 - 북한의 폐흡충 박멸 사업, 1955-1961」, 『한국과학사학회지』 40-3, 2018.

권오영, 「한국의 결핵관리와 보건소: 해방 후부터 1970년대 후반까지」, 『의사학』 28-3, 2019a.

권오영, 「한국 전염병 감시체계의 흐름에 관한 연구 - 1950년대부터 현재까지-」, 『인문학연구』(경희대 인문학연구원) 39, 2019b.

김광재, 「1920년 전후 上海 한인사회의 위생의료 생활」, 『한국민족운동사연구』 82, 2015.

김근배, 「일제강점기 조선인들의 의사되기: 해방 직후 북한의 의과대학 교원들을 중심으로」, 『의사학』 23-3, 2014.

김근배, 「북한 함흥의과대학 교수진의 구성, 1946-48: 사상성과 전문성의 불안한 공존」, 『의사학』 24-3, 2015.

김기주, 「소록도 자혜의원 나환자정책의 성격」, 『역사학연구』 44, 2011.

김덕진, 「19세기말 강진 박씨가의 병영진출과 약국경영」, 『歷史學硏究』 52, 2013.

김덕진, 「19세기말 전라도 강진 병영 박약국의 약재매입 실태」, 『역사와 경계』 103, 2017.

김덕진, 「19세기말 藥局 판매장부를 통해 본 의약 거래관행」, 『歷史學硏究』 69, 2018.

김도형, 「세전(世專) 교장 오긍선의 의료 계몽과 대학 지향」, 『學林』 40, 2017.

김미정, 「나 환자에 대한 일반대중의 인식과 조선총독부의 나병정책: 1930-40년대 소록도 갱생원을 중심으로」, 『지방사와 지방문화』 15-1, 2012.

김병인, 「'慈惠醫院 계승론'과 대학 '開校紀年' 조정 문제」, 『호남문화연구』 48, 2010.

김선호, 「조선인민군의 군의(軍醫)체계 형성과 군의장교」, 『의사학』 26-3, 2017.

김성연, 「식민지 시기 기독교계의 의학 지식 형성: 세브란스 의전 교수 반 버스커크의 출판 활동을 중심으로」, 『東方學志』 171, 2015.

김숙영, 「간호부 이정숙의 독립운동」, 『의사학』 24-1, 2015.

김승희, 「1969년 한국에서 발생한 콜레라를 통해서 본 생명권력과 그 한계」, 『사회사상과 문화』 18-1, 2015.

김연희, 「19세기 후반 한역 근대 과학서의 수용과 이용: 지석영의 『신학신설』을 중심으로」, 『한국과학사학회지』 39-1, 2017.

김영수, 「식민지 조선의 방역대책과 중국인 노동자의 관리」, 『의사학』 23-3, 2014.

김영수, 「1910~20년대 식민지 조선의 시료사업(施療事業)의 변천 - 시료대상과 운영주체의 변화를 중심으로 -」, 『역사와 경계』 95, 2015a.

김영수, 「일본의 방역경험 축적을 통해 본 조선총독부의 방역사업: 1911년 페스트 유행 대응을 중심으로」, 『한림일본학』 26, 2015b.

김영수, 「20세기 초 일본 매약의 수입과 근대 한국의 의약광고의 형성」, 『인문논총』 75-4, 2018.

김옥주, 「한국 현대 의학사 연구에서 구술사의 적용: 의학자들의 구술을 중심으로」, 『의사학』 22-2, 2013.

김옥주 외, 「1960년대 한국의 연탄가스중독의 사회사」, 『의사학』 21-2, 2012.

김인덕, 「공간 이동과 재일코리안의 정주와 건강 -『大阪と半島人』와『민중시보(民衆時報)』를 통한 오사카(쓰루하시(鶴橋))의 1930년대를 중심으로-」, 『인문과학』(성균관대학교 인문학연구원) 73, 2019.

김재형 외, 「한센인 수용시설에서의 강제적 단종 · 낙태에 대한 사법적 해결과 역사적 연원」, 『민주주의와 인권』 16-4, 2016.

김재형, 「부랑나환자 문제를 둘러싼 조선총독부와 조선 사회의 경쟁과 협력」, 『민주주의와 인권』 19-1, 2019a.

김재형, 「식민지기 한센병 환자를 둘러싼 죽음과 생존」, 『의사학』 28-2, 2019b.

김재형, 「한센병 치료제의 발전과 한센인 강제격리정책의 변화」, 『의료사회사연구』 3, 2019c.

김종영, 「한의학의 성배 찾기: 남한에서 봉한학의 재탄생」, 『사회와 역사』 101, 2014.

김진혁, 「북한의 위생방역제도 구축과 '인민'의식의 형성(1945-1950)」, 『한국사연구』 167, 2014.

김진혁, 「재북(在北)의사의 식민지 · 해방 기억과 정체성 재편(1945-1950)-『평양의학대학』, 『함흥의과대학』, 『청진의과대학』 자서전을 중심으로-」, 『역사문제연구』 34, 2015.

김진혁 외, 「사회주의 진영의 북한 의료지원과 교류(1945-1958): '소련배우기'와 '주체적' 발전의 틈새에서」,『의사학』 28-1, 2019.

김태우,「위생(衛生), 매약(賣藥), 그리고 시점(視點)의 전이 - 한국사회 생명정치 시선에 대한 고찰」,『과학기술학연구』 14-1, 2014.

김태우,「식민지 조선에서의 의료의 근대적 변화」,『의료사회사연구』 2, 2018.

김태우,「동아시아 의서와 의료실천 - 동의보감학파들을 통해 읽는 텍스트와 실천 그리고 동아시아의학 지식」,『의사학』 28-2, 2019.

김태우 외,「사회 속의 의료, 의료 속의 사회 - 한국의 한의학과 중국의 중의학에 대한 의료인류학 고찰」,『한방내과학회지』 33-2, 2012.

김태호,「"독학 의학박사"의 자수성가기 - 안과의사 공병우(1907-1995)를 통해 살펴 본 일제강점기 의료계의 단면」,『의사학』 22-3, 2013.

김택중,「1918년 독감과 조선총독부 방역정책」,『인문논총』 74-1, 2017.

김호,「『韓國醫學史』를 통해 본 김두종의 역사의식」,『애산 학보』 38, 2012.

나혜심,「트랜스내셔널 관점에서 본 독일 한인간호이주의 역사 - 양국 간호문화에 대한 영향을 중심으로」,『의사학』 22-1, 2013.

마쓰다 도시히코,「시가 기요시(志賀潔)와 식민지 조선」,『한림일본학』 25, 2014.

마쓰모토 다케노리(松本武祝),「식민지 시기 조선 농촌에서의 위생·의료사업의 전개」,『조선 농촌의 식민지 근대 경험』, 논형, 2011.

마쓰모토 다케노리 외,「호남 지역의 위생·의료문제: 일제 '위생규율'의 식민지 지역사회에 대한 침투와 한계」,『의사학』 27-3, 2018.

문명기,「식민지 '문명화'의 격차와 그 함의 : 의료부문의 비교를 통해 보는 대만·조선의 '식민지근대'」,『한국학연구』(고려대학교 한국학연구소) 46, 2013.

문명기,「일제하 대만 조선 공의(公醫)제도 비교연구 - 제도 운영과 그 효과」,『의사학』 23-2, 2014.

문미라 외,「용정의과대학(龍井醫科大學)의 설립과 운영 - 변경사로서 용정의과대학의 역사: '단절'과 '연속'의 관점에서 -」,『의사학』 26-2, 2017.

문백란,「세브란스병원 건립을 둘러싼 선교사들의 갈등과 선교정책 수정」,『동방학지』 165, 2014.

박승만,「어느 시골 농부의 '반의사'(半醫師) 되기:『대곡일기』로 본 1960-80년대 농촌 의료」,『의사학』 27-3, 2018.

박윤재,「한국 근대 의학사 연구의 성과와 전망」,『의사학』 19-1, 2010.

박윤재,「해방 후 한의학의 재건과 과학화 논의」,『역사와 현실』 79, 2011.

박윤재,「조선총독부의 우두정책과 두창의 지속」,『의사학』 21-3, 2012.

박윤재,「1930-1940년대 강필모의 한의학 인식과 과학화론」,『역사와 현실』 94, 2014a.

박윤재,「해방 후 한약의 변용과 한의학」,『한국근현대사연구』 71, 2014b.

박윤재,「19세기 말-20세기 초 병인론의 전환과 도시위생」,『도시연구』 18, 2017.

박윤재,「백인제의 근대 인식과 실천」,『의료사회사연구』 2, 2018.

박윤재,「한국근현대의료사 연구동향과 전망(2010-2019)」,『의사학』 29-12, 2020.

박정애,「조선총독부의 성병예방정책과〈화류병예방령〉」,『사림』 55, 2016.

박준형 외,「제중원에서『약물학 상권(무기질)』의 번역과 그 의미」,『의사학』 20-2, 2011.

박준형 외,「홍석후의『신편생리교과서』(1906) 번역과 그 의미」,『의사학』 21-3, 2012.

박지영,「'적색 마약'과의 전쟁: 한국의 마약 정책과 반공주의, 1945-1960」,『의사학』 25-1, 2016.

박지영,「식민지 위생학자 이인규의 공중보건 활동과 연구」,『의료사회사연구』 4, 2019a.

박지영,「통계와 식민의학: 식민지 시기 조선인 결핵 실태를 둘러싼 논란을 중심으로」,『의사학』 28-2, 2019b.

박지영 외,「1950-60년대 한국의 뇌폐흡충증과 심보성의 대뇌반구적출술」,『의사학』 20-1, 2011.

박지욱,「한국전쟁과 부산 스웨덴 적십자 야전병원의 의료구호활동」,『의사학』 19-1, 2010.

박지현,「유교 지식인 해악 김광진의 醫生 활동과 그 의미」,『역사학보』 229, 2016.

박지현,「식민지기 醫生 제도와 정책의 운영」,『대동문화연구』 106, 2019.

박형우,「우리나라 근대의학 도입 초기의 의학서적: 제중원·세브란스의학교에서 간행된 의학교과서」,『醫史學』 7-2, 1998.

박형우,「알렌의 의료 선교사 지원과 내한 배경」,『한국기독교와 역사』 40, 2014.

배우성,「1920년대 피병원 건립 캠페인과 경성 조선인사회 - 조선후기적 관성과 식민지 시기의 단면 -」,『서울학연구』 56, 2014.

백선례,「1919.20년 식민지 조선의 콜레라 방역활동: 방역당국과 조선인의 대응을 중심으로」,『사학연구』 101, 2011.

백선례,「1928년 경성의 장티푸스 유행과 상수도 수질 논쟁」,『서울과 역사』 101, 2019.

서기재,「한센병을 둘러싼 제국의학의 근대사 -일본어 미디어를 통해 본 대중관리 전략-」,『의사학』 26-3, 2017.

서용태,「1877년 釜山 濟生醫院의 설립과 그 의의」,『지역과 역사』 28, 2011.

서용태,「한국전쟁 전후 부산지역 국공립의료기관의 재편과 역사계승 문제 - 부산의료원 및 부산대학교병원을 중심으로 -」,『역사와 세계』 43, 2013.

서홍관,「우리나라 근대의학 초창기의 교과서들」,『醫史學』 3-1, 1994.

성주현,「근대전환기 동학·천도교의 위생인식」,『인문과학』(성균관대학교 인문학연구원) 73, 2019.

송상용,「일산 김두종의 삶과 학문」,『애산 학보』 38, 2012.

송현강,「미국 남장로교의 전북지역 의료선교(1896~1940)」,『한국기독교와 역사』 35, 2011.

신규환,「제1.2차 만주 페페스트의 유행과 일제의 방역행정(1910-1921)」,『의사학』 21-3, 2012.

신규환,「최근 한국의학사 연구에서 구술사 연구의 성과와 한계」,『의사학』 22-2, 2013a.

신규환,「해방 이후 약무행정의 제도적 정착과정 - 1953년「약사법」제정을 중심으로」,『의사학』 22-3, 2013b.

신규환,「1950-60년대 한국 제약산업과 일반의약품시장의 확대」,『의사학』 24-3, 2015a.

신규환,「근대 병원건축의 공간변화와 성격 - 제중원에서 세브란스병원으로의 변화를 중심으로 -」,『역사와 경계』 97, 2015b.

신규환,「해방 전후기 의료계의 의학인식과 사립병원의 발전」,『의료사회사연구』1, 2018.

신동규,「일제침략기 선교사 셔우드 홀(Sherwood Hall)과 크리스마스 씰(Christmas Seal)을 통해 본 한일관계에 대한 고찰」,『한일관계사연구』46, 2013.

신동규,「일제침략기 결핵전문 요양병원 海州救世療養院의 설립과 운영 실태에 대한 고찰」,『韓日關係史硏究』52, 2015.

신동규,「일제침략기 해주구세요양원의 결핵관련 홍보자료 판매와 수익금 활용에 대한 고찰」,『日本文化硏究』59, 2016a.

신동규,「일제침략기 해주구세요양원의 결핵예방과 퇴치를 위한 홍보인쇄자료의 분류와 성격 검토」,『韓日關係史硏究』54, 2016b.

신동원,「라이벌 - 김두종(金斗鍾)과 미키 사카에(三木榮)」,『애산 학보』38, 2012a.

신동원,「일제강점기 여의사 허영숙의 삶과 의학」,『의사학』21-1, 2012b.

신미영,「한국에서 국제적 연구자로 성장하기: 이호왕의 유행성출혈열 연구 활동을 중심으로」,『의사학』26-1, 2017.

신영전,「미군정 초기 미국 연수를 다녀온 한국인 의사 10인의 초기 한국보건행정에서의 역할」, 보건행정학회지, 23-2, 2013.

신영전 외,「최응석의 생애 - 해방직후 보건의료체계 구상과 역할을 중심으로」,『의사학』23-3, 2014.

신영전 외,「미수(眉壽) 이갑수(李甲秀)의 생애와 사상: 우생 관련 사상과 활동을 중심으로」,『의사학』28-1, 2019.

안남일,「『태극학보(太極學報)』소재 의료 관련 텍스트 연구」,『한국학연구』(고려대학교 한국학연구소) 68, 2019.

양정필,「1910-20년대 개성상인의 백삼(白蔘) 상품화와 판매 확대 활동」,『의사학』20-1, 2011.

여인석,「학질에서 말라리아로: 한국 근대 말라리아의 역사(1876-1945)」,『의사학』20-1, 2011.

여인석,「김두종의 한국의학사 연구」,『애산 학보』38, 2012.

오재근,「부양학파, 한국 전통 의학 학술 유파의 탄생과 전승 - 이규준, 서병오, 이원세 그리고 소문학회」,『의사학』23-1, 2014.

오재근,「일제 시대 '의생(醫生)' 김광진의 황달 투병기 - 김광진의『치안』,『치달일기』분석-」,『의사학』28-2, 2019.

옥성득,「초기 개신교 간호와 간호교육의 정체성 -1903년에 설립된 보구여관 간호원양성학교와 에드먼즈를 중심으로-」,『한국기독교와 역사』36, 2012.

유연실,「중국 근현대 의료사 연구의 새로운 흐름과 동향」,『역사학연구』77, 2020.

윤선자,「한말 박에스더의 미국 유학과 의료 활동」,『여성과 역사』20, 2014.

윤연하 외,「사회주의적 생활 양식으로서의 위생 - 1950년대 후반 북한에서의 위생 문화 사업을 통한 대중 개조」,『한국과학사학회지』40-3, 2018.

이규원 외,「대한적십자병원(1905-1907): 설립 및 운영, 그리고 폐지를 중심으로」,『의사학』27-2, 2018.

이규철,「대한의원 본관의 건축 과정과 건축 계획적 특성」,『의사학』 25-1, 2016.

이꽃메,「일제강점기 산파 정종명의 삶과 대중운동」,『의사학』 21-3, 2012.

이꽃메,「한국 최초의 간호사 김마르다와 이그레이스 연구」,『여성과 역사』 30, 2019.

이만열,「스코필드의 의료(교육) · 사회선교와 3 · 1독립운동」,『한국근현대사연구』 57, 2011.

이방원,「보구여관 간호원양성소(1903~1933)의 설립과 운영」,『의사학』 20-2, 2011.

이방원 외,「일제전기(1910~1931) 조선총독부의 사회사업과 그 특성」,『향토서울』 88, 2014.

이방현,「일제의 정신질환자에 대한 인식과 태도」,『이화사학연구』 45, 2012.

이방현,「식민지 조선에서의 정신병자에 대한 근대적 접근」,『의사학』 22-2, 2013.

이병례,「1930, 40년대 대중잡지에 나타난 의학상식 :『家庭之友』·『半島の光』을 중심으로」,『역사연구』 35, 2018.

이병례,「아시아-태평양전쟁기 식민지 조선의 건강담론과 노동통제」,『韓國史研究』 185, 2019.

이병훈,「이광수의『사랑』과 일제시대 근대병원의 역사적 기록」,『의사학』 25-3, 2016.

이상덕,「영미 의료사의 연구 동향 - 1990-2019」,『역사학연구』 77, 2020.

이상의,「『조선의 농촌위생』을 통해 본 일제하 조선의 농민생활과 농촌위생」,『歷史敎育』 129, 2014.

이선호,「한국의 세계보건기구(WHO) 가입과정과 1950년대의 사업성과」,『의사학』 23-1, 2013.

이선호 외,「올리버 알 에비슨(Oliver R. Avison)의 의료선교사 지원과 내한 과정」,『역사와 경계』 84, 2012.

이연경,「재동 및 구리개 제중원의 입지와 배치 및 공간 구성에 관한 재고찰」,『의사학』 25-3, 2016.

이영아,「선교의사 알렌(Horace N. Allen)의 의료 활동과 조선인의 몸에 대한 인식 고찰」,『의사학』 20-2, 2011.

이영아,「1920-30년대 식민지 조선의 '낙태' 담론 및 실제 연구」,『의사학』 22-1, 2013.

이영호,「랜디스(Eli Barr Landis)의 의료활동과 '한국학' 연구」,『한국학연구』 44, 2017.

이충호,「일제강점기 조선인 의사교육에 종사한 일본인 교사에 관한 자료」,『歷史敎育論集』 45, 2010.

이은희,「1960년대 박정희 정부의 식품위생 제도화」,『의사학』 25-2, 2016.

이임하,「한국전쟁기 유엔민간원조사령부(UNCACK)의 보건 · 위생 정책」,『사회와 역사』 100, 2013.

이임하,「한국전쟁기 유엔민간원조사령부(UNCACK)의 만성 전염병 관리」,『사림』 49, 2014.

이정,「제국 신민의 전염병 도시 경성」,『梨花史學研究』 58, 2019.

이종찬,「'金斗鍾 醫學史'에 대한 歷史地理學的 인식 -亞細亞的 지평-」,『애산 학보』 38, 2012.

이주연,「의료법 개정을 통해서 본 국가의 의료통제 - 1950~60년대 무면허의료업자와 의료

업자의 실태를 중심으로」, 『의사학』 19-2, 2010.

이현주, 「두 개의 세계에서 하나의 세계로 - 로제타 S. 홀의 육아일기에 나타난 선교사 자녀의 삶 그리고 의료선교, 1893-1902」, 『梨花史學硏究』 58, 2019.

이형식, 「1910년대 조선총독부의 위생정책과 조선사회」, 『한림일본학』 20, 2012.

이흥기, 「19세기 말 20세기 초 의약업의 변화와 개업의」, 『의사학』 19-2, 2010.

이희재 외, 「보구녀관(普救女館)의 명칭과 표기에 관한 재고찰」, 『의사학』 28-3, 2019.

임지연, 「1960-70년대 한국 정신의학 담론 연구 - 정신위생학에서 현대 정신의학으로 -」, 『의사학』 26-2, 2017.

장근호 외, 「신소설에 비친 개화기 의료의 모습」, 『역사연구』 35, 2018.

장근호 외, 「개화기 서양인 의사의 눈으로 본 한국인의 질병 - '조선정부병원 제1차년도 보고서'(1886년)와 '대한제국병원 연례보고서'(1901년)를 중심으로 -」, 『역사연구』 36, 2019.

전석원, 「1884-1910년의 급성전염병에 대한 개신교 의료선교사업 - 개항기 조선인의 질병관, 의료체계에 대한 의료선교의 계몽주의적 접근」, 『한국기독교와 역사』 36, 2012.

전혜리, 「1934년 한의학 부흥 논쟁 한의학 정체성의 "근대적" 재구성」, 『한국과학사학회지』 33-1, 2011.

정근식, 「'식민지적 근대'와 신체의 정치 : 일제하 나(癩) 요양원을 중심으로」, 『한국사회사학회논문집』 51, 1997.

정근식, 「식민지 위생경찰의 형성과 변화, 그리고 유산: 식민지 통치성의 시각에서」, 『사회와 역사』 90, 2011.

정민재, 「일제강점기 順化院의 설립과 운용」, 『한국근현대사연구』 57, 2011.

정은영, 「개화기 신소설을 통한 건강 표상 - 위생과 질병, 의료인에 대한 인식, 자가간호의 개념을 통해 -」, 『역사연구』 36, 2019.

정일영 외, 「일제 식민지기 '원산노동병원'의 설립과 그 의의」, 『의사학』 25-3, 2016.

정준영, 「식민지 의학교육과 헤게모니 경쟁」, 『사회와 역사』 85, 2010.

정준영, 「피의 인종주의와 식민지의학 - 경성제대 법의학교실의 혈액형인류학」, 『의사학』 21-3, 2012.

정준호 외, 「1960년대 한국의 회충 감염의 사회사」, 『의사학』 25-2, 2016.

정준호 외, 「"모든 것은 기생충에서 시작되었다" - 1960-1980년대 한일 기생충 협력 사업과 아시아 네트워크-」, 『의사학』 27-1, 2018a.

정준호 외, 「붉은 보건 전사 만들기 - 북한 보건 의료 부문의 사상 투쟁, 1956-1961」, 『한국과학사학회지』 40-3, 2018b.

조성훈, 「6·25전쟁시 독일 의료지원단 파견과 성과」, 『항도부산』 36, 2018.

조형근, 「일제의 공식의료와 개신교 선교의료간 헤게모니 경쟁과 그 사회적 효과」, 『사회와 역사』 82, 2009.

조형근, 「식민지근대에서 좋은 의사로 살기 - 좁고 위태로운, 불가능한 행복 -」, 『역사비평』 108, 2014.

천명선, 「일제강점기 광견병의 발생과 방역」, 『의사학』 27-3, 2018.

천명선,「일제강점기 가축전염병의 지리적 분포」,『문화역사지리』 31-1, 2019.
천명선 외,「근대 우역 개념 및 방역제도의 변화」,『농업사연구』 14-1, 2015.
천정환,「식민지 조선의 정신질환과 자살 - 근대 초기의 자살 3-2」,『내일을 여는 역사』 44, 2011.
최규진,「대만과 조선의 종두정책을 통해 본 일본 제국의 식민 통치」,『국제고려학』 15, 2014.
최규진,「후지타 쓰구아키라의 생애를 통해 본 식민지 조선의 의학/의료/위생」,『의사학』 25-1, 2016.
최대우,「이을호의 사상의학 연구」,『호남문화연구』 47, 2010.
최병택,「남장로회선교부 한센병 환자 수용정책의 성격(1909~1950)」,『한국 기독교와 역사』 32, 2010.
최병택,「손양원과 구라선교 - 애양원 교회에서의 활동을 중심으로」,『한국기독교와 역사』 34, 2011.
최은경,「개항 후 서양의학 도입과 '결핵' 용어의 변천」,『의사학』 21-2, 2012.
최은경,「일제강점기 조선총독부의 결핵 정책(1910-1945)」,『의사학』 22-3, 2013.
최은경,「1950-60년대 의료전문가의 동원과 징병검사의 수립」,『인문과학연구논총』(명지대학교 인문과학연구소) 44, 2015.
최은경,「선교사 편지로 본 제중원 운영권 이관과 환수(1891-1905)」,『사회와 역사』 111, 2016.
최은경,「조선일보 의학상담코너「가정의학」에서 드러난 1930년대 의학 지식의 특징」,『역사연구』 35, 2018.
최은경 외,「신문 상담란 "지상 병원"을 중심으로 본 1930년대 식민지 조선 대중들의 신체 인식과 의학 지식 수용」,『한국과학사학회지』 37-1, 2015.
최은경 외,「2000년대 글로벌 전염병 거버넌스의 변화: 글로벌 보건 안보의 대두와 국내 전염병 관리 체계의 변화」,『의사학』 25-3, 2016.
최재목 외,「구도 다케키(工藤武城)의 '의학'과 '황도유교'에 관한 고찰」,『의사학』 24-3, 2015.
최재성,「개화기 교과서에 투영된 신체 규율」,『한국독립운동사연구』 67, 2019.
한동관 외,「한국 근대 의료 건축물에 관한 연구」,『의사학』 20-2, 2011.
한선희 외,「1950년대 후반 북한에서 파블로프 학설의 역할」,『의사학』 22-3, 2013.
한지원,「일제강점기『單方新編』의 편제와 내용」,『藏書閣』 33, 2015.
허윤정 외,「해방직후 북한 의학교육의 형성 - 1945-1948」,『의사학』 23-2, 2014.
허윤정 외,「일제 하 캐나다 장로회의 선교의료와 조선인 의사: 성진과 함흥을 중심으로」,『의사학』 24-3, 2015.
현재환,「'지방차(地方差)'와 '고립(孤立)한 멘델집단(Mendel集團)': 두 '중심부' 과학과 나세진의 혼종적 체질인류학, 1932-1964」,『한국과학사학회지』 37-1, 2015.
현재환,「"한민족의 뿌리"를 말하는 의사들: 의학 유전학과 한국인 기원론, 1975-1987」,『의사학』 28-2, 2019.

홍양희, 「식민지시기 '의학' '지식'과 조선의 '전통' - 쿠도(工藤武城)의 "婦人科學"적 지식을 중심으로」, 『의사학』 22-2, 2013.

홍종욱, 「식민지기 윤일선의 일본 유학과 의학 연구」, 『의사학』 27-2, 2018.

황병주, 「1970년대 의료보험 정책의 변화와 복지담론」, 『의사학』 20-2, 2011.

황영원, 「가려진 의생단체의 모습-일제시기 동서의학연구회를 다시 보다」, 『사림』 59, 2017.

황영원, 「일제시기 한의학 교육과 전통 한의학의 변모 -한의학 강습소를 중심으로-」, 『의사학』 27-1, 2018.

황의룡 외, 「식민초기 조선의 교육잡지를 통해 본 학교위생 및 체육교육 연구」, 『의사학』 22-3, 2013.

황의룡 외, 「스포츠세계의 반도핑 정책의 전개과정(1968-1999): IOC활동과 국내의 대응과 전개를 중심으로」, 『의사학』 23-2, 2014.

CHOI, Jaemok et al. Kudō Takeki, Director of Keijō Women's Hospital, and His Medical Service for Women and Buddhist Activities in Colonial Korea, *SUNGKYUN JOURNAL OF EAST ASIAN STUDIES*, 19-1, 2019.

Hyun Jaehwan, "Making Postcolonial Connections: - The Role of Japanese Research Network in the Emergence of Human Genetics in South Korea, 1941-68," Journal of the Korean History of Science 39-2, 2017.

JUNG Yong-suk. "Beyond the Bifurcated Myth: The Medical Migration of Female Korean Nurses to West Germany in the 1970s," 『의사학』 27-2, 2018.

Kim Jane S. H. "Leprosy and Citizenship in Korea under American Occupation (1945~1948)," 『사학연구』 97, 2010.

KIM Kyuri. "Infrastructure-building for Public Health : The World Health Organization and Tuberculosis Control in South Korea, 1945-1963," 『의사학』 28-1, 2019.

Lim Chai Sung. "The Development of Labor Hygiene in Colonial Korean, 1910~1945: The Health Conditions of Korean National Railways(KNR) Employees," Seoul Journal of Korean Studies 24-1, 2011a.

LIM Chaisung. "The Pandemic of the Spanish Influenza in Colonial Korea," Korea Journal 51-4, 2011b.

LIM Chaisung. "Health and Diseases of Laborers in Colonial Korea," The Review of Korean Studies 19-1, 2016.

Park Hyung Wook. "Bodies and Viruses - Biomedicalizing Hepatitis B in Shaping South Korea's Nationhood," Seoul Journal of Korean Studies 32-1, 2019.

Park Jae-young. "The Medical Activities of a German Doctor Richard Wunsch in the Korean Empire and the Establishment of the Wunsch Medical Award," 『역사문화연구』 58, 2016.

Park Jin Kyung. "Bodies for Empire: Biopolitics, Reproduction, and Sexual Knowledge in Late Colonial Korea," 『의사학』 23-2, 2014.

Park Yunjae. "The Work of Sherwood Hall and the Haiju Tuberculosis Sanatorium in Colonial Korea," 『의사학』 22-3, 2013.

Yeo In Sok. "U.S. Military Administration's Malaria Control Activities (1945-1948)," 『의사학』 24-1, 2015.

중국 전근대 의학사 연구 현황과 과제(2010-2019) _김대기

〈저 · 역서〉

□ 중국어

賈得道, 『中國醫學史略』, 太原: 山西人民出版社, 1979.

賈 瑩, 『山西浮山橋北及鄕寧內陽垣先秦時期人骨硏究』, 北京: 文物出版社, 2010.

邱仲麟, 「醫資與藥錢: 明代的看診文化與民衆的治病負擔」, 『中國史新論 · 醫療史分册』, 臺北: 聯經出版事業股份有限公司, 2015.

宮溫虹, 『溫州中醫藥文化志』, 北京: 中國中醫藥出版社, 2016.

杜麗紅, 『制度與日常生活: 近代北京的公共衛生』, 北京: 中國社會科學出版社, 2015.

馬繼興 主編, 『敦煌古醫籍考釋』, 南昌: 江西科學技術出版社, 1988.

馬繼興, 『中醫文獻學』, 上海科學技術出版社, 1990.

馬繼興, 『馬王堆古醫書考釋』, 長沙: 湖南科學技術出版社, 1992.

馬繼興, 『神農本草經輯注』, 人民衛生出版社, 1995.

馬繼興 外, 『日本現存中國散逸古醫籍的傳承史硏究利用和發表』, 日本國際交流基金亞洲中心資助課題, 北京: 1997.

馬伯英, 『中國醫學文化史』, 上海人民出版社, 1994.

白馥蘭, 『技術, 性別, 歷史: 重新審視帝制中國的大轉型』, 南京: 江蘇人民出版社, 2017.

范家偉, 『北宋校正醫書局新探』, 香港: 香港中華書局, 2014.

费侠莉, 『繁盛之阴: 中国医学史中的性(960年-1665年)』, 南京: 江蘇人民出版社, 2006.

謝宗萬, 『中藥材品種論述』, 上海科學技術出版社, 1964.

謝宗萬, 『中藥品種理論硏究』, 北京: 中國中醫藥出版社, 1991.

謝紅莉, 『浙江醫學史』, 北京: 人民衛生出版社, 2016.

成都文物考古硏究所, 「成都天回鎭老官山漢墓發掘簡報」, 『南方民族考古』, 北京: 科學出版社, 2016.

梁其姿, 「明淸豫防天花借施之演變」, 楊聯陞等 主編 『國史釋論』, 臺灣食貨出版社, 1987.

梁其姿, 『面對疾病: 傳統中國社會的醫療觀念與組織』, 北京: 中國人民大學出版社, 2012.

梁其姿, 『麻風: 一種疾病的醫療社會史』, 北京: 商務印書館, 2013.

梁繁榮 · 王毅, 『揭祕敝昔遺書與漆人: 老官山漢墓醫學文物文獻初識』, 成都: 四川科技出版社, 2016.

余新忠等著, 『溫疫下的社會拯救-中國近世重大疫情與社會反應硏究』, 北京: 中國書店, 2004.

余新忠主編, 『淸以來的疾病, 醫療和衛生: 以社會文化史爲視角的探索』, 北京: 三聯書店,

2009.

余新忠, 『中國近代醫療衛生資料彙編(全30冊)』, 北京: 北京圖書館出版社, 2018.

王孝熹 主編, 『歷代中藥炮製法匯典』, 南昌: 江西科學技術出版社, 1986

王興伊·段逸山, 『新疆出土醫藥文獻集成』, 上海: 上海科學技術出版社, 2016.

于賡哲, 『唐代疾病, 醫療史初探』, 北京: 中國社會科學出版社, 2011.

熊秉眞, 『幼幼-傳統中國的襁褓之道』, 臺北: 聯經出版公司, 1995.

劉小斌, 『嶺南醫學史』下冊, 廣州: 廣東科技出版社, 2014.

劉時覺, 『溫州醫學史』, 北京: 人民出版社, 2016.

李建民, 『方術 醫學 歷史』, 臺北: 南天書局, 2000.

李建民, 『華佗隱藏的手術: 外科的中國醫學史』, 臺北: 東大圖書公司, 2011.

李建民, 『從中醫看中國文化』, 北京: 商務印書館, 2016a.

李建民, 『近世中醫外科「反常」手術之謎』, 臺北: 三民書局股份有限公司, 2018.

李經緯, 『中外醫學交流史』, 湖南教育出版社, 1998.

李經緯, 『中醫史』, 海口: 海南出版社, 2015.

林富士, 「中國的「巫醫」傳統」, 『中國史新論·醫療史分冊』, 臺北: 聯經出版事業股份有限公司, 2015.

林富士, 「檳榔與佛教: 以漢文文獻爲主的探討」, 『中央研究院歷史語言研究所集刊』, 2017.

林富士, 『小歷史: 歷史的邊陲』, 臺北: 三民書局股份有限公司, 2018.

張林虎, 『新疆伊犁吉林台庫區墓葬人骨研究』, 北京: 科學出版社, 2016.

張文勇·童瑤·俞寶英, 『上海中醫藥文化史』, 上海: 上海科學技術出版社, 2014.

蔣竹山, 『人參帝國: 清代人參的生産, 消費與醫療』, 杭州: 浙江大學出版社, 2015.

蔣竹山, 『裸體抗砲: 你所不知道的暗黑明清史讀本』, 臺北: 蔚藍文化出版股份有限公司, 2016.

張哲嘉, 「逾淮爲枳: 語言條件制約下的漢譯解剖學名詞創造」, 『近代中國新知識的建構』, 臺北: 中央研究院, 2013a.

張哲嘉, 「清代檢驗典範的轉型: 人身骨節論辨所反映的清代知識地圖」, 『中國史新論: 醫療史分冊』, 2015.

趙璞珊, 『中國古代醫學』, 中華書局, 1983.

曹樹基·李玉尚, 『鼠疫: 戰爭與和平—中國的環境與社會變遷(1230-1960)』, 濟南: 山東畫報出版社, 2006.

朱德明, 『南宋時期浙江醫藥的發展』, 北京: 中醫古籍出版社, 2005.

朱德明, 『自古迄北宋時期浙江醫藥史』, 北京: 中醫古籍出版社, 2013.

朱慧穎, 『天津公共衛生建設研究(1900-1937)』, 天津: 天津古籍出版社, 2015.

中央研究院史語所 生命醫療史研究室 主編, 『中國史新論: 醫療史分冊』, 臺北: 聯經出版事業公司, 2015.

陳　明, 『中古醫療與外來文化』, 北京: 北京大學出版社, 2013.

陳　明, 『敦煌的醫療與社會』, 海口: 南海出版公司, 2018.

陳　旭, 『明代溫疫與明代社會』, 成都: 西南財經大學出版社, 2016.

焦潤明, 『清末東北三省鼠疫災難及防疫措施研究』, 北京: 北京師範大學出版社, 2011.

祝平一, 「疫病,文本與社會: 清代痧症的建構」, 『中國史新論·醫療史分册』, 臺北: 聯經出版 事業股份有限公司, 2015.

皮國立, 『「氣」與「細菌」的近代中國醫療史: 外感熱病的知識轉型與日常生活』, 臺北: 國立中 國醫藥研究所, 2012.

皮國立, 「新史學之再維新: 中國醫療史研究的回顧與展望(2011-2017)」, 『當代歷史學新趨勢』, 廈門: 聯經出版事業股份有限公司, 2019.

韓　毅, 『政府治理與醫學發展: 宋代醫事詔令研究』, 北京: 中國科學技術出版社, 2014.

韓　毅, 『宋代瘟疫的流行與防治』, 北京: 商務印書館, 2015.

黃克武 主編, 『性別與醫療』(第三屆國際漢學會議論文集, 歷史組), 臺北: 中央研究院近代史 研究所, 2002.

□ 일본어

張哲嘉, 「『全體新論』と『解體新書』の漢字醫學術語について」, 『東アジアにおける近代諸概 念の成立』, 京都: 國際日本文化研究センター, 2012.

張哲嘉, 「『重訂解體新書』譯詞的改訂與方法」, 鈴木貞美·劉建輝 編, 『東アジアにおける知 的交流: キイ. コンセプトの再檢討』, 京都: 國際日本文化研究センター, 2013b.

□ 영어

C. Pierce Salguero, *Translating Buddhist Medicine in Medieval China*, Philadelphia: University of Pennsylvania Press, 2014.

〈연구논문〉

강인욱·차웅석, 「연길 소영자 출토 유물로 본 동아시아 침구류(針具類)의 기원」, 『醫史學』 제26권 제3호, 2017.

김대기, 「元代 恤刑과 罪囚에 대한 醫療 救恤」, 『인문과학연구』 제47집, 2015.

김대기, 「宋代 慈善機構와 醫療救濟-安濟坊과 養濟院을 중심으로」, 『역사와 경계』 101, 2016.

김대기, 「중국 원대 의료관원의 선발과 관리-의호(醫戶)제도와 의학과거제의 실시를 중심으 로」, 『醫史學』 제26권 제3호, 2017.

김대기, 「明 後期 醫書에 나타난 醫德論」, 『전북사학』 제53호, 2018.

김문기, 「17세기 중국과 조선의 재해와 기근」, 『梨花史學研究』 제43집, 2011.

김문기, 「明末淸初의 荒政과 王朝交替」, 『中國史研究』 第89輯, 2014.

金相範, 「醫術과 呪術: 唐代 醫療知識의 확산과 禁巫措置」, 『中國古中世史研究』 第31輯, 2014.

김선민, 「17-18세기 청대 인삼정책의 변화」, 『中國學報』 第七十四輯, 2015.

김성수, 「인도 안과의학의 동아시아 전래와 용수보살안론」, 『醫史學』 제22권 제1호, 2013.

金英鉉, 「中國 殷商代 醫療文化特色 小考-甲骨文을 중심으로」, 『中國文化研究』 第25輯,

2014.

金芝鮮,「明代 여성의 일상과 질병, 의료행위에 대한 고찰- 談允賢의《女醫雜言》을 중심으로」,『中國語文論叢』第87輯, 2018.

김지수,「宋元시대 기후환경변화가 질병과 의학발전에 미친 영향」,『韓國醫史學會誌』제31권 제2호, 2018.

金賢善,「明清時代 兩湖 山岳地域 人口 移動과 疫病」,『明清史研究』第五十二輯, 2019.

金 澔,「唐代 太醫署의 醫學分科와 醫書-『天聖令』「醫疾令」의 관련조문에 근거하여」,『中國古中世史研究』第27輯, 2012.

金 澔,「唐代 皇帝의 醫療官府-『天聖令』「醫疾令」에 근거하여 北宋 天聖年間까지의 연속성과 변화상 추적」,『歷史學報』第217輯, 2013.

金 澔,「唐代 醫療從仕者의 지위」,『史叢』82, 2014.

金 澔,「天聖令 醫疾令과 假寧令의 사료적 가치와 역주」,『中國古中世史研究』第36輯, 2015.

문정희,「일서(日書)를 통해 본 고대 중국의 질병관념과 제사습속」,『學林』제39집, 2017.

민후기,「한제국(漢帝國) 하서(河西) 변경 사졸(士卒)들의 질병과 치료-거연(居延), 돈황(敦煌) 출토 간독(簡牘)자료를 중심으로」,『醫史學』제24권 제1호, 2015.

박기수,「清 중엽 牛頭法의 도입과정과 광동 行商의 역할」,『明清史研究』第四十輯, 2013.

신규환,「동아시아의학사 연구의 동향과 전망」,『醫史學』제19권 제1호, 2010.

신규환,「중국 고대인의 신체관과 해부 인식」,『延世醫史學』제15권 제2호, 2012a.

신규환,「청말 해부학 혁명과 해부학적 인식의 전환」,『醫史學』제21권 제1호, 2012b.

여인석,「『주제군징(主制群徵)』에 나타난 서양의학 이론과 중국과 조선에서의 수용 양상」,『醫史學』제21권 제2호, 2012.

柳江夏,「『태평광기(太平廣記)』「의(醫)」류를 통해 본 고대 중국의 '의(醫)'와 치유에 관한 탐구」,『인문학연구』제32호, 2016.

유연실,「청대(清代) 산과(産科) 의서와 여성의 출산:『달생편(達生編)』을 중심으로」,『醫史學』제24권 제1호, 2015.

유연실,「중국 근현대 의료사 연구의 새로운 흐름과 동향」,『歷史學研究』제77집, 2020.

이현숙,「당 고조 연간(618-626)의 골증병」,『延世醫史學』제20권 제2호, 2017.

曺貞恩,「의학지식의 수용과 변용-종두법(種痘法)의 전래와 한문 우두서(牛痘書)를 중심으로」,『明清史研究』第四十九輯, 2018.

정우진,「침술(鍼術)의 성립에 관한 연구」,『醫史學』제20권 제2호, 2011.

최지희,「청대 사회의 용의(庸醫) 문제인식과 청말의 변화」,『醫史學』제28권 제1호, 2019.

최해별,「宋代 檢驗 제도에서의 결과보고-"驗狀"류 문서를 중심으로」,『梨花史學研究』제47집, 2013a.

최해별,「송대 검험제도의 운영-「檢驗格目」을 중심으로」,『歷史學報』제220輯, 2013b.

최해별,「南宋 시기 지방관이 알아야 할 '檢驗' 관련 법률-宋慈의『洗冤集錄』「條令」에 대한 분석」,『東洋史學研究』第129輯, 2014a.

최해별,「宋・元시기 '檢驗'지식의 형성과 발전:『洗冤集錄』과『無冤錄』을 중심으로」,『中國學報』第六十九輯, 2014b.

최해별,「동아시아 전통 '檢驗' 지시의 계보: 檢驗 서적의 편찬·전파·변용을 중심으로」, 『梨花史學硏究』第50輯, 2015.

최해별,「宋代 사대부의 의학지식 입수와 교류: 洪遵의 『洪氏集驗方』을 중심으로」, 『歷史學報』제230집, 2016a.

최해별,「宋代 殺傷 사건 판례를 통해 본 '檢驗'의 실제」, 『역사문화연구』제58집, 2016b.

최해별,「남송 시기 검험 관원이 알아야 할 구급의학 처방-『洗冤集錄』「救死方」을 중심」, 『東洋史學硏究』第134輯, 2016c.

최해별,「13-18세기 동아시아 '檢驗(檢屍)' 지식의 전승과 변용: 死因 분류 체계와 死因 규명에 관한 지식을 중심으로」, 『역사문화연구』제61집, 2017.

최해별,「송대 검시지식의 死因 분류 배경」, 『의료사회사연구』제1집, 2018a.

최해별,「宋代 儒醫 硏究 회고: 儒醫의 출현배경·개념 변화·전형 탐색」, 『역사와 담론』제86집, 2018b.

최해별,「송대 의방(醫方) 지식의 전승과 사대부의 역할-화독배농내보산(化毒排膿內補散)을 중심으로」, 『醫史學』제27권 제1호, 2018c.

최해별,「宋代 『夷堅志』 수록 '醫方' 지식의 특징」, 『東洋史學硏究』第146輯, 2019.

황영원,「명청시대 의사와 지역사회-강남지역 유의(儒醫)를 중심으로」, 『延世醫史學』제20권 제1호, 2017.

□중국어

邱仲麟,「明代以降的痘神廟與痘神信仰」, 『中央硏究院歷史語言硏究所集刊』第88本 第4分, 2017.

金仕起,「古代解釋生命危機的知識基礎」, 國立臺灣大歷史硏究所碩士論文, 1994.

金仕起,「中國傳統醫籍中的乳癰, 性別與經驗」, 『國立政治大學歷史學報』第47卷1期, 2017.

杜正勝,「形體, 精氣與魂魄-中國傳統對〈人〉認識的形成」, 『新史學』2卷 3期, 1991.

杜正勝,「從醫療史看道家對日本古代文化的影響」, 『中國歷史博物館館刊』21期, 1993.

杜正勝,「作爲社會史的醫療史」, 『新史學』6卷 1期, 1995a.

杜正勝,「從眉壽到長生-中國古代生命觀念的轉變」, 『中央硏究院歷史語言硏究所集刊』第66本 第2分, 1995b.

蕭　璠,「漢宋間文獻所見古代中國南方的地理環境與地方病及其影響」, 『中央硏究院歷史語言硏究所集刊』第63本 第1分, 1993.

廖育群,「醫史硏究"三人行": 讀梁其姿 『面對疾病』與 『痲風』」, 『中國科技史雜誌』第36卷 第3期, 2015.

余新忠,「中國疾病, 醫療史探索的過去, 現實與可能」, 『歷史硏究』2003年 第4期, 2003.

余新忠,「當今中國醫療史硏究的問題與前景」, 『歷史硏究』2015年 第2期, 2015.

于賡哲,「先秦至唐對附子的認識和使用兼論论中藥材發展演變規律」, 『中國中藥雜誌』2017年 23期, 2017.

于賡哲,「外來疾病與文化衝激: 以梅毒東傳爲例」, 『复旦國際關係評論』2019年 1期, 2019.

李建民,「馬王堆漢墓帛書〈禹藏埋胞圖〉箋證」, 『中央硏究院歷史語言硏究所集刊』第65本

第4分, 1994.

李建民, 「明代『外科正宗・救自刎斷喉法』考釋」, 『九州學林』32期, 2013a.

李建民, 「中醫近世外科「反常」手術之謎: 中醫爲什麼沒有「手術」傳統」, 『大韓韓醫學原典學
　　會誌』 제26권 제4호, 2013b.

李建民, 「中醫外科爲什麼不動手術?-清代手抄本《瘍醫探源論》的身體物質觀」, 『韓國醫史學
　　會誌』, 제28권 제2호, 2015.

李建民, 「被忽視的中醫手術史」, 『南京中醫藥大學學報』第17卷 1期, 2016b.

李經緯・張志斌, 「中國醫學史研究60年」, 『中華醫史雜誌』第26卷 第3期, 1996.

李貞德, 「漢隋之間的〈生子不舉〉問題」, 『中央研究院歷史語言研究所集刊』 第66本 第3分,
　　1995.

李貞德, 「漢唐之間醫書中的生産之道」, 『中央研究院歷史語言研究所集刊』 第67本 第3分,
　　1996.

李貞德, 「漢唐之間求子醫方試探-兼論婦科濫觴與性別論述」, 『中央研究院歷史語言研究所集
　　刊』第68本 第2分, 1997.

李貞德, 「「疾病, 醫療與文化」專輯導言」, 『漢學研究』34卷 3期, 2016.

李貞德, 「女人要藥考: 當歸的醫療文化史試探」, 『中央研究院歷史語言研究所集刊』第88本
　　第3分, 2017.

林富士, 「東漢晚期的疾疫與宗教」, 『中央研究院歷史語言研究所集刊』66本 3分, 1995.

林富士, 「「祝由」釋義: 以『黃帝內經・素問』爲核心文本的討論」, 『中央研究院歷史語言研究所
　　集刊』, 第83本 第4分, 2012.

林富士, 「試論影響食品安全的文化因素: 以嚼食檳榔爲例」, 『中國飲食文化』, 第10卷 1期,
　　2014.

張嘉鳳, 「隋唐醫籍中的小兒病因觀試探」, 『臺大文史哲學報』第77期, 2012.

張嘉鳳, 「愛身念重: 『折肱漫錄』中文人之疾與養」, 『臺大歷史學報』第51期, 2013a.

張嘉鳳, 「黃帝不能察其幼小: 宋清之間小兒醫的自我認同與社會定位」, 『新史學』, 第24卷 1期
　　, 2013b.

趙容俊, 「秦漢時期的巫術性醫療小考」, 『中國古中世史研究』第49輯, 2018a.

趙容俊, 「秦漢傳世文獻所見之醫療巫術考察」, 『中國史研究』第115輯, 2018b.

牛桂曉, 「近六年來大陸基督教醫療事業研究述評」, 『滄桑』2014年 6期, 2014.

朱建平, 「中華醫學會醫史學會60年」, 『中華醫史雜誌』第26卷 第3期, 1996.

陳秀芬, 「情志過極,非藥可癒: 試論金元明清的「以情勝情」療法」, 『新史學』 第25卷 1期,
　　2014.

陳秀芬, 「「診斷」徐渭: 晚明社會對於狂與病的多元理解」, 『明代研究』第27期, 2016.

陳秀芬, 「從人到物: 『本草綱目・人部』的人體論述與人藥製作」, 『中央研究院歷史語言研究
　　所集刊』第88本 第3分, 2017.

祝平一, 「清代的痧: 一個疾病範疇的誕生」, 『漢學研究』第31卷 3期, 2013.

祝平一, 「方寸之間: 天主教與清代的心,腦之爭」, 『漢學研究』, 第34卷 3期, 2016.

□ 일본어

李建民,「中國明代の縫合手術」,『千葉大學人文社會科學硏究』, 第28期, 2014.

□ 영어

Che-chia Chang, "The Qing Imperial Academy of Medicine: Its Institutions and the Physicians Shaped by Them", East Asian Science, Technology, and Medicine 41, 2015.

CHO Yongjun, "A Research on the Shamanistic Medical Activities as Seen in the Recipes for Fifty-two Ailments(五十二病方) Written in the Mawangdui(馬王堆) Silk Manuscript", Korean Journal of Medical History 28-3, 2019.

Jung Woo-Jin, "Research about the View of Body in Early East Asian Medicine", Korean Journal of the Social History of Medicine and Health 3, 2019.

Yu Xinzhong · Wang Yumeng, "Microhistory and Chinese Medical History: A Review", Korean Journal of Medical History 24-2, 2015.

중국 근현대 의료사의 연구 흐름과 동향(1990-2020) _유연실

〈저 · 역서〉

샹린레이 지음, 박승만 · 김찬현 · 오윤근 옮김,『비려비마: 중국의 근대성과 의학』, 서울: 인다, 2021.

설혜심,『인삼의 세계사: 서양이 은폐한 '세계상품' 인삼을 찾아서』, 서울: 휴머니스트, 2020.

신규환,『국가, 도시, 위생: 1930년대 베이징시 정부의 위생행정과 국가의료』, 서울: 아카넷, 2008.

신규환,『페스트 제국의 탄생: 제3차 페스트 팬데믹과 동아시아』, 서울: 역사공간, 2020.

신규환,『북경의 붉은 의사들』, 서울: 역사공간, 2020.

에릭 J. 카셀 저, 강신익 역,『고통 받는 환자와 인간에게서 멀어진 의사를 위하여』, 서울: 들녘, 2002.

제러미 A. 그린 저, 김명진 · 김준수 번역,『숫자, 의학을 지배하다: 고혈압, 당뇨, 콜레스테롤과 제약산업의 사회사』, 서울: 뿌리와 이파리, 2019.

□ 일본어

小曽戸洋 · 天野陽介 著,『針灸の歴史: 悠久の東洋醫術』, 東京: 大修館書店, 2015.

姚毅,『近代中國の出産と國家 · 社會: 醫師 · 助産士 · 接生婆』, 東京: 研文出版社, 2011.

永島剛 · 市川智生 · 飯島渉 編,『衛生と近代: ペスト流行にみる東アジアの統治 · 醫療 · 社會』, 東京: 法政大學出版局, 2017.

飯島渉 著,『ペストと近代中國: 衛生の近代化と社會變容』, 東京: 研文出版, 2000.

曹貞恩,『近代中國のプロテスタント醫療傳道』, 東京: 研文出版, 2020.

□중국어

(英) 白馥蘭(Francesca Bray) 著, 吳秀傑・白嵐玲 譯, 『技術・性別・歷史: 重新審視帝制中國的大轉型』, 南京: 江蘇人民出版社, 2017.

(美) 韓瑞 著, 袁劍 譯, 『假想的"滿大人": 同情・現代性與中國疼痛』, 南京: 江蘇人民出版社, 2013.

洪葡仁 主編, 『廈門醫療衛生資料選編(1909-1949)』, 廈門: 廈門大學出版社, 2017.

何小蓮, 『近代上海醫生生活』, 上海: 上海辭書出版社, 2017.

胡成, 『醫療・衛生與世界之中國: 跨國和跨文化視野之下的歷史研究』, 北京: 科學出版社, 2013.

蔣竹山, 『人蔘帝國: 清代人參的生產・消費與醫療』, 杭州: 浙江大學出版社, 2015.

李建民 主編, 『從醫療看中國史』, 臺北: 聯經出版公司, 2008.

李海紅, 『"赤腳醫生"與中國鄉土社會研究』, 北京: 社會科學文獻出版社, 2015.

李尙仁 主編, 『帝國與現代醫學』, 北京: 中華書局, 2012.

李文海 主編, 『民國時期社會調查叢編(二編): 醫療衛生與社會保障卷』 上・下, 福州: 福建教育出版社, 2014.

李貞德 主編, 『性別・身體與醫療』, 臺北: 聯經出版公司, 2008.

梁其姿, 『面對疾病』, 北京: 中國人民大學出版社, 2012.

梁其姿, 『麻風: 一種疾病的醫療社會史』, 北京: 商務印書館, 2013.

林富士 主編, 『疾病的歷史』, 臺北: 聯經出版公司, 2011.

林富士 主編, 『宗教與醫療』, 臺北: 聯經出版公司, 2011.

劉士永・皮國立 主編, 『衛生史新視野: 華人社會的身體・疾病與歷史論述』, 臺北: 華藝學術出版, 2016.

劉士永, 『武士刀與柳葉刀: 日本西洋醫學的形成與擴散』, 臺北: 國立臺灣大學出版中心, 2012.

(美) 羅芙芸((Ruth Rogaski), 向磊 譯, 『衛生的現代性: 國通商口岸衛生與疾病的含義』, 南京: 江蘇人民出版社, 2007.

(美) 曼素恩(Susan Mann) 著, 羅曉翔 譯, 『張門才女』, 北京: 北京大學出版社, 2015.

寧波市政協文史委員會 編, 『甬商辦醫: 寧波幫與近代寧波慈善醫院史料集』, 寧波: 寧波出版社, 2014.

皮國立, 『「氣」與「細菌」的近代中國醫療史: 外感熱病的知識轉型與日常生活』, 臺北: 國立中國醫藥研究所, 2012.

(英) 沈艾娣 著, 趙妍傑 譯, 『夢醒子: 一位華北鄉居者的人生』, 北京: 北京大學出版社, 2013.

施亞利, 『江蘇省血吸蟲病防治運動研究(1949-1966)』, 安徽: 合肥工業大學出版社, 2014.

唐潤明・羅永華 編, 『重慶大轟炸檔案文獻: 財產損失(文教衛生部分)』, 重慶: 重慶出版社, 2012.

王文基・巫毓荃 主編, 『精神科學與近代東亞』, 臺北: 聯經出版公司, 2018.

楊彥君 編, 『侵華日軍第七三一部隊罪行實錄(全60冊)』, 北京: 中國和平出版社, 2015.

尹倩, 『民國時期的醫師群體研究(1912-1937): 以上海為討論中心』, 北京: 中國社會科學出版

社, 2014.

楊念群, 『再造病人": 中西醫沖突下的空間政治(1832-1985)』, 北京: 中國人民大學出版社, 2006.

余新忠 主編, 『醫療·社會與文化讀本』, 北京: 北京大學出版社, 2013.

余新忠, 『清代衛生防役機制及近代演變』, 北京: 北京師範大學出版集團, 2016.

余新忠 選編, 『民國文獻資料叢編: 中國近代醫療衛生資料彙編(全30册)』, 北京: 國家圖書館 出版社, 2018.

(英) 哲瑪森(R. A. Jamieson), 『海關醫報(全10册)』, 北京: 國家圖書館出版社, 2016.

生命醫療史研究室 主編, 『中國史新論: 醫學史分册』, 臺北: 聯經出版公司, 2015.

張仲民, 『出版與文化政治: 晚清的 "衛生" 書籍研究』, 上海: 上海書店出版社, 2009.

張仲民, 『弄假成眞: 近代上海的醫藥廣告研究』, 臺北: 獨立作家, 2016.

張仲民, 『種瓜得豆: 清末民初的閱讀文化與接受政治』, 北京: 社會科學文獻出版社, 2016.

祝平一 主編, 『健康與社會: 華人衛生新史』, 臺北: 聯經出版公司, 2013.

□ 영어

Andrews Bridie, Bullock Mary Brown ed, *Medical transitions in twentieth-century China*, Bloomington: Indiana University Press, 2014.

Angela Ki Che Leung, Charlotte Furth ed., *Health and Hygiene in Chinese East Asia: Policies and Publics in the Long Twentieth Century*, Duke University Press, 2011.

Angela Ki Che Leung and Izumi Nakayama, eds., *Gender, Health and History in Modern East Asia*, Hong Kong: Hong Kong University Press, 2017.

Daniel Asen, *Death in Beijing: Murder and Forensic Science in Republican China*, Cambridge: Cambridge University Press, 2016.

Howard Chiang ed, *Psychiatry and Chinese history*, London : Pickering & Chatto, 2014.

Hsiang-lin Lei, *Neither Donkey Nor Horse: Medicine in the Struggle over China' Modernity*, Chicago and London: University of Chicago Press, 2014.

Josep L. Barona, *The Rockefeller Foundation, public health and international diplomacy*, 1920-1945, London; Pickering and Chatto, 2015.

Liping Bu, *Public Health and the Modernization of China(1865-2015)*, New York: Routledge, 2017.

Mark Harrison, *Disease and the Modern World: 1500 to the present day*, Polity Press, 2004.

Miriam Gross, *Farewell to the God of Plague: Chairman Mao's Campaign to Deworm China*, California: University of California Press, 2016.

Taylor Kim, *Chinese Medicine in Early Communist China, 1945-1963*, London: Routledge, 2005.

Xiao ping Fang, *Barefoot doctors and western medicine in China*, N.Y.: University of Rochester Press, 2012.

〈연구논문〉

김서형, 「21세기의 새로운 역사 서술, 지구사」, 『역사와 문화』 29, 2015.

신규환, 「제국의 과학과 동아시아 정치: 1910~11년 만주 페스트의 유행과 방역법규의 제정」, 『동방학지』 167, 2014.

신규환, 「기후변화와 질병: 19~20세기 페스트 유행과 질병관의 변화」, 『한국학논집』 62, 2016.

신규환, 「1894년 홍콩 페스트의 유행과 동화의원의 공간변화, 『도시연구』 19, 2018.

신규환, 「1890년대 대만과 일본의 페스트 유행과 제국의학 지식의 형성」, 『일본역사연구』 48, 2018.

유연실, 「노동과 출산의 이중변주: 1950년대 중국의 출산정책과 여성」, 『중국근현대사연구』 60, 2013.

유연실, 「1950년대 초기 中華人民共和國의 무통분만 담론」, 『역사학연구』 74, 2019.

유연실, 「民國時期 출산의 의료화와 무통분만법의 전파」, 『중국근현대사연구』 79, 2018.

유연실, 「1950년대 중국의 파블로프 학설 수용과 의료 체계의 변화: 보호성(保護性) 의료 제도의 확립을 중심으로」, 『의사학』 29-2, 2020.

조정은, 「중국 근대 프로테스탄트 의료선교사(史) 연구의 흐름」, 『중국근현대사연구』 79 2018.

조지형, 「지구사란 무엇인가?」, 『서양사론』 92, 2007.

□ 일본어

飯島渉, 「「醫療社會史」という視角: 二○世紀東アジア・中國を中心に」, 『歷史評論』 第787號 2015.

飯島渉・脇村孝平, 「近代アジアにおける帝國主義と醫療・公衆衛生」, 『疾病・開發・帝國醫療-アジアにおける病氣と醫療の歷史學』, 東京: 東大出版會, 2001.

井本眞理, 「醫療史の可能性—醫學史・衛生史からの飛躍」, 『文化共生學研究』 第10號, 2011.

□ 중국어

陳思言・劉小朦, 「醫療史與知識史: 海外中國醫療史研究的趨勢及啟示」, 『史林』 2020年 第3期.

陳秀芬, 「醫療史研究在台灣(1990-2010)」: 兼論其與「新史學」的關係」, 『漢學研究通訊』 第2卷 3期, 2010.

杜正勝, 「醫療・社會與文化: 另類醫療史的思考」 『新史學』 八卷 四期, 1997.

杜正勝, 「作爲社會史的醫療史: 並介紹「疾病・醫療與文化」研討小組的成果」, 『新史學』 六卷 一期, 1995.

杜正勝, 「另類醫療史研究20年: 史家與醫家對話的臺灣經驗」, 『古今論衡』 第25期, 2013.

黃良俊, 「近40年中國疾病醫療史研究現狀述論」, 『寧德師範學院學報(哲學社會科學版)』 2019年 第3期.

飯島渉・徐慧, 「"傳染病的中國史"諸問題探討」, 『歷史研究』 2015年 第2期.

蔣竹山,「新文化史視野下的中國醫療史研究」,『當代史學研究的趨勢 · 方法與實踐: 從新文化史到全球史』,臺北: 五南圖書出版公司, 2012.

蔣竹山,「超越民族國家的歷史書寫－試論晚近西方史學研究中的「全球轉向」」,『新史學』23卷 3期, 2012.

蔣竹山,「「全球轉向」: 全球視野下的醫療史研究初探」,『人文雜誌』第10期, 2014.

蔣竹山,「文化轉向與全球視野: 近代東亞醫療史研究的再思考」,『漢學研究通訊』36卷 4期 2017.

劉士永,「由庶而嫡: 廿一世紀華人醫學史的重現與再釋」,『衛生史新視野: 華人社會的身體 · 疾病與歷史論述』,臺北: 華藝學術出版, 2016.

劉士永 · 張仲民 · 柴彬 · 楊雄威,「醫療社會史研究: 新議題 · 新路徑和新方法」,『醫療社會史研究』第5輯, 2018.

馬金生,「病人視角與中國近代醫療史研究」,『史学理论研究』2019年 第4期.

皮國立,「探索過往 · 發現新法: 兩岸近代中國疾病史的研究回顧」,『臺灣師大歷史學報』第35期, 2006.

皮國立,「新史學之再維新: 中國醫療史研究的回顧與展望(2011-2017)」,『當代歷史學新趨勢』,臺北: 聯經出版公司, 2019.

史敏,「中國現代女性身體史研究述評」,『史學月刊』2017年 第2期.

王小軍,「中國史學界疾病史研究的回顧與反思」,『史學月刊』2011年 第8期.

余新忠,「關注生命: 海峽兩岸興起疾病醫療社會史研究」,『中國社會經濟史研究』2001年 第3期.

余新忠,「中國疾病 · 醫療史探索的過去 · 現實與可能」,『歷史研究』2003年 第4期.

余新忠,「當今中國醫療史研究的問題與前景」,『歷史研究』2015年 第2期.

余新忠,「構建內外融通的生命史學: 中國醫療史研究的回顧與前瞻」,『西部史学』2020年 第1期.

趙婧,「療社會文化史的理論與方法,『中國史理論前沿』,上海: 上海社會科學出版社, 2016.

趙婧,「近代上海女醫群體的形成: 以社會網絡爲視角的考察」,『史林』2020年 第3期.

□ 영어

Mark Harrison, "A Global Perspective Reframing the History of Health, Medicine, and Disease", *Bulletin of the History of Medicine* 89-4, 2015.

Sihn Kyu-hwan, "Reorganizing Hospital Space: The 1894 Plague Epidemic in Hong Kong and the Germ Theory", *Korean Journal of Medical History* 26-1, 2017.

Yu Xinzhong · Wang Yumeng, "Microhistory and Chinese Medical History: A Review", *Korean Journal of Medical History* 24-2, 2015.

Warwick Anderson, "Postcolonial Histories of Medicine", in Frank Huisman and Jolin Harley Warner ed., *Locating Medical History: The Stories and Their Meaning*, Baltimore: Johns Hopkins University Press, 2004.

일본 의료사 연구 현황과 과제(1990년대 이후) _김영수

〈저・역서〉
신규환,『페스트 제국의 탄생-제3차 페스트 팬데믹과 동아시아』, 서울: 역사공간, 2020.
見市雅俊・脇村孝平・齋藤修編,『疾病・開發・帝國醫療』, 東京: 東京大學出版會, 2001.
菅谷章,『日本醫療制度史』, 東京: 原書房, 1976.
廣川和花,『近代日本のハンセン病問題と地域社會』, 大阪: 大阪大學出版會, 2011.
吉良枝郎,『幕末から廢藩置縣までの西洋醫學』, 東京: 築地書館, 2005.
磯貝元編,『明治の避病院』, 京都: 思文閣出版, 1999.
內務省衛生局編,『流行性感冒「スペイン風邪」大流行の記錄』, 東京: 東洋文庫, 2008.
內海孝,『感染症の近代史』, 東京: 山川出版社, 2016.
大日方純夫,『日本近代國家の成立と警察』, 東京: 校倉書房, 1992.
島薗進,『〈癒す知〉の系譜』, 東京: 吉川弘文館, 2003.
渡邊洋子,『近代日本の女性專門職敎育-生涯敎育學から見た東京女子醫科大學創立者・吉
　　岡彌生』, 東京: 明石書店, 2014.
度會好一,『明治の精神異說』, 東京: 岩波書店, 2003.
藤野豊,『日本ファシズムと醫療』, 東京: 岩波書店, 1993.
藤野豊,『日本ファシズムと優生思想』, 京都: かもがわ出版, 1998a.
藤野豊,『强制された健康』, 東京: 吉川弘文館, 2000.
林葉子,『性を管理する帝國-公娼制度下の「衛生」問題と廢娼運動』, 大阪: 大阪大學出版會,
　　2017.
林采成,『鐵道員と身體-帝國の勞動衛生』, 京都: 京都大學學術出版會, 2019.
笠原英彦,『日本の醫療行政』, 東京: 慶應義塾大學出版會, 1999.
笠原英彦・小島和貴,『明治期醫療・衛生行政の硏究』, 京都: ミネルヴァ書房, 2011.
末永惠子,『新聞にみる福島の醫療』, 福島: アカデミア・コンソーシアムふくしま, 2012.
武田徹,『「隔離」という病い-近代日本の醫療空間』, 東京: 講談社, 1997.
寶月理惠,『近代日本における衛生の展開と受容』, 東京: 東信堂, 2010.
福田眞人,『結核の文化史』, 名古屋: 名古屋大出版會, 1995.
福田眞人, 鈴木則子編,『日本梅毒史の硏究』, 京都: 思文閣出版, 2005.
山本俊一,『日本コレラ史』, 東京: 東京大學出版會, 1982
山本俊一,『日本公娼史』, 東京: 中央法規出版, 1983
山本俊一,『日本らい史』, 東京: 東京大學出版會, 1993
山本俊一,『梅毒からエイズへ: 賣春と性病の日本近代史』, 東京: 朝倉書店, 1994
山下麻衣,『看護婦の歷史-寄り添う專門職の誕生』, 東京: 吉川弘文館, 2017.
杉本つとむ,『江戶の阿蘭陀流醫師』, 東京: 早稻田大學出版部, 2002.
小林丈廣,『近代日本と公衆衛生-都市社會史の試み』, 東京: 雄山閣出版, 2001.
小森陽一ほか編,『岩波講座 近代日本の文化史 4 感性の近代』, 東京: 岩波書店, 2002.
小川鼎三,『醫學の歷史』, 東京: 中央公論新社, 1964.

松田誠, 『高木兼寛の醫學-東京慈惠會醫科大學の源流』, 東京: 東京慈惠會醫科大學, 2007.
新村拓, 『古代醫療官人制の研究』, 東京: 法政大學出版局, 2005.
新村拓, 『近代日本の醫療と患者-學用患者の誕生』, 東京: 法政大學出版局, 2016.
永島剛・市川智生・飯島渉編, 『衛生と近代-ペスト流行に見る東アジアの統治・醫療・社會』, 東京: 法政大學出版局, 2017.
羽生和子, 『江戶時代, 漢方藥の歴史』, 大阪: 淸文堂出版, 2010.
猪飼周平, 『病院の世紀の理論』, 東京: 有斐閣, 2010.
田中ひかる, 『明治を生きた男裝の女醫-高橋瑞物語』, 東京: 中央公論新社, 2020.
酒井シヅ, 『日本の醫療史』, 東京: 東京書籍, 1982.
中靜未知, 『醫療保險の行政と政治』, 東京: 吉川弘文館, 1998.
池田仁子, 『近世金澤の醫療と醫家』, 東京: 岩田書院, 2015.
川上武, 『現代日本醫療史』, 東京: 勁草書房, 1965.
川喜田愛郎, 『近代醫學の史的基盤(上・下)』, 東京: 岩波書店, 1977.
青柳精一, 『近代醫療のあけぼの-幕末・明治の醫事制度』, 京都: 思文閣出版, 2011.
青木歳幸, 『在村蘭學の研究』, 京都: 思文閣出版, 1998.
青木歳幸・大島明秀・W. ミヒェル編, 『天然痘との鬪い-九州の種痘』, 東京: 岩田書院, 2018.
青木純一, 『結核の社會史』, 東京: 御茶の水書房, 2004.
秋葉保次編, 『醫藥分業の歷史』, 東京: 藥事日報社, 2012.
布施昌一, 『醫師の歷史-その日本的特長』, 東京: 中央公論社, 1979.
海原亮, 『江戶時代の醫師修業』, 東京: 吉川弘文館, 2014.
Frank Huisman and John Harley Warner eds., *Locating Medical History: The Stories and Their Meanings*, Baltimore: Johns Hopkins University Press, 2004.

〈연구논문〉
김성수, 「에도시대 해부학의 발전: 『장지(藏志)』의 간행을 중심으로」, 『의사학』 21-1, 2012.
김영수, 「근대 일본의 의사면허의 변천: 의제부터 의사법까지」, 『연세의사학』 16-1, 2013.
김영수, 「근대 일본의 '병원': 용어의 도입과 개념형성을 중심으로」, 『의사학』 26-1, 2017.
김영수, 「에도시대 유의의 분류와 평가」, 『의료사회사연구』 3, 2019a.
김영수, 「메이지기 근대적 의약담론의 성립과 '뇌병(腦病)'의 치료」, 『이화사학연구』 58, 2019b.
김영수, 「일본의 도시위생사 연구 동향과 전망」, 『도시연구: 역사・사회・문화』 23, 2020.
김영희, 「근대일본의 공중위생관념 형성과정」, 『일본학보』 102, 2015.
김영희, 「근대전환기 일본 국민의 '위생' 인식-메이지건백서를 중심으로」, 『일본학보』 107, 2016.
김옥주・미야가와 타쿠야, 「에도말 메이지초 일본 서양의사의 형성에 대하여」, 『의사학』 20-2, 2011.
박윤재, 「한국 근대 의학사 연구의 성과와 전망」, 『의사학』 19-1, 2010.

서동주,「노동을 위한 〈의학〉·국가를 위한 〈위생〉-근대일본의 위생학자 데루오카 기토의 과학적 위생론을 중심으로」,『역사연구』36, 2019.

신규환,「동아시아 의학사 연구의 동향과 전망」,『의사학』19-1, 2010.

신규환,「1870-80년대 일본의 콜레라 유행과 근대적 방역체계의 형성」,『사림』64, 2018a.

신규환,「1890년대 대만과 일본의 페스트 유행과 제국의학 지식의 형성」,『일본역사연구』48, 2018b.

이규원,「일본의 서양마취술 도입에 관한 연구」, 서울대학교대학원 의학과 박사논문, 2017.

이종찬,「메이지 일본에서 근대적 위생의 형성 과정」,『의사학』12-1, 2003.

임채성,「철도원과 신체 전전기 일본국철 노동위생의 실태와 정책」,『아세아연구』55-3, 2012.

전경선,「1933년 만주국 페스트의 유행과 방역활동」,『중국사연구』117, 2018.

호소연,「메이지 시기 묘지 제도와 위생: 장법과 묘지를 둘러싼 담론을 통하여」,『일본역사연구』48, 2018.

홍수경,「일상의 과학화, 식생활의 합리화: 1910-20년대 일본 근대 영양학의 탄생」,『의사학』27-3, 2018.

□ 일본어

『史學雜誌』105-128, 1996-2019.

『日本醫史學雜誌』41-65, 1995-2019.

加藤千香子,「國民國家論と戰後歷史學:「私」論の可能性」,『立明館言語文化研究』27-1, 2015.

岡田靖雄,「憑きもの現象論-その構造分析 (上)」,『日本醫史學雜誌』44-1, 1998.

岡田靖雄,「憑きもの現象論-その構造分析 (下)」,『日本醫史學雜誌』44-3, 1998.

高岡裕之,「醫療問題の社會的成立-第一次世界大戰後の醫療と社會」,『歷史科學』131, 1993.

高岡裕之,「近代日本の地域醫療と公立病院」,『歷史評論』726, 2010.

高橋みや子,「山形縣における近代産婆制度成立過程に關する研究-明治32年までの産婆規則類の制定を中心に」,『日本醫史學雜誌』47-4, 2001.

高橋克伸,「華岡流外科を學んだ門人たちの手術記錄について」,『和歌山市立博物館研究紀要』27, 2013.

古泉弘,「考古學からみた江戶の便所と屎尿處理」,『歷史評論』590, 1999.

工藤翔二・鄒大同,「ホブソンの『內科新說』—幕末のイギリス醫學にみる呼吸器疾患 (1)『內科新說』はどのような書物か」,『呼吸臨床』1-2, 2017.

工藤翔二・鄒大同,「ホブソンの『內科新說』—幕末のイギリス醫學にみる呼吸器疾患 (2)『內科新說』にみる喘病(喘息)の治療」,『呼吸臨床』2-1, 2018.

館野正美,「吉益東洞の天命說について」,『日本醫史學雜誌』43-4, 1997.

館野正美,「吉益東洞の醫術と藥劑觀」,『生活文化史』58, 2010.

菅原京子,「「國家資格」としての保健婦の終焉 (1)」,『現代社會文化研究』22, 2001.

菅原京子,「「國家資格」としての保健婦の終焉 (2)」,『現代社會文化研究』24, 2002.

廣川和花,「史料が語るハンセン病史・岡山縣と邑久町の試み」,『部落問題研究』183, 2008.

廣川和花,「近代大阪のペスト流行にみる衛生行政の展開と醫療・衛生環境」,『歴史評論』726, 2010.

廣川和花,「近代日本の疾病史資料の保存と公開にむけて: ハンセン病史資料を素材に」,『精神醫學史研究』16-1, 2012.

龜出一邦,「松本濤庵の醫事」,『山口縣地方史研究』92, 2004.

宮崎千穂,「ロシア艦隊醫が描いた幕末長崎の醫學的風景」,『歴史學研究』882, 2011.

鬼嶋淳,「戰時期の保健醫療問題と地域社會」,『史觀』152, 2005.

今谷明,「歐米に於ける日本史研究の現狀と動向」,『日本研究』35, 2007.

今井勝人,「第二次世界大戰前の醫師の供給」,『武藏大學論集』55-2, 2008.

磯田道史,「19世紀の武士社會と醫學・齒科醫學をめぐって」,『日本醫史學雜誌』59-2, 2013.

吉良枝郎,「明治維新の際, 日本の醫療體制に何がおこったか−西洋醫學選擇の道のり」,『日本東洋醫學雜誌』57−6, 2006.

吉川美佐,「明治初期段階における近代醫療體制の構築過程」,『京都女子大學大學院文學研究科研究紀要 史學編』7, 2008.

内田正夫,「隔離と消毒-明治のコレラ對策における豫防と治療」, 原田勝正編著,『「國民」形成における統合と隔離』, 東京: 日本經濟新聞社, 2002.

唐澤信安,「濟生學舍廢校後の各種講習會及び私立東京醫學校・私立日本醫學校」,『日本醫史學雜誌』41-1, 1995.

大星光史,「日本文學にみる醫療思潮の歷史的變遷-疾病觀の多重構造」,『日本醫史學雜誌』45-1, 1999.

大日方純夫,「日本「國民國家」と衛生システムの成立」,『人文學報』287, 1998.

大和孝明,「創設期東京養育院をめぐる救濟と差別の位相」,『人民の歴史學』170, 2006.

渡邊忠司,「近世中後期大坂における水道改修普請」,『大阪の歴史』45, 1995.

渡邊則雄,「赤痢・ペスト・コレラ」,『岡崎市史研究』20, 1999.

藤本大士,「近世醫療史研究の現在: 民衆・公權力と醫療」,『洋學: 洋學史學會研究年報』21, 2013.

藤野豊,「優生思想と民衆」,『民衆史研究』49, 1995a.

藤野豊,「近代日本のキリスト教と優生思想」,『キリスト教史學』49, 1995b.

藤野豊,「隔絶のなかのハンセン病患者」, 藤野豊他編,『歴史なかの「癩者」』, 東京: ゆみる出版, 1996.

藤野豊,「民族衛生政策の成立-厚生省設置への道」, 内務省史研究會,『内務省と國民』, 東京: 文獻出版, 1998b.

藤原壯介,「醫療生協前史(戰前)をめぐるいくつかの問題」,『立命館産業社會論集』32-1, 1996.

鈴木則子,「初代曲直瀨道三の癩醫學」,『日本醫史學雜誌』41-3, 1995.

鈴木則子,「江戸時代の痲疹と醫療」,『日本醫史學雜誌』50-4, 2004.

鈴木雅子,「1960年代の重度身體障害者運動」,『歴史學研究』889, 2012.

鈴木晃仁,「近代日本におけるジフテリア疾病統計の分析」,『三田學會雜誌』97-4, 2005.

鈴木晃仁,「醫學史の過去・現在・未來」,『科學史研究』269, 2014.

鹿毛敏夫,「近世後期における地域醫家の存在形態」,『地方史研究』306, 2003.

鹿野政直,「健康觀にみる近代」,『鹿野政直思想史論集』5, 東京: 岩波書店, 2008.

柳川錬平,「日獨戦役における海軍病院船「八幡丸」の醫療活動」,『日本醫史學雜誌』63-4, 2017.

林敬,「宇和島藩醫ストライキの事」,『日本醫史學雜誌』41-4, 1995.

笠原英彦,「明治10年代における衛生行政」,『法學研究: 法律・政治・社會』70-8, 1997.

笠原英彦,「近代日本における衛生行政の變容」,『法學研究: 法律・政治・社會』73-4, 2000.

馬場義弘,「近代的醫師制度の成立と一般開業醫の動向について」,『歴史科學』131, 1993.

牧野正直,「ハンセン病の歴史に學ぶ: ハンセン病療養所醫療100年をふりかえる」,『日本ハンセン病學會雜誌』79-1, 2010.

木村哲也,「高知縣における保健婦駐在制」,『歴史民俗資料學研究』4, 1999.

梶谷光弘,「在村醫の蘭學修業とその影響について」,『山陰史談』30, 2002.

尾崎耕司,「1879年コレラと地方衛生政策の轉換」,『日本史研究』418, 1997.

尾崎耕司,「後藤新平・衛生國家思想の國際的契機」,『史潮』44, 1998.

尾崎耕司,「萬國衛生會議と近代日本」,『日本史研究』439, 1999.

飯島渉,「「醫療私會史」という視角-20世紀東アジア・中國を中心に」,『歴史評論』787, 2015.

福嶋正和・藤田慧子,「大正女醫の動向」,『日本醫史學雜誌』62-4, 2016.

福井敏隆,「幕末期弘前藩における種痘の受容と醫學館の創立」,『國立歴史民俗博物館研究報告』116, 2004.

逢見憲一,「醫學史・醫療史と公衆衛生: マキューン・テーゼから歴史人口學へ(日本醫史學會平成29年11月例會シンポジウムわたしはなぜ醫學史・醫療史をまなぶのか)」,『日本醫史學雜誌』64-4, 2018.

山本志保,「明治前期におけるコレラ流行と衛生行政-福井縣を中心として」,『法政史學』56, 2001.

山本拓司,「國民化と學校身體檢查」,『大原社會問題研究所雜誌』488, 1999.

山下大厚,「國民化とラジオ體操」,『法政大大學院紀要』44, 2000.

山下麻衣,「明治期以降における看護婦資格制度の變遷」,『大阪大學經濟學』50-4, 2001a.

山下麻衣,「戦後醫療技術革新下における看護業務の變遷過程」,『大阪大學經濟學』51-3, 2001b.

三崎裕子,「「近代的明治女醫」誕生の經緯と背景」,『日本醫史學雜誌』61-2, 2015.

森山治,「美濃部都政下における道立病院政策と白木構想の影響」,『人文論究』75, 2006.

杉山章子,「農村醫學の形成と發展」,『日本醫史學雜誌』46-4, 2000.

杉山弘,「コレラ騒動論-その構造と論理」,『日本の時代史』22, 東京: 吉川弘文館, 2004.

杉浦雄・篠原孝市,「近世鍼灸史における「阿是要穴」の意義」,『日本醫史學雜誌』49-1, 2003.

上野周子,「紀州藩の醫療政策と地域社會」,『三重大史學』7, 2007.

生瀬克己,「日中戰爭期の障害者觀と傷痍軍人の處遇を巡って」,『桃山學院大學人間科學』 24, 2003.

西岡千文,「IIIFを利用した富士川文庫資料の再統合の試み」,情報處理學會人文科學とコンピュータシンポジウム,『じんもんこん2018論文集』, 2018.

西岡千文,「京都大學貴重資料デジタルアーカイブの紹介」,『傳統鍼灸』45-1, 2018.

西山佐代子,「日本の保育政策」,『北海學園大學經濟論集』49-2, 2001.

西川長夫,「フランス型國民國家の特色」,歴史學研究會編,『國民國家を問う』,東京: 青木書店, 1994.

石居人也,「明治初年の〈衛生〉言說」,『歴史學研究』828, 2007.

石原力,「中津藩醫山邊文伯と産育編について」,『日本醫史學雜誌』49-1, 2003.

石川浩士,「大阪府が1933年に實施した痲藥中毒患者の收容事業」,『日本學報』27, 2008.

星野高德,「戰前期東京市・大阪市・名古屋市の人口・財政・衛生環境」,『琉球大學經濟研究』99, 2020.

成田龍一,「身體と公衆衛生-日本の文明化と國民化」,歴史學研究會編,『講座 世界史4 資本主義は人をどう變えてきたか』,東京: 東京大學出版會, 1995.

成田龍一,「書評 小林丈廣著『近代日本と公衆衛生-都市社會史の試み』(東京: 雄山閣出版, 2001年)」,『部落解放研究』141, 2001.

細野健太郎,「近世後期の地域醫療と蘭學」,『埼玉地方史』43, 2000.

細野健太郎,「幕末明治初期の埼玉縣域における種痘の樣」,『國立歴史民俗博物館研究報告』116, 2004.

細野健太郎,「18世紀における村社會と醫療」,『關東近世史研究』62, 2007.

小島和貴,「我が國近代醫療行政の形成」,『慶應義塾大學大學院法學研究科論文集』36, 1995.

小島和貴,「日本衛生政策の形成をめぐる行政過程」,『法學政治學論究』41, 1999.

小林茂,「近世の南西諸島における天然痘の流行パターンと人痘法の施行」,『歴史地理學』 197, 2000.

小林丈廣,「近代的精神醫療の形成と展開」,『世界人権問題研究センタ-研究紀要』3, 1998.

小川亞彌子,「長州藩における牛痘種痘法の導入と普及」,『國立歴史民俗博物館研究報告』 116, 2004.

小川亞彌子,「幕末期長州藩における醫學館の創設とその機能」,『洋學』21, 2014.

速水健兒,「近世佐渡における書籍を巡るネットワークと醫師・海運業者」,『國史談話會雜誌』47, 2006.

松岡弘之,「救護法施行前後の都市醫療社會事業」,『歴史評論』726, 2010.

松木明知,「華岡青洲の痲醉法の普及について」,『日本醫史學雜誌』42-3, 1996.

松木明知,「幕末の弘前藩における疱瘡流行と牛痘普及の實態」,『日本醫史學雜誌』43-1, 1997.

松木明知,「本邦牛痘種痘法の鼻祖中川五郎次研究の歩み (上)」,『日本醫史學雜誌』53-2, 2007.

松本武祝,「植民地期朝鮮農村における衛生・醫療事業の展開」,『商經論叢』34-4, 1999.

松永巖,「長崎におけるコレラの流行と「救濟」-世紀末におけるその展開」, 原田勝正編著, 『「國民」形成における統合と隔離』, 東京: 日本經濟新聞社, 2002.

松田ヒロ子,「近代沖繩の醫療と臺灣: 沖繩縣出身者の植民地醫學校への進學」,『移民研究』9, 2013.

松村寬之,「『國防國家』の優生學」,『史林』83-2, 2000.

松塚俊三,「「國民國家論」と世界史」,『立明館言語文化研究』27-1, 2015.

勝野有美,「近代日本における身體障害像の變遷」,『三田學會雜誌』97-4, 2005.

市川智生,「近代日本の開港場における傳染病流行と外國人居留地」,『史學雜誌』117-6, 2008.

深瀨泰旦,「海軍大醫監 奧山虎炳(1840-1926)」,『日本醫史學雜誌』41-3, 1995.

深瀨泰旦,「ロブリー・ダングリソンの『醫學事典』-明治初期のわが國英米醫學への貢獻」, 『日本醫史學雜誌』43-4, 1997.

深瀨泰旦,「緒方洪庵と添田玄春」,『日本醫史學雜誌』49-1 (2003a). 深瀨泰旦,「西洋醫學所醫師添田玄春の長崎留學」,『洋學』11, 2003b.

深瀨泰旦,「江戸幕府寄合醫師 添田玄春の醫學と醫療」,『日本醫史學雜誌』60-3, 2014.

阿部安成,「文明開化とフォークロア」, 宇野俊一編,『近代日本の政治と地域社會』, 東京: 國書刊行會, 1996a.

阿部安成,「健康, 衛生, あるいは病という歴史認識」,『一橋論叢』116-2, 1996b.

阿部安成,「養生から衛生へ」, 小森陽一ほか編,『岩波講座 近代日本の文化史 4 感性の近代』, 東京: 岩波書店, 2002.

岸野俊彦,「近世醫療都市名古屋と尾張藩社會」, 岸野俊彦著,『尾張藩社會の文化・情報・學問』, 大阪: 清文堂出版, 2002.

安田健次郎,「西洋醫學の傳來とドイツ醫學の選擇」,『慶應醫學』84-2, 2007.

岩淵令治,「近世都市のトイレと屎尿処理の限界」,『歴史と地理』484, 1995.

岩渕佑里子,「寛政~天保期の養生所政策と幕府醫學館」,『論集きんせい』22, 2000.

岩下哲典,「尾張藩『御醫師』の基礎的研究(上)」,『德川林政史研究所研究紀要』34, 2000.

岩下哲典,「尾張藩『御醫師』の基礎的研究(下)」,『德川林政史研究所研究紀要』36, 2002.

永島剛,「感染症統計にみる都市の生活環境」,『三田學會雜誌』97-4, 2005.

奧澤康正・廣瀬秀,「江戸期の義眼史」,『日本醫史學雜誌』49-1, 2003.

熊野弘子,「江戸前期における中國醫書の受容と醫師像」,『東アジア文化交渉研究』3, 2010.

遠藤次郎・中村輝子,「名古屋玄醫の醫學體」,『科學史研究』229, 2004.

遠城明雄,「傳染病・都市社會・衛生組合-明治期の仙台を事例として」,『史淵』152, 2015.

月澤美代子,「明治初頭日本における醫療技術の移入・受容過程」,『日本醫史學雜誌』55-3, 2009.

月澤美代子,「1850-70年代における醫療情報の傳達・普及」,『日本醫史學雜誌』57-4, 2011.

月澤美代子,「明治初期日本における西洋解剖學的人體像の民衆への普及」,『日本醫史學雜誌』59-4, 2013.

月澤美代子,「複合領域としての醫療史/醫學史/科學史」,『日本醫史學雜誌』64-4, 2018.

二谷智子,「1879年コレラ流行時の有力船主による防疫活動」,『社會經濟史學』75-3, 2009.

日下部修,「近代日本における精神科作業療法の歴史的考察」,『日本醫史學雜誌』59-3, 2013.

長谷川一夫,「越後・柏崎町の醫學館について」,青木美智男・阿部恒久編,『幕末維新と民衆社會』,東京: 高志書院, 1998.

張基善,「仙台藩における諸醫師とその把握・動員」,『歴史』109, 2007a.

張基善,「幕醫・藩醫の社會的地位に關する基礎的考察」,『國史談話會雜誌』48, 2007b.

長野浩典,「大分縣における明治12年のコレラ流行と民衆」,『大分縣地方史』85, 1997.

長田直子,「幕末期在村における醫師養成の實態」,『論集きんせい』24, 2002.

長田直子,「近世後期における患者の醫師選擇」,『國立歴史民俗博物館研究報告』116, 2004.

長田直子,「江戸近郊農村における醫療」,『關東近世史研究』62, 2007.

猪飼周平,「近代日本醫療史における開業醫の意義-病院の世紀の論理による醫療史再構成に向けて」,佐口和郎・中川清編著,『講座 社會福祉2 福祉社會の歴史-傳統と變容』,京都: ミネルヴァ書房, 2005.

荻野美穂,「家族計劃への道」,『思想』925, 2001.

荻野夏木,「俗信と「文明開化」」,『國立歴史民俗博物館研究報告』174, 2012.

田嫡哲郎,「錦小路家門人の一形態」,『愛大史學』10, 2001.

田中省三,「戰時期における靜岡縣の國民健康保險について」,『靜岡縣近代史研究』22, 1996.

田中誠二・杉田聰・森山敬子・丸井英二,「占領期における急性感染症の發生推移」,『日本醫史學雜誌』53-2, 2007.

田中誠二・杉田聰・安藤敬子・丸井英二,「風土病マラリアはいかに撲滅されたか」,『日本醫史學雜誌』55-1, 2009.

田中幸子,「占領期における保健婦助産婦看護婦法の立法過程」,『神奈川法學』34-2, 2001.

前川哲朗,「疱瘡・コレラの流行と對策」,『市史かなざわ』6, 2000.

前川哲朗,「藩政期村方における疾病と醫療活動」,『市史かながわ』10, 2004.

井本眞理,「醫療史の可能性-醫學史、衛生史からの飛躍」,『文化共生學研究』10, 2011.

町泉壽郎,「江戸醫學館における臨床教育」,『日本醫史學雜誌』59-1, 2013.

佐藤文子,「近世都市生活における疱瘡神まつり」,『史窓』57, 2000.

酒井シヅ,「日本の醫療史, 特に入院施設の歴史」, The Journal of the Japan Medical Association, 139-11, 2011.

酒井耕造,「會津藩における種痘の普及と民俗」,『國立歴史民俗博物館研究報告』116, 2004.

竹原萬雄,「明治10年代におけるコレラ豫防と地域社會」,『日本歴史』681, 2005.

竹原萬雄,「明治初期の衛生政策構想」,『日本醫史學雜誌』55-4, 2009.

竹下喜久男,「摂津北部一豪農の醫療への關わり」, 大阪大學文學部日本史研究室編,『近世

近代の地域と權力』, 大阪: 清文堂出版, 1998.

竹下喜久男,「熊本藩における華岡流醫師の動向」,『鷹陵史學』25, 1999.

中馬愛,「保健衛生調査會發足への道」,『歷史學研究』788, 2004.

中靜未知,「醫療の大衆化と診療報酬」, 青木保他編,『愛と苦難』, 東京: 岩波書店, 1999.

中村一成,「日本醫療團と『公的醫療機關』-醫療供給體制の戰時と戰後」,『年報・日本現代
　　史』11, 2006.

中澤惠子,「「保健國策」の下で進められた國民健康保險制度のはじまり」,『千葉縣史研究』
　　16, 2008.

中澤惠子,「明治期の農山漁村における衛生組合の設置目的と役割」,『千葉縣史研究』17,
　　2009.

池田仁子,「加賀藩前期の醫者と金澤城內での醫療」,『金澤城研究』10, 2011.

池田仁子,「金澤城を中心とする化政・天保期の醫療と蘭學醫」,『金澤城研究』11, 2013.

池田仁子,「近世後期加賀藩の醫者と金澤城內での醫療」,『金澤城研究』12, 2013.

妻鹿淳子,「病者收容施設としての牢屋數」,『岡山縣立記錄資料館紀要』5, 2010.

川鍋定男,「江戶時代, 甲州における醫者と醫療意識」,『山梨縣史研究』7, 1999.

淺井允晶,「適塾と除痘館」, 有坂隆道・淺井允晶編,『論集日本の洋學』IV, 大阪: 清文堂出版,
　　1997.

淺井允晶,「種痘舍の成立と明石天民」, 網干善敎先生古稀記念會,『網干善敎先生古稀記念
　　考古學論集』, 1998.

靑木歲幸,「種痘法普及にみる在來知」,『佐賀大學地域學歷史文化研究センター研究紀要』
　　7, 2013.

靑木純一,「日本結核豫防協會と撲滅運動」,『社會科學年報』34, 2000.

淸水英一,「安中藩主板倉侯の種痘事業」,『日本醫史學雜誌』49-1, 2003.

惣田充,「神奈川縣立芹香院の開設に關する一考察」,『京濱歷科硏年報』20, 2008.

駄場裕司,「第六代學長・下村宏らのハンセン病關連事業」,『拓殖大學百年史研究』1-2,
　　1999.

澤登寬聰,「細野健太郎・長田直子兩氏の報告に寄せて」,『關東近世硏究』62, 2007.

澤井直・坂井建雄,「昭和初期解剖學用語の改良と國語運動」,『日本醫史學雜誌』56-1,
　　2010.

樋野惠子,「明治初期における醫療の一分野としての看護」,『日本醫史學雜誌』54-5, 2008.

坂口誠,「近代大阪のペスト流行」,『三田學會雜誌』97-4, 2005.

板原和子・桑原治雄,「江戶時代後期における精神障害者の處遇(1)」,『社會問題研究』48-1,
　　1998.

板原和子・桑原治雄,「江戶時代後期における精神障害者の處遇(2)」,『社會問題研究』49-1,
　　1999a.

板原和子・桑原治雄,「江戶時代後期における精神障害者の處遇(3)」,『社會問題研究』49-2,
　　1999b.

板原和子・桑原治雄,「江戶時代後期における精神障害者の處遇(4)」,『社會問題研究』50-1,

2000.

坂井めぐみ,「戰時期日本における脊髓戰像/脊髓損傷の醫療史: 整形外科と軍陣醫療の接點」,『日本醫史學雜誌』64-1, 2018.

平尾眞智子,「大正4(1915)年制定の「看護婦規則」の制定過程と意義に關する研究」,『日本醫史學雜誌』47-4, 2001.

平野惠,「植木屋柏木吉三郎の本草學における業績」,『MUSEUM』577, 2002.

海原亮,「近世後期在村における病と醫療」,『史學雜誌』190-7, 2000.

海原亮,「彦根藩醫學寮の設立と藩醫中」,『論集きんせい』23, 2001.

海原亮,「知識・技術の所有と身分」,『部落問題研究』76, 2006.

海原亮,「都市大坂の醫療文化と町觸規則」, 塚田孝編,『近世大坂の法と社會』, 大阪: 淸文堂出版, 2007.

海原亮,「醫療知識の移動と普及」,『ヒストリア』213, 2009.

海原亮,「醫療環境の近代化過程」,『歷史評論』726, 2010.

海原亮,「江戸の眼病療治」, 東京大學大學院人文社會係研究科・文學部日本史學研究室編,『近世社會史論叢』, 東京: 東京大學大學院人文社會係研究科・文學部日本史學研究室, 2013.

和久田哲司,「近代日本におけるマッサージ醫療の導入」,『日本醫史學雜誌』49-2, 2003.

荒川章二,「規律化される身體」, 小森陽一ほか編,『岩波講座 近代日本の文化史 4 感性の近代』, 東京: 岩波書店, 2002.

後藤基行,「戰前期日本における私立精神病院の發展と公費監置」,『社會經濟史學』78-3, 2012.

黑野伸子・大友達也,「奈良時代における疾病觀, 醫療觀の重層性」,『岡崎女子大學紀要論文』52, 2019.

ヴォルフガング・ミヒェル,「日本におけるカスパル・シャムベルゲルの活動について」,『日本醫史學雜誌』41-1, 1995.

ヴォルフガング・ミヒェル,「初期紅毛流外科と儒醫向井元升について」,『日本醫史學雜誌』56-3, 2010.

Tatsuo Sakai, "Historical Development of Modern Anatomy Education in Japan",『日本醫史學雜誌』56-1, 2010.

영미 의료사 연구 현황과 과제(1990~2010) _이상덕

〈저・역서〉
이석우 외,『서양문화사강의』, 형설출판사, 2005.

재컬린 더핀, 신좌섭 역,『의학의 역사』, 사이언스북스, 2006.

Brandt, A. M. and Rozin, P. (ed.), *Morality and Health* (New York, 1997).

Cooter, R., ""Framing" the End of the Social History of Medicine", Cooter, R. and Stein, C.,

Writing History in ghte Age of Biomedicine (New Haven, 2013).

Dobson, M. J., Contours of Death and Disease in Early Modern England (Cambridge, 1997).

Evans, R. J., In Defence of History (London, 1997).

Fissell, M. E., Patients, Power, and the Poor in Eighteenth-Century Bristol (Cambridge, 1991).

Foster, G. and Anderson, B., Medical Anthropology (New York, 1978).

Granshaw, L. and Porter, R. (ed.), The Hospital in History (London, 1989).

Huisman, F. and Warner, J. H., "Medical Histories", Huisman, F. and Warner, J. H. (ed.), Locating Medical History; the Stories and their Meanings (Baltimore, 2004).

Jackson, M., "Introduction", Jackson, M. (ed.), The Oxford Handbook of the History of Medicine (Oxford, 2011).

Porter, R., "Introduction", Porter, R. (ed.) The Cambridge History of Medicine (Cambridge, 2006).

Temkin, O. and Temkin, C. L., "Wunderlich versus Haeser: A Controversy over Medical History", Temkin, O. (ed.), On Second Thought and Other Essays in the History of Medicine and Science (Baltimore, 2002).

Wrigley, E. A. and Schofield, R. S., The Population History of England, 1541-1981: A Reconstruction (London, 1981).

〈연구논문〉
김옥주, 「한국의 서양의학사 연구 동향과 전망」, 『의사학』 제19호, 대한의사학회, 2010.

김정란, 「일본 사회사 무엇을 할 것인가 - 의학사를 중심으로」, 『일본역사연구』 제40호, 2014.

Brieger, G., "The Historiography of Medicine", Bynum, W. F. and Porter, R.(ed.), Companion Encyclopedia of the History of Medicine I (London, 1993).

_____, "Bodies and Borders; a new Cultural History of Medicine", Perspectives in Biology and Medicine, 47/3 (2004).

Bynum, W. and Porter, R. (ed.), Companion Encyclopedia of the History of Medicine vols. 1-2 (London, 1993).

Cooter, R., "After Death/After- "Life": The Social History of Medicine in Post-postmodernity", Social History of Medicine, 22 (2009).

Jordanova, L., "Has the Social History of Medicine Come of Age?", The Historical Journal, 36 (1993).

Porter, R., "The Historiography of Medicine in the U.K.", Medicina nei Secoli, 10/2 (1998).

_____, "Review: Foucault: Health and Medicine", Social History of Medicine, 42 (1996).

Rosenberg, C. E., "Erwin H. Ackerknecht, Social Medicine, and the History of Medicine", Bulletin of the History of Medicine, vol. 81 (2007).

21세기 국내외 서양 의학사 연구의 향방(2011-2020) _이현주

〈저 · 역서〉

Burke, Peter, *What is the History of Knowledge?*, Cambridge, UK: Polity Press, 2016.

Cooter, Roger and Claudia Stein, *Writing History in the Age of Biomedicine*, New Haven & London: Yale University Press, 2013.

Novick, Peter, *That Noble Dream: The "Objectivity Question" and the American Historical Profession*, Cambridge University Press, 1988.

Rosenberg, Charles E. and Janet Golden, *Framing Disease: Studies in Cultural History*, Rutgers University Press, 1992.

〈연구논문〉

김옥주, 「한국의 서양의학사 연구 동향과 전망」, 『의사학』 제19호, 대한의사학회, 2010.

설혜심, 「미시사 연구의 이론과 동향: 의사학의 시각」, 『의사학』 제24호, 대한의사학회, 2015.

이상덕, 「영미 의료사의 연구동향: 1990-2019」, 『역사학연구』 제77호, 호남사학회, 2020.

황임경 · 김호연, 「구술사와 서사의학의 만남, 그 시론적 탐색」, 『의사학』 제22호, 대한의사학회, 2013.

Arnold-Foster, Agnes, "Mapmaking and Mapthinking: Cancer as a Problem of Place in Nineteenth-century England," Social History of Medicine 33 (2), 2020.

Bashford, Alison, "Bioscapes: Gendering the Global History of Medicine," Bulletin of the History of Medicine 89, 2015.

Brandt, Allan M., "Emerging Themes in the History of Medicine," Milbank Quarterly 69 (2), 1991.

De Sio, Fabio and Heiner Fangerau, "The Obvious in a Nutshell: Science, Medicine, Knowledge, and History," Berlin Wissenschaftsgesch 42, 2019.

Doroshow, Deborah, Matthew Cambino, Mical Raz, "New Directions in the Historiography of Psychiatry," Journal of the History of Medicine and Allied Sciences 74 (1), 2019.

King, Charles R., "The Historiography of Medical History: From Great Men to Archaeology," Bulletin of the New York Academy of Medicine 67 (5), 1991.

King, Helen, "History without Historians? Medical History and the Internet," Social History of Medicine 24 (2), 2011.

Kushner, Howard I., "Medical Historians and the History of Medicine", The Lancet 372, 2008.

Lerner, Barron H., "The Fielding H. Garrison Lecture: Great Doctor History," Bulletin of the History of Medicine 92 (1), 2018.

McKay, Richard A., "Second Opinion: Why Do We Do What We Do? The Values of the Social History of Medicine," Social History of Medicine 33 (1), 2019.

McNeill, J. R., "Harrison, Globalization, and the History of Health," Bulletin of the History of Medicine 89, 2015.

Phillips, Howard, "Second Opinion: The Recent Wave of 'Spanish' Flu Historiography," Social History of Medicine 27 (4), 2014.

Pickstone, John V., "Review Article: Medical History as a Way of Life," Social History of Medicine 18 (2), 2005.

Sivaramakrishnan, Kavita, "Global Histories of Health, Disease, and Medicine from a 'Zig-zag' Perspective," Bulletin of the History of Medicine 89, 2015.

의료사회학 연구의 흐름 _김재형 · 이향아

American Sociological Association Homepage, https://www.asanet.org/communities/sections/sites/medical-sociology

British Sociological Association Homepage, https://www.britsoc.co.uk

〈저 · 역서〉

데버러 럽턴, 김정선 옮김, 『의료문화의 사회학』, 서울: 한울아카데미, 2009.

브라이언 터너, 임인숙 옮김, 『몸과 사회』, 서울: 몸과마음, 2002.

사라 네틀턴, 조효제 옮김, 『건강과 질병의 사회학』, 서울: 한울아카데미, 1997.

아서 프랭크, 메이 옮김, 『아픈 몸을 살다』, 봄날의책, 2017.

윌리엄 코커햄, 박호진, 김경수, 안용항, 이윤수 옮김, 『의료사회학』, 아카넷, 2005.

Anderson, R. and Bury, M. eds., *Living with Chronic Illness: The Experience of Patients and Their Families*, London: Unwin Hyman, 1988.

Bartley, M., *Health Inequality: An introduction to theories, concepts and methods*, Cambridge: Polity Press, 2017.

Blaxter, Mildred & Elizabeth Paterson, Mothers and Daughters, *A three-generational study of health attitudes and behaviour*, Heinemann Educational Books, 1982.

Bloom, Samuel W., The Word As Scalpel, *A history of medical sociology*, New York: Oxford University Press, 2002.

Budoki, E., and J. Goldthorpe, *Social Mobility and Education in Britain*, Cambridge: Cambridge University Press, 2019.

Charmaz, Kathy, "Experiencing Chronic Illness," Albrecht, G.L., Fitzpatrick, R. and Scrimshaw, S.C. eds., The Handbook of Social Studies in Health and Medicine (London: Sage Publications, 2000), pp. 277-292.

Clarke, Adele, Laura Mamo, Jennifer Ruth Fosket, Jennifer R. Fishman, Janet K. Shim, *Biomedicalization: Technosicenc, Health, and Illness in the U.S.*, Duke University Press, 2010.

Cockerham, William C., "Medical sociology and sociological theory," William C. Cockerham ed., *The Blackwell Companion to Medical Sociology*, Malden, MA: Blackwell, 2005.

Conrad, Peter and Joseph W. Schneider, *Deviance and Medicalization: From Badness to Sickness*, Louis, MO: Mosley, 1980.

Conrad, Peter, "The experience of illness: recent and new direction," Roth, J.A. and Conrad, P. eds., Research in the Sociology of Health Care: the Experience and Management of Chronic Illness Vol. 6, Greeenwich: JAI Press, 1987.

Conrad, Peter, *The Medicalization of Society*, Baltimore, MD: The Johns Hopkins University Press, 2007.

Davis, Fred, *Passing Through Crisis: Polio Victims and Their Families,* New Brunswick, NJ: Transaction Brooks, 1963.

Farmer, Paul, *Infections and Inequalities: The Modern Plagues*, Berkeley, CA: University of California Press, 1999.

Foucault, Michel, *Madness and Civilization*, New York: Pantheon Books, 1964.

_____, *The Birth of the Clinic*, New York: Vintage, 1973.

_____, *The History of Sexuality: An Introduction*, Volume I, New York: Vintage, 1978.

Fox, Renee C., "The medicalization and demedicalization of American society," P. Conrad ed., *The Sociology of Health and Illness*, New York: St. Martin's Press, 2001.

Frank, Arthur W., *At the Will of the Body*, Boston: Houghton Mifflin, 1991.

Freidson, Eliot, *The Profession of Medicine: A Study of the Sociology of Applied Knowledge*, New York: Harper & Row, 1970.

_____, *Professionalism Reborn: Theory, Prophecy, and Policy*, Chicago: University of Chicago Press, 1994.

Gershman, John and Alec Irwin, "Getting a grip on the global economy." Jim Yong Kim, Joyce V. Millen, Alec Irwin, and John Gershman eds., *Dying for Growth: Global Inequality and the Health of the Poor*, Monroe, ME: Common Courage Press. 2000.

Ginsburg, Faye D., and Rayna Rapp, *Conceiving the New World Order: the Global Politics of Reproduction*, University of California Press, 1995.

Goffman, Erving, *Stigma: Notes on the Management of Spoiled Identity*, New York: Simon & Schuster, 1963.

Graham, H. and A. Oakley, "Competing Ideologies of Reproduction: Medical and Maternal perspectives on pregnancy," C. Currer and M. Stacey eds., *Concepts of Health, Illness and Disease*, Leamington Spa: Berg, 1986.

Light, Donald, "Countervailing power: The changing nature of the medical profession in the United States," F. W. Hafferty and John B. McKinlay eds., *The Changing Medical Profession: An International Perspective*, New York: Oxford University Press, 1993.

Lupton, Deborah, *Risk,* London: Routledge, 1999.

McKinlay, John B., "A case for refocusing upstream: The political economy of illness," Enelow JD, Henderson JB, eds., *Applying Behavioral Science to Cardiovascular Risk*.

Dallas, TX: American Heart Association, 1975.

Murphy, Robert F., *The Body Silent: the different world of the disabled*, New York: Henry Holt & Co, 1987.

Navarro, Vicente, *Crisis, Health and Medicine*, New York: Tavistock, 1986.

_____, "Professional dominance or proletarianization?," Neither. C. Harrington and C.L. eds., *Health Policy and Nursing: Crisis and Reform in the U.S. Health Care Delivery System*, Estes. Boston: Jones and Bartlett, 1994.

Parsons, Talcott, *The Social System*, New York: The Free Press, 1951.

Robert, Stephanie A. and James S. House, "Socioeconomic inequalities in health: An enduring sociological problem," C. E. Bird, P. Conrad, and A. M. Fremont eds., *Handbook of Medical Sociology*, Upper Saddle River NJ: Prentice Hall, 2000.

Rose, Nikolas, *The Politics of Life Itself: Biomedicine, Power, and Subjectivity in the Twenty-First Century*, Princeton, NJ: Princeton University Press, 2007.

Roth, Julius A., *Timetables: Structuring the Passage of Time in Hospital Treatment and Other Carrers*, Indianapolis: Bobbs-Merrill Co., 1963.

Roth, Julius A., and Peter Conrad, "The experience and management of chronic illness," Roth, J.A. and Conrad, P. eds., *Research in the Sociology of Health Care: the Experience and Management of Chronic Illness Vol. 6*, Greenwich: JAI Press, 1987.

Scambler, G., *Sociology, Health and the Fractured Society: a critical realist account,* London: Routledge, 2018.

Starr, Paul, *The Social Transformation of American Medicine*, New York: Basic Books, 1982.

Stewart, M., J.B. Brown, W. W. Weston, I. R. McWhinney, C. L. McWilliam, T. R. Freeman, *Patient-centered medicine: Transforming the clinical method*, Sage, 1995.

Strauss, Anselm L., and Glaser, B. ed., *Chronic Illness and the Quality of Life,* St. Louis: Mosby, 1975.

Thompson, Charis, *Making Parents: the ontological choreography of reproductive technologies*, MIT Press, 2005.

Turner, Bryan, "From governmentality to risk: some reflections on Foucault's contribution to medical sociology," Alan Petersen and Robin Bunton, eds., *Foucault, Health and Medicine*, London: Routledge, 1997.

Urla, Jacqueline and Jennifer Terry, "Introduction: mapping embodied deviance," Jacqueline Urla and Jennifer Terry eds., *Deviant Bodies*, Bloomington, IN: Indiana University Press, 1995.

Waitzkin, Howard, "Social structures of medical oppression: A Marxist view," P. Brown ed., *Perspectives in Medical Sociology*, Belmont, CA: Waveland Press, 1989.

Williams, Simon J., and Gillian Bendelow, "Emotions, health and illness: the 'missing link' in medical sociology?," Veronica James and Jonathan Gabe eds., *Health and the Sociology of Emotions*, Cambridge, MA: Blackwell Publishers, 1996.

Wright, Peter and Andrew Treacher, "Introductions" Peter Wright and Andrew Treacher eds., *The Problem of Medical Knowledge: Examining the Social Construction of Medicine*, Edinburgh: Edinburgh University Press, 1982.

〈연구논문〉

강진웅, 「1950-1960년대 국가형성기 북한의 생명정치와 사회주의 주체 형성」, 『사회와 역사』 98, 2013.

김경일, 「한국 산업화 시기 노동자의 생애와 사건: 기억의 재구성과 노동자 정체성의 형성」, 『사회와역사』 89, 2010.

김기홍, 「국제표준화의 불확실성과 메르스사태 불확실성의 다중성」, 『ECO』, 20-1, 2016.

김두식, 「유전공학기술에 대한 시민들의 태도 연구: 대구지역을 중심으로」, 『농촌사회』 13-2, 2003.

김보람, 고광욱, 「건강취약지역 주민의 만성질환 및 주관적 건강인식 관련 요인」, 『보건과 사회과학』 45, 2017.

김선혜, 「재생산의료 영역에서의 남성: 한국의 보조생식기술과 난임 남성의 비가시화」, 『경제와 사회』 124, 2019.

김재형, 「"부랑나환자"문제를 둘러싼 조선총독부와 조선사회의 경쟁과 협력」, 『민주주의와 인권』 19-1, 2019a.

_____, 「식민지기 한센병 환자를 둘러싼 죽음과 생존」, 『의사학』 28-2, 2019b.

_____, 「한센병 치료제의 발전과 한센인 강제격리정책의 변화」, 『의료사회사연구』 3, 2019c.

김정선, 김민경, 「온라인 의료광고를 통해 본 성의 의료화 — 여성 및 남성 의원의 성기성형 광고홍보물을 중심으로—」, 『보건과 사회과학』 53, 2020.

김정선, 「보건의료기술의 사회적 함의 - 재생산 기술이 여성에게 미치는 영향을 중심으로」, 한국여성학』 23-1, 2008.

김종영, 김희윤. 「반올림 운동과 노동자 건강의 정치경제학」, 『경제와사회』 109, 2016.

김주희. 「여성 '몸-증권화'를 통한 한국 성산업의 정치경제적 전환에 대한 연구」, 『경제와사회』 111, 2016.

김환석, 「생명정치의 사회과학, 어떻게 할 것인가?」, 『경제와사회』, 2013.

남상희, 「정신질환의 생산과 만성화에 대한 의료사회학적 접근-자전적 내러티브를 중심으로」, 『한국사회학』 38-2, 2004.

노진철, 「2008년 촛불집회를 통해 본 광우병 공포와 무지의 위험소통」, 『경제와사회』, 2009.

문창진, 「실업의 보건사회학: 빈곤과 건강과의 관계」, 『보건과 사회과학』 3, 1998.

박상희, 「'국내 이주민 유전체 역학조사'를 통해 본 국내 이주민들의 몸과 건강」, 『경제와 사회』 110, 2016.

박정미, 「한국 기지촌 성매매정책의 역사사회학, 1953-1995년: 냉전기 생명정치, 예외상태, 그리고 주권의 역설」, 『한국사회학』, 49-2, 2015.

_____,「금욕에서 예방으로: 2차 세계전쟁기 미군의 성병통제, 생명권력과 젠더」,『경제와 사회』 113, 2017.

_____,「하수도, 피해자, 위험(에 처)한 여자-19-20세기 초 '의료-도덕 정치'와 성매매정책의 형성」,『사회와 역사』, 120, 2018.

박종연,『한국의사의 전문직업성 추이에 관한 연구』. 연세대학교 대학원 박사학위 논문, 1993.

배은경,「가족계획 사업과 여성의 몸: 1960-70년대 출산조절 보급 과정을 통해 본 여성과 '근대'」,『사회와역사』 67, 2005.

백영경.「보조생식기술의 민주적 정치와 '겸허의 기술': 시민참여 논의의 확대를 위하여」,『경제와사회』 2010.

변진옥, 이혜재,「의약분업 이후 약국약사의 전문주의-전문직 체계론을 활용하여」,『보건과 사회과학』 51-1, 2019.

서이종,「인간배아연구에 따른 한국 종교의 생명윤리의 태동과 그 사회학적 비교」,『환경사회학연구 ECO』 10-1, 2006).

손인서 외,「트랜스젠더의 의료적 트랜지션과 의료서비스 이용: 사회적 낙인과 의료적 주변화」,『한국사회학』 51-2, 2017.

유현재, 조은선, 안선희.「미디어에 대한 이미지/인식이 메시지 수용에 미치는 영향: 암, 당뇨, 심혈관 질환 예방을 위한 정기검진 유도 메시지」,『정보사회와 미디어』 19, 2011.

윤인진,「북한이주민의 건강과 경제적응의 관계」,『보건과 사회과학』 21, 2007.

은기수,「한국에서 사회경제적 지위와 비만의 관계: 도시와 농촌의 비교」,『농촌사회』 28-1, 2018.

이나영,「일본군위안부운동 다시 보기—문화적 트라우마 극복과 공감된 청중의 확산」,『사회와 역사』 115, 2017.

이미숙,「실업과 가족해체」,『보건과 사회과학』 3, 1998.

이현지,「전문직과 국가의 관계-한국 한의사 조직을 중심으로」,『동의생리병리학회지』 16-1, 2002.

이혜민 외, 한국 성소수자 건강 연구: 체계적 문헌고찰」,『보건과 사회과학』 36, 2014.

이희영,「여성주의 연구에서의 구술자료 재구성:탈성매매 여성의 생애체험과 서사구조에 대한 사례연구를 중심으로」,『한국사회학』 41-5, 2017.

임인숙,「한국사회의 몸 프로젝트: 미용성형 산업의 팽창을 중심으로」,『한국사회학』 36-3, 2002.

_____,「미용성형공화국의 고지되지 않는 위험」,『사회와역사』 88, 2010.

장동민, 강성호,「개인의 고혈압 관리 요인」,『보건과 사회과학』 24, 2008.

정근식,「한국에서의 근대적 나 구료의 형성」,『보건과 사회과학』 1-1, 1997.

정백근,「사회경제적 지위와 만성질환 이환과의 관계 - 자본 상호작용을 중심으로」,『보건과 사회과학』 45, 2017.

정준호, 박혜경,「만성피로증후군 환자의 질환경험과 고통의 사회화」,『보건과 사회과학』 42, 2016.

조병희, 「한국의 의료전문직의 구조분석」, 『현상과 인식』, 13, 1989.

_____, 「국가의 의료통제와 의료의 전문화: 한국의료체계의 갈등구조의 역사적 배경」, 『한국사회학』, 1992.

조영미, 「출산의 의료화와 여성의 재생산권」, 『한국여성학』 20-3, 2004.

하정옥, 「재생산권 개념의 역사화·정치화를 위한 시론」, 『보건과 사회과학』 34, 2013.

Armstrong, David, "The rise of surveillance medicine," Sociology of Health and Illness 17-3, 1995.

Becker, Gay and Sharon Kaufman, "Managing an uncertain illness trajectory in old age: patients' and physicians' views of stroke," Medical Anthropology Quarterly 9-2, 1995.

Berkanovic, E. "Lay conceptions of the sick role," Social Forces 51, 1972.

Brown, Phil, "Popular epidemiology: Community Response to Toxic Waste-Induced Disease in Woburn, Massachusetts", Science, Technology, & Human Values 12-3/4, 1987.

Brown, Phil, "Popular epidemiology and toxic waste contamination: lay and professional ways of knowing," Journal of Health and Social Behavior 33-3, 1992.

Bury, Michael R., "Chronic illness as biographical disruption," Sociology of Health and Illness 4, 1982.

_____, "Social constructionism and the development of medical sociology," Sociology of Health and Illness 8-2, 1986.

_____, "The Sociology of Chronic Illness: a review of research and prospects," Sociology of Health and Illness 13, 1991.

Charles, N., & Walters, V. "Age and Gender in Women's Accounts of Their Health: Interviews with women in south Wales," Sociology of Health and Illness 20, 1998.

Charmaz, Kathy, "Loss of Self: a fundamental form of suffering in the chronically ill," Sociology of Health and Illness 5-2, 1983.

Clarke, Adele, Janet K. Shim, Laura Mamo, Jennifer R. Fosket, and Jennifer R. Fishman, "Biomedicalization: Technoscientific transformations of health, illness and U.S. biomedicine," American Sociological Review 68-2, 2003.

Cockerham, William C., "Medical Sociology," International Review of Modern Sociology, 11-1/2, 1981.

Crawford, Robert, "The boundaries of the self and the unhealthy other: reflections on health culture and AIDS," Social Science and Medicine 38-1, 1994.

_____, "Risk ritual and the management of control and anxiety in medical culture," Health 8-4, 2004.

Davison, Charlie, George Davey Smith, Stephen Frankel, "Lay epidemiology and the prevention paradox: the implications of coronary candidacy for health education," Sociology of health & Illness 13-1, 1991.

Epstein, Steven, "The construction of lay expertise: AIDS activism and the forging of credibility in the reform of clinical trials," Science, Technology and Human Values 20-

4, 1995.

Estes, Carroll L. and Elizabeth A. Binney, "The biomedicalization of aging: Dangers and dilemmas," The Gerontologist 29-5, 1989.

Fosket, Jennifer Ruth, "Constructing 'High-Risk Women': The Development and Standardization of a Breast Cancer Risk Assessment Tool," Science, Technology, & Human Values 29-3, 2004.

Gallagher, E.B., "Lines of reconstruction and extension in the Parsonian Sociology of illness," Social Science & Medicine 10-5, 1976.

Galvin, Rose, "Disturbing notions of chronic illness and individual responsibility: towards a genealogy of morals," Health 6-2, 2002.

Gamson, Josh, "Silence, death, and the invisible enemy: AIDS activism and social movement 'newness,'" Social Problems 36-4, 1989.

Greil, A.L., Porter, K.l., Leitko, T.A. and Riscilli, C. "Why me? Theodicies of infertile women and men," Sociology of Health and Illness 11, 1989.

Hafferty, Fred W. and Donald W. Light, "Professional dynamics and the changing nature of medical work," Journal of Health and Social Behavior 35(Extra Issue), 1995.

Halpern, Sydney and Renee R. Anspach, "The study of medical institutions: Eliot Freidson's legacy," Work and Occupations 20-3, 1993.

Haug, Marie, "A re-examination of the hypothesis of physician deprofessionalization," The Milbank Quarterly 66(Suppl 2), 1988.

Hochschild, Arile Russell, "Emotion Work, Feeling Rules, and Social Structure", American Journal of Sociology 85-3, 1979.

Hollingshead, August, "Medical Sociology: A brief review," Milbank Quarterly 51-4, 1973.

Huang, Yong-yuan, "Medicine of the Grassroots: Korean Herbal Medicine Industry and Consumption during the Japanese Colonial Period," The Journal of Medical History 29-1, 2020.

Hunt, Soiya M., & James McEwen, "The development of a subjective health indicator", Sociology of Health & Illness 2-3, 1980.

Klawiter, Maren. "Racing for the cure, walking women, and toxic touring: mapping cultures of action within the Bay Area terrain of breast cancer," Social Problems 46-1, 1999.

Labonte, Ronald and Ted Schrecker. "Globalization and social determinants of health: The role of the global marketplace (part 2 of 3)", Globalization and Health 3-6, 2007.

Link, Bruce G. and Jo C. Phelan, "Social conditions as fundamental causes of disease," Journal of Health and Social Behavior 35(Extra Issue), 1995.

Lutfey, Karen and Jeremy Freese, "Toward some fundamentals of fundamental causality: Socioeconomic status and health in the routine clinic visit for diabetes," American Journal of Sociology 110-5, 2005.

MacRae, Hazel, "Managing feelings: caregiving as emotion work," Research on Aging 20-1,

1998.

McKinlay, John B. and John D. Stoeckle, "Corporatization and the social transformation of doctoring," International Journal of Health Services 18-2, 1988.

Monaghan, Lee, "Challenging medicine? bodybuilding, drugs and risk," Sociology of Health & Illness 21-6, 1999.

Navarro, Vicente, "Work, ideology, and science: The case of medicine," International Journal of Health Services 10-4, 1980.

_____, "Medical history as justification rather than explanation: A critique of Starr's The Social Transformation of Medicine," International Journal of Health Services 14-4, 1984.

Nijhof, G., "Parkinsons's disease as a problem of shame in public appearance," Sociology of Health and Illness 17, 1995.

Parsons, Talcott, "The Sick Role and Role of the Physician Reconsidered", MMFQ Health & Society 53-3, 1975.

Phinney, Alison and Catherine A. Chesla, "The Lived Body in Dementia," Journal of Aging Studies 17-3, 2003.

Pierret, Janine, "The Illness Experience: State of Knowledge and Perspectives for Research," Sociology of Health & Illness 25-3, 2003.

Prior, Lindsay, "Belief, knowledge and expertise: the emergence of the lay expert in medical sociology," Sociology of Health & Illness 25-3, 2003.

Rabinow, Paul and Nikolas Rose, "Biopower today," Biosocieties 1, 2006.

Sarangi, Srikant, "Editorial: on demarcating the space between 'lay expertise' and 'expert laity'," Text & Talk 12-(1-2), 2001.

Scambler, Gl., and S. Scambler, "Theorizing health inequalities: the untapped potential of dialectical critical realism," Sociology Theory & Health 13, 2015.

Segall, Alexander & Lance W. Roberts, "A comparative analysis of physician estimates and levels of medical knowledge among patients," Sociology of Health and Illness 3-2, 1980.

Straus Robert, "Medical Sociology: A Personal Fifty Year Perspective," Journal of Health and Social Behavior 40-2, 1999.

Strauss, Anselm L., Shizuko Fagerhaugh, Barbara Suczek and Carolyn Wiener, "The Work of Hospitalized Patients," Social Science & Medicine 16, 1982.

Timmermans, Stefan, "Dying of Awareness: the theory of awareness contexts revisited," Sociology of Health and Illness 16-3, 1994.

Vittoria, Anne K., "'Our Own Little Language': Naming and the Social Construction Of Alzheimer's Disease," Symbolic Interaction 22-4, 1999.

Zola, Irving Kenneth, "Bringing our bodies and ourselves back in: reflections on a past, present, and future 'medical sociology'," Journal of health and Social Behavior 32-1, 1991.

의료인류학의 연구 현황과 과제 _윤은경 · 김태우

〈저 · 역서〉

고미숙, 『위생의 시대: 병리학과 근대적 신체의 탄생』 서울: 북드라망, 2014.

김종영, 『하이브리드 한의학』 파주: 돌베개, 2019.

라투르, 브뤼노, 홍철기 역, 『우리는 결코 근대인이었던 적이 없다』 서울: 갈무리, 2009.

비베이루스 지 가스뜨루, 박이대승, 박수경 역, 『식인의 형이상학: 탈구조적 인류학의 흐름
들』 서울: 후마니타스, 2018.

순데르 라잔, 카우시크, 안수진 역, 『생명자본』 서울: 그린비, 2012.

콘, 에두와르도, 차은정 역, 『숲은 생각한다』 고양: 사월의 책, 2018.

쿤, 토마스, 김명자, 홍성욱 역, 『과학혁명의 구조』 서울: 도서출판 까치, 2013.

클라인만, 아서, 노지양 역, 『케어-의사에서 보호자로, 치매 간병 10년의 기록』 서울: 시공
사, 2020.

푸코, 미셸, 오생근 역, 『감시와 처벌: 감옥의 탄생』 파주: 나남, 2016.

푸코, 미셸, 오트르망 역, 『안전, 영토, 인구』 서울: 도서출판 난장, 2011.

Abel E, Nelson M, *Circles of Care: Work and Identity in Women's Lives*, Albany: SUNY
Press, 1990.

Briggs CL, Mantini-Briggs C, *Stories in the Time of Cholera: Racial Profiling During a Medical
Nightmare*, Berkeley: University of California Press, 2003.

Brijnath B, *Unforgotten: Love and the Culture of Dementia Care in India*, Oxford: Berghahn,
2014.

Clemente I, *Uncertain Futures: Communication and Culture in Childhood Cancer Treatment*,
Malden: Wiley-Blackwell, 2015.

Cohen L, *No Aging in India: Alzheimer's, the Bad Family and Other Modern Things*,
Berkeley: University of California Press, 1998.

Comaroff, Jean, *Body of Power, Spirit of Resistance: The Culture and History of a South
African People*, Chicago: University of Chicago Press, 1985.

Das, Veena and Das, Ranendra, "How the Body Speaks: Illness and the Lifeworld among
the Urban Poor," Joao Biehl, Byron Good, and Arthur Kleinman eds., *Subjectivity:
Ethnographic Investigations*, Berkeley: University of California Press, 2007.

Denham AR, *Spirit Children: Illness, Poverty, and Infanticide in Northern Ghana*, Madison:
University of Wisconsin Press, 2017.

Desjarlais RR, *Body and Emotion: The Aesthetics of Illness and Healing in the Nepal
Himalayas*, Philadelphia: University Pennsylvania Press, 1992.

Desjarlais RR, *Sensory Biographies: Lives and Deaths Among Nepal's Yolmo Buddhists*, Los
Angeles: University of California Press, 2003.

Dumit, Joseph, *Picturing Personhood: Brain Scans and Biomedical Identity*, Princeton:
Princeton University Press, 2004.

Dumit, Joseph, *Drugs for Life: How Pharmaceutical Companies Define Our Health*, Durham: Duke University Press, 2012.

Farmer P, *AIDS and Accusation: Haiti and the Geography of Blame*, Berkeley: University of California Press, 1992.

Farmer P, *Infections and Inequalities: The Modern Plagues*, Berkeley: University of California Press, 1999.

Farmer P, *Pathologies of Power: Health, Human Rights, and the New War on the Poor*, Los Angeles: University of California Press, 2003.

Farmer P, Haun Saussy ed., *Partner to the Poor: A Paul Farmer Reader*, Berkeley: University of California Press, 2010.

Fassin D, "A Violence of History: Accounting for AIDS in Post-Apartheid South Africa," Barbara Rylko-Bauer, Linda Whiteford, Paul Farmer eds., Global Health in Times of Violence (Santa Fe: School for Advanced Research Press, 2009).

Foucault, Michel, *The Birth of the Clinic: An Archaeology of Medical Perception*, New York: Vintage, 1994.

Foucault, Michel, *Power*, New York: The New Press, 2000.

Galtung J, "Violence, Peace, and Peace Research," Journal of Peace Research 6(3) (1969), pp. 167-191.

Gammeltoft TM, *Haunting Images: A Cultural Account of Selective Reproduction in Vietnam*, Berkeley and Los Angeles: University of California Press, 2014.

Greenhalgh, Susan, *Under the Medical Gaze: Facts and Fictions of Chronic Pain*, Berkeley: University of California Press, 2001.

Ikels C, ed., *Filial Piety: Practice and Discourse in contemporary East Asia*, Palo Alto: Stanford University Press, 2004.

Inhorn, Marcia, *Local Babies, Global Science: Gender, Religion, and In Vitro Fertilization in Egypt*, London: Routledge, 2003.

Jenkins, Janis eds., *Pharmaceutical Self: The Global Shaping of Experience in an Age of Psychopharmacology*, Santa Fe: SAR Press, 2011.

Johannessen, Helle and Lázár, Imre eds., *Multiple Medical Realities: Patients and Healers in Biomedical, Alternative and Traditional Medicine*, Oxford: Berghahn Books, 2006.

Joralemon, Donald, *Exploring Medical Anthropology,* Boston: Prentice Hall, 2010.

Kaufman, Sharon, *And a Time to Die: How American Hospitals Shape the End of Life*, Chicago: University of Chicago Press, 2005.

Kaufman, Sharon, *Ordinary Medicine: Extraordinary Treatments, Longer Lives, and Where to Draw the Line*, Durham: Duke University Press, 2015.

Kim et al., *Dying for Growth: Global Inequality and the Health of the Poor*, Common Courage Press, 2002.

Kleinman, Arthur, *Patients and Healers in the Contexts of Culture: An Exploration of the*

Borderland between Anthropology, Medicine and Psychiatry, Berkeley: University of California Press, 1980.

Kleinman A, Das V, Lock M, *Social Suffering*, Berkeley and Los Angeles: University of California Press, 1997.

Lakoff, Andrew, *Pharmaceutical Reason: Knowledge and Value in Global Psychiatry*, Cambridge: Cambridge University Press, 2005.

Lamb S, *Aging and the Indian Diaspora: Cosmopolitan Families in India and Abroad*, Bloomington: Indiana University Press, 2009.

Langwick, Stacey, *Bodies, Politics, and African Healing: The Matter of Maladies in Tanzania*, Bloomington: University of Indiana Press, 2011.

Leatherman T, Thomas R, "Structural Violence, Political Violence and the Health Costs of Civil Conflict: A Case Study from Peru," Robert Hahn, Marcia Inhorn eds., *Anthropology and Public Health: Bridging Differences in culture and Society*, Oxford: Oxford University Press, 2009.

Leslie, Charles, *Asian Medical Systems: A Comparative Study*, Berkeley: University of California Press, 1976.

Lock, Margaret, *East Asian Medicine in Urban Japan: Varieties of Medical Experience*, Berkeley: University of California Press, 1980.

Lock M, Gordon D, *Biomedicine Examined*, Springer, 1988.

Lock, Margaret, *Encounters with Aging: Mythologies of Menopause in Japan and North America*, Berkeley: University of California Press, 1993.

Lock, Margaret, *Twice Dead: Organ Transplants and the Reinvention of Death*, Berkeley: University of California Press, 2001.

Lock Margaret, *The Alzheimer Conundrum: Entanglements of Dementia and Aging*, Princeton: Princeton University Press, 2013.

Marcus, George and Fischer, Michael, *Anthropology as Cultural Critique: An Experimental Moment in the Human Sciences*, Chicago: University of Chicago Press, 1986.

Mol, Annemarie, *The Body Multiple: Ontology in Medical Practice*, Durham: Duke University Press, 2002.

Mol Annemarie, *The Logic of Care: Health and the Problem of Patient Choice*, London: Routledge, 2008.

Nguyen V-K, *The Republic of Therapy: Triage and Sovereignty in West Africa's Time of AIDS*, Durham and London: Duke University Press, 2010.

Ochs E, Schieffelin BB, "Language acquisition and socialization: three developmental stories," Richard Shweder ed., *Culture Theory: Essays on Mind, Self, and Emotion*, New York: Cambridge University Press, 1984.

Patryna, Adriana, *Life Exposed: Biological Citizens after Chernobyl*, Princeton: Princeton University Press, 2002.

Patryna, Adriana, *When Experiments Travel: Clinical Trials and the Global Search for Human Subjects*, Princeton: Princeton University Press, 2009.

Patryna, Adriana, Lakoff, Michael and Kleinman, Arthur eds., *Global Pharmaceuticals: Ethics, Markets, Practices*, Durham: Duke University Press, 2006.

Pritzker, Sonya, *Living Translation: Language and the Search for Resonance in U.S. Chinese Medicine,* Oxford: Berghahn Books, 2014.

Quesada J, "The Vicissitudes of Structural Violence: Nicaragua at the Turn of the Twenty-First Century," Barbara Rylko-Bauer, Linda Whiteford, Paul Farmer eds., *Global Health in Times of Violence*, Santa Fe: School for Advanced Research Press, 2009.

Rabinow, Paul, *Essays on the Anthropology of Reason*, Princeton: Princeton University Press, 1996.

Richardson SS, Stevens H, eds., *Postgenomics: Perspectives on Biology after the Genome,* Durham and London: Duke University Press, 2015.

Roberts E, *God's Laboratory: Assisted Reproduction in the Andes*, Berkeley and Los Angeles: University of California Press, 2012.

Rose, Nicolas, *The Politics of Life Itself: Biomedicine, Power, and Subjectivity in the Twenty-first Century*, Princeton: Princeton University Press, 2007.

Rylko-Bauer B, Whiteford L, Farmer P, "Prologue: Coming to Terms with Global Violence and Health," Barbara Rylko-Bauer, Linda Whiteford, Paul Farmer eds., *Global Health in Times of Violence*, Santa Fe: School for Advanced Research Press, 2009.

Rylko-Bauer B, Farmer P, "Structural Violence, Poverty, and Social Suffering," David Brady, Linda Burton eds., The Oxford Handbook Online, www.oxfordhandbooks. com., April 2017. https://www.oxfordhandbooks.com/view/10.1093/oxfordhb/9780199914050.001.0001/oxfordhb-9780199914050-e-4. Accessed 12 May 2020.

Saunders, Barry, *CT Suite: The Work of Diagnosis in the Age of Noninvasive Cutting,* Durham: Duke University Press, 2008.

Scheper-Hughes, Nancy, *Death without Weeping: The Violence of Everyday Life in Brazil,* Berkeley: University of California Press, 1993.

Singer M, Erickson P, Merrill Singer, Pamela Erickson eds., "Introduction," *A Companion to Medical Anthropology*, Malden: Wiley-Blackwell, 2011b.

Stacey et al, *Hospitals, Children and Their Families: The Report of a Pilot Study*, London: Routledge and Kegan Paul, 1970.

Street A, *Biomedicine in an Unstable Place: Infrastructure and Personhood in a Papua New Guinean Hospital*, Durham and London: Duke University Press, 2014.

Sunder Rajan, Kaushik, *Biocapital The Constitution of Postgenomic Life*, Durham: Duke University Press, 2006.

Sunder Rajan, Kaushik, *Pharmocracy: Values, Politics, and Knowledge in Global*

Biomedicine, Durham: Duke University Press, 2017.

Throop CJ, *Suffering and Sentiment: Exploring the Vicissitudes of Experience and Pain in Yap*, Los Angeles: University of California Press, 2010.

Zhan, Mei, *Other-Wordly: Making Chinese Medicine through Transnational Frames*, Durham: Duke University Press, 2009.

〈연구논문〉

김관욱, 「저항의 무게: 콜센터 여성상담사의 노동조합 형성에 대한 몸의 현상학」, 『한국문화인류학』 51-3, 2018.

김경학, 「우즈베키스탄 고려인 이주자의 노부모에 대한 '초국적 돌봄': 광주지역의 사례를 중심으로」, 『비교문화연구』 22-1, 2016.

김재형, 「"부랑나환자" 문제를 둘러싼 조선총독부와 조선사회의 경쟁과 협력」, 『민주주의와 인권』 19(1), 2019.

김택중, 「1918년 독감과 조선총독부 방역정책」, 『인문논총』 74(1), 2017.

김희경, 「할마쇼크: 한국 가족주의의 그림자와 할머니-모성의 사회문화적 구성」, 『한국문화인류학』 52(2), 2019.

박성실, 「한국 원폭피해자의 사회적 고통, 그 구성과 대물림: 원폭2세환우 가족을 중심으로」, 『문화연구』 4(1), 2016.

박영수, 「국제보건의 재현: 에티오피아 오로모 민족의 함마찌사 의례를 중심으로」, 『한국문화인류학』 50(2), 2017.

박윤재, 「양생에서 위생으로」, 『사회와 역사』 63(0), 2003.

박인효, 「'생의학적 세계'에 적응하기: 양한방 협진병원에 근무하는 한의사의 생의학적 지식과 의사-한의사 간 관계 형성 과정」, 『한국문화인류학』 51, 2018.

박지영, 「통계와 식민의학: 식민지 시기 조선의 결핵 실태를 둘러싼 논란을 중심으로」, 『의사학』 28(2), 2019.

박진빈, 「터스키기 실험 사건의 역사적 기원-미국 공중보건의 딜레마-」, 『의사학』 26(3), 2017.

백영경, 「성적 시민권의 부재와 사회적 고통」, 『아시아여성연구』 52-2, 2013.

백영경, 「복지와 커먼즈: 돌봄의 위기와 공공성의 재구성」, 『창작과 비평』 45-3, 2017.

서기재, 「한센병을 둘러싼 제국의학의 근대사: 일본어 미디어를 통해 본 대중관리 전략」, 『의사학』 26(3), 2017.

신규환, 「국가 위생의료체제와 국가 의료의 형성: 19세기말 20세기초 한국과 중국의 경험」, 『동방학지』 139, 2007.

신동원 · 황상익, 「조선말기(1876-1910) 근대보건의료체제의 형성과정과 그 의미」, 『의사학』 5(2), 1996.

여인석, 「한국근대 선교의료기관의 형성과 성격」, 『동방학지』 139, 2007.

유연실, 「민국시기 여성 지식인의 산아제한 인식과 피임의 실천」, 『중국사연구』 73, 2011.

유현미, 「사회적 고통으로서 성폭력피해의 의미구성과 젠더효과: 2030대 여성의 생애사를 중심으로」,『페미니즘 연구』 16(2), 2016.

유해정, 「부랑인 수용소와 사회적 고통: 피해생존자들의 경험을 중심으로」, 『기억과 전망』 39, 2018.

이은정, 「피폭된 신체와 고통: 한국인 원폭피해자를 중심으로」, 『민족연구』 73, 2019.

이현정, 「세월호 참사와 사회적 고통: 표상, 경험, 개입에 관하여」, 『한국보건사회학회』 43, 2016.

이현정, 「병원에서의 반말 사용과 여성 노인 환자의 주체성: 돌봄의 젠더 정치」, 『비교문화 연구』 24-2, 2018.

장수현, 「중국 내 북한 난민의 사회적 고통: 한계적 상황과 오점 만들기」, 『한국문화인류학』 34-2, 2001.

정근식, 「식민지 위생경찰의 형성과 변화, 그리고 유산-식민지 통치성의 시각에서」, 『사회 와 역사』 90, 2011.

정일영·신영전, 「일제 식민지기 '원산노동병원'의 설립과 그 의의」, 『의사학』 25(3), 2016.

조주현, 「생명정치, 벌거벗은 생명, 페미니스트 윤리」, 『한국여성학』 24(2), 2008.

함한희, 「사회적 고통을 보는 문화적 시각-새만금지역의 경우」, 『한국환경사회학회』 2, 2002.

Abadia-Barrero CE and Bugbee M, "Primary Health Care for Universal Health Coverage? Contributions for a Critical Anthropological Agenda," Medical Anthropology 38(5), 2019.

Appadurai A, "Theory in anthropology: center and periphery," Comparative Studies in Society and History 28, 1986.

Baker K, Beagan B, "Making assumptions, making space: an anthropological critique of cultural competency and its relevance to queer patients," Medical Anthropology Quarterly 28, 2014.

Banes, Linda, "American Acupuncture and Efficacy: Meanings and Their Points of Insertion" Medical Anthropology Quarterly 19, 2005.

Beinfield, Harriet, "Dreaming with Two Feet on the Ground: Acupuncture in Cuba" Clinical Acupuncture and Oriental Medicine 2, 2001.

Biehl, Joao, and Amy Moran-Thomas, "Symptom: Subjectivities, Social Ills, Technologies" Annual Review of Anthropology 38, 2009.

Bonelli, Cristobal, "To See That Which Cannot Be Seen; Ontological Differences and Public Health Policies in Southern Chile" Journal of the Royal Anthropological Institute, 21, 2015.

Bourgois P, Scheper-Hughes N, "Commentary on an Anthropology of Structural Violence," Current Anthropology 45(3), 2004.

Brown J, "When violence has a benevolent face: the paradox of hunger in the world's wealthiest democracy," International Journal of Health Services 19(2), 1989.

Buch E, "Postponing passages: remaking persons and homes through paid home care in

Chicago," Ethos 43, 2015.

Dao A and Mulligan J, "Toward an Anthropology of Insurance and Health Reform: An Introduction to the Special Issue," Medical Anthropology Quarterly 30(1), 2016.

Das, Veena, "Violence, Gender, and Subjectivity," Annual Review of Anthropology 37, 2008.

Engel GL, "The need for a new medical model: A challenge for biomedicine," Science 196, 1977.

Farmer P, "Social scientists and the new tuberculosis," Social Science and Medicine 44(3), 1997b.

Farmer et al., "Structural violence and clinical medicine," PLos Medicine 3(10), 2006.

Fassin D, "Commentary on an Anthropology of Structural Violence," Current Anthropology 45(3), 2004.

Ferzacca, Steve, "'Actually, I Don't Feel That Bad': Managing Diabetes and the Clinical Encounter" Medical Anthropology Quarterly 14, 2000.

Geiger H, "Inequity as Violence: Race, Health and Human Rights in the United States," Health and Human Rights 2(3), 1997.

Goodwin MH, "A care-full look at language, gender, and embodied intimacy," Allyson Jule, ed., Shifting Visions: International Gender and Language Research (Newcastle: Cambridge Scholars Publishing, 2015.

Goodwin MH, Cekaite A, Embodied Family Choreography: Practices of Control, Care, and Mundane Creativity, New York: Routledge, 2018.

Grandjean P, Landrigan PJ, "Developmental neurotoxicity of industrial chemicals," Lancet 368, 2006.

Greenhalgh, Susan, "Weighty Subjects: The Biopolitics of the U.S. war on fat" American Ethnologist 39, 2012.

Hamdy S, Our Bodies Belong to God: Organ Transplants, Islam, and the Struggle for Human Dignity in Egypt, Berkeley and Los Angeles: University of California Press, 2012.

Hertzman C, "The biological embedding of early experience and its effects on health in adulthood," Annual New York Academy Sciences 896, 1999.

Hsu, Elisabeth, "'The Medicine from China has Rapid Effects': Chinese Medicine Patients in Tanzania," Anthropology and Medicine 9, 2002.

Janes, Craig, "The Health Transition, Global Modernity and the Crisis of Traditional Medicine: The Tibetan Case" Social Science and Medicine 48, 1999.

Kiesser, Manfred, McFadden, Jevon and Belliard, Juan Carlos, "An Interdisciplinary View of Medical Pluralism among Mexican Americans" Interprofessional Care 20, 2006.

Kleinman Arthur, "From illness as culture to caregiving as moral experience," New England Journal of Medicine 368, 2013.

Kleinman, Arthur, "Care, in Search of a Health Agenda" The Lancet 386, 2015.

Kwiatkowski L, "A 'Wife's Duty' and Social Suffering: Sexual Assault in Marital Relationships in Vietnam," Journal of Aggression, Maltreatment & Trauma 28(1), 2019.

Langford JM, "Gifts intercepted: Biopolitics and Spirit Debt," Cultural Anthropology 24(2), 2009.

Lee S, "Poverty and Violence," Social Theory and Practice 22(1), 1996.

Lock, Margaret, "Rationalization of Japanese Herbal Medicine: The Hegemony of Orchestrated Pluralism" Human Organization 49, 1990.

Lock Margaret, "Comprehending the body in the era of the epigenome," Current Anthropology 56, 2015.

Lock Margaret, "Recovering the Body," Annual Reviews of Anthropology 46, 2017.

Lock M, Nguyen VK, An Anthropology of Biomedicine, Oxford: John Wiley & Sons, 2018.

Loaiza JM, "From enactive concern to care in social life: towards an enactive anthropology of caring," Adaptive Behavior, 2018.

Lupton, Doborah, 2013, "Quantifying the Body: Monitoring and Measuring Health in the Age of mHealth Technologies" Critical Public Health 23, 2013.

Macleish K, "Damaged and Deserving: On Care in a Veteran Treatment Court," Medical Anthropology 39(3), 2020.

McCallum, Cecilia, "Cashinahua Perspectives on Functional Anatomy: Ontology, Ontogenesis, and Biomedical Education in Amazonia" American Ethnologist 41, 2014.

Miller K, Rasmussen A, "War Exposure, Daily Stressors, and Mental Health in Conflict and Post-conflict Settings: Bridging the Divide between Trauma-focused and Psychosocial Frameworks," Social Science and Medicine 70(7), 2010.

Monk et al., "Linking prenatal maternal adversity to development outcomes in infants: the role of epigenetic pathways," Developmental Psychopathology 24, 2012.

Morgan K, Björkert ST, "'I'd Rather You'd Lay Me on the Floor and Start Kicking Me': Understanding Symbolic Violence in Everyday Life," Women's Studies International Forum 29, 2006.

Mukherjee J, "Structural violence, Poverty and the AIDS Pandemic," Development 50(2), 2017.

Nelson, A, "Bioscience: Genetic Genealogy Testing and the Pursuit of African Ancestry," Social Studies of Science 38, 2008.

Niewöhner J, Lock M, "Situating local biologies: Anthropological perspectives on environment/human entanglements," Biosocieties 13, 2018.

Olujic M, "Embodiment of Terror: Gendered Violence in Peacetime and Wartime in Croatia and Bosnia-Herzegovina," Medical Anthropology Quarterly 12(1), 1998b.

Park JK, "Interrogating the 'Population Problem' of the Non-Western Empire: Japanese Colonialism, the Korean Peninsula, and the Global Geopolitics of Race," Interventions

19(8), 2017.

Penkala-Gawecka, Danuta, "Korean Medicine in Kazakhstan: Ideas, Practices and Patients" Anthropology and Medicine 9, 2002.

Rapp, Rayna, "Real-Time Fetus: The Role of the Sonogram in the Age of Monitored Reproduction." Gary Downey, Joseph Dumit eds., *Cyborgs & Citadels: Anthropological Interventions in Emerging Sciences and Technologies*, Santa Fe: SAR Press, 1997.

Rapp R, Ginsberg F, "Disability/Anthropology: Rethinking the Parameters of the Human An Introduction to Supplement 21," Current Anthropology 61(S21), 2020.

Robbins J, "Beyond the suffering subject: toward an anthropology of the good," Journal of the Royal Anthropology Institute 19-3, 2013.

Scott MA, "Paying down the care deficit: the health consequences for grandmothers caring for grandchildren in a Mexican migrant community of origin," Anthropology & Aging Quarterly 33-4, 2012.

Seo BK, "Patient waiting: care as a gift and debt in the Thai healthcare system," Journal of the Royal Anthropological Institute 22, 2016.

Shohet M, "Everyday sacrifice and language socialization in Vietnam: the power of a respect particle," American Anthropologist. 115, 2013.

Stacey M, Homans H, "The Sociology of Health and Illness," Sociology 12(1), 1978.

Stark L, Wessells M, "Sexual Violence as a Weapon of War," JAMA 308(7), 2012.

Vaughn S, "Vulnerability. Theorizing the Contemporary," Cultural Anthropology Online., 21 Jan 2016. https://culanth.org/fieldsights/vulnerability. Accessed 14 May 2020.

Wentzell, Emily, "Aging Respectively by Rejecting Medicalization: Mexican Men's Reason for not Using Erectile Dysfunction Drugs" Medical Anthropology Quarterly 27, 2013.

Whiteford, Michael, "Homeopatic Medicine in the City of Oazaca, Mexico: Patients' Perscptives and Observations" Medical Anthropology Quarterly 13, 1999.

Whittaker A, "Technology, Biopolitics, Rationalities and Choices: Recent Studies of Reproduction," Medical Anthropology 34(3), 2015.

Yarris K, "'Pensando mucho' ('thinking too much'): embodied distress among grandmothers in Nicaraguan transnational families," Culture, Medicine, and Psychiatry 38, 2014.

● 김대기_ 강원대학교 인문대학 사학전공 부교수

주요 논저로「明 後期 醫書에 나타난 醫德論」,「中國 元代 醫療官員의 선발과 관리」,「宋代 慈善機構와 醫療救濟-安濟坊과 養濟院을 중심으로-」,『역사 속의 동서문화교류』(공저, 2014) 등이 있다.

● 김성수_ 서울대학교 인문학연구원 조교수

공저로『한국전염병사』(2009),『몸으로 세계를 보다-동아시아 해부학의 성립과 발전』(2017) 등이 있고, 역서로『해체신서』(2014),『국역 의방유취33』(2019) 등이 있다.

● 김영수_ 연세대학교 의과대학 인문사회의학교실 의사학과 연구조교수

주요 논문으로「근대 일본의 병원」(2017),「메이지기 근대적 의약담론의 성립과 '뇌병'의 치료」(2019),「한국 근대 전문직업인 의사의 탄생과 그 제도적 변천」(2020) 등이 있고, 공저로『한국 근대의학의 탄생과 국가』(2016),『衛生と近代』(2017),『한국의학사』(2018)가 있다.

● 김재형_ 한국방송통신대학교 문화교양학과 조교수

저서로『마스크가 말해주는 것들: 코로나19와 일상의 사회학』,『절멸과 갱생 사이: 형제복지원의 사회학』등이 있고, 주요 논문으로「의료사회학의 연구동향과 전망」,「말레이반도에서의 한센병 관리 정책의 형성과 변화에 관한 연구」등이 있다.

● 김태우_ 경희대학교 한의과대학 교수

인류학적 관점에서 의료와 연결된 사회, 문화, 정치, 철학에 대해 관심을 가지고 연구하고 있다.

● 박윤재_ 경희대학교 사학과 교수. HK+통합의료인문학연구단 단장

저서로『한국 근대의학의 기원』이 있고, 주요 논문으로「위생에서 청결로 - 서울의 근대적 분뇨 처리」,「방역에서 강제와 협조의 조화? - 식민지 시기를 중심으로」등이 있다.

● 유연실_ 목포대학교 사학과 조교수
주요 논문으로 「1950년대 초기 중화인민공화국의 무통분만 담론」, 「1950년대 중국의 파블로프 학설 수용과 의료체계의 변화」 등이 있다.

● 윤은경_ 경희대학교 HK+통합의료인문학연구단 HK연구교수
주요 논문으로 「자궁에 대한 한의학적 고찰 - 자궁의 개념과 기능을 중심으로」, 「한의학적 관점에서 본 『태교신기』의 태교론」, 「임산징후(臨産徵候)에 대한 한의학적 고찰」 등이 있다.

● 이상덕_ 경희대학교 HK+통합의료인문학연구단 HK교수
주요 논문으로 「펠로폰네소스 전쟁기 아테네 변경에 도입된 두 치유의 신 - 오로포스(Oropos)의 암피아라오스(Amphiaraos)와 페이라이에우스(Peiraieus)의 아스클레피오스(Asklepios)」, 『서양고대사연구』, 59집(2020), "Amphiaraos, the Healer and Protector of Attika", *Korean Journal of Medical History*, vol. 29 (2020) 등이 있다.

● 이향아_ 경희대학교 HK+통합의료인문학연구단 HK연구교수
저서로 『강남만들기, 강남따라하기』 등이 있고, 주요 논문으로 'Managing the Living through the Dead: Colonial Governmentality and the 1912 Burial Rules', 『의료사회학 연구의 흐름과 전망』 등이 있고, 『서울, 권력도시』를 번역했다. 제1회 최재석학술상 우수박사학위논문상을 수상한 바 있다.

● 이현주_ 이화여자대학교 지구사연구소 연구교수
미국 의학사로 질병사, 의료기술과 사회에 대한 연구를 주로 진행하고 있다. 주요 논문으로 「Rethinking the History of Smallpox in the Early Twentieth Century: The SS Korea and Uncertainty Surrounding the Diagnosis of Smallpox」, 「19세기에서 20세기 중반 한국의 우두법 및 백신접종 연구에 있어 지구사적 관점(global perspective)의 유용성」 등이 있다.

찾아보기